国家哲学社会科学成果文库

NATIONAL ACHIEVEMENTS LIBRARY
OF PHILOSOPHY AND SOCIAL SCIENCES

王者无外：
中国王朝治边法律史

杜文忠　著

上海古籍出版社

作者简介

杜文忠 字心斋，生于1970年，籍贯荆州。四川省突出贡献专家，现为西南民族大学教授、法学院院长，西南民族大学边疆法政研究中心主任，博士生导师。兼任中国世界民族学会常务理事、中国法律史学会理事、中国法律思想史研究会副会长、四川省宪法学研究会副会长、中国法制史专业委员会理事。先后于电子科技大学、西南政法大学、云南大学、中国政法大学、韩国首尔大学获法学学士、法学硕士、法学博士学位及法学博士后。曾任教于国内多所大学，其间担任过贵州省人民政府法律事务咨询委员、贵州财经大学法学院院长。已出版专著4部：《边疆的法律：对清代治边法制的历史考察》、《近代中国的宪政化：兼与韩国比较》、《法律与法俗：对法的民俗学解释》、《王者无外：中国古代对边疆的法律治理》；在《民族研究》、《中国人民大学学报》《法学》《现代法学》《中国边疆史地研究》《东西思想》(韩国)《西南民族大学学报》、《齐鲁学刊》等学术刊物独立发表法学论文50余篇、三次获省部级奖。主持国家哲学社会科学基金项目2项，主持国外(韩国高等教育财团KFAS项目、欧盟第七框架—玛丽居里行动资助CHETCH项目)科研项目2项。2016年著作入选《国家哲学社会科学成果文库》。主要从事边疆法律史学、民族政治理论、比较法、儒家法、宪政史、韩国法研究。

《国家哲学社会科学成果文库》
出版说明

　　为充分发挥哲学社会科学研究优秀成果和优秀人才的示范带动作用，促进我国哲学社会科学繁荣发展，全国哲学社会科学规划领导小组决定自 2010 年始，设立《国家哲学社会科学成果文库》，每年评审一次。入选成果经过了同行专家严格评审，代表当前相关领域学术研究的前沿水平，体现我国哲学社会科学界的学术创造力，按照"统一标识、统一封面、统一版式、统一标准"的总体要求组织出版。

全国哲学社会科学规划办公室

2011 年 3 月

自　序

十余年前，余著《边疆的法律》一书，[①] 以"文化边疆观"、"化外主义法律原则"论之，希冀于中国古代边疆法制有一全面探讨，后有同仁据此冠之以"边疆法学"，余更感犹疑，此缘于研习部门法者常有之疑问——中国古代王朝有治边之法律否？

一般以为，清代以前的中国王朝无专门治边法典，甚至无单行条例，《唐律》虽有相关的条文，然并非单行条例。如此，在清以前漫长的治边史上，又何以言"治边法制"？人等会以此谓中国古代治边有政策而无法律。

基于此种疑虑，余又著《法律与法俗》一书，[②] 其中以相当篇幅力图复原中国古代"法律"之含义，遂从儒家治道入手，讨论俗与法之路径，揭示儒家治法之形成，分析"六教"的法俗之用，此实是欲明示其不同于西方法律形式主义之内涵。今本书以"法俗"概念统之，有望实现"中国"、"常道"、"边疆"、"族群"、"法俗"、"律典"这些概念在逻辑上的一贯性。如此从中国文化本位的角度，解读中国古代"边疆治法"的内涵。

中国传统以儒教为宗，儒教所继承者乃是上古之"常道文化"。窃以为中国文化本是一"常道文化"，亦可称之为"常教文化"，或可谓之"常法文化"。所谓"常"者，乃天经地义之意也，"常道"、"常教"、"常法"乃是天经地义之道、天经地义之教、天经地义之法。故其"道"、"教"、"法"原是三位一体，难以分解，若剥离法律于"道"、"教"之外，则非解释中国古代法律的正道。

儒者，本是行教之人。故儒者的法律观以教为根本，中国"儒家法"亦源于"常教"。所谓"常教"者，上古五帝之世即有之，即所谓"五典"、"五教"、"五常"

---

① 见拙著《边疆的法律：对清代治边法制的历史考察》，人民出版社 2004 年版。
② 见拙著《法律与法俗——对法的民俗学解释》，人民出版社 2013 年版。

是也。"五常"者，父义、母慈、兄友、弟恭、子孝，或仁、义、礼、智、信，二者大同而小异。"五常"之教，源于圣贤精英对"人道"秩序的设计，经孔孟而渐次成理开启上古文明与野蛮的分野，又融于风俗、民性。如此，把"人道"之教及于野莽，化腐朽而为神奇，化"草根"而成"贵族"，化"小人"为"大人"；之于边疆，则可化"夷狄"为"华夏"，由此可推及于"化成天下"。故所谓儒家政教者，乃是以"人道"为始终，以为天地立心、为生民立命的精神教化万邦，这也是其对四围族群的治道。因之，欲知中国古代治边之道，需先知中国古代政教之品性。兹举数条可知。

儒者以中国上古"常道"文化为宗，依此认知人性与社会。认为中国之所以为中国，在于"中国"与"夷狄"有礼教之别，此乃历代士人的共识。中法之异于西法者，在于其礼教而不在其律典；古之异于今者，亦在其礼教而不在其律法。据此，中国之学术，亦为中国之礼教；中国之礼教，亦为中国之政治。教者，出于天而知于人，圣人观象垂教而法自然者，亦是法先王之治道。先王之治，必以王者居中国，方得天、地、人之自性统一，得天、地、人之自性统一，才能一画而成"王道"。"王"者，天下之归往之谓也。"王道"者，循通自然、人性之本真，抱悯人文之关怀，行劝善之义，凡是世间之事，求大同而存小异。是故，自古中国攘外治边，自有其道；教化终始，自循其礼，此有异于他族者，是其性之一也。

先王之教，乃"三坟五典"。"三坟五典"隆道于上，美俗于下，传之后世而遗于今，其天理循环，无往不复，常于靡乱之世，复而化俗，此为其常道之治者。故之于天人，之于往来，亦是大道、大法。因之，先王之治，本是政教合一，不单以主权者意志为转移，于王者之上，自立其道；于治乱之间，自持其理。故历代王朝之治，以此为道，以之为体，此有似西人"自然法"之形式者，是其性之二也。

教者，法也；法者，教也。《书》云："克明俊德，协和万邦。"及孔子治乱、慎独特行，阐发教义，泽被苍生，以正邪辟。"盖周公之志，仲尼从而明之"，[1]孔子上承古道，下称素王，[2]有携常教、申大义、和万邦之志，故云"有教无类"。孔子辨华夷，隆圣教，思往圣，继绝学，功莫大焉，实望传播常教，以之而化成天下。故

---

① （晋）杜预：《春秋左氏传序》，载（梁）萧统《文选》卷四五，中华书局1977年版，第639页。
② "素"，古代有"八索"，即八卦，又有"戎索"和"周索"的概念，如《左传·定公四年》中有"疆以周索"、"疆以戎索"，东汉刘熙撰《释名·释典艺》载："索，素也。八索，著素王之法也。若孔子者，圣而不王，制法者有八也。"又有杜预注《左传·定公四年》云："居殷故地，因其风俗，开用其地，疆理土地以周法。索，法也。"因此，"素"和"索"都是指上古之大道、大法。孔子圣而不王，称素王。素王者，即是"法王"也。

中国之教,是圣贤之常教;中国之法,是圣贤之王法,"夫王者合天下为一家……一王之法,天理之公,人心之良也,而恃区区之禁制也乎"?① 此亦是"王法"之本义也。原法之初,中国本无所谓"法",无所谓"律",惟曰教,曰俗。其教俗之美,乃在于合人伦之自性,合人伦之常理,亦合法律于"真"、"善"、"美"之追求。故中国古代边疆于政治、法律之意义,不仅在其地域,更在其人事。所谓"治"者,在于治人,在于治俗。故中国原初疆域观念,不以一疆一域为念,不以一国一邑为治,而是以天下为念,以天下为治,自有超越之精神。此不同于西人之法意者,是其性之三也。

中国之政治,乃是由文籍而生,文籍所载者,上古之常道也:"逮乎伏羲氏之王天下也,始画八卦。造书契以代结绳之政,由是文籍生焉。"② 故所谓"常道"之法,即是古道之治,后虽有秦火,然"姬公之籍,孔父之书,与日月俱悬",③ 一直绵延不绝。是故,中国的政治,素喜求史而问今,即是由此。史者,或存之于书,或见之于物,又或问之于俗,故研习中国历史,其不同于西人之处,在于吾国种落之延续、古籍之不湮灭,无至于西方所谓"黑暗时代",④ 更无需如西人那般多依考古文物而知史。由此,研究中国古代历史,只读经史文献、穷经问俗而可知,此不同于西人之政治、历史者,是其四也。

中华五千年,以"中"为"国",其边地广大,地形复杂,种落纷繁,群而各异。由于交通不便,中国与四方彼此互通,若不以德治,又岂能只以武力、暴法而治之? 故不知中国之地理,则不知中国之人文;不知四方种落之法俗,亦不知中国之法学;不知中国之法学,则不知中国边疆之治道;不知中国边疆之治道,则不解其治边之法意;不解其治边之法意,则岂知其治边之法为何物。故论中国古代治边之"法",当首论其地理,次论其法意,再论其法俗。若非此,则亦不知何为其"法俗",不知何为"法俗",则必沦入西法概念的"陷阱",进而不得其要义,此不同于西法者,是其五也。

中国古代边疆之治,缘于其独特的"法理",其形式多样,最可体现其文化的

① (清)王夫之撰,舒士彦点校:《读通鉴论》卷八,中华书局 2013 年版,第 210 页。
② (梁)萧统:《文选序》,《文选》,第 1 页。
③ 同上书,第 2 页。
④ "黑暗时代",又称"荷马时代"(Homeric Age),又称"希腊的黑暗时代"(Greek Dark Ages,1200 B.C—800 B.C),指的是希腊历史上从假设中的多利安人入侵而造成迈锡尼文明灭亡以后这段时期,欧洲中世纪也称为"黑暗时代",是指从罗马帝国的灭亡到文艺复兴的开始的整个一段时期。

社会性质。儒家的道统，本于社会而不专注于自然，精于人而不精于神；儒家的法统，重社会而轻国家，重礼俗而轻国律。故历来虽多有律典，却仍以问俗而治为要。所谓"问俗而治"，实是轻国家治理，而重社会治理。所谓重"社会治理"者，自然是问俗、化俗的"法俗"之治。缘于此，其法者，俗也；俗者，法也。古之社会治理，是以化其俗而成其教，成其教而立其法，故其边疆之治，仍以社会为重；其治边之法，秉承其"法俗"特质，或曰"礼"，或曰"制"，或曰"教"，或曰"俗"，此几种形式，尤不专以"国家"律令为重，皆因其重"社会"之品格。

如《独山县志》云：

> 传曰："入竟问禁，入国问俗。"良以俗尚之异，不可以不知也。又曰："礼从宜，事从俗。"亦以习俗移人，居是邦者，不必矫同而立异也。独邑民俗素尚谨厚，且重本业而知廉耻，近则稍涉华靡，其于婚丧葬祭暨世俗玩好，间亦有所不同，兹特别述其梗概，并附苗蛮，庶求治者观风俗之美敝，可以征政教之得失，化民成俗，其在斯乎！①

由于儒家的法统重社会而轻国家，重礼俗而轻国律，故历代王朝治理边疆之法与其治理内地之法，彼此之间无甚大异，皆是"责己重以周，待人轻以约"、"待人亦如待己"的理路。故于边疆四围族众，虽有夷狄之谓，但又视之如亲戚、赤子，如唐之谓"甥舅"，清之曰"赤子"，皆以示"王者无外"之义也。此不同于古罗马之"万民法"者，是其六也。

近世以降，国人求富强之心切，沉溺于器物、制度的革命与改良，故官员、民众对文化建设少有关注。新中国成立后，文化问题仍是中国的基本问题，故有"文化革命"之谓。文化乃国家、社会、民族的道体，文化建设自非朝夕之事，它沉淀于心理定势、思维方式、行为习惯等，自有其历史的继承和浸染，故文化只可曰"养成"，或可曰"改良"，岂可轻谓之"革命"耶？若轻言"革命"，则必伤国本，此乃近世历史最重要的经验。

今倡"文化自信"，是为治世之要、固本之道。所谓"固本"者，仁、义、礼、智、信之"常教"是矣！然国人以批评的立场，看待吾国历史久矣！每有议论，往往一言既出，几成认知之定势，加之又多乏深研，以不知为已知，此实历史虚无主义之故也。今欲重树"文化自信"，首当依史论史，正本清源，求我中华义理之精

---

① （民国）王华裔修，何干群等续修：《独山县志》卷一三《风俗·苗蛮附》，民国四年稿本。

髓,还原华制文明之要义,此系中华文化自觉、文化自信之始也。文化者,以人文而化之也。①　古者,中夏之族群,是文化之族群;中夏之政治,是文化之政治;中夏之法律,是礼化之法律;中夏之疆域,是文化之疆域。是故,只以西人"概念法学"抽象言中国的法律,则难知中夏古代的法制;单以"实在法"而言中国边疆的治法,则难识中国王朝治边之法理。同样,不以中国上古以来的"常道"文化为语境,亦不能观中国边疆法律史之全豹。

古之贤者于治边、治外常谓"王者无外"、"固本柔远"等语,此恰如今日所谓"外交是内政的延续"之义。昔日"王者无外"常被人于文化上所误读,"固本柔远"又长期为史学界所诟病。为今文虽不才,复以一己之力,以史为本,重拾旧典,独撰此著。意在持深耕细作之初衷,述之以史料,浇之以义理,以示古代治边"王者无外"、"固本柔远"之法意。昔日余游贺州,观明朝遗碑,感其所记,赋诗以表其意,诗云:

> 寓内薄海揽际天,瑶地筹边乱烽烟。
> 中丞事钺纾西顾,死士壮猷腥穴眠。
> 滴俗化美望净土,百蛮尊道思养贤。
> 由来夷事有圣教,三两科律不成篇。

---

①　对于"文化",人们通解为"人化和化人",对此本书中有所论述。

目　　录

下篇　古代中央王朝对于边疆的法律治理

Contents

Part One: Chinese ancient political culture and legal theory of frontier administration

Part Two: The legal governance of the ancient central government to the frontier

上　篇

中国古代政治文化及治边法制思想

第一章

"王者无外"：中国古代边疆政治的特质

一、"中国"的含义

(一) 中国古代"国"之本义

中国古代讲的"国"，不是现代人所说的"国家"，"中国"也不是今天主权意义上的国家，不是现代意义上的国名。

与世界上其他许多国家不同，"中国"一词，作为一种现代意义上的国名并不是自古有之，尽管"中国"一词在历史上被人们经常使用，但是"中国"一词却不能全面概括中国的古代疆域。历史上，当中国人与那些被称为外邦的国度打交道时，常以某一王朝自称，这是因为中国古代所谓的"国"的概念有着它自己独特的含义，这个"国"并不是指今天的国家，而是指一个带有族群意义的地方，或是指某一个"封邑"。[①] 在分封制时代，各诸侯国虽以"国"相称，但他们在名义上仍然只是一个负有朝贡义务或者只是承担象征性义务的"封邑"，这在西周时期表现得十分明显。到了春秋、战国时期，由于历史惯性的影响，诸侯国之间也没有明确的疆界，仍然带有"分封"时代的特征，衡量一个"国"的标准往往只是"三里之城，七里之郭"，[②] 只是"王朝"疆域的一部分。如齐、楚、燕、赵等各诸侯国虽以"国"相称，但相对于周王朝，他们只是一个负有朝贡义务或只是承担象征性义务的"封邑"之国。

首先看"国"与"中国"的本义。古代的"國"字与"或"字相通，指的是一个

---

① 关于"邑"，《周礼·小司徒》云："四井为邑，四邑为丘，四丘为甸，四县为都。"
② 《孟子·公孙丑下》。

城、邑。①"中国"的名称出现于西周，《周礼·大司寇》讲狱政之事，有"其能改者，反于中国，不齿三年"，②1963 年陕西宝鸡贾村出土的何尊铭文曰："唯王初（迁）宅于成周，复禀武王礼，福自天。在四月丙戌，王诰宗小子京室曰：'……惟武王既克大邑商，则廷告于天曰，余其宅兹中国，自之辟民……'"

在《周礼》中，"中国"有"国中"之意，上述"其能改者，反于中国，不齿三年"中提到的"中国"是"国中"的意思，《周礼正义》疏云："《国语·吴语》曰：'必不须至之会也，而以中国之师与我战。'凡言中国者，并犹国中也。……盖乡土六乡之狱在国中，圜土（监狱）虽与狱异，亦当于国中为之。中国犹言国中，'反于中国'，谓舍出圜土，任其往来于国中也。"③

《诗经·大雅·民劳》："惠此中国，以绥四方。"又说："惠此京师，以绥四国。"郑玄《笺》："中国，京师也。"这里与"中国"、"京师"对应的是"四方"与"四国"。因此，古代的"国"与"邑"、"都"都是同义词，均指城而言，"中国"即是指王者所居之城，称为"京师"。此外，春秋、战国时期的一些诸侯国，也是以其王所居之城为"中国"，如《国语·吴语》记载有越国在分析吴王夫差必败时说："吴之边鄙远者罢而未至，吴王将耻不战，必不须至之会也，而以中国之师与我战。"④韦昭《注》："中国，国都。"《孟子·公孙丑下》记齐宣王说："我欲中国而授孟子室，养弟子以万钟。"这是准备在齐国国都中给孟子提供教学场所与供养，但这并没有更多的文化含义，而只是取"国"的原始含义，以示与其他边鄙相对。

相对于"天下"而言，"中国"只是"天下"的中央部分，只是"化成天下"的地理起点，因此以"中国"一词的本义，是不能概括古代王朝的疆域的。不仅如此，历史上当"中国"与那些被称为外邦的国度打交道时，常常是以某一"王朝"自称的，"王朝"疆域的地理范围显然比"中国"要大得多。

据宋人郑樵所撰《通志》中说，先秦凡能称为"国"的都鄙数量众多，如夏朝之"合万国"；商初存国者三千余；周初尚有一千八百国；周平王东迁之前，尚存有一千二百国；平王东迁而迄于获麟之末，有"百有七十国，百三十九国知土地

---

① 据于省吾教授考订："商代甲骨文没有或、国二字。"至周初，金文才出现"或"字，与"国"相通，是指城邑。
② （清）孙诒让撰，王文锦、陈玉霞点校：《周礼正义》卷六六《大司寇》，中华书局 1987 年版，第 2747 页。
③ 同上。
④ 徐元诰：《国语集解·吴语第十九》，中华书局 2002 年版，第 555 页。

所在,其三十一国不知其处也,其蛮夷戎狄复不在其数";①周之末于战国时剩有七国。在理论上,它们都属于"中国"的范围。因此在地理上,"中国"的概念不等同于"王朝"的概念。

"中国"只是中央之国,在它的四周散落着数以千百计的、大大小小的"国",中国作为"中央之国"的本义,在人们的观念中,一直到清朝也并未有根本性的变化。这个"中央之国"又与"天下"联系在一起,"天下"的概念又与"四海"联系在一起,它的地理范围类似《山海经》描述的那样广阔,统治这个"中央之国"的王朝,在传统义理上负有治理这个"天下"的责任,这个王朝的统治者是天子,天子受命于天,受"四海"之图籍,负有"内抚诸夏,外绥百蛮"而治理天下的义务,天子的责任一如东汉班固所云:"天子受四海之图籍,膺万国之贡珍,内抚诸夏,外绥百蛮。"②

因此,中国古代所谓的"国",不是近现代"国家"的概念。近现代"国"的概念,在内部要划分行政区域,实行马克斯·韦伯所讲的行政科层制度;在外部则属于西方国际法意义上的主权国家,有明确的边界。而中国古代"国"的原始含义,与中国古代长期实行的分封制一脉相承,天子所分封之地尽称之曰"国",并无独立主权。尽管秦以后的历代王朝打破了分封制,推行郡县制,后来又实行行省制,如此似乎也划分了行政区域,实行了行政科层制度,但是在王朝政治的观念中,郡县和行省的范围也仅仅是王朝的中央直属行政区域,整个王朝的统治范围却远在这个区域之外,当然其统治的单元中也包括了"国",如清朝时仍有藩国的概念。

(二) 历史上的"中国"

历史上,"中国"一词本身就意味着内外之别。"中国"是相对于"四方"而言,因此既要从"中国"看"四方",也要从"四方"看"中国"。商朝时,中国多受诸方侵犯,同时对其也多有征伐。殷虚卜辞的武丁卜辞中,记载当时的方国有"土方"、"邛方"、"鬼方"、"亘方"、"羌方"、"龙方"、"御方"、"马方"、"印方"、"黎方"、"基方"、"井方"、"大方"、"祭方"、"豸方"等二十余方国。这些方国的地理位置

---

① (宋)郑樵撰,王树民点校:《通志二十略·地里略·历代封畛》,中华书局1995年版,第527页。
② (东汉)班固:《东都赋》,载(梁)萧统《文选》卷一,第33页。

如陈梦家所说，都在"中国"的北方："武丁时代所征伐的方国，似在今豫北之西，沁阳之北，或汉河东郡、上党郡；易言之，此等方国皆在今山西南部，黄土高原东边缘（晋南部分）与华北平原边缘（豫北部分）交接地带。"①

武丁卜辞中，有关于商王朝征伐"土方"、"邛方"、"鬼方"之事，"土方"曾经侵犯过商朝的东边，如"土方征于我东鄙"；邛方曾经侵犯过商朝的西边，如"邛方亦侵我西鄙田"，"凡从王征伐邛方或受邛方的侵伐者，皆当在与沚相近的地区，而邛所入侵之地亦当为殷的边地或殷之同盟或降服的诸侯的地区"；②处于晋南的"鬼方"曾经侵犯商朝边境，武丁命一个叫震用的人用三年之力克之，《易·既济》有"高宗伐鬼方"，《易·未济》有"震用伐鬼方，三年，有赏于大国"。在武丁时代，与商朝敌对的方国主要在今天的晋南，即汉代的河东郡和上党郡，亦即殷以后称为北戎、北蛮、赤狄的地方。

在商朝的历史上，也有这些"方国"入侵"中国"的记载。据陈梦家《殷虚卜辞综述》一书的分析，自武丁以迄帝辛，都记有"方国"入侵"中国"的事实。如武丁卜辞有"方其来"、"方其出"、"方其大出"、"方不大出"、"于河告方来"、"王令庚追方"等等；庚甲卜辞中有"其又来艰自方"等；康丁卜辞中有"又出方(?)及方(?)其又来(?)"等；武文卜辞中有"犬(?)允伐方"、"方其出一方不出"等；乙辛卜辞有"方来衣(?)邑"等。

在西周金文及《诗》、《书》中，"中国"和"四方"是内外相对的，兹略作一归纳：

王国——四方（《诗·大雅·江汉》）

中国——四方（《诗·大雅·民劳》）

周邦——四方（《克鼎》）

有周——四方（《师询簋》）

中国——鬼方（《诗·大雅·荡》）

四或——不廷方（《毛公鼎》）

四国——多方（《周书·多方》）

陈梦家在其《殷虚卜辞综述》一书中，对西周时期的"中国"、"四国"、"方国"的关系有一说明："与四方相对的是王国、中国、周邦、有周，亦即四方与周国之

---

① 陈梦家：《殷虚卜辞综述》，中华书局 1988 年版，第 269 页。
② 同上书，第 273 页。

相对,四方即四土。中国、四国与鬼方、不廷方、多方是相对的,后者乃指中国、四国以外的许多方国。"①

不过,这时的卜辞对于"四方"的说法还比较笼统,没有更多的族群所指。在卜辞中,除"四土"、"四方"的说法外,尚有东戈、南戈、西戈、北戈"四戈"之说。如：

> 甲子卜王从东戈乎侯伐
>
> 乙丑卜王从南戈乎侯伐
>
> 丙寅卜王从西戈乎侯伐
>
> 丁卯卜王从北戈乎侯伐（甲 622）

"四戈"中的"戈"与"國"相通,"國"字本象形四垣疆界,故"戈"当指国都东、南、西、北的边境之地,即"四境"、"四域"。"由四境、四域而引申为四境至于国都的四个方面,则成为西周之四国"。②

因此,这时所谓的"四方",当是指"中国"之外的四个方面。

到了西周晚期,"四方"的概念更加明确化,西周晚期及春秋时的金文卜辞中,"四方"开始有了明确的族群称谓,即所谓的"蛮夷之邦",如：

四方——玁狁（《虢季子白盘》）

四方——南淮夷（《兮甲盘》）

四方——百蛮（《晋公奠》）

这时,与"四方"对应的是"玁狁"、"蛮"、"夷",之所以有这类称谓,可能与这些方国入侵"中国"的严峻形势有关。西周中后期的铭文记述了许多关于西北族群和东南族群不断侵扰周朝的故事,周朝为此曾多次出兵抵御,周厉王时还对南淮夷、东夷进行大规模的征伐。如周厉王时的"无叀"青铜毁铭文记述了征伐南夷,其中记有："唯十又三年正月初吉壬寅,王征南夷王……"③又如周厉王时的"禹"青铜鼎铭文记述了噩侯驭方率南淮夷、东夷侵犯周王朝的东部、南部疆土,周厉王命西六师、殷八师前往征讨,并俘获噩侯驭方,灭了噩国。其中记有："呜呼哀哉！用天降大丧于下国！亦唯噩侯驭方率南淮夷、东夷广伐南国、

①　陈梦家：《殷虚卜辞综述》,第 320 页。
②　同上书,第 321 页。
③　"无叀"青铜毁现藏中国国家博物馆。

东国。……王乃命西六师、殷八师曰：'扑伐噩侯驭方，勿遗寿幼。'"①

但是，周朝的主要威胁来自西北的玁狁，当时，周朝在朔方还建筑了城堡。如周宣王时的"不期"青铜毁盖内铸铭文，就记述了周王朝抗击玁狁侵犯周朝西部边境的事情，其记有："唯九月初戊申，白氏曰不期驭玁狁广伐……"②又如周宣王时的"虢季子白"青铜盘铭文，记述了虢国的季子白受周宣王命"搏伐猃狁，于洛之阳"，其中有："隹十又二年，正月初吉丁亥，虢季子白乍宝盘。不显子白，壮武于戎工，经维四方，搏伐猃狁，于洛之阳。折首五百，执讯五十，是以先行。桓桓子白，献馘于王。……"③

春秋时，玁狁也被称为"戎狄"，玁狁是秦汉时匈奴人的先民，按《毛诗序》的说法，他们早在周文王之时已为中国边患："文王之时，西有昆夷之患，北有玁狁之难。"④《诗·小雅·采薇》："靡室靡家，玁狁之故；不遑启居，玁狁之故……岂不日戒？玁狁孔棘。"

不仅如此，玁狁之俗在上下、长幼的关系上与中国之礼法相反，玁狁之俗，是"慈其子而严其上"；中国之礼，是"尊其主而爱其亲，敬其兄"。《淮南子·齐俗训》："故四夷之礼不同，皆尊其主而爱其亲，敬其兄；猃狁之俗相反，皆慈其子而严其上。"⑤因此，此时的"中国"应该已经有了对玁狁之俗的防范。

西周时期还有了来自东南方的淮夷的侵犯，穆王时期的《录卣》铭文："淮尸(夷)敢伐内国。"《方鼎》二铭文："率虎臣御淮戎。"《今本竹书纪年》："穆王十三年，徐戎侵洛。"《后汉书·东夷列传》："后徐夷僭号，乃率九夷以伐宗周，西至河上。"

由此可见，这时"四方"的概念已逐渐明确为"玁狁"、"戎"、"夷"、"百蛮"这类蛮夷之邦。到春秋时期，"狄"的称谓已经常用，如赤狄屡次侵犯黄河以东的姬姓诸侯，几乎颠覆了华夏族。

相对于"四方"，"中国"在地理上是中央之国的意思。所谓的"中国"，还有一套义理说法，这就是董仲舒所说的，为适应"天以中为主"的需要而存在的"王

---

① "禹"青铜鼎现藏中国国家博物馆。
② "不期"青铜毁现藏中国国家博物馆。
③ "虢季子白"青铜盘现藏中国国家博物馆。
④ 周振甫译注：《诗经译注》，中华书局 2010 年版，第 227 页。
⑤ 何宁：《淮南子集解》中，中华书局 1998 年版，第 781 页。

者必居"之地。①"中国"就是这个"天以中为主"的中央区域，是"王者必居"的王朝所在地。周初，周王室不仅有"周、邵、毕、荣"的分封，②还曾封建周王室的亲戚以二十六国，他们分别是文王、武王、周公之后，此二十六国"以蕃屏周"，占据了"中国"的主要地域，因此也被认作是"中央之国"。《左传·僖公二十四年》："昔周公吊二叔之不咸（通"贤"），故封建亲戚以蕃屏周。管蔡郕霍，鲁卫毛聃，郜雍曹滕，毕原酆郇，文之昭也；邘晋应韩，武之穆也；凡蒋邢茅胙祭，周公之胤也。"

此二十六国之封，实为世卿宗族政治的保障，一方面它确立了"中国"的华夏血统，另一方面也确立了"中国"的文化正统。通过分封，形成了以周王室所在地为中心的"以蕃屏周"的中国格局。这些被分封的"蕃"，成为抵御"猃狁"、"戎"、"夷"、"百蛮"这类蛮夷之邦入侵的屏障。如1978年河北元氏县出土的周昭王时期的《臣谏簋》中，就记载有"邢侯搏戎"，③意思是邢侯抵御戎族的侵犯。因此，在研究古代"中国"与"四方"的关系时，用"历史上的中国"这样的称谓当更为准确，这个中央区域符合董仲舒所说的"天以中为主"的义理，也形成了"中国"与"四方"的地理和文化界线。

费孝通先生认为中国古代民族关系的基本格局是"多元一体"，费先生的这一概括应当说是十分恰当的，但是不可以一言蔽之，而应当具体分析。传统的"多元一体"是建立在以华夏王朝为中心，以是否被华夏"王化"来判断某一"国"是否属于"中国"。如前所说，"中国"与"王朝"是不同的概念，"中国"只是"王朝"的中央区域，具有"中和"的文化性质，所以它才是"王者必居之地"，是天下的正统。"中国"既是一个中央地理区域，更具有作为文化中心的义理，因此可以被看作是一个文化实体。

因此，在地理上"王朝"的疆域远远大于"中国"；在文化上，"中国"则高于"王朝"。"王朝"是一个政治实体，由于"王朝"在地理上占据了这个中央地理区域，因此这个"王朝"又取得了"中国"文化在地理上的合法性。历史上，在以朝贡为标志的边疆政治中，"四方"向中央王朝的朝贡，在形式上是对"王朝"这样

---

① （清）苏舆撰，钟哲点校：《春秋繁露义证》卷七《三代改制质文第二十三》，中华书局1992年版，第195—196页。
② 《国语》卷一〇《晋语四》有："及其即位也，询于八虞而谘于二虢，度于闳夭而谋于南宫，诹于蔡、原而访于辛、尹，重之以周、邵、毕、荣。"
③ 李学勤、唐云明：《元氏铜器与西周的邢国》，《考古》1979年第1期。

一个政治实体的朝拜和认可；在实质上也是对"中国"这个文化实体的朝拜和认可。因此，历代中央王朝用"朝贡"这样一种礼法形式对其边外藩属进行统治，正是其"中国"式的天下观和文化观的体现。费孝通先生所说的由内而外、"多元一体"的差序格局，不仅是建立在"中央王朝"这样一个政治实体概念上的"多元一体"，更应当是以"中国"这样一个文化实体为核心的"多元一体"。

历史上，"中国"还是一个在特定的、相对稳定的地理空间范围内不断扩散的概念。"中华民族"是一个生存在大陆的民族，东亚大陆为各族群的发展提供了一个广阔的陆地空间，也为各族群的交往和互动提供了一个相对确定的地理范围。其西南部，有帕米尔高原和喜马拉雅山为天然屏障，难以逾越；其东部，是漫长的海岸线和广阔的太平洋，长期以来被中国人视为"万川归之，不知何时止而不盈；尾闾泄之，不知何时已而不虚"；①其北部，则是"幕北地乎，少草木，多大沙"，②"上无飞鸟，下无走兽，遍望极目，欲求度处，则莫知所以拟，唯以死人枯骨为标识耳"，③西北的戈壁沙漠和东北亚寒带的原始森林封锁了人们的北行之路；其西部，天山、阿尔泰山、昆仑山、葱岭等雪峰横亘，"山路艰危，壁立千仞"，交通险阻，古人视为畏途；其南部，同样也为山脉和大海所阻隔，交通极为不便。整块大陆的地理布局，惟有中、东部地区是平原和丘陵，这一地理格局对"中国"的文化和政治格局均产生了深刻的影响。

首先，在中国的原始神话中，中国人就形成了自己的"天下"概念，这个"天下"概念与中国实际所处的上述地理环境是一致的。对此，法国汉学家马伯乐通过对《尚书》的分析，对中国人的原始世界观有一番概括，从中可以看出古代中国人关于"中国"与"天下"关系的认识。

> 天是由"九重"，亦称"九天"构成的。每重天之间隔以虎豹所看守，为"帝阍"所管辖的门在最下的一层，天上人间的分世处，有阊阖门。……横陈于天之下的是地，即下土。下土安息于八柱之上，在原始时，靠了重黎所毁灭的路可以上通于天。地分为几个中心地带，其中央为九州，即中国。野蛮人环居于中国的四面，北为狄，东为夷，南为蛮，西为戎。这是人类居住的世界，其东方与南方直接临海，北方与西方乃是大沙漠流沙……更远

---

① 《庄子·秋水》。
② 《汉书》卷九四下《匈奴传》，中华书局 2002 年简体字版，第 2810 页。
③ （东晋）法显撰，章巽校注：《法显传校注》，上海古籍出版社 1985 年版，第 1、7 页。

一点有四海，它们彼此相通，环绕着人所居住的世界。①

　　这种自然地理的局限为历史上"中国"文化的发展提供一个可以由里向外扩散的空间，这个广大同时又相对限定的地理环境又为这块土地上多族群之间的相互交往提供了一个相对稳定的环境。这在很大程度上也限定了其作为文化民族国家在形成过程中既"多元"又"一体"的基本走向，甚至于在空间上限定了它的国家治理思想和基本政治框架。

　　其次，从文化史的角度看，由于"四方"自古以来都没有超出上述所提到的范围，因此"中国"与"天下"才可望实现统一，华夷之间才有了可以融合的地理空间。这种相对封闭的地理格局，极大地影响了中国与"四方"之间的关系，各个文化单元之间容易进行文化对比。"中国"人的文明意识正是产生于这个范围内，是这个范围内各文化单元之间对比的结果，儒家文明也是从这一环境中生长出来的。历史上，虽然以文明自居的"中国"也有暴力的一面，但总体上来看，"中国"仍然习惯用文化手段去抑制"四方"的暴力，这成为中国与"四方"关系的一大特点。

　　因此，"中国"的历史，就是在这样一个地理、文化范围内不断变化、发展的历史；"中国"的民族史，也是在这样一个地理空间内华夷互融、互动的历史；"中国"的边疆史，也是不断由里向外，理论上包含了较为抽象的"四方"，同时又由中原势力不断把"四方"向外推移、扩散的历史。"中国"所处的这样一个相对封闭的地理环境，不同于某些发源于交通要道的古代文明，如古希腊文明、古埃及文明。在整个中世纪都领先于世界的中国文明，除了受到来自北方族群的武力威胁外，难以受到其他外部文明的挑战。尽管在它的四周有局部的草原、绿洲和山区的坝子形成了局部独立的地理单元，周边的族群、种落在某些时候也形成了某种程度上独立的文化单元，比如唐朝时南方的南诏国。但从整个大的地理格局来看，这些族群、种落所在的地方仍然处于"中国"文化可能辐射到的范围内，而且恰恰正是由于这种地缘政治上的向心与扩散才形成了中国人的"天下"观，其疆域的形成过程才难以用现代国家"领土"的概念来解释。也正因为在文化上由中心向四方不断扩散、辐射的发展模式，它才可能形成"有限度的超

---

　　① ［法］马伯乐著，冯沅君译：《书经中的神话》，国立北平研究院史学研究会，商务印书馆民国二十五年发行，第13页。

大规模国家"的政治形态。之所以说它是"有限度"的,是因为这个相对局限的地理环境正是历代中华帝国疆域扩展的自然终点;之所以说它是"超大规模国家",是因为在这个相对局限的地理范围内,它已经超越了"中央之国"的范围,并保持了它无与伦比的发展连续性。正如吉尔伯特·罗兹曼所言:"关键的一点是,在中国人自己眼里,中国政治结构具有从未受到威胁和挑战的、无与伦比的发展连续性。"①

正因为如此,一方面,它难以形成今天这样明确的、与现代国家概念相一致的、严格的国际法意义上的领土概念;另一方面,自然也就形成了以王者所居的直接统治区域为中心,以相对间接控制区域为边界的王朝宗主概念,进而在它的四周始终有一个极富弹性的疆域。因此,中国在近代以前一直没有严格的国家领土主权观念,国家领土主权观念的缺失对于历史上的"中国"形成相对保守的、非进攻性的边疆意识产生了影响,进而影响了历代王朝的边疆治理模式。由此可见,古代所称的"中国",与今天我们所谓的中国有着不同的含义,因此中国的边疆同中国一样也是一个动态的文化概念,尽管历史上人们一直以中原为中央,以能够"问鼎中原"作为王朝正统性的地理标志。

(三)"中国"的文化义理

"中国"不仅具有"天以中为主"的自然属性,还具有很强的文化属性。"文化"一词,本是近世由西语转译而来,中国古代只有"人文"一词,是谓《易》云"观乎人文,以化成天下",钱穆先生解释中国古代的"人文",所谓"文",是指种种复杂的花样,与"理"相通,故有古代"天文"、"地文"(地理)、"人文";②所谓"人文",是"指人群相处种种复杂的形相",③如个人、家庭、社会、天下;所谓"人道",是指人文中的种种关系。中国古代所谓的"化",是"相和相通"④或"融合会通"⑤之义。中国古人本无鲜明的民族观,亦无鲜明的国家观,能由"人"之观念,直演进到"天下",亦即是由人和人的相处之道(仁、义、礼、智、信)演进于家庭成员之

---

① 〔美〕吉尔伯特·罗兹曼主编,国家社会科学基金"比较现代化"课题组译:《中国的现代化》,江苏人民出版社 1995 年版,第 61 页。
② 钱穆:《民族与文化》(新校本),九州出版社 2012 年版,第 67 页。
③ 同上书,第 6 页。
④ 同上。
⑤ 同上书,第 7 页。

间、族与族之间、国与国之间的相处之道。这个"道"就是从人到家，从家到国，从国直至于天下的中国式的"人道"或"常道"。这个"人道"之所以能够化成天下，是由于它是超越种族和国家界线的人间普适的相处之道。因此，中国"自始不以民族界线、国家疆域为人文演进之终极理想。其终极理想所在，即为一'道'字。[①] 这个"常道"的核心是被孔子释之为具有普世性的"仁"，"仁"贯穿于"修身、齐家、治国、平天下"，故而才有"王者无外"之说。

所谓"王者"，是携大道，行天下事者，故"王者"无远近，无大小，无内外，是谓"王者无外"，故"中国"之王者本无坚强的国家观的局限，亦无坚强的法律观的局限，其所追求的"相处之道"，多依传统人文之"常道"而"一以贯之"，[②]故其国家观、民族观、边疆观、法律观多具人文之属性，而乏地域、种落、疆域、制度之界线。所以，要理解此处"中国"疆域的观念，需知上述"人文"之于政治、法律的意义。

在文化上，先秦时代那些被称为"国"的地方又分为诸夏与夷狄。所谓"内诸夏而外夷狄"，春秋之时的齐、鲁、晋、郑、陈、蔡等中原诸侯国皆为"诸夏"，"诸夏"亦可称"中国"，而秦、楚等国仍是"夷狄"。[③] 到了战国，原来被认为是夷狄的秦、楚亦称"诸夏"而同列于"中国"，这时"诸夏"的范围仍然向着"夷狄"疆域继续外推。到了秦汉时期，原来的东夷"其淮、泗夷皆散为民户"，[④]已不再是西周时的东夷，所谓的"东夷"则已是指东北地区、朝鲜、日本地区的族群了。

在文化上，如前所举，中国与夷狄的界线是"野蛮"和"文明"分野，首先是"以礼别族"，"中国"与"夷狄"不仅是"诸夏"与"夷狄"之别，还是"野蛮"与"文明"之别。[⑤] 在中国人看来，二者的区别是文化上的区别，而非种族、地理上的区别。因此对历史上的"中国"的理解，离不开对中国古代"华夷"观念的研究，解释中国古代"边疆观"亦需要从中国的"礼"的缘起、沿革开始。

---

① 钱穆：《民族与文化》（新校本），第 7 页。
② 《论语·里仁》："子曰：参乎，吾道一以贯之。"
③ 在先秦时代，"中国"的概念不包括秦、楚两国。秦往西征伐诸戎，"遂霸西戎"。虽然其势足与晋、楚抗衡，却终春秋之世，"不与中国诸侯之会盟，夷翟(狄)遇之"。楚，于西周初受封于荆蛮地区，西周晚期兴起，熊渠宣称："我蛮夷也，不与中国之号谥。"率先称王。秦汉时期，中国的概念随着统一国家的形成和经济、文化的一体化，原来像楚国这样的诸侯国才算是"中国"。
④ 《后汉书》卷八五《东夷传》，中华书局 2000 年简体字版，第 1898 页。
⑤ 《公羊传》引何休注："中国所以异乎夷狄者，以其能尊尊也。王室乱莫肯救，君臣上下坏败，亦新有夷狄之行，故不使主之。"在义理上，"华夏"与"夷狄"可以互换，如杨树达说："夷狄进于中国，则中国之。中国而为夷狄，则夷狄之。"

历史上，以礼治天下的观念由来已久，司马光在《资治通鉴》中开篇就有说"礼"对于治理"四海"的重要性："天子之职莫大于礼，礼莫大于分，分莫大于名。何谓礼？纪纲是也；何谓分？君臣是也；何谓名？公、侯、卿、大夫是也。夫以四海之广，兆民之众，受制于一人，虽有绝伦之力，高世之智，莫敢不奔走而服役者，岂非以礼为之纲纪哉！"①从历史上"中国"的形成和发展来看，"礼"、"族"、"国"应当是中国传统治边观念形成的三个基本要素。历史上的"中国"早期本身并无明确的民族意识，"华夏族"明确意识的形成是春秋时期的事。从"礼"与"族"的关系来看，这种文化区别的标准不完全是我们今天所理解的经济方面的区别，相反它更多的是制度、风俗方面的区别，而在更早的时候就是"礼"。秦汉以前，中国传统的华夷观主张区别"诸夏"与"夷狄"，这种区别的核心标准是"礼"。"礼"源自原始时期，经夏、商发展，于西周形成了系统的"礼治观"。"礼"从起源上讲，本是"族群"原始祭祀的习俗，《礼记·标题疏》载："礼事起于燧皇，礼名起于皇帝。""礼，履也，所以事神致福也。"

《礼记·礼运篇》关于礼的产生有如下描述："夫礼之初，始诸饮食……犹若可以致其敬于鬼神。"《孟子》中有"礼之初，始诸饮食"之说，意为礼始于日常饮食活动。《礼记》中有《乡饮酒礼》、《燕礼》等篇章，记述了乡间和国朝有关喝酒、吃肉和音乐伴奏的一系列繁文缛节，礼与饮食、酒之间有着密切的联系。由此可知，"礼"在初始之时，只是原始初民关于分配食物次序的习惯。"礼"在起源上又与原始宗教"祭"有关，"祭"字，从示，从肉，从又，又是手之象形，所谓"祭"就是手持肉置于祭台之上。"礼"最初还与饮食器皿相关，"礼"同于甲骨文中的玉，乃是玉器之意，象征致祭器豆盘中盛玉，以祭祀祖先神灵。因此，礼在起源上首先多是对祖先祭祀之礼器和程序，而后才是作为规范世俗生活的仪式。

中国自古有祖先神崇拜的习俗，其中主要是通过祭祀的方式来进行，这种祭祀起初是一种简单仪式，后随文明之进步而渐次繁琐化，形成生活中的"礼"，进而才是作为一种具有法律规范意义的"礼"。在原始初民的社会生活中，饮食与酒之间有着密切的联系，而饮食与酒本身又是"祭祀"最重要的要素。在原始宗教祭祀中，酒的迷幻作用使得酒成为祭祀中必不可少的"器物"，故王国维《观

---

① 《资治通鉴》卷一《周纪一》。

堂集林》卷六《释礼》说："盛玉以奉神人之器谓之曲（若丰）；推之而奉神人之酒醴,亦谓之醴；又推之而奉神人之事,通谓之礼。"

因此,从起源上讲,"礼"是一种原始的宗教祭祀,这种宗教祭祀同时又是一种原始的日常生活习惯、生活习俗。在初民时代,各族群的发达都经历了礼俗的时代,各个族群有着自己不同的礼,礼成为某一种特定族群的生活方式。在没有"国家"概念的时代,各族群的形成经历了这样一个过程,起初是以一种单纯的血缘关系结成的氏族,相互孤立且互不相通,而后通过诸如战争和婚姻的形式相互沟通、联合,形成一个更大的族群。礼作为一种具有规范力（程序）、权威感（原始神秘主义）、认同感（祭祀共同的祖先）的仪式自然就会起到规范人们行为的作用。从这一角度来讲,作为一种规定人们生活方式的规范,在起源上礼本身就是某一个族群具有认同感的生活习惯、生活习俗,而这种规范就是某一种族群的象征。

"礼"还具有区分祖源的功能,是一个民族文化的结晶。在法律尚不发达的时代,"礼"不仅起到规范某一民族生活习惯、生活习俗的作用,而且还是一族区别于另一族的标志,是一个族群区别于另一个族群的"图腾"。华夏族很早就对周边的族群做了记录和归类,如先秦之"方国"及东夷、西戎、南蛮、北狄,汉之南越、西南夷等。对于"民族"的划分、识别,我们今天有诸如语言、文化、共同地域等标准,但是在中华文明之初,族与族的区分也必然是基于一种可以被称为文化的原始风俗习惯,而在早期中国这样一个以农业为主的地缘宗族国度里,原始文化的起源也必然是与祖先神崇拜相联系的、以"礼"这种仪式为核心的祭祀文化,这种祭祀文化也正是华夏族区别于周边其他族群之所在。"礼"作为一个族群文化的结晶,作为一种族群之间相区别的文化标准,在古代的中国表现得十分明显。族群之间的区分最早是血缘上的区分,进而发展至文化上的区分。在中国历史上,从"血缘中国"向"文化中国"的进阶,是中华民族史上的一个重要特点,同时也是中国古代边疆治理的历史文化基础。

在关于周朝的记载中,有华夏、夷、蛮、戎、狄五大族群集团,这些族群集团之间相互区分的标志主要是外在的服饰和发式。比如华夏族居于"中国",衣服为右衽,留满头发,结扎冠带,是谓"冠带之国","冠带之国"由此与"四夷左衽"、断发、被发者严格区分。南方的荆蛮和吴越之人皆为断发,西方的戎人为被发。在华夏族看来,"身体发肤,受之父母",不能有所损伤,断发便被认为是大逆不道,甚至是"刑徒之余"。这些族群集团,又区分为不同的群体,如《礼记·明堂位》所称的"四夷、八蛮、七闽、九貉、五戎、六狄",其风俗也各不相同。春秋时期,东夷与华夏在习俗上还有很多不同,东夷的一些族群中还存在"杀人用祭"的习俗。《左传》云:"(僖公十九年)夏,宋公使邾文公用鄫子于次睢之社,欲以属东夷。"①杜预注云:"睢水受汴,东经陈留、梁、谯、沛、彭城县入泗。此水次有妖神,东夷皆社祠之,盖杀人而用祭。"②

但是自周公"制礼作乐"始,随着"礼"的制度化,"周礼"开始成为衡量"夷"是否可以属于"中国"的标准。董仲舒在《春秋繁露·竹林篇》中评论《春秋》宣公十五年(前597)晋楚之战时孔子的"笔法"时说:《春秋》之常辞也,不与彝狄而与中国为礼,至邲之战,偏然反之。何也?《春秋》无通辞,从变而移。今晋变而彝狄,楚变而为君子,故移其言而从事。"韩愈在《原道》中评论说:"孔子之作《春秋》也,诸侯用夷礼则夷;进至中国则中国之。"这反映了以"中国"为中心的文化秩序观。

因此,"中国"一词就不再仅仅是指城、邑,"中国"被扩大为一个具有明确文化含义的、以"礼"为标准的概念,"中国"与"华夏"的含义更趋一致,这时祖源已不放在重要地位,而以文化当作判别华夷的根本标准。当时族类的区分包含了地域、语言、习俗和礼仪,当然,经济方面的差异也被重视,但这类差异并不是先进与落后的真正区别,而主要是习俗文化上的不同。《左传·襄公十四年》西戎的一支戎酋子驹支云:"我诸戎饮食衣服不与华同,贽币不通,言语不达。"《吕氏春秋·知化篇》记载吴王夫差将伐齐时曰:"夫齐之与吴也,习俗不同,言语不通,我得其地不能处,得其民不能使。夫吴之与越也,接土邻境,壤交通属,习俗同,言语通,我得其地能处之,得其民能使之,越于我亦然。"

一方面,"习俗不同,言语不通,我得其地不能处",另一方面,"习俗同,言语通,我得其地能处之",这种对周边的认识具有浓厚的文化色彩,作为一种政策往往具有相当的文化保守性,这与后来明代朱元璋所说的"四方诸夷,皆限山隔海,僻在一隅,得其地不足以供给,得其民不足以使令"一以贯之,③它反映了中国古代建立在文化区分上的边疆意识,这是中国古代的"文化边疆"观在治边思

---

①　陈戍国:《春秋左传校注·僖公十九年(上)》,岳麓书社2006年版,第214页。
②　(晋)杜预撰,李梦生整理:《春秋左传集解》上,凤凰出版社2010年版,第165页。
③　《明太祖洪武实录》卷六八。

想上的反映。

在文化义理上，如果对"中国"一词分而论之，"中"当是一个文化概念，"国"当是一个地理概念。所谓"中"，符合"天以中为主"的需要，是"王者必居"之地，儒家的思想还赋予这个"中"以政治意义，儒家把"中"与"和"联系在一起，由此阐述它的政治义理，他们认为理想的政治应当有"中和之美"。

"和"是儒家追求的天下秩序，我们来看看儒家是如何论证他们"和"的思想的："伊川先生(程颐)曰：'发而中节谓之和。'和也者，言'感而遂通'者也，故曰'天下之达道'。"①所谓"天下之达道"，是指"和"是天下都遵循的道理，也是天下追求的自然之理，是"善道"。儒家喜欢从人性来寻找各种社会乱象的原因，对于"和"自有一番人性理论，认为有悖此"天下之达道"而使"和"与"善道"被破坏的人性原因，是因为这个世界上有"下愚"之人。

儒家的理论中有"上智"与"下愚"之说，子曰："唯上智与下愚不移。"②所谓"下愚"者，有二焉，自暴也，自弃也。《孟子·离娄上》又云："自暴者，不可与有言也；自弃者，不可与有为也。言非礼义，谓之自暴也；吾身不能居仁由义，谓之自弃也。"③"下愚"之人，往往是自暴者，言非礼义，不相信善道，不以善道自治；他们又往往是自弃者，躲避善道，拒绝教化。按朱熹的解释，"自弃者绝之以不为"，④这样的人是本性所致，他们"虽圣人与居，不能化而入也"。⑤ 不仅如此，这类被孔子称为"下愚"的人，他们往往有过人的才能，"强戾而才有过人者"，⑥如商朝的纣王，因此这类"下愚"之人是社会、国家不"和谐"的人性因素。

虽然社会中有自暴自弃者，但是儒家对此仍然充满信心，因为儒家相信"人性本善"，"下愚"之人其心虽绝于善道，但是"其畏威而寡罪，则与人同也"，亦如朱熹所云："心虽绝于善道，其畏威而寡罪，则与人同也。惟其与人同，所以知其非性之罪也。"⑦

因此，他们与常人一样会畏惧威权，希望免受刑罚，在这一点上他们的人性与常人的本性是一样的。这就是说，畏惧威权而希望少受刑罚这本身就是人性

---

①　(宋)朱熹、吕祖谦：《近思录·道体》，中华书局 2011 年版，第 27 页。

②　《论语·阳货》。

③　《孟子·离娄》。

④　(宋)朱熹、吕祖谦：《近思录·道体》，第 27 页。

⑤　同上。

⑥　同上。

⑦　同上。

中的善道之源，因此儒家认为"善道"是天下和谐的根本，"善道"的核心是"仁"，"仁"是使得天下能够和谐的正理，故《程氏经说·论语解》云："仁者，天下之正理，失正理则无序而不和。"①

从这里可以看出，在追求以"和"为天下秩序的过程中，儒家的论证并非仅仅是道德层面的，儒家从未忽视过"畏威而寡罪"的人性，也就从未忽视过法律对于良好秩序的重要意义。

但是儒家的论述中似乎隐含了这样一个意思，即那种自暴自弃的人总是少数，而且他们是可以通过"仁"的教化和刑的威慑使其悔改的。从根本上讲，人性总是要最终遵循天理，"人心"总是要服从"道心"，只要"道心"主宰了这个世界，世界就有了"仁"，有了"和"。这一思想如同宗教一样，在追求"和"的道路上，儒家总是抱定着乐善、劝善的精神，正如孔子很难说清楚什么叫"仁"一样："仁至难言，故止曰'己欲立而立人，己欲达而达人'。"②

由自己而想到别人，做到"能近取譬，可以谓仁之方也已"，这就是通往"仁"的路径，也就有了通往"和"的路径。此一路径，于一人然，于一家然，于一国然，于天下然。怀此"仁心"者，自然是如子夏所说的"四海之内，皆兄弟也"。③相反，自暴自弃者从一己之私出发，他们自己不懂得近于善，也就不符合"仁"的要求，朱子云："四端万善，皆统乎仁。"④故《程氏易传·复传》云："仁者，天下之公，善之本也。"⑤

但是"仁"也是自然而然的事情，是遵循天理"公道"使然，即使身处乱世，"仁者"仍以天下为公，而不会堕为自暴自弃者。"仁者"既非道家杨朱学说主张的那样"贵己"、"重生"，"拔一毛而利天下，不为也"的"全生"主义，⑥也不是墨翟学说那样"摩顶放踵利天下，为之"的"兼爱"精神。⑦

"仁"的自然性又在于一个"中"字。儒家对于"中"字亦难言，他们认为天地

---

① （宋）朱熹、吕祖谦：《近思录·道体》，第29页。
② 同上。
③ 《论语·颜渊》。
④ （宋）朱熹、吕祖谦：《近思录·道体》，第25页。
⑤ 同上。
⑥ 同上书，第40页。注：在战国时期，孔子没而杨朱起，圣王不作，诸侯放恣，处士横议，杨朱、墨翟之言盈天下。
⑦ 《孟子·尽心上》。

万物都有一个天然的"中"，不是靠人安排而来。"不待人安排也，安排着则不中矣"。① 儒家讲"中"，即是一种道理，子夏说"敬而无失"，谨慎约束自我而达于中。程颐则认为对于"中"字，只有"默识心通"，他对此有一个比喻："中字最难识，须是默识心通。且试言：一厅则中央为中；一家则厅中非中，而堂为中；言一国，则堂非中，而国之中为中。推此类可见矣。如三过其门不入，在禹、稷之世为中，若居陋巷，则非中也。居陋巷，在颜子之时为中，若三过其门不入，则非中也。"② 由此可见，程颐对于"中"字的解释，并非地理上的"中"，而是儒家义理上的"中"。他认为，如果是在大禹那样的清平时代，大禹"三过其门不入"是"中"，而如果处于颜回时的那种昏乱之世，颜回"居陋巷"则可谓"中"，相反，如果那时颜回仍忙于碌碌建功，反而就不是"中"了。由此，从儒家对于"中"字的解释推之，古代"中国"之义，在政治义理上也并非只是地理上的"中"，"中"更是一种行为，还是一种"道心"，是一种"道法自然"的世界观和政治行为。总之，它非杨朱之私，亦非墨子刻意之公，而更是有"中庸"之义，是天地之间的正理，为天下之大本。故《二程遗书》卷一一云："中者，天下之大本。天地之间，亭亭当当、直上直下之正理。"③

　　从以上分析看，"中国"不仅是一个地理概念，还是一个继承和坚持了上古"常教"的文化概念。中国人还认为这个以"常教"为核心的文化具有"中和之美"，它无心于对人事之外的自然有更多的探究，所谓"六合之外，存而不论；六合之内，论而不议"，④即是如此。因此，相对自然，中国人更专注于实现以"仁"为核心的社会理想，这个理想的内容是由华夏文化原始的天时、人伦义理内涵构成，是由"道"、"仁"、"孝"、"礼"等这类人文关键词共同构成的"中和之道"。历史上，三皇五帝、尧舜文武这些圣人在政治上皆是"中和之道"的承载者，如尧曾告诫舜："天之历数在尔躬，允执其中。"⑤而在后世士农工商的"四民社会"中，那些遵循了这种"常教"文化的士，⑥又成为"中和之道"的承载者。士不是以身

①　（宋）朱熹、吕祖谦：《近思录・道体》，第 40 页。
②　同上书，第 41—42 页。
③　同上书，第 39 页。
④　金圣叹解释《南华》这一句，云："六合者，上与下合，下与上合，乃至前后合，左右合。大千世界，尽此六合，实则一合相。"（清）金圣叹：《金圣叹文集》，巴蜀书社 1997 年版，第 122 页。
⑤　《论语・尧曰》。
⑥　钱穆先生又称之为"士流品"，是介与贵族与平民之间的一个阶层，见钱穆《民族与文化》（新校本），第 93 页。

份论之，"士"有"君子"之道德、"大人"之心性，"视天下为一家"的胸怀。如王阳明所言："大人者，以天地万物为一体也。其视天下为一家，中国犹一人焉。"[1]因此士能够成为"道"的承载者。

由于这些圣人有循天道而通人事的"神人交通"能力，所以他们在从事政治活动时的特点是循天理，重礼教，而不专注于法律，"心藏于密，无法度可见"，故其教亦曰"宪"。"宪"的繁体是"憲"，"故憲字从宀，即密字，从心，从王，从四国。心藏于密，无法度可见"。[2] 这就是中国传统儒家士人喜言教而不喜言法律的原因。孔子反对晋国执政赵鞅铸刑鼎，在其公布成文法时说："晋其亡乎！失其度矣！"又说："贵贱无序，何以为国？"实是循圣人的大宪需"心藏于密，无法度可见"的上古常教而言之，也是上古以来"中国"作为一文化体的本义。

不仅如此，作为上古人文思想继承者的儒家还认为，这些圣人不仅产生于"中国"这幅天地，还住持于这幅天地。如东汉的应劭在《风俗通义》中就认为，只有"中国"这幅天地才出生这样的圣人。清代学者金圣叹在其《语录纂》中亦认为，有这幅中国天地，才出生了这些圣人，并由这些圣人来住持中国这幅天地。故作为儒家经典的《大学》之义，其"大"是指天地，"学"则是指圣人："《大学》统举法界，大是天地，学是圣人。有这幅天地，出生这个圣人；有这个圣人，住持这幅天地。"[3]

因此，相对"四方"的夷狄而言，在中国人所能够知道的"天下"、"四海"的范围内，认为只有"中国"才是产生圣人的地方，只有"中国人"才是这种"中和之道"的承载者，因此他们始终相信自己是得天地之道的唯一的文明人。同时，由于中国人认为自己的文化才是贯通了天、地、人的"中和之道"，才是用天道、人伦的"中和"态度来看待世界的，这又使得"中国"作为文明的同义词，有了超越人种、血族、国家的意义，这种超越性又使其在边疆政治上表现出"化成天下"的文化心态，也使得"中国"一词在边疆的法律治理方面上，有了教法合一的法理内涵。

---

① （明）王阳明：《王阳明全集·大学问》，见黄守愚《儒学新编》，湖南人民出版社2015年，第284页。
② （清）金圣叹：《金圣叹文集》，第122页。
③ 同上书，第123页。

二、"文化边疆"：中国边疆的文化属性

（一）王道政治：王朝正统性与大同思想

在中国历史上，儒家政治实质上是代表了传统主流历史文化的政治，具有继承性和主导性。在儒家政治文化中，评价王朝政治的一个重要概念就是"正统性"。"正统性"是王朝合法性的准据，是一个关于"传统合法性"的概念。儒家最讲传统，讲"志古之道"。^① 所谓"志古之道"，对于王朝的合法性来说就是"王道"，而所谓的"儒家政治"，就是"王道政治"。因此，在儒家看来，一个王朝是否行"王道政治"，是这个王朝是否具有政治合法性的根本要求，这就是所谓"正统性"的标准，董仲舒在解释何谓《春秋》之"王正月"时，谈到了对王朝政治的要求："王者必受命而后王，王者必改正朔，易服色，制礼乐，一统于天下。所以明易姓非继人，通以己受之于天也。"^②这段话是关于王朝"正统性"的表述，实际上提出了"正统性"的三个标准。

首先，王者必奉天地，得"三正"（天、地、人）之道。因此，"王者"必须是能够通得天道、地道、人道之人。西汉董仲舒《春秋繁露》中对"王"字的解释就是要求要"通其道"："古之造文者，三画连其中，谓之王。三画者，天、地与人也，而连其中者，通其道也。"^③因此，王者之治必是要实行"王道政治"，"王道政治"是王朝符合"正统性"的基本要求。也就是说，一个王朝只有行王道才可以谈得上具有"正统性"，它要"受命于天"，"受命于天"即是符合"天道"、"天心"，这是"正统性"的基本内涵。因此，"王"的治理应该是贯通天、地、人的治理，要奉行"三正"（天、地、人）之道。

其次，为得"三正"之道，还必须有相应的历法、礼制以奉应天道。这需要符合文化上的要求，必须继承上古以来的礼制文化，它要"改正朔，易服色"。所谓"改正朔"，是新朝需要重新确定一年的正月初一是哪一天；所谓"易服色"，是指还要按王者的需要，按自己的五行所属，要"殊徽号"；同时还要"制礼乐"，"异器

械"。如"汤受命而王,应天变夏作殷号,时正白统",①"文王受命而王,应天变殷作周号,时正赤统"。② 而所谓的"制礼乐",如文王名相官曰宰,作武乐,制文礼以奉天下;又如武王制爵五等,作象乐,继文以奉天等。这些做法都是为新的王朝定位,以顺应天心。所谓"天道",即"天心"。"天心"在于一个"仁"字:"仁之美在于天。天,仁也。"③是说人及万物皆天化而生之,养而成之,作为"王者"如此以应天之"仁"。

再次,王者要有相对固定的统治疆域,而且必居中才能"一统于天下"。古者在地理上认为"天以中为主",故王者必居中国,不能"近夷遐方",这样才能通得"三统"(天施、地化、人事),才能"法天奉本",才有了"化四方之本",才可以"执端以统天下,朝诸侯也"。"三统之变,近夷遐方无有,生煞者独中国。然而三代改正,必以三统天下。曰'三统五端',化四方之本也。天始废始施,地必待中,是故三代必居中国,法天奉本,执端以统天下,朝诸侯也"。④

董仲舒的这一理论确立了中国与"四方"之间的基本文化地理关系,在文化上,这是主与次关系;在地理上,这是"中央之国"与"四方"的关系。因此王者之治,必然居"中国"而得"三统五端",才具有了"化四方之本",进而化成天下。如此,董仲舒实际上确立了王者之治必然要居"中国"的标准,因此历史上欲一统天下者,自然以问鼎中原或逐鹿中原为念。

董仲舒关于"正统性"的标准,确立了中国政治之"正"与"非正"的标准,也是王朝政治是否具有统治"合法性"标准。因此董仲舒关于"王道政治"的表述,揭示了儒家关于政治合法性的标准。值得注意的是,这里面虽然说明了在地理上王者不能"近夷遐方",但是并没有说必须由某一个族类来进行统治才具有合法性。由此推演,无论是哪一个族类,只要能够得"三正",通得"三统",即可以成就王者之治,这种标准与儒家政治秉承的"大同"思想是一致的。

古代儒家强调的王道政治,并不是指一人之政治、一国之政治,也不仅仅是指某一个族类的政治,而指上古以来王道政治的传统,这里又可称之为"三统政治"。"三统政治"在文化和道理上具有历史性和继承性,"三统政治"与儒家的

---

① (清)苏舆撰,钟哲点校:《春秋繁露义证》卷七《三代改制质文第二十三》,第186页。
② 同上书,第187页。
③ 同上书,第329页。
④ 同上书,第195—196页。

"大同思想"是一致的。《礼记·礼运》有对大同理想社会的描述，其文云：

> 大道之行也，天下为公。选贤与能，讲信修睦，故人不独亲其亲，不独子其子，使老有所终，壮有所用，少有所长，鳏寡孤独废疾者皆有所养。男有分，女有归。货恶其弃于地也，不必藏于己；力恶其不出于身也，不必为己。是故谋闭而不兴，盗窃乱贼而不作，故外户而不闭，是谓大同。①

"大同思想"不仅是一种世界观念，还是一种有具体内容的王道政治，是建立在"大道"理论基础上的，力图贯通天、地、人的政治构想。在"大同思想"中，没有种族之别，没有利己主义，没有法律主义，没有国家主义，没有刻意的兼爱精神，而是以求得天下中和为治的社会主义。因此，"大同思想"不仅只是一种思想，而且是一种有具体内容的"社会政治"，这就是"大同政治"。可以说，中国古代所谓的"王道政治"，它的终结之处在"大同政治"。

在政治上，中国古代政治不仅要符合"通三统"的义理要求，还要实现"家—国—天下"同构。中国古代政治被人们认为是"宗法制度"，"宗法制度"与"大同政治"或"天下政治"之间存在着矛盾的一面。"宗法制度"必然是以某一血族的利益为本位，而不是以"国"或"天下"为本位的，但是在中国古代家族的利益又总是与国家政治或天下政治结合在一起，所谓的"天下政治"是以宗族（如夏、商、周）或家族（如秦、汉及其以后）为主体的政治，只是不同时期有不同的表现罢了。因此，所谓的"化成天下"不过是文化主义、家族主义、大同目标的结合，其基本点仍然用"道"的精神去实现"家—国—天下"的同构。

"三统政治"和"大同目标"都超越了自上古以来以宗族政治为基础的"家国政治"的局限，它的终极目标是追求以"通三统"为标准的"天下政治"。在这种以追求"天下政治"为终极目标的指导下，历代中央王朝至少在理论上要以居中为正统，以化成天下为己任，"中国"本身就成为一个以华夏文化为文明标准的、超越了种族和国家的、追求大同政治的文化符号和政治符号。

（二）"文化边疆"与文化民族

既然"中国"一词是文化政治概念，那么"边疆"一词自然也极为特别。研究中国古代的边疆观，如果用现代的相关话语，至少涉及"国家"、"民族"，也涉及

---

① 《册府元龟》卷九九九《外臣部·入觐》。

"主权"、"法律"这样一些名词，但是中国古代恰恰少有或没有这方面的概念。在涉及我们今天讲的"边疆"一词时，其相关语言多用"边民"、"边地"；在讲到边疆族群时，不是用什么"民族"，而是用"边民"或"某类人"；在讲到对边疆的治理时，没有边疆法律治理的概念，而多是针对某类人的法俗治理。在"普天之下，莫非王土；率土之滨，莫非王臣"的理论下，[①]本就无所谓边疆。所谓的"边地"，不过是王者天然未化的疆土；所谓"民族"，仍是王者天然的子民。相对于"中国"，这些边地与"中国"的区别不过是风俗的不同，只有未化和已化的区别，因此对于边疆的治理在很大程度上不过是对内地治理模式的自然延伸。实际上，"国家"、"边疆"同"民族"一样，都是近代以来西方的话语，"在欧洲学术界，边疆是 19 世纪下半叶和 20 世纪初的学术问题"。[②]

　　因此，对于"边疆"相关的政治法律话语可以作这样的归纳：中国古代一般不言"国家"，而是讲"王朝"；中国古代一般不说"边疆"，而多言"边地"；中国古代也不用"民族"，更多的是用"人"；中国古代无"主权"之概念，而是以"宗主"自居。

　　西方话语中的"边疆"，本是一个纯粹的地理概念和国家概念。作为地理概念，它是一个线性的疆域边界；作为国家概念，它更是一个主权概念，即主权的治理和影响范围。主权是一种权力，权力的本质即使是在今天的政治学上仍然被认为是一种影响力。一种权力的影响力往往伴随着对这种权力的认可和依赖的文化意识，这就是所谓的"政治意识形态"，因此某种政治权力与某种政治文化是孪生的关系，作为政治权力的主权概念，因其与意识形态的关系，使得其势必具有某种超越性。凡是主权之存在，必然有主权管辖和实施影响的范围，某种主权往往伴随着某种意识形态（政治文化）。主权表现为一种政治权力，政治权力通常局限于一定的地理上范围，但是政治权力依据的意识形态的影响力通常会超越了这个地理范围，中国古代王朝政治的特点就是如此。

　　所谓古代王朝奉行的儒家政治意识形态，通常仅仅是指缘于春秋时期孔子的思想。但是，儒家政治意识形态早已有之，在儒家的政治文化谱系中，孔子之前的尧舜禹汤文武已经提供了儒家政治文化的样板，其中特别是西周初期周公的政治创制（制礼作乐）。"周公制礼"规制了八百年的分封制，这种以"礼乐"为核心的极具文化实体性质的政治模型，已然成为一种以"社会"为寄托的成熟政

---

① 《诗经·小雅·北山》。
② 范可：《边疆：告别他者的形象》，《中国社会科学报》2010 年 11 月 16 日。

治形式。这不同于西方的法理型政治,西方的法理型政治是以"国家"为寄托,具有内聚性;礼乐型的政治则是以"天下"为依归,具有外散性。后者重视的是社会的人文治理,其主要手段不是法律而是人文教化,更由于它强调的是社会而不是国家,因此更具有"天下"的抱负,这使得"中国"政治权力具有了文化的影响力,这种文化的影响力又使得其政治影响有了超越自有疆域的特点。

传统中国的边疆观正是这种超越性的政治意识形态外散的结果。这种以人文教化为主的政治意识形态,它教化的对象自古以来就包含了众多的种落或族群,这些种落或族群不仅接受中国王朝的统治,往往还接受了中国王朝施以的文化。在这个过程中,包括中国在内的"四方"百姓可能习惯的不是国家的法律,而更多是这个中国王朝施以的教化。于是这个充溢着政教色彩的华夏族在同一圣贤文化的影响下不断扩大,逐渐成为包含了众多族群的更大的"文化民族",这反过来又更加突出了"中国"作为文化中心的地位。而某一个占据"中国"的王朝,它的正统性统治必要建立在去维护这个"文化民族"性质的基础上,自然这个王朝本身首先需要的是这种文化的代表。

上古中国的政治文化本就起源于多族群的部落联盟,从黄帝尧舜禹到夏商周,以"共主"为核心的"王朝"统治是东亚内陆的基本政治形式,很早就形成了由"宗主"和"五服"构成的内外政治格局,同时也形成了以中央族群为中心的文化上的差序格局。秦汉之始,由于出现了中央集权的政府形式,"国家"作为一种政治形态在人们的意识中得以强化,在一定程度上也改变了过去"共主政治"的文化内涵。但是由于汉代以后继承了分封时代的意识形态,又形成了国—国族—异族之间的文化关系,这使得中国的政治文化中包含了三个实体要素,即国家、国族、异族,与之对应的是国家主义、家族主义、民族主义,尽管如此,仍很难说历史上的"中国"是一个"民族国家"。

正如英国的埃里克霍布斯胞母在《民族与民族主义》一书中所说:"概念绝非漫无目标的玄学思辨,而是根源于特定的地域,成长于特殊的社会背景,成型于既定历史时空。"[1]中国古代本无所谓"民族国家"(nation-state),这是西方的话语,意思是:"应该在一民族之上只有一政府,在一政府之下只有一民族。"[2]如果要用这个词汇来研读中国古代国家的话,中国古代国家应是一个"文化民族

---

[1] 转引自郝时远《类族辨物》,中国社会科学出版社 2013 年版,第 1 页。
[2] 钱穆:《民族与文化》(新校本),第 8 页。

国家"。在某种意义上,我们可以把世界上存在过的国家形态分为:文化民族国家、宗教民族国家、法律民族国家。今天我们讲的"现代民族国家",实际上是指现代法律上的"民族国家"。所谓"法律现代化",根本上讲,是原来一些传统意义上的文化民族、宗教国家通过变革、革命、殖民等形式向法律上的"民族国家"转变的过程。古代的中国显然不属于法律上的"民族国家",而是一个典型的"文化民族国家",这是因为她只是一个介于宗教民族国家与法律民族国家之间的文化民族国家。因此,要认清中国古代的国家治理,其重点不在于律典,而应在于司法,因为司法的过程不仅是法律适用的过程,更是特定民族文化和民族精神表现和实践的过程。尽管历史上中国的王朝也制定了大量的律典,但在司法上却不完全按律典行事,风俗、礼仪、条例、律文都是其司法上的依据,并在一定意义可以说是其法律形式。而在风俗、礼仪、条例、律文这四者当中,风俗、礼仪、条例都包含了许多非国家制定法的因素,其中的风俗、礼仪则更具有文化性和历史性,更少有"国家"制订法的属性。

与西方民族国家或法治国家相比,中国古代国家治理思想更具有反"国家主义"和"公民主义"的倾向,而具有"社会主义"的特点,这是它难以建立起法治社会和公民社会的原因,也是它不能形成法律民族的原因。中国古代社会具有很强的民俗自治性,儒家和道家思想能够长期占据中国人的精神世界是有其历史原因的。在先秦思想中,儒道思想代表了中国传统王朝国家治理的历史连续性,也基本上是后来的王朝一直奉行的意识形态,它一直强调的是社会、家族,并非国家和法律。在坚持传统的儒家看来,墨家、法家本就是上古"常道"历史文化的反动者,而非中国上古治道的继承者。

墨家虽与儒家相通,都有天下主义的情怀,但是墨家所讲的国家、社会不是君主之国、血缘之家,而是天下之国、天下之家。墨家的个体主义更不同于儒家,墨家讲"法天",而不是法父母、法师学、法君主。《墨子·法仪第四》云:"天下之为父母者众,而仁者寡,若皆法其父母,此法不仁也。法不仁,不可以为法。当皆法其学,奚若?天下之为学者众,而仁者寡,若皆法其学,此法不仁也。法不仁,不可以为法。当皆法其君,奚若?天下之为君者众,而仁者寡,若皆法其君,此法不仁也。法不仁不可以为法。"[1]又云:"故父母、学、君三者,莫可以为治

① 吴毓江撰,孙启治点校:《墨子校注·法仪第四》,中华书局1993年版,第29页。

法。"①墨家认为父母、师学、君主皆"仁者寡"，应当"莫若法天"。② 虽然墨家也讲禹、汤、文、武这些圣王在历史上创造的"天下诸侯皆宾事之"的故事，③但认为这只是因为他们尊天事鬼、节俭兼爱而得"天福之"，他们并不能成为"法"的对象，因此墨家讲"尚天"、"尚贤"之治，而不讲社会宗法之治。

墨家要求个体的学习要超越传统文化历史，以个体去直接面对上天，这类似于基督教中的新教要求个体直接面对上帝。在儒家看来，墨家不法上述父母、学、君三者，即也是不法人事，不法历史，其理论自然被儒家视为无君、无父、无师。按照儒家的逻辑，在上古政治中，君、亲、师都是古老"常教"的承担者，他们本身就代表着起源于洪荒时代的上古"常道"文明，墨家不法君、亲、师，就是不法这样的历史文化。在儒家看来，这无疑是在斩断个人与社会历史之间的关系，否定了个人与社会之间的历史继承性，墨家的这种思想也意味着它脱离了历史文化的轨道，进而可能使"中国"陷入野蛮的状态。墨家的这一思想与西方基督教颇为类似，西方基督教亦不言法父母、法师学、法君主之类，这在将个人与社会进行二分上与墨家是一致的。西方法理学的逻辑是将人道建立在法律之上；法律又建立在权力上；由于权力容易妨碍人的尊严，于是需要有个人相对于社会、国家的自由之抗争，如此"个人与社会之间遂划分为二"，④形成个人与社会之间的对立紧张关系。

墨家的个体主义源于它的天下主义，墨家主张"天下主义"，不认可"国家主义"和"家族主义"。墨家认为天下本无大小国家，所谓的大小国都不过是"天之邑也"，而非人之邑也；所谓幼长贵贱，都不过是"天之臣也"，而非人之臣也。这是墨家关于"个体—天"关系的理论基点。"今天下无大小国，皆天之邑也；人无幼长贵贱，皆天之臣也"。⑤

墨家的这一理论类似于西方的基督教义，对于他们来说，"国家主义"和"家族主义"都显得过于狭隘。这与儒家将天下理解成为具体的社会、将社会理解为一种历史文化的概念不同，墨家的天下主义是要超越"家国"宗族文化历史，在很大程度上去割裂当下与上古"常教"文明之间的继承关系。如果按照墨家

---

① 吴毓江撰，孙启治点校：《墨子校注·法仪第四》，第29页。
② 同上。
③ 同上书，第30页。
④ 钱穆：《民族与文化》（新校本），第36页。
⑤ 吴毓江撰，孙启治点校：《墨子校注·法仪第四》，第29页。

的理论对"中国"进行治理,那么在几千年文明与野蛮的博弈过程中,脱离了上古"常教"文明的中国,又会是一个什么类型的"民族国家"呢?

法家采取"弱民"、"愚民"的方式强化国家力量,奉行强国弱民的"国家主义"思想,如秦国依商鞅之策,在经济(分户令)、政治(法、术、势)方面的强国改革;秦王朝依李斯之议,在行政、法律、文化上(焚书令)上进一步强化国家力量。法家不仅反个体主义(墨家的主张),还反社会主义(儒家的主张),法家"一断以法"的思想是通过国家法律来干预和破坏传统家族社会,法家的法治不同于现代法治,因为法家对个体私权利没有起码的尊重,其奉行的国家主义压倒了今天我们讲的人民主权、个体权利或社会本位。

由于受到奉行法家思想的秦朝政治的影响,虽这些概念经汉朝对传统文化的重构,国家主义在中国此后的王朝政治法律史上仍有很大的比重。此后以"礼"为标志的社会本位(儒家)和以"刑"为标志的国家本位(法家)的融通,它们共同构成了"礼法合一"的新型政治法律模式。在这种模式下,理论上儒家的社会本位主义仍然是王朝政治的出发点,华夏族仍是一个以"常教"文明为核心的"文化民族",而不完全以"法律民族"的性质得以存继,"礼法合一"始终是这个民族的政治文化特征,正是这种存继性,使得它在对待周边族群的关系上,一直奉行"化成天下"、"王者无外"的治世理想。①

(三) 秦朝与中国的"线性"边界

长城的修建是法家国家主义思想的体现,修建长城这样的浩大工程需要通过国家法律来集中民力、强化管理、严格制度才能做到。长城的修筑不仅有强化国家法律的作用,还有明确"中国"北部地理边界的意义。先秦时代,"中国"北部边疆的"线性"边界并不明显,从战国至秦朝长城的修建改变了这一状况,中国边界的概念逐渐明确,在"中国"边疆意识和地缘政治中逐渐有了"线性"的概念,凡是"长城"经过的地方都成为秦王朝北方疆界的标识。

长城一词,最早见于记载的是《管子·轻重》篇:"长城之阳鲁也,长城之阴齐也。"长城本来应当是封国之间的界线,并非只是为了防范四方夷狄而修建,

---

① "[传]奔则曷为不言奔? 王者无外,言奔则有外之辞也"(《春秋公羊传·隐公元年》),见刘尚慈译注《春秋公羊传译注》上,中华书局 2010 年版,第 10 页。所谓"王者无外",是王者本无国内、国外,王者王天下也,"王者无外"是"普天之下,莫非王土"观念的体现。

相关的证据还有司马迁《史记》中的记载：赵成侯六年，于中山筑长城（《史记·赵世家》）；魏惠王九年，"魏筑长城，自郑滨洛以北，有上郡"（《史记·秦本记》）；魏惠王十九年，"筑长城，塞固阳"（《史记·魏世家》）；赵肃侯十七年，"围魏黄，不克，筑长城"（《史记·赵世家》）；齐宣王"乘山岭之上筑长城，东至海，西至济州，有千余里，以备楚"（《史记·楚世家》）；"泰山西有长城，缘河经泰山余一千里，至琅琊台入海"（《史记·苏秦列传》）；燕昭王二十八年至三十三年，"燕亦筑长城，自造阳至襄平，置上谷、渔阳、右北平、辽西、辽东郡以拒胡"（《史记·匈奴列传》）；秦昭王三十五年，"宣太后诈而杀义渠戎王于甘泉，遂起兵伐残义渠。于是秦有陇西、北地、上郡，筑长城以拒胡"（《史记·匈奴列传》），如此等等。

从上述《史记》的记载，我们可以做如下归纳：第一，鲁与齐之间有长城相隔；第二，魏国南与荆、东与齐之间有城相隔；第三，楚、魏与秦结界，为了防备，魏筑长城；第四，齐国筑长城，东至海，西至济州，千余里，以防备楚；第五，燕国筑长城以拒胡，但也并非只是拒胡，不然何以称"（秦）驱赵而攻燕，则易水（今河北易县境）、长城非大王之有"。

这些都是中国先秦修建长城初衷的证明，当然长城的修筑也不仅是为了划明各国界线，防备诸夏之间相侵，那些与"四方"族群相邻的"国家"也有防范夷狄的目的。如"燕亦筑长城，自造阳至襄平，置上谷、渔阳、右北平、辽西、辽东郡以拒胡"，又如秦"义渠戎王与宣太后乱，有二子。宣太后诈而杀义渠戎王于甘泉，遂起兵伐残义渠。于是秦有陇西、北地、上郡，筑长城以拒胡"。又《诗经·出车》有云："王命南仲，往城于方；出车彭彭，旂旐中央。天子命我，城彼朔方；赫赫南仲，玁狁于襄。"意思是周宣王命令大将南仲率领军士去朔方（北方）筑城堡防御游牧的玁狁，并依靠这些防御城堡扫荡玁狁。诗中"往城于方"和"城彼朔方"的"城"，应该是建于北部边境防范北方玁狁的建筑。

春秋时期，"长城"的修筑更为常见，记载春秋战国事的《竹书纪年》中也有周显王十年"龙贾帅师筑长城于西边"和周显王十八年（前351）"齐筑防以为长城，赵国筑长城，齐国筑长城，燕国筑长城，秦国筑长城，魏国筑长城"。这些北方国家修筑长城，其目的显然也是防范北方族群侵扰，《竹书纪年》中没有提到楚国的长城，这不等于南方的楚国没有"长城"。

与北方不同的是，史书中南方楚国的"长城"往往被称为"方城"。《史记·秦本纪》中提到楚怀王三十年，"齐使章子，魏使公孙喜，韩使暴鸢共攻楚方城"。《国语·吴语》也有："不修方城之内，逾诸夏而图东国。三岁于沮、汾以服吴、越。"①"方城"无疑是楚国的军事防御工程。楚成王十六年(前656)齐桓公率诸侯伐楚，楚国派使者屈完劝齐桓公退兵说："君若以德绥诸侯，谁敢不服。君若以力，楚国方城以为城，汉水以为池，虽众，无所用之。"那么为什么楚国之"城"，不以"长城"名之呢？北魏郦道元对此有一番解释，郦道元在《水经注》中注释道："楚盛周衰，控霸南土，欲争强中国，多筑城于北方，以逼华夏，故号此城为万城，或作方字。"又说："盛宏之云：叶东界有故城……南北数百里，号为'方城'。一谓之'长城'。"这段话显然是说楚盛周衰，楚国控霸南方，同时也想争强中原，才于其疆域的北部多筑城，目的是威逼华夏，故号此城为"方城"。

那么"方城"是否有视楚国为蛮夷之意呢？"方"本当读"汸"("傍"音)，《说文》："象两舟省总头形"，"汸，方或从水。"与"水"有关，且"方"与"舫"字相通，"舫，方舟也"，又与"舟"相关。"方"又通"汸"，"汸"又通"傍"，"傍"又通"方"，"傍"即有"边外"之意。汉有《傍章律》，即是叔孙通所说是"益律所不及"，②是说《傍章律》乃是《九章律》正律之额外补充。如此，"方城"即是"边城"之意。由此推之，古代所谓的"方国"亦是指"边国"，因此商殷甲骨文有"多方"、"土方"等，是指殷商的边外之国，卜辞中方国多见，如"王勿征工方上下弗若"，"土方我受"；又借用作方位名词，如"于西方地乡"，"东方西乡"。③ 所以称楚国之城为"方城"，大概一是因楚国本身与中原对峙，二是因楚国亦边夷之地。

此外，对于"方城"还可以作原始意义上的解释，《汉书·地理志》也记载："叶，楚叶公邑。有长城，号曰方城。""方城"的意思是"邑"，"邑"本于"封树"或"土廓"。"封树"当是中国古代最早城市的起源，最早的城市本于远古时代部落氏族在居住处或村寨周围用"封树"，其具体做法是用大小圆木打入或埋入土中，以此防范四周。所谓"土廓"，是指挖沟引水，堆土起廓，以此设防，"邑"则是"封树"或土廓的延续。自西周分封诸侯后，各诸侯都建起了很多城邑，并把"封树"和"土廓"的方法扩展到国土的疆界上，城邑由此大量出现。春秋时期，

---

① "吴王夫差起师伐越"，《国语·吴语》。
② 《晋书》卷三〇《刑法志》，中华书局2000年简体字版，第600页。
③ 参见马如森《殷墟甲骨文实用字典》，上海大学出版社2008年版，第202页。

各国相互防范,军事行动频繁,据有关资料统计,在春秋的 242 年中,列国的军事行动就有 480 多次,①这进一步促使各国大量新建城邑。

因此,修建"长城"的传统源于建"城",而建"城"又缘于"邑","邑"又是"封树"或"土廓"的延续。不仅如此,西周分封诸侯的土地制度又是城邑大量出现的重要原因。西周时设有"封人"一职:"掌设王之社壝,为畿封而树之。凡封国,设其社稷之壝,封其四疆。造都域之封邑者亦如之。""掌设王之社壝"而"封其四疆",这里的关键词是"壝"。所谓"壝",是指古代祭坛四周的矮墙。

在甲骨文中,"封"字像土地之上有林,李孝定的解释是:"字象植树土上,以明经界。"②郭沫若解释为:"即以林木为界之象形。"③《说文解字》云:"从之,从土,从寸,守其制度也。公侯百里,伯七十里,子男五十里。"《说文解字》所释的"封",实际上是对与"国"有关的"分封制"而言的,并不仅仅是林木为界的象形。且卜辞所云之"封"仍是此义,卜辞:方国之封疆,一封方,二封方,三封方等。"宾,祖乙爽妣己……于二封方"(后上 2.16);又,"己,王卜,贞:余正(征)三封方"(后上 18.2);又,"余其从侯,伐四封方"(续 3.13.1)。

由此可见,中国古代考古文献所记载的"封",多作"封土"、"封国"理解,这说明中国的"封国"出现较早,即使是商代甲骨文,亦晚于夏,因此后世解释"封"自然取"封土"、"封国"之意。这里的"封"已经是宰封、"王赐宰封"(佚 518 背)的意思了,如"天子之田方千里,公侯田方百里,伯七十里,子男五十里"。④

西周进行的封国活动实是封疆,故"封人"实领其职,具体做法是:周王把土地分封给诸侯,划分疆界,于疆界四境垒土为坛,以五色土祭祀社稷,这就是中国古代所谓的"国"。而所谓的"封疆",是指这些"封国",它不是边疆的意思,边疆的含义主要在于"边"。

中国古代的地理边界意识最早应当是产生于"中国"的内部,它与西周的分封政治制度直接相关,最早不一定是出于军事目的。之所以筑"城",应当是出于分封制时代封国分界(邑、城)的需要。"城"在地理上原本与边疆无关,但与"国"却关系密切。如前所述,严格意义上讲,"国"是先秦时代分封制的产物,因

① 孙志升:《中国长城》,中国文史出版社 2005 年版,第 6 页。
② 李孝定编述:《甲骨文字集释》第十三卷,台湾中研院历史语言研究所 1970 年版,第 3997 页。
③ 同上书,第 3994 页。
④ 《礼记·王制》。

为有"国"之间的分界，分界就要修城，这是中国人筑城而居的传统的由来。后世顾炎武《天下郡国利弊书》中仍以"天下郡国"相称，只是后世所谓的封国不存在筑城的问题，因为唐宋以后的封国"但取其空名，而不有其地"。① 而在先秦分封制时代，"五服"之间具有文化区分的意义，并没有严格的"线性边疆"意识，诸夏与"荒服"之间也没有"长城"。春秋时期，来自北方族群的威胁导致了所谓的"华夏文化危机"和"华夷之防"的出现，这在一定程度上也强化了对于"夷"（主要是北方族群）在地理上的边界防范意识。

实际上在春秋战国时期，由于列国自强，"中国"边界也向外有所扩张，有"列国开拓"之说。当时虽然北方族群有骚扰内犯的情况，但是北方族群"各分散溪谷，往往而聚者，百有余戎，然莫能相一"，②不成气候，因此北方列国有向外开拓的形势。"赵有代、句注之北（句注，如今雁门山）。魏有河西、上郡，以与戎界边。河西、上郡入秦之后，秦、赵、燕三国，边于匈奴。……秦王昭时……伐残义渠。于是秦有陇西、北地、上郡，筑长城以拒胡；赵武灵王……北破林胡、楼烦，筑长城，自代并阴山下至高阙为塞（《集解》："徐广曰：在朔方。"），而置云中、雁门、代郡……燕亦筑长城，自造阳（《集解》："韦昭曰：地名，在上谷。"）至襄平，置上谷、渔阳、右北平、辽西、辽东郡以拒胡"。③ 甘肃和山、陕、直隶北边的族群都是"分散溪谷"的小部落，因此"中国"向北面的开拓对他们来说是无力抵抗的。

虽然无力抵抗，但是由于"分散溪谷"，有游动性，他们不时也有小规模的内侵，加上"中国"也忙于内患，因此秦、赵、魏、燕亦筑长城防备之，以图一劳永逸。关于长城的修建，"先有烽燧，后有长城"的说法正说明了这一点。④《史记》："胡骑入代、句注边，烽火通于甘泉、长安。"李白《塞下曲六首（其六）》云："烽火动沙漠，连照甘泉云。""先有烽燧"，足见在修建长城以前，北方族群本身对于中国的威胁并不大；"后有长城"，则说明问题已经很严重了。一直到秦朝，北部的狄、戎、夷中，只有河套之内的一族因为地形平衍易于合群的缘故较为强大，这便是秦汉时代的匈奴。秦始皇费大力筑长城，人称"立万世夷夏之防"，后世戚继光

---

① （明）顾炎武撰，黄汝成集释：《日知录集释》，上海古籍出版社 2006 年版，第 832 页。
② 吕思勉：《白话本国史》上，上海古籍出版社 2005 年版，第 76 页。
③ 同上。
④ 孙志升：《中国长城》，第 3 页。

在他的诗中亦云："禹贡万年归紫极，秦城千里静雕题。"这里说的"禹贡"，古人常以之指王朝版图；"紫极"者，意指华夏中央政权；"雕题"则喻指塞外之族群，这说明"中国"在北方已经有了比较明确的地理边界。

此外，"中国"外部形势的这种严峻变化对于边疆意识的形成有重要的意义，匈奴的崛起和北方族群的整合从外部对中国治边法律产生了影响，至少在秦朝时已经可以见到与修筑长城相关的法律，如谪、黥、城旦、髡钳这样一些刑罚。《史记·秦始皇本纪》载："三十四年，谪治狱吏不直者，筑长城。"《史记集解》："《律说》论决为髡钳，输边筑长城，昼日伺寇虏，暮夜筑长城。城旦，四年刑。"明朝亦用直隶省有犯徒罪者去修长城，如隆庆五年巡抚杨兆在其《议边重镇边备疏略》中提出："迄将直隶抚按、各道、府、州、县，有犯该徒罪人犯，免发驿递墩台，充为修边徒夫。"①

这些针对边疆的律文的出现，一定程度上也促使了中国文化的北方边界更加明确。过去在中国北方边界尚不明确的情况下，用"文化边缘"来形容边疆则更为确切，此时北方边疆的概念仍然是模糊不清的，北方的北狄（月支、秽貊、匈奴、单于、白屋等）在很大程度上仍被视为王土的范畴，但是匈奴对北方族群的整合及崛起，则促使长城的修筑和相关法律制度的出现，这些因素都强化了"中国"边疆地理概念的形成。

与此同时，在中国的内部，秦朝统一了中国，中国的政治、法律文化由此发生了根本性的变化，这对于治边法律的样式产生了深刻的影响，因为秦的思想既不同于过去，也不同于后来，这主要是因为秦以法家精神统一了中国。秦始皇是奉行法家的，秦国是秉承法家的精神统一中国的，法家的精神类似于今天西方法理学上的"凯尔森主义"，"凯尔森主义"是纯粹法学，它主张以法条为中心，而不顾及政治、经济、文化等，纯粹是今天"政治民族"和"公民政治"的产物，与秦奉行"一断以法"、"诸事皆有法式"的法家思想基本上是一致的。

秦朝奉行这样的思想，不仅改变了此前中国的礼法传统，而且也改变了此前中国的边疆政治传统。秦朝之治否认了自上古以来传统的儒家政治，在观念上否定了"普天之下，莫非王土"，同时也否定了礼治。在此之前，中国的法律文化样式一直是礼法文化，礼法文化不仅针对中国内部，同样也针对中国外部。

① 孙志升：《中国长城》，第95页。

河北青山关明代长城遗址

　　"普天之下，莫非王土"并不只是一种观念，它还是中国人的边疆政治，可以称之为"王土政治"，于是也才有"朝贡"等这类治法。儒家的礼治与这样的"王土政治"是配套的，"普天之下，莫非王土"是如此的广大无际，因此需要用"礼"这样的软性法律才能治理。即使是在春秋时期，虽然也有"诸夏"的国君无礼任性，如卫文公因有邢、狄之虞，不礼经过卫国的重耳，卫卿宁庄子就对他说："夫礼，国之纪也；"①又如重耳经过曹国，曹国大夫僖负羁的妻子就说重耳必得晋国国君之位，"得晋国而讨无礼"，②这说明当时人们对礼仍然有认同，礼作为国之纲纪的观念仍然存在。

　　而秦朝之治具有强烈的现代国家理念，强调法律而无需修德施礼，由于边疆需要实际的占领和设置，因此需要有明确的国界。在这样的国家理念支配下，其相应的治法自然是"一断以法"并排斥礼治之法。秦朝奉行法家精神并进

---

①　张华清译注：《国语》卷一〇《晋语四·卫文公不礼重耳》，山东画报出版社 2014 年版。
②　张华清译注：《国语》卷一〇《晋语四·曹共公不礼重耳而观其骈胁》。

一步强化了"中国"边疆的地理概念,由此也改变了此前中国的传统治边之法。从历史文化意义上讲,秦朝所处的时代本是"血族的时代",而秦朝却要奉行"法律民族时代"的逻辑。法家的意义在于它能够用武力和法律在政治上超越华夏内部的宗族性,在中国的内部建立起统一的法律国家,但是它却难以改变上古以来即已存在的"王朝—五服"的地方性格局,故而才灭于六国后裔。

从先秦至汉,对于中国的民族政治史,在这里可以作这样的划分:先秦时期的"血族文化"时代,至秦的"政治法律国家"时代,再到汉以后的"法律民族加文化民族"时代这三个时期。先秦时期的"王朝—五服"文化,其样式是括"普天之下"的"王朝—诸侯"的"超大国家模式",其治法是礼法之治;秦奉行的是"政治民族",是"王朝—边疆"的模式,其治法是法治;汉以后逐渐恢复了先秦的文化样式,但由于"汉承秦制",所以在行政和法律上与先秦又有不同,是"法律民族加文化民族"的国家模式,且从汉至清这一情况一直没有改变。

在整个过程中,战国时期和汉代应当是两个过渡阶段。继春秋之后,战国时期列国争强,法家大行其道,各国打破血族政治,国家意识日益强烈,这为秦构建"法律民族"的统一国家埋下伏笔。西汉既入先秦传统,又承秦制,在一定程度上沿用血族分封之法,在政治思想上取法儒家,但在制度上亦儒亦法,霸道与王道并用,以此实现国家与族性的融合。

总之,这一时期中国外部的变化,是北方族群的融合或整合;中国内部的变化,是秦以法家精神统一了中国。二者在边疆、法律、治边之法方面皆具有划时代的突变,但这一突变并未根本改变"中国"的文化特质和传统边疆观念,秦朝对中国的统一和郡县制的实行,只是在一定程度上强化了中国的中央直属区域和中国北部边疆的"线性"边界意识。

三、"王者无外"：中国的王朝与"四方"

（一）"中国"及其"边疆"

边疆作为一个地理概念,乃是相对于中心而言,或者说是相对于"内地"、"腹地"而言。从地理上讲,中西方之间本无区别,皆是内外之意。然而就历史和文化而言,其形势则大不相同,中国历史的整体性进展与西方罗马在立国精神上不同，故其边疆与中心之间的关系亦有文化精神上的差异，对此，钱穆先生云：

> 罗马帝国与汉代相拟，然二者立国基本精神已不同。罗马乃以一中心而伸展其势力于四围。欧、亚、非三洲之疆土，特为一中心强力所征服而被统治。仅此中心，尚复有贵族、平民之别。一旦此中心上层贵族渐趋腐化，蛮族侵入，如以利刃刺其心窝，而帝国全部，即告瓦解，此罗马立国形态也。秦、汉统一政府，并不以一中心地点之势力，征服四围，实乃由四围之优秀力量，共同参加，以造成一中央，且此四围，亦更无阶级之分。所谓优秀力量者，乃常从社会整体中，自由透露，活泼转换。因此其建国工作，在中央之缔构，而非四围之征服。罗马如一室中悬巨灯，光耀四壁；秦、汉则室之四周，遍悬诸灯，交射互映；故罗马碎其巨灯，全室即暗；秦、汉则灯不俱坏，光不全绝。因此罗马民族震铄于一时，而中国文化则辉映千古。①

这里可以对钱先生此论作些体认和引申。钱穆先生此论意指中国古代中央与四围的关系与罗马不同，罗马以武力强盛而征服四围，更添其法律发达以维持其秩序。罗马的秩序建立在武力和法律之上，这实际上已是法界乐道的历史。罗马的"中心"是依赖武力和罗马法来维持的中心，此种秩序缔构模式的问题在于没有文化的柔韧性和开放性，且具国家强力性、阶级性和种族观念。因此，古罗马才有市民法和万民法之分，对其本族和被其武力征服的种族分别适用不同的法律，这是以法律来进行种族划分的方法。而中国则不然，中国则是以礼仪法俗分彼此，且中国古代自秦汉以后，阶级和种族之间已经呈现相互转移换位的机制，这种机制于隋唐后更有制度（科举）的保障，它的政治不是单纯以世袭和经济地位来决定的，也不是一人、一阶级能确定的。

"阶级"的概念，可以超越族性和宗教的差异；"阶级"间之斗争，可不以族性和宗教差异为理由进行调解。在历史上，"阶级"之间的斗争可止于一时，"文化"之间的博弈又岂可断于一世，且"文化"本能够超越于阶级之上，故"中国"代表的文化能够长久地与四方进行融合，中国之中心的形成是由四围优秀力量共同参加的结果，且更无依据种族、阶级而不同，中国没有印度文化那样的种姓、阶级之分，只有种落之间可以变化的化与未化之分。

① 钱穆：《国史大纲》上册，商务印书馆1996年版，第13—14页。

从某种意义上讲,中国的边疆与中国的边疆族群同义,二者往往难以区分。当人们提到边疆的时候通常指的就是边疆的族群;当提到边疆族群的时候,指的就是边疆。就是在"中国"一词的含义中也没有清晰的疆域概念,而只有"普天之下,莫非王土"这种无限的王土边疆意识,以及"率土之滨,莫非王臣"的王与臣的国家观。一般说来,中国历史上的"边疆"通常是指那些少数族群聚居的区域,从"中国"与"边疆"的关系看,二者都具有稳定性与波动性相结合的特点。从纯地理的角度看,"中国"是一个由内向外、由小变大的具有波动性的地理概念,因此历史上的王朝没有以"中国"为国号的。春秋之前周天子身居之京师称"中国",出城就是出国,中国就是国中,是指处于中枢地位的"国"。至秦汉,春秋战国时期的那些诸侯国所在地已经被称为"诸夏","中国"的范围已然扩大了许多。后来"中国"基本上就是原来"诸夏"的范围,这个范围之外的夷、狄、戎、蛮居住的地方就是"中国"的边缘,这是"中国"的基本地理格局。尽管历史上作为一个政治实体的"中国"不断扩大,但"中国"的范围仍没有超出巴尔喀什湖以东、以南及帕米尔高原以东、蒙古高原和外兴安岭以南这个相对稳定的区域。历史上,中国族群关系的变化也是在这样一个地域内,总体上是汉族居中夏,其他族群散居边缘。如前所述,"中国"由小变大的波动性,是以华夏文化的扩散为动因,是"中国"固有的文化属性来界定的,具体来说就是对周边族群文治教化的结果。"中国是一个文化概念,一般指汉族文化区",[①]而那些非汉化族群的聚居区就是与"中国"相对的"边疆"。

中国的"边疆"在地理上同样具有波动性,但这不意味着可以把中国的"边疆"理解为一个纯地理概念,中国的"边疆"同样具有族群文化的属性,中国历史上的"边疆"是一个与族群分布相关的"泛边疆"概念。"边疆"总是与某一族群相联系,至今人们也不仅仅把中夏王朝统治的地理边缘看作是"边疆",而是依据族群的分布来界定某地是否是"边疆"。直到今天,人们仍无意识地把宁夏、青海、贵州等内陆省份看作是中国的"边疆",而福建、广东、东北等地方虽地处中国边缘,却往往不被看作是"边疆"。之所以如此,是因为"边疆"具有了太多的族群文化属性和太少的地理意义。

因此,"中国"与"边疆"的形成是一个族群互动的过程,历史上疆域的变化

---

① 葛剑雄:《中国历代疆域的变迁·引言》,中共中央党校出版社 1997 年版。

与族群间彼此关系的变化大体一致。这种现象与中国独特的文化历史进路有着密切的关系，可以说在清代以前中国有边地的概念，但是没有现在这种边疆的概念。这种情况与历史上许多国家不同，也为许多近代西方学者所难以理解，这如同他们很难解释"中国"这个概念一样。如果一定要解释的话，中国古代的边疆就是一个以边缘族群文化为标志的"族群文化边疆"。

尽管"中国"经历了许多朝代更替，但是商征服夏却继承夏，周征服了商又继承商，从夏、商、周到秦、汉、三国、两晋、南北朝、唐、五代、宋、元、明、清，历代相沿基本不变，并未发生大变迁，在疆域和文化内聚力上都表现出持续的稳定性。

夏王朝作为一个政治实体，其中心活动区域应是位于汾河下游和伊洛地区，但是就夏王朝的疆域而言，其南疆域的范围应是包括三苗（长江中下游洞庭湖到鄱阳湖一带）居住的地区，其东部疆域为夷族诸部落（包括今天河南东部、南部，安徽、江苏北部，山东全部）居住地区，西部疆域可达西戎昆仑、析支、渠搜三"国"（今甘青地区），其北部疆域也可能到达今天的河北涿鹿地区。又比如：商王朝作为一个政治实体，其前期的疆域大致与夏相同，后期的疆域有较大的发展，其北部疆域达河北北部和辽西一带，南部疆域已远及江、汉、湘、赣流域。再比如秦汉时期，秦、汉两个王朝在夏、商、周的基础上开疆拓土，在很大程度上扩展了"中国"的疆域。这一时期，中原与周边族群的关系发生了很大的变化，一直骚扰中原的匈奴随着呼韩邪单于向汉称臣，匈奴的北部领土贝加尔湖、阿尔泰山及其以南地区就成为汉朝的北部边疆；西域诸国臣属于汉，汉朝的西部边疆包括天山南北和天山以西的乌孙、康居地区；东北达朝鲜半岛；东南边疆，从东海、南海之滨深入到海南诸岛和越南半岛；西南边疆到达云南。三国两晋南北朝时期，出现了几个王朝政权并存、割据对抗的局面。十六国至北朝，北方少数族群占据了优势，其间除西晋真正统一的二十余年外，其余时间皆处于割据状态。

但是在政治上，汉魏以来的传统并没有被打破，他们基本上都活动于原来秦汉统一时的疆域之内。元朝为蒙古人建立的政权，在广大的疆域内，元朝奉行"祖述变通"的建国纲领和"各依本俗"的法制方针，基本上仍是沿袭古代王朝传统的治国方略和礼仪制度。至明清两代，中国近代疆域基本确定下来。虽然元、清两代是边疆民族建立的中原政权，但不仅没有加剧中华民族的分裂，反而使中原对边疆族群的治理更加深入的同时也拓展了边疆范围,内地族群大量流向边疆,边疆族群大量内迁,促进了以"中国"为核心的族群互动和融合。

从王朝与"四方"族群的关系来看,历史上的"中国"在作为一个政治实体概念的同时,又是一个文化实体概念。作为一个政治实体,它是一个王朝概念,是一个以中央(中原)行政区为大(最早是指一个大的城市)、相对稳定而且比它本身更为广泛的地理统治区域。作为一个文化实体,它是一个族群概念,指的是一个以汉人为主体的文化区。在这样一个相对隔绝的、大的地理格局中,汉文化相对发达的文化向心力以及地理上的自然内向性(四周是高山、沙漠和大海),又使得"历史上的中国"具有了一个自然延伸的文化边界。"历史上的中国"的这种双重文化政治结构决定了它对边疆族群"华夷有别"的基本态度,以及它与边疆族群之间那种"四方来朝"的基本关系。

与政治实体相关的是中国古代的王朝体制。相对于西方民族国家来说,"中国"作为一个现代国家的概念是在1840年鸦片战争以后才逐渐明确的,而且到了晚清时期也只是西方人才把"中国"作为一个西方法权意义上的国家来理解。在中国人看来,中国只是一个包含了诸如"中心"、"中央"、"天下"这种传统概念的"王朝",而"中国"作为一个西方国际法权意义上国家的代名词,却要到1912年中华民国建立以后。① "中国"的这种王朝体制在西周的分封制中表现得最为明显,它是在王朝与诸侯(族)的关系基础上建立起来的,通过规定包括定期"朝觐"、"上贡"、战时"出兵"等义务来确立的松散关系。这些"封国"同中央区一样,起初都只是一个由城墙围护的居民点,其居民数从几千至几万不等。在离城墙不远的地方设有"郊"作为警戒点,"郊"之内属于该国居民的耕地。此后,随着中央权力的衰微,以及封国势力的逐渐扩张,至春秋时期这些封国逐渐摆脱了对中央王朝的各种义务。诸侯封国与王朝的关系是一种基于血缘、文化纽带而形成的名义上的、象征性的统治关系(即使是没有血缘关系的,也常用舅舅与外甥来定义,如唐朝;或者封以贝子、贝勒,如清朝),虽然秦代一统天下,废分封而建立了郡县制,但是我们仍然可以把郡县制看作是行政科层化在原来中央区域上的实行或扩大,秦朝在百越诸族聚居地(桂林、南海、象郡、闽中郡)的南方边疆的郡县统治能力仍然十分薄弱,而且中央王朝对周边族群

① 参阅葛剑雄《中国历代疆域的变迁》,第3—5页。

地区仍然持"四方"的观念。①

传统以血缘为基础的分封制，对国家和边疆这样一些概念有很大的影响，特别是对边疆的认识上的影响更是深远。与这种观念相一致的，是那种后来以中央直属科层体制为中心的，以无论是实际上还是名义上臣服的羁縻区、藩国、属国为附属单位的王朝统治体系。这种体系下的疆域概念正是历史上的"中国"长期以来形成的，以中原为中心的、相对的、不明确的"四方"疆域体系和疆域意识。而从更早的历史上看，"四方"的观念本身就是一个源于族群间区分而极具文化意义的概念。

所谓"四方"，并不完全是指方位之意，而是指东夷、北狄、西戎、南蛮四个以"中国"为中心分别居于四周的"四裔"，"惠此中国，以绥四方"。② 在西周时期，中原华夏族与"四裔"的关系是"要服"者贡，规定向周天子献贡品；"荒服"者王，即只承认周天子的统治地位。从这里可以看出，这并不完全以族群所处的地理位置来区分"要服"和"荒服"，区分的标准是"四方"对周王朝的认可程度，是以这种族际关系为标准的，与此相应的治理方针就是所谓的"春秋之义，王者无外，所以域四海而宅天下也。若夫被左衽之君，骊裘胡貉之长，忿鸷怙力，荒忽无常，正朔所不加，政教所不及，乃能慕恩信，被威德，叩关而请命，款塞而愿朝，扶服奔走至于阙下，稽颡树领拜于王庭，斯盖中国有道太平之嘉运也"。③

总之，我们这里所说的历史上的"中国"，不能用现代国际法上的主权概念来解释，即使我们一定要用这样的概念来解释的话，那么历史上的"中国"既包括它拥有完全主权的行政区域，也应当包括那些它没有完全主权的、"遥相羁縻"的地区。前面我们已经谈到历史上的"中国"是一种在政治、经济、文化上由内向外不断扩散和辐射的、"超大规模国家"的政治模式。因此，在我们谈到历史上的"中国"的时候不仅指汉族地区，而是包括了这样一个地理空间内的历代王朝政权及其边缘族群。

（二）边疆变化的基本形式

中国古代边疆的弹性变化与战争和礼有着直接关系。中国自古就有"国之

---

① "方"是指周围各民族，商代见于文献的如羌、鬼方、昆夷、狄、荤粥、东夷等等。
② 《诗经·民劳》。
③ 《册府元龟》卷九九九《外臣·入觐》。

大事,在祭与戎"的说法,"礼"与"战争"是调整"中国"与"边疆"族群关系的两种主要方式,是中国古代治边的基本措施,是中国古代法律发展的两条路径,是古代疆域变化的两种基本形式。

1. 战争与"逐"

自夏朝国家形成之始,中国文化就有了不断由中心向"四方"加速扩散的进程,在这一进程中,王朝疆域的波动性与其边缘族群文化的多元性始终联系在一起。在中国古代族群关系史上,作为核心的华夏族在向外扩展时采取了两种政策,一是"逐",一是"化"。以匈奴为例,北匈奴被"逐"走了,而南匈奴则被"化"了;另一种既未被"逐"走而又未被"化"的族群,则只有走到汉族不愿去居住的地方,继续留在西起帕米尔高原,东到太平洋西岸诸岛,北有广漠,东南是海,西南是山的地区,形成了一种"非汉"文化圈,并保留了自身的文化特点。

战争是影响中国古代疆域变化的直接原因,并形成了一种以"逐"为基点的治边思想,"逐"本身是中心向四周扩散的过程。就中国古代的帝国模式来看,中华帝国的形成与横跨欧、亚、非三洲的罗马帝国的形成有很大的不同。罗马帝国是以原有中心区域为基地以武力向四围征服而形成。"我中国此种立国规模,乃经我先民数百年惨淡经营,艰难缔构,仅而得之。以近世科学发达,交通便利,美人立国,乃与我差似。如英、法诸邦,则领土虽广,惟以武力贯彻,犹惴惴惧不终日。此皆罗马之遗世,非中国之成规也"。①

"征服"不同于"逐","征服"是对其四围族群的武力侵占,其边界的形成是纯地理上的扩散,往往失去了彼此间在历史和文化上的关联。在罗马帝国本土四周形成的仅仅是一些自在的文化单元地区和行省,很难表现出罗马本土省份在文化上的优越感,甚至在文化上罗马还面临着被其征服地族群同化的可能。在对四围的征服过程中,罗马帝国最有力的两件武器除了它的军队外就是它的法律,它的军队和法律如同一室内明灯,孤悬于中央,以其强光照耀四壁,这一点可以从罗马法的形成过程中看出。罗马法是在罗马帝国与它所统治区域的族群交往过程中逐渐发展起来的,经历了从习惯到判例,到成文法的发展过程。罗马通过外事裁判官的活动,对它统治下的外族行省原有的习惯进行了收集和

---

① 钱穆:《国史大纲》上册,第13—14页。

归纳、整理,进而形成了能够统治整个罗马帝国的万民法。① 但是军队和法律都只是国家层面的强力,难以有对四围的吸引和交融,最后因内部腐败而被作为野蛮人的日耳曼族群所毁灭;其国家法律亦随之而湮灭;其文化亦被源于犹太教的基督教所同化。与此相反,中国的王朝虽然对四围族群有所"逐",但却是"先礼后兵":"轩辕乃习用干戈,以征不享。"②"有不王,则修德,序成而有不至,则修刑。"③是以"文治"在先,"武功"在后,这是中国礼法文明根植于社会而不是国家的缘故。

中国古代也有许多以"逐"为特点的战争:上古时期炎帝与黄帝、蚩尤与黄帝、尧舜禹与三苗的战争;夏商周时期与四围方国之间频繁激烈的战争,这其中包括:夏与有扈氏的战争,商与羌方、舌方、土方、鬼方、夷方的战争,周与犬戎、荆楚、淮夷、徐戎的战争;魏晋南北朝时期通过战争形式展开的北方族群的融合。这些战争在一定程度上也促使"中国"不断外推,"四方"族群向四周迁徙。但是,这些战争从没有毁灭过上古以来形成的华夏"常道"文化,相反,却出现了族群之间的文化融合。

这种文化融合也体现在中国法律的产生和发展上。中国自古以来就有"刑起于兵"、"兵刑合一"的说法。在中国法律史上,刑与法是同义语,"重刑轻民"是中华法系的主要特征,刑罚是其法律起源的最初形式,早期的"劓"、"刖"、"宫"、"黥"、"大辟"五刑就是为九黎之首的蚩尤在战争中所创,④又被华夏法律所吸收。与罗马"万民法"的"私法"性质不同,这种以"逐"为特点的中国古代战争,往往使得中国古代习惯于以"公法"的方式调整族群关系。与此相一致的是,在对边疆进行法律统治方面,刑法成为主要的工具,重在对边疆的刑事法律关系进行调整,这在中国的边疆法律史上表现得尤为明显。但是,刑之过则德之彰,与罗马帝国不同,由于前面曾经提到过的自然地理的原因,在这个相对限定的地域范围内,长期存在着京师、诸夏、夷狄之间的序次比邻关系,这种格局注定了中原王朝既要依靠武力和刑威,但又有武力不及之处。到西周时期,由

---

① 参见拙文《边疆的概念与边疆的法律》,《中国边疆史地研究》2003 年第 4 期。
② 《史记》卷一《五帝本纪第一》,中华书局 2000 年简体字版,第 3 页。
③ 张华清译注:《国语》卷一《周语上·祭公谏穆王征犬戎》。
④ 据《尚书·吕刑》载:"蚩尤惟始作乱,延及于平民……苗民弗用灵,制以刑,惟作五虐之刑曰法,杀戮无辜。爰始淫为劓、刖、椓、黥。"

于"殷鉴不远"，统治者开始认识到"德"的重要性，"皇天无亲，惟德是辅"，①原来"刑不上大夫，礼不下庶人"的礼开始全面制度化。西周时这种序次服制已经成熟，这时"刑"存在的意义在于维护"礼"，"于是乎，有刑不祭，伐不祀，征不享，让不贡，告不王。于是乎，有刑罚之辟"。②

与此相一致，在边疆治理手段上，同样是这种先"礼"后"刑"，"刑"为"礼"服务，因此"因礼而治"、"因俗而治"的治边思想已然形成，在对"四方"治理上，重"俗"、重"礼"，"因俗而治"的治边传统已经萌芽。

2. "礼"与"化外"

西周时期，在德治思想的影响下，原来作为族群间区分标准的"礼"开始上升为调整族群关系的准则，并成为一套对待外族的基本政略。西周时期在对待"要服"（负有进贡义务的地方）、"荒服"（只需名义上承认中原王朝的地方）所采取的是先文后武、先礼后刑的方针："有不祭，则修意；有不祀，则修言；有不享，则修文；有不贡，则修名；有不王，则修德；序成而有不至，则修刑。"③

这一方针与西周时期奉行的"敬天保民"、"明德慎刑"的法律原则是一致的。④《公羊传》有"内其国而外诸夏，内诸夏而外夷狄"，⑤所谓内外有别，即由里至外分为邦内（甸服）、邦外（侯服）、侯卫（宾服）、蛮夷（要服）、戎狄（荒服），他们的权利和义务是以"礼"而别之的，"甸服者祭，侯服者祀，宾服者享，要服者贡，荒服者王"。⑥

所谓甸服、要服、荒服，多是针对外族而言，如果说礼在于"别"，那么刑就在于"用"，礼与刑相辅而治在西周时就成为王朝的治国、治边方略。与此相适应，西周奉行的是慎刑的司法原则，周穆王曾就司法问题告诫群臣："呜呼！敬之哉！官伯族姓，朕言多惧。朕敬于刑，有德惟刑。今天相民，作配在下，明清于单辞。民之乱，罔不中，听狱之两辞，无或私家于狱之两辞。狱货非宝，惟府辜

---

① 《诗经·大雅·文王》。
② 张华清译注：《国语》卷一《周语上·祭公谏穆王征犬戎》。
③ 同上。
④ 在总结商王朝灭亡的经验教训的基础上，周公提出了"天命无常"的天命观，"以德配天"的德治观，"敬天保民"的民本观，"明德慎刑"的法制观。"明德慎刑"为后代所沿袭，成为后世"德主刑辅"的治国原则和"出礼入刑"的司法原则的理论根据。
⑤ 刘尚慈译注：《春秋公羊传译注》下，第417页。
⑥ 张华清译注：《国语》卷一《周语上·祭公谏穆王征犬戎》。

功,报以庶尤。永畏惟罚,非天不中,惟人在命。天罚不极,庶民罔有令政在于
天下。"①

　　慎刑的司法原则同样适用于四方蛮夷、戎狄,四方族群若不"尊卑职贡",在
"修名""修德"之后仍不贡、不朝,方才要"修刑"。同时这一时期还有了"王者
不治夷狄""縻系之以为政""不易其俗""不易其宜"的"柔远"政治思想,如:
"王者不治夷狄,录戎来者勿拒,去者勿追也。"②"蛮者,縻也,以近夷狄縻系之以
为政。"③"修其教而不易其俗,齐其政而不易其宜。"④

　　由于在漫长的历史过程中,"中国"作为一个通常意义的"国家"概念,很早
就不是一个单一的汉民族的概念,不是"一个民族,一个国家"的概念,⑤而是在
"国"的概念中包含了多种族群的意义。而且在历史上的"中国"这个相对稳定
的地域范围内,长期存在着夏、诸夏、夷狄之间的序次比邻关系。早在远古时
期,这片土地上文化的起源就呈现出多元的性质,随着族群的形成、族际战争和
交往,形成了以汉族为核心的"夷夏"观、"服事"观。"夷夏"和"服事"本身就说
明了在一个特定范围内,共同存在着既相互区别又相互联系的多种文化,以及
在这一区别的基础上形成的井然有序的"化外主义"的政治理想。原来作为族
群文化标志的"礼",不仅具有"夷夏"之间互相区分的功能,在华夏族的眼中,
"礼"已经成为一种由内向外的世界秩序:一种充满文化色彩的"服事"制度,一
种以"化"为基点的政治理想。

　　从这一点来看,"化"应当是导致中国古代历史上"边界"模糊的原因之一,
"边界"仅仅只是一种战争和文化蔓延的结果,是一种比较抽象的"文化边界"、
一种文化理想。从"华夏核心"(汉族本位的眼光)到春秋时期的"夷夏之辨",到
后来的"夷夏之防""夷夏一体"的进程,这正说明了这种对华夷关系进行的文
化思考,是以"华夏"关系为主、居中,以夷、蛮、戎、狄为次、居边的"四方"模式。
即使魏、晋南北朝时期,北方族群入主中原建立国家,蒙、满两个族群入主中原
建立了元、清两个帝国,这些史实也仅仅说明居边和居中的族群交替,不过是在
一个文化帝国中的换位。历史上,无论是南方的农耕地区还是北方的游牧地

① 《尚书·吕刑》。
② (战国) 公羊高撰,(汉) 何休注,(唐) 徐彦疏:《春秋公羊传注疏》卷二《隐公》。
③ 《周礼注疏》卷二九,《十三经注疏》上册。
④ 《礼记·王制》。
⑤ 朱伦:《论民族共治的理论与基本原理》,《民族研究》2002 年第 2 期。

区,也都保持了一种强烈的中原意识,这正是中国古代边疆变化中稳定性的一面。

历史上,对边疆的治理主要表现为文化上的蔓延。所谓"边疆",只是意味着在中心文化边缘的一个"未化之地",中央王朝"治边"的理念也无不围绕着"化"与"未化"展开,无论是华夏族还是其他族群入主中原,这种理念反映到法律上也十分明显,如在《唐律疏义》、《大明律》、《大清律例》中都有"化外人"在内地犯法的规定。

四、中国古代边略的演变及其特点

关于中国古代对边疆的经略、治理,学界已有不少论述,这些关于古代边疆治理的研究,概括起来主要侧重于以下几点:一是边疆地区府、州、卫所的设置,二是向边疆地区的移民垦荒,三是在边疆地区的兴学、传播内地文化,四是清代针对边疆的专门立法。然而要深入理解中国古代边疆法制史,仅仅从这些方面来看是不够的,必须进一步考察其边略发展的规律及特点。

(一) 中国古代治边思想的演变

中国古代的边疆治法历时久远,其治理文化的格局,上可追溯到尧舜禹时期。此一时期,氏族林立,他们迁徙流动无常,彼此争战不断,这时广义的华夏族尚未完全形成,也还没有如后来那般清晰的"中国"意识。但是这一时期"中国"的概念在与"四方"的互动中逐渐显现,在华夏族的眼里已有了与东夷、北狄、西戎、南蛮相应的"四方"观念。作为居中的华夏族在与四方族群相互交往的过程中,开始有了针对"四方"的治法。

舜、禹与作为"士"(军官)的皋陶之间,就曾经有过一次关于如何治理"四方"族群的讨论。

> 皋陶作士以理民。帝舜朝,禹、伯夷、皋陶相与语帝前。皋陶述其谋曰:"信其道德,谋明辅和。"禹曰:"然,如何?"皋陶曰:"於! 慎其身修,思长,敦序九族,众明高翼,近可远在已。"禹拜美言,曰:"然。"皋陶曰:"於! 在知人,在安民。"禹曰:"吁! 皆若是,惟帝其难之。知人则智,能官人;能安民则惠,黎民怀之。能知能惠,何患乎驩兜,何迁乎有苗,何畏乎巧言善

色佞人?"皋陶曰:"然,於! 亦行有九德,亦言其有德。"乃言曰:"始事事,宽而栗,柔而立,愿而共,治而敬,扰而毅,直而温,简而廉,刚而实,强而义,章其有常,吉哉。日宣三德,蚤夜翊明有家。日严振敬六德,亮采有国。翕受普施,九德咸事,俊乂在官,百吏肃谨。毋教邪淫奇谋。非其人居其官,是谓乱天事。天讨有罪,五刑五用哉。吾言厎可行乎?"禹曰:"女言致可绩行。"……禹曰:"予(辛壬)娶涂山,[辛壬]癸甲,生启予不子,以故能成水土功。辅成五服,至于五千里,州十二师,外薄四海,咸建五长,各道有功。苗顽不即功,帝其念哉。"帝曰:"道吾德,乃女功序之也。"皋陶于是敬禹之德,令民皆则禹。不如言,刑从之,舜德大明。①

皋陶是军官,同时又被认为是中国历史上最早有记载的法官,中国古代法律在起源上是"刑起于兵"。法制史上关于"刑"起于"五刑"的说法,通常指的就是这一时期的战争,这时的法律往往多以"刑"的形式提出。但是从上面的这次讨论来看,却也十分强调"德治",虽然其中某些议论可能带有司马迁个人的倾向,但是亦可说明在西周之前,在如何处理与周边部族的关系这一问题上,"德治"思想就已经开始萌芽。

夏商周三代是我国历史发展的一个重要时期,这一时期中国古代治边思想有了较大的发展,对四周族群的治理与前相比已有许多不同之处:一是与尧舜禹时期相比,这时四方的概念更加明确;二是沿袭几千年的边疆朝贡制度开始形成;三是经过夏商周三代,中国传统的治边方略、治边思想开始成熟。

夏朝时,已经有了"四方"的概念,有了以夏王为中心的天下共主的观念,出现以华夏族为中心的"五服",②只是当时并不规定向夏王贡纳什么东西,可随便贡些方物。禹的时候不仅继承了上古的"巡视"之制,而且还有了"王会"制度,这是"因其故俗而治之"的开始。

商朝时,有了明确的"邦内"、"邦外"的概念,对诸侯和四方族群集团与中原的关系划分得更加清楚。这里的邦内、邦外是指"共主"与诸侯的区分,"邦"是"华夏"的范围,而"方"则应当是指在此之外的四方族群。但在商朝,诸侯国在文献记载中以"方"或者"邦"相称,在甲骨文中为"方","方"和"邦"应当是同一

① 《史记》卷二《夏本纪第二》,第57—60页。
② "五服"最早见于《尚书·禹贡》。

字的不同写法,其含义相同。① 由此可见,在当时中原王朝眼中,诸侯与"四方"一样都应当以"共主"为中心,保持周边的"国"次序臣服的格局,最突出的表现是有了"伊尹四方献令",这说明"四方"与王朝的关系进一步制度化了。

西周时,由于周公"制礼作乐",使得夏礼、殷礼的面貌发生了质的改变,从而使风俗具有了"规范"的意义。由此,以礼为中心的"礼乐政刑"浑然一体,各种如"移风易俗,莫善于乐"这样具有风俗性的礼俗教育形式才出现。② 而其目的则是孔子所说的"齐一变至于鲁,鲁一变至于道",③如此周公的礼乐创制成就了"中国"的"王教"。对此,班固在《汉书·地理志》中亦有总结:"言圣王在上,统理人伦,必移其本,而易其末,此混同天下一之乎中和,然后王教成也。"建立在风俗基础上的礼教成为"王教"的基本内容,"王教"的形成是涉边、涉外的朝贡礼制的内容,"礼"也成为后来治"国"、治"要服"、治"荒服"的基本手段。"先王之制……要服者贡,荒服者王。日祭,月祀,时享岁贡,终王"。④ 这里的"祭",即日祭,是负责供应天子每日祭祀所用之物;"祀",即是月祭,是负责供应天子每月祭祀所用之物;"岁贡",即每年给天子的纳贡;"终王",即偏远之荒服者终生只需在即位之初朝见天子一次。"岁贡"、"终王"之礼制,成为后来历朝针对边疆郡国和藩国的朝贡之例,朝贡有一年一次者、三年一次者、终生一次者。

西周初年,周公摄政,东征平定管、蔡与东方夷族的叛乱,营建洛邑,称为"成周",并形成了洛邑"成周"、丰镐"宗周"两个政治中心。同时大规模地分封同姓、异姓诸侯,形成了以"成周"和"宗周"为中心,以周王为"天子"(天下共主),以分封诸侯为"诸夏",以四方族群为"要服"、"荒服"的政治格局。周初分封时有"虽有周亲,不如仁人"的原则,所以针对分封之事,周武王有云:"周有大赉(封赐),善人是富。虽有周亲,不如仁人。百姓有过,在予一人。"⑤因此,周朝的分封是以血缘、功德、礼俗为标准的,这促使了具有文化意义的华夏"国族"的形成,周王朝就是建立在这个"国族"基础上的,这就是所谓的"诸夏",也可以理解为"中国"。

---

① 翁独健:《中国民族史纲要》,中国社会科学出版社 2001 年版,第 41 页。
② 《礼记·乐记》。
③ 《论语·雍也》。
④ 张华清译注:《国语》卷一〇《周语上·祭公谏穆王征犬戎》)。
⑤ 《论语·尧曰》。

从《周礼》中可以看出，周王朝在"国族"内部完善了礼法的建设，其治法就是所谓的"德以柔中国"，而在这个"中国"的边缘乃至其外部，其治法则是"刑以威四夷"。进而在"五服"观的基础上，形成了一系列明确而系统的治边、治外的礼治原则和概念。其原则反映出"中国"与"夷狄"的分别，如"德以柔中国，刑以威四夷"，"内其国而外诸夏，内诸夏而外夷狄"，"修其教不易其俗，齐其政而不易其宜"；其概念反映出与这些原则相应的先文后武的治道，如"修意"、"修言"、"修文"、"修德"、"修刑"。

综观三代，这时中国的治边思想已十分强调"德治"，并形成了一系列的原则和概念。有了先礼后刑、礼刑并用的化外法律思想，有了以朝贡为主要手段的礼治传统，有了"王者不治夷狄"、"縻系之以为政"、"不易其俗"、"不易其宜"的"柔远"政治。这说明西周时"中国"在治边思想上已趋成熟，"周公创制"的贡献在于其对中国治边传统有着奠基的作用，其中"王者不治夷狄"表现出"王者"的文化自信心，"縻系之以为政"、"不易其俗"、"不易其宜"体现了"王者"的文化信念，"先礼后刑"体现了中国法律内具的化外功能，这一切都构成了中国传统"柔远"政治的内容，在一定意义上这种"柔远"政治具有内敛性和保守性，并在后来发展为"守中治边"的边疆方略。

秦汉时期有两个方面的变化值得我们注意：一是这时中国人的世界观发生了很大的变化以及边疆在空间上的实际扩展；二是秦汉两个王朝与边疆地区有了更多的实际接触，在边疆治理的具体制度方面有了显著的发展，但是其治边思想仍在不断调整中。

先秦时期已有的"五服"观构成了"中国"地理空间意识，这是一种由内向外、由亲到疏、近远有序的制度化的空间。秦汉时期，"五服"观仍然是大多数中国人的世界观，但随着地理知识的增长，中国人的空间概念更加广阔，这首先表现在东汉时人们在认识上的突破。东汉时，已经有中国人知道东罗马帝国的存在（当时被称作大秦），知道并不只有"中国"才是世界上惟一的大国，当时阴阳家邹衍的理论正是这种认识的集中反映。传统中国人习惯于关注纵向的历史，人们对王朝命运变化的关心、对时间概念的关心远甚于对空间的关注。比如当时邹衍关于王朝更迭的"五德始终"说就是如此，但是邹衍的"九州说"却也突破了传统中国人在空间上的地理观，这对当时人们对"边"和"边疆"的认识不能说没有一点影响。在邹衍看来，世界上并不仅仅只有中国一个文明国家，中国也并不就是"天下"或"四海之内"。相反，儒家所谓的中国概念，"于天下乃八十一分居其一分耳"，[①]是一个更大的九州之一："中国外如赤县神州者九，乃所谓九州也。于是有裨海环之，人民禽兽莫能相通者，如一区中者，乃为一州。如此者九，乃有大瀛海环其外，天地之际焉。"[②]

尽管这种认识并没有引起人们更深入的研究兴趣，但汉代以后认为中国就是"天下"的观念开始让位于中国仅仅位于"海内"的认识，在这以后"天下"只是政治领域的一种习惯用语。与前代相比，秦朝时中国人对南方有了更多的接触，汉代对西方、西南的了解也更为深入，对外探索的意识也更强烈。"在汉代，中国人第一次注视西方，知道西域大地广阔，国家众多，物产新奇，民情殊异"。[③]

《淮南子》中谈到秦始皇开疆拓土，发卒攻伐岭南的物质动机是"利越之犀角、象齿、翡翠、珠玑"。汉代自武帝始以儒学治国，更看重边疆的文化、政治意义。《史记·大宛列传》中提到张骞从大夏返回后，于公元前122年又建议打通西域道路，指出可以用"诚得而以义属之"的态度，用赠送财物的办法让他们来朝拜大汉，以达到"重九夷，致殊俗，威德加于四海"的政治、文化目的。"天子既闻大宛及大夏、安息之属皆大国，多奇物，土著，颇与中国同业，而兵弱，贵汉财物；其北则大月氏、康居之属，兵强，可以赂遗设利朝也。诚得而以义属之，则广地万里，重九泽，致殊俗，威德遍于四海"。[④]

《汉书》提到唐蒙在公元前135年向中央政府介绍了蜀地的情况并建议派队考察，对于西南"用军兴法"而治。"会唐蒙使略通夜郎、僰中，发巴、蜀吏卒，千人，郡又多为发转漕万余人，用军兴法诛其渠率"。[⑤] 这促使同年西南犍为郡的设立。

秦皇汉武开疆拓土，于北方匈奴、西域、南方广设边郡，张骞、班固等人沟通西域的成功和西南边疆地区（今滇、桂、黔、川西南地区）开创性的设治，这些都开启了"中国"对边疆直接经营的历史，在法俗上也开始了对边郡进行"以夏变夷"的实践。如汉宣帝五凤二年八月下诏，废止"郡国"从汉初以来禁止嫁娶不得具酒食相贺的苛禁："夫婚姻之礼，人伦之大者也。酒食之会，所以行礼乐也。

① 《史记》卷七四《孟子荀卿列传》，第1840页。
② 同上。
③ 黄时鉴：《中西关系史年表》，浙江人民出版社1994年版，第15页。
④ 《汉书》卷六一《张骞李广利传》，中华书局2000年简体字版，第2037页。
⑤ 《汉书》卷五七下《司马相如传》，第1959页。

今郡国二千石，或擅为苛禁，禁民嫁娶不得酒食相贺召。由是废乡党之礼，令民亡所乐，非所以导民也。"①

在对待边疆夷狄问题上，春秋以来"先诸夏而后夷狄"的态度也不再那么极端了，对于来附的匈奴也开始"以客礼相待"。甘露二年，匈奴呼韩邪单于愿向汉朝奉上国珍。甘露三年正月行朝礼时，汉宣帝诏有司议待单于朝贺之礼，群臣认为按圣王之制，位列秩序应当是先诸夏后夷狄，但汉宣帝却诏曰："今匈奴单于称北蕃，朝正朔，朕之不逮，德不能弘覆。其以客礼待之，位在诸侯王上。"②

秦汉时期，边疆的治理有了实际的内容：秦在西南修"五尺道"，打通到印度、阿富汗的贸易通道；在西南广设初郡，如益州、牂牁、越、永昌等郡置都尉并实行了编户制度；同时在统治方式上开始采取"以夷制夷"的羁縻方式，除已被纳入"编户"的少数族群外，对初郡的其他族数采取"以其故俗治，毋赋税"的政策；"汉承秦制"，汉朝在西南还确认滇王、夜郎王的名号，③并任用了众多的夷帅、渠帅。

但到后来，汉王朝在治边方略上则常常处于一种矛盾的状态，对边疆治理的认识更为具体：一是在汉立国之初，因为忙于调治楚汉战争的创伤及其在北方与匈奴的战争而无暇顾及南方；二是后来南方地区也叛乱不止，如从汉昭帝始元元年始，西南夷不断发生叛乱。④ 如："（始元元年）乙未，夏，益州夷二十四邑、三万余人皆反。"又如："（元凤元年辛丑）春，武都氐人反，遣执金吾马适建、龙额侯韩增、大鸿胪田广明将三辅、太常徒，皆免刑击之。"再如："（始元四年戊戌，春三月）甲寅，西南夷姑缯、叶榆复反，遣水衡都尉吕辟胡将益州兵击之。辟胡不进，蛮夷遂杀益州太守，乘胜与辟胡战，士战及溺死者四千余人。冬，遣大鸿胪田广明击之。"司马光曾就"戎狄叛服"问题，从"王者之于戎狄"的立场，阐述了"王者"应持的法制观点："王者之于戎狄，叛则讨之，服则舍之。今楼兰王既服其罪，又从而诛之，后有叛者，不可得而怀矣。必以为有罪而讨之，则宜陈师鞠旅，明致其罚。"⑤

为了维护对这些遥远边地的统治，朝廷往往耗费大量物力。到了汉桓帝、

---

① 《汉书》卷八《宣帝本纪》，第 186 页。
② 同上书，第 189 页。
③ 1956 年于云南石寨山挖出刻有"滇王之印"字样的滇王金印，与《史记·西南夷传》载汉武帝元封二年，滇王尝降于汉，汉朝"赐滇王王印，复长其民"相符合。
④ 《资治通鉴》卷二三《汉纪十五·孝昭皇帝上》。
⑤ 同上。

汉灵帝时期，在内部，汉朝国势日衰，人心不古，社会风俗日益败坏，为此才有应劭撰《风俗通义》；在外部，边疆出现了东羌、匈奴、鲜卑、巴郡的坂楯蛮之乱，也足以使王朝精力耗尽。[①] 这表明汉朝政府缺乏足够的实力去直接控制边疆，这也是后来各王朝治理边疆时一直存在的问题，这促使王朝日益意识到只有"因俗"、"羁縻"而治才能有效解决治理能力不足的问题。

从秦汉开始，中原王朝对南北边疆的治理采取了不同的策略：在北方运用消极和亲怀柔政策，而在南方实行相对积极的"以夷治夷"的羁縻政治，且对南方的治理上积极传播礼教并努力扩大汉文化区。这一做法到后来一直没有大的变化，如满清和亲于蒙古，鄂尔泰于西南的"改土归流"。

唐代被认为是中国古代政治、经济、文化发展的高峰，唐朝的治边理念也开始走向成熟。唐朝的治边理念有两个方面值得注意，一是唐朝是中国政治、法律制度完备的时期，也是文化兴盛时期。在对外关系上，作为一个强盛的王朝，虽然唐朝的疆域不及汉朝，但是唐朝的实际政治控制范围和向外的文化辐射在深度和广度上却远甚于汉朝。二是其时中国所处的世界环境与之前迥然不同，唐朝是中国的"文化边疆"真正与当时的世界发生碰触与交流的时期。通常人们研究唐代的治边问题时，往往注重从内部来进行研究，实际上中国历史发展到隋唐之时，外部因素已经成为影响中国边疆发展史的一个不可或缺的方面。

首先，唐朝时中国对外的政治、文化张力较前大为增强。通过一系列战役，唐朝在中亚建立了中国的宗主地位，控制了整个塔里木盆地，并越过帕米尔高原，控制了奥克苏斯河流域各国，以及今阿富汗和印度河地区；在西南的西藏和东北的朝鲜等广大地区逐渐确立了中国的宗主权。毫无疑问，唐朝的强盛是中国文化向四周辐射的内在推动力。在治边方面，唐朝继承了自西周以来的"文化边疆"传统。与汉代相比，隋唐时期"文化边疆"的一个重要变化，就是文化版图更加广大、牢固，不仅表现在唐朝在其直接控制的范围内广泛设置了羁縻州府，还表现在唐朝对边疆的影响不仅是单方面地传播自己的文化，更在于这些地方已经开始主动学习、采用唐朝的政治、法律制度。

---

① 如："初，护羌校尉段颎既定西羌，而东羌先零等种犹未服，度辽将军皇甫规、中郎将张奂招之连年，既降又叛。……颎上言曰：'……若以骑五千、步万人、车三千两，三冬二夏，足以破定，无虑用费为钱五十四亿，如此，则可令群羌破尽，匈奴长服，内徙郡县，得反本土。伏计永初中，诸羌反叛，十有四年，用二百四十亿；永和之末，复经七年，用八十余亿。费耗若此，犹不诛尽，余孽复起，于兹作害。今不暂疲民，则永宁无期。臣庶竭驽劣，伏待节度。'帝许之，悉听如所上。"见《资治通鉴》卷五六《汉纪四十八·孝灵皇帝上之上》。

　　6 至 7 世纪,为了恢复汉代疆域,唐朝积极发动对外战争,力图控制朝鲜,打通西域,占领通往中亚和西方的丝绸之路上的绿洲王国并建府设治。在南亚,越南实际上已成为唐王朝的属国并深受中国文化的影响,后来也一直处于中国文化圈内,即使是在 939 年越南独立后仍是如此。经过魏晋南北朝的战乱和族群间的融和,整个中国的族群关系在客观上较以前更加简化,即使是族群混杂的云南,这时也已被南诏统一。在与南诏的战争中,唐文化对云南的影响十分深刻,云南这时已经是中国文化圈的一个边缘部分了,到元代时这里设立了行省并正式并入了中国。在东北亚,朝鲜、日本是当时中国人所知的东方最远的地方,而高句丽王朝在中国东北的统治使隋唐感到失去了汉代在这一地区的控制和影响,遂成为隋唐的心腹之患。也许隋、唐两代王朝从未想过要把朝鲜半岛、日本的领土纳入中国的直接控制范围,但是中国的艺术、宗教、哲学、政治、法律制度却更深刻地影响了这些地方。自唐朝以后,它们实际上已经被纳入了中国文化体系之中,而在此之前中国人完全有理由把他们当作“东夷”、“倭夷”来看待。

　　在这一新的“中国文化圈”扩大和形成的同时,中国作为东亚“宗主”的地位也较为稳定,新的地缘文化格局已经形成。这些边缘地区基本上接受了作为唐朝朝贡者的地位,而与此同时唐朝在接受它们朝贡之时也以更加平等的态度对待他们。这种态度在唐太宗对边疆地区的治理思想上得到充分体现。在唐太宗的头脑中,“华夷之防”的观念较为淡漠,而认为“四海如一家”、“胡越一家”,封域之内皆唐廷“赤子”,反对以四夷为“身外之物”的认识,认为“夷狄亦人耳,其情与中夏不殊”,若施之德泽,则“四夷可使如一家”,“使穷发之地尽为编户”,故“以求服远之名”为目的,以为治国“患在德不广,不患地不广”,应切记“务广地者荒,务广德者强”,制四夷但羁縻而已,仍然尚行“王者无求”、“王者无外”之义,而不是秦汉时以“拓境为业大,远贡为德盛”的治理方针。

　　唐朝在边疆治理方面仍重在施之以“德治”、“仁政”,表现出“守中治边”的态度。自然经济条件下不需要工业化的资源,边疆于“中国”而言,其经济上的价值并没有凸显出来,认为如果招徕远域,只会“舍近而图远,劳而无功”,“无益于用而糜弊百姓”,乃明君所不为。否则其结果会与汉代一样,一方面王朝在边疆设治经营,本就耗费人力、物力;另一方面,又往往会因边疆赋税收益甚微,反而导致“空竭府库”,“受役蛮夷”。如神功元年蜀州刺史张柬之请罢姚州一事,其理由即是如此。据《旧唐书》载,张柬之上书曰:“(姚州)今盐布之税不供,珍奇之贡不入，戈戟之用不实于戎行，宝货之资不输于大国，而空竭府库，驱率平人，受役蛮夷，肝脑涂地，臣窃为国家惜之。"①

同以后的王朝一样，唐朝的政治、文化扩张缺乏内在的商业动力，尽管唐朝为维护丝绸之路的畅通，在应对与突厥人、吐蕃人和阿拉伯人的冲突时也有一定的商业动机，但这毕竟只是一个次要因素。

其次，如果把唐朝放到当时亚洲的整个环境中考察，尽管唐朝的政治力量及文化向四方扩散表现出一种强劲的势头，但是在西北方向的中亚地区却受到印度文化、尼泊尔文化、阿拉伯文化的挑战，这在一定程度上也抑制了儒家文化向中国的西方扩散。就当时唐与吐蕃的关系而言，尽管唐中央王朝力图以诸如和亲（文成公主进藏）等各种手段来加强与吐蕃的政治、文化联系，而且这也确实产生了持久的影响，但是从整体上看，8世纪吐蕃与印度、尼泊尔的文化联系远胜于吐蕃与中国文化的关系。因为吐蕃文化更大程度上是由印度文化、尼泊尔文化及其本土文化融合而成，吐蕃文化并没有被儒家文化所统一并成为儒家文化圈的一部分。而且在经过与大食和吐蕃的战争之后，尤其是在安史之乱以后，唐王朝失去了它对远西疆土的有效控制，直到清朝，从伊朗到甘肃这一整个区域实际上已成为印度文化、伊斯兰文化的外围，这也是清代"陕甘回乱"发生的历史文化因素。这使得唐朝以后中国建立在"文化边疆"基础上的宗主权在西域受到了挑战，也在很大程度上促使了以后的中国王朝对西域不得不采取比对南方边地渐次灵活的策略，短期内更加倚重于政治、法律手段，而不是文化手段来治理这些地方，这也是后来清政府更加积极地依靠法律手段来治理这些地方的历史因素。

蒙元时期，由于蒙古人头脑中少有华夏族那种"文化边疆"的意识，出于草原族群的游动特性，出于掠夺和占领的需要，对边疆的认识与前朝不同。在边疆治理上，元朝实行种族歧视政策，但却没有"内华夏，外夷狄"的文化偏见。在很大程度上，蒙元并没有把传统的边疆地区当作边疆看待，而是把它作为其进一步扩张的基地，在他们的眼中，边疆与内地并没有多大的区别。因此，元朝在对中国边疆的治理方面采用的是内地的统治方式，如：建立行省，广泛设治；普遍征收税赋及各种矿课；开办学校；建立驿站，积极发展边疆地区的交通；征调

---

① 《旧唐书》卷九一《张柬之传》，中华书局2000年简体字版，第1989页。

土军参加对外征伐战争。这些措施表明蒙元已经不满足于边疆对中原在名义上的臣服,而是谋求"今皆赋役之,比于内",喜欢不断扩张的蒙元政府需要物质上的基地(如几次为征伐日本,在经济和人力上所做的准备),自然会认识到边疆在经济上的意义。"盖岭北、辽阳与甘肃、四川、云南、湖广之边,唐所谓羁縻之州,往往在是,今皆赋役之,比于内地"。① 这正是蒙元时期边疆治理的特点。

此外,元朝还在边疆地区尤其是在南部边疆地区开展大规模的屯田,同时还加强对边疆的制度建设,普遍推行土官制度,建立了军户制、社制等,在司法上创建了能够协调各族群间法律纠纷的"约会"制度,这对边疆制度建设起到了积极的作用,对于后来满清政府能够在经济意义上认识边疆的重要性,并积极加强边疆的行政、法律控制也有着某种历史关联。

明代是中国边疆史上的又一个重要历史时期,这一时期对边疆地区的治理较前代更加深入。明代中国人对世界的认识已经比较清楚,特别是郑和下西洋大大扩展了中国人的视野,这时中国人对亚洲、欧洲、非洲都有了一定的了解,但是明朝人在观念上并没有突破传统的"文化边疆"观,其世界观仍然是以中国为大、有优越感的中国中心论。在明朝的统治者眼中,中国仍然是世界的中心,"中国腹地是帝国乃至世界的中心,认为中国腹地与周边地区之间,是譬如树木的躯干与枝叶的主次关系"。②

基于这样的认识,明朝对周边地区的治理思想与前代在本质上并没有发生大的变化。与以前相比,明代对海洋的认识更加宽广,但对海外之国仍然采取了较为保守的政策,"郑和下西洋"并不具有任何经济上的意义,也就不具有政治上扩张的目的,正如朱元璋对大臣们所言:"海外蛮夷之国,有为患中国者,不可不讨;不为中国患者,不可辄自兴兵。"后来他又告诫子孙:"四方诸夷,皆限山隔海,僻在一隅,得其地不足以供给,得其民不足以使令。"③在这一思想与唐朝十分相似。

明朝在与周边国家的关系上仍奉行传统的朝贡制度,把安南、占城、真腊等列为不征之国并与之保持朝贡关系;对于蒙古,明朝建立后,除以武力抑制北方

① 《元史》卷五八《地理一》,中华书局 2000 年简体字版,第 903—904 页。
② 方铁:《明朝统治者眼中的西南边疆》,载《史学论丛》第 8 辑,云南大学出版社 2001 年版。
③ 《明太祖洪武实录》卷六八。

蒙古势力外,还开设了互市、通贡以稳定北方;在西藏,则采取多封众建、尚用僧徒和封贡、互市等政策,以达到"率修善道,阴助王化"的目的;①在西南,虽然以三十万大军征南,但是仍以"驯服之道,必宽猛适宜"为指导思想,守境为安,以达到"朕无西南之忧"为目的。② 本着对西南族群"其人不知礼义,顺之则服,逆之则变,未可轻动"的认识,③实行具有镇服与抚化功能的卫所制度,"唯以兵分守要害以镇服之,俾日渐教化之"。④ 此外,还沿用了元代的土官制度,继承了"以夷制夷"的羁縻政策,形成了明朝的土司制度,同时重视在这些地区传播儒学,以求"日渐教化之"。"边夷土官,皆世袭其职,鲜知礼义,治之则激,纵之则玩。不预教之,何由能化。其云南、四川边夷土官,皆设儒学,选其子孙弟侄之俊秀者以教之,使之知君臣父子之义而无悖礼争斗之事,亦安边之道也"。⑤

明朝之治,充分体现了我国古代传统治边理论的特点。总的来说,明代在治边思想上并无变化,多继承汉唐以来以北方为重的"北重南轻"的治边政策,"迤北为大,辽东次之,西番、苗蛮又次之",⑥以求四方相安无事为最终目标。

在治边手段上,明朝仍是以文武之道交替使用,多以柔远为宗旨,以求明太祖所言:"中国既安,守在四夷。"⑦"守在四夷"的观念古已有之,古语所谓"明王有道,守在四夷",其早可见于《左传·昭公二十三年》,是针对楚国子常因其祖父子囊的遗言修筑郢城,后又因畏惧吴国,复增修以自固,沈尹戌认为若是如此,"子常必亡郢",沈尹戌云:"古者天子守在四夷;天子卑,守在诸侯。诸侯守在四邻;诸侯卑,守在四竟。慎其四竟,结其四援,民狎其野,三务成功。民无内忧,而又无外惧,国焉用城?"⑧又云:"信其邻国,慎其官守,守其交礼;不僭不贪,不懦不耆,完其守备,以待不虞,又何畏矣!"⑨这一思想说出了中国上古以来的治边传统思想,即善于治国者应当固本修德,以德结四邻,方可以柔远,如果仅仅想依靠增修城墙以自固,则不足以守"中国"。

① 《明太祖洪武实录》卷二二六。
② 《明太祖洪武实录》卷二二二。
③ 《明史》卷三一七《广西土司一》,中华书局 2000 年简体字版,第 5493 页。
④ 同上。
⑤ 《明太祖洪武实录》卷二三九。
⑥ 《明史》卷七二《职官一》,第 1169 页。
⑦ 《明太祖洪武实录》卷一五三。
⑧ 陈成国:《春秋左传校注·昭公二十三年》,岳麓书社 2006 年版,第 1048 页。
⑨ 同上。

（二）中国古代治边思想的特点

中国历代治边思想虽有差异，但总的来说，却是共性多于个性，虽有不同之处，但却并没有从根本上有所突破。

首先，中国治边思想有一种内向而非扩张主义的特点。尽管历代王朝的空间视野不断扩大，但其治边思想在政治上却表现为一种非扩张主义的特点，是谓"夫开边黩武，朕所不为"。同时，历代又都力图恢复前代的"中国"版图，这正如乾隆皇帝所说："而祖宗所有疆宇，不敢少亏尺寸。"①对待前代曾经所拥有的"中国"疆宇"不敢少亏尺寸"，认为在"中国既安，守在四夷"的基础上，才谈得上"日渐教化之"。从历史上看，古往今来文化传播是加强对内聚力和认同感最有效、最长久的方式，文化扩张通常是在缺乏治理能力、不能做到直接控制的时候采取的一种有效的控制方式。在整个中国历史上，凡是那些没有受到中国文化较深影响的地区，往往都很难对之实施稳定的治理。反之，如果一个地区已经是"王化"之地，那么就比较容易进行长久的、有效的、直接的控制，中国的治边史清楚地说明了这一点。

其次，中国的治边思想深受儒家"仁政"思想的影响。儒家讲究"仁政"、"德治"，儒家之法非法家之刑，儒家之法乃是"德治"之法，反映在其治边思想中就是"王化"和治边法律中的"化外"之说。从"中国"历代的法律统治中，我们可以看到自汉代董仲舒"春秋决狱"到唐朝的"礼法合一"，奉行的是礼与法结合，礼教为先、为主的治国方式。从这一思想看，内地之治与边疆之治在本质上并无太大差异，可以说边疆之治是内地之治的自然延伸，同样边疆法律之治也是内地法律之治的延伸。而"守中治边"、"固本柔远"的边略正是"王化"思想在边疆治理上的逻辑结果，"王化"思想又是儒家以"仁"为核心的"道治"思想的必然要求。在统治者看来，施德政于边疆"蛮夷"与施德政于内地"民人"，二者之间没有本质的区别，而且往往还对前者采取更为宽松的法律和政策，如相对内地，对边疆征收的赋税较轻；对边疆族群的"叛服无常"，采取"来则御之，去则备之"的方略；对山险道远的"化外"地方，实行"因俗而治"，甚至采取同族异法。这些做法是符合当时王朝治理实际的。

---

① 《清高宗实录》卷三七七。

第二章

作为"文化边疆"观的治边法律

一、"中国法"的文化属性

关于中国古代法律文化的特征,不少学者曾对其做过概括,如诸法合体、民刑不分、宗法主义、泛道德主义等等。从整体上讲,这些归纳和概括自有其合理之处,但是笔者认为在研究古代边疆法制时,仍有三个特点应当引起重视。

首先,中国古代法律在实体方面并没有取得自身的独立地位,也就是说它在形式上并没有真正与行政相区分,这也限制了边疆族群的固有法俗与汉区礼法文化的一体化进程。中国古代在立法和司法两个方面都存在从行政入手的问题,以行政管理为主导和依归,尤其是在司法方面偏重于行政管理技术,而不是从保障个人的权利出发来对整个国家的法律进行设计。法律仅仅是一个政权推行其行政措施的附带工具,以致于法律难以独立发挥其形式上的理性主义功能。关于这一点,无论是在治边思想还是在治边法制方面都有所反映,它往往表现为从"王道"治理出发,而不仅从贯彻国家统一法制出发,并在法律治理上具有相当的灵活性。这与西方不同,西方自中世纪始,其历史上曾长期同时存在着诸如教会法以及世俗法的各个分支——封建法、庄园法、商法、城市法和王室法等等,这些法律各有渊源,并由不同的权威机构、组织或团体负责其实施,它们互相刺激,也互相影响,并且在争夺管辖权的斗争中此消彼长。单纯从法律发展角度看,在法律多元化背景下的管辖权之争是有利于法律渊源之间的协商、融合的,是有利于突现法律的独立功能的。

与西方这种多元化模式相比较,中国历史上法律多元现象的突出特点在于它并没有管辖权之争，法律上的多元也不是通过横向竞争来表现，相反，它主要表现为一种自生自发的民间秩序与直接出自官府的法律秩序的结合，是"民俗"与"官法"的纵向结合，这种结合被一些学者称之为"官—民"秩序格局。由于中国古代这种"官法—民俗"司法结构传统的存在，在纯粹的法律形式上妨碍了边疆族群的固有法俗与汉区礼法文化的一体化进程。

其次是中国古代法律在形式上没有真正与道德（礼）相区别，二者相互融合。陈顾远先生对中国固有法系的特质有精辟概括，[①]可以归纳为：1. 中国固有法系源于神权而无宗教化色彩；2. 中国固有法系源于天意而有自然法精神；3. 礼教中心，并具有仁道恕道之光芒；4. 义务本位，并具有社会本位之色彩；5. 家族观念，并具有尊卑歧视之情景；6. 弭讼至上，并具有扶弱抑强之设想；7. 审断有责，并具有灵活运用之倾向。

从陈顾远先生对中国古代固有法系特质的描述来看，中国古代法律有重"人文"，讲"仁道"、"恕道"，以及对"法律灵活运用之倾向"，这使得法律总是要服务于某种特定的文化道德，以某种文化标准为其标准；这也使得其法律具有很强的族性文化色彩，强调并依赖某一类别的"地方性知识"的特征，进而削弱了它本身的程序上的功能，这必然导致其在司法上某种程度的任意性或者说是某种灵活性。因此，在边疆法制方面就表现为往往承认族性文化之间的差异，承认各边疆族群"俗法"在当地的效力。这是中国古代边疆法制的一个重要特点。

自秦汉统一的多族群国家形成以至于清代，由于各边疆族群不断迁移、内化，其文化也各有不同且纷繁复杂，即使是原住族群文化中也包含了其他文化因素，往往会形成复杂的地方性"法俗"。从法律文明史的角度看，这些"法俗"自不似中国"汉法"那样统一而成熟。同时，又由于中国"汉法"的周围长期没有其他的法律文化存在，所以中国人始终认为自己是人世间惟一的文明人，自己的礼法文化是惟一发达的文化，因此与其他法律文化之间也就没有横向的竞争。在这一条件下，"化外"族群是"夷"，"化外"族群的法俗根本上是"夷俗"，对待"夷"和"夷俗"，自然是教化重于法律。

因此，在边疆法律治理方面注重的也只是"面"上的控制，对"夷俗"往往比

---

① 陈顾远：《中国法制史概要》，商务印书馆 2011 年版，第 54—59 页。

较尊重,因为它在文化上不可能构成某种威胁,故凡未化之民皆以其俗治之,在其触犯法律时采取临时制宜,各依其俗,防其大故、忍其小过的做法。这种做法与中国文化讲究"和为贵"的"化成"思想是一致的;与儒家以文化超越族性、宗教的泛族群主义是一致的。儒家的传统思想本身就有一种"无类"的观点,《论语》中所谓的"有教无类"是指教化而言,是礼教的基本要义,这一基本要义为历代所奉行。礼教本着以"仁"为核心的"和为贵"精神,主张"先教后杀",反对"不教而诛"、"不诫视成",①并上升为一种治国、治外的思想。历史上,在对待边疆化外族群问题上,固守"中国"、"守中治边"、"安人宁国"都是这一思想的体现。所谓的"无类",是指在教化的对象上不在意种族、宗教的区分,在人与人、族与族、国与国之间的交往上,又反对"不教而诛"、"不诫视成",在政治、法律上体现了很强的文化包容性,所以中国古代的法律不仅有我们所说的"泛道德主义"的属性,还具"泛民族主义"的品格。

中国古代法律文化的另一个重要特征,是儒家思想的法律化或国家律典的儒家化,儒家的礼教准则融入国家基本法律制度之中甚至直接成为法律条文,国家法律在立法和司法上往往直接沿用儒家的经典。汉代的"引经决狱"的司法传统、唐律的"礼法合一"立法传统为后世所继承,"中国古代法律在国家和社会层面上一直追求礼、俗、法的统一"。②"从中国法律史看,除'律'之外,'情'、'理'、'例'、'礼'、'俗'这些概念总是构成中国古代法律样式的基本元素,这些元素更多是通过教育而融入人们法律生活,它们的共同作用构成了中国人法律生活的'小传统'。……中国古代法律仍然是:一方面有以礼刑相结合为基础的理性模型式的律典;另一方面又存在着民间风俗性的司法形式"。③

中国古代并无西方意义上的独立法学,中国古代的律学只是经学的法律解释学,律学的基本准则、理论基础皆缘于汉代的儒家经学。在西方学者看来,中国古代的行政与司法都没有发挥出"可以计算的理性"功能,而是被一种"法律的世袭结构"(马克斯·韦伯语)所支配,有着反法律形式主义的性格。所谓的"法律的世袭结构",就是指法律中对"常道"文化继承的特点,这使得法律、行政

① 子张问政于孔子,子曰:"不教而杀谓之虐;不戒视成谓之暴。"见《论语·尧曰》。
② 杜文忠:《法律与法俗:对法的民俗学解释》,人民出版社2013年版,第44页。
③ 同上书,第60—61页。

追求的是道德的实体公正，法律和行政都是道德的一种自然延伸，因此其法律缺乏自己的独立性。"在中国，至少在这方面特别敏感的产业资本主义，在其发展道路上，行政与司法没有发挥出可以计算的理性功能来。……反形式主义的家长制的作风从不遮遮掩掩，对任何大逆不道的生活变迁都严惩不贷，不管有无明文规定。最重要的则是法律适用的内在性质，有伦理倾向的世袭制追求的并非形式的法律，而是实质的公正"。①

从经济的角度来看，中国古代法律的这一特征是因为它在社会中缺少作为政治单位的法人自治体，没有形成相对独立的商业阶层，在法律上没有一种追求以"资本"为经济运行纽带、以"交换"为基本社会关系的制度冲动。就内地与边疆而言，长期以来经济上的交往是十分缺乏的，历史上带有贸易性质的朝贡关系和茶马互市只是一种战略上的权宜之计，或只是一种简单的贸易形式，边疆的合法经济活动通常只是出于政府对某一地区加强控制的需要，历代王朝都把与边疆的经济往来放在次要的位置，即使是被认为是开放的唐朝亦是如此，如"开成元年六月，京兆府奏：……准令式，中国人不合私与外国人交通、买卖、婚娶来往。又举取蕃客钱，以产业、奴婢为质者，重请禁之"。②

因此，对中央政府来说，通过儒家文化上的建设来保持边疆的稳定，而在国家法律上对边疆基本面的控制始终是被置于首要地位的，也就没有发挥法律"可以计算的理性功能"的内在需要。在汉区，历来存在着用"礼俗"维系起来的"乡村自治"，人们在"乡约"中以"礼俗相交"，③这些具有规范意义的"礼俗"通常是被官方认可和鼓励的重要法律形式，《王制》中的"六礼"、"七教"、"八政"构成了一个风俗教化体系。④ 这不仅是汉区治理的重要形式，在对边疆族群的治理中也同样如此。历代比较重视对边疆刑事犯罪的控制，本不是出于对边疆社会秩序进行重构的需要，而是为了维持中央王朝与边疆的基本政治关系的稳定，后面提到的唐代宗时期回鹘人犯罪的案例就是这种思想的表现，这一特点一直到清朝也并没有发生大的变化。因此，中国古代长期存在国家礼法与边疆法俗并存的二元性特征就不难理解了。

---

① ［德］马克斯·韦伯著，王容芬译：《儒教与道教》，商务印书馆 2002 年版，第 154 页。
② 《册府元龟》卷九九九《外臣部》。
③ （宋）朱熹《增损吕氏乡约》有"德业相劝"、"过失相规"、"礼俗相交"、"患难相恤"。
④ 杜文忠：《法律与法俗：对法的民俗学解释》，第 28 页。

再次,中国古代法律还不刻意追求法制的统一性。在这个"泛民族主义"的国度里,文化与种族呈现出一种自然交融的状态。在中国漫长的族类战争史上,族类战争只是一个中原政权的更迭问题,并不像西方历史上那样成为主体文化毁灭的原因,因此"守中治边"的意义在于中国文化本身的固守和延续。这就是为什么六朝(3—6世纪)、元朝(1271—1368)、清朝(1644—1911)历时虽久,但是并不被中国人视为是世界末日的原因,人们在思想上对于因族类战争而导致的分裂或化外异族的统治并不十分在意,明清之际士人的反满抗清虽有武力的形式,但根本上还是文化的抗争。因此,在古代中国人的世界观中,形成了不以封闭的民族主义眼光来看待世界的态度,而是以"天下大同"、"大一统"的人文情怀来看待世界。正因中国人不刻意强调族类的区别,公元3、4世纪期间才有允许各种外族移入中国的史实,这种移入现象被一些西方学者称为"内向殖民"。①"内向殖民"这一概念,正反映了中国各王朝对道德文化一致性的追求远甚于其对法制统一性的要求。

这种对文化一致性的柔性追求,导致了王朝对社会的治理有着强烈的偏重于礼仪、血缘、行政管理技术的特征,这一特征也明显地反映在边疆治理上,如上古以来形成的朝贡、封册制度,汉唐的和亲、封册政策,隋唐的羁縻设置,元朝以后的土官、土司制度。由于习惯于仅仅从礼仪、血缘、行政的角度来考虑对国家的治理,因此才形成了"以夷制夷"的传统,如:唐朝在边疆地区广设羁縻都府、府、县,进行间接控制的治理方法;元代实行并一直沿用到了明清的土司制度;明代在东北、西北、西南大约半个帝国的边疆地区普遍设置的都司、卫所(这也并不是一种严密的行政机构)。边疆地区的这种间接治理方式,在相当程度上排斥了边疆与内地之间二元法制结构被消除的可能。一些学者用"安抚法"、"和亲法"、"羁縻法"、"土司法"、"封册法"来概括中国古代"民族法制",并把它们单纯地当作一种"法律"来看待实有不妥。实际上,这只是一些对边疆族群的政策或行政治理方式,很难用今天的法律的概念来表达。相反,这些所谓的"法"正说明中国古代的社会治理偏重于礼仪和行政管理技术的特征,说明中国古代的法律缺少独立的、理性化的形式主义功能。

---

① 冯友兰:《中国哲学史简编》,北京大学出版社1996年版,第163页。

二、"文化边疆"与中国古代治边法制

(一)"文化边疆"与"化外人"法律术语

中国古代边疆法治是在"文化边疆"意识下展开的，"五方之民"的生活、生产方式与习性的差异，根据其地理环境不同，因地制宜，"修其教不易其俗，齐其政不易其宜"，[①]"因俗而治"是中国边疆法治的总原则。而"变"与"未变"、"化"与"未化"则是历代界定边疆概念的基本标准。由于"中国"的"边疆"具有很强的文化内涵，古老的中华法律文化也因此表现出它鲜明的个性。尤其因为在一个相对限定的地理空间内多族群长期共存的原因，这种文化个性对它的边疆法制产生了重大影响。就目前的研究看来，有两种倾向：一方面，研究边疆问题的学者们注意到从大格局上认识族群关系，而很少将它与中华传统法律文化联系起来；另一方面，法学研究者注意到对中国古代族群的立法与司法方面的规范研究，而没有能把它放到这种大格局上来进行相关的理论探讨。这使得我们不能深入研究边疆的问题，也难以深入认识边疆的法律，更重要的是有碍于全面理解中华法系本身。为此有必要对之进行一些探讨。

在中国早期历史中，"礼"作为族群间相互区别的一种标志，成为中国古代边疆观念的一个核心内容。"五服"观的出现表明"礼"已经突破了以血统关系为标准的"族"和"国"，表明"礼"在这时形成了一个以"化"为基点的文化边疆概念，表明"礼治"成为一种居于高位的文化政治理想。而"化外人"一词在《唐律疏义》、《大明律》、《大清律例》中出现，则表明这种不以血缘而是以文化为区分标准的"文化边疆观"的法律化。这里提出的"文化边疆观"是相对于中国早期社会以血缘为标准的疆域意识而言，是相对于后来以地域、行政主权为标准的"政治边疆观"而言。从时间上看，从周朝到清朝，中国的边疆观基本上是儒家政治意识的反映。

"文化边疆"的概念是一个以华夏族为基点向外扩展的概念，也是一个边疆

---

① 《礼记·王制》。

"族群文化"的概念,是一个由华夷互动关系来界定的概念。由于我国大多数少数群族居于边疆地区,在我们讨论边疆文化的时候,指的就是这些群族的文化本身,而所谓的"文化边疆"则是特指以儒家文化为意识形态的边疆观念。在19世纪上半叶之前,中国边疆的概念很大程度上可以用"文化边疆"来界定的,"文化边疆"具有浓厚的儒家文化色彩,"文化边疆"的意义上清代的"苗疆"、"回疆"是苗人之疆、回人之疆的概念,在观念上是"华"与"夷"的文化身份区分的概念。这种疆域观是一种内聚型的分界方式,是一种根据"汉化"程度来界定的方式。法律上"化外人"的概念正是这种边疆意识的反映,可以说是边疆族群在法律上的"文化身份"。中国古代法律中的"化外人"这一概念,最能反映古代边疆立法的这种"文化"意识。

首先,"化外人"的思想反映了一种族群间区分的意识。"化外人"一词出现在我国古代法律中,通常人们认为始于《唐律疏议》,即在《唐律疏议》中最早见到有针对边疆的"化外人相犯"的特别规定。不过笔者以为虽然"化外人"一词在制度上首见于唐朝,但是"化外人"的观念最早应当追溯到先秦时代。

先秦时代华夏族已经形成,以礼俗为标准的"华夷之辨"、"华夷之防"已经成为一种明确的认知,这在商、周以及后来的秦律中就已经表现出来。中国先秦时代的许多刑罚,在起源上就与"四方"群族的习俗有关。中国古代往往喻边疆异族为刑人,刑罚中隐喻着族群间区分和歧视的含义,许多华夏族的刑罚就取像于边疆异族的装束,意在表明受刑者已经"非我族类"。据古籍记载,"四方"族群的装束特点是被发、断发、髡头、[①]文身、雕题(在额上雕刻花纹,并涂上颜色),而中国最古老的刑罚如五刑中的黥刑(又称墨刑)以及秦、汉时期法律中的髡刑实取像于此,[②]古籍中常以这些族群的装束作为黥刑、髡刑的代称。《论衡·四讳》云"俗有大讳四",其中"被刑为徒不上丘墓"就是其中之一:"二曰讳被刑为徒,不上丘墓。但知不可,不能知其不可之意。问其禁之者,不能知其讳;受禁行者,亦不要其忌。"[③]

之所以"被刑为徒不上丘墓",是"义理之讳,非凶恶之忌也"。《论衡·四

① 《后汉书·东夷传》:"其人短小,髡头,衣韦衣,有上无下。"
② 《集韵》:"髡,刑名。髡去其发也。"《秦律》中有髡耐刑,即剃光头发、鬓须的附加耻辱刑罚。《汉律》中也有"予者髡为城旦"之说(见《居延新简》EPS4.T1:100.)。
③ (汉)王充:《论衡·四讳》,《诸子集成》第7册,上海书店出版社1986年版,第228页。

讳》云其义理有二：

> 徒不上丘墓有二义：义理之讳，非凶恶之忌也。……孝者怕入刑辟，刻画身体，毁伤发肤，少德泊行，不戒慎之所致也。愧负刑辱，深自刻责，故不升墓祀于先。古礼庙祭，今俗墓祀，故不升墓。惭负先人，一义也。墓者，鬼神所在，祭祀之处。祭祀之礼，齐戒洁清，重之至也。今已被刑，刑残之人，不宜与祭供侍先人，卑谦谨敬，退让自贱之意也。缘先祖之意，见子孙被刑，恻怛惨伤，恐其临祀，不忍歆享，故不上墓。二义也。①

《论衡·四讳》中有太伯因入吴国采药，从了吴越之俗，已经断发文身，类似于刑余之人，根据"徒不上丘墓"的礼俗，而让王位于周文王的父亲王季。

> 昔太伯见王季有圣子文王，知太王意欲立之，入吴采药，断发文身，以随吴俗。太王薨，太伯还，王季辟主。太伯再让，王季不听，三让，曰："吾之吴越，吴越之俗，断发文身，吾刑余之人，不可为宗庙社稷之主。"王季知不可，权而受之。夫徒不上丘墓，太伯不为主之义也。②

《风俗通义》中同样有受过刑的人不能到父母坟上去扫墓的说法。因此，视异族的断发文身之俗与刑余之人相同，必然是以华夏之人行异族之礼俗为耻，华夏法律使用的黥刑和髡刑，这本就体现了华夏对异族文化的某种排斥。

其次，"化外人"这一法律术语也反映了中国古代的"文化边疆观"。中国古代针对边疆族群的刑事法律中，也贯彻了"化内"和"化外"相区分的"礼治"原则，在以"礼法合一"、"一准乎礼"著称的《唐律疏义》中，③有专门针对边疆的"化外人相犯"的规定，④这是"化外人"一词第一次出现在国家律典中。法学界对"化外人"究竟是指"少数民族"，还是指"外国人"，或者二者兼指，一直存有争议。⑤ 其实，这种争议毫无必要，因为前面我们已经说过，中国古代的边疆观是一种发散式的、富有弹性的"变"与"未变"、"化"与"未化"的"文化边疆"观，尽管

---

① （汉）王充：《论衡·四讳》，《诸子集成》第7册，第228页。
② 同上。
③ 《唐律疏义》开宗明义曰："德礼为政教之本，刑罚为政教之用，犹昏晓阳秋相须而成者也。"
④ 据永徽二年（651）制定的《永徽律》："诸化外人，同类自相犯者，各依本俗法；异类相犯者，以法律论。"
⑤ 关于"化外人"，可参阅苏钦《唐明律"化外人"条辨析——论中国古代各民族法律文化的冲突和融合》，载《法学研究》1996年第3期。

在唐代也有"外国人"一说,①但在这种"文化边疆"观下,"化外人"并非我们今天所说的"外国人"的含义,而是中国古代在"王者无外"的文化语境下对所谓的"外国人"的最恰当的表达。② 因为在这种富有文化意义的语境下,即使是那些远道之国及其人民也只是未化的"王土"、"王臣",相对于"中国"和"中国"之民,他们不过只是"未化"之地和"未化"之民而已。此种观念在《大明律集解附例》中也有所反映:"言此等人,原非我族类,归附即王民,如犯轻重罪名,询问明白,并依常律拟断,示王者无外也。"③

到了清代,虽然有了针对边疆族群的深入的法律治理(关于这一点,后面将有所论述),但并不意味着"化外人"的观念就已经消失。《大清律例》针对边疆的法律亦有"化外人有犯"条,在当时主要是针对蒙古地区的犯罪:"凡化外来降人犯罪者,并依律拟断,隶理藩院者,仍照原蒙古例。"④依《大清律例》"化外人有犯"条的规定,化外族群在内地犯罪,一律统一适用《大清律例》;而只有这些边疆族群的犯罪才适用单行条例。因此蒙古人在内地犯法,应依《大清律例》治罪,而不依《蒙古律例》惩处,这就将"已化"和"未化"之地分得极为清楚。虽是同样的边疆族群,在内地和在边疆犯法,亦会因地方不同而适用不同的法律。此外,清代一些原来被认为是边疆的地区,后来又因为当地文化教育的普及而被认为是"已化"之地,因此后来才有了"生番"和"熟番"的划分,对于"已化"之地的"熟苗"或"熟番",如果他们在"已化"之地犯罪,则仍然要受当地司法官员的直接管辖并依据内地律例处置,如苗疆边墙之外的"熟苗"地方的苗人。

在古代中国,边疆是一个与族群难以分解的概念,即使现在边疆的概念已经发生了很大的变化,有了所谓的"新边疆观"(如太空边疆、利益边疆、战略边疆、底土边疆、信息边疆等),⑤然而"边疆即民族,民族即边疆"至今仍然是我们头脑中习惯性的认识。这正说明中国古代边疆的文化属性,而非纯粹的地理空间,这正合"普天之下,莫非王土;率土之滨,莫非王臣"之义。中国现代单纯基

---

① 据《册府元龟》卷九九九《外臣部》载:"开成元年六月,京兆府奏:……准令式,中国人不合私与外国人交通、买卖、婚娶来往。又举取蕃客钱,以产业奴婢为质者,重请禁之。"

② 唐代文献为避唐太宗李世民之讳,凡"民"字皆以"人"表示,故"化外人"其意恐有"未化之民"即潜在臣民的意思。这也符合"普天之下,莫非王土;率土之滨,莫非王臣"的观念。

③ 杨简:《明律集解》,万历年间浙江官刊本。

④ 《大清律例》卷五《名例律下》。

⑤ 周平:《中国边疆观的挑战与创新》,载周平、李大龙主编《中国的边疆治理:挑战与创新》,中央编译出版社2014年版,第34页。

于地理空间的现代国家意识和边界意识始于清代，这种主权国家意识的真正完全觉醒，则始于清后期。现代的边疆、边防观念是近代以来西方国际法上的概念，也是随"民族国家"主权意识的形成而形成的。而中国古代治边法律有一个重要的特点，就是治理边疆的法律更多的是治理边疆族群的法律，在没有出现强邻入侵的情况下，王朝出于边防的考虑而制定的特别法规却是少见的。一般的认识是，治理好了边地内外的"化外"族群，也就治理好了王朝能够直接控制的疆域。

(二)"文化边疆"及其法律文化梯级

在中国古代，边疆也是一个边界族群文化迁移的概念。早期文献中所言的"腹地"，主要是指黄河流域的"中原"、"京畿"，往往与"中国"一词是同义语，是谓"惠此中国，以绥四方"。[①]"中国"主要是指黄河流域的华夏区域，具有的是"内诸夏，外夷狄"的格局和意识。[②]中国的"边疆"与"腹地"也是一个动态的概念，经过历史上数次大的族群变迁和融合，中原的华夏族得以向"四方"不断发展，一些原来被认为是边疆的地方逐渐不再被视为边疆，这以南方族群的变化最为明显，对边疆的法律治理由此也随边疆外延的变化而变化。

在北方，战国、秦汉以来最大的边患来自北方的游牧民族，在中原与北方游牧族群的关系中，北方游牧族群始终保持着进攻性的态势，因此有了长城的修筑。长城的修筑划清了这一界线，经过春秋、战国的长期博弈，长城一线基本上成为中国文化的边缘，长城以外是化外之地。长城之外所谓的"匈奴帝国"、"蒙古帝国"只是现代人的称呼，中国的古籍中却几乎没有这样的说法，对于居于"中国"的人来讲，在传统义理上，他们不过是化外之地的化外之人。

在南方，西南的荆楚、巴蜀地区原来被视为化外之地，后来却成为已化之地，取得了"中国"的文化身份。如在四川一带，"蜀人"、"巴人"的概念消失了，统统被融入汉人，清代空前的"湖广填四川"，更促使四川一些原来属于"夷"的地方成为中国文化覆盖的范围。如宋元时期还存在的泸州夷，后来成为内地；又如广西、广东以及西南的云、贵、川的"熟苗"地区，也成为内地；还如经过元、明、清三代土司制和清代的"改土归流"，《史记》所称的"西南夷"地区多已成内

---

① 《诗经·民劳》。
② 刘尚慈译注：《春秋公羊传译注》下，第417页。

地,其"边疆"的属性也大为弱化,已不再把成都平原为中心的四川和元代以后设立了行省的云南的主要部分称为"边疆"。但是,这时"化"与"未化"仍然是区分"边疆"与"腹地"的基本标准,比如像"苗疆"这样居于三省边缘交叉地带的内陆地区仍然被视为"边疆",即使到了清代"苗疆"仍亦是边疆。"苗疆"这一概念,其所处之地实为今天湘西、贵州交界处和云南与贵州的交界地,地理上并不是王朝疆域的边缘,之所以到今天人们仍习惯视之为"边疆",实是因这些地区尚不是"已化"之地。雍正五年九月十六日,时任云贵总督的鄂尔泰在一份奏折中就称其"虽居边界之外,实介两省之中","分两省而观,各在疆外;合两省观之,适居中央"。

在东南,与苗疆划分为"生苗"与"熟苗"类似,台湾也有"生番"与"熟番"之分。台湾与苗疆一样,为汉夷杂处之地,有"平地山胞"与"高地山胞"为其"原住民",其岛内的阿美、布农、雅美等族与苗疆的苗人一样生活在外来移民层层包围之中,这些被包围在中间的原住民在清代却被视为"边民"。

终观中国古代治边史,清代当属成熟时期,这表现在其治边措施中礼法结合程度最高。

首先,对于这些族群居住的"边疆",清朝大部分时间对其实行"封禁"。清朝对边疆生番的"封禁"过去常被诟病,一般著作皆视之为歧视。实际上"封禁"不是歧视,而是因汉夷文化差异太大,且边疆族群各自历史文化迥异,不得不对其进行"分类",因此"封禁"只是这种分类而治的一种方式。依其文化不同分而治之,以期减少因文化不同而导致的彼此摩擦,清朝的实践也表明这是先分治而后化之义。在清朝广阔的边疆地区生活着数十个大的族群,清廷以"分大类"的方式对其进行礼法统治,根据各族群自己的法俗制定专门的法令、规章。这些法律的制定不仅是从边界问题、边疆地理格局出发,更是因应边疆的文化格局来制定的,同时亦因俗而治,如回疆实际上认可了之前就存在的伯克制;苗疆则继承了明朝的土司制,再根据苗人的生熟情况进行分治。这都是依"文化边疆"意识而采取的不同法制措施。

其次,清朝虽有所谓的"民族立法",但清朝是奉王朝正朔,其"文化边疆"的基本理念并没有改变,虽有专门的"民族立法",但是仍然重礼教、重风俗,清朝的礼与法虽然在形式上是二元样式,但因二者皆出于"常道"之一理,所以礼与法的结合就是二位一体。礼法合一是王朝法制的正宗法律样式,依法、依俗而治正是传统礼法文化的必然,礼与法是中国王朝化成天下的基本方式,是使得

"蛮夷率服"的"文化软实力"，在中原如此，在边疆亦然。在礼与法的关系上，中国古代有以《王制》为代表的"以法化俗"的传统，因此在理论上那些"化外之人"的法俗也不是一成不变的，中原王朝针对边疆的法律也不是静止的，而是随其文化的变化（生与熟）而变化的。因此，这些针对"化外人"的法律本身也就有了很强的文化导向意义，这正是其"中原意识"和"文化边疆"意识的表现。

再次，中国历史上的"边疆"是一个历史和动态的概念，因此边疆的法律也是一个文化梯级的概念。历史上，无论哪一个族群入主了中原，就会有"参汉法"、"酌汉法"，最后仍是用汉法。而反过来这些入主中原的边地族群，却会视那些仍居住在中国边疆的族群为"化外人"，无意间会把这些边地族群的旧例视为民俗。如元朝这样典型的"少数民族"，当他们进入中原后，亦附会汉法，对待居住在边疆的其他族群，其司法原则也是"尽收诸国，各依本俗"，这本就隐含了以中原为大的思想。又如清朝本是东北"少数民族"，在入主中原以后，从"参汉酌金"到"清从明制"，最后接受了汉文化，还制定了专门针对边疆族群及本族旗人的特殊法律。但与此同时，却又在法律上将蒙古人视作化外人，将蒙古地方视作"化外"之地，并对之采取以"联"、"防"为主的法制政策。同样，在立法上仍视西北地区的番子和西藏的藏人为"化外"。这些都表明满清王朝认可了"化外"的概念，这一方面说明中原王朝有长期"合万国"的历史传统，有"中国"、"中原"为正统的王朝意识；另一方面也反映了边疆族群在文化上，本就有以"中国"为大的看齐意识和中心意识。

综上，中国古代的边疆观是"文化边疆观"，中国古代对边疆的法律治理是"因俗而治"，历代基本上奉儒家文化为正朔，以致于其学术即政治，其学术即法律，且以文化论法制。即使是边疆少数族群入主中国，其仍继承了这一法律思想。清代虽有"民族立法"，但仍奉儒家文化为正朔，在对边疆的法律治理上，又将这种边疆观念进一步发挥，通过"文化分类"的方式，在边疆与内地之间的法律适用上形成了一个以"中国"文化为标准的、递进的法律文化梯级，即"内地"（化）——"熟"（渐化）——"生"（未化）。对于这三类地方，其具体法律适用因具体情况不同而存在差异，其中以对苗疆的司法适用最为典型，如对苗疆的"生苗"，通过修筑"边墙"来进行"封禁"管理，对之适用苗例；对已袭汉人礼仪冠带的"熟苗"，则视情况一般适用内地法律；对"内地"，则自然一概适用大清律例，这正是"文化边疆"观在法律上的反映。

第三章

中国古代边疆法制的特点

中国古代族群关系"多元一体"的基本格局和长期以来形成的"文化边疆"意识,导致中国古代长期存在着国家法制与边疆习惯法二元并存的局面。同时也由于中华法系自身重行政管辖、轻司法管辖,重刑事控制、轻民事干预的泛道德主义的特点,决定了历代在边疆治理上都是重行政、刑事层面上的控制,而忽视了对边疆进行深入的法律治理,这些因素共同决定了历代中原王朝在边疆推行法制的基本特点。

一、边疆法制的二元景观

前面我们说过,在中国的王朝版图之内,尽管一直生活着诸多族群,但是从"民族关系"格局看,我们仍可以把他们分为两类边疆族群,一类是被"逐"的族群,一类是被"化"的族群。这两类族群虽然汉化的程度不同,但都长期生活在中国边疆,而且在很大程度上都保留了各自的历史、文化、风俗习惯、社会制度。早在秦汉帝国形成之始,中央政权即对西北、西南多族群聚居或杂居地区实行特殊的管理办法,并设置相应的机构和职官,唐宋"羁縻府州"的设立及明清土司之制,就是这类特殊政策的制度化发展。这种制度的主要内容包括:就地方土酋原辖区域设治,不变动或调整其领土;对原有酋长任以官职,统治其固有地区和人民;官职世袭;不改地方固有制度与习俗。这种制度的推行自然有利于不同法俗的存继。尽管有统一的帝国背景以及族群之间长期交融的传统,但是这种社会生活的多样性始终存在着,它们构成了法律史上多元景观的一个重要背景。

中国历代王朝重视的是对整个国家的控制,而不是重视对具体社会生活的干预。对于边疆地区而言，中央王朝历来重视的都是政治上的控制，而忽视了对边疆的深入治理。无论是国家法制还是针对边疆的法制，都体现为重行政管辖、轻司法管辖，重刑事控制、轻民事干预。以现代"法制"的眼光来看，对边疆地区法律管辖的深入程度，可以说是衡量中国古代边疆与内地关系的一个重要标志。"法制"之谓，何以为法？何以为制？正如梁治平所言："这种东西，不论古今中外，凡有文明和秩序的地方便有。"①这句话的意思是指"法制"与社会之间始终存在着一种对应关系，有什么样的社会便有什么样的法制。而在西方自古罗马以来的传统中，法与制是有所区别的，应当说"法"在国家诸多制度中具有相对的独立性，在一个社会中发挥着独立的理性功能，"法"是一种特殊的"制"。而在古代中国，"国家"不是像古罗马那样作为一个抽象的"法人实体"，而是作为一个"家天下"的"伦理实体"而存在，国与家、国家与社会之间没有严格的界限，因此，其法制的样态不同于西方。如果以中国古代的"法"和"制"而论，凡统治之制皆可曰"法"，凡统治之法皆可曰"制"，那就是说，凡一种规范化的治策皆可以法制相称，其法律和其他国家制度之间含混不清，这尤其表现在行政制度方面。

中国古代的行政制度与刑事法律之间没有严格的区分，甚至其刑事法律和民事法律与"礼"之间也没有严格的区别，这一特点导致中国古代法制有着重刑轻民、重行政管辖轻司法管辖的传统，在边疆治理上自然也有充分体现。秦汉以来，由于历代都比较重视在边疆地区羁縻设治，具体表现就是对边疆民族首领的笼络与控制，因此，历代对边疆地区的行政立法也尤为重视。历代虽然也注意对边疆地区的刑事立法，但往往也只限于对边疆基本面的控制，是作为行政设治的辅助手段，因此法律的深入治理极为有限，在刑事方面尤其是民事方面并没有真正深入到其社会生活。从法理学的角度来看，这就必然呈现出一种独特的法制景象，即在一个中央集权的、统一的多民族国家中，始终存在着以汉族法律文化为内容的国家法制与边疆民族自身的法文化同时并存的二元性法制结构。

法律作为一种制度，本身包含了一种文化惯性。法律来源于生活，生活的常识本身就是对法律最精确的界定，但生活是多元的，"常识"也是多元的，"常识"本身就是一种活动着的习俗和文化。因此，法律有时是难以界定的，因为它

① 梁治平：《法辨》，贵州人民出版社 1992 年版，第 217 页。

是一种活动,法律并非一个自给自足的演绎体系,而是一种实践理性活动。但仅说法律是一种多元实践活动,并不能突出它的法学的特征,因为这种生活、活动是多元的,但更是历史的,是历史文化的积淀,法律的多元是一种历史性的多元。在中国古代法制史的研究中,尤其是对清代法俗的研究中,同样存在着一个"法律二元性结构"的问题。所谓"二元性结构",是指在一个社会中同时存在着多元的法律制度,或者说在一个统一国家的范围内并没有实现法制的统一,由此牵涉出一个概念,即"法律多元"。关于"法律多元",日本法学家千叶正士专门著书讨论:"就法律多元而言,其中一个最基本的问题不是必须指出构成法律多元的多元因素是什么。毋庸置疑,作为前提条件的一个因素就是:国家的法律由于其作为人类社会惟一真正的法这一被人们确信不疑的本质,被正统法学简单地不加任何修饰词加以限制地称作'法'。当人们发现另外的法律体系与'法'一起起作用,无论它们是相互和谐还是相互冲突,这时法律多元的概念就出现了。"①由此可知,法律多元主要是就非官方法的存在而言,这些法常被学者称为习惯法、民间法、固有法、初民法、本地法、民族法,它们构成了法律多元概念的基础,常表现为一个社会"主文化"中的"亚文化"。

实际上,中国古代这种法律的二元性结构表现为两个方面:一是所谓的国家法与民间习惯的冲突与互适,另一个是指中原礼俗与边疆法俗同存于一国家之中。前者是在一般意义上讲,而且法史学界对它的研究更多的是就汉区进行的,②而关于后者却往往疏于思考。历史上,如果仅就汉文化地区而言,或许我们可以说中国的法制是统一的,但是从大一统的角度来讲,从整个中华民族来看,历代王朝的法制从未真正完全实现过统一,而是始终处于国家法制的统一与法俗多元化并存的局面。历史上,无论是哪个王朝统治,那些"化外之地"的边疆地区与汉区之间,适用的法律都是不尽相同的。

二、历代在边疆推行国家法制的基本态度

从商周时期开始,中原王朝与周边族群的政治交往模式开始形成,在中央

---

① 　[日]千叶正士著,强世功等译:《法律多元》,中国政法大学出版社1997年版,第2页。
② 　关于这一点,梁治平先生和美国的黄宗智先生通过他们对一些清代地方民间契约的分析,分别在《清代习惯法:社会与国家》和《民法的表达与实践:清代的法律、社会与文化》这两本著作中做了相关的论述,来表达各自的观点。

设立了掌邦国事务的官员，据《周礼正义》载，有"宾"，"宾，掌诸侯朝觐之官，教民以礼待宾客，相往来也"；有"小行人"，"掌邦国宾客之礼籍，以待四方之使者"；①有"象胥"，"通夷之言"；②有掌客，"掌四方宾客之牢礼、饩献、饮食之等数与其政治"；③有"职方氏"，"掌远来之民"的贡献，"职方氏掌天下之图，以掌天下之地，辨其邦国、都鄙、四夷、八蛮、七闽、九貉、五戎、六狄之人民"。④

　　但此时中国统一的多民族国家并未形成，可以"天下"论之，不可仅以政治"大一统"而言之。"五方之民"生活、生产方式与习性的差异，都是由于地理环境不同，因地制宜，适应环境所形成的，非人力可以推移。因此，《礼记·王制》中提出来对四方各族统一和管辖的方式是："修其教不易其俗，齐其政不易其宜。"后世对边疆族群各种"因俗而治"的制度和政策都是从这一总原则出发的，因此都谈不上内地于边疆法制统一的问题，也就更难说得上对边疆地区立法的系统化和司法的深入。

　　秦、汉是我国历史上大一统局面和疆域正式形成的时期，也是我国内地与边疆的关系更加明确的历史时期，而且其郡县制已推广到边疆地区。秦朝在东北地区设有辽东郡、辽西郡，在北部阴山一带设有三十四个县和九原郡，在西北地区设置陇西郡、北地郡，在岭南设有象郡、桂林、南海诸郡，在东南设有闽郡、会稽郡等。秦朝建立了我国第一个统一的多民族国家，"海内为郡县，法令由一统"，⑤实行高度的中央集权制度，奉行法家的"厉行法治"，采取"天下已定，法令出一"的治国思想。⑥ 其重法可谓"秦法繁于秋荼，而网密于凝脂"，⑦以求"治道运行，诸产得宜，皆有法式"，⑧是十分强调法制统一的。从立法上看，秦朝有专门针对边疆民族地区而制定的法律，⑨而且在司法上也对边疆地区进行了相当程度的控制，以实现所谓"事在四方，要在中央；圣人执要，四方来效"的

---

① （清）孙诒让撰，王文锦、陈玉霞点校：《周礼正义·秋官》，第 2994 页。
② 同上书，第 3061 页。
③ 同上书，第 3090 页。
④ 同上书，第 3636 页。
⑤ 《史记》卷六《秦始皇本纪》，第 168 页。
⑥ 同上。
⑦ （西汉）桓宽：《盐铁论·刑德》。
⑧ 《史记》卷六《秦始皇本纪》，第 173 页。
⑨ 1975 年在湖北云梦县睡虎地出土的秦代竹简中的《秦律十八种》中有针对少数民族地区而制定的《属邦律》。

局面。①

　　关于秦对于边疆地区习俗的态度，由于资料所限，未见更多的记载，只在云梦秦简的《语书》中有所提及："古者，民各有乡俗，其所利及好恶不同，或不便于民，害于邦。是以圣王作为法度，以矫民心，去其邪僻，除其恶俗。法律未上，民多诈巧。故后有闲令下者。凡法律令者，以教道（导）民，去其淫避（僻），除其恶俗。而使之之于为善（也）。"②

　　由此可见，"除其恶俗，而使之之于为善"与秦王朝追求"诸产得宜，皆有法式"的法制一统局面是一致的。在《秦律》的《法律问答》中也谈到了对边疆地区的"真臣邦君"（蛮夷君长）适用赎刑的一些情况："真臣邦君公有罪，致耐罪以上，令赎。"③

　　《法律问答》中又有关于"臣邦真戎君长"犯罪处罚的记载，如：相当于上造以上爵位的，有罪可以准赎免，如果犯群盗罪，可以判为赎鬼薪鋈足；如果应该处以宫刑的，判为赎宫："可（何）谓赎鬼薪鋈足？可（何）谓赎宫？臣邦真戎君长，爵当上造以上，有罪当赎者，其为群盗，令赎鬼薪鋈足；其有府（腐）罪，［赎］宫。其它罪比群盗者亦如此。"④

　　对于"真臣邦君"在法律适用上适用较轻的赎刑，说明在秦代的边疆法制中还有着灵活的一面，而且还有一定程度上的"化外主义"的倾向，《后汉书·巴郡南蛮传》载有"蛮夷君长，世尚秦女"之说。与此相关，在《秦律》的《法律问答》中有"臣邦父，秦母"所生之子，应当被认为是"夏子"（汉人）："真臣邦君公有罪，致耐罪以上，令赎。可（何）谓真？臣邦父母产子及产他邦而是谓真。可（何）谓夏子？臣邦父、秦母谓殹（也）。"⑤

　　从以上这些关于立法和司法的规定看，虽然秦在很大程度上强调边疆地区应适用王朝统一的法律，但是总的来说这种愿望与现实始终是有相当距离的。秦朝对边疆地区的治理仍采取在中央派出官员监督下的自治政策，对边疆蛮夷君长的犯罪，采取类似"其有府罪，赎宫"这种比内地宽松得多的、带有笼络性质的刑罚措施。如《华阳国志·巴志》载秦昭王时"白虎复夷"的故事，秦昭王因夷

---

① 《韩非子·扬权》。
② 睡虎地秦墓竹简整理小组：《睡虎地秦墓竹简·语书》，文物出版社 1990 年版，第 15 页。
③ 睡虎地秦墓竹简整理小组：《睡虎地秦墓竹简·法律答问》，第 227 页。
④ 同上书，第 200 页。
⑤ 同上书，第 227 页。

人打虎除害而与巴人刻石为盟规定："复夷人顷田不租，十妻不筭。伤人者论，杀人者得以倓钱赎死。"即免其赋税，凡伤人者，以轻罪论；杀人者，可以赔偿钱财而免除死罪。又盟曰："'秦犯夷，输黄龙一双；夷犯秦，输清酒一钟。'夷人安之。"①

这同样说明了秦代对边疆的法律态度。由于史料所限，我们对秦代边疆地区的具体法律状况不可能有更多的了解，但根据目前的研究可以推定，秦朝在边疆地区的法律治理基本上是有限度的司法控制，而在当时真正维系着边疆地区社会生活基本秩序的，可能仍然是与秦律不同的地方习惯性规范。

此外，汉代从立国之初就奉行黄老之术，崇尚"无为而治"的治国理念。在对边疆地区的治理上亦奉行陆贾《新语》中所说的"上之化下，尤风之靡草也"，②以达到"刑格法悬，越裳之君重译来朝"的无为而治的境界："师旅不设，刑格法悬，而四海之内供奉来臻，越裳之君重译来朝，故无为者，乃有为者也。"③

在秦代边疆设治的基础之上，汉代坚持了"因俗而治"、"以夷制夷"的治边思想，在中央设立管理边疆民族的专门职掌，如典客、典属国。在景帝时有大行会，武帝时有大鸿胪，在边疆地区设有管理当地事务的护某某校尉。对北方匈奴、鲜卑、乌桓等族，以朝贡的方式实行象征性的统治。于南方诸夷则"因俗而治"以"夷俗安之"，④其统治也只流于表面化的行政管辖。

三国时，在诸葛亮平定南中（相当于今天的滇、黔两省和川南地区）之前，⑤南中地区为一些东汉时期的汉族大姓或被称为"夷帅"、"叟帅"的部落首领所统治。在平定南中的过程中，诸葛亮听取马谡的建议，采取了"心战"为主的治策，⑥以"西和诸戎，南扶夷越"为其边疆战略方针；马忠在治理南中地方时，采取"柔远能迩，甚垂慧爱"治法，⑦"南人为之立祠"；霍弋为安南将军时，"扶和异俗，为之立法施教，轻重允当，夷、晋安之"。⑧

　　①　（晋）常璩：《华阳国志·巴志》，四川大学出版社2007年版，第9—10页。
　　②　王利器撰：《新语校注》卷上《无为第四》，中华书局1986年版，第67页。
　　③　同上书，第59页。
　　④　《后汉书》卷八六《南蛮西南夷传》，第1926页。
　　⑤　《华阳国志·巴志》载："南中在昔，盖南越之地，滇濮、句町、夜郎、叶榆、桐师、巂唐侯王国以十数。编发左衽，随畜迁徙，莫能相雄长。"
　　⑥　"用兵之道，攻心为上，攻城为下；心战为上，兵战为下"，（三国）诸葛亮撰，段熙仲、闻旭初编校：《诸葛亮集·南征教》，中华书局2012年版，第34页。
　　⑦　（晋）常璩：《华阳国志·南中志》，第161页。
　　⑧　同上。

　　至于西晋时，当地的法律治理仍然依其故法，"今官和解夷人，及适罚之，皆依弋故事"，①这时的边疆法制仍采取一种十分灵活的做法。

　　唐朝的主要治国方针以"安人宁国"为要，正如唐太宗所言："安人宁国，惟在于君，君无为则人乐，君多欲则人苦。"②在这一思想指导下，唐朝在立法上讲究"立法公平"、"务求宽简"；在司法上讲求"慎狱恤刑"、"用刑持平"；在对待礼俗与刑法的关系上，强调"德礼为本，政教为用"，③以礼为先，出礼入刑；在对待边疆族群的问题上，以"以理绥静，可不劳兵而定"的原则，采取设置羁縻州府，同时以招抚、册封、和亲的方式进行统治。唐朝的和亲不同于汉朝初期的和亲，因为唐朝在军事上已经有足够的信心，如贞观十七年六月，针对与薛延陀部的和亲问题，李世民就认为："昔汉初匈奴强，中国弱，故饰子女、捐金絮以饵之，得事之宜。今中国强，戎狄弱，以我徒兵一千，可击胡骑数万。"④因此，这时的唐朝更加强调和亲的平等意义，在与边疆民族的关系上，一方面采取"远人不服，则修文德以来之"，⑤不一味依赖武力防范；另一方面，对于那些不讲信义的和亲者，亦可以悔婚，如在上述与薛延陀部的和亲问题上，唐太宗就采取的是"绝其婚，杀其礼，杂姓知我弃之"。⑥

　　隋唐时期，中原王朝对待边疆地区的族群在政治上更加平等，在文化上也开始破除传统"华夷之辨"，正如李世民所言："自古皆贵中华，贱夷狄，朕独爱之如一，故其种落依朕如父母。"⑦李世民以"依朕如父母"的心态，认为夷狄也是人，而且认为"其情与中夏不殊"。贞观十八年十二月甲寅，诏征高丽，针对群臣对于突厥置于河南（河套一带），距较师不远，恐其为患的担心，李世民曰："夷狄亦人耳，其情与中夏不殊。人主患德泽不加，不必猜忌异类。盖德泽洽，则四夷可使如一家。猜忌多，则骨肉不免为仇敌。"⑧

　　李世民"夷狄亦人耳"和"其情与中夏不殊"的思想对唐朝的治边法制方针有一定的影响，唐朝开始把有关边疆的法律纳入了《唐律》中（如"化外人相犯"

---

①　（晋）常璩：《华阳国志·南中志》，第161页。

②　《贞观政要·务农》。

③　《唐律疏议·序》。

④　《资治通鉴》卷一九七《唐纪十三》。

⑤　同上。

⑥　同上。

⑦　同上。

⑧　同上。

条）。但是唐代上述"安人宁国"、重礼教以及其"民族平等"的思想尽管也使得其在国家法律中对族群关系有所注意，但唐代在边疆治理上也并没有超出"守在四夷"的传统。总的来说，唐朝并没有在边疆地区贯彻其法制的意图，相反，却尽量少地干涉边疆的具体事务，这就是唐朝在边疆地方大量设置羁縻府州的原因。

当然，作为一个强大的中央集权帝国，唐朝也希望"司法的统一"，但是这主要是针对汉区。从另一个角度而言，唐律中的"化外人相犯"条的规定，正是唐朝在汉区努力实现"司法统一"的表现。从该条的规定来看，显然是针对"化外人"在内地犯法而论，《唐律疏议》有："其有同类自相犯者，问本国之制，依其俗法断之。异类相犯者，若高丽之与百济相犯之类，皆以国家法律，论定刑名。"①这是指同类化外之民相互之间在内地犯法应当按其本俗处理，而异类在内地相犯才以唐律论处。这充分说明唐朝在其司法实践中，既要认可"化外人"本身的习俗法，又要在司法中协调汉法与化外法俗之间存在的矛盾，为边疆族群在内地犯罪行为提供法律适用上的统一标准。由于唐朝的繁荣与开放，同时因为我们前面所提到的在唐朝时期，其周边如阿拉伯、印度等民族、国家在文化上的相对独立和发达，因此这一矛盾在法律实践中才会显得更加突出，也正因为如此，在中国古代法律史上，"化外人相犯"的规定才首次出现于唐。

对于"化外人"在内地的犯罪，一般情况下是按唐律规定执行的，但是在局势不太稳定的时候，唐朝在处理化外人与唐人之间的犯罪时同样也会给予这些化外人优待的例外。比如唐代宗大历十年九月戊申，回纥人公然在长安街上杀人，凶手被京兆尹拘押，其酋长驰马入县狱，斫伤狱吏，劫囚而去。对于如此重案，唐代宗亦未追究。②

由此可见，即使是唐朝有意贯彻国家法制，但也必须根据具体情况来进行，在某种程度上，尤其是唐朝贯彻官方法制的能力也并没有我们想象的那么强。历代中原王朝对边疆法制的态度一直是比较灵活的，清朝时期虽然边疆法制逐渐内地化和法典化，但在司法上这种灵活性没有大的变化。

---

① 《唐律疏议》卷六《名例》，"化外人相犯"条"疏议"。
② 《资治通鉴》卷二二五《唐纪四十一》。

第四章

清代：边疆治理模式及
治边法制思想的变化

一、华夷观念的变化

以清朝为界,中国古代的边疆法制可以分为前后两个历史时期。哈佛大学历史学者约瑟夫·弗莱彻认为 18 世纪发生了三个决定中国此后历史命运的变化:其一,是中华帝国的领土扩大了一倍;其二,是欧洲人的到来及西方世界的入侵;其三,是中国汉人人口增加了一倍。他认为这三个因素的相互作用,便决定了近代中国的历史方向,[①]这三个因素概括起来也可以集中成为一个问题,即清代后期中国的边疆问题。在 18、19 世纪,来自西方的军队、商人、传教士的活动,各自以不同的形式对中国社会各方面产生了深刻影响,但是问题也主要是围绕边疆而展开的。

从内部因素来看,清王朝的领土扩大了一倍,人口也空前增加。这两个因素不仅是边疆问题,它还直接涉及清代后期包括法律制度在内的政治制度、经济、国家安全等一系列问题,影响着清代民族关系的变化、发展。对清代边疆治理的研究大致可以分为前期和后期两个阶段,清代前期的边疆治理可以说卓有成效并对应应对后来的边疆危机有着积极的作用。清代前期一方面继承了"王者无外"的大一统思想,另一方面又在中国与"四方"的关系上有所开放。

首先,清代前期在对疆域的认识上基本上继承了历代的"大一统"思想。在入主中原后,清朝在治边方式和手段上可以说达到了历代的顶点,它不仅继承

---

① [美]费正清编:《剑桥中国晚清史》上卷,中国社会科学出版社 1993 年版,第 39 页。

了历代的权变手段，而且还有着作为异族征服者特有的活力。清代在边疆问题上首先继承的不是传统"守中治边"的思想，而是中国历代的大一统思想。清代是我国古代疆域变化最大的时期，当人们谈到清代前期的宏图伟业时无不用"开疆拓土"、"拓展边疆"这样的词语，清人有云："三载之间，拓地二万余里，天山雪窟，无不隶我版图。"①也如 M·B·詹森所说："清朝统治者在亚洲大陆执行积极扩张的军事和外交政策，从而确定了近代中国的疆界，这是十分引人注目的，此项政策在 18 世纪中叶尤为积极……如果没有异族人建立的满清王朝，没有清朝在内亚大陆用武的决心，中国的领土扩张是不可想象的。中国边境线并不是来自汉唐两朝的光荣，而是直接来自清王朝的帝国扩张。"②

就漫长的中国历史来说，清代所谓"开疆拓土"不过是对历代边疆政策的继承，关于这一点学者们多有论述，在此笔者不再论及。③ 但在另一个方面我们可以看出，与之前的历代相比，清代在边疆问题上的确较前代更加积极有为，更加重视在力所能及的范围内加强对边疆地区的控制，用西方人的观念来看，就是把它们置于自己的主权范围之内。清代的这种积极的治边思想与清坚持传统的"祖先之土，不可少失尺寸"的思想有关，如在对待蒙古各部与中国的关系时采取的政策是："倘番夷在故明时，原属蒙古纳贡者，即归蒙古管辖，如为故明所属者，理应隶入中国为民。"④

清代在"收复"疆域方面的成就可以概括如下：在西藏始设驻藏大臣；康熙十二年至二十年（1673—1681）平定南方三藩，康熙二十一年至二十二年（1682—1683）控制台湾，康熙三十五年（1696）打败噶尔丹为首的准噶尔人，统一了天山北路和南疆，从而在战略上也确保了对外蒙古的控制。在东北地区反击俄国蚕食行动，签订《中俄尼布楚条约》，划定了中俄东段边界。除此之外，满清在尚未入关之前就已十分重视通过一些政治、军事甚至法律手段调整民族关系，皇太极建立了与蒙古的联盟，把朝鲜置于属国地位，这一系列成就与清朝前期坚持的"大一统"有关。

"大一统"思想是中国古代传统的政治思想，它对整个古代民族关系的稳定

---

① （清）昭梿：《啸亭杂录》，中华书局 1980 年版，第 15 页。
② ［美］吉尔伯特·罗兹曼主编，国家社会科学基金"比较现代化"课题组译：《中国的现代化》，第 30 页。
③ 参阅成崇德《清代前期边疆通论》，载《清史研究》1996 年第 3 期。
④ 《清世祖实录》卷一一〇三。

和发展起到了积极的作用，董仲舒有曰："春秋大一统者，天地之常经，古今之通谊也。"①这亦如美国学者罗兹曼所言："中国在 2000 年或更多的时间里，一直是一个赓续无间的、概念明确的国家，世界上其他任何国家在这一点上皆无法与之相比。从公元前 221 年，奠定英文中称为中华帝国的统一王朝时起，就一直存在着适于治理统一中国的特殊政府形式，这种政府始终抱定一种观念，认为全体中国人民只能有一个合法的政府，纵然做不到这一点，它也决不放弃这一观念。"②

从地理范围来看，中国历史上的"大一统"是以"天下"为限的，而"天下"一词在地理上大致是指我们在前面所讲到的范围，它包括了"中国"和"中国"所统治的边疆地区。儒家的"大一统"思想，主要是指以汉族和汉文化为主体的"大一统"，是以"中国"为中心的"大一统"，它与儒家的"正统"观相一致，从某种意义上讲是对少数民族在文化上的排斥。但是也正是因为它是一种文化原则和政治理想，因此也成为边疆少数民族追求的目标。③ 无论是少数民族还是汉族建立的历代中原政权，如果没有完成"大一统"的任务，在历史上都难以取得"正统"地位，边疆族群也以彬彬文物如中华而感自豪。④ "自封建变为郡县，有天下者，汉、隋、唐、宋为盛，然幅员之广，咸不逮之。汉梗于北狄，隋不能服东夷，唐患在西戎，宋患常在西北。若元，则起朔漠，并西域，平西夏，灭女真，臣高丽，定南诏，遂下江南，而天下为一"。⑤

元朝虽为边地民族政权，且实行族群歧视政策，但是由于元朝使"天下为一"，且以儒家经典为科举考试内容，故而逐渐为人们所接受。但是"大一统"的观念本身也有着局限性，"大一统"是建立在"华夷之分"和"华夷之防"的基础之上的。清代与前代的不同之处在于其既继承了"大一统"的治边观念，同时又在治国思想上破除了"华夷之防"。清朝是我国历史上第二个完成"大一统"的边地族群政权，满清入关后不仅很快吸取了历代中原王朝的统治经验，而且也继承了汉族"大一统"的政治理想。除对边疆的武力征伐及"开疆拓土"之外，满清

---

① 《汉书》卷五六《董仲舒传》，第 1918 页。
② ［美］吉尔伯特·罗兹曼主编，国家社会科学基金"比较现代化"课题组译：《中国的现代化》，第 60 页。
③ 《契丹国志》卷九《道宗天福皇帝》载辽道宗曰："吾修文物，彬彬不异于中华。"
④ 据《明太祖实录》卷一九八载，朱元璋云："天生元朝，太祖皇帝起于漠北，凡达达、回回诸番君长尽平定之，太祖之孙以仁德著称，为世祖皇帝，混一天下，九蛮八夷，海外番国归于统一，其恩德孰不思慕，号令孰不畏惧，是时四方无虞，民康物阜。"
⑤ 《元史》卷五八《地理志一》，中华书局 2000 年简体字版，第 903 页。

还面临"华夷之防"的问题，其逐渐在"中国"取得了正统的文化身份。

其次，主张"中外一体"，改变"华夷之防"。关于清王朝的边疆民族之治，由于清前期在一定程度上继承了历代"因俗而治"的做法，因此许多法律史学者往往只是认识其"因袭旧俗"的一面，但如果仅仅以此概括清代治边法制的特点，则并不能真正反映入清以来治边法制的实质变化。有清一代这种实质性的变化是始于反对"华夷之辨"，而终于"中外之一体"。①　在"华夷之防"这个问题上，除了像元朝那样依靠武力实行种族歧视政策之外，清朝不同于元朝之处在于：清前期的统治者更加重视族群之间的认同以及族群间的文化关系，并力图把它纳入"大一统"的概念之内。"华夷之防"反映的是中国古代传统的"文化边疆"观，而这一理论在清代前期有一定的变化。

满族入关之后，在文化上被汉人士子如吕留良等视为"夷狄异类，譬如禽兽"，②雍正针对汉族儒生们的贬议，在论证"大一统"与"华夷"的关系时，曾言：

> 我国家肇基东土，列圣相承，保乂万邦，天心笃佑，德教弘敷，恩施遐畅，登生民于衽席，遍中外而尊亲者，百年于兹矣。夫我朝既仰承天命，为中外臣民之主，则所以蒙抚绥爱育者，何得以华夷而有异心。此揆之天道，验之人理，海隅日出之乡，普天率土之众，莫不知大一统之在我朝，悉子悉臣，罔敢越志者也。……且自古中国一统之世，幅员不能广远，其中有不向化者，则斥之为夷狄。如三代以上之有苗、荆楚、猃狁，即今湖南、湖北、山西之地。在今日而目为夷狄可乎？至于汉、唐、宋全盛之时，北狄、西戎世为边患，从未能臣服而有其地，是以有此疆彼界之分。自我朝入主中土，君临天下，并蒙古极边诸部落俱归版图，是中国之疆土开拓广远，乃中国臣民

---

①　这里的"中外"之"外"不是指外国，在清朝，"中外"一词是指朝廷、中央与地方边疆相对而言。比如康熙六十年(1721)御制碑文中说："爰纪斯文，立石西藏，俾中外知达赖喇嘛等三朝恭顺之诚，诸部落累世崇奉法教之意。"即使当西方人来到中国，传统"天朝威仪"的观念仍使中国视外国人为"夷狄"，而外国人也不能接受把他们视同中国边疆民族的称呼，于是又有了"夷"、"洋"之辨。最早提出这个区别的是英国人夏礼士(Hugh Hamilton Lindsy)。为了便于在中国活动，夏礼士取了类似中国人的名字，叫夏米胡，并于19世纪20—30年代，要求递禀上宪，准其贸易。苏松道吴其泰批复："查该夷船向无在上海贸易之例，未便违例，据情上转，合行驳斥。"将夏米胡原禀退回。夏米胡认为称"夷"是对英国的凌辱，遂上书抗议，说："大英终不是夷国，乃系外国。"在以后的中外关系发展中，逐渐形成称外国人为"洋人"，与对中国边疆民族泛称"夷"相区别。"夷"、"洋"明确区分中国与外国，则是近代中国与外国国际关系发展而明确的中外区别，说明中华虽有许多民族，对外国而言则同是中国。
②　《大义觉迷录》卷一《道宗天福皇帝》。

之大幸,何得尚有华夷中外之分论哉。①

他认为满人与汉人无非是地域之分而无中外之分,"本朝之为满洲,犹中国之有籍贯",而所谓夷狄即禽兽之说,实"尽人伦则谓人,灭天理则谓禽兽,非可因华夷而区别人禽也",进而认为:

> 夫中外者,地所画之境也;上下者,天所定之分也。我朝肇基东海之滨,统一诸国,君临天下,所承之统,尧舜以来中外一家之统也;所用之人,大小文武,中外一家之人也;所行之政,礼乐征伐,中外一家之政也。②

强调中外一统、华夷一家,这意味着满清在对待民族关系上采取了更为平等的态度,反对明"华夷之辨"、"华夷之防"成为解决边疆民族问题的一个指导方针,如顺治帝所言:"方今天下一家,满汉官员,皆朕臣子。"③康熙帝亦称:"中外同观,罔有殊别。"④在这一观念的指导下,清代前期不仅用武力平息了叛乱,收复了历史上的边疆各地,还对传统的治边政策进行了积极的调整,加强了内地与边疆在政治、经济、文化等各个方面的联系,开启了内地与边疆"一体化"进程。

比如苗疆之民历来被视为化外之族,历史上与中原汉政权或战或和,或自成一国如南诏,历代对之皆羁縻而治,视为化外蛮夷,在观念上颇为歧视。而有清一代这种情况有所改变,在谈到苗疆地区诸族时,贵州巡抚于准曾曰:"岂有已入版图之苗民而忍令弃之化耶?"认为苗民之俊秀应与汉人子弟一视同仁,"一体科举,一体禀贡,以观上国威仪"。⑤雍正帝在谈到边疆民族时说:"朕念边地穷民皆吾赤子,欲令永除困苦,咸乐安全,并非以烟瘴荒陋之区,尚有土地人民之可利,因之开拓疆宇,增益版图,而为此举也。""自此,土司所属之夷民,即我内地之编民;土司所辖之头目,即我内地之黎献。民胞物与,一视同仁。"⑥

又如清代前期对于"回疆"诸族的认识一如对待蒙古诸部,是从国家治理以及边疆防卫的角度出发,把他们作为大清在北部的屏障来考虑的。驻疆大吏对

---

① 《大义觉迷录》卷一《道宗天福皇帝》。
② 《清世祖实录》卷一三〇。
③ 《清世祖实录》卷四〇。
④ 《清圣祖实录》卷一五一。
⑤ 于准:《请设学额疏》,(光绪)《古州厅志》卷一〇《艺文》。
⑥ 《清世宗实录》卷六四。

于"回疆"在地理上的重要性有着较为清楚的认识,钟广生在其《新疆志稿》中曾对新疆在国防上的重要性有如下论述:"新疆东捍长城,北蔽蒙古,南连卫藏,西倚葱岭,以为固居神州大陆之脊,势若高屋之建瓴。得之,则足以屏卫中国,巩我藩篱;不得则关陇隘其封,河湟失其险,一举足而中原为之动摇。"①

清国对于蒙古的认识亦然,在满清入关之前,满族只是一个人力、物力都比较单薄的群族,但通过依靠与蒙古的联盟得以破关南下,一举问鼎中原,并连续进军西北、西南和东南地区,拓土开疆。在这一过程中,清王朝认识到了处理好边疆族群关系对于"天下一统"的重要性。而明清之际,北方的蒙古一直是最大的边患且蒙古人于清之际已散居于中国西部和北部的边疆地区,若为边患,则必然是中国最大的威胁。因此,蒙古就一直是清王朝联盟的对象,满人始终通过联姻等方式加强与蒙古人的关系,在诸多的族群关系中满人与蒙古人的关系也始终优于其与其他族群的关系。从清太宗皇太极至乾隆朝止,游牧于漠南、漠北和漠西的蒙古数百万人先后归属于清,清一直把蒙古人视为边疆屏藩,把对蒙古人的治理放在重要地位,而一改历朝单纯地把北方草原族群视为边患的认识和做法。

不仅如此,清王朝还针对蒙古有了一系列的制度建设,在蒙古建立了盟旗制度,对蒙古贵族封授爵职,与蒙古联姻婚娶,并进行朝贡互市,这也在很大程度上沟通和融洽了中国与北方民族的关系,进一步化解了"五胡乱中华"以来的宿仇。在指导思想上,清王朝与历代筹边多以长城设防的做法不同,其改变了明王朝为了防范鞑靼、瓦剌从洪武年间开始至万历时期 200 余年间筑城 12700多里的做法。清王朝前期在边疆问题上的指导思想是"不专恃险阻",强调以蒙古人为边疆屏藩,这一思想与唐朝治边强调以归附族群为"藩卫屏障"的思想类似,正如康熙帝针对修筑长城一事所言,认为施恩于喀尔喀蒙古,比修建长城更为坚固:"昔秦兴土石之工,修筑长城。我朝施恩于喀尔喀,使之防备朔方,较长城更为坚固。"②

这一思想至乾隆朝时得以继续贯彻,乾隆皇帝有云:"自秦人北筑长城,畏其南下,防之愈严,则隔绝愈甚,不知来之乃所以安之。我朝家法,中外一

---

① （民国）钟广生等：《新疆志稿》卷一。
② 《清圣祖实录》卷一五一。

体……恩亦深而情亦联,实良法美意,超越千古云。"①对此,清朝皇族昭梿评论曰:"始皇之见亦为愚矣。"②

在"中外一体"思想的指导下,清朝也采取了比较务实的态度,充分认识到回疆、苗疆、蒙疆等边疆族群本身所起的"长城"作用,把边防与边疆的治理联系在一起,认识到强化边疆与内地的关系对于防止边患、维护国家稳定的战略意义,进而才可能把边疆视为巩固边疆的最坚固的屏障,对边疆的治理重点不是放在"防"上,而是放在对边疆族群的"治"上。正因为如此,通过前期的努力,清朝基本实现了边疆地区的稳定,迎来了拓疆万里、中外一统的局面。由于清朝治理边疆采取了以"治"为主的方针,清代的民族立法成就才远远超越历朝,清代对边疆的司法治理也才较历代更为深入。

再次,坚持"守在四夷"、"固本柔远"。尽管清前期破除了"华夷之防",在边疆观念上较前代有所变化,但是清人在边疆治理上仍然没有突破传统的概念,仍然坚持"守中治边"、"守在四夷"、"固本柔远"、"恩泽徼外"的思想,在清廷中持中国"居天下之中"的传统看法者仍相当普遍,③相信"中土居大地之中,瀛海四环;其缘边滨海而居者,是谓之裔。海外诸国亦谓之裔"。④

在处理边界问题时,"恩泽徼外"、"固本柔远"的思想仍然不时有所表现,如雍正时期清政府官员在处理云南开化府与交趾的领土争议问题时就可以看出这一点。雍正三年(1725)云贵总督高其倬奏言:"云南开化府与交趾接壤,有内地旧境失入交趾。"因此建议恢复旧界,将失去的240里土地彻底收回。雍正帝诏曰:

> 朕思柔远之道,分疆与睦邻论,则睦邻为美;畏威与怀德较,则怀德为上。……安南自我朝以来,累世恭顺,深属可嘉,方当奖励是务,宁与争尺寸之地,况系明季久失之区乎? 其地果有利耶,则天朝岂宜与小邦争利? 如无利耶,则又何必与之争? 朕居心惟以大公至正为期,视中外皆赤子。且两地接壤连境,最易生衅,尤须善处以绥怀之,非徒安彼民,正所以安吾民耳。即以小溪为界,庸何伤? 贪利幸功之举,皆不可以为训。⑤

---

① 《热河志》卷二〇《出古北口》。
② (清)昭梿:《啸亭杂录》卷一〇《古长城》,第319页。
③ 方铁:《论中国古代治边思想的特点、演变和影响》,《中国边疆史地研究》2003年第1期。
④ 《清朝文献通考》卷二九三《四裔考一》。
⑤ 《清世宗实录》卷三一。

后又命鄂尔泰处理此事。鄂尔泰提出以铅厂山下小河为界,实际上是自旧界又后退了80里。安南国王上表称谢,雍正帝"嘉其知礼",竟又再给安南国40里土地。①

就清代而论,边疆的概念仍局限于回疆、苗疆、蒙疆、西藏这几个地方,由于东南面并不存在任何可供参照的文化和国度,因此东南部边缘地区并不被认为是边疆。除前期收复台湾外,东南部海疆是1840年鸦片战争后才真正为人们所关注,海疆作为"边疆"的概念才真正进入人们的视野。② 由于传统的"守在四夷"以及"固本柔远"思想的影响,加之对西方法律文化严重缺乏了解,在近代这一特殊的历史背景下,清王朝在海疆立法方面才表现出保守性、盲目性的特点。

二、清朝边疆治理模式及其
法制思想的特点

清朝在入关之前就十分重视国家法制,通过法制手段来约束军队,稳定后方,调整变动中的政治、民族关系,这也为以后针对民族地区的法制建设奠定了基础。早在努尔哈赤时期,即通过法制手段调整其境内各民族关系。如努尔哈赤曾云:"国中汉人、蒙古并他族类,杂处于此,其或逃、或叛、或为盗贼、为奸宄者,其严查之。"对于以上诸种情况,努尔哈赤认为必须依靠法制措施对其进行约束:"上始定国政,禁悖乱,戢盗贼,法制以立。"③努尔哈赤关于对当时统治区域内不同族群杂处的状况进行管理的思想主要沿袭自诸葛亮,其法制思想表现为"重法",强调一个"严"字:"昔诸葛亮身佐幼主,摄行国政,有罪必诛,虽亲不庇;有功必举,虽仇不遗。罪虽轻而不引咎者,重治之;罪虽重而引咎者,轻罚之。其公其明,载诸史册,至今称述焉。"④"众果严察,则群小不敢为乱……若察之不严,奸人伺间而起,国之乱由此。"⑤

入关前,努尔哈赤在司法上强调国家司法权的集中,这包括革除满族旧时

① 《清史稿》卷二八八《鄂尔泰传》,中华书局1989年版,第10232页。
② 1840年以前整个边疆问题的重心集中在亚洲腹地的内陆边疆地区,而在1840年后无论是陆地还是海疆都发生了危机,海疆的概念才为人们所关注,特别是同治中兴时期出现的海防与边防之争在某种意义上说明了这一点。
③ 《清太祖武帝实录》卷二。
④ 《清太祖高皇帝实录》卷一〇。
⑤ 《清太祖高皇帝实录》卷八。

的私家断案的传统，"偕众听断"，"不可一人独断"，"经众审理，然后入告"，"国人有事，当诉于公所，毋得诉于诸臣之家"，否则"治罪不贷"。①

皇太极统治时期，其法制思想突出表现为"吸收汉法，革除旧俗"。皇太极继承了努尔哈赤的重法思想，亦重国家立法与司法之一统，"朕为君长，法纪所自出"，②将其视为"保邦致治之计"，并在观念上承认汉族礼法制度在国家治理上的重要作用，表现出了民族文化上的开放性，确立了"参汉酌金"的立法思想。号称满族圣人的巴克什达海翻译了明《刑部会典》、《三国志》等文献，在参照明会典的基础上致力于清朝法典的制定。

在这一思想的指导下，皇太极致力于通过吸收汉人法律文化、革除满法旧俗来强化对满汉关系的调适。比如，天聪五年其关于禁止满人同族婚娶旧俗的上谕就是以儒家"古圣王之成法"为据的："明与朝鲜皆礼仪之邦，故同族从不婚娶。彼亦谓既为人类，若同族嫁娶，与禽兽何异？是以禁耳。"③其理由是："所以禁者，以此乃古圣王之成法，故今仿而行之耳。前禁不许乱伦婚娶，亦此意也。"④

同时，在司法上还吸收了儒法"亲亲相容隐"、"同姓不婚"的原则，如天聪六年规定："若子告父、妻告夫及同胞兄弟相告，果系反叛逃亡，有异心于上及诸贝勒者，许告，其余不许。"⑤又比如，皇太极针对满人嫁娶不择族类，父死而子娶其年轻庶母，兄死而弟继其长嫂的旧俗，下令："自今以后，凡人不许娶庶母及族中伯母、婶母、嫂子、媳妇。""凡女子丧夫……若欲改嫁者，本家无人看管，任族中兄弟聘与异姓之人，若不遵法，族中相娶者，与奸淫之事一例问罪。"⑥在颁布这道禁令时，皇太极特加申明："汉人、高丽因晓道理，不娶族中妇女为妻。凡人既生为人，若娶族中妇女，与禽兽何异？我想及此，方立其法……禁革不许乱娶。"⑦

这些都是皇太极吸收汉法、革除旧俗的表现，无论是主观上还是客观上，这一思想对于实现满人旧的法俗向成文法的转化，对于改善满汉关系以及以后几

---

① 《清太祖高皇帝实录》卷五。
② 《清太宗实录》卷四六。
③ 《清三朝实录采要》卷二。
④ 《清太宗实录》卷一一。
⑤ 转引自张晋藩《中国法制通史》第 8 卷，法律出版社 2000 年版，第 7 页。
⑥ 《清太宗实录稿本》，第 6 页。
⑦ 同上书，第 7 页。

代皇帝都重视国家法制建设有重要的影响。

到乾隆时期，清朝逐渐统一了全国，确定了大清疆域，真正开始进入了治理一个统一的多民族国家时期，也是其治边法制思想真正形成的时期。这一时期的法制思想继承了努尔哈赤、皇太极重视法制的传统，同时也更加注重通过法制措施调整民族关系。从历史上看，清朝虽与元朝同为少数民族政权，同样入主中原，同样面临着治理一个有着悠久历史文化的、庞大的中华帝国，同样对少数民族更少歧视，同样面临种族和文化上的冲突与调适，但与元不同，清朝在治理国家方面显得更加灵活，其治国思想更加精致、成熟、系统。在入主中原的过程中，满清不像蒙元那样本身有着强大的军力，可以一扫中国而不顾及其他，其势力在征服中国的过程中经历了由弱到强的过程，而且往往还借助蒙古和汉人的力量来完成，因此更加重视处理边疆问题。比如在入关以前，就已经开始通过法制手段，确立了与蒙古和亲结盟的"额附"制度和盟旗制度。在入关之后又强调华夷一家，"咸吾子民"，不像蒙元那样把中国民人分为几等，实行严格的种族奴役政策，而是在对包括汉族在内其他族群的治理上更加注重运用法制手段，也不似元朝那样在法律适用上采取简单的"各依本俗"原则。

从顺治到雍正，虽然其前期也曾在文化上不断与汉民族发生冲突，但是这仅仅是一种文化上的认同过程。因此，如果说历代中原汉政权是"以夷法治夷"，元是以蒙法治汉、治夷（因为它本身也是夷），那么清则是以汉法治汉、治夷。从皇太极开始满清就确立了吸收汉法、革除旧俗的法制思想。不过在满人入主中原之初，满族固有的旧俗如剃发、衣冠、禁足等曾作为一种象征统治权的文化在中国推行，并针对这些习俗颁布了一系列的法令。如顺治元年（1644），多尔衮对明朝内外官民下令："官吏军民，皆着薙发。"[①]顺治二年（1645）又重申："京师内外，限旬日；直隶各省地方，自部文到后，亦限旬日，尽令薙发。""遵依者，为吾国之民；迟疑者，为逆命之寇，必置重罪。"[②]顺治二年，"禁中外军民衣冠不遵国制"。[③] 顺治元年孝庄皇太后谕："以缠足女子入宫者，斩。"[④]康熙三年（1664）令："康熙元年以后所生之女，禁止缠足。""若有违法裹足者，其女之父有

---

① 《清世祖实录》卷五。
② 《东华录》，顺治二年六月丙寅。
③ 《清史稿》卷四《世祖本纪》，第 97—98 页。
④ （清）吴士鉴等：《清宫词》注，北京古籍出版社 1986 年版，第 4 页。

官者,交吏、兵部议处。"①

这些法令从某种意义上讲,并不仅仅是一个风俗差异问题,它也说明满清作为一个"异类"统治者在入关后必然会面临文化上的差异,但是从另一方面来看,其意义更在于它也有助于满清完成入关后在政治上的一统。这种带有政治色彩的习俗,其象征性意义在于它也有助于从观念上破除汉文化中固执的"夷夏之防",从这个方面讲,这些法令对于改善民族关系是有积极意义的。

因此,从顺治到乾隆时期,实际上正是这样一个从巩固政权到对边疆族群关系进行调适的时期,"略仿明制,而损益之"。顺治元年六月,令"问刑衙门,准依明律治罪"。顺治三年(1646)颁行《大清律》,以固国体。清初,由于满族统治者急于加强对各民族的控制,通过法令的形式实行强制性的五大民族政策,即圈地、投充、逃人、剃发、易服,相应地颁布了圈地令、投充法、逃人法、剃发令、易服令。为满足满族贵族的土地需要,顺治元年朝廷下谕开始圈地,除"量口给与"的田地外,"尽行分给东来诸王、勋臣、兵丁等",设立皇庄、王庄和八旗官员庄田并令"各府、州、县满汉分居"。②顺治三年(1646),"有为剃发、衣冠、圈地、投充、逃人牵连五事具疏者,一概治罪"。③顺治四年(1647),"近京府、州、县内,不论有主无主土地,拨换去年所圈薄地,并给今年东来满洲"。④还颁布了"投人法",严惩逃亡的旗下奴仆及收留他们的人,顺治十一年(1654)定制:"第二次逃者,仍鞭一百,归主。第三次逃者,本犯正法。凡逃人,无论男女、七十以上、十三岁以下者俱免责,逃三次者亦免死。逃人逃出,自娶之妻,仍应归给逃人,若强霸占者,释放还家。"⑤

但是,这种情况后来发生了变化,首先表现在对原来一些有损族群关系的规范进行了调整。比如顺治十五年,颁行满汉官员品级划一令,同时一改过去的禁足令,遵从汉俗,颁行"宽民间女子裹足之禁"令。康熙帝时颁行了诸如崇儒祭孔之令、博学鸿词科之令、停止圈地之令,康熙亲政之时即宣布:"自后圈占民间房地,永行停止。"⑥圈地令的废止,在事实上也等于废除了投充法。康熙时

---

① 王枕甫:《蚓庵琐语》。
② 《清世祖实录》卷一二。
③ 《清世祖实录》卷二二。
④ 《清世祖实录》卷三〇。
⑤ 《清世祖实录》卷八六。
⑥ 《清圣祖实录》卷三〇。

期,对逃人法也做了修改,减轻了相应的处罚,并把处理逃人罪的司法权赋予督、抚,相应地缩小了在外王公、将军在这类案件上的管辖权。康、雍、乾时期,还极力淡化民族意识,比如前述雍正帝与汉族儒生之间关于"华夷"关系的争论。乾隆帝时,也曾谕令禁止以夷汉分别名色,规定书写时要防止伤害民族感情。乾隆帝曾针对有奏折中谈到蒙古人与汉人时仍以"夷汉"相称的情况,特谕军机处:"以百余年内属之蒙古而目之为夷,不但其名不顺,蒙古亦心有不甘。""传谕沿边各督抚知之,如有仍旧书写之处,朕必加以处分。"①

　　清朝前期治边法制思想发生的变化,在中国古代法制史上是史无前例的。这一变化的突出特点在于与其他朝代相比,清前期更致力于破除"华夷之防",破除"羁縻而治"。与此相应,其最突出的特点就在于重"治理",重"治理"主要表现在不仅重视"教化",而且更注重制度化的建设(主要是通过法制)来调整边疆族群关系,这在历史上是空前的,可以说是清代才开启了中国边疆法制化的真正历程。

　　清朝在对边疆族群法律统治的过程中,同历史上许多朝代一样,认识到了尊重边疆法俗对于加强统治、稳定边疆的重要作用。清代"因俗而治"的思想最早发端于顺治、康熙时期,到雍正时期已明确提出了治理边疆族群要坚持"从俗从宜,各安其习"原则。② 乾隆帝及以后几代也继承了这一思想,在行政设治上强调"因俗设官"。③ 比如在回疆实行的伯克制、扎萨克制和在蒙古实行的盟旗制,都具有"因俗而治"的性质。在刑事立法和民事立法方面,实行"因其俗而治之",制订或认可了个别边疆族群的法俗,如《苗例》,以致于达到"修其教不易其俗,齐其政不易其宜"之效。④

　　从古代法律文明史来看,历史上除了古埃及、中国,其余四大文明(古希腊、古罗马、古巴比伦、古印度)法律文明的发生、发展,无不是产生于北方操原始雅利安语的游牧民族对南方原住农耕民族的入侵过程中。阿卡亚人对克里特的入侵融合为迈锡尼文明,多利亚人对迈锡尼的入侵融合为希腊城邦文明,米底人和闪族对两河流域的入侵形成巴比伦文明,雅利安人对印度的入侵形成古印

---

① 《清高宗实录》卷三五四。
② 《清世宗实录》卷八〇。
③ 《清朝通典》卷二六。
④ (清)祁韵士:《皇朝藩部要略·序》。

度文明。古埃及由于有地中海和希腊之隔难以有这种威胁,中国由于有帕米尔高原之险,阻挡了北方操原始雅利安语的族群和后来阿拉伯人的攻势,而只有来自北方的蒙古利亚族群在公元1500年以前始终对它构成威胁。尽管亦曾有过多次大的入侵并入主中原,北方族群的某些具体法律制度也曾为中华法系所吸收,但对中华法律文化从未形成毁灭性的后果。与古罗马时期的情况不同,古罗马时期和中世纪的民族问题,是通过处理国家政权与宗教的矛盾关系来解决的,比如罗马时期的犹太教、基督教问题,中世纪的日耳曼文化与基督教以及古罗马残余文化之间的融合问题。而中国的大一统则是在处理与“四方”族群的关系中逐渐实现的,秦帝国的统一具有悠久的历史文化基础。正因如此,当秦统一中国之后,如果秦王朝能够在原来礼俗文化的基础上逐渐实行自上而下的“法制由一统”,那么,秦王朝的统治应当是件相对容易的事。

　　而在西方,罗马帝国从某种意义上讲称得上是一个多族体的帝国,罗马帝国是一个完全靠军事征服建立起来的帝国,它并没有中国先秦时期那样的文化基础。在追求法律的统一的过程中,首先从收集被征服地的习惯法和发展判例法入手,积极发展外事裁判官法,并由此发展、形成了罗马法的整个体系。古罗马帝国凭借武力和高度发达的法典法维护帝国的统一,但却从未从文化上征服帝国境内的其他族群,反过来罗马的商人和军队却被这些民族所征服和同化。中世纪是民族史上的重要阶段,尽管日耳曼族群是一个大种族概念,但仍然有许多分支,其中许多分支也建立了自己的王国,但从文化史的角度来说,中世纪实际上是整个欧洲各种分支族群在文化上趋同的过程,以具有强大包容性的基督教文化、日耳曼自由奔放的个人主义与残存的古罗马法治精神彼此相互融合,共同为欧洲族群提供了具有很强宗教色彩的同一性文化背景,并在这一基础上完成了欧洲民族的文化统一。因此,历史上西方在处理族群关系时,不可能产生中国古代那种“羁縻”而治的思想,如果说西方古代族群和法律的发展始终是世俗政权与宗教的关系问题,那么中国古代族群关系与法律的发展则是世俗政权与族群关系的问题。

　　尽管在中国隋、唐时期有佛教的传入和广泛传播,但是也仅仅是停留在心性层面,并没有真正涉及政治、法律这些制度领域。无论是佛教还是道教对中国古代的族群关系都没有产生某种政策性的影响,以儒家为代表的华夏文明始终是一脉相传。儒家在处理边疆问题上坚持的“华夷之防”的治国方略始终为历代所奉行,历代"华夷之防"强调的正是防止蛮夷猾夏。因此,长期奉行文化和种族隔绝的后果必然就是对边疆实行"羁縻"而治。关于"羁縻",《史记》中是这样解释的:"羁,马笼头也。縻,牛缰也。《汉官仪》'马云羁,牛云縻',言制四夷如牛马之受羁縻也。"实为一种间接的牵制政策。所谓"羁",是指以军事和政治上的压力加以控制;所谓"縻",则是以物质利益加以笼络。"羁縻"而治是借助边疆族群之力"扶夷民"、"守疆土"、"谙边情"。自唐以来历代不断强化对边疆的"羁縻"设治,如唐代的羁縻府、州、县,宋代的羁縻府、县、峒,明代的羁縻卫所。

而清代边疆治法的变化,不仅在于它的制度上的变革,更应当注意到它在观念上究竟是如何发生的。传统治边法制思想的核心是"以夷治夷"、"以夷治夷"所导致的就是"因俗而治",反映到政治上就是对边疆族群弃之不理,或"以同类相攻"、"以同类相治"。由于中国古代在清以前并没有真正意义上的、专门针对边疆族群制订的法律。如前所论,中国法律具有"二元性结构"的特征,对边疆并不是通过形式主义的国家法律进行治理,而是"以同类相攻"、"以同类相治"的方式,[1]进行间接的行政管辖。以当地族群的礼俗、习惯而治,实际上是放弃了对边疆的立法和司法管辖,基本上等于放弃对边疆的治理。因此传统的治边法律思想也就是"羁縻"而治的法律思想,其特点在于它过分依赖于单纯的行政措施。历代的"羁縻"而治只是继承了自西周以来重在要求边疆对中原认同的思想,其目的仅在于通过行政立法的方式,把边疆纳入封建政权的行政编制体系之中,并辅之以贡赋的方式来确认边疆族群与中原王朝的关系,"皆即其渠率而用之",求"纲纪粗定,夷汉粗安"。[2] 加之中国古代行政与法律不分,行政与立法和司法常常混合的"公法"传统自然延伸到边疆治理上。因此,无需针对边疆进行大量的刑事和民事立法,更不可能进行深入、直接的司法管辖。

传统"羁縻"而治的法律思想在清代受到了质疑,这种思想上的变化是一个逐渐认识的过程。从努尔哈赤到皇太极时期,其治边的关注点主要是北方的蒙古地区,重在与北方蒙古的联盟。首先是根据后金的八旗制度在蒙古编旗设佐,共编 49 旗,每旗设札萨克,总领旗务,旗下设佐,置佐领。并通过法律的形式把与蒙古和亲的"额附"制度确立下来,同时根据蒙古地方特点制定《蒙古律

---

① 《汉书》卷四九《爰盎晁错传》载:"以蛮夷攻蛮夷,中国之形也。"
② 《三国志》卷三五《诸葛亮传》,中华书局 2000 年简体字版,第 684 页。

书》规范对蒙古的统治,其内容也主要是对蒙古原有习俗的规范化。总之,基本上是按照"羁縻"而治的方式进行设治治理。清前期边疆法制思想的变化主要是在入关以后的康熙、雍正王朝时期。这一时期,已经对西北回疆地区实行的伯克制和南方地区历史上长期在"羁縻"思想影响下实行的土司制度积弊已久的事实有了清醒的认识。清朝在统一新疆后对原有的伯克制进行了规制,任命了一批伯克,"以将军统理天山南北,办事大臣、参赞大臣等分理地方,粮饷则委内地道员及同通等经理,屯务则委内地武员驻守,设管分职,随地异宜前考"。①

回疆的日常行政管理主要通过伯克衙门完成,据不完全统计,清王朝在回疆各城及所属城庄共设有三品伯克 10 名,四品伯克 25 名,五品伯克 47 名,六品伯克 88 名,七品伯克 158 名。② 这些伯克们各自所负职责不同,又可以分成三十几种名称,如葛尔纳齐伯克典守粮赋,商伯克征输粮赋,巴济吉尔伯克专司税务等。《回疆则例》卷二详细列举了回疆各地以阿奇木伯克为首的大小伯克们所分管的具体事务。但是与此同时中央为加强对它的控制,又通过国家法律的形式对其进行改造,废除了旧伯克制的世袭制度,改由朝廷任命。不仅如此,还实行了伯克回避制度,根据《回疆则例》规定:"三至五品伯克回避本城,六品以下回避本庄。"③实际上与南方的"改土归流"一样,伯克也成了朝廷的流官,这与它早期在蒙古地区实行具有"羁縻"性质的旗佐制度有着本质的不同。

同样,这一时期清政府对南方苗疆旧的土司制度实行"改土归流",在认识上也是"开端创始,势不得不然"。④ 清康熙时期,就有一些治边官员就土司制度的弊端发表了自己的意见。如云贵总督蔡毓荣针对自元明以来的土司制度发出感叹,认为其有害于国家法制的推行,"土人知有土官而不知有国法久矣"。⑤到雍正时期,这种呼声日高,贵州学政晏斯盛也认为继续推行土司制度将会使"大小诸蛮不绳以大一统之义","终不知有王土、王民之乐,是则可悲也"。⑥ 云贵总督鄂尔泰有曰:"今自有明以来已数百年,中外一体,流土同官,既有职衔,宁无考察。"继而认为继续奉行"以夷治夷",无异于"以盗治盗",⑦而要真正深入

---

① 《皇朝续文献通考》卷一三八《职官考》。
② 《钦定大清会典则例》卷一四三《理藩院》。
③ "回疆各城补放大小伯克分别奏咨回避",《钦定回疆则例》卷三。
④ 《朱批谕旨》,雍正四年八月初六日,鄂尔泰奏。
⑤ 蔡毓荣:《筹边第二疏》,(乾隆)《云南通志》卷二九《艺文》。
⑥ 《送鄂少保云贵广西总制入觐序》,(清)晏斯盛:《楚蒙山房集》。
⑦ 《朱批谕旨》,雍正四年八月初六日,鄂尔泰奏。

治理必须采取果断措施，对之约束。兰鼎元称："愚以为苗徭僮黎均属朝廷赤子，当于汉民一例轸恤教化。"①晏斯盛认为教化须徐徐图之，"必有其渐，非可以旦夕期"，②"使彝汉相安，令得相生相养而教化行也，教化行则治安之效睹矣"。③雍正帝亦以为，当"化其顽梗，期其善良"，④以致"各遵王化"。除强调礼仪教化外，康熙时期的戴名世也曾从边利的角度针对苗疆地区的情况，提出了强调治边法制的看法，认为"红苗介楚、蜀、黔之间"，"其地北至永顺、保靖土司，南至麻阳县界，东至辰州府界，西至平茶、平头、西阴土司，东南至五寨司，西南至铜仁府，周一千二百里"，此地"皆近在中国版图之内，类多奥区沃壤，而为诸苗所蟠据"，"名为羁縻，而王化之所不及，声教之所不通，标枝野鹿尚如洪荒之世，未经开发，此亦天地间之缺陷。而自古以来，圣帝明王之所未及用其力者也"。主张依靠法制改变这一状况，认为应当"兴旌善罚恶之法"而治之，在此基础上"示之以君臣上下之礼，颁之以冠婚丧祭之制，立之以党庠术序、旌善罚恶之法，开其蚕丛鸟道，通其百工技艺。百年之内，仁渐义摩，德威并布，次第而郡县其地"。⑤在否定羁縻而治的同时，还强调变制的重要性，"王者治四夷之法，太上变化之，其次制驭之"。⑥ 康熙年间云南永北府人刘彬，对此亦认为边疆地区变制的必要性，"从来有一定之形，无一定之制，时有不同则制变"。⑦

这些思想和言论，表明清朝在边疆治理上的主动性，其思想是非图一时之苟安，而是已经有了"征服——设治——设法——教化"的模式，这一治理模式的目的在于求得长治久安，王朝真正实现天下一统。对此，雍正皇帝认为清王朝的边疆治理成效胜于汉、唐、宋极治之时，雍正皇帝有云："昔汉、唐、宋极治之时，不过承平二三十年，未有久安长治如今日者。"⑧清人昭梿亦有云："北人，自秦汉后匈奴、突厥递雄其部，汉、唐不能与之抗，乃至和亲纳币，含垢忍辱，以求旦夕之安，而寇警边烽又环然至矣。"⑨

---

① （清）兰鼎元撰：《鹿洲全集》卷一《鹿洲初集》。
② （清）晏斯盛：《与尹制府论绥苗疆书》，《皇朝经世文编》卷八八《苗防上》。
③ 《送鄂少保云贵广西总制入觐序》，（清）晏斯盛：《楚蒙山房集》。
④ 《清世宗实录》卷一四七。
⑤ （清）戴名士：《戴南山全集》卷一二《红苗纪事》。
⑥ 《皇朝经世文编》卷八六。
⑦ 《皇朝经世文编》卷八七。
⑧ 《大义觉迷录》卷一。
⑨ （清）昭梿：《啸亭杂录》卷一〇《理藩院》，中华书局 1980 年版。

　　清王朝前期彻底解决边疆问题的决心来自对历史经验的总结，而且也的确表现出了这样的决心。如对于台湾坚持"台湾一平"，"民生得宁，诚一时之劳，万世之逸也"，①最后用武力得以解决。对西北蒙古噶尔丹部，认为"准噶尔一日不定，其部曲一日不安"，②决心"立拯边靖之毒痈，永底中原于清晏"，③经三朝之功，终于统一了新疆。对于西南边夷，则重在决心改变"土人知有土官而不知有国法久矣"的局面，改变历史上长期实行于西南的土司制度。雍正四年（1726）鄂尔泰连续五次上疏，奏请"改土归流"以彻底解决土司问题，鄂尔泰认为"拿几个土官，杀几苗首，亦不过急则治其标，本病未除"，"乃攀枝附叶之举，非拔本塞源之策"。④ 同时鄂尔泰也认识到要在这一地区推行国家法制的长期性和艰巨性："恐终难宁帖。""欲其知敬知畏不敢逞凶，纵少有蠢动，随时殄灭"，"似一二年内尚可就绪"。而要"欲其知礼知让知法度，革心服化，一变驯良"，"此内地所尤难，即悉心调治，亦非十年不能"。⑤ 实现"改土归流"，贯彻王朝的礼法，"即迟至十年、二十年，但能成事，实云贵永远之利也"。⑥ 因此，对当地土司应"一依流官之例，倘罪应斥革，即以汉官代之，停其承袭"，"然后录其人民，籍其田地"，"给牛种以裕其源，选用循良，善加抚恤，不出百年，内地可以肃清，肘腋可以无虞"。⑦ 如此方能做到以边疆各民族为屏障，以达到"九洲大归于一统，此长治久安之道也"。⑧

　　清朝前期这种破除"华夷之防"、否定羁縻而治的治边思想由两个方面组成：一方面，积极吸收汉人的儒家治国思想，同时全面吸收汉人法制，用汉法治天下，《大清律例》就是在这种法制思想变化的基础上制定的；另一方面，清王朝又以彻底解决边疆问题的态度进行治理，不仅对各边疆地区采取"分疆别界，各有定制"的原则，而且还辅之以有针对性的民族立法，以求对民族关系进行新的调整。如针对蒙古地区的《蒙古律例》、针对东北少数民族的《布特哈打牲处章程》、针对"苗疆"的《苗犯处分例》、针对"回疆"的《回疆则例》、针对西藏的《钦定

---

①　（清）施琅：《靖海纪事》卷上《边患宜靖疏》。

②　《清高宗实录》卷四八九。

③　《亲征平定朔漠方略》卷首《御制亲征平定朔漠方略序》。

④　《朱批谕旨》，雍正五年二月初二日，韩良辅奏之朱批。

⑤　《朱批谕旨》，雍正四年十一月十五日，鄂尔泰奏。

⑥　同上。

⑦　（清）刘彬：《永昌土司论》。

⑧　（光绪）《普洱府志稿》卷九《建置志》。

西藏章程》等等。

除了进行大量的边疆立法外，还有针对性地加强对边地的国家法制教育。正如雍正帝在《大清律集解》御制序中所讲："先王立法定制，将以明示朝野，俾官习之而能断，民知之而不犯，所由息争化俗而致于刑措也。"他要求《大清律集解》"刊布内外"以后，居官位者要"精思熟习，悉其职明以查小大之比"，即将获官位者要"讲明有素，则临民治事不假于幕客胥吏而判决有余"。并特别要求"自通都大邑至僻壤穷乡，所在州县仿《周礼》布宪读法之制，时为解说，令父老子弟递相告诫，知畏法而重自爱。如此则听断明于上，谍讼息于下，风俗可正，礼让可兴"。清人赵冬曦亦云："立法贵乎下人尽晓，不必饰其文义，简其科条。请直书其罪，毋假文饰，凡以其准加减比附量等字皆勿用，使愚夫愚妇闻之即悟。"①

其实，早在顺治十二年（1655），兵科给事中魏裔介就上疏讲道："各衙门只有律书一部，小民不得与闻，故犯法者众。请敕各督抚将刑律之有关于民者摘而录之，令有司春秋暇日为之讲说，并令学官为士子讲习。"顺治帝批准了这个建议，令"圣谕广训之后即附律条，并将所附刑律条文亦为明白宣示"，②使之家喻户晓，"咸知法纪，顾恤身家，以远于罪戾"。③ 另外，在第一线执司审判的州县印官还利用公堂审一儆百，进行现场法制教育，如富有经验的名幕知县汪辉祖在其《学治臆说》中说："内衙听讼止能平两造之争，无从耸旁观之听；大堂则堂下伫立而观者不下数百人，止判一事，而事之相类者为是为非，皆可引申而旁达与。未讼者可戒，已讼者可息……潜感默化。"④

在我们对清前期重视边疆法制的思想有所认识的同时，我们仍应当看到，虽然清代治边法制思想有了很大的变化，但是仅就法律的本质特性而言，并无根本性的变化。从比较法的角度来看，其法制思想也仍然是传统的儒家法制理念，在法律制度上就是马克斯·韦伯所说的"卡地玛斯法"，它不像西方法制那样追求"形式的合理性"，追求中国法家式的"一绳以法"，或者说是"法律至上"，而是在整个治国思想上追求一种源自自然关系的和谐。它首先认识到法律固

---

① （清）阮葵生：《茶余客话》卷六。
② 《清朝文献通考》卷一九五《刑一》。
③ 《皇朝经世文编》卷二三。
④ 汪辉祖：《学治臆说》卷上《亲民在听讼》，《官箴书集成》第2册，黄山书社1997年版，第275页。

有的局限性和片面性,认为法律不可能解决人们在社会生活中面临的所有问题。儒家"德主刑辅"的治国方略实际上意味着它首先认识到了法律本身具有的工具主义和理性主义缺陷,它对社会生活倾注了更多的人文情怀,认为社会本身存在着一个并非法律所能调整的非理性的制度空间,而那种法家式的"以法为教"、"以吏为师"的没有教化的法治社会并不是一个美好的理想社会。儒家不愿意让人们生活在这样一个机械的、没有情感的社会中。因此,儒家也就比较尊重因人的自然情感而生发出来的风俗、道德,这自然也包括边疆族群自有的风俗、习惯。

就边疆族群社会的法制而言,清前期的几部相关立法仍然主要侧重于行政和刑事立法,尽管也强调司法上的统一性,但仍然主要是一种间接的司法管辖,仍然尊重当地的法俗,并在一定程度上排除了《大清律例》在这些地区的普遍效力。清代的民间法大体可分为边地法俗、宗族法、行会法、帮会法等。由于边疆地方法俗的纷繁复杂,且影响着中央王朝对边疆的立法和司法,因此有必要对边疆固有的制度文化做一理论分析。

清代边疆固有的制度文化是指边疆地区的法俗,关于我国边疆族群固有的制度文化的异同,惟有从法律文化的角度进行探讨,方能对其特点有所认识。从法律文化类型来看,迄今为止人类的法律都可以划分为以下两种类型。

一类法律是具有宗教、道德性质的法律。其特点是法律与宗教、道德相混同,它表现为法律呈现出宗教化或者本身就是宗教教义,或者表现为法律道德化或者本身就是一种道德标准,其共同的特点是法律在社会生活中没有自身独立的价值,没有独立地表现自己的理性功能。从这个意义上讲,传统的中国法、伊斯兰法、印度法都可以归结为同类性质的法律。

另一类则与之相反,法律具有独立的、形式化的程序功能,它在社会政治生活中独立运行,与宗教、道德之间有着严格的界限。西方法律文化就是典型例。马克斯·韦伯通过对历史上存在过的法律的分析,认为存在着四种法的"理想类型"(ideal type),[①]即"形式不合理"的法(如以巫术、神判)、"实质不合理"的法(如宗教法官的神启判决)、"实质的合理性"的法(这种法律为了诸如像道

----

① 关于"理想类型"的划分可参阅[德]马克斯·韦伯著、张乃根译《论经济与社会中的法律》,中国大百科全书出版社1998年版。

德这样的一般性公正原则可以对法律程序进行修改，具有功利性、政治性和目的性的原理）、"形式合理性"的法（追求法律的程序合理性和独立性）。西方法就是这样一种"形式合理性"的法，并认为只有"形式合理性"的法才是最发达的法的形式，而且正是这种类型的法律成为西方向资本主义过渡的制度前提。

如果依照马克斯·韦伯关于法的几种抽象分类的理论来看，上述凡是没有和宗教、道德相分离的法律都不是具有"形式合理性"的法，也就是说无论是儒家法还是边疆民族习惯法、宗教法都不是最发达的法的形式，换句话说，这些法律都不可能使得清代的中国具有西方那种向资本主义过渡的制度前提。不过这不是我们要讨论的问题，这里我们主要研究的是第一类法律，为了了解中国古代对不同边疆地区法制的特点，有必要对之作进一步区分。毫无疑问，整个中国古代，无论是边疆还是内地的法律，在性质上都应当归结为第一类法律，因为它们不是道德权威力量的产物（比如以中原汉族法文化为代表的国家法），就是与宗教相混同（比如边疆习惯法和宗教法），这就必然使得中原与边疆的关系具有了更深刻的多元制度文化背景。①

清代边疆存在着两种地方性的法律：一是地方性的习惯法，二是地方性的宗教法。无论是前者还是后者，都不同程度地具有某种宗教文化背景，它们的区别主要在于有的地区由于受到外来宗教文化的影响，其法律制度是某种成熟的宗教文化与当地简单的地方习惯混合的产物，如西北回疆地区以伊斯兰法为主，兼含当地原有习惯的政教合一制度，以及西藏那种由印度佛教文化与本地自然宗教的融合而形成地方性制度文化。有的地区较少受到外来宗教文化的影响，其习惯法以本地原有的、较为简单的自然宗教为背景，如南方苗疆山地民族的习惯法。依照马克斯·韦伯的分类，苗疆的法律更多的应当属于"形式不合理"的法律，西藏、回疆的法律应当属于"实质不合理"的法律，而中国的儒家泛道德主义法律则属于"实质的合理性"的法律。

由于我国边疆各地区自身存在着不同的法律文化背景，因此要实现对边疆的深入治理，王朝一般要面对如何分别处理各类不同法律文化的问题。由于长期的历史变迁，边疆各地有着自身不同的历史发展过程，因此中国边疆法俗并

---

① 马克斯·韦伯认为"在中国、印度，就像在伊斯兰的地域，人们认真地对待神法或永不改变的传统之效力。作为自然的结果，法律统一的障碍不可能消失"，《论经济与社会中的法律》，第236页。

不是全都一样,而是存在着十分显著的差异。这种差异从世界民族文化格局来讲,不仅仅是具体制度上的差异,更是一种文化类型的差异。就以边疆民族法制完备著称的清代而言,在空间上可以分为南方农耕族群的法俗和北方游牧族群的法俗,在文化上又可以分为以伊斯兰文化、佛教文化为背景的回疆、西藏制度文化和南方以原始宗教文化为背景的"苗疆"制度文化。相对于伊斯兰教和佛教这类成熟的宗教法文化而言,苗疆的原始宗教文化在法律文化方面更容易与内地融合。

　　为更深入地了解中国古代王朝治边法律史,进而理解中国的治边法律特质,本书按历史顺序,于下篇分而述之。

下　篇

古代中央王朝对于
边疆的法律治理

第五章

上古帝系及其"四方"治法

一、三皇五帝及上古"常道"

(一)"三皇五帝"之说

上古的三皇五帝的故事及其反映出的"常道"文化是中国文化和中国法文化的缘起,也是现在作为中国文化代表的儒家文化的根基。研究中国古代治边法律史,首先要了解儒家法文化。研究儒家法文化,则必须了解史料中反复记载的上古"常道"文化,而上古"常道"文化的创始者,则是被近人认为只是属于传说的"三皇五帝"。[①] 上古"三皇五帝"有治,"三皇五帝"之治虽非"王朝"之治,但在后世儒家的政治法律理论中,却是"王道"的蓝本,因此欲深知中国法文化史,必要以此为元、为始。

"三皇"者,其说有异,所谓"天皇"、"地皇"、"人皇"却不见于正史。司马迁《史记》中对"三皇五帝"之说有其考论,《史记》中不言"三皇",而是以《五帝本纪》为首篇,这说明司马迁承认了"五帝"的存在,而不敢妄以"三皇"为史。且《尚书》也是从《尧典》开始,并没有说到"三皇"。[②]

---

① 经过战国、秦火的文化浩劫,汉人于文化已然缺乏,王朝需要以王道而治,因此,汉代面临文化整备的使命。汉儒便趋于训诂一途,其中郑玄"但念先圣之玄意,思整百家之不齐,亦庶几以竭吾才",遍注六经。郑玄的意思十分清楚,这样做是为了"念先圣之玄意",以便"圣圣传心"。

② 汉朝的纬书中三皇为天皇、地皇、人皇,是三位天神。后来在道教中又将三皇分初、中、后三组:初三皇具人形,中三皇则人面蛇身或龙身,后三皇中的后天皇人首蛇身,即伏羲;后地皇人首蛇身,即女娲;后人皇牛首人身,即神农。杜钢建教授根据《元始上真众仙记》和《路史》的记载,认为道教中所说的太元圣母生有天皇十三头,是分别掌管十三方的部落首领,传说中的西王母就属于天皇地位或者天皇十三头之一。见《王母文化、世界新儒家与古代君子文化》上,《大同思想网》2016 年 10 月 26 日。

《史记·历书》："盖黄帝考定星历，建立五行，起消息。"①《汉书·律历制上》："传黄帝律历，汉元以来用之。"因此，公元1912年1月2日孙中山发布《改历改元通电》规定："中华民国改用阳历，以黄帝纪元四千六百九年即辛亥十一月十三日，为中华民国元年元旦。"确定民国纪年与黄帝纪年同用，以黄帝为中国之"人文初祖"，这是中国采用公元纪年以来，在政治上对于远古五帝历史的确认，由此以黄帝为始祖且以"中华"为号，以统合域内之各族群，亦有统合人文、政治于"中华民族"的意义。

《史记》所言"五帝"以黄帝为始，司马迁认为"而百家言黄帝，其文不雅驯"，这是指关于黄帝之传说，也不都是雅训之说。至于《宰予问五帝德》、《帝系姓》都是《大戴礼记》和《孔子家语》中的篇名，而《大戴礼记》和《孔子家语》在儒家看来"皆非正经"，不是圣人之言，因此"儒者或不传"。② 司马迁通过自己在民间的实地考察，确认五帝的存在，认为《五帝德》、《帝系姓》"其所表见皆不虚"，已不需更深考论了，因此司马迁据古文并诸子百家论次，择其言语典雅者，著为《五帝本纪》。

"三皇五帝"之说为华夏文化之始，民国以黄帝为中国之"人文初祖"，是因为黄帝是"五帝"之始，更因有《史记》的考论可为信史，其目的如台湾学者李伟泰所说："将中国境内及周边民族皆纳入黄帝子孙范围，只能说是顺应秦汉大一统的局面，继承和发展了民族一元论，对中华民族的团结和凝聚，起了不可估计的作用。"③

（二）"三坟五典"与"常道"

当世界各"民族国家"处于早期"文化民族"之际，其法律往往形式多样，或有道德的形式，或有宗教的形式，中国上古法律同样也有其道德风俗之形，多称之曰"教"。其教之法，有古朴之性，其规范民风性情的形式，非今人可以理解。此外，上古治世之道和治世之法关乎民性，亦极讲究德性，由己及人，于周边四海族群的治理同样如此。

---

① 所谓"起消息"，黄侃云："乾者阳，生为息；坤者阴，死为消也。"（《史记》卷二六《历书第四》，第1094页）另外太昊（伏羲）"十言之教"中亦有"消、息。"

② 《史记》卷一《五帝本纪》，第35页。

③ 李伟泰：《史记叙事仅以始于黄帝诸说述评》，转引自黄发恭《荆州历史上的战争》，湖北人民出版社2006年版，第17页。

上古治道的一个特点是"自然性",尤其重视"历法",以之设官制,立大宪,是谓根本教法。讨论中国古代法律不可以一味言"法律"二字,而应以教法言之。中国上古教法始于"历法","历法"之用在于有利于农事,这可以说是当时的大宪,因此凡是王者易姓而兴,必推天之元气运行所在,以奉承天意而施教法,故《史记·历书》云:"王者易受命,必慎始初,改正朔,易服色,推本天元,顺承厥意。"

上古中央官制亦起于"历法","历法"有四时,有五行,故而才有五官,这是上古官制的起源,《史记·历书》云:"盖黄帝考定星历,建立五行,起消息,正闰余,于是有天地神祇物类之官,是谓五官。各司其序,不相乱也。"

由于上古官制起于"历法","历法"已是其文明的标志,因此"五帝"之世,尤忌"历法"混乱,如黄帝之子少暤之世衰,因九黎乱德,废南北二官,导致"历数失序",乱其大宪,"其后三苗服九黎之德,故二官咸废所职,而闰余乖次"。[1] 到了尧时,"复遂重黎之后,不忘旧者,使复典之,而立羲和之官,明时正度"。[2]

上古治道的另一个特点是道器同一,有形有典。文明的起源往往始于器而终于道,三皇五帝既是"阴阳五行"(五行、五德、五得在当时应当是同义的,且皆是民生之举)的发明者,又是"三坟五典"的制订者。此外,上古之世有许多发明家,《墨子·非儒》:"古者羿作弓,伃作甲,奚仲作车,巧垂作舟。"《吕氏·春秋郡守》曰:"奚仲作车,仓颉作书,后稷作稼,皋陶作刑,昆吾作陶,夏鲧作城,此六人者,所作当矣。"这些人都是器物、文字发明者,同时也是教法的传播者,上古器物、文字发明与"道"的形成是同步的。因此,这些治道有取法自然的传统,这使得中国古代的政治法律制度也具有"道法自然"的性质,它有教法而治的风俗性样式,其治边、治外之法亦有化俗的精神。

中国上古治道最重要的一个特点是有"常道"的概念,在他们看来这些"常道"具有普世性的意义。虽然上古"三皇五帝"时期关于中国的治法尚难多见其具体内容,然而察其义理,则可以见其治法的基本概念是"德"。后世儒者不仅颂扬"三皇五帝"在器物方面的发明创造,而且更多的是宣扬"三坟五典"的义理,往往称其为"言大道"、"言常道"、"百世之书",这恐怕不全是后世儒者的粉饰。春秋诸子中,儒者都是些读书人,春秋之前,"儒"是艺术之人,是读书人的

---

① 《史记》卷二六《历书第四》,第 1095 页。
② 同上。

代名词，换句话说，他们是上古"常道"的信奉者和坚守者。

从"三皇五帝"到夏、商、周，中国文化一直没有中断，仅仅从帝系来看，他们前后也有直接血缘继承关系。因之儒者多赞其"德"，以之为"常道"，这是有继承性的。"常道"的意思是它不仅有其继承性，还有其普适性。既然常道有普世性，那么自然也适用于四方族群，中国上古时期的"常道"概念一直是后世历代王朝治理边疆的自信所在，并且在西周之世就形成了比较固定的理论范式，即《礼记·王制》云："修其教不易其俗，齐其政不易其宜。"

总之，中国古代文明的起源是从"三皇五帝"、"阴阳五行"、"三坟五典"这些概念开始，其特点是有形有理，理形一贯，义理与器物同源，这是中国早期文明起源的主要特点。中国上古时期在已经形成天人合一、道器一元的完整治法的同时，也形成了它的治边法律范式。这是一个由"德"、"道"、"形"、"典"、"俗"、"教"这样一些概念构成的中国式法理学，道器文化的产生和发展，促使它从一开始就具有一种基于自然的天下观，有一种"王者无外"的气度，其法律也具有普适性的法俗的样式。

中国早期制度文明起源，古籍皆谓以"三皇五帝"之"三坟五典"开始。最早伏羲氏画八卦，启阴阳之形，造书契文字，以文籍而代结绳之政；神农（炎帝）以火德王；黄帝以土德王，此"三皇"都是创造器物、文字的祖先。后青阳（少昊）以金德王，五帝最先；高阳（颛顼）以水德王，五帝之二；高辛（帝喾）以木德王，五帝之三；唐陶（尧）以火德王，五帝之四；虞（舜），以土德王。

与此相对应，所谓"三坟"，即是指伏羲、神农、黄帝之书；所谓"五典"，即是指少昊、颛顼、高辛、唐陶、虞舜之书。"典"，本是"常"的意思，就是指古籍中经常说的"常道"。至于夏禹、商汤、周文武皆以"王"称，有"三王"之治，分别是：夏禹，以金德王，三王之最先；商汤，以水德王，三王之二；周文王，以木德王，三王之三。此"三王"非文化之极源，只是循守"常道"而已。

终此以论，中国古代文明的起源以"三坟五典"为最，"三坟五典"的特点可归之为阴阳五行，有形有理，理形一贯，义理与器物同源，从上述"三坟五典"的内容看，是自然与人事的对应、天道与人道的结合。因此，史籍所论禹、汤、文武之治的合法性也都是以"三坟五典"为据，且以之为"常道"，即是华夏的正统政治法律文化的代表。

上古"三坟五典"既可以谓"法"，亦可以谓"俗"，这是中国古代所谓"常道"

的品格,因此东汉张衡在其《西京赋》中有云:"故帝者因天地以致化,兆人承上教以成俗。化俗之本,有与推移。"①所谓"因天地以致化",就是因地制宜;所谓"推移"者,按薛综所注是"与沃瘠相随"而施行意思;所谓的"法",就是"承上教以成俗",就是"与化推移"之义。因此,中国自古"法律"之义,本就是"顺上而承俗"的教化之意,故薛综注云:"言化之本,还与沃瘠相随,逐推移也。善曰:淮南子曰:'法其所以为法,与化推移也。'"②

孔子上承古之常道,又自成"六经",至于汉代昌明经学,开始以经释法,因此中国文化又始得一统,古之常道文明又得以恢复。所谓的"法律",经过秦火苛法之后,又具有了风俗教化的文化意味,故汉儒又开始研究"四方"法俗以接地气,应劭因此而著《风俗通义》,尤其是经过如顾颉刚所说汉儒对上古史"整齐故事"之后,③这以后的中国王朝更有了以常道之法来化成天下之俗的信心。

(三)"五教"之说及其传播

中国上古又有"五教"之说。按照《尚书》的说法,上古时期舜之时中国教法已成,中国对"四方"已开始系统地传播其教法。《尚书·舜典》云:"慎徽五典,五典克从。"④这里所谓"徽",是"美"的意思;所谓的"五典",是指"五常"。这说明在舜的时候,中国已经形成了"五常"(父义、母慈、兄友、弟恭、子孝)。

舜不仅克从"五常"之教,而且还布之于"四方",《尚书正义》疏云:"舜慎美笃行斯道,举八元使布之于四方。五教能从,无违命。"⑤这是说舜已经开始以"五典"(五常)向四方传播,并形成了"内平外成"、"五教能从,无违命"的局面,但这却不能理解为只是在舜之时才这样做,《舜典》中说舜只是"笃行斯道"而已,这说明在舜之前,这一帝系就可能已经布教四方了。

在"八元"之前,还有"八恺","八恺"是指帝高阳氏颛顼的八个后代部族:"昔高阳氏有才子八人:苍舒、隤敳、梼戭、大临、龙降、庭坚、仲容、叔达,齐圣

---

① (东汉)张衡:《西京赋》,载《文选》卷二,第37页。
② 同上。
③ 顾颉刚:《古史辨·自序》,《古史辨》上册,商务印书馆2011年版,第163页。
④ (汉)孔安国传,(唐)孔颖达正义:《尚书正义》卷三《舜典第二》,上海古籍出版社2007年版,第73页。
⑤ 同上。

广渊，明允笃诚，天下之民，谓之'八恺'。"①对于此句，晋朝杜预注："高阳，帝颛顼之号。八人，其苗裔。"②"恺，和也。"③他们共同的特点是"齐圣广渊，明允笃诚"。

"八元"是指高辛氏帝喾的八个后代部族，他们是：伯奋、仲堪、叔献、季仲、伯虎、仲熊、叔豹、季狸。《左传·文公十八年》："高辛氏有才子八人，伯奋、仲堪、叔献、季仲、伯虎、仲熊、叔豹、季狸，忠肃共懿，宣慈惠和，天下之民谓之'八元'。"对于此句，晋朝杜预注："高辛，帝喾之号。八人，亦其苗裔。""元，善也。"④他们共同的特点是"忠肃共懿，宣慈惠和"。

颛顼的后代因为有德，被天下之民称为"恺"；帝喾的后代因为有德，被天下之民称为"元"。唐朝司马贞《史记索隐》谓："谓元、恺各有亲族，故称族也。"⑤二者加起来共有十六个族。

"八恺"是颛顼之苗裔，"八元"是帝喾之苗裔，那么这十六族就都是黄帝的后裔，他们的共同特点是继承了黄帝、颛顼、帝喾的遗风，不仅"世济其美，不陨其名"，而且保持了"忠肃共懿，宣慈惠和"的德性。自颛顼、帝喾、尧之世，这十六族可能就是代表黄帝文化的核心部族，他们之所以被天下之民称为"八恺"、"八元"，是因为他们遵循"五教"的民性和风俗，足以作为天下表率，承担着继承文化传统、"立元正始"的重任。正因如此，虽然在尧之时没有能够重用这十六族，但在舜统治之时他们都得以重用，即所谓"舜举十六相"，是舜的统治依靠的对象。舜举八恺"使主后土，以揆百事"；举八元，"使布五教于四方"，传播父义、母慈、兄友、弟共、子孝这"五常"之教，取得了"内平外成"的政绩。故《左传·文公十八年》："此十六族也，世济其美，不陨其名。以至于尧，尧不能举。舜臣尧，举八恺，使主后土，以揆百事，莫不时序，地平天成；举八元，使布五教于四方，父义、母慈、兄友、弟共、子孝，内平外成。"

综上，就今日所见文献来看，至少在舜统治的范围内，就已经有了内外之教的职责分工，这说明舜的时候已十分重视对"四方"的教化。

---

① 《左传·文公十八年》。
② （晋）杜预撰，李梦生整理：《春秋左传集解》上，凤凰出版社2010年版，第270页。
③ 同上书，第271页。
④ 同上。
⑤ 《史记》卷一《五帝本纪》，第27页。

二、上古帝系的原始创制

华夏族之初,本不见有"刑",对于"规范"多名之曰"教"、"禁",而不见有具体的刑罚。华夏族自古有"三坟五典"之说,这是说上古的教法,上古之时虽难以尽以"法律"言之,但是上古的禁言当可视为上古的教法,更多的是教人们怎么去做,而不是关注于如何去处罚人。因为到目前为止,除蚩尤这个非轩辕谱系的异族拥有"五刑"外,我们并没有看到太昊(伏羲)、炎帝(神农)、黄帝(轩辕)、颛顼、帝喾这个谱系有什么刑罚。这里对上古的教法解析如下:

首先,太昊(伏羲)之道。伏羲有"十言之教",汉郑玄《六艺论》谓"十言之教",是指"乾、坤、震、巽、坎、离、艮、兑、消、息"。① 此"十言之教"是指《易》之"八卦",外加"消"和"息"。虽然古文中没有具体涉及"禁令"的解释,但随着后来周文王和孔子对《易》的解释,伏羲"十言之教"已然有了作为"教"的内容,后来成为儒家的"六经"之一。

其次,炎帝(神农)之治道。炎帝有"神农之禁"、"神农之数"、"神农之法"、"神农之教"、"神农之书",②这些我们都可以概之为"神农政典"。

所谓"神农之禁",主要是禁止伤害春夏正生长的动植物,是为民生之根本。《群书治要》辑录《六韬·虎韬篇》引《神农之禁》曰:"春夏之所生,不伤不害。"③所谓"神农之数",《管子·揆度》曰:"一谷不登,减一谷,谷之法什倍。二谷不登,减二谷,谷之法再什倍。夷疏满之,无食者予之陈,无种者贷之新。"④所谓"神农之法",《吕氏春秋·开春论·爱类》引"神农之教"曰:"士有当年而不耕者,则天下或受其饥矣;女有当年而不织者,则天下或受其寒矣。"⑤又有"神农书"、"神农占"皆教之云四季农事,曰五谷生长。

再次,黄帝(轩辕)之治道。黄帝有"道言"、"政语"、"丹书戒"、"诲颛顼"、"兵法"、"黄帝李法",在此录清人严可均所辑一二,以明其意。所谓"道言","一者,阶于道,机于神。芒芒昧昧,因天之威,与天同气。声禁重,色禁重,衣禁重,

---

① （清）严可均辑:《全上古三代秦汉三国六朝文(附索引)》第 1 册,中华书局 1958 年版,第 9 页。
② 同上。
③ 同上。
④ 同上。
⑤ 同上。

香禁重,味禁重,室禁重。帝无常处也。有处者,乃无处也。以言不行塞。历女德而弗忘,与女正而弗衰,虽恶奚伤。四时之不正也,正五谷而已矣"。[1]

所谓"政语",是说为政者当戒行之大道:"日中必熭,操刀必割。道若川谷之水,其出无已,其行无止。"[2]

所谓"丹书戒",是言为政者当采用之治术:"施舍在心平,不幸乃弗闻过,祸福在所密,存亡在所用。下匿其私,用试其上;上操度量,以割其下。上下一日百战。"[3]

所谓"诲颛顼",是黄帝教诲颛顼的语录:"爰有大圜在上,大矩在下,汝能法之,为民父母。"[4]

又如"黄雀占":"黄者土精,赤者火荧,爵者赏也,余当立大功乎! 黄雀者集也。"[5]

所谓"兵法",是言天象与军事之间的神秘关系:

甲子从北斗魁第一星起,顺数至庚午,在第七刚星。至辛未,还从第六星逆数至丙子,又从第一星顺数,尽六甲。

沉阴,日月俱无光,昼不见日,夜不见月星,皆有云障之而不雨,此为君臣俱有阴谋,两敌相当,阴相图议也;若昼荫,夜月出,君谋臣;夜阴,昼日出,臣谋君,下逆上也。

日月晕,仰视之。须臾,忽有云气从傍入者,急随云以攻之,大胜。

荧惑出太白之阴,若不有分军,必有他急,分大军也。

太白与辰星俱出东方,西方国大败;俱出西方,东方国大败。若客主人俱出军,在东方,东方军败;在西方,西方军败,言其表面军也。在表者不善,不获已,军坚守可也。[6]

所谓"黄帝李法",是指征伐和刑戮之事,"壁垒已定,穿窬不繇路,是谓奸人,奸人者杀"。[7] "黄帝李法"源于《汉书·胡建传》的记载。苏林注云:"狱官名

---

① (清)严可均辑:《全上古三代秦汉三国六朝文(附索引)》第1册,第9页。
② 同上书,第10页。
③ 同上。
④ 同上书,第10页。
⑤ 同上书,第11页。
⑥ 同上。
⑦ 同上。

也。"孟康注云："兵书之法也。"颜师古注云："李者,法官之号也,总主征伐刑戮之事也,故称其书曰《李法》,苏说近之。"清人沈家本《历代刑法考·律令一》按语说："唐虞以前,刑法无闻,《黄帝李法》,仅此一条。《汉书·艺文志》不录其书,是全书亡矣。《管子》言'黄帝置法',《淮南》言'黄帝法令明',其时之法律必已详备。"①蔡枢衡《中国刑法史》即说："远在黄帝时代,就已有了刑法典。《汉书·胡建传》和《说范·指式篇》曾称述黄帝《李法》。"②

以上材料能否作为黄帝时已有法律存在的依据,目前学界尚有异议,有学者以《黄帝素问》二十篇注云："六国时韩诸公子所作。"以及《黄帝说》四十篇注云："迁诞依托。"以及以《汉书·艺文志》相关的说法为依据,认为《黄帝李法》也是托名黄帝的著述,绝非黄帝时已制定有名为《李法》的法典"。③

复次,颛顼(高阳氏)之治道。颛顼是黄帝之孙,继承了黄帝的道法遗风,严可均辑其"政语":"帝颛顼曰:'至道不可过也,至义不可易也。是故以后者复迹也。故上缘黄帝之道而行之,学黄帝之道而赏之,加而弗损,天下亦平也。'颛顼曰:'功莫美于去恶而为善,罪莫大于去善而为恶,故非吾善善而已也。善缘善也。非恶恶而已也,恶缘恶也。吾日慎一日,其此也。'"④

又有所谓"丹书",云"胜强义欲"之道:"敬胜怠者强,怠胜敬者忘。义胜欲者从,欲胜义者凶。凡事不强则枉,不敬则不正。枉者灭废,敬者万世。"⑤

严可均又辑有"帝颛顼之法":"妇人不辟男子于路者,拂之于四达之衢。"⑥此语见《淮南子·齐俗训》,意思是颛顼时如果女子在路上不小心碰撞了男人,便会带来晦气,所以要在通衢之处举行除凶去垢的"祓禳"仪式(沐浴祈福)。

又次,尧之世有"政语"、"尧戒",其"政语"关心民生疾苦:"帝尧曰:'吾存心于千古,加志于穷民,痛万姓之罹罪,忧众生之不遂也。故一民或饥,曰此我之饥也;一民或寒,曰此我之寒也;一民有罪,曰此我之陷也。'"⑦此处说"一民有罪,曰此我之陷也",与后来孔子反对"不教而诛",反对"不豫塞其源,而辄绳之

---

①　(清)沈家本撰,张金民点校:《历代刑法考·律令一》,中华书局2000年版。
②　蔡枢衡:《中国刑法史》,广西人民出版社1983年版,第96页。
③　李明德:《"黄帝李法"辨》,《法学杂志》1995年1期,第39页。
④　(清)严可均辑:《全上古三代秦汉三国六朝文(附索引)》第1册,第11页。
⑤　同上。
⑥　何宁:《淮南子集释》中,中华书局1998年版,第780—781页。
⑦　(清)严可均辑:《全上古三代秦汉三国六朝文(附索引)》第1册,第12页。

以刑"，要求在制度设计上尽量做到"无陷刑之民"的思想是一致的。① 后世帝王也有因不教而罪己，因而有下"罪己诏"的传统，《政语》此处所言可以认为是关于"罪己"的最早出处。

又有"尧戒"，言其自律："战战栗栗，日慎一日。人莫踬于山，而踬于垤。"②

虽然尧之世已有了些刑法，但未出现"德衰"的气象，故少用刑罚。如《管子·侈靡》云："偕尧之时……其狱一踦腓一踦屦而当死。今周公断指满稽，断首满稽，断足满稽，而死民不服，非人性也，敝也。"③诸侯犯罪，释云："令着一双屦，以耻之，可以当死刑。"④是以德教而不轻易用刑，而《管子》说周公时"断指满稽，断首满稽，断足满稽"，也是说其多使用教法，而慎于用刑之意。因此中国古代"先王"有教，且一脉相承。"故先王之法籍非所作也，其所因也；其禁诛非所为也，其所守也"。⑤

综上，华夏上古之治道，以仁义教化为本，以刑罚为末。后世典籍言上古教法，多合儒家之义。其原始创制，也多始于伏羲"十言之教"的教化系统，这一系统是以"先王"政教为典范和源泉的，故云"有典有则"。

三、刑罚来自异族之说

从现存的史料看，中国上古的教言多于法言，这是因其文教盛于法故，上古规范多曰刑曰教而不见言法。不仅如此，上古之刑多不见来自本族，而多来自异族的风俗。

首先如"五刑"，"五刑"从苗民至周穆王时而未改，苗民在江、淮、荆州，"五

---

① 子曰："明丧祭之礼，所以教仁爱也。能教仁爱，则丧思慕，祭祀不解人子馈养之道。丧祭之礼明，则民孝矣。故虽有不孝之狱，而无陷刑之民。弑上者生于不义，义所以别贵贱、明尊卑也。贵贱有别，尊卑有序，则民莫不尊上而敬长。朝聘之礼者，所以明义也。义必明则民不犯，故虽有弑上之狱，而无陷刑之民。斗变者生于相陵，相陵者生于长幼无序而遗敬让。乡饮酒之礼者，所以明长幼之序而崇敬让也。长幼必序，民怀敬让，故虽有斗变之狱，而无陷刑之民。淫乱者，生于男女无别，男女无别，则夫妇失义。婚礼聘享者，所以别男女、明夫妇之义也。男女既别，夫妇既明，故虽有淫乱之狱，而无陷刑之民。此五者，刑罚之所以生，各有源焉。不豫塞其源，而辄绳之以刑，是谓为民设阱而陷之。"见(汉)佚名《孔子家语·五刑解第三十》，北京燕山出版社1995年版。
② (清)严可均辑：《全上古三代秦汉三国六朝文(附索引)》第一册，第12页。又见《淮南子·人间训》。
③ 《管子》卷一二《侈靡第三十五》，《诸子集成》第5册，上海书店1986年版，第193页。
④ 同上。
⑤ 何宁：《淮南子集释》中，第773页。

刑"当与越蛮风俗有关,且《吕刑》中已经说明它是来自苗民的旧俗:"爰始淫为劓、刵、椓、黥。"①黥者,原是越人文身的习俗,后来的黥面文身本非华夏族的风俗,而是当时异族的习惯,作为中国古代法律起源的"五刑"之一的黥(墨)刑,就是源于异族的雕题(在额上刺刻花纹,并涂上颜色);刵者,原是越人儋(穿)耳之习。② 中国古代五刑虽不全是来自四方异族的风俗,但至少部分源于此。战争中以这些异族为奴隶,后来由此发展,本族人亦以有罪者为奴隶,故而黥其额以为耻,且以此为识别异类的标志,由此异族的风俗而演化为本族的法俗。此又为中国"法俗"与异族装束关系之一例。

又如,古籍中常以这些异族的装束作为"髡刑"的代称,一定程度上具有"法俗"的性质。《论衡·四讳》有:"古者肉刑,形毁不全,乃不可耳。方今象刑,象刑重者,髡钳之法也,若完城旦以下,施(弛)刑,采衣系躬,冠带与俗人殊,何为不可?"③

在古籍记载中,"四方"族群的装束是被发、断发、髡头,《后汉书·东夷传》:"其人短小,髡头,衣韦衣,有上无下。"④《集韵》载:"髡,刑名,髡去其发也。"商周皆"束发冠带",而其他诸族皆被发、断发或髡头。"髡头"亦有考古文物为证。出土于20世纪50年代的内蒙古宁城南山根夏家店上层文化,属东周时期北方东胡族的遗存。遗址中所发现的青铜短剑剑柄顶端的人物形象,头光而无发;南山根编号为M102的墓中出土刻纹骨板,上刻狩猎者形象,头部亦皆无发;赤峰红后山发现夏家店上层文化人面形铜牌,上层人物形象也是髡头者。⑤ 髡即是东夷、东胡断发之俗,《秦律》中有髡耐刑,即剃光头发、鬓须的附加耻辱刑罚,《汉律》中有"予者髡为城旦"之说。⑥ 这说明"东方"族群"髡头"之俗与作为中国古代"象刑"之一的髡刑之间的联系,髡刑极有可能来自"四方"族群的"髡头"之俗。此又为中国"法俗"与异族装束关系之一例。

《秦律》以酷刑而别于当时诸国,这些酷刑极可能来自异族。《汉书·刑法志》:"陵夷至于战国,韩任申子,秦用商鞅,连'相坐'之法,造'参夷'之诛,增加

① 《尚书·吕刑》。
② 《后汉书》卷八六《南蛮西南夷传》,第1925页。
③ (东汉)王充:《论衡·四讳》。
④ 《后汉书》卷八五《东夷传》,第1906页。
⑤ 靳枫毅:《夏家店上层文化及其族属问题》,《考古学报》1987年第2期。
⑥ 参见《居延新简》EPS4.T1:100。

肉刑大辟,有'凿颠'、'抽胁'、'镬亨'之刑。"

　　法家本只有重刑的思想,申不害、《管子》、《韩非子》、《商君书》的理论都是如此,但是并无造酷刑的理论,而车裂、凿颠、抽胁、镬亨、夷三族、腰斩、具五刑这些秦国使用的刑罚,已经不同于当时传统的"五刑"(墨、劓、宫、刖、大辟)。这些刑罚来自何处？并无证据表明是商鞅发明的,秦国本是开化较晚之地,处戎翟之所,其先祖很大部分来自犬戎,[①]故当时极可能用"戎翟之俗",故太史公云："秦与戎翟同俗,有虎狼之心,贪戾好利无信,不识礼义德行。"[②]"始秦戎翟之教。"

　　因此,这些酷刑中可能有自创的,不过大多可能是采用了"戎翟之俗",如《史记》卷五《秦本纪》："(秦文公)二十年,法初有三族之罪。"泷川资言著《史记会注考证》云："余有丁曰,秦法自来惨刻,尽夷狄之故俗也。"[③]又有："黄淳耀曰,三族之罪始于秦文公,而商鞅因之。"[④]此等刑罚对后世影响极大,汉名为除秦苛政,然终汉世不变。此亦为"法俗"与异族关系之又一例。

　　华夏刑罚亦有缘于本族风俗者。比如,"放逐"作为人所熟知的古老刑罚,在中国的历史十分久远。《尚书·舜典》中有"流共工于幽州,放驩兜于崇山,窜三苗于三危,殛鲧于羽山,四罪而天下咸服"的记载,同时还有"流宥五刑"的说法。从祭礼的原始含义和重要性来看,其应当早于原始的"五刑"。"放逐"刑本也是一"法俗",它的起源同样与异族风俗有关,受过墨刑或髡刑的华夏人以被视为"四方"族群而蒙羞。不仅如此,古人"非我族类"的观念较强,既然已经被视为异族,那么他就应当被驱逐出本族,因此古代墨刑或髡刑常与流刑并用。

　　由于"放逐"之刑与族的意识及身份联系在一起,而族意识和身份又是本族内部教化的重要内容,因此同样适用于贵族阶层。《解诂》曰："古者刑不上大夫,故有罪,放之而已。"《礼记·王制》曰："山川神祇有不举者为不敬,不敬者君削以地。宗庙有不顺者为不孝,不孝者君绌以爵。变礼易乐者为不从,不从者君流。革制度衣服者为畔,畔者君讨。"《礼记·玉藻》又曰："玄冠缟武,不齿之

　　①　潘光旦编著：《中国民族史料汇编》,天津古籍出版社 2005 年版,第 49 页。
　　②　《史记》卷四四《魏世家》,第 1502 页。
　　③　［日］泷川资言：《史记会注考证》,东方文化学院东京研究所,昭和七年。见潘光旦编著《中国民族史料汇编》,天津古籍出版社 2005 年版,第 49 页。
　　④　同上。

服也。"所谓"不齿",意思是流放不服教者。对于不服教化者,让其穿戴"玄冠缟武",终屏之远方,流之于四夷,故《礼记·王制》曰:"变衣服者,其君流。"意思是穿衣着服不符合规定者,其君王要流放他们。《王制》又有:"命乡,简不帅教者以告,耆老皆朝于庠,元日,习射上功,习乡上齿。大司徒帅国之俊士,与执事焉。不变,命国之右乡,简不帅教者移之左;命国之左乡,简不帅教者移之右,如初礼。不变,移之郊,如初礼。不变,移之遂(郊外),如初礼。不变,屏之远方,终身不齿。"其中"简不帅教者以告","帅"在这里是"遵循"的意思,如《风俗通义·愆礼》有"不愆不忘,帅由旧章"之说,"不帅教者"即是不遵从教化者。"屏之远方,终身不齿"中的"不齿"是不被录用的意思,《周礼·秋官·大司寇》:"其能改过,反于中国,不齿三年。"郑玄注:"不齿者,不得以年次列于平民。"又注云:"齿,犹录也。"孔颖达疏:"以年相次是录其长幼,故云齿犹录也。"郑玄注:"所放不帅教者。"孙希旦集解:"不齿者,圜土之罢民。"《宋史·卫肤敏传》载卫肤敏言:"今陛下践祚之初,苟无典刑,何以立国?凡前日屈节敌人,委质伪命者,宜差第其罪,大则族,次则诛,又其次窜殛,下则斥之远方,终身不齿,岂可犹畀祠禄,使尘班列哉?"这里"畀"为分田之意,"祠禄"为宋制,宋专设祠禄之官,以佚老优贤。[1] "殛"通常解作"诛"的意思,但孔颖达疏则以为"流"、"放"、"窜"、"殛""俱是流徙"。

> 《释言》云:"殛,诛也。"传称流四凶族者,皆是流,而谓之"殛、窜、放、流,皆诛"者。流者,移其居处,若水流然,罪之正名,故先言也;放者,使之自活;窜者,投弃之名;殛者,诛责之称,俱是流徙,异其文,述作之体也。四者之次,盖以罪重者先。共工滔天,为罪之最大。驩兜与之同恶,故以次之。[2]

可见对共工、驩兜、三苗、鲧实行的"流"、"放"、"窜"、"殛"都属于流刑,流刑是针对这些严重不遵从教化者实行的宽宥之法,是"应刑不刑"的"常法",也是对罪犯的宽纵之法:

> 《周语》文,"流"谓徙之远方;"放",使生活;以流放之法宽纵五刑也。此惟解以流宽之刑,而不解宥宽之意。郑玄云:"其轻者或流放之,四罪是

---

① 《宋史》卷一七〇《职官志十》,中华书局 2000 年简体字版,第 2732 页。
② (汉)孔安国传,(唐)孔颖达正义:《尚书正义》卷三《舜典第二》,第 93 页。

也。"王肃云："谓君不忍刑杀,宥之以远方。"然则知此是据状合刑,而情差可恕,全赦则太轻,致刑即太重,不忍依例刑杀,故完全其体,宥之远方。应刑不刑,是宽纵之也。[1]

认为"放逐"是因为不忍依例刑杀,所以宥之远方,是宽纵的做法,这就是"放逐"在中国古代的本初含义。因此,《大学》中才有"惟仁人放流之"的说法。

上述关于"放逐"理由的分析反映了一定的族群区分的意识,《大学》中认为放逐的意义在于使之"屏诸四夷,不与同中国"。在汉文化中,一个人具有祭祀先祖的资格就意味着他具有同族成员的资格,而受刑之人往往没有这样的资格。因此华夏族有"俗讳被刑,不上丘墓"之说,[2]意思是按照风俗,受到刑罚处治之人,是不能够上丘墓祭先人的,在那个时代,不能上丘墓祭先人者,也即意味着他已非我族群,而当以异族之人视之,所谓"神不歆非类,民不祀非族"就是这个意思。[3]

《尚书·舜典》中记载的对共工、驩兜、三苗、鲧实行的"流"、"放"、"窜"、"殛"的做法是一种有文化意味的处罚方式,如孔子言,是"惟仁人"才有的做法。对照上述《礼记·王制》中的"变礼易乐者为不从,不从者君流"和"不变,屏之远方,终身不齿",可以看出这种处罚方式的民俗文化味道很浓。它从对礼乐的维护出发,反映了把"不帅教者"与"不从"者视为异族的立场和态度,体现了上古华夏族在文化上的坚持;它作为对不帅教者"宥之远方,应刑不刑,是宽纵之也"的刑法,也表现出文化上的宽容。不仅如此,在中国古代的流刑中,我们还能感觉到中国古代法律与风俗一体,也能感觉到中国古代制度文化中重俗、化俗的风俗性质。上述流刑的使用见于《舜典》,在各类法律中流刑有记载的时间比较早。汉代王肃认为流刑的产生是因为"谓君不忍刑杀,宥之以远方",说明上古时期华夏族本无后来见到的许多酷刑,其刑罚产生之初,一方面受到外族刑罚的影响,另一方面则是针对与异族文化的冲突而制订的,中国古代治边之法的雏形正是在这一内外文化冲突中逐渐形成的。因此,除死刑外,流刑、耻辱刑才较早于诸种刑罚产生。

若以"法律治理思想"而论,上古之时本有两种法律思想,或者说是两种治

---

① （汉）孔安国传,（唐）孔颖达正义:《尚书正义》卷三《舜典第二》,第90页。
② （东汉）王充:《论衡·四讳》。
③ 《左传·僖公十年》。

国理念：一是始于伏羲"十言之教"的教化系统，二是始于蚩尤的"五刑"系统。前者包括太昊（伏羲）、炎帝（神农）、黄帝（轩辕）、颛顼、帝喾、尧、舜的"常道"；后者包括"刑"、"法"、"律"，即蚩尤的"五虐之刑"、夏之"禹刑"、商之"汤刑"、周之"吕刑"和"甫刑"以及后来春秋战国的"法"和"律"这一系统。[①]

　　从这两个系统的内容和演变来看，可以认为上古创制有两次受到过异族刑罚文化的影响：一次是苗民系统的"五刑"肉刑制度的影响，另一次是战国时期秦国受到的周围夷狄酷刑的影响。尽管如此，上古时期中国形成的"常道"，仍然不断催生华夏法律文明的进步，后世儒家多以"志古之道"为己任，坚持以"常教"为主的法律原则，这使得夏、商、周、春秋之际，虽有"五刑"这样的酷刑，但是中国传统法律文化发展方向在总体上仍是保持其人文精神。[②] 在战国秦火酷法之后，经过汉代对上古轩辕道法的复兴，华夏的法律文化范式仍能够继续保持它文明的基本面（汉文帝、汉景帝除去肉刑），这也是这个中央之国能够在不同的历史时期终能不断内聚"四方"族群的根本原因。

四、上古帝系与四方法制之雏形

　　《易传》、《礼记》、《春秋》、《国语》、《史记》皆以黄帝、颛顼、帝喾、帝尧、帝舜为"五帝"，因黄帝是五帝之首，故这"五帝"皆可谓之"轩辕谱系"，他们共同构成了中国上古的帝王系谱。历史上中国对"四方"治法的形成可追溯到轩辕时期，由"五帝"构成的轩辕谱系始终贯彻和继承了"德治"的思想，于内确立了针对"四方"的官制，于外形成了对"四方"进行分封的传统，采取了巡狩、召会、朝贡、王会、流刑等针对"四方"的政治法律措施，"轩辕谱系"的治法奠定了中国古代法治的始基，也形成了中国古代边疆治法的雏形。关于轩辕时期是否存在，今人多以之为传说，实际上关于轩辕时期的史实在中国古籍中并不少见，治学严谨的司马迁在《史记·五帝本纪》中有所考究。

---

① 始于战国之"法"和始于秦国之"律"。
② 此可以见清朝名臣张之洞《劝学篇》中的论述。（清）张之洞：《劝学篇》，广西师范大学出版社 2008 年版，第 19—20 页。又可见《尚书正义·舜典第二》孔疏云："五刑虽有常法，所犯未必当条，皆须原其本情，然后断决。或情有差降，俱被重科；或意有不同，失出失入，皆是违其常法。故令依法用其常刑，用之使不越法也。"见（汉）孔安国传、（唐）孔颖达正义《尚书正义》卷三《舜典第二》，第 90 页。

　　太史公曰："学者多称五帝，尚矣。然《尚书》独载尧以来，而百家言黄帝，其文不雅驯，荐绅先生难言之。孔子所传《宰予问五帝德》及《帝系姓》，儒者或不传。余尝西至空桐，北过涿鹿，东渐于海，南浮江淮矣，至长老皆各往往称黄帝、尧、舜之处，风教固殊焉。"①

　　司马迁认为，《尚书》中对黄帝、颛顼、帝喾不予记载，这也许是因为反映上古史的《尚书》本来缺亡的内容就较多之故；也许是因为诸子百家虽言黄帝，又涉于神怪之故。但是，司马迁尊重民俗、传说，又有实地调查的治学态度，为此他实地考察黄帝、尧、舜所处过的崆峒山、涿鹿，以至于东海、江淮。尊民风，听闻当地长老传说，又见"黄帝、尧、舜之处，风教固殊焉"，实则是相信了轩辕时代的存在。"顾弟弗深考，其所表见皆不虚。《书》缺有间矣，其轶乃时时见于他说。非好学深思，心知其意，固难为浅见寡闻道也。余并论次，择其言尤雅者，故著为本纪书首"。②

　　司马迁又曰："自黄帝至舜、禹，皆同姓而异其国号。"③"五帝"不仅构成了中国上古的帝王系谱，在"道"的意义上还具有继承性。

　　黄者，光也，厚也。中和之色，德施四季，与地同功，故先黄以别之也。颛者，专也。项者，信也，悫也。言其承文易之以质，使天下遵化，皆贵贞悫也。喾者，考也，成也。言其考明法度，醇美喾然，若酒之芬香也。尧者，高也，饶也。言其隆兴焕炳，最高明也。舜者，推也，循也。言其推行道德，循尧绪也。④

　　而"五帝"的治法，则奠定了中国法治的始基。因此，上古中国古代"治边"之法的形成，上可追溯到轩辕时期，由于这一时期尚是部落联盟时代，所谓"治边之法"实是其治外之法，而治外之法亦形成中国后来治边之法的传统。黄帝对"四方"的治法对中国古代法制影响深刻，为此笔者依据相关史料，对上古四方治法试做初步探寻。

---

① 《史记》卷一《五帝本纪》，第35页。
② 同上。
③ 同上书，第34页。
④ （汉）应劭撰，王利器校注：《风俗通义校注》卷一《皇霸》上，中华书局1981年版，第10页。

（一）黄帝治法：对外族的态度

1. "从而征之，平者去之"与象刑之用

黄帝之世是中国早期的氏族社会，这一时期"中国"作为疆域之国，实是一种姓族国。炎黄本系一族，《史记》："黄帝者少典之子。"《贾子·益壤》："黄帝者，炎帝之兄。"《制不定》曰："炎帝者，黄帝之同父母弟。"《国语·晋语》："昔少典娶于有蟜氏，生黄帝、炎帝。"炎黄皆有熊氏少典之子。关于神农炎帝之世的政治情况，《商君书·画策篇》言："刑政不用而治，甲兵不起而王。"及神农氏世衰，炎黄之际，由于"神农既殁，以强胜弱，以众暴寡"，[①]因此黄帝才"内行刀锯，外用甲兵"。[②]因此，《史记》言黄帝之功，有"土德之瑞"，实有平疆立土之意。《史记·五帝本纪》描述了这段历史，兹摘录于下：

> 轩辕之时，神农氏世衰。诸侯相侵伐，暴虐百姓，而神农氏弗能征。于是轩辕乃习用干戈，以征不享，诸侯咸来宾从。而蚩尤最为暴，莫能伐。炎帝欲侵陵诸侯，诸侯咸归轩辕。轩辕乃修德振兵，治五气，蓻五种，抚万民，度四方……蚩尤作乱，不用帝命。于是黄帝乃征师诸侯，与蚩尤战于涿鹿之野，遂禽杀蚩尤。而诸侯咸尊轩辕为天子，代神农氏，是为黄帝。天下有不顺者，黄帝从而征之，平者去之……有土德之瑞，故号黄帝。[③]

这里所说"神农氏世衰。诸侯相侵伐，暴虐百姓，而神农氏弗能征"，即是说黄帝为了制止"诸侯相侵伐，暴虐百姓"而"习用干戈"，黄帝之征伐为"义伐"，是为怀德之举。在此期间，最为显著者有两件事，一是"蚩尤最为暴，莫能伐"。既然没有氏族能够讨伐之，且"神农氏世衰"，那么轩辕氏的讨伐就具有了"止暴"的合理性，于是才有"轩辕乃习用干戈，以征不享，诸侯咸来宾从"。这时虽然"诸侯咸来宾从"，但是显然并没有及时消灭蚩尤，于是才有"蚩尤作乱，不用帝命"之说。此时"轩辕乃修德振兵"，"乃征师诸侯，与蚩尤战于涿鹿之野，遂禽杀蚩尤"，天下方才平定。在这过程中，轩辕显示了平定和治理天下的能力和德行，"治五气，蓻五种，抚万民，度四方"，在杀蚩尤之后，"而诸侯咸尊轩辕为天

---

① 《商君书·画策篇》。
② 同上。
③ 《史记》卷一《五帝本纪》，第3页。

子,代神农氏,是为黄帝"。二是"炎帝欲侵陵诸侯,诸侯咸归轩辕",这说明在"神农氏世衰"是因为炎帝无道,诸侯咸尊黄帝以取代炎帝,才有"诸侯咸归轩辕"。

从《史记》对于黄帝功绩的描述看,黄帝之功是怀德征伐之功,能够"抚万民,度四方",后世的史料几乎均以此为论,因此《史记》说轩辕氏有"土德之瑞,故号黄帝"。说轩辕氏有"土德之瑞",显然是说明他的功绩主要在于其有"平疆立土"的"土德"。此外,黄帝对于疆域的治理还有一管理上的大事功,这也是黄帝的"土德"之一。

这里有一些关于"黄帝"的故事,从中可以见其治法。由于神农氏子孙"道德衰薄","诸侯相侵伐,暴虐百姓,而神农弗能征",于是轩辕(黄帝)才"习用干戈,以征不享,诸侯宾从",唯蚩尤不从,于是"修德振兵",三战而杀之,于是"诸侯尊之为天子,代神农氏,是为黄帝。天下有不顺者,黄帝从而征之,平者去之"。①

由此可见,那时的天下之乱的原因被认为是神农氏子孙"道德衰薄",而黄帝战胜蚩尤则是"修德振兵"的结果。应当说这场在当时规模宏大的部落战争中,黄帝的所作所为彰显了"德"于"治"的意义,确立了"万国"秩序的统治模式。因此,吕思勉有云:"咸以炎黄之际,为世运的一大变也。"②就中国历史来看,这种世运的大变体现在,中国历史从九代炎帝"教而不诛"的时代进入到"诛而不怒"的黄帝、尧、舜时代,恰如《战国·赵策》所言:"宓羲、神农,教而不诛,黄帝、尧、舜,诛而不怒。"③

黄帝时期,虽无"中央王朝"之说,然后世以"三皇五帝"为中心以论天下。《史记》云"轩辕度四方",是说"四方"本已服轩辕之统治,轩辕"杀蚩尤"是因为蚩尤作乱而"不用帝命",显然这里的意思是说黄帝处于统治地位,已拥有疆土,有"土德之瑞,故号黄帝"。"德"字之构成,本有"人"之义,有"行"之义,有"目"之义,有"一"之义,有"心"之义,合而言之,是谓人行常道、一以贯之、天下归心而昭"道"于天下之义,这与咸尊轩辕为天子同义,是所谓"德"也。

---

① （宋）马端临撰,上海师范大学古籍研究所、华东师范大学古籍研究所点校:《文献通考》卷二六〇《封建考一》,中华书局 2011 年版,第 7077 页。
② 吕思勉:《先秦史》,上海古籍出版社 2005 年版,第 54 页。
③ 吕思勉:《先秦史》,第 54 页。

当时不仅仅是蚩尤一家作乱,故《索隐》案:"诸侯相侵伐,蚩尤最为暴。"《孔子三朝记》中说"蚩尤,庶人之贪者",[①]蚩尤之贪者何? 当时疆土也。蚩尤为暴,自有其实力,《管子》曰:"蚩尤受卢山之金而作五兵。"[②]是说蚩尤有军备优势之实。正义《龙河鱼图》云:"蚩尤有兄弟八十一人,并兽身人语,铜头铁额,食沙石子,造兵仗刀戟大弩,威振天下,诛杀无道,不仁慈。"蚩尤虽然有军力,但"不仁慈",此为蚩尤之暴也。蚩尤以暴,黄帝以仁,因此《龙河鱼图》才说:"黄帝以仁义不能禁止蚩尤,乃仰天而叹。"

中国古代"暴"和"仁"的观念,通过这次战争已有一对比,黄帝虽然难以单凭借武力禁蚩尤之暴,但却能以"仁义"聚众"制伏蚩尤"(《龙河鱼图》),鉴于天下疆土不宁,仍有作乱者,"黄帝遂画蚩尤形象以威天下,天下咸谓蚩尤不死,八方万邦皆为弭服"(《龙河鱼图》)。这是说黄帝还需借助蚩尤之暴威而服天下,可见当时仅仅凭借黄帝的仁德尚不足以平服天下,确立其中央地位。

从此,"天下有不顺者,黄帝从而征之,平者去之"。这里讲的"从而征之,平者去之"是说黄帝治天下的政策。对于当时不服从者,黄帝亲自征讨,而在征服之后就离去,并不直接统治,也没有建置之说,这可以理解为黄帝的仁义,也符合当时的诸侯自治的政治习惯,因此黄帝对于不服从者的最终政策是"从而征之,平者去之"。在征服之后就离去,并不直接统治,这可以看作是中国具有自治性质的分封制的端倪。

此外,"黄帝遂画蚩尤形象以威天下",则可能与古代象刑有关。古代法律有"悬法象魏"之说,[③]《吕刑》说苗民习蚩尤之恶,有"劓、刵、椓、黥",此为五刑之始。又有"三皇无文,五帝画象"之说,[④]《白虎通》:"五帝画象者,其衣服象五刑也。犯墨者蒙巾,犯劓者赭其衣,犯髌者以墨蒙其髌处而画之,犯宫者屦扉,犯大辟者布衣无领。"又有:《慎子》:有虞之诛,以幪巾(《荀子》注作"画跪")当墨(《荀子》注作"黥"),以草缨(《荀子》作"慅婴",杨倞注:"当为澡婴。")当劓,以菲

[①] 刘向《别录》中说:"孔子见鲁哀公问政,比三朝,退而为此记,故曰《三朝》,凡七篇,并入《大戴礼记》。"

[②] 《管子》又云:"黄帝得六相而天地治,神明至。蚩尤明乎天道,故使为当时。"《管子》说"蚩尤明乎天道"疑误,此非蚩尤,应当指风后。见《绎史》卷五《黄帝纪》:"外纪云:风后明乎天道,管子称蚩尤者,疑误。"

[③] 《周礼·地官司徒·大司徒》有"县教象之法于象魏",《夏官司马·大司马》有"县政象之法于象魏",《秋官司寇·大司寇》有"县刑象之法于象魏"的记载。

[④] (宋)马端临:《文献通考》卷二六〇《封建考一》,第 7080 页。

屦（《荀子》作"菲对屦"）当刖，以艾韠（冠上束草）当宫，布衣无领当大辟，此有虞
之诛也。"①

黄帝画蚩尤形象，以刑威天下，这个"刑威"包含了耻辱的意义，知耻辱而后
有德，这是当时黄帝本来的法意，反映了黄帝以德治国的理念。加之蚩尤是中
国古代早期"五刑"制度的创造者，画蚩尤的形象以威天下，则说明黄帝不仅需
要蚩尤的军威，同时也需要蚩尤的刑威来制服"八方万邦"。因此从"黄帝遂画
蚩尤形象以威天下"开始，中国治四方的法律样式中就包含了"德"的始基。

2. "置左右大监"："监于万国"与分封而治

虽然是"从而征之，平者去之"，但是史料中还是提到黄帝时期也有制度上
的建设。《史记》有一段文字说到黄帝时期的官制："以师兵为营卫。官名皆以
云命，为云师。置左右大监，监于万国。万国和。"②这说明黄帝还在"中央"开始
置左右大监，并有了对诸侯的治理，这较之神农氏时代没有行政关系的治理已
经有所进步，已经有"中央"的观念，对于"诸侯"的治理也有了"行政"统属，有专
门的官员甚至是机构对"八方万邦"疆土进行管理。黄帝文化是云文化，官名皆
以"云"命名，叫"云师"。《说文》的解释是："云，山川之气也。""云师"者，有统山
川之气、天下同志的意思，如此"云师"则可能是指中央官员。

马端临在《文献通考》中说，黄帝开封建之制的理由同样是因为黄帝"置左
右大监，监于万国。万国和，而鬼神山川封禅为多焉"。③ 黄帝定天下、和万国
后，设置左大监和右大监，监于万国的治理，这在《通考》看来是"若周召分陕
也"，④意思是其做法好比西周时期周公、召公分治陕地。显然在这里《通考》认
为其做法乃是分封之始，因为"周召分陕"是分封而治，而此举又是空前的，故
"按：封建莫知其所从始也。三代以前事迹不可考"。⑤ 上古传说黄帝有四张
脸，《太平御览》卷七九引《尸子》载有人就此问于孔子："古者黄帝四面，信乎？"
"孔子曰：'黄帝取合己者四人，使治四方，不谋而亲，不约而成。'"⑥"黄帝四面"
虽是神话，但是按孔子的解释，是说黄帝亦曾使"四人治四方"。

① （清）沈家本撰，张全民点校：《历代刑法考》，第4页。
② 《史记》卷一《五帝本纪》，第5页。
③ （宋）马端临：《文献通考》卷二六〇《封建考一》，第7077页。
④ 同上。
⑤ 同上书，第7078页。
⑥ 转引自顾颉刚《书经中的神话·序》，观[法]马伯乐著，冯沅君译：《书经中的神话》，第4页。

关于黄帝"置左右大监"是后来监牧制的开始,大监不仅仅是黄帝的中央行政官员,其身份还应当是被分封的诸侯。所谓"黄帝四面",可能就是黄帝最初派往四方去的监牧,他们被分派出去治理四方,成为最早的受分封者。除分封外,黄帝尚采"封禅"之制为辅助,以体现"中央"的存在。所谓"封禅",是说黄帝时"鬼神山川封禅为多焉"。

从文献记载的黄帝分封开始,到武王、周公定周之初,在中国漫长的历史中,封建是逐步形成的。瞿同祖先生认为在殷代中国就有了"封建基础",但还"不曾以封建为中心组织",而只是酝酿时期,"到了周代,才以政治的方式大行封建"的封建之制已经逐渐发展得十分成熟了。[①] 意思是说,黄帝时期实行的上述封建显然还没有以封建为中心来组织社会,也不是严格意义上的"封建政治",真正成熟的封建政治一般认为是始于周代。但从历史渊源看,黄帝时期的封建之治对后来的治法产生了深刻的影响。

古代学者都倾向于认为封建制的产生和长期存在是形势使然。《文献通考》引苏辙言:"武王、周公定周之初,封建可也,郡县亦可也。圣然之心以公而不以私。封建,则世守其国家,而以天下之地与天下为公;郡县,则更易其守令,而以天下之权为一人之私。公私之分,而享国之久近存焉耳。"[②]这是说武王、周公之所以仍然实行封建制,是"以天下之地与天下为公",是因其有"天下之公"的意义。苏辙此论的具体理由是:"商、周之初,上古诸侯棋布天下,植根深固,是以新故相续,势如犬牙,数世之后,皆为故国,不可复动,是则然矣。今以当时之事势推之,所谓古诸侯者,土地人民其存余几,亦何不可废,不可动之有?"[③]

综上,苏辙的意思是:武王、周公定周之初,以当时的势力和情势,实行封建也可,实行郡县也可,之所以没有实行郡县,是因为上古之时诸侯众多,棋布天下,自有其地。不仅如此,它们日久自有其风土习惯,也有其血族利益。即使土地、人民稀少的诸侯,也不能废除,这是因为武王、周公这样的圣贤不"以天下之权为一人之私"的缘故,之所以继续"封建",是他们的圣德所致。但是《文献通考》引柳子厚言,则另有一说:"柳子厚言:'封建非圣人意也,势也。资以灭夏

① 瞿同祖:《中国封建社会》,上海人民出版社2005年版,第10页。
② (宋)马端临:《文献通考》卷二六〇《封建考一》,第7080页。
③ 同上。

者,汤不得而废。资以灭商者,武王不得而废也。'"①认为西周实行"封建",不是武王、周公这样的圣人的本意,而是因为当时的形势使然。所谓"势也",同样是指上述诸侯众多、棋布天下的客观形势。

中国的"封建"时期很长,诸侯众多,新故相续,自有其土地、人民,自有其风俗习惯,难以"权归于一"。在这样的形势下,"封建"这种相对自治的方式是最佳的治法。在难以改变"封建"的情况下,相应的治世思想和治理模式必然是"协和万邦"。显然,"分封"在当时于诸侯是有利的,可以被看作是"仁义"之制,"协和万邦"是与"分封"之制相应的治世思想,如《尚书·尧典》所说:"克明俊德,以亲九族。九族既睦,平章百姓。百姓昭明,协和万邦,黎民于变时雍。"②这是要求天子有德化的感召力、"协和"的思想及相应的制度。

"协和万邦"是古圣人的追求,是上古的政治传统,在这一思想的指导下,它能够区分中央与地方的政治形式是"分封而治"。若非如此,实行郡县,权归于一,"中央"与地方则必然利害相侵,天下不宁。即使是在"封建"之制下,分封不当也会出现利害相侵、诸侯不从的情况。如《朱子语录》曰:"设如夏时封建之国,至商革命之后,不成地多者削其国以予少者,如此则彼未必服,或以生乱。又如周王以原田予晋文,其民不服,至于伐之。盖世守其地,不肯遽从他人,若封王子弟,必有地方可封。"③

因此,天子如同"分户"之家长,他既要"别籍异财",又要使之仍如一家,而且还需要有"家规",否则就做不到"协和万邦",而"协和万邦"首先需要明确诸侯爵禄、疆界和大小,如箕子在朝鲜的"八条之法"中有:"重山川,山川各有部分,不得妄相涉入。"④又如《周礼·大司徒》:"诸公之地,封疆方五百里,其食者半。诸侯之地,封疆方四百里,其食者三之一。诸伯之地,封疆方三百里,其食者三之一。诸子之地,封疆方二百里,其食者四之一。诸男之地,封疆方百里,其食者四之一。职方氏:'凡邦国,千里封公,以方五百里则四公,方四百里则六侯,方三百里则十一伯,方二百里则二十五子,方百里则百男,以周和天下。'"⑤

---

① （宋）马端临:《文献通考》卷二六〇《封建考一》,第7080页。
② （汉）孔安国传,（唐）孔颖达正义:《尚书正义·尧典》,上海古籍出版社2007年版,第36—37页。
③ （宋）马端临:《文献通考》卷二六〇《封建考一》,第7081页。
④ 《三国志》卷三〇《魏书·东夷传》,第629页。
⑤ （宋）马端临:《文献通考》卷二六〇《封建考一》,第7092页。

　　除此之外，他还要具有"克明俊德，以亲九族"的感召力，又需要有相应的制度、法令以维护天子的"中央地位"并彰显天子的圣德。于是便有了巡狩、召会、朝觐、流宥之法，有了商汤问伊尹关于诸侯来贡献之事而作的《伊尹献令》，有了西周时期的"王会之制"和著名的"成王之会"等等。

　　上古的这些治法与今天的"法律"不同，它是上古"分封"的产物，其特点是因"分封"使得其"自治"。《逸周书·殷祝解》有所谓"故诸侯之治，政在诸侯之大夫，治与从"，[①]这句话本有脱误，"孙诒让云：故诸侯之治在政，大夫之治在与从"，[②]即是说诸侯属独立行政之治，由于诸侯属于高度独立的行政单位，其国文化新故相继，久之而有自己的特色。因诸侯之治强化了"万国诸侯"的血族文化传统，并使得其逐渐根深蒂固；因诸侯之"自治"，而使得其长时期保持了"文化民族"的状态；因诸侯之族性化的政治，而使得其法律有风俗之性、仪式之形，这些正是周朝治世之法的特点和样式。

　　3. 分封制对于边疆治理的影响

　　中国古代的分封制度发端于"三皇五帝"，这是古代的政治"传统"，至秦统一天下，亦出现过分封与郡县之争。汉以后虽然有分封，但都是分封与郡县并存，以郡县为基本政治框架。因此梁启超云："对于中国历史，谭嗣同批评曰：'二千年来之政，秦政也，皆大盗也；二千年来之学，荀学也，皆乡愿也；惟大盗利用乡愿，惟乡愿工媚大盗。'"[③]所谓"乡愿"，是媚俗趋时之意；所谓"大盗"，是相对于"分封"而言，是说"秦政"以一统为念，有"家天下"的意思，而不似"分封共有"之意。但实际上至少从西周以来的政治从来都是官僚制和分封制并存的，往往是在畿内实行官僚制，在畿外实行分封制，只是因为秦朝实行了单一的官僚制，才出现人们批评的"乡愿工媚大盗"的局面。具体来看，分封制对于中国古代政治和法律有三个方面的影响。

　　一是分封制淡化了族群的概念。王朝"分封"以华夏之礼治世，无种落血缘之别，各诸侯国亦以华夏之礼治其疆，而无种民血缘之异。"分封"成为治边的基本手段，符合"王者无外"的基本政治设想。中国传统文化讲家族，讲血统，但

---

　　①　黄怀信修订，李学勤审定：《逸周书汇校集注·殷祝解第六十六》，上海古籍出版社 2007 年版，第 1046 页。
　　②　同上。
　　③　梁启超著，杨佩昌、朱云凤整理：《国学讲义》，中国画报出版社 2010 年版，第 124 页。

更讲"道统"。分封之制虽有相对固定的政治地理和边界，但是中国古代文化界线更深于族群界线，其文化观念超越"民族"界线和邦国疆域，极为宏阔而普适于世界。正如钱穆先生所说："但这并不是说中国人对于自己文化自高自大，对外来文化深闭固拒。中国文化虽则由其独立创造，其四围虽则没有可以为他借镜或取法的相等文化供作参考，但中国人传统的文化观念，终是极为宏阔而适于世界性的，不局促于一民族或一国家。换言之，民族界线或国家疆域，妨害或阻隔不住中国人传统文化观念一种宏通的世界意味。"①

中国先秦的分封制度不仅在地理上由内而外，如商朝的内服与外服，在文化上同样形成了内外渐次的格局。由此在文化和地理上形成三个层次：一是中央直属区域，二是臣服于中央的族国区域，三是中央政府的附属区域，从而形成"体国经野"的格局，这一格局到明清不变。其中臣服于中央的族国区域是我们所谓的"边疆"，因此商代分封制度中有"边侯"一说。"边侯"就相当于"臣属中央政府的边疆民族自治政权"，②"边侯"以外的附属国则是通过朝贡关系维持的。无论是"边侯"，还是附属族国，并没有血缘和种族上的歧视，只有文化上的差别，不似西方"民族国家"的概念。在其分封体制中也不以血缘和种族为标准，而是以政治和文化为导向。因此，中国古代的分封制度不是一个封闭的体制，而是一开放的制度，它有助于淡化"民族"的概念，进而扩张文化和政治的影响，这对于中国中心文化和政治的扩展提供了一种制度性的基础。

二是古代"中央王朝"的治边手段是通过分封进行的。如商王朝"赐封侯、牧与置奠是控制附属国族所谓三种最重要的手段"。③ 所谓"侯"，是"边侯"；所谓"牧"，也相当于边侯，在内称牧，在外称侯；所谓置"奠"，④又称为"多奠"，是在附属国族区域内，通过垦田的形式使之转化成为商的属地。"奠"与"甸"相通，这就是后来周代的"甸服"和"畿甸"。⑤ 这样分封制有开拓疆域的作用，但与依靠武力和官僚治理模式而开拓疆域相比，分封制少有行政"一统"之义而更多的

① 钱穆：《中国文化史导论》，九州出版社 2011 年版，第 141 页。
② 宋镇豪主编：《商代的地理与方国》，中国社会科学出版社 2010 年版，第 31 页。
③ 同上书，第 32 页。
④ 在殷西诸"奠"中，武丁时期曾卜问是否在黄河北岸郊城、修武、沁阳之间的"目"地置奠（《合集》7239 正/1："令弹崇奠目"）。而黄河北岸修武以东地区当时叫作"宁"或者"汓"，至晚在武丁时期宁地以北就出现了一个奠（《合集》4464 反/1："奠来宁"）。……河南省濮阳地区的"襄"（《合集》3458 反/1："……奠……在襄"）。参见宋镇豪主编《商代的地理与方国》，第 56—57 页。
⑤ 宋镇豪主编：《商代的地理与方国》，第 55 页。

是"自治"。

　　但另一方面,这种间接的治理模式却有助于保存各地的风俗。长期的"分封而治"必然使得将治边之责下放于诸侯国,且多是由商代的"边侯"、"牧"和周代的"甸服"和"畿甸"这样的边疆国族来承担。在这种分封制下,其畿内的官僚法律制度对于边疆国族的影响自然十分微弱。商代的"边侯"、"牧"和周代的"甸服"和"畿甸"本身就是"少数民族"或"非我族类",这些国族当时本是一自治体,不可能对附属国族区域社会产生更多的影响。

　　这使得中国古代政治长期存在"国法"与"风俗"的二元法文化形式,在内地和边疆之间、在国与族之间逐渐形成了二元法律治理的问题。纵观中国历史,古代的国家立法、司法以及风俗方面也一直在寻求统一,这三个方面的问题经数千年而不易,直到明清也没有发生根本性的变化,这同样是官僚制和分封制并存的传统基因所致。早期在畿内实行的官僚制发展到后来成为郡县、州郡、府县制度,它强化了"国家"的一面;因"分封"而形成的"体国经野"格局,则保持了"民间"和"化外"的自治形态和固有风俗。秦汉以后随着国家力量的扩张,"化俗"成为一个突出的政治法律问题,到明清时期不断强化推行国家法律,以致于出现土官、土司制度,最后进行"改土归流"。

　　三是分封制一定程度上也影响了各地的风俗制度。比如商末周初,商贵族箕子被周王朝分封于朝鲜,箕子制"八条之法"而化东夷之俗。这一历史事件就影响了东夷文化,促进了东夷文化的发展,以致于在当时的"四方"格局中形成了东夷文化"柔谨为风"而"优于三方"的局面。《绎史》引《后汉书》云:"昔武王封箕子于朝鲜,箕子教以礼义田蚕,又置八条之教,其人终不相盗,无门户之闭,妇人贞信,饮食以笾豆。"[①]所谓"八条之教",实际是箕子为朝鲜制订的八条法律,故《绎史》注云:"相杀以当时偿杀;相伤以谷偿;相盗者男没入为其家奴,女子为婢,欲自赎者,人五十万。虽免为民,俗犹羞之,嫁娶无所仇。"[②]《后汉书》对于箕子"八条之教"的评价是:"昔箕子违衰殷之运,避地朝鲜,及施八条之约,使人知禁,遂乃邑无淫盗,门不夜扃,回顽薄之俗,就宽略之法,行数百千年,故东夷通以柔谨为风,异乎三方者也。"[③]《水经注》云:"箕子教民以义,田织信

①　(清)马骕撰,王利器整理:《绎史》二,中华书局 2002 年版,第 340 页。
②　同上。
③　同上。

厚，约以八法，而下知禁，遂成礼俗。"①

当然，这只是分封制影响"四方"国族的个案，总体上讲，在分封制的前提下，中央王朝的官僚法律制度对于"四方"的影响十分微弱。

(二) 颛顼、高辛、尧、舜、禹之治法

1. 帝颛顼、高辛之治

《史记》云："黄帝崩，葬桥山。其孙昌意之子高阳立，是为帝颛顼也。"②黄帝驾崩之后，黄帝的孙子颛顼继续黄帝的事业。从《史记》对于颛顼的记载看，颛顼治国有方："静渊以有谋，疏通而知事；养材以任地，载时以象天，依鬼神以制义，治气以教化，絜诚以祭祀。北至于幽陵，南至于交趾，西至于流沙，东至于蟠木。动静之物，大小之神，日月所照，莫不砥属。"③显然颛顼时期天下的治理状况是很好的，说他"疏通而知事"、"养材以任地"、"治气以教化"，不仅如此，颛顼时期的统治范围已经是北至于幽陵，南至于交趾，西至于流沙，东至于蟠木，其疆域已然不小。

颛顼死后，高辛继承，即是帝喾。"颛顼崩，而玄嚣之孙高辛立，是为帝喾。帝喾高辛者，黄帝之曾孙也"。④ 高辛之治，同样也有黄帝遗风，言其人品治法："仁而威，惠而信，修身而天下服。取地之财而节用之，抚教万民而利诲之，历日月而迎送之，明鬼神而敬事之。"⑤这同样是赞扬有加，特别提到了他的德行高尚，抚教万民而天下归服，是所谓"帝喾溉执中而遍天下，日月所照，风雨所至，莫不从服"。这些记载比较抽象，并没有说到当时的天下形势，也没有谈到有关的制度，尚不如说黄帝时具体，给人总的印象是"天下太平"。

到尧舜时，关于制度方面的说法就比较多了。《史记》说："帝喾崩，而挚代立。帝挚立，不善(崩)，而弟放勋立，是为帝尧。"⑥尧继承了高辛喾之位，仍然继续着上述诸帝的"仁义"路线，"其仁如天，其知如神。就之如日，望之如云。富

---

① （清）马骕撰，王利器整理：《绎史》二，中华书局 2002 年版，第 340 页。
② 《史记》卷一《五帝本纪》，第 8 页。
③ 同上书，第 9 页。
④ 同上书，第 10 页。
⑤ 同上书，第 11 页。
⑥ 同上。

而不骄,贵而不舒"。①

从尧开始,中国的历史仿佛就不仅是传说了。因为在最早的历史典籍《尚书》中开始有了《尧典》,孔氏所作的《尚书序》中说:"以其上古之书,谓尚书。百篇之义,世莫得闻。"②《史记》记载尧的做法是:"以亲九族。九族既睦,便章百姓。百姓昭明,合和万国。"③尧还考察舜,使舜慎和"五典":"乃使舜慎和五典,五典能从。乃遍入百官,百官时序。宾于四门,四门穆穆,诸侯远方宾客皆敬。"④意思是让舜推行五典(五常)德化,于是百姓"五典能从";于明堂四门负责四方朝见,于是"四门穆穆",使诸侯和远方宾客和谐相处。这说明尧舜之时,有一个时期是尧舜同治,《舜典》有云:"舜生三十征,庸(试用),三十在位,五十载陟方(巡狩),乃死。"从舜开始摄政开始,"尧舜同治"的时期当有三十年之久,关于尧舜时期的情况,《尧典》、《舜典》多有记载。

2. "羲和之职"和"四岳八伯":尧舜禹时期的"四方"官制

上古法制简略,不可得而详知,三代官制,至周而尤详。尧之世,已于周边治官有所任命。细考之,笔者归之曰"羲和之职"和"四岳八伯"。所谓"羲和之治",是指羲仲、羲叔、和仲、和叔分别掌管四方之治;所谓"四岳八伯",四岳者,分主四方诸侯也,《文献通考》云:"四岳,四时之官,主四岳之事。""主四岳者谓之四伯。至其死,分岳事,置八伯,皆王官。"⑤"其八伯,唯驩兜、共工、放齐、鲧四人而已,余四人无文可知。"⑥

首先,"羲和之职"是指羲氏与和氏掌管的天文历法的官职:"唐尧之代,命羲、和钦若昊天,历象日月星辰,敬授人时。"⑦所谓"羲和"者,⑧是指羲氏与和氏

①　《史记》卷一《五帝本纪》,第12页。
②　(汉)孔安国传,(唐)孔颖达正义:《尚书正义》,第14页。
③　《史记》卷一《五帝本纪》,第12页。
④　同上书,第17页。
⑤　(宋)马端临撰,上海师范大学古籍研究所、华东师范大学古籍研究所点校:《文献通考》卷四七《职官考一》,第1353页。
⑥　同上。
⑦　(宋)马端临撰,上海师范大学古籍研究所、华东师范大学古籍研究所点校:《文献通考》卷四七《职官考一》,第1352页。
⑧　法国学者马伯乐在《书经中的神话》一书中,认为"羲和"原是一位司日女神的名字,即《山海经》中提到的"十日之母"。《尧典》的作者把这位神话性的角色变成了帝尧的四位男性官吏。美国学者艾兰认为所谓"羲和"可能是一个集团或部落的名字。神话里的"十日之母"儿子众多,其中可能包括了"四方"的守护神,上古官名有神化权威也是自然。参见[美]艾兰著,汪涛译《龟之谜:商代神话、祭祀、艺术和宇宙研究》,商务印书馆2010年版,第111页。

两族，羲氏是颛顼时期司天官重的后代，和氏是颛顼时期司地官黎的后代，马融说："羲氏掌天官，和氏掌地官，四子掌四时。"①他们担任的都是掌管天地四时这一"技术含量"很高的职务，且都是子承父业的世袭之职。不仅如此，"羲和之职"尚有"羲和之治"。

所谓"羲和之治"，是指羲仲、羲叔、和仲、和叔分别治理掌管四方。"分命羲仲，宅嵎夷，曰旸谷。寅宾出日，平秩东作"，这是说尧任命羲仲管理东夷之地，为居治东方之官；"申命羲叔宅南交，平秩南讹（化），敬致"，为居治南方之官；"分命和仲宅西方，曰昧谷，寅饯纳日，平秩西成"，为居治西方之官；"分命和叔宅朔方，曰幽都，平在朔易"，为居治北方之官。他们分别于东、南、西、北观察四方的天象运行规律，考定春分、秋分、夏至、仲冬，推定春、夏、秋、冬四时而成一年，由此"允厘百工，庶绩咸熙"，②确定百官职务。

《吕刑》中提到的"绝地天通"是针对"苗民"而言，所谓"绝地天通"，就是使人神不扰，各得其序。"绝地天通"的故事背景是帝尧命重、黎处理苗民乱德之事，使之人神不扰，当时"少昊氏之衰也，九黎乱德，家为巫史，民神同位"，③"三苗乱德，民神杂扰，帝尧既诛苗民，乃命重、黎二氏，使绝天地相通，令民神不杂"。④帝尧"乃命重、黎绝地天通，罔有降格"，这里的"重"即是羲氏，"黎"即是和氏，重即羲也、黎即和也。羲是重之子孙，和是黎之子孙，尧任命羲、和两氏作为世掌天地四时之官，移风化俗，"使人神不扰，各得其序，是谓绝地天通"。⑤

由此看来，当时羲氏、和氏的主要任务是以文教和刑法两种方式管理苗民事务，化同其俗，正其人神纲纪，使人神不扰，各得其序。

其次，从对他们的职事的描述来看，"羲仲"管理东夷，东夷之地被称为旸谷，是"日出于谷而天下明"的意思，羲仲敬导日出，始就耕作，指导务农；"羲叔"主掌南方，知南方春夏节气之交，是掌夏之官，平序南方化育之事，敬行其教，以致于其功；"和仲"主掌西方，昧谷者，曰西，日落而天冥，是为秋天之政，秋天万

---

① （宋）马端临撰，上海师范大学古籍研究所、华东师范大学古籍研究所点校：《文献通考》卷四七《职官考一》，第1352页。
② （汉）孔安国传，（唐）孔颖达正义：《尚书正义》，第40页。
③ 同上书，第775页。
④ 同上。
⑤ 同上。

物生成,助成万物;"和叔"主掌北方,北方曰幽,四时变化聚于北方,"和叔"之职,在于平均在察其政,以顺天常。此四人所居职事都是与"四时历法"有关。太古之时,天道幽远,治历明时,化育万物为当时的要务,因此古籍所载官职,自伏羲以至于帝尧,大都为此类"治历明时",掌管"天事"的职务。"四岳"之官,首先是主"四时"之官,进而方才主"四岳"之民事,故《职官考》云:"陶唐以前之官十治者,天事也。虞、夏以后之官十治者,民事也。"[1]

再次,"羲和"之说在先,"四岳"之说在后,都是指尧舜之世掌管"四方"的官职。

"四岳"之职"始于羲和之时",[2]被称为"四伯"(伯又称"方伯"),尧以羲、和为六卿,这是说尧之时已有六卿之制。六卿之始,多为"羲和之治",属于"内官",故曰:"内有百撰、四岳,外有州牧、侯伯。"[3]所谓"八伯",源于"四分岳事",是在"四岳"(四伯)职分的基础上分出来的。以当时天下九州而论,九州必有一为畿内,其余八为畿外。《周礼》有"千里之内为王畿,千里之外设方伯"之说,方伯居职于"中央",负责治理其余八州,是为"八伯",而当时的"地方官"则正是州牧、侯伯。

从上述看,中国古代官制最早多为"天官","四方"职事与天事有直接的关系。最早管理"四方"的官职也多起源于"天事官",他们具有天文地理知识,从主"四时"的天事之官发展成为主"四方"的民事之官。据此,上文提到《文献通考·职官考一》中所说的驩兜、共工、放齐、鲧这四个人,属于"八伯"之列,本应当是掌四方之官。

3. 尧舜时期:用流放部落的方式以变四裔

除上述治法外,舜的功绩更在于他宽仁地使用法律,而且把流刑的使用同对周边族群的教化结合起来。

《尚书·舜典》:"流共工于幽州,放驩兜于崇山,窜三苗于三危,殛鲧于羽山。"[4]那么共工、驩兜、三苗、鲧是指四个人还是指四个部落呢? 在《史记》中此

---

① (宋)马端临撰,上海师范大学古籍研究所、华东师范大学古籍研究所点校:《文献通考》卷四七《职官考一》,第1353页。
② 同上。
③ 同上。
④ (汉)孔安国传,(唐)孔颖达正义:《尚书正义》,第88页。

"四凶"应当是指四个部落,这如同黄帝为有熊,帝颛顼为高阳,帝喾为高辛,帝尧为陶唐,帝舜为有虞一样,皆是言其"皆同姓而异其国号"。① 又比如《史记》中提到曾经被舜流放过的浑沌、穷奇、梼杌、饕餮,在《五帝本纪》中称"乃流四凶族":

> 昔帝鸿氏有不才子,掩义隐贼,好行凶慝,天下谓之浑沌。少暤氏有不才子,毁信恶忠,崇饰恶言,天下谓之穷奇。颛顼氏有不才子,不可教训,不知话言,天下谓之梼杌。此三族世忧之。至于尧,尧未能去。缙云氏有不才子,贪于饮食,冒于货贿,天下谓之饕餮。天下恶之,比之三凶。舜宾于四门,乃流四凶族,迁于四裔,以御螭魅,于是四门辟,言毋凶人也。②

因此,无论是《尚书》还是《史记》,其中所说的"四凶"都是指部落而言,而不仅是这四个人。

舜还把流刑的使用同对周边族群的教化结合起来。《舜典》中称赞舜"濬哲文明"。所谓"文明",《逸周书》曰:"道德博闻曰文,学勤好问曰文,慈惠爱民曰文,愍民惠礼曰文,锡民爵位曰文。"疏曰:"经纬天地曰文,照临四方曰明。"③意思是舜有深智,其功德照临四方。

早在尧统治的时候,舜摄尧之政就在实行法度方面表现出自己的仁德和才能,这种仁德和才能不仅表现在对这四个部落只是用"流刑",而且还表现在通过流放"四凶"来实现教化其风俗的目的。《尚书·舜典》言舜用"流刑"惩罚"四凶"是"惟刑之恤",有恤刑之德:"钦哉,钦哉! 惟刑之恤哉! 流共工于幽州,放驩兜于崇山,窜三苗于三危,殛鲧于羽山,四罪而天下咸服。"④

根据《尚书·舜典》以及《史记》的说法,尧时就有"五刑"和"流"刑,且有"流宥五刑"之制:"象以典刑,流宥五刑,鞭作官刑,扑作教刑,金作赎刑。"⑤"帝尧老,命舜摄行天子之政……象以典刑,流宥五刑,鞭作官刑,扑作教刑,金作赎刑。"⑥所谓"流宥五刑",则是说驩兜、共工、鲧本当受"五刑"的处罚,而舜却宽宥

---

① 《史记》卷一《五帝本纪》,第 34 页。
② 同上书,第 28 页。
③ 黄怀信修订,李学勤审定:《逸周书汇校集注·谥法解第五十四》,第 635—637 页。
④ (汉)孔安国传,(唐)孔颖达正义:《尚书正义》,第 88 页。
⑤ 同上。
⑥ 《史记》卷一《五帝本纪》,第 18—19 页。

了他们,处之以流放的处罚,故马融曰:"殛,诛也。羽山,东裔也。"孔安国云:"殛、窜、放、流,皆诛也。"

舜用"流刑"来处理共工等"四凶",不仅有仁义之德,其法亦甚为有效妥当。

一则有惩罚之效,此自不必多言。

二则"流宥五刑"使得法律可以收拾人心,彰显仁义,故《尚书·舜典》中有:"钦哉,钦哉!惟刑之恤哉!"舜以流放之刑而定天下,这一做法受到孔子的推崇:"子谓《韶》:'尽美矣,又尽善也。'谓《武》:'尽美矣,未尽善也。'"[1]这是用舜乐《韶》和武王乐来比喻评价舜和周武王的功绩。所谓美者,是指音乐之盛也;所谓善者,是指美之实也。程子曰:"成汤放桀,惟有惭德,武王亦然,故未尽善。尧舜汤武,其揆一也。征伐非其所欲,所遇之时然尔。"[2]

孔子的意思是舜的做法达到了尽善尽美的程度,武王的讨伐是尽美而没有尽善。不管是舜还是武王,如程子曰:"征伐非其所欲,所遇之时然尔。"征伐不是主观愿望,而是时势使然,这大概就是孔子主张的治世之道,正如卫国"仪"地方的"封人"(掌封疆的官员)见孔子后说的那样:"二三子,何患于丧乎?天下之无道久矣,天将以夫子为木铎。"[3]孔子周游四方以行其教,如木铎之警于道路也。孔子治世之义,正在于不以征伐为欲。

三则将其流放到四裔之地,可以移风易俗,同一教法,故有"四罪而天下咸服"之说。《史记》中提到的舜的这一建议中,其关键词在于"变"字。所谓"变",即通过流放之法,以变北狄,以变南蛮,以变西戎,以变东夷。"三苗"在这里并不属于周边族群,因此才有迁三苗于三危以变西戎之说。至于共工、驩兜、鲧,本是属于"华夏"的范畴,他们同三苗一样都是被处罚的对象,所受之刑当是流刑。对于这里所说的"变",有两种解释:

一是[集解]:"徐广曰:'变,一作"爕"'。"《史记》司马贞[索隐]:"变谓变其形及衣服,同于夷狄也。徐广云作'爕'。爕,和也。"意思似乎是说流放被处罚的四凶的目的是让他们"同于夷狄也"。

二是《史记》张守节[正义]:"言四凶流四裔,各于四夷放共工等为中国之风俗也。"意思是说流放"四凶"部落,是为了让"四裔"同化于中国风俗。

---

① 《论语·八佾》,(宋)朱熹:《四书章句集注》卷二,中华书局 1983 年版,第 68—69 页。
② 同上。
③ 同上。

从整段话的立意看，其是在表明舜的"仁义"和"高明"。由此推测，其"仁义"之处在于只采取流刑来处理罪大恶极的"四凶"；其"高明"之处在于可以通过他们来向"四裔"传播华夏族的文化，利用"四凶"来变"四裔"。如果这些记载是真实的，那么在尧舜之时，就已经将"流"和"变"结合在一起，中国的治边之法就具有了教化周边族群的目的，而且已经有了将内部的法律处罚和对周边族群的教化结合起来的思想。

《左传》说尧将"四凶""投诸四裔，以御魑魅"，其目的是让其在"四裔"中去传播中国的风俗，"言四凶流四裔，各于四夷放共工等为中国之风俗也"。①《史记》亦言其有变化"四方"风俗的目的，"于是舜归而言于帝，请流共工于幽陵，以变北狄；放驩兜于崇山，以变南蛮；迁三苗于三危，以变西戎；殛鲧于羽山，以变东夷；四罪而天下咸服"。②《尚书正义》亦云："于是舜归而言于帝，请流共工于幽陵。"幽陵，马融曰："北裔也。"《尚书》及《大戴礼》皆作"幽州"。《括地志》云："故龚城在檀州燕乐县界。故老传云：舜流共工幽州，居此城。"《神异经》云："西北荒有人焉，人面，朱髭，蛇身，人手足，而食五谷禽兽，顽愚，名曰共工。以变北狄。""放驩兜于崇山"则是有"以变南蛮"的意图，"南蛮"，马融曰："南裔也。"《神异经》云："南方荒中有人焉，人面鸟喙而有翼，两手足扶翼而行，食海中鱼，为人很恶，不畏风雨禽兽，犯死乃休，名曰驩兜也。以变南蛮。"同样，"窜三苗于三危"是为了"以变西戎"；殛鲧于羽山，目的是"以变东夷"。③如此自然是天下咸服。

舜的治法主要在于他在法律使用上的宽仁态度，而且把流刑的使用同对周边族群的教化结合起来。如果联系前述《文献通考》的说法，这是因为共工、驩兜、鲧的本职就是敬导"四方"的部落首领。《舜典》中称赞舜"浚哲文明"，所谓"文明"，中国古代的解释不同于现代，现代人以技术武备为文明，而中国上古治法则如黄宗羲所说，是"直欲排洪荒而开二帝，去杂霸而见三王"。④

4. 尧舜时的巡狩、召会、朝觐之法

首先，尧舜禹时期是中国古代社会制度的原生态时期，中国传统基本国家

---

① （春秋）左丘明撰，杜预集解，李梦生整理：《春秋左传集解·文公十八年上》，第270页。
② 《史记》卷一《五帝本纪》，第22页。
③ （汉）孔安国传，（唐）孔颖达正义：《尚书正义》，第88、89页。
④ （清）黄宗羲撰，沈芝盈点校：《明儒学案·师说·方正学孝孺》，中华书局1985年版，第1页。

制度和基本理念发蒙于此。关于尧的事迹不详,但其统治应是有效的,这从《舜典》中记载尧死后的情形而可知。《舜典》记载尧去世之后,百姓如同失去了父母,"四海"民族绝音三年,而不复作乐:"二十有八载,帝乃殂落。百姓如丧考妣,三载,四海遏密八音。"①这里"四海"是指周边各族,《尔雅·释地》云:"九夷、八狄、七戎、六蛮,谓之四海。"遏,是绝的意思;密,是静的意思;八音,是指金、石、丝、竹、匏、土、革、木。"四夷绝音三年,则华夏可知。言盛德恩化,所及者远"。②能够在尧去世之后,四夷绝音三年,由此可见尧有盛德,其人恩化所及已经不限于华夏国内,而是已远播"四方"了。

其次,除所见黄帝时期分封、"封禅"之外,尧舜时已见巡狩、召会、朝觐、流宥之法。尧舜之时,分封、朝觐联系在一起,朝觐之法已成,如:"舜正月上日受终于文祖(尧文德之祖庙)。辑(敛)五瑞(五玉),既月,乃日觐四岳、群牧,班(还)瑞于群后。"③是说舜即位后,收敛象征公、侯、伯、子、男五等爵位的瑞(玉璧),接受四岳和九州群牧官员的朝觐;并还"五瑞"于诸侯,以之正始,确立其合法性。"瑞"者,玉也,权力的象征,收敛后又还"五瑞"于诸侯,实是重新分封之意,这是强调权力的来源。此外,更以监临之制体现"中央"存在的意义。所谓"监临"之制,就是后来长期实行的天子巡狩制度。

在还"五瑞"于诸侯后,舜开始整顿四方秩序以确立法度。先是东岳之巡,"岁二月,东巡守,至于岱宗,柴而望秩山川"。这是东巡于东岳诸侯的地方,《舜典》:以其秩次而燔柴祭天以正等级,此次东巡还是舜整顿山川的一次重要的立法活动。"肆觐东后,协时月正日,同律度量衡,修五礼、五玉、三帛、二生、一死贽。如五器,卒乃复"。④ 一齐四时节气、日月时间,统一音律,规齐度量衡,制订吉、凶、军、宾、嘉五种礼法制度,确定诸侯及其相应爵位者的地位和权力的象征物,所谓执"五玉"(公、侯、伯、子、男)、"三帛"(诸侯世子执纁,公之孤执玄,附庸执黄)之等级;同时确定卿(执羔)、大夫(执雁)、士(执雉)之所执。

再次,舜还巡行南岳、西岳、北岳。"五月,南巡守,至于南岳,如岱礼。八

---

① (汉)孔安国传,(唐)孔颖达正义:《尚书正义》,第 94 页。
② 同上。
③ (宋)马端临撰,上海师范大学古籍研究所、华东师范大学古籍研究所点校:《文献通考》卷二六〇《封建考一》,第 7077 页。
④ (宋)马端临撰,上海师范大学古籍研究所、华东师范大学古籍研究所点校:《文献通考》卷四七《职官考一》,第 1077 页。

月,西巡守,至于西岳,如初。十有一月朔巡守,至于北岳,如西礼。……五载一巡守"。①

可见舜治理山川方国十分勤劳,他通过巡守、朝觐这样的方式制订和确立了早期的礼法秩序,此为巡狩之法的意义,也是巡狩之法的开始,故马氏云:"巡守朝觐之事见于虞唐舜典,故其所纪以为事始。"②

5. 舜禹时的"刑"、"贡"、"抚"

关于舜禹时的相关治法,我们可以概之为"刑"、"贡"、"抚"。《史记》载当时有"九州",且九州部落"各以其职来贡",其荒服边地有交趾、北发,戎、析枝、渠廋、氐、羌,山戎、发、息慎、长、鸟夷:"此二十二人咸成厥功:皋陶为大理,平……龙主宾客,远人至;十二牧行而九州莫敢辟违;唯禹之功为大……定九州,各以其职来贡,不失厥宜,方五千里,至于荒服。南抚交阯、北发,戎、析枝、渠廋、氐、羌,北山戎、发、息慎,东长、鸟夷,四海之内咸戴帝舜之功。于是禹乃兴《九招》之乐,致异物,凤凰来翔,天下明德皆自虞帝始。"③

舜禹之时,刑罚仍用于对当时九州的治理,而且可能九州皆同。其中"皋陶为大理,平",意思是舜时有一叫皋陶的人,担任大理一职,行使司法权"正平天下罪恶也"。说明此时"天下"的治理,已经有了刑罚之威。不仅如此,相关的行政管理已然有形,故"十二牧行而九州莫敢辟违",意思是九州之民没有敢于辟违舜任命的十二牧官员的,此其一也。

"定九州"并不意味着只是有十二牧官员的管理,有加以刑威而"莫敢辟违",还有"各以其职来贡",贡赋是九州的分内之事。由于禹之功而定九州,并且"已至于荒服",因此还存在治理"荒服"的问题。

从上述文字看,由于"已至于荒服",舜相对于"荒服"的宗主地位当时已经确立,其与"荒服"地区之间的制度性关系则主要是"贡"和"抚",而与"刑"的手段无关。皋陶与"十二牧"的法律作为是使"九州莫敢辟违",因此"刑"在当时是用来安定九州之民的。然而,对于"四海"的"荒服"及其以外的地方,④则采取安

---

① (宋)马端临撰,上海师范大学古籍研究所、华东师范大学古籍研究所点校:《文献通考》卷二六○《封建考一》,第7078页。
② 同上。
③ 《史记》卷一《五帝本纪》,第32页。
④ 《尔雅》云:"九夷八狄七戎六蛮,谓之四海。"

抚的治理政策,①比如南方的"交阯、北发"(北户,南方地名)、西方的"戎、析枝、渠廋、氐、羌",北方的"山戎、发、息慎",东方的"长(夷)、鸟夷",②出现了"四海之内咸戴帝舜之功"的局面。

6. 禹王时的"王会"之法

"王会"之法是中国上古王者治世的重要活动之一,是当时确立王朝合法性的基本形式,也是确立王朝与周边族群政治关系的基本形式,在夏禹之时如此,在商、周时亦如此。

"王会"之法早见于夏禹,《春秋》传曰:"禹会诸侯于涂山,执玉帛者万国。"③又有:"夏后氏东渐于海,西被于流沙,南浮于江,而朔南暨声教,穷竖亥所步,莫不率俾,会群臣于涂山,执玉帛者万国。于是九州之内,作为五服。"④足见禹时已经有"王会"之制,且规模盛大,通过此种方式体现"中央"的权威。那么何以有"万国"? 根据前述,能执"五玉"者,不过公、侯、伯、子、男;能执"三帛"者,不过诸侯世子、公之孤、附庸而已,"附庸"亦是属于"中国"疆域。

古代分封之制,有"列爵惟五,分土惟三"的说法。所谓"列爵惟五",是指爵位分五等(公、侯、伯、子、男),"列爵惟五,所以称其德";所谓"分土惟三",是指在"德异而功有所以同"的情况下,"公侯之地同于百里,子男之地同于五十里","分土惟三,所以等其功"。

《周书》中有关于"服"的记载,在《武成》、《康诰》、《酒诰》、《召诰》、《康王之诰》中,皆云诸侯之"服"只有侯、甸、男,周金文"令彝"中也是"侯田(甸)男",而所谓"五服"或"九服"则不足征。⑤ 周朝时,百官臣僚属于"内服",侯、甸、男属于"外服",而所谓的"侯、甸、男、卫"(《康王之诰》)中的"卫"则是指"附庸":"卫者何? 据我看必是附庸无疑。"⑥

因此,可以认为"五服"是依照"列爵惟五"来划分的,而侯、甸、男"三服"则是依照"分土惟三"而划分。《文献通考》中的"封建考"认为:"三等之地,正封

---

① "此言帝舜之德皆抚及四方夷人,故先以'抚'字总之"。
② 今按:《大戴礼》亦云'长夷',则长是夷号。又云'鲜支、渠搜',则鲜支当此析枝也。鲜析音相近。"
③ (宋)马端临撰,上海师范大学古籍研究所、华东师范大学古籍研究所点校:《文献通考》卷二六〇《封建考一》,第 7078 页。
④ 《晋书》卷一四《地理志上》,第 264 页。
⑤ 瞿同祖:《中国封建社会》,第 55—56 页。
⑥ 同上书,第 57 页。

也；五等之附庸，广封也。"①因此又有"正封"和"广封"之别。"附庸"（卫服）是
"广封"之地，不属于给诸侯的"正封"之地，因此《周书》有时没有将它列为"服"。
如《酒诰》："越在外服，侯甸男卫邦伯（邦伯是诸侯之意）。"《召诰》："命庶殷侯甸
男邦伯。"但是在《康诰》中，却提到了"采服"、"卫服"，如"侯甸男邦采卫，百工播
民和，见士于周"。

此外，在《禹贡》和《国语》中有"五服"之说，在《周礼》和《佚周书》中有"九
服"之说。"五服"之说，是指侯、甸、绥（宾）、要（蛮夷）、荒（戎狄）；"九服"之说，是
指侯、甸、男、采、卫、蛮、夷、镇、藩。尽管对此二说有异议，②但是从"中国"的边
缘界线看，其内外界线当都以"采卫"（附庸）相区别。

对于"附庸"，根据《文献通考》的说法，采取的治法是："至于广封，则欲上之
政令，有所统而不烦。下之职贡，有所以附而不费。又非诸侯得以擅之也。"③从
这段文字中看出，那时对"附庸"的治法，可归之为"统而不烦"，"附而不费"，显
然是十分松散的。不过"附庸"仍属封疆的一部分，《文献通考·封建考一》："是
谓分土惟三，自是而外，则附庸也。山川也，土田也，虽未必皆其所有，皆在封疆
之内矣。今夫颛臾，昔者先王以为东蒙主，且在邦域之中矣，此附庸在封疆之
证也。"④

且"附庸"亦是执"三帛"者之一，说明"附庸"亦属"中国"的诸侯之列，"自是
而外，则附庸也"表明"附庸"有中国"边缘"的含义。如果加上"附庸"在内，自然
是以"中国"而有万国，禹大会诸侯时，有"执玉帛者万国"参加，且此前早在尧舜
时就有"协和万邦"之说。禹会诸侯"合万国"，其所指是确有其数吗？关于此，
史籍多有讨论，此不赘议，不过这"万国"之中，恐怕大多是指"中国"边缘的"附
庸"，既然是地处"正封"之边，"附庸"的数量自然也很多。

从以上轩辕帝系对中国上古"四方"的治法分析来看，在那个权威初定、部
落散居、种落杂多、交通不便的部落联盟时代是不可能形成中央集权的，因此，
"德"是这个时代最有力的统治武器。由"五帝"构成的轩辕谱系顺应了这样的

---

①　（宋）马端临撰，上海师范大学古籍研究所、华东师范大学古籍研究所点校：《文献通考》卷二六○
《封建考一》，第 7095 页。

②　瞿同祖认为"五服或九服足征皆后人附会臆造之说"，见瞿同祖《中国封建社会》，第 56 页。

③　（宋）马端临撰，上海师范大学古籍研究所、华东师范大学古籍研究所点校：《文献通考》卷二六○
《封建考一》，第 7095 页。

④　同上书，第 7094 页。

时势,且一直贯彻和继承了轩辕黄帝的"德治"思想,于内确立了"四方"官制,于外形成了分封,同时采用巡狩、召会、朝觐这些具有"宪法"性质的治法,又采用了刑(包括流刑)、朝贡、王会这样一些针对边地的礼法措施。这些政治思想、政治制度、礼法措施的特点是,以"仁德"为义理,表现为"诛而不怒",不以力服人,而是以德服人;不专注于法律,而是重视教化;不专以上凌下,而是采用礼制分封。这些都奠定了中国古代法政的"德治"雏形,同时也在法政思想和制度上奠定了后来中国古代"四方"法律治理的义理和格局。

五、"四裔"族性及早期对"四裔"的治法

(一) 中国古代"四裔"民性

《风俗通义》对"四裔"民性皆有概括:

> 东方曰夷者,东方仁,好生,万物抵触地而出。夷者,抵也,其类有九:一曰玄菟,二曰乐浪,三曰高骊,四曰满饰(一作蒲饰),五曰凫臾,六曰索家,七曰东屠,八曰倭人,九曰天鄙。南方曰蛮者,君臣同川而浴,极为简慢。蛮者,慢也,其类有八:一曰天竺,二曰垓首,三曰僬侥,四曰跋踵,五曰穿胸,六曰儋耳,七曰狗轵,八曰旁脊。西方曰戎者,斩伐杀生,不得其中。戎者,凶也,其类有六:一曰侥夷,二曰戎夷,三曰老白,四曰耆羌,五曰鼻息,六曰天刚。北方曰狄者,父子叔嫂,同穴无别。狄者,辟也,其行邪辟,其类有五:一曰月支,二曰秽貊,三曰匈奴,四曰单于,五曰白屋。[①]

这是说"中国"东方居住的是东夷族群,南方居住的是南蛮族群,西方居住的是西戎族群,北方居住的是北狄族群。其分类及风俗民性特征如下:

(1) 东夷:玄菟、乐浪、高骊、满饰、凫臾、索家、东屠、倭人、天鄙,其风俗民性的特点是仁而好生。所谓"夷"者,蹲也,抵也。"蹲",是无礼的意思,宋人马端临《文献通考》引《白虎通》云:"夷者蹲也,言无礼仪。"[②]"抵",指其仁而好生,

---

① (汉) 应劭撰,王利器校注:《风俗通义校注·佚文·四夷》,第 487—488 页。

② (宋) 马端临撰,上海师范大学古籍研究所、华东师范大学古籍研究所点校:《文献通考》卷三二四《四裔考一》,第 8909 页。

"或云:夷者抵也,言仁而好生,万物抵而出,故天性柔顺,易以道御"。[①] 这一说法符合应劭《风俗通义》之义,都是说东夷天性柔顺,且冠弁衣锦,因此比较容易以王道治之。《通典》又云其风俗:"喜饮酒、歌舞。或冠弁衣锦,器用俎豆,所谓中国失礼,求之四夷者也。"[②]从其风俗喜好看,有其自然质朴、冠弁衣锦之俗,此与中原华夏儒者之风有相通之处,有崇礼之质,因此才有"中国失礼,求之四夷者也"之说。又有《文献通考》云:"有倭国一名日本,在中国直东;扶桑国复在倭国之东,约去中国三万里,盖近于日出处。"[③]"昔贤有言曰:失道而后德,失德而后仁,失仁而后义,失义而后礼,诚谓削厚为薄,散醇为醨。"[④]

(2) 南蛮:天竺、焦首、僬侥、跂踵、穿胸、儋耳、狗轵、旁脊,其风俗民性的特点是简慢无礼。所谓"蛮"者,慢也。

(3) 西戎:侥夷、戎夷、老白、耆羌、鼻息、天刚,其风俗民性突出的特点是斩伐杀生,不得其中。所谓"戎"者,凶也。

(4) 北狄:月支、秽貊、匈奴、单于、白屋,其风俗民性特点是行为邪辟。所谓"狄"者,邪辟也。

"四方"之域,居于"中国"周边;"四方"之民,风俗各异,人情不同。"四方"族群之中,惟东夷民风淳朴,近乎"仁"也。商末周初,箕子于此行圣德之法,更早地得到教化,加之此后"行数百千年,故东夷通以柔谨为风,异乎三方者也"。[⑤] 四方之民与中原王朝的政治关系,理论上应当是藩属与王朝的关系。但是,历史上族群和地区又多有变迁,因此这种藩属与王朝的对应关系也多生变化。

(二) 东夷与中原之关系

首先看"东夷",由于"东夷"的历史变化复杂,在此我们加引号以求得一大致概念。一般认为,东夷分玄菟、乐浪、高骊、满饰、凫臾、索家、东屠、倭人、天

---

① (宋)马端临撰,上海师范大学古籍研究所、华东师范大学古籍研究所点校:《文献通考》卷三二四《四裔考一》,第 8909 页。

② (唐)杜佑撰,王文锦等点校:《通典》卷一八五《边防一》,中华书局 1988 年版,第 4984 页。

③ (宋)马端临撰,上海师范大学古籍研究所、华东师范大学古籍研究所点校:《文献通考》卷三二四《四裔考一》,第 8909 页。

④ 同上。

⑤ 《后汉书》卷八五《东夷传》,第 1907 页。

郾,共九夷,《文献通考》云东夷"有九种,曰畎夷、方夷、黄夷、白夷、赤夷、玄夷、风夷、阳夷、于夷,率皆土著"。① 其中乐浪、朝鲜的称呼统以"朝鲜"称之。根据文献记载,"东夷"与华夏的关系最早可追溯到尧之时。尧之时,"东夷"之地称"旸谷":"尧命羲仲宅嵎夷,曰旸谷,盖日之所出也。"②《尚书·尧典》有云:"乃命羲和,钦若昊天,历象日月星辰,敬授人时。分命羲仲,宅嵎夷,曰旸谷,寅宾出日,平秩东作。"③孔安国传云:"东夷之地称嵎夷,盖日之所出也。"④是说"东夷"所居之地,是太阳升起的地方,今天朝鲜半岛的人们仍自称其国为"晨曦之国",很可能就是来自古"旸谷"之谓。这里的"命羲仲,宅嵎夷",说明尧时羲仲曾经居东方之官,孔安国传云:"东方之官敬导出日,平均次序东作之事,以务农也。"⑤对"东夷"之地有所治理。

夏朝时,"夏后氏太康失德,夷人始叛,其后至后发即位,宾于王门,献其歌舞"。⑥ 是说夏朝太康之时,由于太康失德,东夷开始叛乱,一直到后发即位,夏恢复了与东夷的关系,喜欢歌舞的东夷才"宾于王门,献其歌舞"。此一状况持续到夏朝末期,"桀为暴虐,诸夷内侵",东夷开始侵入华夏之地。

由上观之,夏朝时,华夏与"东夷"的关系总体上是有治有乱,最终夏桀时由治而乱。其中的治夷之道,史籍所载,均非怪罪于东夷,而是言东夷之乱是由于太康、夏桀失德之故。史籍所论倾向,是中国儒家文化习于反思,不好兵刑,强调"德治",具有"内省"功夫的表现。

及至商朝,商汤革命,伐而定之。仲丁之时,蓝夷寇犯,三百余年的时间内,东夷或服或叛。自武乙统治时期开始,"武乙衰弊,东夷寖盛,遂分迁淮、岱,渐居中土"。⑦ 淮、岱之地,《禹贡》曰:"海、岱及淮为徐州。"《通考》认为商太师为周陈"洪范"之地,本在今安东的东面,时其地全部为东夷所占据。

东夷逐渐内侵,占据岱、淮,周朝时,最为典型事件的是"淮夷作乱"和"徐夷

---

① (宋)马端临撰,上海师范大学古籍研究所、华东师范大学古籍研究所点校:《文献通考》卷三二四《四裔考一》,第8909页。

② 同上。

③ (汉)孔安国传,(唐)孔颖达正义:《尚书正义·虞书·尧典第一》,第39页。

④ 同上。

⑤ 同上。

⑥ (宋)马端临撰,上海师范大学古籍研究所、华东师范大学古籍研究所点校:《文献通考》卷三二四《四裔考一》,第8909页。

⑦ 同上。

僭号"。"时管、蔡畔周,乃召诱淮夷作乱,周公征定之"。后来"徐夷僭号",周穆
王命楚国灭之。到了楚灵王的时候,占据岱、淮的东夷也参加了同盟。后来越
迁于琅琊(安徽滁州),与淮夷共征战,夷"遂陵暴诸夏,侵灭小国"。① 这一"陵暴
诸夏"的过程,也是他们逐渐同化于华夏的过程。

到秦朝时,"其淮泗夷皆散为人户",秦朝时在此设郡县。秦灭后,其帅复自
称王。汉武帝元封初年灭其国,迁其人于江淮。从此以后,内侵之夷不复有也,
内侵之地遂为郡县。"武帝元狩中开其地,置乐浪等郡"。②

在此,我们对历史上与"东夷"有关的治法作一专论。

(三) 西周时朝鲜的"八条之法"

"朝鲜"之名,据晋张华曰:"有泉水、冽水、汕水,三水合为冽水,疑乐浪、朝
鲜取名于此也。"③朝鲜的历史,从周武王至清代,其与"中国"的关系中居"藩属"
角色的时间为多。魏晋至唐朝这段时期,高句丽王朝也曾经在东北盘踞有年,
朝鲜被视为"历史上的中国"之"边",成为中国的一个边疆族群。历史上中国边
疆的一个特点是,它们与中国一样,具有世界史上少见的连续性。同中国大多
数周边族群一样,朝鲜文化也一直绵延不断的。这样的文化连续性决定了朝鲜
文化与中国持久的渊源,其法律文化的基本样态亦如此。

凡事皆有"始",故尔中国文化有"慎始"之义。朝鲜法律文化中的"礼教政
刑"传统,亦源于中国古代王朝对它的治法。《后汉书·东夷列传》云:"昔武王
封箕子于朝鲜,箕子教以礼义田蚕,又制八条之教。其人终不相盗,无门户之
闭。妇人贞信。饮食以笾豆。"《三国志·魏书·东夷传》云:"涉南与辰韩,北与
高句丽、沃沮接,东穷大海,今朝鲜之东皆其地也。户二万。昔箕子既适朝鲜,
作八条之教以教之,无门户之闭而民不为盗。"

"八条之教"或云"八条之法",《后汉书·东夷列传》亦云:"昔箕子违衰殷之
运,避地朝鲜。始其国俗未有闻也,及施八条之约,使人知禁,遂乃邑无淫盗,门
不夜扃,回顽薄之俗,就宽略之法,行数百千年,故东夷通以柔谨为风,异乎三方

---

① （宋）马端临撰,上海师范大学古籍研究所、华东师范大学古籍研究所点校:《文献通考》卷三二四
《四裔考一》,第 8909 页。
② 同上书,第 8909—8910 页。
③ 同上书,第 8911 页。

者也。苟政之所畅,则道义存焉。仲尼怀愤,以为九夷可居。或疑其陋,子曰:'君子居之,何陋之有!'亦徒有以焉尔。其后遂通接商贾,渐交上国。"这里讲的"八条之教"应当是西周时期受武王之封的箕子对朝鲜的治法,而且依照《后汉书·东夷列传》中"始其国俗未有闻也"的说法,"八条之教"应当是朝鲜最早可见的法律了。

由于箕子在朝鲜"回顽薄之俗,就宽略之法",而且"行数百千年",因此朝鲜作为"东夷"之地,"以柔谨为风",民风淳朴,出现了"苟政之所畅,则道义存焉"的局面。到孔子时,孔子于"中国"倡导仁义不遇,怀愤失望,竟"以为九夷可居",故曰:"道不行,乘桴浮于海。"《汉书·地理志下》云:"孔子悼道不行,设浮于海,欲居九夷。"唐颜师古注:"言欲乘桴筏而适东夷。"邢昺《正义》:"言我之善道,中国既不能行,即欲乘其桴筏,浮渡于海而居九夷,庶几能行己道也。"故孔子有"浮海之叹",有浮渡于海而居九夷之志。[①] 孔子所说的"何陋之有"就是基于此事。[②] 又《后汉书》有云:"东夷率皆土著,憙饮酒歌舞,或冠弁衣锦,器用俎豆。所谓中国失礼,求之四夷者也。"[③]

关于箕子的故事,古籍记载有本不相矛盾的两种说法:

一是《史记》、《汉书》、《三国志》直接说是周武王封商朝太师箕子于其地。《史记》:"武王伐纣,封箕子于朝鲜。"《史记·宋微子世家》云:"武王既克殷,访问箕子。"箕子曾经向武王言"五行"、"五事"、"八政"、"五纪"、"皇极"、"三德"、"稽疑"、"庶征"、"向用五福"、"畏用六极"事,教了他一番治国之道,"于是武王乃封箕子于朝鲜,而不臣也"。又如《汉书·地理志下》颜师古注引应劭曰:"武王封箕子于朝鲜。"又有《后汉书·第五伦传》李贤注引《风俗通》曰:"武王封箕子于朝鲜,其子食采于朝鲜,因氏焉。"意思是箕子是受周武王之封才去治理朝鲜的,箕子到朝鲜是周朝建立后的事情。

二是认为箕子于商末"避地朝鲜",恐是周武王后来才对其分封的。《汉书·地理志下》说:"殷道衰,箕子去之朝鲜。"此外,《后汉书·东夷列传》亦云:"昔箕子

---

① 邢昺《正义》:"言我之善道,中国既不能行,即欲乘其桴筏,浮渡于海而居九夷,庶几能行己道也。"故孔子有"浮海之叹"。

② 《论语·子罕》。

③ 《后汉书》卷八五《东夷传》,第1899页。

违衰殷之运,避地朝鲜。"《文献通考》云箕子"昔违衰殷之运,避地朝鲜"。① 这是说箕子在商朝末亡时就已经到了朝鲜,而且是"避地朝鲜",意思是"殷道衰"之时,箕子是逃亡于朝鲜而非受封于朝鲜,更不是受周武王之封而适朝鲜的。

商周时期,仍然认为东夷民性较为柔顺,不甚暴虐。范晔论《王制》云:"'东方曰夷。'夷者,抵也,言仁而好生,万抵而出。故天性柔顺,易以道御,至有君子不死之国焉。"② 是说"夷"本是"抵"的意思。所谓"抵",是指东方,东方是"万物抵触地而出"之地,故"言仁而好生"。《风俗通义·四夷》亦云:"东方曰夷者,东方仁,好生,万物抵触地而出。夷者,抵也,其类有九:一曰玄菟,二曰乐浪,三曰高骊,四曰满饰(一作蒲饰),五曰凫臾,六曰索家,七曰东屠,八曰倭人,九曰天鄙。"③

由此可见,商周时期朝鲜东夷民性本就较为柔顺,甚至有"仁义"之风,这更有箕子因地制宜"就宽略之法"的功劳。箕子本是商朝有德才、通治道之人,不然武王克殷后也不会求教于他。如果说箕子是受武王之封而适朝鲜,那么"中国"与朝鲜的地理关系显然是内地与边疆的关系,而其政治关系则是中央王朝与边疆族群的关系。箕子于此所行的教法,亦是中央王朝的"治边之法"。不管箕子是因为什么到了朝鲜,箕子是商朝有才德的大臣这一点是肯定的,箕子带去的是商朝的礼法文化。箕子在朝鲜推行"八条之教",并于朝鲜"行数百千年",这些活动改变了朝鲜原来的"顽薄之俗",使得朝鲜乃至整个东夷通以柔谨为风,从而"异乎三方者",成为古代朝鲜地区政治法律文化之圭臬。

箕子"八条之法"又被称为"乐浪朝鲜民犯禁八条",《汉书·地理志》、《后汉书·东夷传》、《水经注·浿水》都记载箕子在朝鲜半岛曾施行过"八条之法"。其内容:其一,"相杀以当时偿杀";④其二,"相伤以谷偿";⑤其三,"相盗者男没入为其家奴,女子为婢,欲自赎者,人五十万";⑥其四,"妇人贞信";⑦其五,"重山

---

① (宋)马端临撰,上海师范大学古籍研究所、华东师范大学古籍研究所点校:《文献通考》卷三二四《四裔考一》,第 8910 页。

② 同上。

③ (汉)应劭撰,王利器校注:《风俗通义校注·佚文·四夷》,第 487 页。

④ 《汉书》卷二八下《地理志》,第 1322 页。

⑤ 同上。

⑥ 同上。

⑦ 《后汉书》卷八五《东夷传》,第 1904 页。

川,山川各有部分,不得妄相涉入";①其六,"邑落有相侵犯者,辄相罚,责生口牛马,名之为'责祸'";②其七,"同姓不昏";③其八,"多忌讳,疾病死亡辄捐弃旧宅,更造新居".④《文献通考》又引注:"前书曰:其法,相杀者以当时偿杀;相伤者以谷偿;相盗者,男没入其家奴,女子为婢,欲自赎者,人五十万."⑤

从上述内容看,箕子到朝鲜后行"八条之教",其政教措施在当时必定进一步纯化了本就淳朴的朝鲜风俗.

西汉初,燕人卫满率秦代旧障塞地带的人,叛西汉东渡浿水(今清川江)而入.燕人卫满破坏了东夷的民性,《通考》引范晔之论,说卫满入朝鲜是"扰杂其风",破坏东夷原本淳朴的民风:"而燕人卫满扰杂其风,于是从而浇异焉.老子曰:'法令滋彰,盗贼多有.'若箕子之省简文条而用信义,其得圣贤作法之原矣!"⑥由此亦见古人强调圣贤作法,对于以信义治天下的笃信.

从《后汉书·东夷传》的记载来看,"八条之法"一直沿用到汉武帝灭卫氏朝鲜设立四郡以后,也就是在其"内属"之后.有研究认为"八条之法"的时代是朝鲜地区由部落制向邑落制转化的阶段.⑦ 前三条"相杀,以当时偿杀.相伤,以谷偿.相盗者,男没入为其家奴,女子为婢,欲自赎者,人五十万","偿杀"、"谷偿",意味着从原始复仇向赔偿转变;第四、七条"妇人贞信","同姓不婚",说明其婚姻旧俗已改,不再是原始婚姻;第五、六条是简单地调整其部邑关系,"重山川,山川各有部界,不得妄相涉入","邑落有相侵犯者,辄相罚,责生口牛马,名之为'责祸'";第八条"多忌讳,疾病死亡辄捐弃旧宅,更造新居",⑧说明当时仍然存在巫术忌讳以避疾病,而且"八条之法"并没有更改.

① 《三国志》卷三〇《魏书·东夷传》,第 629 页.
② 《后汉书》卷八五《东夷传》,第 1904 页.
③ 同上.
④ 《三国志》卷三〇《魏书·东夷传》.
⑤ (宋)马端临撰,上海师范大学古籍研究所、华东师范大学古籍研究所点校:《文献通考》卷三二四《四裔考一》,第 8911 页.
⑥ 同上书,第 8910 页.
⑦ 林沄:《关于中国早期国家形式的几个问题》,《吉林大学社会科学学报》1986 年第 6 期.
⑧ 《三国志》卷三〇《魏书·东夷传》,第 629 页.

第六章

夏商周对"四方"的法律治理

一、"内固王畿,外维疆索":文化的巩固与扩散

中国古代对于历史的解说一直有"华夏中心主义"的传统,今天我们可以用"主体民族"的概念来讨论这一话题。但是"中央王朝"的概念和线索随华夏而行,是一种以华夏族为轴心的视野。夏商周都建立了自己的王朝,从夏开始"九州"的概念似乎已经形成,同样,疆域的概念也当更加明晰。

夏朝关于四方夷狄的记载很少,古籍在谈到周的先祖时,有两个相关的故事,一是"不窋奔戎狄",一是"古公亶父迁岐山"。

> 后稷卒,子不窋立。……夏后氏政衰,去稷不务,不窋以失其官而奔戎狄之间。……子公刘立。公刘虽在戎狄之间,复修后稷之业……百姓怀之,多徙而保归焉。周道之兴自此始,故诗人歌乐思其德。[①]

这是说夏太康失国,废稷之官,不复务农。于是后稷与姜氏的儿子不窋失去官职,逃到了今天陕西原来属于戎狄居住的地方。后来其子公刘复修后稷之农业,其部才开始逐渐兴旺起来。《括地志》说:"不窋故城在庆州弘化县南三里。即不窋在戎狄所居之城也。"可见周的先祖虽在戎狄之地,却仍然坚持农业生产。

此外,又有周人的先祖公亶父迁岐山的说法。

> 古公亶父立。古公亶父复修后稷、公刘之业,积德行义,国人皆戴之。

---

① 《史记》卷四《周本纪》,第82页。

薰育戎狄攻之,欲得财物,予之。……止于岐下。豳人举国扶老携弱,尽复归古公于岐下。及他旁国闻古公仁,亦多归之。于是古公乃贬戎狄之俗……作五官有司。①

这是说古公亶父复修先祖后稷、公刘之农业,率部迁岐山而开始"改国曰周",徐广曰:"山在扶风美阳西北,其南有周原。"裴骃案:皇甫谧云:"邑于周地,故始改国曰周。"②而古公迁岐山的意义更在于"古公乃贬戎狄之俗",坚持夏朝的礼制文明传统,而"作五官有司"。

不窋奔戎狄和古公亶父迁岐山的故事,说明了夏朝的制度文明通过周部落在西方戎狄之地传播的历史线索。此外,这一线索延伸的故事还指向东方,即"太伯虞仲奔吴"。

> 吴太伯,太伯弟仲雍,皆周太王之子,而王季历之兄也。季历贤,而有圣子昌,太王欲立季历以及昌,于是太伯、仲雍二人乃奔荆蛮,文身断发,示不可用……而昌为文王。太伯之奔荆蛮,自号句吴。荆蛮义之,从而归之千余家,立为吴太伯。③

"太伯奔吴"的故事是因为礼让而发生的,是说周太王想传位于其子季历(周文王的父亲),而季历的两个兄长太伯、仲雍为了谦避而到了荆蛮,并且"文身断发,示不可用"。因此《周本纪》说:"长子太伯、虞仲知古公欲立季历以传昌,乃二人亡如荆蛮,文身断发,以让季历。"④为了让季历继位,太伯、虞仲的做法是取东夷之俗而文身断发,以示自己已经成为东夷人,再没有资格继位。《正义》说太伯、虞仲奔吴之地在今无锡县界梅里村,是江南水乡,因此应劭曰:"常在水中,故断其发,文其身,以象龙子,故不见伤害。"断发文身之俗是因地理所致,华夏文化本为一旱地文化,而非水文化,故无此风俗。

太伯、虞仲奔吴虽然断发文身,但是仍然依华夏之礼,大有居蛮夷而不行其礼的态度,后人的解释是其有"三让"之礼。江熙云:"太伯少弟季历生文王昌……太王薨而季历立,一让也;季历薨而文王立,二让也;文王薨而武王立,遂

---

① 《史记》卷四《周本纪》,第 83 页。
② 同上。
③ 《史记》卷三一《吴太伯世家》,第 1221 页。
④ 《史记》卷四《周本纪》,第 84 页。

有天下,三让也。又释云:……断发文身,示不可用,使历主祭祀,不祭之以礼,三让也。"①

这是华夏文物制度传播于东夷荆蛮的开始。到春秋时,"楚之亡大夫申公巫臣怨楚将子反而奔晋,自晋使吴,教吴用兵乘车,令其子为吴行人,吴于是始通于中国"。②

上述故事说明在先秦,中国文化对于历史的解释存在着较为强烈的华夏中心主义的思想,直到春秋战国时期这一思想仍然十分强烈。自古以来,其基本思想是"舜分幽、并,内固王畿,外维疆索,包天下后世之虑也",③"内固王畿,外维疆索"正是中国先秦的内外治道。

二、夏商的治边之法

（一）夏禹：文教与法律所及边缘的形成

夏朝有"禹别九州"之说,仿佛华夏疆域形势已然形成。夏朝被认为是我国第一个具有"国家"形态的王朝,相关记载称此时已有国家机器。因此,其"刑"较此前当更为完善,有"夏刑三千条"之说。但是夏朝之法并不止于刑,夏不仅有夏礼,还有学官,因此亦有文教。《史记·夏本纪第二》有一段话为我们提供了夏朝的文化、法律边界。据此,我们来分析夏时文教和法律所及之边缘。

> 令天子之国以外五百里甸服:百里赋纳总,二百里纳铚,三百里纳秸服,四百里粟,五百里米。甸服外五百里侯服:百里采,二百里任国,三百里诸侯。侯服外五百里绥服:三百里揆文教,二百里奋武卫。绥服外五百里要服:三百里夷,二百里蔡。要服外五百里荒服:三百里蛮,二百里流。

这里描述的,由近至远,情形如下:

（1）甸服,是指王城五百里以内的服治田。"甸服"的赋役有纳总（聚束草）、纳铚（获禾短镰）、秸服（服稾役）、纳粟、纳米。

---

① 《史记》卷三一《吴太伯世家》,第1221—1222页。
② 服虔曰:"行人,掌国宾客之礼籍,以待四方之使。"《史记》卷三一《吴太伯世家第一》,第1223页。
③ （清）顾祖禹撰,贺次君、施和金点校:《读史方舆纪要·历代州域形势纪要序》,中华书局2005年版。

（2）侯服，是指"甸服"之外五百里的范围。所谓"侯服"是斥候而服事的意思。"侯，候也"，是斥候之意，孔安国曰："侯，候也，斥候而服事也。"①对于"侯服"义务的规定是"采"、"任"，马融曰："采，事也。各受王事者。"②孔安国曰："任王事者。"③后来所谓"诸侯"的意思仍然是指这些侯服们"各受王事"、"任王事"、"同为斥候"。因此，孔安国又总而言之："三百里同为王者斥候，故合三为一名。"④

（3）绥服，是指侯服之外五百里的范围。所谓"绥服"，"绥，安也"。虽然没有具体的事务性的义务，但仍然属于王朝文教所及之处，是"服王者政教"、"度王者文教而行之"的地区。在此文教之外二百里的地区，属于"奋武卫"，孔安国曰："文教之外二百里奋武卫，天子所以安。"⑤由此可见，当时"中国"文教之所及者，应该是在侯服之外的绥服地区，属于已经受到"中国"教化的边缘地带。

（4）要服，是指绥服之外五百里的范围。所谓"要服"，"要，束以文教也"。说明这是属于没有受到教化，但是需要受到"中国"教化的边缘地带。在要服的范围内，是"三百里夷，二百里蔡"。所谓"夷"，"守平常之教，事王者而已"。⑥ 这说明在要服的三百里范围内，虽然没有"中国"文教，但是仍然受到中央王朝的统治并有"事奉王者"的义务。所谓"蔡"，"法也。受王者刑法而已"。⑦ 这里已经很明确地表明，在要服的范围内虽然没有完全受到"中国"文教的影响，但是它需要束以文教，并且"中国"的刑法在这类地区仍然适用，属于"中国"法律所及之处，这大概也是当时王朝法律所及的边缘了。

（5）荒服，是指要服之外五百里的范围。所谓荒服，"荒"，是"政教荒忽"之义，是指这是一个没有"中国"政教并且"政教荒忽"的地区。对于这些地方采取了因其本俗而治理的态度，故马融曰："政教荒忽，因其故俗而治之。"⑧这里显然是"中国"政教和刑罚都没能够适用的地方。不仅如此，由于这类地方不实行"中国"政教和刑罚，因此"荒"者应当是等同于"蛮"，所谓"蛮"，是无礼的意思，

---

① 《史记》卷二《夏本纪》，第 57 页。
② 同上。
③ 同上。
④ 同上。
⑤ 同上。
⑥ 同上。
⑦ 同上。
⑧ 同上。

"蛮,慢也。礼简怠慢",对于这类地区,相应的治法是"来不距,去不禁"。①

总之,在"要服"的范围内虽然没有完全受到中国文教的影响,但是已经属于"中国"法律所及之处,也应当是中国"治边"法律的边缘。而"荒服"则是不实行"中国"政教和刑罚之地。

(二)《甘誓》: 为王朝"统一"而发布的刑罚

夏朝被认为是中国最早的王朝,夏朝史料甚少,学界谈论夏朝法律,不外是作为"五刑"的"夏刑三千条",但这些刑事法律均已不现。迄今《尚书》记载的"誓",即所谓的《甘誓》,为夏令人印象最为深刻的法律形式,而《甘誓》反映的是夏为建立王朝、维护"统一"而进行的一次战争。

启继承禹的权位后,在钧台大宴各地部落首领。有扈氏对启破坏禅让制度的做法十分不满,拒绝出席钧台之会,启以"恭行天之罚"的名义讨伐不服从他的有扈氏。《史记·夏本纪》有"有扈氏不服,启伐之,大战于甘"的记载。《尚书·甘誓》云:"启与有扈战于甘之野,作《甘誓》。""大战于甘,乃召六卿。王曰:'嗟! 六事之人,予誓告汝: 有扈氏威侮五行,怠弃三正,天用剿绝其命,今予惟恭行天之罚。左不攻于左,汝不恭命;右不攻于右,汝不恭命;御非其马之正,汝不恭命。用命,赏于祖;弗用命,戮于社,予则孥戮汝。'"这里"誓"是对"六卿"下达的命令,也是惩戒。"誓"被认为是中国上古时期的法律形式之一,而且从时间来看也早于"训"、"诰"、"命"等形式。这是一次对外战争,《甘誓》的内容也是针对内部发布的,似乎谈不上是"治边法律"。《甘誓》是否属于"治边法律",主要取决于夏与有扈氏之间的关系,要弄清这一点,这需要了解夏当时的统治格局。

《甘誓》的背景是"钧台之会",《甘誓》中夏后启"召六卿"。有扈氏系姒姓,居于今陕西户县附近。夏后启姒姓,二人同姓,有说法认为二人本是兄弟,《尚书正义·甘誓第二》的解释是:"扈,国名。与夏同姓。""姒姓一国,为无道者。"疏云:"夏王启之时,诸侯有扈氏叛。"这显然是把有扈氏看作是以夏为王的诸侯之一,如此,夏后启讨伐有扈氏的行动是同一个王者疆域内的问题,讨伐有扈氏时所作的《甘誓》是针对内部叛乱的法律,故疏云:"夏王启之时,诸侯有扈氏叛,

---

① 《史记》卷二《夏本纪》,第 57 页。

王命率众亲征之。有扈氏发兵拒启，启与战于甘地之野。将战，集将士而誓戒之。史叙其事，作甘誓。"①

《甘誓》作于"钧台之会"（今河南禹县），因此夏的统治格局与后来西周类似，属于联盟性质。夏是中央部落，有一套自己的建制，包括有扈氏在内的其他部落则属于"地方"。夏后启"召六卿"攻伐有扈氏，是召自己的"六卿"，而他发布的"誓"显然也不排除是针对来参与"钧台之会"的其他部落。此一征讨之"誓"同样可以看作是"治边法律"，因此《甘誓》应当列为中国上古的"治边法律"。

关于有扈氏叛夏的原因有两种说法，一是因启破坏了原始禅让的传统，有扈氏才有不服，这是启的问题，《尚书正义》载其原因是"启独见继父，以此不服"。

> 孟子称禹荐益于天七年，禹崩之后，益避启于箕山之阴。天下诸侯不归益而归启，曰："吾之君子也。"启遂即天子位。《史记·夏本纪》称启立，有扈氏不服，故伐之。盖由自尧、舜受禅相承，启独见继父，以此不服，故云："夏启嗣禹立，伐有扈之罪。"言继立者，见其由嗣立，故不服也。②

另一种说法认为启之所以攻伐有扈氏，是因为有扈氏本身"乱常"之故，涉及血族道德的原因。此说认为有扈氏与夏本同为"姒"姓，启与有扈氏本是兄弟。"《周语》云：'帝嘉禹德，赐姓姒，禹始得姓。'有扈氏与夏同姓，则为启之兄弟"。③

由于启与有扈氏本是兄弟，才有所谓"乱常"。在《甘誓》中，启说有扈氏"威侮五行"，"五行"在天，为水、火、金、木、土；"五行"在人，则为仁、义、礼、智、信，此本为上古"五常"之教。因此，有扈氏既与夏同姓而叛乱，则违反了"五常"之道："有扈氏与夏同姓，恃亲而不恭天子，废君臣之义，失相亲之恩，五常之道尽矣，是威侮五行也。"④

除上述《尚书·甘誓》、《史记·夏本纪》有启征讨有扈氏的记载外，《吕氏春秋·先己》中也有"夏后、伯启与有扈战于甘泽而不胜"，这些都称是"启征讨有扈氏"。

夏启征讨有扈氏的故事属于传说，除上述说启伐有扈氏外，还有说是"禹攻

---

① （汉）孔安国传，（唐）孔颖达正义：《尚书正义》卷七《甘誓第二》，第257页。
② 同上。
③ 同上书，第260页。
④ 同上。

有扈氏",如在《墨子·明鬼》中就说是"禹攻有扈氏",而不是"启征讨有扈氏"。在《墨子·明鬼》中,为了说明有鬼的存在,记录了与《尚书·甘誓》内容基本相同的誓文。《墨子·明鬼》云:"《禹誓》曰:'大战于甘,王乃命左右六人,下听誓于中军,曰:有扈氏威侮五行,怠弃三正,天用剿绝其命。有曰:日中,今予与有扈氏争一日之命,且尔卿大夫庶人,予非尔田野葆士之欲也,予共行天之罚也。左不共于左,右不共于右,若不共命。御非尔马之政,若不共命。是以赏于祖而僇于社。'"

墨家崇拜"禹",说"禹攻有扈氏"是自然的事情。不仅如此,其他一些史料对"禹攻有扈氏"也有记载,具体归纳如下:

(1)《庄子·人间世》:"禹攻有扈,国为虚厉,身为刑戮。"

(2)《吕氏春秋·召类》:"禹攻曹、魏、屈骜、有扈,以行其教。"

(3)《说苑·政理》:"昔禹于有扈氏战,三阵而不服。禹于是修教一年,而有扈氏请服。"

在儒墨的体系中,禹是上古圣贤,自然不是启所能够相比的,而且在说到"禹攻有扈氏"时,禹给人的印象不同于启,其中"禹攻曹、魏、屈骜、有扈,以行其教","禹于是修教一年,而有扈氏请服"这两句,强调了禹对待有扈氏的方式是"以行其教",在"修教一年"后,终于"有扈氏请服"。从这些记载我们不难看出,后世儒家有从自己的政治法律理想出发,对此传说进行穿凿附会的可能,春秋时期这一远古传说的确也有被演绎的可能。郭沫若所著的《中国古代社会研究》一书中,多持此观点,①此不赘述。这些对"禹攻有扈氏"的记录,显然就强调了儒家的"德",意在说明儒家治理天下是强调"修教"的,而不完全依赖于"修兵"、"修刑"。实际的情况也可能是禹时有扈氏就已经"请服",但是原本就不是个"省油的灯",故而在夏启破坏"禅让"传统的时候起而反对,这才有了"启征讨有扈氏"而作《甘誓》的事。

《甘誓》是原始的律令,但我们可以视之为夏王朝之初与"治边"相关的法律。

(三)防风氏案:《禹贡》及其相关刑罚

夏朝,与"边疆"相关的另一重要制度,见于《尚书·禹贡》篇。《禹贡》被学

---

① 郭沫若:《中国古代社会研究》,中国华侨出版社 2008 年版,第 70 页。

者称为是"伪书",《禹贡》中有"九州"之说,顾颉刚《询禹贡伪证书》一文中对于《禹贡》是否是上古之书有疑问,①瞿同祖认为"顾颉刚虽未确证《禹贡》作于战国,但古代疆域决无如此之广的论断极其正确,可以断言《禹贡》为后人所伪造无疑"。②

可见,他们的观点都是不承认中国古代疆域有如《禹贡》说的拥有"九州"那样广大。《禹贡》云"禹别九州",③所谓"九州"即由此而来。孔颖达疏:"传'分其圻界'。《诗》传云:'圻,疆也。'分其疆界,使有分限。计九州之境,当应旧定,而云'禹别'者,以尧遭洪水,万事改新,此为'作贡'生文,故言'禹别'耳。"④此说认为"计九州之境,当应旧定",意思是在禹之前"九州"的疆界就已经有了划分,之所以说禹"别九州",是由于当禹之时才因"作贡"而生文。

由此可见,至少从禹时已经开始"定其贡赋之差"。作为中国古代最早关于"贡赋"的记载,《尚书》中《禹贡》一篇之名即由此而来,《禹贡》云:"随山川,任土作贡。"是言中国贡献之制始于斯时,始于"任土"。"禹分别九州之界,随其所至之山,刊除其木,深大其川,使得注海。水害既除,地复本性,任其土地所有,定其贡赋之差,史录其事,以为《禹贡》之篇"。⑤ 但又有说早在黄帝之时就有了"九州":"九州,《周公职录》云:'黄帝受命,风后受图,割地布九州。'"⑥

不管怎么说,从《禹贡》的内容和与之相应的"传"、"疏"来看,中国划分九州始于禹是后世通说,但至少已经有了"赤县"和"九州"的概念:"《邹子》云:'中国为赤县,赤县之内有九州。'"⑦

"禹别九州"是九州之民对"赤县"进行划分的前提,也是"贡献"之制的开始。这意味着夏禹之时,中国已有"中央"和"地方"之别。有了"中央"和"地方"之别,有了"地方",也就有了以中央为参照的地方的远近,于是便有了地理上的"腹地"和"边疆"之分。有了"腹地"和"边疆"之分便有了相应的制度,当时的做法是"任其土地所有,定其贡赋之差","往者洪水为灾,民皆垫溺,九州赋税盖亦

---

①　顾颉刚:《询禹贡伪证书》,见《古史辨》第一册,北平朴社1926年版,第206—207页。
②　瞿同祖:《中国封建社会》,第11页。
③　(汉)孔安国传,(唐)孔颖达正义:《尚书正义》卷六《夏书禹贡第一》,第189页。
④　同上。
⑤　同上。
⑥　同上。
⑦　同上。

不行。水灾既除，土复本性，以作贡赋之差。"①这是说由于洪水为灾，九州都不收赋税；水患既除，恢复贡赋之制，而且依据"地方"的不同，其贡赋亦不同，且已成定制。

所谓"任土"，是说以土地肥瘠多少有别，自上税下，治田出谷，此称为"厥赋"。所谓"赋"，即是税："赋，土地所生，以贡天子。"这里是指纳谷交税，是经济上的基本要求。孔安国："九州之土，物产各异，'任其土地所有'，以定'贡赋之差'，既任其所有，亦因其肥瘠多少不同，制为差品。"郑玄云："任土，谓定其肥饶之所生。是言用肥瘠多少为差也。赋者，自上税下之名，谓治田出谷，故经定其差等谓之'厥赋'。"②

而所谓"贡"，是以其土地上所出之谷或生长的异物献其所有，谓之"厥贡"。与"赋"不同，"贡"更有礼节仪式的含义，我们可以视之为"礼"的范畴，且具有比较强的政治臣服意义。孔颖达疏："贡者，从下献上之称，谓以所出之谷，市其土地所生异物，献其所有，谓之'厥贡'。虽以所赋之物为贡用，赋物不尽有也。亦有全不用赋物，直随地所有采取以为贡者。此之所贡，即与《周礼·太宰》'九贡'不殊，但《周礼》分之为九耳。其赋与《周礼》'九赋'全异，彼赋谓口率出钱，不言'作赋'而云'作贡'者，取下供上之义也。"③"贡"更多的是"取下供上"，这里孔疏以后世《周礼》与之相比，意在说明"贡"的政治礼仪性质。根据《禹贡》的说法，除当时贡献的异物，还有这样一些东西：瑶（美玉）、琨（美玉）、筱（小竹）、簜（大竹）、金三品（金、银、铜）等等。

经过禹的治理，这方面的成就归纳起来有：一为实现"九州攸同"，二为"成赋中邦"，三为"制九州岛贡法"。

"九州攸同"起源于禹之治水，《禹贡》云："随山刊木，奠高山大川。冀州既载，壶口治梁及岐。既修太原，至于岳阳。覃怀厎绩，至于衡漳。"禹的功劳甚大，甚至岛夷之国也都攸同了，"大陆既作，岛夷皮服"，"大陆既作"是指洪水已平，可以耕作了，马融注："岛夷，北夷国。"《禹贡》说"岛夷皮服"的意思是指岛夷之人，本是穿着皮服，当时由于"遭遇洪水，衣食不足，今还得衣其皮服"。由此看来，禹之治水，已经实现了"九州攸同"，同时禹还可能派遣官员于四方进行了

---

① （汉）孔安国传，（唐）孔颖达正义：《尚书正义》卷六《夏书禹贡第一》，第136页。
② 同上书，第189—190页。
③ 同上书，第190页。

治理。《尚书正义·禹贡》孔疏云:"文十八年《左传》云'举八恺使主后土',则伯益之辈佐禹多矣。禹必身行九州,规谋设法,乃使佐己之人分布治之。"①

这些"贡法"虽然是禹制定的,但是《尚书正义·禹贡》孔疏云"禹制贡法",但"非禹始为贡":"传'禹制九州贡法'。禹制贡法,故以《禹贡》名篇。贡赋之法,其来久矣。治水之后,更复改新。言此篇贡法,是禹所制,非禹始为贡也。"②这是说中国古代的"贡法"并不是始于禹,贡赋之法早已有之,只是因为当禹之时,洪水既除,可定山川秩序尊卑,"使知祀礼所视",实现"九州攸同"的缘故,方才能够"成赋中邦","定贡赋之差",也才可以重新制定"贡赋之法"。

水患之后,"贡赋之法"进一步为"九州攸同"和"成赋中邦"奠定了基础。《禹贡》为我们展现了一幅因洪水事件而成就的中国上古大一统景象。禹治水后不仅实现了"九州攸同",而且四方安定,《禹贡》云:"三危既宅,三苗丕叙。"意思是三危之山已可居住,三苗之族也有次叙。甚至荒服之外、流沙之内的昆仑、析支、渠搜、西戎,这四个以皮毛为衣着的戎狄之国禹也皆就次叙,孔颖达云:"美禹之功远及戎狄,故记之也。"不过,依照郭沫若先生的观点,《禹贡》的这一番描述尚有可疑之处。在《中国古代社会》一书中,郭沫若认为《禹贡》"完全是(儒家)'托古改制'的伪作"。③这实际上是说,《禹贡》不过是儒家为宣扬"大一统"而有意书之,只是臆说。

但是在禹之时,中国的确在更大的疆域范围实现了"一统",贡赋之法已经比较完备且有了对违反贡赋之法的惩戒法律。《国语·鲁语》中说的禹杀防风氏一案,就是禹为了维护"贡赋之法"而行的。"昔禹致会群神于会稽之山,防风氏后至,禹杀而戮之",这是说从前禹要求各地的诸侯到会稽山和他见面,防风氏后到,禹便杀了他并且戮其尸体。那么禹通会"群神"来做什么呢?《史记·夏本纪》说得十分清楚:"自虞、夏时,贡赋备矣。或言禹会诸侯江南,计功而崩,因葬焉,命曰会稽。会稽者,会计也。"④这是说禹在江南会诸侯是为了贡赋之事,禹也是在这个时候"计功而崩",并葬于此山。由于这一原因,此山"命曰会稽",而会稽就是会计的意思。由《史记》的这段文字可见,当时对于诸侯贡赋的重视。防

① (汉) 孔安国传,(唐) 孔颖达正义:《尚书正义》卷六《禹贡第一》,第 191 页。
② 同上书,第 190 页。
③ 郭沫若:《中国古代社会研究》,第 71 页。
④ (汉) 孔安国传,(唐) 孔颖达正义:《尚书正义》卷六《禹贡第一》,第 190 页。

风氏只是因为迟到而被杀，还被戮其尸，可见，"贡赋之法"也包含了刑罚。

三、商朝的"伊尹四方献令"

同夏朝一样，商朝也有王会，并且有了相应的制度。所谓的"四方献令"，似本为其王会之制。据说汤立国时流放了夏桀，然后"大会三千诸侯"，汤谦让天子之位而不居，三千诸侯没有敢与之争的。汤即天子之位时，曾与诸侯誓。《逸周书》载：

> 汤放桀，而复薄三千诸侯大会，汤退，再拜，从诸侯之位。汤曰："此太子位，有道者可以处之，天下非一家之有也，有道者之有也。故天下者，唯有道者理之，唯有道者纪之，唯有道者宜久处之。"汤以此让，三千诸侯莫敢即位，然后汤即天子之位。与诸侯誓曰："阴胜阳即谓之变，而天弗施。雌胜雄即谓之乱，而人弗行。"故诸侯之治，政在诸侯之大夫，治与从。①

商朝所谓的"四方献令"是对贡献之物的规制，"四方献令"古籍中又称为"伊尹四方献令"，"四方献令"制订的具体时间，陈逢衡根据《竹书纪年》的说法认为应当是"汤二十五年定献令"。②伊尹为商之重臣，受汤之命而作此贡献之法，以此规范四方诸国对商王朝的贡献之物，由于四方诸国也包括了四方族群所在之国，因而此"令"也可视作是商朝对于边疆族群的法令。"伊尹四方献令"文字不足二百，且不称国名，只讲贡物，后世所考，皆有所对应。

"四方献令"见于《逸周书》，《逸周书》之名最早见于东汉许慎《说文解字》，《汉书·艺文志》称《周书》尤之《商书》、《夏书》，相当于《周史记》，颜师古注云："刘向云：周时诰誓号令也，盖孔子所论百余篇之余也。今存者四十五篇矣。"后世所辑多以为可信，今黄怀信等人撰写的《逸周书汇校集注》，是以《四部丛刊》影印明嘉靖二十三年章校刊本为底本，此处所引文字皆出于此。《逸周书》中与本题所论直接相关的有《王会解》、《职方解》、《宾典解》，可为研究中国上古治边之法的资料。《逸周书·王会解》载商朝时，商汤问伊尹关于诸侯来贡献之事，其中谈到《伊尹朝献》，《伊尹朝献》是商书之名，唐大沛认为"《伊尹朝献》一书文

---

① 黄怀信修订，李学勤审定：《逸周书汇校集注·殷祝解第六十六》，第1044—1047页。
② 黄怀信修订，李学勤审定：《逸周书汇校集注·王会解》，第910页。

不过二百余字,简古可爱,其为商时古书无疑",①兹录析于下:

> 汤问伊尹曰:"诸侯来献,或无马牛之所生而献远方之物,事实相反,不利。今吾欲因其地势所有献之,必易得而不贵,其为四方献令。"伊尹受命,于是为四方令曰:"臣请正东符娄、仇州、伊虑、沤深、九夷十蛮、越沤、鬋文身,请令以鱼皮之鞞、□鲗之酱、鲛𩽾、利剑为献。正南瓯邓、桂国、损子、产里、百濮、九菌,请令以珠玑、玳瑁、象齿、文犀、翠羽、菌鹤、短狗为献。正西昆仑、狗国、鬼亲、枳巳、闟耳、贯胸、雕题、离丘、漆齿,请令以丹青、白旄、纰罽、江历、龙角、神龟为献。正北空同、大夏、莎车、姑他、旦略、豹胡、代翟、匈奴、楼烦、月氏、孅犁、其龙、东胡,请令以橐驼、白玉、野马、騊駼、駃騠、良弓为献。"汤曰:"善。"②

"《伊尹朝献·商书》不《周书》,录中以事类来附",这里的"不"应当作"名"解。唐大沛于"献"字下断句,云:"'伊尹朝献'是商书之名。"此处'不'应当是"名"字,唐大沛云:"'不'字盖'名'字之误,草书'名'与'不'字相似而讹也。"因此应当是"《伊尹朝献》,商书名,《周书》录中以事类来附"。

首先,这段话讲述了制订"四方献令"的原因。"汤问伊尹曰:诸侯来献,或无马牛之所以生而献远方之物,事实相反,不利。今吾欲因其地势所有献之,必易得而不贵,其为四方献令",这句话是说商汤问伊尹,应当如何要求诸侯来贡献方物,商汤自己认为当时牛马属于军国之需,诸侯自然是贡献牛马为贵,但是倘若某一诸侯所处之地并无牛马,必然求远方牛马以献天子,如此做法不妥,因此要求伊尹制订"四方献令"。故潘振云解释说:"是贡献者本国之事,而所献者他国之宝,是相反也,不宜孰胜?"唐大沛解释说:"马牛驾车以引重致远,无马牛,须人力致之,则难。而欲以远方之国献远方难致之物,则重劳民力矣。以事势度之,实则相反而不利于其国也。"意思是要"因其地势所有献之",对于那些本身无牛马的诸侯国,不要重劳民力,适得其反。

这段话中的"因其地势所有献之,必易得而不贵"一句,是说四方前来贡献方物应当根据各自土生物产前来贡献,这样必然是容易得而不贵。这一原则不仅符合后来周礼"尊尊"的原则,也符合其"亲亲"的原则,还反映了商汤在对待

---

① 黄怀信修订,李学勤审定:《逸周书汇校集注·王会解》,第922页。
② 同上。

四方诸侯上有化成天下的"王者之德"。伊尹按照商汤所说的这一原则制订了规范诸侯贡献的"四方献令"，"四方献令"是"制其品服"之令，孔晁云："制其品服（唐大沛云：似当作品物或品节）之令，使各得其宜也。"

"四夷献令"的制订并非是为了索取"四方"的财物，而是为了宣示中央之国"王者无外，殊疆一统"之义，亦以德威所惑，彼此一来一往，礼无不答，使中国常尊，外夷永顺，正如明代严从简在《殊域周咨录》中所说"岂圣人斥疆土宝远物"：

> 粤自王者无外，殊疆一统，故伊尹定四夷献令："正东越沤，剪发文身，令以鱼皮之鞞、蛟瞂、利剑为献，令正南瓯、邓、桂国、百仆、九菌，令以文犀、翠羽、菌鹤、短狗为献；正西昆仑、狗国、闟耳、贯胸，令以白毛、纰罽、龙角、神龟为献；正北空同、大夏、莎车、戎翟，令以白玉、良弓、駏驉、駃騠为献。"是岂圣人斥疆土宝远物哉？亦以德威所惑，凡有血气，共惟帝臣焉耳！然一来一往，礼无不答，则所以口衔天语，身驾星驰，报聘宣招，傅纶綍之温煦，布声灵之赫濯，而使中国常尊，外夷永顺。[①]

四、西周的治边思想及其法律

（一）"普天之下，莫非王土"：法律的逻辑起点

中国古代文化的特点是讲究天人关系，中国古代边疆观的逻辑起点在于此，从"普天之下，莫非王土"到"率土之滨，莫非王臣"之间有一内在的逻辑关联。

首先，所谓"普天之下，莫非王土"非自高自大，而是因为古人有圣贤学说，有天命学说，此二种学说都是超越人事的学说，更不用说限于一"国"。"天子"的历史来自古代圣贤的诞生，古代圣贤是最早知道天命之人，也是最有知识权威的世俗领袖，在中国古代他们还一直是精神领袖。尧、舜、禹、汤、文、武是一个领袖人群，由于他们知天命、人事且治世有方，成为后世遵从的对象。而后世所谓的"天子"，只是承袭天命，而非知天命之人。在理论上，尽管后世的"天子"

---

① （明）严从简：《殊域周咨录·殊域周咨录题词》，中华书局 1993 年版，第 3 页。

只是承天之命,但是他们仍然是受天之命,自然拥有天下之地,故而"莫非王土","有天下之民,故而莫非王臣"。因此,其治理天下之法实为治世之法,非仅仅治一"国"之法。

其次,中国古代治世之法,其逻辑起点从一开始就具有普适性,起源于对社会生活前提下的人性定位。治世之法起于民性,而不管是边疆或内地,不分族群和"国"。民性者,自然人性之谓,中国古人认为性情通达,社会自然和谐。对此,古籍中不论何种著作,皆以此为论。现以《逸周书·度训解》为例,对其中关于治边的法律逻辑起点作一分析。

第一,"远迩备极,终也慎微"。《逸周书》开篇为《度训解》,《度训解》有云:"天生民而制其度。度大小以正,权轻重以极,明本末以立中。立中以补损,补损以知足。爵以明等级,极以正民。正中外以成命,正上下以顺政。政以内外,外与自迩,弥与自远。远迩备极,终也慎微。"制度的产生"终也慎微","慎微"当是中国古代制度理论的终点,也应是其起点。

第二,慎微者,微在人性。这是认为人性好恶也是犯罪的根源。那么何为"慎微"?"慎"什么"微"呢? 所谓"微",实是指人性和民性,认为人有好恶之性,《度训解》云:"凡民生而有好有恶。小得其所好则喜,大得其所好则乐;小遭其所恶则忧,大遭其所恶则哀。凡民之所好恶,生物是好,死物是恶。"但是民至有好而不让,不从其所好,必犯法,故又云:"民至有好而不让。不从其所好,必犯法,无以事上。民至有恶不让。不去其所恶,必犯法,无以事上。遍行于此,尚有顽民,而况曰不去其恶而从其所好,民能居乎? 若不强力,何以求之?"因之,同古希腊大师们的"法理学"始于人性一样,中国古代法理起源于"慎微"。所谓"慎微",乃是慎"人性"、"民性"之微。其犯罪学的逻辑是考究人性,而知民性;考研民性,而知民之好恶;考民之好恶,而知其争让;力争则无让,不让则犯法。显然,这是从人性好恶的角度,而不是从族群区分的角度来谈法律起点。而单纯从人性好恶的角度出发构建的法理在古人看来应当是有普适性的。

第三,力争则力政,无让则无礼。民争而不让,就会犯法;"国"争而不让,就会出现"力政"。《度训解》云:"力争则力政,力政则无让,无让则无礼。无礼,虽得所好,民乐乎? 若不乐,乃所恶也。"意思是"力争"、"力政"的结果是整个社会将处于"无礼"的状态。在这样的社会中生活,即使是得到了一些实利,人们也不会感到快乐的,不感到快乐必然就会再起争夺,由此形成恶性循环,此才是真正的不快乐。陈逢衡云："若不乐则民生不遂，而起争夺，是乃所以恶也。"对这种因为人性而可能出现的社会"恶性循环"状态的极力避免，正是中国古代法律文化中一直坚持避免出现"力政"的理由。

第四，恶其乱也，敬微顺分。《度训解》云："凡民不忍好恶，不能分次；不次则夺，夺则战；战则何以养老幼，何以救痛疾死丧，何以胥役也？明王是以极等以断好恶。……明王是以敬微而顺分。分次以和和，知和以知乐，知乐以知哀。哀乐以知慧，内外以知人。"所谓"不能分次"，是不能分次治之，分资财以相助，言无度也。朱右曾释云："明等极制法度，而教之以礼也。"《荀子·王制篇》云："先王恶其乱也，故制礼以分之。"因此，圣贤明等级以断好恶，且"居敬如一"，教之以敬微顺分，中和适度，如此才能"正中外以成命，正上下以顺政。政以内外，外与自迩，弥与自远，远迩备极"。

从"恶其乱"到"敬微顺分"、"分次治之"、"明等极制法度"，再到"远迩备极"，中国古代法文化的治世之道已成。这其中也包含了明确次序等级、定分止争的政治逻辑，对内百官上下次分等级，对外亦是"五服"观的理论基础。

（二）西周的国势及其对周边的治法

《逸周书·周书序》中概括了周朝的各类治国之道，其中也有一些是与周边治法有关的。按照《逸周书·周书序》的说法，西周的国风是周文王针对商纣虐政而奠定的。

为了"将弘道以弼无道"，周文王作《度训》；为了"教民不知极，将明道极，以移其俗"，作《命训》；为了克服"纣作淫乱，民散无性习常，文王惠和，化服之"，作《常训》；为了"论典以匡谬"，作《刘法》；"维美公命于文王，修身观天以谋商难，作《保开》；文王训乎武王以繁害之戒，作《八繁》；文王在鄷，命周公谋商难，作《鄷保》；文启谋乎后嗣，以修身敬戒，作《大开》、《小开》二篇"；针对周边异族，"文王立，西距昆夷，北备猃狁，谋武以昭威怀，作《武称》；武以禁暴，文以绥德，大圣允兼，作《允文》"；"文王告武王以序德之行"，作《文传》；"文王既没，武王嗣位，告周公禁五戒"，作《柔武》，如此，以命训的方式成周代文教制度之原则。

武王建立周朝，对于商代旧臣采取宽容德化的政策，其中以对待箕子的态度最为典型。"武王既释箕子囚，俾民辟宁之以王，作《箕子》"，不仅如此，还向箕子求治国之道，遂有宪法性质的《洪范》；对于诸侯亦有"武王命商王之诸侯绥定厥邦,申义告之,作《商誓》"。成王即位,周公辅政,有管蔡之乱,周公讨之,周公开始制订周朝制度,于是"周道于是乎大备"。

> 三年而毕定,故初作《大诰》,次作《微子之命》,次《归禾》,次《嘉禾》,次《康诰》、《酒诰》、《梓材》,其事在周公之篇。周公行政七年,成王长,周公反政成王,北面就群臣之位。①

制订礼法,又成《明堂》、《王会》之制,《礼记·明堂位》云:"(周公)六年朝诸侯于明堂,制礼作乐。"②《逸周书·周书序》云:"周公将致政成王,朝诸侯于明堂,作《明堂》。"③"周室既宁,八方会同,各以其职来献,欲垂法厥后,作《王会》。"④

除此之外,为便于四方朝贡,还营建中央都城,《史记·周本纪》云:"使召公复营洛邑,如武王之意。周公复卜申视,卒营筑,居九鼎焉。曰:'此天下之中,四方入贡道里均。'"⑤

又作《召诰》、《洛诰》,这些都是周朝"治边"之礼法,此一时期对于东边的淮夷不仅有文治,尚有武功。"召公为保,周公为师,东伐淮夷,残奄,迁其君薄姑。成王自奄归,在宗周,作《多方》。既绌殷命,袭淮夷,归在丰,作《周官》。兴正礼乐,度制于是改,而民和睦,颂声兴。成王既伐东夷,息慎来贺,王赐荣伯作《贿息慎》之命"。⑥

成王崩,康王即位,天下安宁,少用刑罚,出现了"刑错四十余年不用"的太平盛景。"遍告诸侯,宣告以文、武之业以申之,作《康诰》。故成康之际,天下安宁,刑错四十余年不用。康王命作策毕公分居里,成周郊,作《毕命》。康王卒,子昭王瑕立"。⑦ 想必于周边的四夷八蛮也是如此。此后周昭王之始,王道微缺,昭王南巡狩,不返,卒于江上,随后王道衰微。

"穆王即位,春秋已五十矣。王道衰微,穆王闵文武之道缺,乃命伯臦申诫

① 《史记》卷四《周本纪》,第96页。
② (清)孙诒让撰,王文锦、陈玉霞点校:《周礼正义》卷六三《职方氏》,第2638页。
③ 黄怀信修订,李学勤审定:《逸周书汇校集注》下册,第1133页。
④ 同上书,第1134页。
⑤ 《史记》卷四《周本纪》,第97页。
⑥ 同上。
⑦ 同上书,第97—98页。

太仆国之政,作《冏命》。复宁"。① 虽然在周成王时期,"周道于是乎大备",但是这时对于边夷的礼法制度并未真正成形,周穆王时期面临的形势是司马迁《史记》中所说的"王道衰微",《逸周书》也说"王化虽弛",但是仍然"天命方永,四夷八蛮,攸尊王政",因此,"作《职方》"。② 所谓"职方",潘振云注:"职,主也。方,四方也。"应当说周穆王时《职方》的制订是西周治边制度真正形成的标志。③

西周有"职方氏",为官名且是世官,职方氏掌管天下地图(如同汉代司空的职责),辨别邦国(诸侯之国)、都鄙(邦国的采地)、四夷、八蛮、七闽、九貉、五戎、六狄人民,与其财用九谷六畜之数。《周礼正义》引卢注云:"四夷、八蛮、七闽、九貉、五戎、六狄,此周所服四海其种落之数也。"④这也可以理解为周朝的"边疆"。职方在当时是一重要的机构,西周有司马,司马主内,职方主外。贾疏云:"司马主九畿,职方制其贡,官尊而人多,以主天下人民贡赋之事繁。"⑤

由于"职方"管理四方的事务繁多,因此其机构中职位亦多,《逸周书·职方解》引陈逢衡云:"《周官》职方氏中大夫四人,下大夫八人,中士十有六人,府四人,史十有六人,胥十有六人,徒百有六十人。"⑥

之所以在周穆王时设立"职方"这一机构,潘振云认为是"穆王既闻《史记》之要戒,天下之形势不可以不知也"。⑦ 这里所谓的《史记》,是指周穆王晚年的自悔自警之作。有此自悔之文,自然力图振作,但与当时"王道衰微"、"王化虽弛"而尤其需要加强对"四方"治理有关。周穆王时期,穆王不仅设"职方",征犬戎,作《冏命》,作《史记》,作《甫刑》,还巡狩西方,对于周边地区的治理已不仅束之以"王会",而且还修之以兵戎、刑罚。当时穆王将征伐犬戎,臣子祭公谋父对周穆王进谏,反对穆王征讨犬戎。祭公谋父是周公之后,祭是地名,为祭城,在河南,属畿内之国;谋父是其名,谋父有封国,又是周王的卿士。在祭公谋父的谏辞中,其向穆王全面回顾和阐述了西周先王治国的传统文武之道,这一谏辞在《国语》和《史记》中皆有记载,现以《史记》本录之:

---

① 《史记》卷四《周本纪》,第98页。
② 黄怀信修订,李学勤审定:《逸周书汇校集注》,第1135页。
③ 同上书,第973页。
④ (清)孙诒让撰,王文锦、陈玉霞点校:《周礼正义》卷六三《夏官·职方氏》,第2638页。
⑤ 黄怀信修订,李学勤审定:《逸周书汇校集注》,第975页。
⑥ 同上。
⑦ 同上书,第972页。

　　穆王将征犬戎,祭公谋父谏曰:"不可。先王耀德不观兵。夫兵戢而时动,动则威,观则玩,玩则无震。是故周文公之颂曰:'载戢干戈,载櫜弓矢,我求懿德,肆于时夏,允王保之。'先王之于民也,茂正其德而厚其性,阜其财求而利其器用,明利害之乡,以文修之,使之务利而辟害,怀德而畏威,故能保世以滋大。昔我先王世后稷以服事虞、夏。及夏之衰也,弃稷不务,我先王不窋用失其官,而自窜于戎狄之间。不敢怠业,时序其德,遵修其绪,修其训典,朝夕恪勤,守以敦笃,奉以忠信。奕世载德,不忝前人。至于文王、武王,昭前之光明而加之以慈和,事神保民,无不欣喜。商王帝辛大恶于民,庶民不忍,䜣载武王,以致戎于商牧。是故先王非务武也,勤恤民隐而除其害也。夫先王之制,邦内甸服,邦外侯服,侯卫宾服,夷蛮要服,戎翟荒服。甸服者祭,侯服者祀,宾服者享,要服者贡,荒服者王。日祭,月祀,时享,岁贡,终王。先王之顺祀也,有不祭则修意,有不祀则修言,有不享则修文,有不贡则修名,有不王则修德,序成而有不至则修刑。于是有刑不祭,伐不祀,征不享,让不贡,告不王。于是有刑罚之辟,有攻伐之兵,有征讨之备,有威让之命,有文告之辞。布令陈辞而有不至,则增修于德,无勤民于远。是以近无不听,远无不服。今自大毕、伯士之终也,犬戎氏以其职来王,天子曰:'予必以不享征之,且观之兵。'无乃废先王之训,而王几顿乎? 吾闻犬戎树敦,率旧德而守终纯固,其有以御我矣。"[①]

祭公谋父的这段谏辞可以归之如下:

(1) 先王对于邦国、都鄙的基本治道在于"先王耀德不观兵",即布施恩德而不轻易用兵。

(2) 先王对于邦国、都鄙的基本封建制度:"夫先王之制,邦内甸服,邦外侯服,侯卫宾服,夷蛮要服,戎翟荒服。甸服者祭,侯服者祀,宾服者享,要服者贡,荒服者王。"

(3) 先王对于邦国、都鄙治法的基本原则:"日祭,月祀,时享,岁贡,终王。先王之顺祀也,有不祭则修意,有不祀则修言,有不享则修文,有不贡则修名,有不王则修德,序成而有不至则修刑。"这里的"终王",韦昭曰:"王,王事天子也,《诗》曰'莫敢不来王'。"不来王者,则修德,韦昭曰:"远人不服,则修文德以来

之。"为此才说先王对于远方都鄙"布令陈辞而有不至,则增修于德,无勤民于远"。而所谓"序成而有不至则修刑"是何意呢？韦昭曰："序成,谓上五者次序已成,有不至则有刑罚也。"①

（4）先王治理邦国、都鄙的手段："刑不祭,伐不祀,征不享,让不贡,告不王。于是有刑罚之辟,有攻伐之兵,有征讨之备,有威让之命,有文告之辞。"即是根据不同的具体情况,运用"刑"、"伐"、"征"、"让"、"告",手段多样。

因此祭公谋父谏言的基本观点是"先王耀德不观兵",也说明了"刑"、"伐"、"征"、"让"、"告"手段的适用情况,谋父认为自从犬戎氏的两个君主大毕、伯士死后,犬戎氏也是经常以其职来王,没有必要去征讨。穆王则认为"以不享征之,且观之兵",于是"王遂征之,得四白狼四白鹿以归。自是荒服者不至"。② 这是说穆王征讨犬戎,虽然得胜以归,但其结果却是从此以后"荒服者不至"。

此外,周穆王时期,对于四方诸侯不仅用"王会"、"朝贡"等"礼"的手段,而且也用"刑辟"之罚,上面说"序成而有不至则修刑",因此可以认为,《甫刑》的产生,很大程度上是为了治理四方诸侯而制订的。

> 诸侯有不睦者,甫侯言于王,作修刑辟。王曰："吁,来！有国有土,告汝祥刑。在今尔安百姓,何择非其人,何敬非其刑,何居非其宜与？两造具备,师听五辞。五辞简信,正于五刑。五刑不简,正于五罚。五罚不服,正于五过。五过之疵,官狱内狱,阅实其罪,惟钧其过。五刑之疑有赦,五罚之疑有赦,其审克之。简信有众,惟讯有稽。无简不疑,共严天威。黥辟疑赦,其罚百率,阅实其罪。劓辟疑赦,其罚倍洒,阅实其罪。膑辟疑赦,其罚倍差,阅实其罪。宫辟疑赦,其罚五百率,阅实其罪。大辟疑赦,其罚千率,阅实其罪。墨罚之属千,劓罚之属千,膑罚之属五百,宫罚之属三百,大辟之罚其属二百：五刑之属三千。"命曰《甫刑》。③

从以上描述的情况看,《甫刑》的制订是因为"诸侯有不睦者,甫侯言于王,作修刑辟"。《甫刑》的内容显然十分具体,内中有"五辞"、"五刑"、"五罚"、"五过",尤其突出了一个"疑"字和一个"赦"字,足见《甫刑》之宽,体现了西周"慎

---

① 《史记》卷四《周本纪》,第100页。
② 同上书,第99页。
③ 同上书,第100—101页。

刑"的传统。西周在武王、成王、康王、昭王时期,虽然也有动乱,但国势总体较好。边境最忌者一直是犬戎,但也多是"耀德不观兵",穆王有雄主之志,一反其先王于四方戎狄以"耀德"为主的做法而用兵刑,大有重新整顿天下秩序的气势。

周穆王之后,经共王、懿王、孝王、夷王,周王室逐渐衰落。到周厉王时,厉王无道,国人作难,厉王出奔到彘,共国(卫州共城县)之共伯"干王位"。共伯名和,好行仁义,诸侯贤之。诸侯奉和以行王政,号"共和"元年,这是"共和"一词的来源。十四年,厉王死于彘,周宣王即位,"修文武成康之遗风,诸侯复宗周"。周宣王不从虢文公之谏,"不修籍于千亩"。三十九年,王师败于姜氏之戎。至周幽王,用石父为卿,国人怨恨。又废申后,申侯怒,与缯、西夷太戎杀幽王于骊山下。为避西戎,平王东迁洛邑,周室衰微失控,诸侯之间开始以强并弱,"齐、楚、秦、晋始大,政由方伯"。① 从此"政由方伯"的春秋时代便到来。

(三)《诗经》: 揉此万邦,纲纪四方

周朝初世同样面临夷狄骚扰,并有针对"边疆"的政策和法律。周为后稷之后,善农事。周的历史来自"夏后氏政衰,去稷不务",后稷有子不窋,"不窋以失其官而奔戎狄之间"。②《诗经》描述了周人初期在戎狄之间的生活是"陶复陶穴,未有家室",③周人奔居于戎狄之间,自然了解其中的差别。古公之时,迁居来到岐山之下、周原之地,"于是古公乃贬戎狄之俗,而营筑城郭宫屋",④是不为戎狄所化的。古公仁,旁国"亦多归之"。从古公"作五官有司",⑤一直到周文王"盖受命之年称王而断虞芮之讼",⑥由此文王解决了古虞国和芮国之间的土地之争,进而"改法度,制正朔矣"。⑦ 而"西伯阴行善,诸侯皆来决平。于是虞芮之人有狱不能决,乃如周。入界,耕者皆让畔,民俗皆让长",⑧建立了文法纲纪。

---

① 《史记》卷四《周本纪》,第 108 页。
② 同上书,第 82 页。
③ 《诗经·绵》。
④ 《史记》卷四《周本纪》,第 83 页。
⑤ 同上。
⑥ 同上书,第 86 页。
⑦ 同上书,第 87 页。
⑧ 同上书,第 85 页。

如《诗经》所述，文王之世，文王得上天之佑，受命于天，"周虽旧邦，其命维新"，"文王陟降，在帝左右"，"上帝即命，侯于周服"。① 这是想说明周的使命，是注定要"受禄无丧，奄有四方"而统一天下疆域的。还强调文王用亲附贤，有良臣辅佐，有猛将御敌，"予曰有疏附，予曰有先后，予曰有奔奏，予曰有御侮"②；强调周部落建设城池宗庙，疏清交通，而夷狄败走，"柞棫拔矣，行道兑矣。混夷駾矣，维其喙矣"；强调文王怀上苍之德，四方归顺，"维此文王，小心翼翼。昭事上帝，聿怀多福。厥德不回，以受方国"③；强调周王多有文教且施纲纪于四方，"追琢其章，金玉其相。勉勉我王，纲纪四方"。④

此外，又说文王之世得上帝天命，讨伐崇国，"攸馘安安"，俘敌无数，割敌左耳成串，从此有了"四方以无侮"、"四方以无拂"的局面。⑤ 虽然如此，但是奉上帝之命训，并不仅仅依赖武力和刑罚，"帝谓文王：予怀明德，不大声以色，不长夏以革"。⑥ 从《诗经》这些描述看，周初之时，已经建国拓土，开拓交通，对待"四方"族群已有"纲纪"，并使用了"馘"这样的刑罚。

武王之时，道德政治的特点十分明显，武王自己也率先垂范，同文王一样成为"孝"这一道德准则的模范，"成王之孚，下土之式。永言孝思，孝思维则"。⑦ 由于文、武治国皆奉上天之德，因此有了"受天之祜，四方来贺"的局面。⑧ 到成王之世，国泰民安，政教法纪清明，"威仪抑抑，德青秩秩"。⑨ 同时也有效地用礼仪规范、管理着四方之国，《假乐》中多描述周成王时德化和谐的景象："受福五疆，四方之纲。"⑩"之纲之纪，燕及朋友。"⑪四方皆以宗周为准则："有冯有翼，有孝有德，以引以翼。岂弟君子，四方为则。"⑫"中国"之义正是在于"四方为则"，"四方为则"表明宗周成为相对于"四方"的政治文化中心，故以"中国"自居。正如《民劳》中所歌颂的那样，这样的治理模式我们可以归结为"内惠外绥"。

---

① 《诗经·文王》。
② 《诗经·绵》。
③ 《诗经·大明》。
④ 《诗经·绵》。
⑤ 《诗经·皇矣》。
⑥ 同上。
⑦ 《诗经·下武》。
⑧ 同上。
⑨ 《诗经·假乐》。
⑩ 同上。
⑪ 同上。
⑫ 同上。

　　所谓"内惠",是指勤政爱民,"民亦劳止,汔可小康","民亦劳止,汔可小息","惠此中国,以为民逑","惠此中国,俾民忧泄",[1]加惠于周王土的人民;同时严肃法纪,惩治奸宄,"无纵诡随,以谨无良","无纵诡随,以谨罔极","无纵诡随,以谨丑厉","无纵诡随,以谨缱绻","式遏寇虐,无俾正反",以爱民之心、严肃法纪来治理好内部。所谓"外绥",是指"中国"要做出榜样,以此"柔远能迩",[2]用安远而亲近的模式来安定四方。

　　除"惠此中国,以绥四方"之外,又有"惠此京师,以绥四国",四方安定方能够"以定我王"。如果用后来孔子的话说就是"近者说(悦),远者来"。[3] 西周时期的治人观念中,有贤人、百姓、诸侯、宗亲、宗子,如《诗经·大雅·板》所言:"价人维藩,大师维垣,大邦维屏,大宗维翰,怀德维宁,宗子维城。无俾城坏,无独斯畏。"这是说贤人是国家的篱笆,百姓是国家的围墙,诸侯是国家的屏障,宗亲是国家的栋梁。认为君王若能够抑制自己,从贤人之上策,保持德行端正,四方就会安定,"无竞维人,四方其训之。有觉德行,四国顺之"。[4] 比如申侯和甫侯就是国家的屏障,"维申及甫,维周之翰。四国于蕃,四方于宣"。又如周宣王时,作为诸侯的申伯奉命治理南方,"登是南邦,世执其功","申伯之德,柔惠且直。揉此万邦,闻于四国"。[5] 这些都反映了周朝治天下是本着安人必先治己的思想,认为如此国家根基才能牢固,否则"内奰于中国,覃及鬼方",[6]如果国内的怒气已弥漫,就连远邦(鬼方)也难以忍受。

　　周成王时期,虽然周公旦"制礼作乐"、"庸民孔易",强调德化为本,但同时也十分重视法制,体现了以德为本、文武(刑)之道并用的特点。

　　《诗经·大雅·板》:"民之多辟,无自立辟。"认为百姓之中多有邪僻,是因为立法有了问题,这些都说明西周之世奉行的是贵德、重法、安和的治理路线。周宣王时期,也发动了一些平定四方叛乱的战争,如周宣王命韩侯治理韩城边土,继承祖业,统一百蛮,广征北国,修建城池,"以先祖受命,因时百蛮","奄受北国,因以其伯";[7]又如征讨淮夷,"江汉浮浮,武夫滔滔","匪安匪游,淮夷来

---

① 《诗经·民劳》。
② 同上。
③ 《论语·子路》:"叶公问政。子曰:'近者说(悦),远者来。'"
④ 《诗经·抑》。
⑤ 《诗经·崧高》。
⑥ 《诗经·荡》。
⑦ 《诗经·韩奕》。

求"，"匪安匪舒，淮夷来铺"；①又如，命召虎"式辟四方，彻我疆土"，在他的治理下，"于疆于理，至于南海"；②又征讨作乱的徐国，王师所至，"徐方绎骚，震惊徐方"，陈军淮水，获俘无数，徐国归顺。

《诗经》描述的西周局面大抵如此。文武成康之风，多为德化与征伐并举，同时也使用刑罚。在成康之际，天下安宁，刑措四十余年不用，总体上王朝是一盛世，故有"明堂之会"的王会之法，王会之法可谓"以礼治边"。

(四)"明堂王会"与《王会》之法

"王会之法"后来成为中央王朝确立其宗主权的重要政治仪式。如同夏商一样，西周通过"王会"来治理四方，王会制度恐怕是原始祭会制度的放大。

王会之制在于"同"，《周易》中的许多话都提到了"同"，比如《同人》卦有："同人于野"，《同人》初九"同人于门"，《同人》六二"同人于宗"，《同人》上九"同人于郊"。③ 又如《序卦》传中有："与人同者物必归焉，故受之以大有。"④郭沫若认为这些都是描述原始时期的政治聚会："恐怕就是当时的评议会。"⑤《周易》中还描述了当时聚会的情况，"国之大事在祭与戎"。《萃卦》初六的"有孚不终，乃乱乃萃，若号，一握为笑"；⑥《同人》九五："同人先号咷而后笑，大师克相遇。"⑦这是说因战事而聚会，因战况不同，人们号咷而后笑。也有说到异族的，《同人》九三："伏戎于莽，升其高陵，三岁不兴"。⑧ 聚会除讨论战争外，还有祭祀、赏罚和选举。关于祭祀，《萃卦》初六："萃：亨。王假有庙，利见大人。"⑨关于选举爵禄，《萃卦》初六有："利见大人……萃有位。"⑩关于赏罚，《未济》九四有："震用伐鬼方，三年有赏于大国。"⑪《随卦》上六有："拘系之，乃从维之，王用

---

① 《诗经·江汉》。
② 同上。
③ （宋）朱熹撰，柯誉整理：《周易本义》，中央编译出版社2010年版，第60—62页。
④ 同上书，第215页。
⑤ 郭沫若：《中国古代社会》，第34页。
⑥ （宋）朱熹撰，柯誉整理：《周易本义》，第134页。
⑦ 同上书，第62页。
⑧ 同上书，第61页。
⑨ 同上书，第133页。
⑩ 同上书，第134—135页。
⑪ 同上书，第178页。

享于西山。"以及五刑等内容。①

西周初年,周公摄政时有"明堂王会"。西周初年"明堂王会"的结果是"制礼作乐,颁度量,而天下大服",《逸周书·明堂解》言其盛况如此:

> 周公摄政君天下,弭乱六年而天下大治,乃会方国诸侯于宗周,大朝诸侯明堂之位。天子之位,负斧依,南面立。率公卿士,侍于左右。三公之位,中阶之前,北面东上。诸侯之位,阼阶之东,西面北上。诸伯之位,西阶之西,东面北上。诸子之位,门内之东,北面东上。诸男之位,门内之西,北面东上。九夷之国,东门之外,西面北上。八蛮之国,南门之外,北面东上。六戎之国,西门之外,东面南上。五狄之国,北门之外,南面东上。四塞九采之国,世告至者,应门之外,北面东上。宗周明堂之位也。

> 明堂,明诸侯之尊卑也,故周公建焉,而朝诸侯于明堂之位。制礼作乐,颁度量,而天下大服,万国各致其方贿。②

所谓"弭乱",是指周公通过一系列的治理,解除了武庚、奄、徐人、淮夷之叛,在稳定"四方",实现天下大治后,在镐京"会方国诸侯于宗周",进而"制礼作乐",进一步规范尊卑及朝贡制度。从"明堂"的礼制看,当时秩序是以周天子为中心,"三公"、"侯"、"伯"、"子"、"男"居内、居上,"九夷之国"、"八蛮之国"、"六戎之国"、"五狄之国"、"四塞九采之国"居外、居下。其中"九夷之国",《尔雅疏》:"非侯甸男采,故外之也。"九夷本居"中国"东方,故站立于东门之外;八蛮站立于南门之外;六戎站立于西门之外;五狄站立于北门之外,各从其本身居住的地域方位。上述东南西北"四方"尚被视为九州之内的方国,属于要服和荒服之列。而这里说的"四塞九采之国",是指属于居九州之外的番国,其地域更远,为中国蔽塞供奉之国,居卑位,自然站立于末位。

从"明堂之会"的情况看,由尊而卑,由内向外。其外者,基本上是三个层次:公侯伯子男——夷蛮戎狄——四塞九采,这显然是当时的天下秩序,是以"宗周"为核心的"亲亲尊尊"政治地理秩序安排。若以"九州"乃是"中国"而言,居于"九州"之外的"四塞九采"才是"边"。从治边意义上看,这里更为重要的是,周公在"明堂之会"上"制礼作乐,颁度量,而天下大服,万国各致其方贿"。

---

① （宋）朱熹撰,柯誉整理:《周易本义》,第71页。
② 黄怀信修订,李学勤审定:《逸周书汇校集注·明堂解第五十五》,第710—716页。

周公制官礼，作乐章，合丈尺，一斗斛，这些礼乐度量制度强化了"四方"向"宗周"的器贡、服贡、物贡、嫔贡之类的朝贡制度。所谓"明堂之会"，显然起到了"以礼治四方"的作用。

《王会》之法属于周礼的内容之一，商纣失德而败，武王以止杀为功，于孟津会盟诸侯，牧野之师只是诛杀纣王一人而已。四方无改旧封，如此方行礼教政刑，平抚四海。商殷时期，所谓"中国"，不过是部落联盟的一种形式，在这样的情况下，通过"誓"而非"刑"的形式来安抚四方侯甸男卫，无疑是一种有效的治法。"誓"具有强制性规范的性质，《商誓》虽然曰商，实是周王之誓，本也同夏朝的《甘誓》一样。所谓"商誓"，潘振云曰：

> 誓，戒也。殷人初服，非耆德不足以固其心，爰往商邑，呼耆旧而戒之，故次之以《商誓》。……武王以止杀为功，盟津之会、牧野之师，诛一夫而已，商之百姓无罪焉。纣既死，不追罪也。而立之后，复其旧，官人、庶民各安攸处，侯甸男卫无改旧封，故《多士》曰："我不尔动，自乃邑。"使能治其礼教政刑，改纣之恶，比介于有周，而须暇之以岁月。……题曰《商誓》，盖以着纣之恶，并以见我周世有命德，实商先誓王用显西土，则我今日之告亦修商典，反商政耳。[1]

"禹会诸侯于涂山，执玉帛者万国"，禹时王会之制就已形成。后来周成王时期制订的《王会》之制，其做法是在明堂之上，天子南面而立，朝会诸侯及夷狄。《逸周书》描述了这一的秩序，兹录于下：

> 成周之会，墠上张赤帝阴羽。天子南面立，絻无繁露，朝服八十物，搢挻。唐叔、荀叔、周公在左，太公望在右，皆絻，亦无繁露，朝服七十物，搢笏，旁天子而立于堂上。堂下之右，唐公、虞公南面立焉；堂下之左，殷公、夏公立焉，皆南面，絻有繁露，朝服五十物，皆搢笏。为诸侯之有疾病者，阼阶之南，祝淮氏，荣氏次之，傈爨次之，皆西面，弥宗旁之，为诸侯有疾病者之医药所居。相者，太史鱼、大行人，皆朝服，有繁露。堂下之东面，郭叔掌为天子菜币焉，絻有繁露。内台西面正北方，应侯、曹叔伯舅、中舅，比服次之，要服次之，荒服次之；西方东面正北方，伯父，中子次之。方千里之内为

---

① 黄怀信修订，李学勤审定：《逸周书汇校集注·王会解第五十九》，第449页。

比服,方二千里之内为要服,方三千里之内为荒服,是皆朝于内者。①

潘振云曰:"王会,王合诸侯于明堂也。"后人曾追想当时的盛况,绘制"王会图",唐大沛云:"今则图已泯灭久矣,幸此篇未泯,正如《山海图》失传而《山海经》尚在。"周王室作《王会》,以规范朝聘之法,《逸周书·王会解》云:"王应麟云:周室既宁,八方会同,各以职来献,欲垂法厥世,作《王会》。"关于《王会》之法起于何时,一般说法是在周武王之时就已经有了,唐颜师古的解释是:"昔周武王时,远国入朝,太史次为《王会篇》。"②在晋《舆服制》中也提到"成王之会"。"成王之会"仅是指成王时的朝会,而不是指成王时才有"王会",故《王会解第五十九》云"愚谓成周之会在成王时","此篇非作于成王之世"。不过,西周之业虽然成于文武之时,但是兴礼法以致太平却在周公辅助成王之世,故《竹书》云:"七年,周公复政于王。三月,召康公如洛度邑。甲子,周文公诰多士于成周,遂成东都。诸侯来朝。"是说王城既已建成,周成王大会诸侯、四夷、四塞九采。

参加这次王会的有"比服",所谓"比",是亲、近、辅的意思,《易》之《比》卦取名于此。比者,先王之所以亲诸侯也,有亲密之义。惠氏《礼说》认为比服最早因于夏朝,然夏之比服亦无考,周朝之宾服即夏之比服,③"比"当为"宾",一声之转。"次宾于甸侯之外,要荒之内",④其地有千里之广,在方千里之内。还有一种说法认为"比"是训合的意思,也就是类比之意,认为"(比服)分之则为采卫,合之则为比服,故比亦为训合也",⑤意思是采服与卫服合起来就是比服。

此外,在《禹贡》中,要服之内是"绥服",以此推之,"比服"即是"绥服"。所谓"绥",有安抚之意,称之为"绥服",这是说明对"比服"的治策。如果是这样的话,比服之地大致相当于宾服、绥服以及采服与卫服、附庸之地,言其为"宾服"者,同"比"也;言其为"绥服"者,同"绥治"也;言其为"采卫"者,同"附庸"也,它们只是从不同角度得出的不同称谓。

上述比服、宾服、绥服、采服、卫服、附庸这些称谓,恰恰是指中国的"边疆"地区。从"绥服"称谓看,对于甸侯之外、要荒之内的这一地区,中央王朝一直多

① 黄怀信修订,李学勤审定:《逸周书汇校集注·王会解第五十九》,第796—810页。
② 同上书,第795页。
③ 同上书,第811页。
④ 同上。
⑤ 同上。

以亲密之、安抚之为治，这同"比服"界于华夏与夷狄之间的地理位置和文化格局是一致的。

参加这次王会的还有要服，所谓"要服"，《禹贡》："五百里要服。"《周礼·大行人》于卫服下亦云："又其外方五百里谓之要服。"要服指夷狄之近者，而"荒服者"是指要服之外的夷狄。

还有在朝中任巫祝职务的淮夷族人，祝淮氏为东方族群集团，西周时期，夷分为东夷和淮夷，夷在春秋之际融入华夏集团。这里所谓"周室既宁，八方会同"中，提到的"八方"，是指"四方四维之国"。① 所谓"四方四维之国"只是概说，在《礼记·文王世子》中有："武王曰：'西方有九国焉，君王其终抚诸！'"仅仅西方就有九国，周武王所说的"九国"，商代就存在，上海博物馆藏简文《容成氏》中称之为"九邦"。② 商朝时期"九邦"曾叛商，周文王平抚这西方九国。这意味着《王会》之法不仅针对一般诸侯，还针对"四方"乃至"八方"的夷、蛮、狄，也包括被周文王平抚的这西方九国。孔疏引"越裳来朝"之事，认为此诗作于周公摄政六年，可见当时的王会盛况，亦有"四方"、"八方"来朝。而且戴记《明堂位》篇中，也有公、侯、伯、子、男及九夷、八蛮、六戎、五狄的朝位。《逸周书》这段话中提到的祝淮氏，就是在周王朝中担任巫祝职务的东方淮夷族人。

中国古代有"九洲四海"之说。何为"四海"呢？《诗·蓼萧》序有"泽及四海"，《虞书》有"外薄四海"，《逸周书》亦有"夏成五服，外薄四海"。所谓"薄"，王应麟云："薄，迫也。九洲之外迫于四海。"何秋涛云："九洲之外谓之四海，此通义也。"所谓"夏成五服，外薄四海"，是指夏时已经有"五服"之制，且已"四海宾服"，故郑玄云："言德广之所及。"夏时既然已是如此，那么西周成王之会时，诸侯四方朝会的仪式制度已不成问题，而且显然已经十分讲究了。

（五）"王者无求"与"王者无外"：西周治边之法

1.《旅獒》中的"王者无求"与古代边疆政治话语

《尚书·旅獒》反映了西周对待四方朝贡的思想，这一思想对于后来中国古代治边思想也产生了深刻的影响。《旅獒》阐明了古代朝贡制度的政治意义，兹录如下：

---

① 黄怀信修订，李学勤审定：《逸周书汇校集注·王会解第五十九》，第 795 页。
② 马承源主编：《上海博物馆藏战国楚竹书》二，上海古籍出版社 2002 年版，第 25 页。

惟克商,遂通道于九夷八蛮。西旅厎贡厥獒,太保乃作《旅獒》,用训于王。

曰:"呜呼! 明王慎德,四夷咸宾。无有远迩,毕献方物,惟服食器用。王乃昭德之致于异姓之邦,无替厥服;分宝玉于伯叔之国,时庸展亲。人不易物,惟德其物。

德盛不狎侮。狎侮君子,罔以尽人心;狎侮小人,罔以尽其力。不役耳目,百度惟贞。玩人丧德,玩物丧志。志以道宁,言以道接。不作无益害有益,功乃成;不贵异物贱用物,民乃足。犬马非其土性不畜,珍禽奇兽,不育于国。不宝远物,则远人格;所宝惟贤,则迩人安。

呜呼! 夙夜罔或不勤。不矜细行,终累大德,为山九仞,功亏一篑。允迪兹,生民保厥居,惟乃世王。"

这说明在周武王战胜殷商之后,已经修通了通往九夷八蛮的道路,加强了彼此间的往来,因此远方的旅国才来贡献一种叫做"獒"的狗。这里《旅獒》的意思是指旅国的狗;"明王慎德,四夷咸宾",意思是有德之君王,四夷自然来归附;"无有远迩,毕献方物",意思是周武王慎敬德行,因此四夷都来贡献各自的特产。这是以旅国贡献给武王狗这件事情来说明进贡的政治意义:

一是"人不易物,惟德其物",意思是这些贡献的方物有其特殊的意义,需要用德行的眼光来看待这些贡献的物品。

二是"不宝远物,则远人格",意思是不看重远方的物品,远方的人反而会来归附。

三是"所宝惟贤,则迩人安",认为关键是要有贤德的人,才能安抚人。所谓"礼尚往来"就是要求为大国、强国者,当持善德而无骄恃之态,以此待四方之国。

这三层意思就是中国古代朝贡制度的基本政治义理,这三条于今天亦有其现实意义。当今因为市场经济的需求,对边疆地区资源进行开发,由此而引发了许多的纠纷、不满乃至群发事件,《旅獒》中阐发的这些道理至今仍然有借鉴价值。商周时期不存在所谓的"中央政权",只有一种我们可以称之为"王霸政治"的政权,周吸取商的教训,强调"明王慎德"的"王者政治",因此有"德盛不狎侮。狎侮君子,罔以尽人心;狎侮小人,罔以尽其力"的理论,并用这一理论来处理与"四方"的关系。上古有"谨小慎微"的哲学,不仅于个人,于国家治理也常奉行此道,这也是一种政治法律思想,对于边疆藩国的治理也同样如此。在《旅獒》中,强调小小方物贡献的重要性质,更在于当以慎敬之心看待方物贡献之事,故《旅獒》中最后才有"不矜细行,终累大德,为山九仞,功亏一篑"之语。

"不宝远物"而达于"王者无求","所宝惟贤"而达于"王者无外"。贡献之制当来自"王者"之道,这从中国古代对于疆域分界形势的理解可知,清人顾祖禹对疆域形势的解释亦说明了这一点。顾祖禹秉承家学,以一人之力撰《读史方舆纪要》,穷极天下形势,然在谈到"九州"分界时,其书亦云:伏羲都陈(河南陈州),神农亦都陈,又营曲阜。黄帝邑于涿鹿(涿州),为黄帝之都。少昊自穷桑(穷桑:曲阜北)登位,后从曲阜。颛帝自穷桑徙帝丘(旧濮阳城)。帝喾都亳(河南偃师)。尧始封于唐县,后迁于晋阳,及为天子,始都平阳(山西临汾)。舜都蒲阪(山西蒲州)。夏都安邑(禹始封夏伯,今河南禹州。安邑:山西解州属县),其后帝相都帝丘(旧濮阳城)。少康中兴,复还安邑。从地理上看,尧、舜、禹之都彼此相距不过二百里,且都在冀州之内。所谓"冀州",相当于清代的彰德、卫辉、怀庆三府以及辽东广宁诸卫地方,今河北、山西、河南。因此,孔氏曰:"冀州,帝都也,三面距河。"在《禹贡》中不言冀州所至,其原因是:"蔡氏曰:禹贡冀州,不言所至,盖王者无外之义。"[1]意思是说《禹贡》之所以不讲冀州的地理范围,是因为古代认为"王者无外",不需要言其所至。又:"刘氏曰:'舜分幽、并,内固王畿,外维疆索,包天下后世之虑也。'……大抵九州者,古今之通谓也。"[2]

对于疆域范围之所以"不言所至",是因为"王者无外之义",凡愿意来朝贡者,都不予限制,因此不一定要限定其疆域范围。"王者无外"还包含了在当时分封制条件下,中央王朝对于边地的态度有"但求得其人心,而不一定要得其地"的思想,这实际上是上古以来"德治"思想于边疆治理的体现。这与后来汉光武帝针对匈奴攻略一事,对臧宫、马武所说的"务广地者荒,务广德者强"是一致的:"建武三十年,人康俗阜,臧宫、马武请珍匈奴,帝报曰:'舍近而图远,劳而无功。舍远而谋近,逸而有终。务广地者荒,务广德者强。有其有者安,贪人有

---

①　(清)顾祖禹撰,贺次君、施和金点校:《读史方舆纪要》卷一《历代州域形势一》,中华书局 2005 年版,第 2 页。

②　同上书,第 1 页。

者残。'"①

广地者,不得其地而治,且治而无用;广德者,需固强其本而能使自己的声教、文化远播,后来惯用的羁縻治法也正是这一思想的体现。正如唐朝杜佑于《通典·州郡序》开篇对"羁縻"的"德"、"仁"之义的历史性解释:"天下之立国牢物尚矣,其画野分疆之制,自五帝始焉。道德远覃,四夷从化,即人为治,不求其欲,斯盖羁縻而已,宁论封域之广狭乎! 尧舜地不过数千里,东渐于海,西被流沙,朔南暨声教,五帝之至德也。武丁、成王东则江南,西氐羌,南荆蛮,北朔方,三代之大仁也。"②

因此,后来常说的"王者无外"可以追溯到《尚书·旅獒》中昭示的"王者无求","王者无求"的思想为后世所继承,后世所谓的"王者无外"、"内固王畿,外维疆索"、"务广地者荒,务广德者强"、"羁縻"这些话语,共同构成了自西周以来中国古代治理边疆的"古道",进而构成了中国对疆域素持保守主义的话语系统。

2. 中庸政治:"九经之序"与"厚往而薄来"

《中庸》中所说的"九经之序",即"凡为天下国家有九经,曰:修身也,尊贤也,亲亲也,敬大臣也,体群臣也,子庶民也,来百工也,柔远人也,怀诸侯也"。③这就是所谓的"九经"之义,我们也可以称之为"九经之治道"。所谓"经,常也","九经"即是九类治理天下国家的常道,"此列九经之目也"。在"九经"中,贯穿着关于天下、国家治理的"礼仁"思想,用的是"修"、"尊"、"亲"、"敬"、"体"、"子"、"来"、"柔"、"怀"这样的词汇。集注:"经,常也。体,谓设以身、处其地而察其心也。子,如父母之爱其子也。柔远人,所谓无忘宾旅者也。"④

所谓"九经之序",其"礼仁"所列的对象是"己身"、"贤人"、"亲友"、"大臣"、"群臣"、"庶民"、"百工"、"远人"、"诸侯",是一个"由己及外"的路线。以"礼仁"为核心概念的体系,是一个从个体人格出发,"由己及人"、"由内而外"而治理天下国家的思想路线。之所以有这样的秩序,按照宋朱熹《四书章句集注》中的解

---

① (宋)马端临撰,上海师范大学古籍研究所、华东师范大学古籍研究所点校:《文献通考》卷三二四《四裔考一》,第 8908 页。

② (唐)杜佑撰,王文锦等点校:《通典》卷第一七一《州郡一·州郡序》,中华书局 1988 年版,第 4450 页。

③ (宋)朱熹:《四书章句集注》,中华书局 1983 年版,第 29 页。

④ 同上。

释:"天下国家之本在身,故修身为九经之本。然必亲师取友,然后修身之道进,故尊贤次之。道之所进,莫先其家,故亲亲次之。由家以及朝廷,故敬大臣、体群臣次之。由朝廷以及其国,故子庶民、来百工次之。由其国以及天下,故柔远人、怀诸侯次之。此九经之序也。"①

所谓"九经之效",《中庸》相信"修身则道立,尊贤则不惑,亲亲则诸父昆弟不怨,敬大臣则不眩,体群臣士之报礼重,子庶民则百姓劝,来百工则财用足,柔远人则四方归之,怀诸侯则天下畏之"。② 为什么"柔远人则四方归之"呢? 集注:"柔远人,则天下之旅皆悦而愿出于其涂,故四方归。"③为什么"怀诸侯则天下畏之"呢? 集注:"怀诸侯,则德之所施者博,而威之所制者广矣,故曰天下畏之。"④

所谓"九经之实","九经之实"在于"一":"凡为天下国家有九经,所以行之者一也。"集注:"一者,诚也。一有不诚,则是九者皆为虚文矣,此九经之实也。"⑤因此对于四方远人,"待之诚而养之厚"。⑥ 因为在《中庸》看来,至诚之道就是天道和人道,是圣人之所以能够"不思而得"之道,是"贱货贵德"之道。

《中庸》强调以"礼仁"对待"远人"或"诸侯",所谓"送往迎来,嘉善而矜不能,所以柔远人也"。⑦ 强调要"送往迎来",是谓有礼;强调要"嘉其善而矜其不能",是谓有仁,二者就是"礼仁"的体现。所谓"送往迎来",是"往则为之授节以送之,来则丰其委积以迎之"。这里的"委积"是指财货,认为这样可以达到"柔远人,则天下之旅皆悦而愿出于其涂,故四方归"的目的。⑧ 对于"怀诸侯"的解释是:"继绝世,举废国,治乱持危,朝聘以时,厚往而薄来,所以怀诸侯也"。所谓"朝",是诸侯来见天子;所谓"聘",是诸侯使大夫来见天子。这里可见诸侯朝聘天子,"朝聘之礼"要以方物贡献天子,但这不是用于天子牟利的行政税收制度,相反,天子往往是"厚往而薄来"的态度,对于"远人","丰其委积以迎之"。所谓"厚往而薄来",是"谓燕赐厚而纳贡薄"的意思。⑨

---

① （宋）朱熹:《四书章句集注》,第 29—30 页。
② 同上书,第 30 页。
③ 同上。
④ 同上。
⑤ 同上。
⑥ 同上。
⑦ 同上。
⑧ 同上。
⑨ 同上。

　　这与上述《旅獒》讲的"不宝远物,则远人格"的思想是一致的。这一思想是"礼仁"的表现,是天子不以贡礼向"诸侯"或"远人"取利的意思。《中庸》是儒家心术,"厚往而薄来"也可能由此被人们误解成诡术,但是《中庸》关于"厚往而薄来"的前提是"诚",这与上述"九经之实"是一致的。① 所谓"九经之实",是指为国者当以诚待天下,这正是儒家在对待诸侯、远人问题上关于"厚往薄来"的理论前提。《中庸》讲"诚",讲以诚待天下、待诸侯、待远人,但是这一切是建立在"博学之,审问之,慎思之,明辨之,笃行之"之上的。② 因为"待之诚而养之厚"不是盲目的,故《中庸》云:"诚之者,择善而固执之者也。"

　　从以上分析可见,中国儒家政治强调的是以化外而不是治外的方式来面对外部世界,"九经之序"也正是后世"固本柔远"这一传统王朝边疆观的基本逻辑,亦是清代王之春《国朝柔远记》一书所表达的治外思想。

　　3. 礼与刑:对违反贡赋之礼的处罚

　　西周有周公制礼,礼是天地人伦之道,是王者之序。违反了礼,就是违反了以"道"为核心的秩序。《左传·文公十八年》"季文子使太史克对"有云:"先君周公制《周礼》曰:'则以观德,德以处事,事以度功,功以食民。'作《誓命》曰:'毁则为贼,掩贼为藏。窃贿为盗,盗器为奸。'"③

　　西周实行分封制,分封制是一种比较松散的制度,诸侯与天子的关系仿佛只是靠贡赋这样的"礼"来维持。诸侯给周天子的贡赋实际用途不外有三种可能:一是只用于"生活",二是用于维持周天子对诸侯进行统治的经济优势,三是作为诸侯在政治上臣服于王的象征。实际上诸侯的贡赋对于天子来说,更多是政治上的一种义务,也有一定的军事目的。之所以如此,原因有二。

　　一是当时封国都较小,单独一国很难闹出乱子,周王朝的统治可以通过"礼"而无需一概以"刑"的形式来治理。如管子和孟子之说,当时是以天子之地为大,封国一般面积都比较小。《管子·事语》有云:"此定壤之数也。彼天子之制,壤方千里,齐诸侯方百里,负海子七十里,男五十里,若胸臂之相使也。故准徐疾、赢不足,虽在下也,不为君忧。"④这是说天子之地大,诸侯之地小。《孟

① (宋)朱熹:《四书章句集注》,第30页。
② 同上书,第31页。
③ 《左传·文公十八年》,"季文子使太史克对",见陈成国《春秋左传校注》上,第349页。
④ 《管子》卷二二《事语第七十一》,《诸子集成》第5册,第357页。

子·万章章句下》云："天子一位，公一位，侯一位，伯一位，子男同一位，凡五等
也。……天子之制，地方千里；公侯皆方百里；伯七十里；子男五十里，凡四等。
不能五十里，不达于天子，附于诸侯，曰附庸。"①所谓"附庸"，《孟子正义》是指：
"注：小者不能达于天子，因大国以名，通曰附庸也。"②《孟子·万章章句下》又
云："大国地方百里……次国地方七十里……小国地方五十里。"③

　　由此可见当时封国之小，公侯不过有地百里，称大国；伯七十里，称次国；子
男五十里，称小国，一共三等。《管子》所谓诸侯当包括公、侯、伯三种，都是方百
里，子是一种，男是一种。孟子所说也三级制，但以公、侯为一级，伯为一级，子、
男同一级。④　不仅国小，兵亦不强，当时千乘之国已是强大国家了，一般多为五
百乘以下的国家。诸侯国小兵寡，以一国之力是难以威胁周王室的。

　　二是"以德配天"，"王者无求"。周以天道治理天下，是谓"以德配天"。西
周"以德配天"的思想培育了中国人的传统价值体系，不仅破除了夏商时期人们
对神的迷信，而且也破除了人们对于世俗权力的迷信。"以德配天"的逻辑，首
先是天有天道，天道本身具有"德"之自性，天道即是"德"本身，故才有以人道配
天道的"以德配天"之说。而西周时人们对于世俗权力的迷信在这时同样也被
破除。所谓"天子"，古称"天子"为"天王"，《绎史·皇王异说》有："《独断》：天
王，诸夏之所称，天下之所归往，故称天王。天子，夷狄之所称，父天母地，故称
天子。"⑤这里的"天王"显然是诸夏所称，"天子"之谓是夷狄所称，是针对夷狄而
言的。"天子"是天地之子，是父天母地，也并非是天本身。"天子"代表的是世
俗权力，其位不过天地父母，足以见其没有绝对神圣的属格。既然"天子""父天
母地"，自然当以"孝"言之，"孝"是"教"的本义，"文"与"孝"合乃是"教"字，故天
子之教在于文与孝，此亦是天子之"德"。因此，以"文孝"之德配天地正是天子
所为，天子之所以有资格教化万邦，也是因为天子"父天母地"，有文孝之大德。
这就破除了人们对于以"天子"为代表的世俗权力的迷信，对天子提出了作为人
子的道德要求，这正是周朝"以德配天"思想的内涵，这一思想破除了夏商时期
"天王"的神圣性和绝对性，并一直延续到清朝不变。

---

① 《孟子》卷一〇《万章章句下》，《诸子集成》第 1 册，第 399、400 页。
② 同上书，第 402 页。
③ 同上书，第 405 页。
④ 瞿同祖：《中国封建社会》，第 64 页。
⑤ （清）马骕撰，王利器整理：《绎史》卷二，第 9 页。

在国家治理方面,把"德"作为国家治理的最高价值;在人事方面,把"德"作为人们追求的最高境界。后世归之为"立功、立言、立德",立德无疑是对人事的最高评价。同样,对于法律而言,与德相比法律自然也退居其次,德与法的这一序位构成了中国古代的法律价值话语,汉代以后"德主刑辅"正是这一价值标准的体现,也是中国古代规范体系的基本概念。故天道即是"德",人道以"德"配之,如此人道与天道相合。如《墨子》所云:"天之行,广而无私,其施厚而不德,其明久而不衰,故圣人法之。既以天为法,动作有为必度于天,天之所欲则为之,天所不欲则止。"①

周朝天子与诸侯的关系中贯彻了"德"的思想,表现出一种独特的统治形式。"礼"是处理天子与诸侯关系的基本规范形式,同时辅之以法。从对这些礼的内容分析来看,仍然是以"德"为核心。对于周朝天子,诸侯有许多政治上的"礼",如诸侯以朝聘之礼以示臣服。诸侯亲自来朝,称为"朝",如鲁僖公"朝于王所"。② 而"聘"却是诸侯不亲来,但使卿大夫来,如:"穆叔如周聘。"③"齐侯使仲孙湫聘于周。"④"晋韩宣子聘于周。"⑤"晋侯使随会聘于周。"⑥

这些都只是礼,如果诸侯不来朝聘,则为有罪,当动之以法,这体现了"出礼入刑"的原则,所以孟子曰:"一不朝则贬其爵,再不朝则削其地,三不朝则六师移之。"⑦

反过来,周朝天子对诸侯也有许多"礼",如周朝天子以巡狩之礼视察疆域,以示天威,如孟子所说:"入其疆,土地辟,田野治,养老尊贤,俊杰在位,则有庆,庆以地。入其疆,土地荒芜,遗老失贤,掊克在位,则有让。"⑧天子对诸侯还有颁赐之礼,如赐祭肉之礼,《穀梁传》释曰:"天王使石尚来归脤,脤者何也? 俎实也,祭肉也。生曰'脤',熟曰'膰'。"⑨赐服饰器用之礼,周襄王赐晋定公"大辂之服,戎辂之服,彤弓一,彤矢百,玈弓矢千,秬鬯一卣,虎贲三百人,戚钺,及南阳

① 《墨子·法仪第四》。
② 陈戍国:《春秋左传校注·僖公二十八年》,第249页。
③ 同上书,第673页。
④ 同上书,第196页。
⑤ 张华清译注:《国语》卷二《周语中》。
⑥ 同上。
⑦ 《孟子·告子章句下》。
⑧ 《孟子·告子章句下》。
⑨ (清) 钟文烝撰,骈宇骞、郝淑慧点校:《春秋穀梁经传补注》卷第二十三《定公第十》,中华书局1996年版,第707页。

之田"。① 又有赐兵器之礼，如毛公鼎有"锡女兹兵"一语；赐田之礼，如"邑王赐秦、晋以邠、岐之田"；②赐命之礼，如"王使毛伯来锡鲁文公命，叔孙得臣如周拜"。③

在诸侯与周天子的关系中，诸侯纳贡应当是主动的，是义务，天子也不会向诸侯主动求财，因为这被看作是"非礼"的举动。二者之间不仅存在这样"友好互利"的仪式化模式，而且在理论上也十分注重"面子"，要符合"尊尊"的标准，因此"王者无求，求金非礼也"是贡赋之礼的原则。这里有两个"非礼"的例子：一是周天子使家父来鲁求车，二是周天子使大夫毛伯来求金。据《春秋公羊传》载：

> 十有五年，春，二月，天王使家父来求车。三月，乙未，天王崩。夏，四月，己巳，葬齐僖公。五月，郑伯突出奔蔡。④

又：

> 文公，九年，春，毛伯来求金。毛伯者何？天子之大夫也。何以不称使？当丧，未君也。逾年矣，何以谓之未君？即位矣，而未称王也。未称王，何以知其即位？以诸侯之逾年即位，亦知天子之逾年即位也。以天子三年然后称王，亦知诸侯于其封内三年称子也。逾年称公矣，则曷为于其封内三年称子？缘民臣之心，不可一日无君；缘终始之义，一年不二君，不可旷年无君；缘孝子之心，则三年不忍当也。毛伯来求金，何以书？⑤

对"周天子使家父来鲁求车"一事，孔子的评价是"王者无求"，"求非礼也"。⑥对"使毛伯来求金"一事，孔子的评价同样是"王者无求"，"求金非礼"："讥。何讥尔？王者无求，求金，非礼也。然则是王者与？曰：非也。非王者则曷为谓之（王者）王者无求？曰：是子也。继文王之体，守文王之法度。文王之法无求而求，故讥之也。"⑦此外，《穀梁传》也有同样的解释，认为这是非礼的行为，因为天子不求私财：

---

① 陈戍国：《春秋左传校注·僖公二十八年》，第 256 页。
② 《竹书纪年·晋纪》。
③ 陈戍国：《春秋左传校注·文公元年》，第 281 页。
④ 刘向慈译注：《春秋公羊传译注·桓公十五年》，第 92 页。
⑤ 刘向慈译注：《春秋公羊传译注·文公九年》，第 300 页。
⑥ 刘向慈译注：《春秋公羊传·桓公十五年》，第 92 页。
⑦ 刘向慈译注：《春秋公羊传·文公九年》，第 301 页。

"春,天王使家父来求车,非礼也。诸侯不贡车服,天子不求私财。"①

又有一例,《左传·僖公四年》载昭王南征讨伐楚国,出师之名亦是:"尔贡苞茅不入,王祭不共,无以缩酒,寡人是征。"②商周时期,天子"王畿千里",王室的粮食能够自给自足,贡献仍然是象征性的。根据相关研究,这个纳贡体系是由近而远,由驻扎在外的外服的边侯、将领、奠牧等行政领地及较为稳定的附属国负责征收运送,贡物主要是牛、羊、马,而谷物贡献极为罕见。③《穀梁传》云:"十有五年春二月,天王使家父来求车。古者诸侯时献于天子,以其国之所有,故有辞让而无征求。求车,非礼也,求金甚矣。"④这一说法应当这样来理解,而不是真的倾国之所有,贡献的多少也是按照郑国子产所说的原则来实行的。《左传·昭公十三年》云:"昔天子班贡,轻重以列。列尊贡重,周制也。卑而贡重者,甸服也。郑伯男也,而使从公侯之贡,惧弗给也,敢以为请。"⑤

在西周,封建与贡赋都是属于"礼"的,甚至可以说贡赋是礼的一种表现形式,本属于一种封建礼法制度。那个时代的周王室尚不具有直接治理这么多土地的能力,从《周官》看,可以说是封建与郡县并存。⑥ 周有"乡"、"遂"、"县"、"鄙",在其能够直接管理的范围内,实行"郡县"管理,因此在此范围内才有许多直接管理的法律,才有经常性的普法活动。⑦ 但从整个疆域格局看,西周又的确是行分封之制,可能是因为西周在建国之初,由于周王室欠了许多"人情债",本为当时众多部落之一的周部落,在周武王"孟津观兵"讨伐商纣时会集了八百诸侯才得天下的。因此,在广大疆域内实行分封也是其必然的做法,也更需要"礼"来管理这个天下。分封更像是一种委托制,诸侯有对王室缴纳贡赋及提供兵役、工役的礼法义务,同时也是一种法律关系,违反了这样的义务,必然属于

---

① (清)钟文烝撰、骈宇骞、郝淑慧点校:《春秋穀梁经传补注·桓公第二(下)》,第122页。

② 陈成国:《春秋左传校注·僖公四年》,第169页。

③ 孙亚冰、林欢:《商代地理与方国》,中国社会科学出版社2010年版,第198页附表。

④ (清)钟文烝撰、骈宇骞、郝淑慧点校:《春秋穀梁经传补注·桓公第二(下)》,第122页。

⑤ 陈成国:《春秋左传校注·昭公十三年》,第947页。

⑥ 若不受文字局限,周官亦有"乡"、"遂"、"县"、"鄙"之分,因此虽说西周是分封,但也并非全无郡县。中国历史上汉有诸王,唐有藩镇,明初有诸王,清初有三藩。此观点见郭沫若《中国古代社会研究》,第17页。

⑦ "正月之吉,始和,布治于邦国都鄙,乃县治象之法于象魏,使万民观治象,挟日而敛之"。见《周官·太宰》。除此之外,教民读法也是地方乡、遂各级官吏的日常工作。《周官·闾胥》:"凡春秋之祭祀、役政、丧纪之数,聚众庶;既比,则读法,书其敬敏任恤者"。《族师》:"月吉,则属民而读邦法。"《党正》:"四时之孟月吉日,则属民而读邦法,以纠戒之。"《州长》:"正月之吉,各属其州之民而读法,以考其德行道艺而劝之,以纠其过恶而戒之。若以岁时祭祀州社,则属其民而读法,亦如之。"

"违法"。

诸侯是以由亲到疏、由近至远来划定和分封的，从上古至少是从夏以来形成的贡赋法扩大和彰显了"礼"的内容和作用。"禹别九州"，"任土贡赋"。一如《国语·周语上》祭公谋父所说的"要服"、"荒服"显然不属于"华夏"的范围，虽然《国语·周语上》有"戎狄荒服"之说，也有"终王"的义务，但是在当时并不被认为可以列于王室，他们在周王室正式的仪式上没有位置："夫狄无列于王室。"①又说："狄，豺狼之德也。"②"狄，封豕豺狼也，不可厌也。"③又如晋侯使随会聘于周，周定王用"肴烝"而不是"全牲"招待随会，时周定王云："夫戎、狄，冒没轻儳，贪而不让。其血气不治，若禽兽焉。其适来班贡，不俟馨香嘉味，故坐诸门外，而使舌人体委与之。"④周襄王十三年，周襄王因故准备借戎狄之力讨伐郑国，富辰反对说如果借戎狄之力，则是"章怨外利，不义；弃亲即狄，不祥；以怨报德，不仁"。⑤ 这是说不能"弃亲即狄"，华夷内外有别。

"封建"之意不仅体现于封土，更体现于封号。封号之意义在于受封者对周王室的臣服，礼的色彩更加浓厚。与"刑"和后来的"律"相比，在"礼"这一概念中，本有相当强的"软法"属性。"礼"的这一属性使得它可以跨越疆域，而实现"普天之下，莫非王土"的政治理想，这也是后世惯常的治边之法。

但是，这些史料同时表明，凡违反了贡献之礼，已经是"出礼入刑"了。西周鲁僖公时齐侯以诸侯之师伐楚，楚人质问兴师问罪的理由。齐相管仲仍然是以楚不贡苞茅于王室，致使王室不能酿酒以祭祀为由，而且楚人也自知其罪，因此对曰："贡之不入，寡君之罪也。敢不共给。"⑥诸侯有其义务，这些义务是礼的范畴，也是刑的范畴，其原则仍然是"出礼而入刑"。

此外，为王室筑城、戍卫也是诸侯之礼，违反了它也同样要治罪。周王室虽是权力的中心，但是它的地理位置靠近戎狄，周敬王时因周室乱劳诸侯久戍，遣使臣富辛、石张到晋国去劝晋侯集合诸侯"城周城"，晋人范宣子与魏献子商议道："与其戍周，不如城之。天子实云，虽有后事，晋勿与知可也。从王命以纾诸

---

① 张华清译注：《国语》卷二《周语中·富辰谏襄王以狄伐郑及以狄女为后》，第 38 页。
② 同上。
③ 同上。
④ 张华清译注：《国语》卷二《周语中·定王论不用全烝之故》，第 52 页。
⑤ 张华清译注：《国语》卷二《周语中·富辰谏襄王以狄伐郑及以狄女为后》，第 37 页。
⑥ 陈成国：《春秋左传校注·僖公四年》，第 169 页。

侯,晋国无忧,是之不务,而又焉从事?"①认为修好了周王室的城池,晋国就可以撤回戍周之兵,于是魏献子派使伯音复命道:"天子有命,敢不奉承以奔告于诸侯;迟速衰序,如是焉在。"②如果诸侯违抗命令,不肯任役出财力,便属抗天子命、不勤王室而犯罪。宋仲几不肯任役,致触怒士弥牟,而将他捕送京师治罪。③《公羊传》有:"三月,晋人执宋仲几于京师,仲几之罪何? 不蒉城也。"这与晋国回答王使"天子之命,敢不奉承"的语气相合,可以想见这当是诸侯的"不役之罪"。

五、夏商周:"大司寇"、"方氏"与 "行人"及其职掌

中国古代针对四方族群的管理机构属于"九卿"之一。"九卿"之制,自国家时代就已有之,早在夏之时就有"九卿",商、周、秦、汉及此后各朝多有此官制传统。"九卿"制中管理边疆的机构最早只是掌管礼仪,因为最早所谓"对民族的管理机构"不过只是司礼的性质。夏、商虽有"九卿"制,然由于夏、商之礼皆不足征考,故不为人所知。西周分封之制最需要礼法,通过礼对"地方"进行控制,因此"九卿"之中的掌礼机构自然显得十分重要。《通志》有"夏制九卿"之说,也有"商亦九卿"之说。"记曰:'夏后氏官百。'天子有三公九卿也,亦有六卿。商、周亦然"。商朝伊尹曰:"三公调阴阳,九卿通寒暑。"④虽然夏、商有九卿之说,但语焉不详。

至周朝,从《周礼》看官制已然详备,与本题相关的有"大司寇",并出现了"方氏"与"行人"官职。《周礼》中的"方氏"有"职方氏"、"怀方氏"、"合方氏"、"训方氏"、"形方氏";《周礼》中的"行人"有"大行人"、"小行人",另有相关的"撢人掌"。

(一)"大司寇"

"大司寇"总揽天下治法之典,掌握包括边地封国在内的基本法制方略。

---

① 陈戍国:《春秋左传校注·昭公三十二年》下,第 1124 页。
② 同上。
③ 《公羊传·定公元年》云:"仲几之罪何? 不蒉城也。"刘向慈译注:《春秋公羊传译注》,第 580 页。
④ (宋)郑樵:《通志·二十略·诸卿第七》,中华书局 1995 年,第 1077 页。

大司寇之职，掌建邦之三典，以佐王刑邦国，诘四方。一曰刑新国用轻典，二曰刑平国用中典，三曰刑乱国用重典。以五刑纠万民，一曰野刑，上功纠力；二曰军刑，上命纠守；三曰乡刑，上德纠孝；四曰官刑，上能纠职；五曰国刑，上愿纠暴。以圜土聚教罢民，凡害人者，实之圜土而施职事焉，以明刑耻之。其能改者，反于中国，不齿三年。①

所谓"典"，是"法"的意思。"大司寇"掌握着治理天下的基本法制方针和原则。所谓"三典"的法制方针，是指对于新辟地立君之国，用较轻的法律对其进行治理，这是因为当地人民尚未习于教化的缘故。贾疏云："此言国既新定，其民素未习于教令，不可骤相督禁，故用轻法，以使之渐化也。"②西周初期确立这样的法制方针，是因为周边尚有一些"新国"，周法也未完备，又新诛三监，新诛之国就是"新国"，因此法律务在尚宽，以安天下。所谓"刑平国用中典"，"平国"是指"承平守成之国"，对于这样的封国，用"常行之法"，即是"行平邦用中典者也"。所谓"刑乱国用重典"，是指对"篡弑叛逆之国"，用重法而治之，因其国政教大乱，人民亦化而为恶，古代有兵刑同源的传统，因此用重典，故贾疏云："以其化恶伐灭之。"③

上述"三典"之用因"国"而异，有因地制宜的意思，而非"因时制宜"。"三国三典"之说当与《吕刑》所说的"刑罚世轻世重"的因时制宜观有所不同。《吕刑》说："刑罚世轻世重，惟齐非齐，有伦有要。"是"言刑罚随世轻重也"。④ 较之"刑罚世轻世重"，"三国三典"之说则更偏重于地而非时。"三国三典"重在一个"国"字，"国"本是邦邑的意思，"三国三典"之意在于讲运用法律的轻重去教化不同的邦邑，尤其对那些新平定的邦邑和混乱的邦邑分别采用轻法和重法。对于边疆之地的封国，如果它们不是"其民素未习于教令"的"新国"，往往就是需要"以其化恶伐灭之"的乱国。这与中国古代传统的"怀柔"与"征伐"并用的政策是相符合的。上古华夏治法，本有"度作刑，以诘四方"的传统。如周穆王时期采用吕侯的建议，根据时势、地理而修改刑法，有"度作刑，以诘四方"之说，意

---

① （清）孙诒让撰，王文锦、陈玉霞点校：《周礼正义》卷六六《大司寇》，第 2741—2747 页。
② 同上书，第 2742 页。
③ 同上。
④ 同上。

思是:"度时世所宜训作赎刑,以治天下四方之民。"①《周礼》中"大司寇"奉行的"三国三典"法制政策正是这一做法的具体体现,"三国三典"符合"度作刑"的原则,同时也是传统的治边法制原则。

上文中有"诘四方","诘"有禁、止、责之意。所谓"诘四方",是指大司寇负有总揽天下治法之典,依据上述"三国三典"的原则,禁、止、责四方封国的职责。由此可见,《周礼》所说的大司寇以"三国三典"的原则为四方治法,也是西周时期中国治理周边之"国"的基本法制方略。

(二)"职方氏"

由于商纣的暴虐,"中国"周边王道教化已渐松弛。时周初得天下,方久而未已,尤其在周公去世以后,"王制将衰"。为加强对王朝的治理,周穆王作《祭公》和《史记》:"因祭祖不豫,询某守位,作《祭公》。穆王思保位惟难,恐贻世羞,欲自警悟,作《史记》。"②

不仅如此,周穆王也加强了对周边"九夷八蛮"的治理,制订了《职方》。《逸周书》中有《职方》,以求"通道于九夷八蛮":"王化虽弛,天命方永,四夷八蛮,攸尊王政,作《职方》。"③

周之《职方》作于何时?有两种说法,一是说作于武王时期,二是说作于穆王时期。"陈逢衡云:《职方氏》见《周礼·夏官》,盖穆王抄录以备省方之典者。或曰:王化虽弛,指商纣也;天命方永,指周初得天下也……此篇当系于武王时,亦通"。④

"职方氏"是西周的官名,"职,主也。方,四方也",⑤"职方称'氏',世官也"。⑥ "职方氏"是指主管四方邦国、九夷八蛮的官员,在当时是十分重要的职务。《逸周书·职方解》云:"职方氏掌天下之图,辨其邦国、都鄙、四夷、八蛮、七闽、九貉、五戎、六狄之人民,与其财用九谷、六畜之数要,周知其利害,乃辨九州之国,使同贯利。"这段话与《周礼·职方氏》中所述相同,都是说职方氏掌天下

---

① (汉)孔安国传,(唐)孔颖达正义:《尚书正义》卷一九《周书》,第770页。
② 黄怀信修订,李学勤审定:《逸周书汇校集注》卷一〇《周书序》,第1135页。
③ 同上。
④ 同上。
⑤ 黄怀信修订,李学勤审定:《逸周书汇校集注》卷八《职方解第六十二》,第972页。
⑥ 同上书,第975页。

舆地之图，管理诸侯国及其采地，以及四夷、八蛮、七闽、九貉、五戎、六狄人民及其财物，考察其民生异俗。具体言之，职方氏的职责是：

（1）掌天下之图，以掌天下之地

这与《周礼》中司会、大司徒掌天下之图的职责有一致。伪孔安国《尚书叙》云：“孔子述职方，以除九丘。”①可见是针对四夷、八蛮、九丘的治理而制定此官制，故《周礼正义·夏官》[疏]云：“自邦国都鄙以及四海，并辨其人民之数，则又掌天下之版……此官职掌通于天下，经举诸侯邦国及采地都鄙，而不及国中乡遂公邑等者，举外以咳内，亦辨之可知。”②

所谓“邦国”，是指诸侯之国。《诗·大雅·瞻印》：“人之云亡，邦国殄瘁。”又，“邦”字本与“封”字同义，疆域所至之地即谓之“邦”，是指封域之地。而“国”则是城郭之意，封域可以变化，城郭一般难以变化，因此两个概念是有一定区别的。古代多以“邦国”合称，西汉时由于汉人忌讳汉高祖刘邦之名，都改称“国”，而不说“邦国”，因此逐渐混淆了“国”与“邦”的原初含义。

西周时关于“邦国”的法律有“邦禁”、“邦教”、“邦成”、“邦典”。

所谓“邦禁”，是国家之禁令，系司寇之责。《尚书·周官》有：“司寇掌邦禁，诘奸慝，刑暴乱。”《孔传》有：“秋官卿主寇贼法禁，治奸慝，刑强暴作乱者。”宋曾巩《刑部尚书制》中有：“中台八座，典司邦禁。”③

所谓“邦教”，是国家之教化，系司徒之责。《尚书·周官》有“司徒掌邦教”，《孔传》：“地官卿司徒主国家教化。”南宋颜延之《皇太子释奠会作诗》：“妄先国胄，侧闻邦教。”唐韩愈《除崔群户部侍郎制》：“地官之职，邦教是先。”司徒掌邦教，因亦借指司徒。《文选·王俭〈诸渊碑文〉》：“大启南康，爰登中铉，时膺土宇，固辞邦教。”李善注：“萧子显《齐书》曰：建元元年，进位司徒侍中中书监如故，改封南康郡公，邑三千户，渊固让司徒。”刘良注：“固辞邦教，谓再让司徒也。司徒掌邦教，故云。”

所谓“邦成”，相当于判例，是处理案件的成法。《周礼·秋官·大司寇》：“凡庶民之狱讼，以邦成弊之。”郑玄注：“邦成，八成也。以官成待万民之治……郑司农曰：邦成，谓若今时决事比也。弊之，断其狱讼也。”

① 黄怀信修订，李学勤审定：《逸周书汇校集注》卷八《职方解第六十二》，第974页。
② （清）孙诒让撰，王文锦、陈玉霞点校：《周礼正义·夏官》，第2636页。
③ 蒲坚编著：《中国法制史大辞典》，北京大学出版社2014年版，第20页。

所谓"邦典",是国家的基本大法,是太宰之职。太宰掌建邦六典,管理邦国事务。《周礼·秋官·大司寇》:"凡诸侯之狱讼,以邦典定之。"郑玄注:"邦典,六典也。以六典待邦国之治。"六典的具体内容,《周礼·天官》载:

> 太宰之职,掌建邦之六典,以佐王治邦国:一曰治典,以经邦国,以治官府,以纪万民;二曰教典,以安邦国,以教官府,以扰万民;三曰礼典,以和邦国,以统百官,以谐万民;四曰政典,以平邦国,以正百官,以均万民;五曰刑典,以诘邦国,以刑百官,以纠万民;六曰事典,以富邦国,以任百官,以生万民。

后泛指国家法典。唐孙逖《送赵评事摄御史监军岭南》诗:"议狱持邦典,临戎假宪威。"金王若虚《君事实辨》:"仇天子之法而戕奉法之吏,是悖骜而凌上也。执而诛之,所以正邦典,而又何旌?"①

所谓"都鄙",是指邦国的"采地"。"采地"与前述的"附庸"可能在地理上有重叠之处,"附庸"属于封地边缘的范围,"采地"位于"侯甸男"封地最边缘的地方,相当于《康诰》中提到的"采服"和"卫服",《康诰》中有"侯甸男邦采卫百工播民和见"。显然"职方氏"是负责管理和辨察周朝所有服国的民生、制度、风俗的官员,即"辨其人民则以广谷大川异制,民生其间异俗"。他的管辖范围,在理论上已经超越了诸侯国的地方,包括被视为周之服国的上述所有边疆地方,故《周礼正义·职方氏》贾疏"谓此职方兼主夷狄,汉夷狄不置郡,故不言"。②

（2）辨四方邦国、国族的人民及财用,进而通晓其利害

职方氏的另一职责是,辨四方国族的人民及其财用之数要。所谓"数要","数"是指数量,"要"是指要会,是会计的簿书。《尔雅》曰:"九夷、八蛮、六戎、五狄,谓之四海。"所谓四夷、八蛮、七闽、九貉、五戎、六狄,这里所谓的四、八、七、九、五、六,郑注认为是指周朝时所臣服的国族数量。所谓的"利害","利,金锡竹箭之属。害,神奸,铸鼎所象百物也"。③

（3）辨九州之国,使同贯利

除了针对九夷、八蛮、六戎、五狄进行经济上的管理外,职方氏的职责中还

---

① 蒲坚编著:《中国法制史大辞典》,第 20 页。
② （清）孙诒让撰,王文锦、陈玉霞点校:《周礼正义·职方氏》,第 2637 页。
③ 同上书,第 2636 页。

有管理"九州"的内容。"一曰州，畴也，各畴其土而生之"。①

> 东南曰扬州，其山镇曰会稽，其泽薮曰具区，其川三江，其浸五湖，其利金锡竹箭，其民二男五女，其畜宜鸟兽，其谷宜稻。正南曰荆州，其山镇曰衡山，其泽薮曰云梦，其川江汉，其浸颍湛，其利丹银齿革，其民一男二女，其畜宜鸟兽，其谷宜稻。河南曰豫州，其山镇曰华山，其泽薮曰圃田，其川荥雒，其浸波溠，其利林漆丝枲，其民二男三女，其畜宜六扰，其谷宜五种。正东曰青州，其山镇曰沂山，其泽薮曰望诸，其川淮泗，其浸沂沭，其利蒲鱼，其民二男二女，其畜宜鸡狗，其谷宜稻麦。河东曰兖州，其山镇曰岱山，其泽薮曰大野，其川河泲，其浸卢维，其利蒲鱼，其民二男三女，其畜宜六扰，其谷宜四种。正西曰雍州，其山镇曰岳山，其泽薮曰弦蒲，其川泾汭，其浸渭洛，其利玉石，其民三男二女，其畜宜牛马，其谷宜黍稷。东北曰幽州，其山镇曰医无闾，其泽薮曰貕养，其川河泲，其浸菑时，其利鱼盐，其民一男三女，其畜宜四扰，其谷宜三种。河内曰冀州，其山镇曰霍山，其泽薮曰扬纡，其川漳，其浸汾潞，其利松柏，其民五男三女，其畜宜牛羊，其谷宜黍稷。②

此处《职方氏》所举只有八州，而在贾疏云《尔雅》中："两河间曰冀州，河南曰豫州，济东曰徐州，河西曰雍州，汉南曰荆州，江南曰扬州，燕曰幽州，济河间曰兖州，齐曰营州。"③共有"九州"。舜时有十二州，《汉书·地理志》载周朝改禹时的徐、梁二州合于雍州和青州，分冀州之地以为幽州和并州。《职方氏》此处只举八州，目的只是为了概括诸州的山川、风土、物产，强调职方氏有经济之责。而所谓"贯利"，是事利的意思，贾疏云："使同其事利，不失其所也。"指出职方氏需要了解各地风土物产，使各得其所。

所谓"周知其利害，乃辨九州之国，使同贯利"，是说明职方氏的工作目标和基本任务。一是"周知其利害"，所谓"利"，"潘振云：如开道通津，疆圃之利"，说是开通道路交通；所谓"害"，"谓恶物污俗之害，礼俗之利也"。二是"辨九州之国，使同贯利"，这是说九州之国不同，人民的好恶也不同，其财用有无亦不一

---

① （清）孙诒让撰，王文锦、陈玉霞点校：《周礼正义·职方氏》，第 2640 页。
② 同上书，第 2640—2674 页。
③ 同上书，第 2683 页。

样,职方氏的职责就是"贯而通之,使有无相易,善恶相济,俾同享其利焉"。① 由此可见,职方氏的职责不仅是经济方面要促进各地方互通有无,也有察辨风俗制度并进行礼俗教化的责任。

西周王朝的职方氏不仅是一官名,显然也是一专门管理贡赋财政和"四方"的机构。"司马九畿,职方制其贡,官尊而人多,以主天下人民贡赋之事繁",②是说职方氏机构管理的天下贡赋事务繁忙,因而该机构官尊而人多。陈逢衡云:"《周官》职方氏中大夫四人,下大夫八人,中士十有六人,府四人,史十有六人,胥十有六人,徒百有六十人。"可见层级有八,官员众多,总人数已然不少。总体来看,职方氏的职责多以经济为主,涉及风俗物产,并不过多地涉及法律。

(三)《夏官》:"怀方氏"、"合方氏"、"训方氏"、"形方氏"

除"职方氏"外,与本书主题相关的在《夏官》中尚有"怀方氏"、"合方氏"、"训方氏"、"形方氏"、"撢人掌"等。

(1)"怀方氏"

"怀方氏"是管理诸侯、四夷前来朝贡的官职。"怀方氏掌来远方之民,致方贡,致远物,而送逆之,达之以节。治其委积、馆舍、饮食"。③ 所谓"远方之民","四夷之民也"。④ 所谓"远方",《王制》有"屏之远方"之说,郑注云:"远方,九州之外。……谓蛮服以外四夷之民也。"当是指蛮服以外的四夷之夷服、镇服、蕃服。具体来讲,"怀方氏"的职责有二:

一是"致方贡,致远物"。所谓"致","谓以政令招致之",又有"以王之美誉以招来之";所谓"致方贡",是指以政令招致六服诸侯以贡献;所谓"致远物",是指以王之美誉而招来远方蕃国的"远物";所谓"远物","九州之外无贡法而至者"。

二是"治其委积、馆舍、饮食"。贾疏云周代"十里有庐,庐有饮食;三十里有宿,宿有委;五十里有市,市有积"。⑤ "怀方氏"的另一职责就是迎来送往,负责

---

① 黄怀信修订,李学勤审定:《逸周书汇校集注》卷八《职方解第六十二》,第976页。
② 同上书,第975页。
③ (清)孙诒让撰,王文锦、陈玉霞点校:《周礼正义·夏官》,第2696页。
④ 同上。
⑤ 同上书,第2697页。

这些朝贡者往来的饮食起居。由此可见，"怀方氏"是管理诸侯及蕃国来周王室贡献的官职。古代对边地臣服之国，以"致方贡"来代替其应交纳的赋税，"怀方氏"对此有管理之责。

（2）"合方氏"、"训方氏"、"形方氏"

"合方氏"，其职责在于一个"合"字，是为了"除其怨恶，同其好善"。"（合方氏）掌达天下之道路，通其财利，同其数器，壹其度量，除其怨恶，同其好善"。[1]所谓"掌达天下之道路"，即"以周知其山林川泽之阻，而达其道路"，[2]此为"合方氏"的职责之一。所谓"通其财利，同其数器，一其度量"，即"禹治水后，懋勉天下，徙有之无，易其居积"，"彼据天子抚邦国之事，此官则平时通畿内及邦国，皆齐法式等之"，此为"合方氏"的职责之二。

此外，"合方氏"尚有"除其怨恶，同其好善"，协调邦国之间矛盾和阻止相互侵犯的职责。所谓"合方"，是使诸方和合，除去相互之间的怨隙、侵伐、虐杀，这正是"合方氏"的主要职责。"合方氏"的主要手段则是所谓的"同其好善"，"同"者，"上以风化下之俗"之意；"风"者，是所施之政教。"合方氏"以政教而同其好善，实现"合方"的目的，此其职责之三。

总之，"合方氏"是负责对边地"四方"种落实行风俗教化的官职。

"训方氏"，其职责与"合方氏"相似，"训方氏掌道四方之政事与其上下之志，诵四方之传道。正岁，则布而训四方，而观新物"。[3]所谓"训方氏"，在于一个"训"字。所谓"训"，是训教的意思。"训方氏"的责任是考察四方政事，观察其物产、器械及珍异，以此了解四方人民的好恶，资民用而禁止物靡浪费。如果发现四方民风存在"志淫行辟"的问题，则于正月以布告教导天下，使人知道世之善恶，同时以政教化正之，并以之为法戒。

"形方氏"，其职责是正其封疆。"掌制邦国之地域，而正其封疆，无有华离之地。使小国事大国，大国比小国"。[4]所谓"掌制邦国之地域"，是指形方氏掌正五等侯国之封域。所谓"无有华离之地"，是指"正之使不仳邪离绝"。贾疏云："王者地有仳邪离绝，递相侵入不正，故今正之。"所谓"使小国事大国，大国

---

① （清）孙诒让撰，王文锦、陈玉霞点校：《周礼正义·夏官》，第 2697 页。
② 同上。
③ 同上书，第 2698—2699 页。
④ 同上书，第 2700 页。

比小国",如前述,"比"是亲的意思,同《大司马》中所说的"比小事大以和邦国",也同《职方氏》所说"大小相维"的意思。显然"形方氏"是掌正邦国相互之地域,协调邦国之间的地域纠纷,以达到《易·比》象辞中所说的"先王以建万国,亲诸侯"的目的。

(四)《夏官》:"匡人"、"撢人"

"又有匡人、撢人、大小行人,掌交之属,巡行邦国,通上下之志"。[1]

首先是"匡人","匡人"是掌法律的官员。"匡人掌达法则、匡邦国而观其慝,使无敢反侧,以听王命"。[2] 这里的"法则",是"八法八则",《太宰》云:"八法治官府,八则治都鄙。""八法八则"不仅适用于王朝官府及畿内都鄙,同时也适用于诸侯之都鄙。内外虽殊,"八法八则"治官府、都鄙则同,故治官府、都鄙亦用。在《周礼》中,常有"邦国都鄙"一说,所谓"都鄙",是指"都之所居曰鄙","鄙,否也,小邑不能通达也"。鄙,孔疏引马融云:"又距王城四百里至五百里谓之都鄙。鄙,边邑也,以封王之子弟在畿内者。"此外,周朝时尚有"县鄙"之说,"都鄙"为采邑,"县鄙"为公邑。总之,所谓"鄙","以其环绕国之边境谓之鄙。所居为公邑,则为县鄙;所居为采地,则为都鄙"。[3]

所谓"八法八则",《太宰》有云:"以八法治官府:一曰官属,以举邦治;二曰官职,以辨邦治;三曰官联,以会官治;四曰官常,以听官治;五曰官成,以经邦治;六曰官法,以正邦治;七曰官刑,以纠邦治;八曰官计,以弊邦治。"[4]

所谓"反侧",是指邦国都鄙违反法度,即违反"八法八则"。天下"匡人"是"八法八则"的执行者,四方邦国也适用此"八法八则"。"匡人"作为周朝的执法者,对于那些"反侧"的邦国进行监察。所谓"观其慝","慝"是"恶"的意思,就是指"匡人"的职责是以法则监察官府、都鄙是否有"奸伪之恶",使其不敢违反法度,服从周王之命。而"匡人"一职常"巡行邦国,通上下之志",是需要"下乡"的。

其次是"撢人"。"撢人掌诵王志,道国之政事,以巡天下之邦国而语之,使

---

① (清)孙诒让撰,王文锦、陈玉霞点校:《周礼正义·孙诒让序》,第1页。
② (清)孙诒让撰,王文锦、陈玉霞点校:《周礼正义·夏官》,第2703页。
③ (清)孙诒让撰,王文锦、陈玉霞点校:《周礼正义·太宰》,第68页。
④ (清)孙诒让撰,王文锦、陈玉霞点校:《周礼正义·天官》,第63页。

万民和说而正王面"。① "撢人"的职责是"以王之志与政事谕说诸侯,使不迷惑"。② 贾疏云:"诵志者,在心为志,欲得使天下顺从。"由于"撢人"巡行诵道,邦国的诸侯、人民既知周王的好恶辟行,又知周王政事,因此使诸侯化民而民心向王,进而顺从周王。

(五)《秋官》:"大行人"、"小行人"

《秋官》中有"大行人"和"小行人"。"大行人"掌接待诸侯及诸侯的上卿之礼;小行人掌接待诸侯使者之礼,并奉使前往四方诸侯。所谓"九卿",即是少师、少傅、少保、冢宰、司徒、宗伯、司马、司寇、司空,九卿中尚无掌管诸侯及蛮夷的"大行人"一职,可见西周"小行人"、"大行人"并不与"九卿"同列。《通志》说:"周官,大行人掌大宾客之礼。秦官有典客,掌诸侯及归义蛮夷。"③

所谓"归义",是指掌管投降归顺的蛮夷。"归义"二字以"义"称,实是表明蛮夷归顺的行为是符合华夏礼法文化之义的。《孟子》:"大人者,言不必信,行不必果,惟义所在。"④《墨子》:"义固不杀人。"⑤这些都是指言行的根本在于要符合义理的意思,这说明周时即有专门管理"大宾客"的官职和机构,并见于《周礼》。

何谓"大宾客"? "大宾客"是指"大宾"和"大客","大宾"是要服以内来朝觐的诸侯,要服以外的是小宾。所谓"宾",是"所敬也",⑥郑玄注:"宾者,敌主人之称。"⑦诸侯本来是周天子的臣子,是"天子藩卫,纯臣"。⑧ 为什么要称之为"宾"呢? 郑玄认为这是指诸侯本身"不纯臣"的意思。因此只有"要服"以内的诸侯才以"大宾"而称之,称之为"大宾"显然是出于对"要服"以内来朝觐的诸侯的尊重。由此推算,所谓"小宾",当是指要服以外来朝觐的藩国,"九州之外谓藩国",⑨因此贾疏云:"对要服已外为小宾。"⑩

---

① (清)孙诒让撰,王文锦、陈玉霞点校:《周礼正义·夏官》,第 2704 页。
② 同上。
③ (宋)郑樵撰:《通志·二十略·诸卿第七中》,第 1094 页。
④ 《孟子·离娄下》。
⑤ 《墨子·公输》。
⑥ (清)孙诒让撰,王文锦、陈玉霞点校:《周礼正义》,第 2945 页。
⑦ 同上。
⑧ 同上。
⑨ 同上书,第 2980 页。
⑩ 同上书,第 2945 页。

那么,又何谓"大客"?《说文》云:"客,寄也。""大客"是指大国之卿,是大宾下面的孤、卿,"言孤卿者,据大国得立孤一人,孤来聘;侯伯已下无孤,使卿来聘"。[1] "小宾客"则对应"小行人"之职掌。

由此可知,"大行人"所接待的"大宾客",通常是要服以内来朝觐的诸侯或其所属之卿使,诸侯本是"纯臣",然却以"宾"这样的"敌主人之称"称之,是为了表示对诸侯的尊重。"大行人"的职责是协助天子管理诸侯之事,具体来说就是在春朝、夏宗、秋觐、冬遇、时会这些时候,以"图"、"比"、"陈"、"协"、"禁"的方式来管理诸侯之事。[2] 所谓"图"、"比"、"陈"、"协",是在春、夏、秋、冬对诸侯分别进行的考绩之法,也是解决他们之间纠纷的场合。关于诸侯前来进行"图"、"比"、"陈"、"协"考绩的季节,也有说诸侯们是"以时分来"的,如贾疏谓:"六服皆春东方来,夏南方来,秋西方来。"[3]

所谓"图",是"图其事之可否";"比",是"比其功之高下";"陈",是"陈其谋之是非";"协",是"合其虑之异同"。这些都是在时间上比较固定的"王会"治理形式。

至于涉及法禁之事则无定期,因此称为"时会",是不定时会见的意思。"时会"是针对"诸侯有不顺者"的,对于不服从王命的诸侯,王将要会同诸侯发布禁止性的法令并讨伐之,"王将有征讨之事,则即朝,王命为坛于国外,合诸侯而发禁命事焉",[4]这就是"禁"的手段,因此说"时会以发四方之禁"。[5] 所谓"禁",指的是"九伐之法"。[6] 所谓"九伐之法",《周礼正义·大行人》引司马法《仁本篇》云:"会之以发禁者九:凭弱犯寡则眚之,贼贤害民则伐之,暴内陵外则坛之,野荒民散则削之,负固不服则侵之,贼杀其亲则正之,放弑其君则残之,犯令陵政则杜之,外内乱、禽兽行则灭之。"[7]

这与《大司马》同文,即是所谓"邦国之九法",大司马"掌建邦国之九法,以佐王平邦国,制畿封国,以正邦国"。[8] 具体实行"九伐之法",则是"大司马"的职

---

[1]　(清)孙诒让撰,王文锦、陈玉霞点校:《周礼正义》,第 2945 页。
[2]　同上书,第 2946 页。
[3]　同上书,第 2947 页。
[4]　同上书,第 2946 页。
[5]　同上。
[6]　同上。
[7]　同上书,第 2947 页。
[8]　同上。

掌，而不是"大行人"的事情。"大行人"的职责是主持王会，更多的是协助王进行"图"、"比"、"陈"、"协"，但是"大行人"也有考核功绩、辨别是非的职责，有"审辨"的职能："以九仪辨诸侯之命，等诸臣之爵，以同邦国之礼，而待其宾客。"[①]因此，同大司马相比，"大行人"更偏重维持礼法，以"九仪"辨命爵（命：公、侯、伯、子、男；爵：孤、卿、大夫、士），看其是否各安本分，遵守"九仪"，进而察其"罪"与"非罪"。

小行人的地位次于大行人，大行人为"上摈"，小行人为"承摈"，小行人属于"吏"，《国语·周语》有"敌国宾至，关尹以告，行理以节逆之"，这里的"理"是吏的意思，是指小行人。《周礼》说："凡四方之使者，大客则摈，小客则受其币而听其辞。"[②]所谓"摈"，是"摈而见之王，使得亲言也"。凡要服以外的藩国，其君为小宾，其臣为小客，其地位较要服以内的大宾、大客为卑。他们前来朝天子，只能由小行人接待，而不得亲自面王。由此，小行人的职责是：

（1）掌管宾客的"礼籍"，同时待四方之"使者"，即贾疏所谓"大行人待诸侯身，小行人待诸侯之使者"。[③] 所谓"礼籍"，是关于宾客的名位等级之书。所谓"使者"，是藩国来使之臣。

（2）对于藩国来使之臣，小行人"受其币而听其辞"。之所以"受其币"，是因为藩国与要服以内的诸侯不同，其国君没有玉瑞，其前来朝天子时也没有玉，只能带来束帛之类，由小行人收纳。

（3）"往劳诸侯，使适四方，协九仪"，"诸侯有畿劳者，其归，小行人当亦送至于畿"。同时小行人还出使四方邦国，以"九仪"（九等之仪，命者五，爵者四，皆宾客之礼）辨"命"和"爵"，采风俗善恶之事，同时修"五书"上报天子，使其不窥牖而知天下。所谓"五书"，其内容包括："其万民之利害为一书，其礼俗政事教治刑禁之逆顺为一书，其悖逆暴乱作慝犯令者为一书，其札丧凶荒厄贫为一书，其康乐和亲安平为一书。"[④]

其中所说"其礼俗政事教治刑禁之逆顺为一书"和"其悖逆暴乱作慝犯令者为一书"，两者大致与《大宰》中的八则相同，说明小行人有监察四方藩国法制之

---

① （清）孙诒让撰，王文锦、陈玉霞点校：《周礼正义》，第 2951 页。
② 同上书，第 2997—2998 页。
③ 同上书，第 2994 页。
④ 同上书，第 3007 页。

责。郑诗《鲁颂》谱说鲁君云："其有大罪,侯伯监之,行人书之。"①这里说"行人书之",是指小行人上书向天子汇报之责。

联系下文关于秦时"典客"官制的解释,"大宾客"显然也是包括了"诸侯及归义蛮夷"。《周礼》还说"大行人"、"小行人"是"主谥官,故以名之"。②何为"谥"?"谥"是指封号,意思是大行人、小行人掌管对"大宾客"的具体分封。由此可知,"大行奏谥"的意思是担任大行人的官员的职责是负责上奏"诸侯及归义蛮夷"的封号。

"行人"的称谓本义为何?从上可知,"行人"的职责更偏重于外交,他们工于辞令,周末纵横家就起源于行人,春秋、战国的游士有游侠、游说、游行,游士之术也多出于行人。"纵横家者,盖出于行人之官。孔子曰:'使乎,使乎!'言当权事宜,受命而不受辞,此其所长也"。③此外,"行"字在卜辞中有"义行"。关于卜辞中"行"的含义,通常认为是一军事组织层级的称谓,有学者认为"行"是商朝人的基层作战单位,④作战中左、中、右三个军行的组合编队。如卜辞中的"东行"(《怀特》1464)、"中行"(《怀特》1504),这是一个编队层级。在此基础上,再合左、中、右三行形成高一层级的编队,为"大行"(《怀特》15081)。⑤

如同一般的战争对象一样,早期战争往往不会来自部落族内部,而是部落之间的战争。"刑罚"是中国古代法律的起源,有"刑起于兵"之说,刑罚通常被认为源于部落联盟之间的战争。既然是部落联盟之间的战争,则自然因"边患"而起,属于边事。

因此,如同"士"、"尉"这类军官称谓同时也是法官(廷尉)称谓一样,⑥中国古代管理边事的官职以"行人"相称,自然可能与驻边的军队官职同义。"行"这样的古代军制,成为后来管理边疆族国事务的"小行人"、"大行人"的称谓来源。比如上述卜辞中的"义行"的"义"是一地名,一般认为卜辞中的"义"在修武附

①　(汉)毛亨传,郑玄笺,(唐)孔颖达等疏:《毛诗正义》卷二〇,北京大学出版社1999年版,第1383页。
②　(宋)郑樵撰:《通志·二十略·诸卿第七中》,第1094页。
③　(唐)赵蕤:《反经》卷三,内蒙古人民出版社1997年版,第382页。
④　孙亚冰、林欢:《商代地理与方国》,第42页。
⑤　寒峰:《甲骨文所见的商代军制数则》,《甲骨探史录》,生活·读书·新知三联书店1982年版,第400—404页。
⑥　《汉书》卷一九上《百官公卿表》注引应劭曰:"自上安下曰尉,武官悉以为称。"所谓作为法官的"廷尉","师古曰:廷,平也。治狱贵平,故以为号"。"廷尉"就应当是以公平的态度自上安下而解决纠纷的意思。

近。① 在商代卜辞中，"宁"和"义"都是修武一带地方，是商王朝王畿区的西南边限，靠近羌方。商代羌方分布在今山西南部与河南西部地区，因此"义行"意思就是指驻扎于修武附近且靠近这一带羌方的军队。

（六）秦汉的"典客"、"鸿胪"

秦朝时，有"典客"之官，掌诸侯及归义蛮夷之事。裴骃《汉书·百官公卿表》载："典客，秦官，掌诸归义蛮夷，有丞。"②秦时又有典属国这一官名，所谓"典属国"，《文献通考·职官考十》有："秦时又有典属国官，掌蛮夷降者。"那么"典客"和"典属国"有什么区别呢？从他们的职掌来看，他们都是秦官，也都掌管蛮夷降者之事，似乎是同一类官职。《史记·吕后本纪》云："太尉复令郦寄与典客刘揭先说吕禄曰：'帝使太尉守北军，欲足下之国，急归将印辞去，不然，祸且起。'吕禄以为郦兄不欺己，遂解印属典客。"③《史记·淮阴侯列传》中又载韩信"亡楚归汉"之时，就曾经担任过"连敖"之职，"汉王之入蜀，信亡楚归汉，未得知名，为连敖"。④

楚国有连尹、莫敖，后合并为一官号，称"连敖"，徐广注云："连敖，典客。"意思是韩信"亡楚归汉"后担任过典客一职。可见楚汉相争之时，此一官职称谓仍承秦制。

汉朝时改"典客"为"鸿胪"。"秦时又有典属国官，掌蛮夷降者。汉因之。成帝河平元年，省之，并大鸿胪"。⑤ 又有说法是在景帝中六年时更命若干官名，⑥其中包括了"典客"的更名，景帝时先改"典客"为"大行人"，后来于武帝时才改叫"大鸿胪"的。"韦昭云：秦时云典客，景帝初改云大行，后更名大鸿胪……《百官表》又云武帝改名大鸿胪"。之所以称"鸿胪"，是表明其职责是对"诸侯及归义蛮夷"传声赞导的意思，应劭曰："郊庙行礼，赞导九宝。"应劭对于"鸿胪"二字的解释是："鸿，声也。胪，传也。"传声而赞导者，故称"鸿胪"。《百官表》的解释是："鸿，声也。胪，附皮。以言其掌四夷宾客，若皮胪之在外附于

---

① 孙亚冰、林欢：《商代地理与方国》，第42页。
② 《汉书》卷一九上《百官公卿表》，第615页。
③ 《史记》卷九《吕太后本纪》，第288页。
④ 《史记》卷九二《淮阴侯列传》，第2026页。
⑤ （宋）郑樵：《通志·二十略·诸卿第七中》，第1094页。
⑥ 《史记》卷一一《孝景本纪》，第313页。

身也。"

汉景帝中二年,"诸侯王薨,列侯初封及之国,大鸿胪奏谥",①这是汉初改"典客"为"鸿胪"的例证。到了汉景帝时期改大鸿胪为大行令,郑樵《通志》云:"汉景帝中六年,改大鸿胪为大行令。"②《史记·孝景本纪》说汉景帝中六年更命"大行为行人,奉常为太常,典客为大行"。③ 是先改"典客"为"鸿胪",还是先改"典客"为"大行"? 此两说本有矛盾含糊之处。《通志》和《百官表》皆称是汉武帝时期才改名为"大鸿胪":"武帝太初元年,更名大鸿胪,又更名其属官行人为大行令。"④汉武帝时为"行人"为"鸿胪"之属官,"鸿胪"高于"行人",称"行人"为"大行令"。在大行令之下有属官,称为郡邸长和丞(典客丞),"主诸郡之邸在京师者",武帝时又改大行令丞为客馆令。所谓"大鸿胪奏谥",解释同前面一样,是掌管对"诸侯及归义蛮夷"封号之意。因此汉代"大鸿胪"显然是袭秦朝"典客"之旧,改称"鸿胪",又兼袭周"行人"之称。

汉代"大鸿胪"当属九卿之列,称为"大鸿胪卿"。东汉时期设有大鸿胪卿一人,其职与西汉时相同。"大鸿胪卿"的具体职责是:

(1)诸王入朝时,大鸿胪卿前往郊迎,典其礼仪。

(2)皇子拜王时,授其印绶;诸侯、诸侯嗣子及四方夷狄受封号时,大鸿胪卿于台下召拜之。

(3)掌宾客、凶仪之事及册封诸蕃。

到了南北朝时期,有"鸿胪卿",亦有"典客"。据《通志·职官略第四》记载,先是梁朝除掉其中的"大"字,改称"鸿胪卿",位同尚书左丞,常导护赞拜。后魏时称为"大鸿胪",有"典客监",太和中置主客令。北齐时称曰"鸿胪寺",有"典客署"。后周时司寇有蕃部中大夫,掌诸侯朝觐之叙;有宾部中大夫,掌大宾客之仪;且置东、西、南、北四掌客上士、下士。南方的齐、梁、陈,皆有客馆令、丞。隋文帝开皇三年,废鸿胪,入太常。十二年复置,领典客、司仪、崇玄三署。唐龙朔二年,改鸿胪为"同文";咸亨初,复旧;光宅初,改为"司宾";神龙初,复旧。

---

① (宋)郑樵:《通志·二十略·诸卿第七中》下,第1094页。
② 同上。
③ 《史记》卷一一《孝景本纪》,第313页。
④ (宋)郑樵:《通志·二十略·诸卿第七中》,第1094—1095页。

六、夏商周春秋治边之法意

(一)"终也慎微"与"远迩备极"

首先，中国古代边疆观念的形成与"圣人政治"有直接的关系。黄帝、尧、舜、禹、汤、文、武这些上古的圣君共同构成了古代中国"圣人政治"的谱系，"圣人政治"不仅是一种政治观，还是一种世界观，其特点是讲究"兼爱"和"大同"，中国上古时期就在"兼爱"、"大同"、"圣人政治"这些词汇之间建立起了他们的政治法律逻辑。"圣人政治"是具有文化优越感的政治，这种优越感表现在中国人对于自己的"礼"的崇拜和自信。在古代中国人看来，礼的产生首先是由于有圣人的产生，《洪范》："故圣人因天秩而制五礼，因天讨而作五刑。"而与夷狄相比，圣人何以产生于华夏呢？这是因为地理因素。华夏之地，"其人性和而才惠，其地产厚而类繁，所以诞生圣贤，继施法教，随时拯弊，因物利用。三五以降，代有其人。君臣长幼之序立，五常十伦之教备，孝慈生焉，恩爱笃焉。主威张而下安，权不分而法一，生人大赍，实在于斯。施法教，随时拯弊"。[①] 夷狄之地，"其地偏，其气梗，不生圣哲，莫革旧风，诰训之所不可，礼义之所不及，外而不内，疏而不戚。来则御之，去则备之"。[②]

唐朝杜佑《通典》对治边的历史经验有一番总结，兹录于下。

> 前代达识之士亦已言之详矣。历代观兵黩武，讨伐戎夷，爰自嬴秦，祸患代有。始皇恃百胜之兵威，既平六国，终以事胡为弊。汉武资文景之积蓄，务恢封略，天下危若缀旒。王莽获元始之全实，志灭匈奴，海内遂全溃叛。隋炀帝承开皇之殷盛，三驾辽左，万姓怨苦而亡。夫持盈固难，知足非易，唯后汉光武，深达理源。建武三十年人康俗阜，臧宫、马武请殄匈奴，帝报曰："舍近而图远，劳而无功；舍远而谋近，逸而有终。务广地者荒，务广德者强。有其有者安，贪人有者残。"自是诸将莫敢复言兵事。我国家开元、天宝之际，宇内谧如，边将邀宠，竞图勋伐。西陲青海之戍，东北天门之

师,碛西怛逻之战,云南渡泸之役,没于异域数十万人。天宝中哥舒翰克吐蕃青海,青海中有岛,置二万人戍之。旋为吐蕃所攻,翰不能救而全没。安禄山讨奚、契丹于天门岭,十万众尽没。高仙芝伐石国,于怛逻斯川七万众尽没。杨国忠讨蛮合罗凤,十余万众全没。向无幽寇内侮,天下四征未息,离溃之势其可量耶！前事之元龟,足为殷鉴者矣。①

此为中国古代重德思想于治边上的表现,"务广地者荒,务广德者强",这一思想不仅与"圣人政治"的重德、重义思想有关,还与当时的国力有关,与传统中国农业经济和政治军事特征有关。

中国古代的"圣人政治"来自三皇五帝、周公、孔子等这样一个赓续的圣人谱系,这些圣人在历史上有在物质、制度和精神上创制文明生活的重要事迹,他们或发明文字,或教人用火,或教之以记事通理,或教之以稼穑,或制订礼仪,或宣扬仁爱。圣人政治的特点是不崇拜技术和武力,而是崇拜具有特别含义的"文明"。所谓"文明",在这个谱系中有自己独立的话语解释。

《舜典》中称赞舜"浚哲文明",其中"经纬天地曰文,照临四方曰明"。所谓"文","慈惠爱民曰文,愍民惠礼曰文,锡民爵位曰文",②它的含义在于爱民,在于惠礼,在于对四方万民进行封建爵位,而不在于暴力刑威,这大概就是崇拜上古圣人谱系的政治总是强调"分封"的原因,这是与儒家政治以"分封"为"文"、为"义"相一致的,后来秦初出现的"分封"与"郡县"之争,在当时的儒家看来本就是"礼"与"法"之争、"仁"与"累"之争。所谓"明",是"照临四方"的意思,是向四方天下传播"文"中包含的爱和礼,也就是所谓的"德泽四方"。因此,中国古代对于"文明"的解释,本身就包含了"照临四方"的意思。③"圣人政治"的出发点是爱而不是恨,"照临四方"就表明了圣人政治中有一种"兼爱"的思想,其内涵是以仁、以礼治四方,而不专注于以暴、以刑治天下。圣人政治的理想是建立一种兼爱的世界,"兼爱"的思想不是墨子首创的,墨子的"兼爱"思想不过是对此前历史上早已存在的圣人政治的总结。

"兼爱"思想还与"大同"思想联系在一起,"大同"思想包含了族群平等的观念,这种观念是基于人在个体道德修养的意义上,而不是在种族差异的意义上,

---

①　(唐)杜佑撰,王文锦等点校:《通典·边防一》,第 4978—4981 页。

②　黄怀信修订,李学勤审定:《逸周书汇校集注》卷六《谥法解第五十四》,第 636—637 页。

③　(汉)孔安国传,(唐)孔颖达正义:《尚书正义·舜典》,第 72 页。

是平等的，即"人人皆可以为尧舜"。"子曰：言忠信，行笃敬，虽蛮貊之邦行矣；言不忠信，行不笃敬，虽州里行乎哉"。① 这样形成了一种具有博爱主义（爱）和道德普世主义（德）的政治精神世界。中国古代很早就有"大同"的思想，大同的思想中潜含有类似《墨子》"兼爱"的前提。春秋时期中国的内部秩序出现了前所未有的混乱，"礼"作为此前长期历史文明的结晶面临着崩溃的危险，这意味着文明的核心将从内部自行瓦解。这种状况让知识阶层很担忧，因此这一时期他们大都在"中国"的范围内来谈论秩序。尽管只是局限于此，但春秋之际儒、墨、道走的仍然都是"圣人路线"，一种集中于"中国内部"的博爱或者兼爱的普世主义路线。正如墨子云："诸侯各爱其国，不爱异国，故攻异国以利其国。"②也如本杰明·史华兹解析的那样，在墨子的思想中，"爱必须被扩展到整个文明世界（或者甚至于全人类）之中，否则就不能存在下去。霍布斯认为，那些在欧洲的国际舞台上表现得贪暴无厌的统治者，却能在自己的国界内建立起和谐的'联邦共同体'（commonwealth）。对于霍布斯的这一观点，墨子肯定会表示震惊"。③

中国古代圣人政治的"兼爱"思想不仅局限于"中国"，它还是一种普世主义的世界观，因此"兼爱"思想自然也影响了古代中国"普天之下，莫非王土"的边疆观和国家观。

其次，中国古代文化的特点是讲究对天人关系的研究，中国古代边疆观的逻辑起点在于"天人之际"，即所谓"究天人之际"。因此，从"普天之下，莫非王土"到"率土之宾，莫非王臣"之间有一内在的逻辑关联，所谓"普天之下，莫非王土"非是自高自大，而是因为古人有圣贤学说，有天命学说。此二种学说都是超越人事的学说，并不限于一"国"的范围。

所谓中国式的"东方神秘主义"既是圣贤学说，也是天命学说。它是一种"道法自然"的传统，在帝、王、霸、君构成的政治秩序中，"秉太一者"即是秉自然者。上古诸"道"，被称之曰"教"。所谓"教"，皆取法于自然之理。上古时期被认为是化成天下的教法，无不取法天道自然。太昊（伏羲）有"十言之教"，炎帝

---

① 《论语·卫灵公》。
② 《墨子·兼爱上》。
③ ［美］本杰明·史华兹著，程钢译，刘东校：《古代中国的思想世界》，第153页。

有"神农之禁"、"神农之数"、"神农之法"、"神农之教"、"神农之书",[①]黄帝有"道言"、"政语"、"丹书"。天子的历史来自古代圣贤的诞生,古代圣贤是最早知道天命的人,也是最有知识权威的世俗领袖,在中国古代他们还一直是精神领袖。尧、舜、禹、汤、文、武是一个领袖人群,由于他们知天命人事,治世有方,成为后世遵从的对象。而后世所谓的"天子",只是承袭天命而非知天命之人。在理论上,尽管后世的天子只是承天之命,但是他们仍然是受天之命,自然拥有天下之地,故而莫非王土;有天下之民,故而莫非王臣。因此,其治理天下之法实为治世之法,非仅仅治一"国"之法。

再次,中国古代治世之法,其逻辑起点从一开始就具有普适性,起源于对社会生活前提下的人性定位。治世之法起于民性,而不管是边疆还是内地,不分族群和"国"。民性者,自然人性之谓,中国古人认为,性情通达,社会自然和谐,古籍中不论何种著作皆以此为论。现以《逸周书·度训解》为例,来考察其中包含的关于法理的逻辑起点。

第一,"远迩备极,终也慎微"。《逸周书》开篇为《度训解》,《度训解》有云:"天生民而制其度。度大小以正,权轻重以极,明本末以立中。立中以补损,补损以知足。爵以明等级,极以正民。正中外以成命,正上下以顺政。政以内外,外与自迩,弥与自远。远迩备极,终也慎微。"制度的产生"终也慎微","慎微"当是中国古代制度理论的终点,也应是其起点。

第二,慎微者,微在人性。那么何为"慎微"? "慎"什么"微"呢? 所谓"微",实是指人性和民性。人有好恶之性,《度训解》云:"凡民生而有好有恶。小得其所好则喜,大得其所好则乐;小遭其所恶则忧,大遭其所恶则哀。凡民之所好恶,生物是好,死物是恶。"但是民至有好而不让,不从其所好,必犯法,故又云:"民至有好而不让。不从其所好,必犯法,无以事上。民至有恶不让。不去其所恶,必犯法,无以事上。遍行于此,尚有顽民,而况曰不去其恶而从其所好,民能居乎? 若不强力,何以求之?"

因之,同古希腊大师们的"法理学"始于人性一样,中国古代法理起源于"慎微"。所谓"慎微",乃是慎"人性"、"民性"之微,其犯罪学的逻辑是考究人性,而知民性;考研民性,而知民之好恶;考民之好恶,而知其争让;力争则无让,不让

[①]　（清）严可均辑:《全上古三代秦汉三国六朝文（附索引）》,第 9 页。

则犯法。显然,这是从人性好恶的角度,而不是从族群区分的角度来谈法律起点。单纯从人性好恶的角度出发来构建的法理,在古人看来应当是有普适性的。

第三,力争则力政,无让则无礼。民争而不让,就会犯法;国争而不让,就会出现"力政"。《度训解》云:"力争则力政,力政则无让,无让则无礼。无礼,虽得所好,民乐乎? 若不乐,乃所恶也。""力政"可以解释为"力征",是指征收赋税。这句话的意思是"力争"、"力政"的结果将使得整个社会处于"无礼"的状态。在这样的社会中生活,即使是得到了一些实利,人们也不会感到快乐的。不感到快乐必然就会再起争夺,由此形成恶性循环,这才是真正的不快乐。陈逢衡云:"若不乐则民生不遂,而起争夺,是乃所以恶也。"对这种因为人性而可能出现的社会"恶性循环"状态的极力避免,正是中国古代法律文化中一直坚持避免出现"力争"的理由。

第四,恶其乱也,敬微顺分。《度训解》云:"凡民不忍好恶,不能分次;不次则夺,夺则战;战则何以养老幼,何以救痛疾死丧,何以胥役也? 明王是以极等以断好恶。……明王是以敬微而顺分。分次以和和,知和以知乐,知乐以知哀。哀乐以知慧,内外以知人。"所谓"不能分次",是不能分次治之,分资财以相助,言无度也。朱右曾释云:"明等级制法度,而教之以礼也。"《荀子·王制篇》:"先王恶其乱也,故制礼以分之。"因此,圣贤明等级以断好恶,且"居敬如一",教之以敬微顺分,中和适度,如此才能"正中外以成命,正上下以顺政。政以内外,外与自迩,弥与自远,远迩备极"。从"恶其乱"到"敬微顺分"、"分次治之"、"明等级制法度",再到"远迩备极",中国古代法文化的治世之道已成。这其中也包含了明确次序等级、定分止争的政治逻辑,对"内畿",百官上下次分等级;对"外服",亦是划分"五服"秩序。

(二) 传统治边的法意

中国儒家传统中一直主张"先教后刑",反对"不教而诛",对此有一番自己的解释。

1. "有教无类"

中国古代"有教无类"的法律精神来自一个"天"字,仔细研究我们会发现,这一逻辑存在于这样几个文字中。

首先,是"皇"。所谓"皇",《绎史·皇王异说》引《白虎通》说是"天之总美大称":"皇,君也,美也,天之总美大称也,时质故总之也。号之为皇者,煌煌人莫违也。烦一夫扰一士以劳天下,不为皇也,不扰匹夫匹妇故为皇。"①意思是"皇"是指"天",是"天之总美大称也",是自在的,故"不扰匹夫匹妇"。《风俗通义·皇霸》说得更明白:"皇者,天也。天不言,四时行焉,百物生焉。三皇垂拱无为,设言而民不违,道德玄泊,有似皇天,故称曰皇。皇者,中也,光也,弘也。"②依汉儒的解释,"三皇"之"皇"与"黄帝"之"黄"通义,都指能够通天道、行仁义、任德设刑之人。"黄"有"中和"和"光大"之义:"黄者,光也,厚也,中和之色。德施四季,与地同功,古先黄一别之也。"③

《风俗通义·皇霸》又引《白虎通·号篇》,说明了轩辕氏之所以被称为"黄帝"的原因就在于"得期中和":"黄者,中和之色,自然之性,万世不易。黄帝始作制度,得期中和,万世长存,故称黄帝也。"④

"三皇"之所以被称为"皇",是因为他们能够与"天"相类,本身就与"天道"相通,仿佛是个自在体,有"中和"和"光大"之美,因此才被称为"皇"。因此"皇"是指天,它是光明弘美、煌煌盛大的天,它自在无为,"不扰匹夫匹妇"而又"煌煌人莫违也",也就是说它不干扰凡间俗事,它是"太一"而未分阴阳,故《绎史·皇王异说》又引《管子》有云"明一者皇"。因此,它不需要"任刑庆赏",就能够"垂拱而治",与具体的刑罚是不相关的。

其次,是"帝"。"帝"是"德合天地者称帝",意思是"帝"是"皇"的体察者,故《绎史·皇王异说》引《管子》云"察道者帝",又引《白虎通》:"帝者,谛也,象可承也。"与"皇"相比,"帝"的世俗内涵更多一些,它好像是"皇"的体现者和执行者,黄帝之所以被称为"帝",是因为不仅"言其能行天道",而且在于"黄帝始作制度",可以根据"天"的意思来创制法律,故云其"任德设刑"。《风俗通》说"帝",认为是"天"立五帝(黄帝、颛顼、帝喾、尧、舜)以为相,具体是为立"春夏庆赏,秋冬刑罚"之义。⑤

再次,是"王"。《绎史·皇王异说》引《白虎通》云:"仁义合者称王。"又云:

①　(清)马骕撰,王利器整理:《绎史》卷二,中华书局2002年版,第8页。
②　(汉)应劭撰,王利器校注:《风俗通义校注》卷一《皇霸》,第10页。
③　同上。
④　同上书,第11页。
⑤　同上书,第10页。

"王者，往也，天下所归往。"又引《说文》云："三画连其中，谓之王。三者，天、地、人也。而参通之者，王也。"①又引《淮南子》："王者法阴阳。"②又引《独断》云："天王，诸夏之所称，天下之所往归，故称天王。天子，夷狄之所称。"③看来所谓"王"者是合仁义之人，故又引《管子》云："通德者王，谋得兵胜者霸。"④

因此，《绎史·皇王异说》引《新论》有一番直接且具体的总结："无制令刑罚谓之皇，有制令而无刑罚谓之帝，赏善诛恶、诸侯朝事谓之王，与兵盟约、以信义矫世谓之伯。"⑤这里是说"皇"既无制令又无刑罚，垂拱无为，这是因为它以"道"的形式存在，并以无为的方式进行统治；"帝"是有制令而无刑罚，这是因为它以"道"的解释者的形式存在，进而"任德设刑"，进行法律创制；"王"则以刑罚行赏善诛恶、诸侯朝事之事，故《新论》云："赏善诛恶、诸侯朝事谓之王。"⑥

中国上古的"三王"，常被称为"先王"，所谓"法先王"即是指效法禹、汤、文武，《风俗通义》云："禹者，辅续舜后，庶绩洪茂。汤者，攘也，昌也，言其攘除不轨，改亳为商，成就王道，天下炽盛。文武以其所长。"⑦《绎史·皇王异说》亦云："王者天子之称，霸者强侯之号，未有兼称霸王者，而兼称霸王者，项籍之陋也。"⑧

三皇五帝被称皇称帝，后世以有天下者称"皇帝"，皆是"天号"，故《绎史·皇王异说》引《尚书刑德考》："帝者，天号也。王者，人称也。"⑨然而，王者虽然是"人称"，但亦是拥有天下的人，因此皇、帝、王都是"有天下者之号也"，这大概就是后来中国历代王朝的皇帝为什么总是认为自己是天下的主宰者的理论来源。"故皇帝王皆有天下者之通号也。是以三皇以来，皆曰王天下，而夏殷之主，犹然以帝称。传曰：今之王，古之帝也"。⑩

总体上看，在理论上"天"、"皇"、"帝"、"王"形成了三个层次：首先是"天"，"天不言，四时行焉，百物生焉"；其次是"皇"，"三皇垂拱无为，设言而民不违"；再次是"帝"和"王"，"天有五帝以立名，人有三王以正度"。

① （清）马骕撰，王利器整理：《绎史》卷二，第9页。
② 同上。
③ 同上。
④ 同上书，第10页。
⑤ 同上。
⑥ 同上。
⑦ 同上书，第12页。
⑧ 同上书，第14页。
⑨ 同上书，第8页。
⑩ 同上书，第14页。

从天"不语"到皇"设言",从皇"设言"到帝王开始制订法律制度,这是一个从抽象到具体的层级,更是一个从抽象到具体变化的历史进程,是从"皇"(三皇:伏羲、女娲、神农)到"帝"(五帝:黄帝、颛顼、帝喾、帝尧、帝舜),①再从"帝"到"王"(三王:夏、商、周)。这一过程不是空间概念,而是个时间概念,显然是"道"在时间上不断"显现"的过程,恰如柏拉图式的"理念"。在这一过程中,统治者的法制同样是"道"的"显现",法律创制的过程源于"道",而且始终承载并应当体现着"道",而所谓的具有普遍性质的"有教无类"则也是来自这样一个从抽象到具体的天道观念。

2. "先教后刑"

在这一过程中,古代中国人还发明了一项具有独特意义的法律原则,那就是在进行统治的过程中,把教化放在优先的位置,坚定地实行"先教后刑",反对"不教而诛"。因为不管什么样的刑罚,它们都应当是"道"通过"德"在世俗社会中的"显现",《绎史·皇王异说》引《白虎通》:"帝者,天号也。王者,人称也。天有五帝以立名,人有三王以正度。"②"三皇"、"五帝"、"三王"这些具有历史逻辑性和连续性的故事成为体现天意、教化万邦、先教后刑的典范。

春秋时期的儒家、墨家都以此作为论证神意和人事的基本材料,秦以后的"皇帝"称号被解释为"是以化合神者称皇,德合天地者称帝,仁义合者称王",故《绎史·皇王异说》引《风俗通》云:"《易》称天先春而后秋,地先生而后凋,日月先光而后幽,是以王者则之,亦先教而后刑。三皇结绳,五帝画像,三王肉刑,五霸黠巧。"③所谓"王者则之,亦先教而后刑",是指上合天道,下合人道,符合四时先后顺序的自然逻辑。"三皇结绳,五帝画像"是化合神者和德合天地的教法,他们奉行的是自然之理。而"三王肉刑",是教而后刑也,这也符合历史发展的逻辑。故《绎史·皇王异说》引《新论》云:"无制令刑罚为之皇,有制令而无刑罚谓之帝,赏善诛恶、诸侯朝事谓之王,兴兵约盟、以信义矫世谓之伯。"④这是说"三皇"之世,既无制令,也无刑罚;"五帝"之世,已然有制令,但是无刑罚;"三

① 《管子》:"伏羲、女娲、神农,是三皇也。五帝者,何谓之也? 礼曰:黄帝、颛顼、帝喾、帝尧、帝舜,五帝也。三王者,何谓也? 夏、殷、周也。"
② (清)马骕撰,王利器整理:《绎史》卷二,第10页。
③ 同上。
④ 同上。

王"之世，赏善诛恶，已有刑罚，故《左传·昭公六年》有："夏有乱政而作《禹刑》，商有乱政而作《汤刑》，周有乱政而作《九刑》。"

"三王"何以用肉刑？如何使用肉刑？这同样需要符合自然顺序，符合先教后刑的原则，因为只有这样才符合三皇五帝德合天地之道，符合"仁义合者称王"的标准。王者，遵从皇与帝的自然之道，有通德而行仁义，兼行霸道。"明一者皇，察道者帝，通德者王，谋得兵胜者霸"。《绎史·皇王异说》引《淮南子》谓："帝者体太一，王者法阴阳，霸者则四时，君者用六律。秉太一者，牢笼天地，弹压山川，含吐阴阳，伸曳四时，纲纪八极，经纬六合，普汜无私，蠉（选）飞蠕动，莫不仰德而生。"①无论是帝者、王者，还是霸者、君者，皆需是"秉太一者"，才能够"牢笼天地，弹压山川"，万事万物方能够"仰德而生"。由于帝、王、霸、君皆体皇天，皆秉太一，因此，天道的法则与人道的历史实现了统一，"道"与"治法"也就实现了统一。"道"与"皇"、"帝"一样，它在宇宙和人事中的终极地位和"先教后刑"的法律原则通过这样的逻辑在哲学意义上得以牢固地确立。由于确立了皆秉太一之"道"的终极地位，同时也论证了"教"是统治的优先措施。主张"先教后刑"，反对"不教而诛"，成为中国古代治国的基本路线，也成为它最基本的法律原则，这同样也是中国古代治理边疆的核心思想。

从上述理路推断，"先教后刑"当属王者之事。中国古代有所谓"荒服者王"的说法，②根据对甲骨文字的研究，甲骨文中有许多"某王"，商殷边境上的异姓之国有四，蔡哲茂认为："商代'某王'，大概是殷王朝边境上的异姓小国之君长。"③皆称"王"。《尔雅·释诂》云："王、后、辟、公、侯，君也。""王"可以君相称，张政烺先生认为："其实，周时称王者皆异姓之国，处边远之地，其与周之关系若即若离，时亲时叛，而非周时之封建之诸侯。"④由此可见，甲骨文中出现的这些"某王"，当是"荒服者"。古者，不敢擅以"王"称，这些边境上的异姓国是"别立君长"，知刑而不知教。鲁成公时期楚晋争霸时，异姓之楚国就被姬姓、姜姓的齐、鲁、卫、晋认为是"非我族也，其心必异。楚虽大，非吾族也，其肯字我乎"？⑤

---

① （清）马骕撰，王利器整理：《绎史》卷二，第9页。
② 《国语》卷一《周语上·祭公谋父谏穆王征犬戎》。
③ 蔡哲茂：《商代称王问题检讨——甲骨文某王与王某身份的分析》，《历史博物馆刊》1990年第3期。
④ 张政烺：《评王国维〈古诸侯称王说〉》，《古文字研究》第13辑，中华书局1986年版。
⑤ 《春秋左传正义》卷二〇《成公》，《十三经注疏》，第1901页。

不仅如此,更重要的是,"楚夷国也,强而无义",①又岂有"仁义合者称王"之义。

周朝的法制以"明德慎罚"为原则,这不仅是治理"中国"的原则,也是治理天下的原则。孔子继承周道,以之为念,故曰"吾从周"。孔子一生以"天下"为己任,致力于教化四方,而不限于一国一地。这在《论语·八佾》中已然可见:"仪封人请见。曰:'君子之至于斯也,吾未尝不得见也。'从者见之。出曰:'二三子,何患于丧乎? 天下之无道也久矣,天将以夫子为木铎。'"所谓"仪封人",是指卫邑掌管封疆的官员。"仪封人"请见孔子,孔子的学生带他见孔子后,"仪封人"观感极深,感叹道:我们为什么要认为天下从此就丧国失道了呢? 上天将以孔子得位设教,让他就像西周的"行人"那样,用"木铎"周流四方以行其教,②以警示众者也。孔子继承"古道",他的政治理想超越了今天所谓的民族和国家,把国家与族群之间的关系建立在道德层面的平等观念上,所以《论语·阳货》才说:"言忠信,行笃敬,虽蛮貊之邦行矣。"

孔子所说的"不教而杀"必然也适用于"四方"之治。孔子反对"不教而杀",认为这也是王朝治理"四方"之法的基本原则,并在《论语·尧曰》中阐明了"不教而杀谓之虐"的主张。孔子认为:"谨权量,审法度,修废官,四方之政行焉。兴灭国,继绝世,举逸民,天下之民归心焉。"③主张用仁治理天下,这说明孔子并没有族群歧视的思想。孔子还以"不教而杀"作为他所说的"四恶"之首,在《尧曰》中谈到政道,提出"尊五美,屏四恶"这一政治活动原则。所谓"五美",就是"惠而不费,劳而不怨,欲而不贪,泰而不骄,威而不猛"。所谓"四恶",就是"不教而杀谓之虐,不戒视成谓之暴,慢令致期谓之贼;犹之与人也,出纳之吝,谓之有司"。④ 提出了"不教而杀谓之虐"的观点,由此定位了中国古代儒家关于教化与刑罚的关系,这也是中国古代法理学的核心内容。

同样,作为孔门弟子的荀子,尽管后来法家的许多人都出自其门下,但是他仍然反对"不教而诛",不过荀子讨论的重心似乎已经发生变化。在《荀子·富国》中有:

　　① 《春秋公羊传注疏》卷一一《僖公》,《十三经注疏》,第 2256 页。

　　② 木铎:金口木舌,施政教时所振。"木铎所以徇于道路,言天使夫子失位,周流四方以行其教,如木铎之徇于道路也",见(宋)朱熹《四书章句集注》,第 68 页。

　　③ 《论语·尧曰》。

　　④ (宋)朱熹:《四书章句集注》,第 194 页。

故不教而诛，则刑繁而邪不胜；教而不诛，则奸民不惩；诛而不赏，则勤励之民不劝；诛赏而不类，则下疑俗俭而百姓不一。故先王明礼义以一之，致忠信以爱之，尚贤使能以次之，爵服庆赏以申重之，时其事、轻其任以调齐之，潢然兼覆之、养长之，如保赤子。若是，故奸邪不作，盗贼不起，而化善者劝勉矣。是何邪？则其道易，其塞固，其政令一，其防表明。故曰：上一则下一矣，上二则下二矣，辟之若草木，枝叶必类本。此之谓也。[①]

荀子在这段话中讨论了"教"与"诛"的关系，开始有了法家的倾向。荀子不仅仅反对"不教而诛"，更反对"教而不诛"和"诛而不赏"，其主张是谓"先王明礼义以一之"，"其政令一"。"不教而杀谓之虐"的思想十分重要，它阐述了儒家关于人在个体道德意义上是平等的思想，这种平等思想甚至超越了民族、种族和国家这些概念。儒家虽然有等级的观念，但是却没有像印度婆罗门教那样认为人是天生不平等的思想，这是二者之间最大的区别。在民族问题上，尽管儒家有文化上（器物、制度、思想）的优越感，但是没有种族主义的思想。

在儒家看来，"中国"人同四方夷狄一样，一则人皆有"四端"本心，[②]通过教化，"服尧之服，诵尧之言，行尧之行，是尧而已矣"，"人人皆可以为尧舜"；[③]二则也承认"人谁无过，过而能改，善莫大焉"。[④] 人人却又都需要通过教化才能够成为"尧舜"。如果承认"人非圣贤"，那么必然如孔子所说，"有教无类"。[⑤] 春秋时期儒家为维护周朝"礼仪"和"刑禁"的正统地位，强调华夷之别而区分"族类"，同样也是遵循了"修其教不易其俗，齐其政不易其宜"的教化政策，[⑥]这句话的意思显然强调的只是华夷在风俗制度上的不同，而没有种族血缘上的歧视，因此《礼记》说："中国夷狄，五方之民，皆有性也，不可推移。"[⑦]又有宋末元初陈澔注《礼记·王制》说五方之民"俗虽不同，亦皆随地以资其生，无不足也"。[⑧] 如果用"有教无类"的观点来看待周边族群，华夏族同夷狄一样都非天生圣贤，也都具

---

① 《荀子·富国》。
② "恻隐之心，仁之端也；羞恶之心，义之端也；辞让之心，礼之端也；是非之心，智之端也"，《孟子·公孙丑章句上》，（宋）朱熹《四书章句集注》，第238页。
③ 《孟子·告子章句下》："曹交问曰：'人皆可以为尧舜，有诸？'孟子曰：'然。'"
④ 《左传·宣公二年》。
⑤ 《论语·卫灵公》。
⑥ 《礼记·王制篇》。
⑦ 陈澔注《礼记集说》卷三"王制"，《四书五经》中册，第74页。
⑧ 陈转引自郝时远《类族辨物》，中国社会科学出版社2013年版，第14页。

有道德上成为圣贤的可能性,既然如此,"文治教化"同样适用于他们。

　　儒家的这一思想影响着中国古代治边思想,既然"中国"人需要道德上的修养才成为君子,那么通过教化这样的文明传播方式,夷狄同样也能够成为"尧舜"。在这种思想的影响下,古代中国在内外关系问题上出现了"文治教化"的治策。《晋书·束皙传》:"文化内辑,武功外悠。"《王融曲水诗序》谓:"敷文化以柔远。"这种对外的基本治策一直影响着后世士大夫于"平天下"的抱负,直到清代王之春的《国朝柔远记》仍然是当时主流的治边、治外思想,而柔远思想的依据正是"不教而杀谓之虐"和"人谁无过,过而能改,善莫大焉"。一方面他们"非我族类",但是另一方面又要"有教无类"。正因如此,才因五方之民的风俗不同于中国而称其为"化外","中国"的法律典籍中才对中国以外的种落以"化外人"相称,"中国"对于边疆的法律治理才呈现出"政教刑罚"这样的法律样式。

　　直到今天,王朝法律与边疆族群的风俗关系仍然是法学研究的重要课题。这一课题被人们概括为"国家法与习惯法的冲突",尽管人们也讲二者之间的"调适",但是因为有冲突才会有调适,"冲突"仍然是问题根源所在,这仿佛是在重复先秦时期的思想过程,而先秦时期的这些智慧同样能成为我们今天进行边疆治理的思想资源。

第七章

春秋战国的边疆及其治理模式的变化

一、周礼的崩溃与春秋时期
治边问题的地方化

所谓的"治边之法",包括了对边疆族群的法律治理,同时也包括对边地汉民、军人的法律治理。

上古帝系时期的历史问题比较复杂,有说五帝之间有血缘继承关系的,有说他们彼此之间没有血缘关系,是横向发展的不同方位的族群,后来因为作为黄帝后代的周族统一了这些族群,它们之间又相互融合,于是才形成华夏族。不管怎么说,由于西周时期的历史很长,由上古五帝代表的各族在春秋时期已经都属于"诸夏"了。西周初期的"周礼"作为一种法律渊源,早已被"诸夏"所认同,这使得"诸夏"的统一有了制度保障,是否遵循周礼也成为是否属于"诸夏"的标志,"诸夏"的概念已经是"中国"的概念。更主要的是,春秋时期还形成了只有夷狄向中国学习,而无中国向夷狄学习的观念,周礼也是这一时期华夷之别、华夷之辨的标准。

春秋时期中央政权的衰落,导致春秋战国时期出现了"礼崩"的局面,"礼崩乐坏"使西周及其以前的"内固王畿,外维疆索"的政治秩序遭到了破坏。于是,文化上的边疆虽然存在,但由于战争的原因,地理和政治上的"边"的概念逐渐清晰,诸夏各国周边本就有夷狄,齐、秦、楚、吴、越是传统的华夏边缘,北方以正统自居的大宗封国同样在地理上也是靠近夷狄的地方。就商代的甲骨文考古研究而言,至少从商代开始,周边的族群就已经在不断入侵"诸夏"了。春秋时期这样的情况更加剧烈,一方面,在"诸夏"的内部,因周礼遭到了破坏,文化的统一面临威胁;另一方面,夷狄的不断侵犯使得"诸夏"在地缘政治和文化上都面临危机。不过,虽然华夏内部出现了"礼崩乐坏",但是周礼作为华夷之辨的标志在人们的观念上并没有消失。对于"诸夏"来说,这种基于周礼而具有的族与族之间的差异感和优越感尚存,基于周礼而化成天下的观念意识并没有消失,因此才有所谓的"华夷之辨",才出现"尊王攘夷"的口号。①

公元前 664 年,山戎伐燕,齐军救燕。公元前 661 年,狄人攻邢,管仲提出:"戎狄豺狼,不可厌也;诸夏亲昵,不可弃也。"②齐退狄兵。公元前 660 年,狄人攻卫,齐桓公率诸侯国于楚丘另建新都。公元前 655 年,齐组织联军伐楚,召陵之盟迫使楚国同意进贡周王室,加入齐桓公为首的联盟,抑制了楚国北侵,保护了中原诸国。"尊王攘夷"的结果是:"周室衰微,诸侯强并弱,齐、楚、秦、晋始大,政由方伯。"③从此,"政由方伯"的春秋时代到来。因此,夷狄文化的侵入在根本上是华夏自身礼制的崩溃及政治上的分裂,原来封国的地方文化才出现了开放的局面,这在一定程度上加剧了文化演变的地方化倾向。

到战国时期,由于没有了"中央",地方文化的概念上升至国家的层面,文物制度也趋于不同,各国开始有了自己的法律,甚至在衣冠上也出现了向夷狄学习的现象。如赵国有了著名的"胡服"之变,面对"今中山在我腹心,北有燕,东有胡,西有林胡、楼烦、秦、韩之边,而无强兵之救,是亡社稷,奈何"的局面,④赵武灵王知道"夫有高世之名,必有遗俗之累","夫有高世之功者,负遗俗之累;有独智之虑者,任骜民之怨",⑤这是说要改变传统衣冠文化必被人谴累,比如作为反对者的公子成就认为:

> 臣固闻王之胡服也。臣不佞,寝疾,未能趋走以滋进也。王命之,臣敢对,因竭其愚忠。曰:臣闻中国者,盖聪明徇智之所居也,万物财用之所聚也,贤圣之所教也,仁义之所施也,诗书礼乐之所用也,异敏技能之所试也,远方之所观赴也,蛮夷之所义行也。今王舍此而袭远方之服,变古之教,易

---

① "尊王攘夷"一词最早见于《春秋公羊传》,齐桓公得管仲,经过改革,有了雄厚实力,打出了"尊王攘夷"的旗帜,以诸侯长的身份,挟天子以伐不服。
② 《左传·闵公元年》。
③ 《史记》卷四《周本纪》,第 108 页。
④ 《史记》卷四三《赵世家》,第 1467 页。
⑤ 同上。

古之道，逆人之心，而怫学者，离中国，故臣愿王图之也。①

由公子成的态度，可见当时中国人在文化心理上仍然与边夷文化保持疏远的态度，当时有赵文、赵造、赵俊谏阻，而赵武灵王则提出了"法度制令各顺其宜，衣服器械各便其用。故礼也不必一道，而便国不必古。圣人之兴也不相袭而王，夏、殷之衰也不易礼而灭"，②"循法之功，不足以高世；法古之学，不足以制今"③的主张。其中"法度制令各顺其宜"却也是制度上的开放。从这个意义上讲，"胡服"之变，"易礼"之举，实是当时"礼崩"的结果，是原来"内固王畿，外维疆索"的中外政治格局被破坏的结果。

"礼崩"的另外一个结果是导致春秋时期"中国"的分裂，随着各诸侯国的自立，没有了过去如"王会"这样的周朝礼制，各国开始有了类似现代主权国家的意识，也就开始有了自己的立法。这如同欧洲17世纪民族国家的"本国法"教育活动，④以及18世纪各国的"法典编纂运动"，⑤它们以"最新法"的形式出现在欧洲各国，各王国极力摆脱教会的控制而制订自己的国家法律，并以此证明自己是一个独立的国家。

中国的春秋战国时期与之类似，随着周王室的逐渐衰落和消失，没有了周王室的"中国"也就没有了"普通法"礼，更由于各国之间的争霸和吞并，必然也会出现类似欧洲法律史上"从普遍法到国家法"的立法运动，⑥同时也促进了各国"因宜易法"思想的产生。在这样的环境下，春秋战国时期出现了一场诸国立法运动，有了自己的"常法"。如郑国两次制定法律，"铸刑书于鼎，以为国之常法"；⑦晋国四次制定法律，作"被庐之法"、"常法"、"刑书"、"刑鼎"；楚国两次制定法律，即"仆区法"、"茆门法"；魏国李悝制订了《法经》，如此等等。

从这一时期开始，传统以"志古之道"的中国政治文化传统面临危机。"礼崩乐坏"和各国的立法活动意味着，"中国"不仅在衣冠服饰这类器物的层面是

① 《史记》卷四三《赵世家》，第1468页。
② 同上书，第1470页。
③ 同上。
④ 17世纪欧洲各国大学出现了各自的"瑞典法"、"德国法"、"英国法"、"威尼斯法"、"西班牙法"、"俄国法"的教授课程，而原来大学里的教会法、罗马法和自然法被看作是"共同法"，它们的共同语言是拉丁文。
⑤ 这场立法运动从1794年《普鲁士国家普通邦法》开始，有1804年的法国《拿破仑法典》、1811年的《奥地利民法典》、1900年的《德国民法典》等。
⑥ ［日］大木雅夫著，范愉译：《比较法》，法律出版社1999年版，第8页。
⑦ 《左传·昭公六年》。

可变的,而且在法律制度层面亦可以各行其是,甚至在思想层面同样是可以多元的。在这样的背景下,法家及诸子治世思想作为一种地方性文化的出现也是自然的。如此,传统"中国"在政治和文化方面的分裂和分化使得边疆治理成为各国自己的事情,所谓的边疆治理已经是一个地方化的问题,而不再与那个居于中央地位的周王室有任何关系。因此,在对待与边疆族群的态度上,出现各国"法度制令各顺其宜"、"因宜易法"的现象也是必然的。

二、郡、县、道: 郡县制与边疆的设置

郡县的出现涉及边疆问题,中国古代的郡县起于何时? 一般认为郡县起源于春秋中期,在此之前"服"、"国"都是对"京师"之外各地方的通称。"郡"的出现有其时代特征,顾炎武《日知录》有《郡县》,考证了"郡"的缘起:"郡之称盖始于秦晋,以所得戎翟地远,使人守之,为戎翟民君长,故名曰郡。"[1]这里说的"以所得戎翟地远",是说"郡"在当时是指边疆地区,而且是从周边族群的君长称谓而来,这些地方仍然是"为戎翟民君长",因此才称为"郡"。

这还可以从早期的"郡"大都是处于"中国"的边疆地区这一事实看出,顾炎武在《日知录》中曾列举:"春申君言与楚王曰:'淮北地边齐,其事急,请以为郡便。'《匈奴传》言:'赵武灵王置云中、雁门、代郡;燕置上谷、渔阳、右北平、辽西、辽东郡,以拒胡。'又言:'魏有河西、上郡,以与戎界边。'"[2]因此顾炎武说:"而周必无郡之称,以郡者远地之称也。秦之内史,汉之三辅,终不可名之郡,况周之畿内乎。"[3]

战国时,不仅在边疆地区设郡,在内地同样也开始设郡,如燕将乐毅"下齐七十余城,皆为郡县"。

由此可知,"郡"最初是指在原来某一诸侯国的边疆地区。由于战国时期相互战争,对于某一国而言,所谓边疆不过是该国一些新征服或兼并的地方,对于这些地方由于是"政区所置,疆域所在",于是这些边缘地方的设置才称之为"郡"。因此郡最初期是边疆的设置,后来才成为"中国"内地的行政建置。战国

---

① （清）顾炎武撰,黄汝成集释:《日知录集释》卷二二《郡县》,上海古籍出版社 2006 年版,第 1239 页。
② 同上书,第 1239—1240 页。
③ 同上书,第 1241 页。

时期设郡县是当时的趋势，它与战国时期的"中国内战"有着直接的关系。此外，战国时期的"郡"也不都是起源于秦国，如顾炎武就认为"当七国之世，而固已有郡矣"。①

所谓"郡"，本义应当有"边地"的意思，实是相当于西周时期的"蛮夷要服"之地。"郡"有"君长"之意，"君长"是古代对于周边边夷首领的称谓，《史记·西南夷列传》有："西南夷君长以什数，夜郎最大。……自滇以北君长以什数，邛都最大。"②《史记·司马相如列传》："故北出师以讨强胡，南驰使以诮劲越。四面风德，二方之君鳞集仰流，愿得受号者以亿计。"③《史记·东越列传》："闽越王无诸及越东海王摇者，其先皆越王句践之后也，姓驺氏。秦已并天下，皆废为君长。"④《史记·朝鲜列传》："会孝惠、高后时天下初定，辽东太守即约满为外臣，保塞外蛮夷，无使盗边。诸蛮夷君长欲入见天子，勿得禁止。"⑤

这些记载对边夷均以"君长"或"君"相称，因此才"为戎翟民君长，故名曰郡"。看来"郡"最初应当是在边疆地区设立的基层行政区划，后来才成为这些国家的地方最高行政机构。

"郡"最初期作为边远地方的建置还可以从最初"郡"与"县"的关系中看出。《左传·哀公二年》："克敌者，上大夫受县，下大夫受郡。"上大夫位高而近，自然受县；下大夫位低而远，自然受郡。当时县比郡大，"县成聚富庶，而郡荒陋"。⑥"县"的历史可追溯至夏，《左传》昭公二十九年，蔡墨言刘累"迁于鲁县"，⑦说明夏时就有"县"；《周礼·小司徒》有"四甸为县"，《遂人》有"五鄙为县"，说明西周时有"县"。又，《逸周书·作雒解》："国西土为方千里，分为百县，县有四郡，郡有□鄙。"

从《周礼》看，"郡"是统属于"县"的。但是春秋以前，本国之边郡与他国之县初本不相统属。春秋以降，诸侯之间或华夷之间争霸战乱，天下大势，或分或并，国与国之间的地域交错扩展，原来的设置已乱，新得到的县脱离了故国旧县。《左传·成公六年》，韩献子曰："成师以出，而败楚之二县。"《左传·昭公二

---

① （清）顾炎武撰，黄汝成集释：《日知录集释》卷二二《郡县》，第 1240 页。
② 《史记》卷一一六《西南夷列传》，第 2281 页。
③ 《史记》卷一一七《司马相如列传》，第 2323 页。
④ 《史记》卷一一四《东越列传》，第 2273 页。
⑤ 《史记》卷一一五《朝鲜列传》，第 2278 页。
⑥ （清）顾炎武撰，黄汝成集释：《日知录集释》卷二二《郡县》，第 1239 页。
⑦ 刘累，尧之裔孙。

十八年》："晋分祁氏之田以为七县，分羊舌氏之田以为三县。"《史记·秦本纪》：
"武公十年，伐邽、冀戎，初县之。"而新得之国又多视之为"远地"而分人守之，原
来本为县的地方率以郡名，如秦楚得诸侯之地都以"郡"置之，由此郡大而统其
县，郡逐渐失去其作为特指"边疆"之地的含义。

　　秦朝时在一些边疆地区设"道"，汉朝继承了这一设置，因为原来的秦地太
过广大，于是在边疆地方加置郡国，至汉哀帝、汉平帝时期，凡新置郡、国六十
三，其中有"道"三十二。郑樵《通典·州郡》载："至哀、平之际，凡新置郡、国六十
三焉，与秦四十，合百三；县邑千三百一十四，道三十二，侯国二百四十一；地东
西九千三百二里，南北万三千三百六十八里，此汉之极盛也。"①所谓"道"，是指
在周边族群聚居地区设立的与"县"平行的地方行政机构。《汉书·百官公卿
表》中有："县令、长，皆秦官，掌治其县。万户以上为令……县大率方百里，其民
稠则减，稀则旷，乡、亭亦如之，皆秦制。……有蛮夷诸道。"②古代有"蛮夷要服、
戎翟荒服"之说，③这里所谓的蛮夷诸道大致是指之前历史上的"要服"区域。

三、法家与郡县制：对传统治边
政略及法律的影响

　　学界有华夏居中原、东夷、南蛮、西戎、北狄各远居四裔的旧说。其实不然，
根据钱穆先生的研究，在平王东迁之前，中国已是华夷杂处。④ 比如《左传》载文
公九年秋，"楚自东夷伐陈"，说明东夷可能在陈。《战国策·魏策》："楚破南阳
九夷。"说明九夷在南阳（此为中原）。《左传》载哀公四年夏，"楚谋北方，袭梁，
围蛮氏"。《左传》载隐公二年春，"公会戎于潜（山东鱼台县）"。由此可以知，华
夷的地理界线并不是那么清楚，华夏居住的范围内也有夷狄。

　　此外，华夷互婚现象已经习见，如周襄王娶狄后；晋献公娶大戎狐姬生重
耳，又娶小戎子生夷吾；齐桓公娶徐嬴，徐为夷；晋文公娶叔隗，赵衰娶季隗，隗
是北戎姓氏。加之共主衰微，王命不行，内有诸侯兼并，无以统摄王道，北戎侵

---

① （唐）杜佑撰，王文锦等点校：《通典》卷一七一《州郡一》，第 4457 页。
② 《汉书》卷一九上《百官公卿表》，第 624 页。
③ 见《国语·周语上》，又见《后汉书·西羌传·东号子麻奴》："戎狄荒服，蛮夷要服，言其荒忽无常。"
④ 钱穆：《国史大纲》上册，商务印书馆 2005 年版，第 56 页。

郑,北戎伐齐,山戎病燕,狄伐邢,狄入卫。闵公、僖公之世,狄最盛,又灭温,伐鲁,伐晋,今河北、河南、山东等地多有夷狄横行,交侵而入中国,华夷的文化边界已然模糊。

因此,春秋战国时期,内有诸侯土地之争,外有华夷文化之争。华夷杂处,杞桓公来朝用夷礼,楚会盟于中原,不以蛮夷视之,即所谓"诸夏用夷礼则夷之,夷狄用诸夏礼则诸夏之"。在这样的形势下,在"尊王攘夷"这一传统王道政治的口号下,列国相互兼并,以致于华夷边界更加模糊,而后战国法家的国家主义和帝国主义较之传统的王道政治,不仅更适用于统华夷于一国的治理,而且也更适用于廓清华夷地理边界。

法家没有关于边疆的理论,也不讨论"民族问题",法家以法为治国、强国的本具,避开了因礼仪差异而产生的文化种族纷争,以强国为出发点,以"民"而非以"族"为治理对象。商鞅变法,增加了爵禄,定二十级爵位,以替代过去贵族五等封爵之制,奴隶士兵可以战功而封爵,而奴隶则有不同国别种族,因此一国之内,"民族问题"自然被法律问题所替代。如贾谊所言:"商君弃礼仪,背仁恩,并心于进取,行之二岁,秦俗日败。"①贾子所说的秦俗日败,是认为:"秦人家富子壮则出分,家贫子壮则出赘。借父耰耡,虑有德色;母取箕帚,立而谇语。抱哺其子,与公并踞;妇姑不相悦,则反唇而相稽;其慈子嗜利,不同禽兽者希矣。"②破坏了传统的王道法俗,以此诟病其法。法家确是弃礼仪,背仁恩,因为法家只关注于国家主权,对于不同的种族、风俗,希望采取"以法化俗"的国家主义的做法来解决,以之一同于国家的法律。

首先,在法家的理论框架下,战国时期的郡县制有了更多"法家"的成分,这在一定程度上改变了传统的治外政略。商鞅变法是法家政治真正的开始,商鞅变法采取的是进取政略,其法追求整而齐之,改变势涣力散的国家局面,讲求实利,放弃"王者无外"、"化行自迩"、"协和万邦"的传统,而是求"为政"以外争。这不同于夏、商、周"政以内外,外与自迩"的政略,更不复有过去的分封制。

总结夏、商、周三代政略,其依照"中外"和"朝野"的观念区分,以实现"政以内外,外与自迩"的目的。"中外"和"朝野"的概念为后世一直沿用,直至清朝依然如此。如清朝入关后的第一部律典是顺治三年初完成的《大清律集解附例》,

---

① 转引麦梦华《商君评传》,《诸子集成》五,第1页。
② 同上。

该律典在顺治四年三月二十四日正式颁布时,仍然是用"颁行中外"一语。①

　　所谓"中外",《逸周书·度训解第一》有云:"极以正民。正中外以成命。"唐大沛的解释是:"以地言,由宫府以及邦国。"②所谓"朝野",潘振云:"中外,朝野也。"③划分"中外"和"朝野",或者说用"中外"和"朝野"的称谓,是为了确立"极以正民。正中外以成命"的目的。所谓"极以正民",是为了制爵以明贵贱,以安其位,使之不得僭越,此为其礼制之基本,如同《诗经》所谓的"立我烝民,莫匪尔极"。④ 在此基础上推行中央王朝的政令,即"内外正则令惟行,故曰成命",⑤"正朝野以成王命",⑥如唐大沛的解释所说:"政以内始,政教始于宫廷;化行自迩,承上言王化之行自近始。"⑦形成了中国先秦"政以内外,外与自迩"的政治传统。⑧

　　在这样的"王化之行自近始"的王道政略的支配下,于内分封之礼繁琐,法俗涣靡,人力不齐;于外趋于保守,多用怀柔而无竞争之势,故外患不止。因此,其边疆郡县的设置进程必然缓慢。相反,法家政治则不然,以"法律万能"主义,宁愚弱其民,以强国家,于内外皆无怀柔之仁,是帝国主义进取与国家法治主义强力的结合,诚如麦梦华在《商君评传》中所言:"商君之治,务先融化个人,团合于国家政治之内,使个人尽如器械,以服国家无上之命令,使个人牺牲私益,以为组织国家之一员,宁必愚弱其民,盖舍是不能扩张其国也。"⑨如此于法律编户之急切,于边疆新增郡县之必须,则非传统王道之治可比。

　　其次,法家之法必然改变以往对于边地"以礼化俗"的度训模式。夏商周的法治,是一种"度训"模式。"度训"是分封制背景下的政治模式,所谓"度训,其一也。度,法度;训,教也"。⑩

　　"度训"见于《逸周书》,在《周书》中冠诸篇首。唐大沛解释说《度训解》"以立中为法度之准,以分微、敬微为王道之源,以教民次分为治平之要,以好恶同

① 《顺治实录》卷三一。
② 黄怀信修订,李学勤审定:《逸周书汇校集注》上册,第 4 页。
③ 同上。
④ 同上。
⑤ 同上。
⑥ 同上。
⑦ 同上书,第 5 页。
⑧ 同上。
⑨ 麦梦华:《商君评传》,《诸子集成》五,第 1 页。
⑩ 黄怀信修订,李学勤审定:《逸周书汇校集注》上册,第 1 页。

民为洁矩之用，而贯以慎始如终之心。盖内圣外王之至道，典、谟、训、诰之精义，大端具备矣"。① 这是传统儒家关于法律的基本认知，在理论上强调"中和"，强调"慎微"，强调"教民"，强调"同民"，总之是内向型的"内圣外王"的王道政治，王道政治又实为中庸政治。王道政治当始于上古学术，其理念出于《易》，上古学术以《易》为神宝，其学术成就其政治。《易》有"中正"、"中和"、"同民"之义理，以《易》之各卦第五爻，示得中正施政之方，这如同《尚书·大禹谟》语曰："人心惟微，道心惟微，惟精唯一，允执厥中。"至于《易》的政治价值，在于"为王道之源"，是王道的基础，如同日本神奈川县的高岛嘉右卫门在其所撰之《易断(序一)》中所云："是以羲圣以下数圣人，以《易》为世世相承之神宝，以为王道之基础。"②后孔门又谓之中庸，中庸得天命之中正，虽然《中庸》云"中庸不可能也"，难以行之，然仍是政治至善的标准。缘于此，法度的准据就在于"立中"，故此段中有云："以立中为法度之准，以分微、敬微为王道之源。"

上古的"度训"之所以有"礼"的性质，是因为"中和"、"慎微"的标准存在于"礼"这样一种既符合天道又符合民俗的规范当中，"和非中不立，中非礼不慎，礼非乐不履"。③ 上古"法度"是"天行有度而四象正，皇极有度而万民顺"，④是"自然之矩矱，而圣人裁成之"。⑤《诗经·大雅·烝民》中有："天生烝民，有物有则。"所谓"则"，是指法度，"有物有则"表明都有着强烈的自然色彩，认为法律是圣人"法自然"、"法天命"的结果，是"法自然"、"法天命"的王道政治，自然也是圣人先师的学术政治。而所谓的"自然"，具体来说，大抵是指自然事物的规律和种落社会的习俗。在"有物有则"的法律认知下，能够从自然(人也是自然的一部分)当中获得理论认知的人，自然能够成为教法的权威。因此，"有物有则"的法律认知极容易形成以圣人教化为主的、"以礼化俗"的儒家精英统治模式。

中国上古对于法律的认知，大致是这样一个体系：法——礼——俗，法属于"政"的范畴，礼和俗属于"教"的范畴，二者合称"政教"。同样，中国先秦的治外模式也是如此。对于中国古代"法律"的理解，我们更多提到的是"律、令、格、式"，这显然是受到近代以来西方法律形式的影响，而这也往往被人们视为中国

---

① 黄怀信修订，李学勤审定：《逸周书汇校集注》上册，第1页。
② 夏于全、朱立春主编：《周易全书》，吉林摄影出版社2003年版，第98页。
③ 黄怀信修订，李学勤审定：《逸周书汇校集注》上册，第1页。
④ 同上。
⑤ 同上书，第2页。

法制史的基本内容,以"律、令、格、式"作为中国法制史的研究对象。这本身没有问题,但是却不能认为这就是中国法律本身,从而无法全面认识中国古代法律的特质。中国古代有大量的"刑"、"法"、"律"、"例",但是中国古代的国家治理,与先秦的治理模式一脉相承,却往往更重视"正人心"、"厚风俗",亦有"德主刑辅"的传统。总结中国古代的法律样式,我们会发现法、礼、俗才是中国法的基本内容,才是中国法本身。所谓的"礼乐政刑",在中国法中是不可分的,可以说它们都是法律,对于这一点笔者在《法律与法俗》一书中归之曰"法俗"。①

但是,战国时期法家的法治不同于以往的法治,法家的法是人定之法、君权之法。法家不论天理,不尊王道,一断以法,虽然强调"因世而为之治,度俗而为之法,故法不察民之情而立之,则不成治",②但这也只是强调度俗而为之法,因俗而立法,进而再"以法化俗"。这不同于过去"以礼化俗"的"度训"模式,传统的"度训"模式是因俗而成礼教,因礼教而化俗,这也就是人们说法家背弃礼仁的原因。法家"以法化俗"必然形成的是以"律"直接面对"俗"的法治样式,之于文化风俗差异各异的边疆郡县,其法律治理也必是强调律法之治而非礼仪教化,此如《商君书》云:"制度时,则国俗可化而民从制;治法明,则官无邪;国务一,则民应用。"③

再次,法家之法必然改变以往治外的"王会"制度。上古的"度训"模式是通过"王会"制度来使"中外"关系制度化的,"王会"制度的实质在于它是一种处理内外关系的礼制。"王会"制度通过"礼"的方式确立了"华夏"王朝在制度和地理上的中心地位,无论是不是"伪史",从《夏书》、《商书》、《周书》看来,从夏开始诸侯邦国由内向外的等级是处理"四方"边疆问题的"中和"型制度。"王会"制度所需要贯彻的是"和非中不立,中非礼不慎,礼非乐不履"。④ 法家背弃礼仁,而置郡县,在起缘上就与"军事"相关联。春秋中期以后,郡县多是设置于新开辟的边地,这些边地多通过战争获得,必然是军事化的治理。军事管理更多的是强调法律规则,而不是考虑当地的礼俗,在这样的情况下,以"法自然"和"教化"为基本手段的传统"度训"治边、治外模式自然会被改变。

---

①　杜文忠:《法律与法俗:对法的民俗学解释》。
②　《商君书·壹言》,《诸子集成》五,第19页。
③　同上书,第18页。
④　黄怀信修订,李学勤审定:《逸周书汇校集注》上册,第14页。

　　最后，法家在"民弱国强，国强民弱，故有道之国，务在弱民"方针的指导下，①破除了传统分封，实行职权层级制度，这改变了过去通过"王会"制度来约束"中外"关系的礼制。郡县制的基本特点是它的职权层级制度，它是通过法律规则构建中央与地方的行政科层，形成中外规则化、层级化的行政体制，而其法律则一以贯之。而"王会"制度毕竟只是一种礼制，它通过朝会礼制沟通"中外"关系，仅仅通过"朝贡"和封爵的手段来确立内外礼仪秩序，而不是用一以贯之的"硬法"来治理。从内容上看，"王会"礼制的理论是基于"王者无外"、"内圣外王"、"薄来厚往"这些仁义理念和手段。但是在法家看来，"仁者能仁于人，而不能使人仁。义者能爱于人，而不能使人爱。是以知仁义之不足以治天下也"，②认为以仁义为基本内容的礼制不可能建立起"仁义之国"，故"圣王者，不贵义，而贵法"。③

　　因此，郡县制作为一种新的地方行政制度，其实质意义在于它是法治而非分封的礼治，随着法家理论与郡县制的结合，必然会淡化"礼教"的手段在边疆属国治理中的作用。春秋战国时期，乃大争之世，强国弱民是时势使然，边疆治理的法治化也自然要服从于这一需要。

---

① 《商君书·弱民》，《诸子集成》五，第35页。
② 《商君书·画策》，《诸子集成》五，第33页。
③ 同上。

第八章

秦汉时期的边郡及关于属邦的法律

一、秦朝疆域的"线"性边界及其法律的地理边界

(一) 中国古代的"国"、"城"、"边"

先秦时代,"中国"的北部边疆,其"线性"边界并不明显。从战国至秦,长城的修建改变了这一情况,边疆的界线逐渐明确,中国古代的地缘政治逐渐有了"线性"的意识,长城演变为边疆符号。中国北部边疆的这一变化从长城的发展史中可以明显看出,中国自古就有修筑城墙的传统,之所以修筑"城",追根溯源仍源于分封的传统。

"城"在地理上原不与边疆同义,应当说长城起源于"国","国"是分封的产物。"长城"一词最早见于《管子·轻重》篇:"长城之阳鲁也,长城之阴齐也。"长城应当是封国之间的界线。又,《吕氏春秋·下贤》篇载魏文侯因喜好以礼待士,"故南胜荆于连堤,东胜齐于长城,虏齐侯,献诸天子",可见长城最初也并非只是为了防范四方夷狄而修建。

相关的证据还见于司马迁《史记》所载:赵成侯七年,赵"侵齐,至长城"(《史记·赵世家》);魏惠王九年,"楚、魏与秦接界,魏筑长城,自郑滨洛以北,有上郡"(《史记·秦本记》);魏惠王十九年,"诸侯围我襄陵,筑长城塞固阳"(《史记·魏世家》);赵肃侯十七年"围魏黄,不克。筑长城"(《史记·赵世家》);齐宣王"乘山岭之上筑长城,东至海,西至济州,有千余里,以备楚"(《史记·楚世家》);燕昭王元年,"张仪游说燕昭王:今大王不事秦,秦下甲云中、九原,驱赵而攻燕,则易水、长城非大王之有"(《史记·张仪列传》),等等。据《史记》载,可以

归纳如下：

第一，鲁与齐之间有长城相隔。

第二，魏国南与荆、东与齐之间有城相隔。

第三，楚、魏与秦结界，为了防备，魏筑长城。

第四，齐国筑长城，东至海，西至济州，长千余里，以防备楚。

第五，燕国筑长城以拒胡，但也并非只是拒胡，不然何以称"（秦）驱赵而攻燕，则易水、长城非大王之有"。

这些都是先秦时期修建长城初衷的证明，当然长城的修筑也不仅是为了划明各国界线，防备中国范围内的诸国相侵，对于那些与"四方"相邻的"国家"，同时也有防范夷狄的目的。如"燕亦筑长城，自造阳至襄平，置上谷、渔阳、右北平、辽西、辽东郡以拒胡"，又如秦"义渠戎王与宣太后乱，有二子。宣太后诈而杀义渠戎王于甘泉，遂起兵伐残义渠，于是秦有陇西、北地、上郡，筑长城以拒胡"。又《诗经·出车》云："王命南仲，往城于方；出车彭彭，旐旟中央。天子命我，城彼朔方；赫赫南仲，玁狁于襄。"意思是周宣王命令大将南仲率领军士去朔方（北方）筑城堡以防御从事游牧的玁狁，并依靠这些防御城堡扫荡玁狁。诗中"往城于方"和"城彼朔方"的"城"，应该是指建于北部边境防范北方玁狁的建筑。

春秋时期，长城的修筑更为常见，记载春秋战国事的《竹书纪年》中有周显王十年（魏惠王十二年，公元前357年），"龙贾帅师筑长城于西边"；周显王十八年（前351），"齐筑防以为长城，赵国筑长城，齐国筑长城，燕国筑长城，秦国筑长城，魏国筑长城"。这些北方国家修筑长城，其目的显然也是为了防范北方族群的侵扰。《竹书纪年》中没有提到楚国的长城，但这不等于南方的楚国没有"长城"。

与北方不同的是，南方楚国的"长城"在史书中往往被称为"方城"。《史记·秦本纪》中提到楚怀王三十年（公元前299年），"齐使章子，魏使公孙喜，韩使暴鸢共攻楚方城"。"方城"无疑是楚国的军事防御工程。书中讲楚成王十六年（前656）齐桓公率诸侯伐楚，楚国派使者屈完劝齐桓公退兵说："君若以德绥诸侯，谁敢不服。君若以力，楚国方城以为城，汉水以为池，虽众，无所用之。"为什么楚国之"城"不以"长城"名之呢？北魏郦道元对此有一番解释，他在《水经注》中注释道："楚盛周衰，控霸南土，欲争强中国，多筑列城于北方，以逼华夏,故号此城为万城,或作方字。"又说:"盛宏之云：叶东界有故城……南北数百里,号为方城。一谓之长城。"这段话显然是说楚盛周衰,楚国控霸南方,同时也想争强中原,才于其疆域的北部多筑城,目的是威逼华夏,故号此城为"方城"。

"方城"的意思是否有视楚国为蛮夷之意呢?"方"字在《说文》中的解释是："象两舟省总头形。凡方之属皆从方。汸,方或从水。""方"本当读"傍"音,"傍"有"边"之意。"方"本"舟"之意,且与"舫"字相通,"舫,方舟也"。《礼》:"天子造舟,诸侯维舟,大夫方舟,士特舟。"所以称楚国之城即为"方城"。二是指楚国亦边夷之地。此外,对于"方城",还可以作原始意义上的解释,《汉书·地理志》也记载:"叶,楚叶公邑。有长城,号曰方城。""方城"的意思是"邑","邑"本于"封树"或"土塘"。"封树"当是古代中国城市的起源,最早的城市始于远古时代部落氏族在居住处或村寨周围用"封树",具体做法是用大小圆木打入或埋入土中以此防范四周。所谓"土塘",是指挖沟引水,堆土起塘,以此设防。"邑"就是"封树"或"土塘"的延续,自西周分封诸侯后,各诸侯都建起了很多城邑,并把"封树"和"土塘"的方法扩展到国土的疆界上,城邑由此大量出现。春秋时期,各国相互防范,军事行动频繁,据有关资料统计,在春秋的 242 年中,列国的军事行动就有 480 多次,[①]这进一步促使各国大量新建城邑。

因此,修建"长城"的传统,最早起源于建"城",而"城"又是缘于"邑","邑"又是"封树"或"土塘"的延续,而西周分封的政治制度和分封土地给诸侯的制度,又是城邑大量出现的重要原因。由此可见,中国古代的地理边界意识最早应当是产生于"中国"的内部,而非仅仅是外部,它与西周分封的政治制度直接相关。内部界线同外部界线一样,最早不一定是出于军事目的,而应当是出于"国"(邑、城)的土地分封,其内部边界的划分本身没有文化区分的意义,因为他们在文化上有同一性,共同构成了"中央之国"。甚至在"东夷内侵"的时候,那种"线性边疆"的意识也没有出现,因为在华夏族看来,东夷的文化并不构成威胁,不然何以在春秋出现文化危机的时候孔子也想居东夷? 关于此,在讲述东夷族群时会有进一步讨论,此时"长城"的地理边界意义也并不明显。

到了春秋时期,来自北方族群的威胁只是一些小的骚扰,然而,由于列国自

_____

① 孙志升:《中国长城》,第 6 页。

强，"中国"也向外扩张，"中国"北方边疆的形势却是"列国开拓"。秦文公时收复了原来的失地(岐丰之地)，秦穆公时又"兼国十二，开地千里"，"西戎八国皆服于秦"；北方的白狄、赤翟皆为晋、赵所趋攘，晋、赵得其地；东方的"山戎"(东胡)先被齐桓公伐走，后又被燕将秦开所袭，"东胡却千余里"，燕得上谷、渔阳、右北平、辽西、辽东五个边郡；东北的貊(后之夫余、句丽、百济)于汉武帝之前与"中国"少有往来。在此之后，虽然北方戎狄时有骚扰内犯的情况，但是北方戎狄尚分散而居，"各分散溪谷，往往而聚者，百有余戎，然莫能相一"，①不成气候。于是出现以下局面："赵有代、句注(句注，如今雁门山)之北，魏有河西、上郡，以与戎界边。河西、上郡入秦之后，秦、赵、燕三国，边于匈奴。……秦王昭时……伐残义渠，于是秦有陇西、北地、上郡，筑长城以拒胡；赵武灵王……北破林胡、楼烦，筑长城，自代并阴山下至高阙为塞。"②

这一时期，总体上来讲，中国北方列国有向外开拓的形势，当时北方国家的长城之设只是为了巩固"列国开拓"的成果，甘肃和山、陕、直隶北边的西戎都是"分散溪谷"的小部落，因此"中国"向北面的开拓它们是无力抵抗的。虽然无力抵抗，但是由于"分散溪谷"，有游动性，他们不时也有小规模的内侵，加上"中国"也忙于内患，因此秦、赵、魏、燕亦筑长城防备之，以图一劳永逸。

关于长城的修建，"先有烽燧，后有长城"的说法正说明了这一点。③《史记》："胡骑入代、句注边，烽火通于甘泉、长安。"李白有诗《塞下曲六首(其六)》云："烽火动沙漠，连照甘泉云。""先有烽燧"，足见在修建长城以前，北方族群对于中国的威胁并不大，"后有长城"则说明问题已经很严重了。一直到秦，北部的狄、戎中只有河套之内的一族，因为河套地形平衍，易于合群的缘故，较为强大，成为秦汉时的强悍的匈奴族。秦始皇费大力筑长城，"立万世夷夏之防"，后世戚继光在他的诗中云："禹贡万年归紫极，秦城千里静雕题。"这里的"禹贡"，古人常以其指全国版图；"紫极"者，意指中央政权；"雕题"则是指塞外之族，这是肯定了秦修建长城的历史意义，而秦修建长城也正因应了当时北方族群形势的这一变化。

中国边疆外部形势此时的变化，对于先秦及后来的历史都有十分重要的意

---

① 吕思勉：《白话本国史》上，上海古籍出版社 2005 年版，第 76 页。
② 同上。
③ 孙志升：《中国长城》，第 3 页。

义。匈奴的崛起及北方族群的融合或整合,对从外部改变中国治边法律的样式产生了直接的影响,因为它同时也明确了中国文化后来的北方边界。过去,在中国北方边界尚不明确的情况下,中国北方边疆的概念仍然是模糊不清的,用"文化边缘"来形容边疆则更为确切。在这个意义上,北方的北狄(月支、秽貊、匈奴、单于、白屋等)在很大程度上仍然被视为王土的范畴,但是后来匈奴对北方族群的整合并崛起,以及秦统一中国,都强化了"中国"边疆的地理概念的形成。

在中国的内部,秦统一中国,中国的政治法律文化发生了根本性的变化,这对于治边法律的样式产生了深刻影响。因为秦的思想既不同于过去,也不同于后来,这主要是因为秦国是奉行法家的,秦国是秉承法家精神统一中国的。法家的精神类似于今天西方法理学上的"凯尔森主义","凯尔森主义"是纯粹法学,它主张以法条研究为中心,而不顾及政治、经济、文化等,纯粹是今天"政治民族"和"公民政治"的产物。这与秦奉行"一断以法"及"诸事皆有法式"的法家思想基本上是一致的。

秦奉行这样的思想,不仅改变了此前中国法律的传统,而且改变了此前中国边疆政治法律传统。秦朝之治,否认了自上古以来的传统的儒家政治,亦在观念上否定了"普天之下,莫非王土",同时也否定了礼治。在此之前,中国的法律文化样式一直是礼法文化,礼法文化不仅针对中国内部,同样也针对中国外部。"普天之下,莫非王土"并不只是一种观念,它还是中国人的边疆政治,可以称之为"王土政治"。礼治与这样的"王土政治"是"配套"的,"普天之下,莫非王土",它是如此的广大无际,因此需要用"礼"这样的软性法律才能治理,于是才有了"朝贡"等这类治法。而秦朝之治具有强烈的现代国家理念,需要实际的占领、设置,如此则需要有明确的国界。在这样的国家理念支配下,其相应的治法自然是"一断以法"并排斥礼治之法。由于秦朝奉行法家精神,进一步强化了"中国"边疆的地理概念的形成,也改变了此前中国的传统治边之法。从历史文化意义上讲,秦朝所处的时代是"文化民族的时代",而秦朝的错误在于它要奉行"政治民族时代"的逻辑。法家的意义在于它能够在"中国"内部建立统一的国家,但是它并没有改变从上古以来形成的"王朝—五服"文化,故而灭于六国之后裔。

从先秦至汉,中国的政治民族史可以做如下的划分:先秦时期的"王朝—

五服"文化,至秦的"政治民族"时代,再到汉以后的"政治民族加文化民族"的时代这三个时期。先秦时期的"王朝—五服"文化,其样式是括"普天之下"的"王朝—诸侯"的"超大国家模式",其治法是礼法之治;秦奉行的是"政治民族",其样式是"王朝—边疆"的国家模式,其治法是法治;汉以后逐渐恢复了先秦的样式,但由于是在秦制的基础上建国,其在观念和法律上与先秦又有不同,是"政治民族加文化民族"的国家模式,由此至清,这一模式一直没有改变。

其中,战国和汉应当是两个过渡阶段。继春秋之后,战国时期列国争强,法家大行其道,各国国家意识日益强烈,为秦构建"政治民族"的国家模式埋下伏笔。而"汉承秦制",同时又在一定程度上沿用分封之法,且在思想上取法儒家之道,制度上也逐渐亦儒亦法,王霸、儒法并用,既入先秦传统,又承秦制。

总之,这一时期外部的变化是北方族群的融合或整合,内部的变化是秦以法家精神统一了中国,二者在边疆、法律、治边之法等方面皆具有划时代的变化。

(二) 郡县制的实行与秦汉"政治边疆地图"

1.《游士律》：郡县制的实行和辖区边界意识的强化

由于郡县制的实行,秦汉时期中国的政治边疆地图逐渐清晰,但也随着政治形势的变化而呈现动态。在此之前,传说中的三皇五帝、夏商的地理边界并不清晰,一般局限于黄河中下游地区,有时扩展到长江中游和江淮之间。其分封的诸侯国"一般注重城、邑,而不是一个具体的范围"。[①] 这是因为边界的概念是以"点",而不是以"面"的形式出现的。春秋中期以后,由于相互争霸,各国交往、争端开始频繁出现,一些诸侯国已开始设置边郡,这时建立"线"性边界的"国"就是十分重要的事情了。到战国时期,各国相互之间的战争和土地兼并、许让、割让等政治活动更为频繁,于是相互之间出示地图则是现实需要。

此外,春秋战国时期,各诸侯国往往"备边境,完要塞,谨关梁,塞蹊径",[②]由节符使用制度,可见一斑。[③] 早在周朝时,中国就有了详细的出入境节符使用制

---

① 葛剑雄：《中国历代疆域的变迁》,第35页。
② 《吕氏春秋·孟冬》。
③ 所谓"节符",《说文》："符,信也。汉制以竹长六寸分而相合。"

度,《周礼·掌节》:

> 守邦国者用玉节,守都鄙者用角节。凡邦国之使节,山国用虎节,土国
> 用人节,泽国用龙节,皆金也,以英荡辅之。门关用符节,货贿用玺节,道路
> 用旌节,皆有期以反节。凡通达于天下者,必有节,以传辅之。无节者,有
> 几则不达。

这里描述的是周时符节依照质地、形制和用途的不同而不同,凡是邦国、都
鄙之长,分别用玉节和角节。邦国、都鄙之长为天子守土,邦国之主是指诸侯,
诸侯与天子一样用的是玉节,①其节有大小之分,《掌节》贾疏云:

> 以邦国与王同称玉节,故知邦国亦有数等之节,亦皆以玉为之。以其
> 诸侯国内亦有征守、好难、起军旅之等,故知与王同。知以命数为大小者,
> 以其命圭之等依命数,故知亦以九、以七、以五为节也。其天子玉节,自以
> 大小为数,故琬圭、琰圭俱同九寸,穀圭、牙璋俱七寸,唯有珍圭无文。②

都鄙之主是指公卿大夫(公侯伯),其节为"角节",角节用犀角制成。《汉书
仪》:"秦以前民以金、玉、银、铜、犀、象为玺节。"这说明角节是用"犀"。《周礼正
义》引郭注:"形似水牛……三角,一在顶上,一在额上,一在鼻上。"又说:"一角
在鼻,一角在顶,似豕。"③

邦国的使者,山国用虎节,土国用人节,泽国用龙节,都是用铜做成。中国人
喜欢"象意",山区之地多有虎,平坦之地多有人,泽水之地多龙,因此山国用虎节,
土国用人节,泽国用龙节。如果有邦国使者持虎节而来,就知道他是来自山地之
邦,各国使节各用虎、人、龙,作为他们过关入见的凭证。此外,门关、货贿、道路分
别用符节、玺节、旌节。凡是邦国的人出入关门,由司门(守门的官员)、司关(守关
口的官员)为之节,"其商则司市为之节,其以征令及家徒,则乡大夫为之节"。周
时已是"凡通达于天下者,必有节","凡节有法式,藏于掌节"。④

所谓"以英荡辅之"、"以传辅之",是指使者出使时,要同时带上"节"和"传"
作为信物。所谓"传",是指书信函件;所谓"英荡",是用大竹子刻书的"传",《正

---

① 春秋末年,齐国公子阳生出奔,权臣田乞就"与之玉节而走之"。玉节,即以玉做成的符节。
② (清)孙诒让撰,王文锦、陈玉霞点校:《周礼正义》,第 1113 页。
③ 同上。
④ 同上书,第 1116 页。

义》:"英,刻书也。"《说文》:"荡,大竹也。"《续汉书·百官志》刘注引干注云:"英荡者,传也。凡达节皆有传,传所以辅节,节以金,传以竹。"因此,"以英荡辅之"和"以传辅之"是指邦国使者来王朝时,"刻而书其所使之事,以助三节之信"。[1]至于当时社会上普通贵族以及平民,大量使用的应当是竹节。节符使用制度的进一步强化,反映了当时边外管理的"规则"性更强。

春秋战国时期,"备边境,完要塞,谨关梁,塞蹊径",[2]秦国亦不例外,于是与边疆相关的法律制度也逐渐形成。在湖北出土的睡虎地秦墓竹简中有《秦律杂抄》,《秦律杂抄》中有《游士律》和《戍律》,这些法律反映了这一时期随着边疆的拓展,国家意识和疆域法律管理的加强。

游士是专门从事游说的人,"游士"现象自春秋时期已经存在,《战国策》中的人物大多是游士,甚至有人认为《战国策》本就是游士之书。刘向在《战国策》校书录中说:"臣向以为战国时游士,辅所用之国,为之策谋,宜为战国策。"[3]说明战国时期是游士阶层最为活跃的时代,经过战国、秦到汉初,社会中一直有这样的人群。游士有两个特征:一是他们的流动性;二是游士是当时有本事的人,有自己的秘籍。[4] 在社会分裂的时期,由于各国边境管理松散,游士可以比较自由地出入各国,以求为君主所用,不过这一人群在竞争的时代是重要的人才,在大一统的时代则是不稳定的因素。

秦律有《挟书律》和《游士律》。秦始皇三十四年(前 213)下令焚书,不完全是针对儒家,因为还特别制订了《挟书律》,规定凡是挟书者,均按律定罪。该《挟书律》直到西汉汉惠帝四年(前 191)才被明令取消,这二十多年间,民间不准有与政治相关的藏书,这同样是对游士的限制。在法家看来,游士阶层是双刃剑,虽有一定用处,但总具有威胁性,因此秦律严格限制他们的活动。《商君书·农战》:"夫民之不可用也,见言谈游士事君之可以尊身也。"《商君书·算地》:"夫治国舍势而任说,说则身修而功寡。故事《诗》《书》谈说之士,则民游而轻其君;事处士,则民远而非其上;事勇士,则民竞而轻其禁;技艺之士用,则民剽而易徙。"[5]这是主张对游士、人民的出入进行严厉限制,在秦统一六国后更是

---

① (清)孙诒让撰,王文锦、陈玉霞点校:《周礼正义》,第 1115 页。

② 《吕氏春秋·孟冬》。

③ 诸祖耿编撰:《战国策集注汇考》(增补本),凤凰出版社 2008 年版,第 7 页。

④ 《墨子·贵义》:"今天下士君子之书,不可胜载。"《墨子·天志上》载庄子说:"惠施多方,其书五车。"

⑤ 石磊译注:《商君书·算地》,中华书局 2009 年版,第 70 页。

如此,在秦简《秦律杂抄·游士律》中规定:"游士在(居留),亡符,居县赀一甲;卒岁,责之。有为故秦人出,削籍,上造以上为鬼薪,公士以下刑为城旦。"[1]所谓"亡符",是指游士居留而无凭证,如果这样的情况发生了,所在的县罚一甲;如果居留满一年者,应加诛责;如果有帮助故秦人出境的人,[2]对于他的处罚是除去名籍,[3]上造以上爵位者罚为鬼薪,公士以下爵位者刑为城旦。由此可见对于游士在秦境出入活动的限制是十分严格的。

从《游士律》看出,秦加强对边境的控制和出入管理,这在很大程度上是战国以后秦强化科层制的一个表现,它强化了郡县守官的辖区意识,促进了秦疆域的"线"性边界概念的形成。春秋中期以后郡县制开始逐渐推行,秦朝时由于国家统一,不仅在边疆地区,而且在全国范围也遍行郡县。公元前221年秦在全国设立了36个郡,秦末增加至48个郡,近千个县,这些郡县皆有其行政辖区,疆域的"线"性边界的概念自然就很清楚了。

2.《戍律》:秦的疆域形势与秦代充实边疆的法律

秦代的军法还与戍边结合起来,以达到充实边疆防御的目的,这是中国古代常用的做法,后来类似的法律也不少。但是《秦律杂抄》中的《戍律》规定,在中国"戍边法"的历史上,就目前的史料看,应当是属于最早的了。

中国古代有军人犯罪让其戍边的传统。在秦的"戍边法"中,从其《戍律》的规定看,特别强调了军人犯罪而罚其戍边。

> 不当禀军中而禀者,皆赀二甲,法(废);非吏殹(也),戍二岁;徒食、敦(屯)长、仆射弗告,赀戍一岁;令、尉、士吏弗得,赀一甲;军人买(卖)禀禀所及过县,赀戍二岁;同车食,敦(屯)长、仆射弗告,戍一岁;县司空、司空佐史、士吏将者弗得,赀一甲;邦司空一盾。军人禀所,所过县百姓买其禀,赀二甲,入粟公;吏部弗得,及令、丞赀各一甲。禀卒兵,不完善(缮),丞、库啬夫、吏赀二甲,法(废)。[4]

这则法律是针对军队中公职人员犯罪的,它显然区分了"地方"和"军队",

---

①　睡虎地秦墓竹简整理小组编:《睡虎地秦墓竹简》,文物出版社1978年版,第129—130页。

②　故秦人,即《商君书·徕民》的"故秦民",指秦国本有的居民,与原属六国的"新民"对称。出,出境。

③　《商君书·境内》:"四境之内,丈夫女子皆有名于上,生者著,死者削。"(第160页)削籍即自簿籍上除名,则该人已非秦人。

④　睡虎地秦墓竹简整理小组编:《睡虎地秦墓竹简》,第133—134页。

对于军人和不属于军队的公职人员、一般民人，犯同样的罪，各自处罚不同，现概括如下：

（1）对于非军队的公职人员的处罚，往往是处以罚款、撤职、永不叙用，但是并不处以戍边之罚。具体情况是：

a. 不应自军中领粮而领取的非军队官吏，处以罚款、撤职、永不叙用。

b. 可能仍然是因为上述原因，县令、县尉、士吏没有察觉，罚一甲。

c. 有同属一车一起吃军粮的人，县司空、司空佐史、士吏监率者没有察觉，罚一甲，邦司空罚一盾。这里的"邦司空"是指何种官员，目前没有确切的说法，一般认为是朝廷的司空。①

d. 军人领粮地方和所路经的县的百姓买了军粮，罚二甲，粮食没收。该管的吏员没有察觉的，与县令、丞一起处罚，对他们都各罚一甲。

e. 地方官吏供给军卒兵器，质量不好，丞及库的啬夫和吏均罚二甲，撤职永不叙用。

（2）对于军人则处以戍边，具体情况是：

a. 如果犯罪者不是官吏，则需罚戍边二年。

b. 军人在领粮地方和路经的县出卖军粮，罚戍边二年。

c. 同属一车一起吃军粮的人、屯长和仆射不报告，罚戍边一年。

此外，秦的法律要求地方官吏严格依照法律征发到边疆戍边的人，不允许"戍不以律"："戍律曰：同居毋并行，县啬夫、尉及士吏行戍不以律，赀二甲。"②此处"尉"指县尉。"同居"在秦简《法律答问》中有解释："何谓同居？户为同居。"《汉书·惠帝纪》注："同居，谓父母、妻子之外，若兄弟及兄弟之子等，见与同居业者。"所谓"同居毋并行"，这句话的意思是不允许县啬夫、尉及士吏同时征发一户人家去戍边，必须依律征发。如果不依律征发戍边者，要被罚二甲。

秦代所谓的"服戍边者"，虽然具有军队的性质，但基本上是去边疆筑城。因此秦律有"戍者城及补城条"，对戍边的人制订了相应的法律，要求他们对所修筑的城垣担保一年，如果所筑城垣有损坏，法律规定对率领戍者的县司空、署君子（当时守城分段防守，各称署，署的长官称为署君子）各罚一甲，具体主管的"县司空佐"要被罚一盾。

---

① 睡虎地秦墓竹简整理小组编：《睡虎地秦墓竹简》，第134页注4。
② 同上书，第147页。

　　这一规定还可以在秦简《傜律》中见到:"兴徒以为邑中之红(功)者,令嬋堵卒岁。未卒堵坏,司空将红(功)及君子主堵者有罪,令其徒复垣之,勿计为傜。"①不一样的是,该条显然不是针对"戍边者",而是针对所谓的"兴徒",但是处罚的情况却是一样的。该条的意思是说:征发修城的徒众,要对所修筑的墙垣担保一年,如果不满一年墙坏了,主持工程的司空、署君子有罪,需率原来修此墙垣的徒众重新修筑。秦律中"戍者城及补城条"还规定:"戍者城及补城,令姑(嬋)堵一岁,所城有坏者,县司空署君子将者,赀各一甲;县司空佐主将者,赀一盾。令戍者勉补缮城,署勿令为它事;已补,乃令增塞埤塞。县尉时循视其攻(功)及所为,敢令为它事,使者赀二甲。"②这是说不允许戍边者做筑城之外的其他事,要求县尉亲自巡视工程现场,如果发现有敢于叫戍边者做其他事务者,对于役使他们的人要罚二甲。

　　此外,为了鼓励更多的人去戍边,秦律中还规定了一种隶妾赎身制度。允许身为奴婢者的亲属(自由民)自愿戍边五年,以此可以赎回自己的母亲和姐妹中的一人,使之复为庶民。《睡虎地秦墓竹简·司空律》:"百姓有母及同牲(生)为隶妾,非谪罪也而欲为冗边五岁,毋赏(偿)兴日,以免一人为庶人,许之。"③

　　从国家管理和实际控制的角度看,秦当时的边疆大致可以分为三类:一类是位于今西南的云南、贵州、四川境内的昆明、滇、夜郎、邛、筰、冉、駹("忙"音)地区。在西南,秦的实际控制区域主要是成都平原,而在这类地方由于没有实际的行政控制,也就没有实际的法律治理,基本上属于"自治地区"。另一类是位于今东南的浙江和福建一带。秦朝在这些地区设置了闽中郡,今天的福州为郡治,但是在其境内仍然有越人君长,应当是属于郡县与"自治"并存的地区。就其社会调控而言,属于秦法与当地民俗并存的地方。还有一类在南方的广东、广西、越南东北一带,秦虽然在这一带设置了南海、桂林、象郡三郡,并以戍卒和罪犯充实其地,但秦法很可能也没有在这些地方得以充分实施,否则到秦末,这三类地方何以那么快就恢复自立了。即使到了汉朝初期,汉朝政府也只是对之采取分封办法进行统治,如汉朝在东南有闽越国(今福州为国都),有东瓯国(今温州为国都);在南方,高祖又封赵佗为南越王,保持其独立;在西南,直

①　睡虎地秦墓竹简整理小组编:《睡虎地秦墓竹简》,第77页。
②　同上书,第148页。
③　同上书,第91页。

到汉武帝时期才在四川盆地之外的地区重新开辟设治。这说明秦对于边疆的治理计划需要一个过程，但由于秦朝的历史比较短，因此没有从法律上完成"海内由一统"，在秦真正控制的疆域周围之外，存在着睡虎地秦简相关法律中提到的"臣邦真戎长"的自治。

二、秦在边疆的司法机构：
秦简《语书》与"道"

秦所设的"道"，设有"道官"，这是秦在其边郡地方设治的明证。秦的"道官"执行着秦的法律，"道"应当有自己专门的司法官员，因为秦时郡有专职司法官吏叫"决曹掾"，且下设狱掾，协助县令长审理各类案件。

1975 年湖北云梦睡虎地十一号墓出土大量的秦法律文书，其中有《编年记》。[①] 根据《编年记》记载，其墓主人"喜"于秦王嬴政十二年就曾担任过"鄢"地的治狱掾。"鄢"地本属于楚国，位于今湖北宜城南，系秦昭王二十八年（公元前279）秦将白起攻楚所得，"拔鄢、邓五城；其明年，攻楚，拔郢，烧夷陵，遂定至竟陵"。秦在新得楚地设置南郡，《编年记》有"十二年，四月癸丑，喜治狱鄢"，[②]说明"喜"担任"鄢"地的治狱掾，"鄢"地属于南郡，是当时秦的边郡地区。秦简中有《语书》，是当时的秦南郡郡守腾为了治理南郡各县、道而发布的文告，时间是"廿年四月丙戌朔丁亥"，[③]即秦王政（始皇）二十年（公元前 227）四月初二，此时，秦已经在南郡统治了半个世纪，但此时此地仍然属于秦的边疆地区，因此其辖地内仍然有许多少数族群居住的"道"，据汉《旧仪》："内郡为县，三边为道。"

"道"属于边地之县。秦军公元前 223 年过长江，公元前 222 年才平定了楚国的江南地区，《语书》是公元前 227 年发布的，说明南郡郡守腾发布《语书》时，离平定楚地江南地区的时间尚早，其辖地远至江陵（今荆州地区），因此，腾所发布的《语书》，在前段结尾处有"别书江陵，以邮行"。另外录一份文告在江陵地

---

① 《编年记》共五十三支，发现于墓主人头下，《编年记》逐年记载秦昭王元年（公元前 306 年）到秦始皇三十年（公元前 217 年）。秦于公元前 223 年俘获楚王并于公元前 222 年平定了楚国的江南地区，降服百越之君，《编年记》所载止于公元前 217 年，这时因秦已灭楚。

② 睡虎地秦墓竹简整理小组编：《睡虎地秦墓竹简》，第 7 页。

③ 同上书，第 15 页。朔为初一，"丙戌朔"是丙戌为初一，则丁亥为初二日。

区以驿道传递,这显然是因为江陵地区已经是其边境了。

三、秦的"属邦"与"邦客": 《属邦》与《法律答问》

秦国是战国时期政治文化走向的代表,郡县制的实行扩大了中央王朝的直接统治区域。这一时期疆域得到拓展,中国边疆的概念在地理上大为清晰,这是过去分封时代所没有的,郡县制的实行还有助于加强中央王朝对于边疆地区的控制。同时,经过商鞅变法后,秦已经是一个"事断于法"的国家了,在睡虎地秦简中,有了不少治理边疆少数族群的法律,这主要反映在秦简《秦律十八种》中有了专门的《属邦》律,这说明秦律中有了专门的"属邦"概念,并且专门制订了针对边疆的法律。此外,秦简中有《法律答问》,在《法律答问》中多次提到涉及边疆属邦人的司法解释。

(一) 睡虎地出土秦简中的《属邦》

秦律中的《属邦》属于《秦律十八种》,是秦律的基本法律之一。在秦兵器铭文中,秦的"属邦"是秦管理边疆族群的机构,因此《属邦》是依该机构名称而制订的法律。但是《汉书·百官表》中又说汉代因避汉高祖刘邦名讳,改该机构名称为典客。在这些地方秦有自己的行政建置,即前面说的"道"。① 出土的秦简《秦律十八种》中,《属邦》的内容很少,其中提到的地方皆以"道"相称,而不是以"县"相称,官名也是以"道官"称谓,如"道官相输隶臣妾"。②

郡、县对自己管辖的一般案件,皆可自行审理和判决,有疑难不能决的案件才移送廷尉,③而相当于县的行政机构"道",则应当也有治狱掾之类的专门的司法官吏。秦简《属邦》中有与"道"相关的法律,即:"道官相输隶臣妾、收人,必署其已禀年日月,受衣未受,有妻毋(无)有。受者以律续食衣之。"④这是说边疆各"道"的官府输送隶臣妾或收捕到的刑人,必须写明已领到的口粮的年月日、有

没有领过衣服、有没有妻妾。如果属于应领受者，应继续给予衣服、粮食。可见秦时边疆各"道"实行"输隶臣妾、收人"的法律。秦朝在边地设郡，边郡地区需要修筑城池，工程浩大，需要大量人力，在边疆地区就地征发刑徒修城，也需要制订有关他们食衣供应的法律。《史记·秦始皇本纪》载秦始皇三十四年，"適(谪)治狱吏不直者，筑长城及南越地"。[①] 凡是徇私枉法、不公平判案的官吏将被发往筑长城及南越地，说明当时在南方边疆的郡道同样需要修建工程，自然是就地征发刑徒，同时也就需要相关的管理法律。

(二) 睡虎地秦简《法律答问》中的"臣邦人"法律解释

秦简《法律答问》是秦律的司法解释形式，《法律答问》开后世法典疏议之先河，它以问和答的形式解释量刑定罪的意图和法律术语，其中有八则涉及"邦人"或"邦客"的法律，现在归纳如下：

1. "臣邦人不安其主长而欲去夏者，勿许。可(何)谓'夏'？欲去秦属是谓'夏'"。[②]

这句话的直译是"我是属于处于秦边地族群的人，对其主长不满而想去夏的，不予准许"。所谓"去夏"，夏是华夏之义，是想离开秦的属境。这句话显然是对一件案例的解释而不是律文，因此才出现在《法律答问》中。该案是说有边疆"邦人"对其主长不满而想"去夏"，因此出现法律问题而由法官来判决，法官的解释是不允许离开秦的属境。至于法官不让"去夏"的理由，我们不得而知。

2. "邦客与主人斗，以兵刃、投(殳)梃、拳指伤人，眠以布。可(何)谓'眠'？眠布入公，如赀布，入赘钱如律"。[③]

这是一则内容涉及"邦客"与"主人"相斗的案件。关于这里的"邦客"和"主人"，蒲坚先生解释"邦客"是"指秦国以外的人"，主人是指"秦国人"。[④]

该则仍然是一件需要法律解释的案子，其意是邦客用兵刃、殳梃、拳头与秦国人相斗，应当用作为货币的布来抚慰。这里的解释是当双方发生相斗案

---

① 《史记》卷六《秦始皇本纪》，第 180 页。
② 睡虎地秦墓竹简整理小组编：《睡虎地秦墓竹简》，第 227 页。
③ 同上书，第 189 页。"殳"，见《效律》"殳、戟、弩"条注；"眠"，《说文》："抚也。"
④ 蒲坚：《中国古代法制丛钞》，第 315 页。

后,可以用布代钱进行补偿。所谓的"如律",是指依照《金布律》规定的"钱十一当一布"条进行计算。从《法律答问》的这一则可以看出,当时对于秦属境以外的邦客与秦人之间的争斗案件,并没有十分详细的规定,需要有司法解释,因此才出现于《法律答问》中。从司法主权看,对于此类"涉外"案件,简文中没有提到依照"属人"原则还是"属地"原则,但是秦国的法官是依照秦律,而不是依照外邦法俗来进行处理的立场却是很清楚的。秦律戒私斗,这里说的"泯布入公",是"依法交钱",显然是指"邦客"应当承担的"刑事附带民事"赔偿责任。

3. "使者(诸)侯、外臣邦徒及伪使不来,弗坐。可(何)谓'邦徒'、'伪使'?徒、吏与偕使而弗为私舍人,是谓'邦徒'、'伪使'"。①

这是关于秦派人出使诸侯国及臣服于秦的属国的法律问题,如果随同出使的邦徒和伪使不归来,使臣不受连坐之法。因为"邦徒"和"伪使"本身并不是该使者自己的"舍人",因此使者免于承担"邦徒"和"伪使"不归返秦地的义务。所谓"邦徒",是外邦之徒。"徒",《左传》昭公四年注"从者",是随从的意思,因此"邦徒"是指随同秦使者出使的外邦人员。

秦使者不仅不会因为"邦徒"不归秦而受到连坐处罚,同秦使者一起出使的"伪使"不归,秦使者同样不受连坐处罚。所谓"伪使","伪"是"为"之义,《诗·鳬鹥》笺:"犹助也。"因此"伪使"是指使者的助手,从字面上看,"伪使"并不一定是外邦之人,很可能是随同出使的秦人,但是由于他不是该使者的"舍人"(私属人员),②因此该使者同样不受连坐处罚。

4. "可(何)谓'人貉'? 谓'人貉'者,其子入养主之谓也。不入养,当收;虽不养主而入量(粮)者,不收,畀其主"。③

这是针对在秦境内少数族群中奴隶归属权的法律。所谓"人貉",是指来自北方族群的奴隶。"貉"无疑是指当时的北方族群,清人孙诒让《周礼正义》卷六五指出"貉可兼狄",《周礼》中记载有貉奴,"貉奴"应当是在与北方族群战争中出现的奴隶。这段问答是通过司法解释的形式,确定"貉奴"的身份及归属,这里规定:凡是"人貉"都需要供养主人,不供养主人的"人貉",应当将其没入官

---

① 睡虎地秦墓竹简整理小组编:《睡虎地秦墓竹简》,第 229 页。
② 《汉书》卷一下《高帝纪》注:"亲近左右之通称也,后遂以为私属官号。"(第 15 页)
③ 睡虎地秦墓竹简整理小组编:《睡虎地秦墓竹简》,第 235 页。

府。不过，虽然不供养主人，只要向主人缴纳了粮食的不予没官，仍将其给予主
人。这规定是比较合理的，它以"人貉"是否供奉主人为标准来确定是否将"人
貉"没官。由此可见当时秦有"人貉"这样的奴隶，"人貉"仍然是标的物，没有决
定自己命运的法律权利。

5. "真臣邦君公有罪，致耐罪以上，令赎。可(何)谓'真'？臣邦父母产子及
产它邦而是谓'真'。可(何)谓'夏子'？臣邦父、秦母谓殹(也)"。①

秦律中有"真"和"夏子"这样的法律主体。所谓"夏子"，是指父亲是臣属于
秦的邦国边疆族群，但其母亲是秦人的人。所谓"真"，是指臣属秦的边疆族群
的父母所生子、出生在他国的人以及其"真戎君长"等。如果这类人有罪，应当
按耐刑以上的罪论处，也可以令其赎罪。所谓"耐刑"，《说文解字·而部》："耏，
罪不至髡也。"《说文解字·髟部》又说："髡，剃发也。"先秦之髡刑属于"象刑"，
是指"象刑重者"，《论衡·四讳》有："古者肉刑，形毁不全，乃不可耳。方今象
刑。象刑重者，髡钳之法也。"②在古籍记载中，"四方"族群的装束是被发、断发、
髡头。《后汉书·东夷传》："其人短小，髡头，衣韦衣，有上无下。"③《集韵》载：
"髡，刑名，髡去其发也。"商周皆"束发冠带"，而其他诸族皆被发、断发或髡头。
比如"髡头"亦有考古文物为证，20 世纪 50 年代出土于内蒙古宁城南山根夏家
店上层文化，属东周时期北方东胡族的遗存，所发现的青铜短剑，剑柄顶端的人
物形象头光而无发。南山根编号为 M102 的墓中出土刻纹骨板，上刻狩猎者形
象，头部亦无发；赤峰红后山发现的夏家店上层文化人面形铜牌，上层人物形象
也是髡头者。④ "髡"即是东夷、东胡断发之俗，《秦律》中有髡刑和耐刑，即剃光
头发，鬓须的附加耻辱刑罚，《汉律》中有"予者髡为城旦"之说。⑤ 这说明了"东
方"族群的"髡头"之俗与作为中国古代"象刑"之一的髡刑之间的联系，髡刑极
有可能来自"四方"族群的"髡头"之俗。⑥

髡刑重于耐刑，对于属邦之人的犯罪要处以耐刑以上的罪，至少说明是要
处以剃发及以上的刑罚。秦律之所以规定如此，大概与当时中国"四方"族群的

① 睡虎地秦墓竹简整理小组编：《睡虎地秦墓竹简》，第 227 页。
② （东汉）王充撰：《论衡·四讳》。
③ 《后汉书》卷八五《东夷列传》，第 1906 页。
④ 靳枫毅：《夏家店上层文化及其族属问题》，《考古学报》1987 年第 2 期。
⑤ 参见《居延新简》EPS4. T1：100。
⑥ 杜文忠：《法律与法俗：对法的民俗学解释》，第 4—5 页。

习俗有关。因为"四方"族群本就有被发、断发或髡头的风俗,"中国"的象刑本就来自"四方"被发、断发或髡头的风俗,如果仍处以耐髡之刑,则无处罚意义了。因此,秦律《答问》才有"致耐罪以上",而《法律答问》中为什么又说这些属邦之君公犯罪可以"令赎"呢? 既然对其施以耐刑这样的象刑没有实际意义,一概处之以"耐罪以上"则可能出现"过重"的情况,因此才以"令赎"的做法来解决这一问题。

6. "可(何)谓'赎鬼薪鋈足'? 可(何)谓'赎宫'? 臣邦真戎君长,爵当上造以上,有罪当赎者,其为群盗,令赎鬼薪鋈足;其有府(腐)罪,(赎)宫。其他罪比群盗者亦如此"。[①]

从《法律答问》这段话可以看出,秦律对于"臣邦真戎君长"的犯罪是十分宽容的,这段司法解释说明了"赎鬼薪鋈足"和"赎宫"之法对于边地族群臣邦真戎君长的适用。同前对于"真"的解释一样,"真"是指纯属于边地族群血统的意思,此处的"臣邦真戎君长"的意思同于前面"真臣邦君公有罪"条。

这段司法解释的司法原则也同前"真臣邦君公有罪,致耐罪以上,令赎"一样,在"臣邦真戎君长"的犯罪方面仍然突出了一个"赎"字,此一则《答问》有三层意思:一是"爵当上造以上,有罪当赎者",二是"其为群盗,令赎鬼薪鋈足",三是"其有府(腐)罪,(赎)宫"。

首先,秦律对于边地族群"臣邦真戎君长"犯罪的优待,不仅从"罪"的方面"令赎",如"致耐罪以上,令赎",还考虑"臣邦真戎君长"爵位的高低,如此处所说的"爵当上造以上,有罪当赎者"。所谓"上造",是秦的一种爵位,受封上造以上的"臣邦真戎君长"犯罪显然有一些受到宽容的特权,可以赎罪。

其次,如果"臣邦真戎君长"犯群盗这样的重罪,则只是判处"令赎鬼薪鋈足"。所谓"鬼薪",《汉旧仪》载:"鬼薪者,男当为祠祀鬼神伐山之薪蒸也;女为白粲者,以为祠祀择米也。皆作三岁。""鬼薪"是指男犯为宗庙砍柴采薪以供祭祀使用。所谓"鋈足",鋈(音 wù),《广雅·释诂一》:"折也。"鋈足,意为刖足。另有说"鋈足"是在足部施加刑械,与釱(音 dì)足、鐕(音 tà)足类似。[②] 如果"鋈足"是指在犯罪者足部施加刑械,那么"鬼薪鋈足"都是很轻的处罚了。可见"臣邦真戎君长"即使犯群盗这样的重罪,处罚也很轻,而且还可以赎罪。

---

① 睡虎地秦墓竹简整理小组编:《睡虎地秦墓竹简》,第 200 页。
② 同上书,第 199 页。

再次，如果边地族群的"臣邦真戎君长"犯了应当处以腐刑的罪，同样可以"赎宫"。所谓"腐罪"，就是应当处以宫刑（割除生殖器）的罪。能够犯应处以宫刑的罪，自然是十分严重的罪了，但是秦律对之的处罚仍然是很轻的。

7. "'擅杀、刑、髡其后子，（谳）之。'可（何）谓'后子'？官其男为爵后，及臣邦君长所置为后大（太）子，皆为'子'"。①

这是关于对"后子"保护的法律，是问父母擅杀、刑、髡其后子，该如何议罪？从内容上看，该则法律同样适用于边疆少数民族的臣邦君长。所谓"后子"，《荀子·正论》注："嗣子。"杨树达《积微居金文余说》卷一认为"后子"是作为嫡嗣的长子。该《答问》的意思是："擅自杀死、刑伤或髡剃其后子的，均应定罪。什么叫'后子'？经官方认可其子为爵位的继承人，以及臣邦君长立为后嗣的太子都是'后子'。"从该《答问》的内容上分析，可见有三：

首先，当时对于"后子"是不能擅自杀死、刑伤或髡剃的，同样，对于边疆种落之"后子"也不能擅自杀死、刑伤或髡剃。

其次，那么是谁擅自杀死、刑伤或髡剃呢？显然是指臣邦君长，而所谓"臣邦君长"，是指臣属于秦的边地族群首领。《汉书·南蛮传》载秦惠文王并巴中，"以巴氏为蛮夷君长"。

再次，当时臣属于秦的边地群族属邦立后嗣太子是需要秦认可的，他们的继承人资格只有得到秦官方的认可，才能得到秦律的保护。也就是说需要"官其男为爵后"，才能不被"擅杀、刑、髡"。另据《法律答问》："贼杀伤、盗它人为'公室'；子盗父母，父母擅杀、刑、髡及奴妾，不为'公室告'。"②这意味着父母擅杀、刑、髡子本不属于公诉案件，而是属于"私人领域"的案件，官府可以不予以受理。因为这些案件在秦的法律看来，是不需要公权介入的，这也符合中国人的家族法观念。但是嗣子（后子）一旦受爵，即是"官身"，父母对其擅自杀、刑、髡，当然就不再是"非公室告"，而应当属于"公室告"了。中国文化中公共层面的"官人格"和私人领域的"家族人格"在秦律中有此反映。秦是"以吏为师"，"官身"地位极高，臣属于秦边疆种落的类似案件同样适用于这样的原则，因此边地族群首领的嗣子（后子）一旦受秦的封爵即是"官身"，父母自然不得擅自对其进行杀、刑、髡，如果父母"擅杀、刑、髡其后子（嗣子）"，则是要定父母之罪的。

---

① 睡虎地秦墓竹简整理小组编：《睡虎地秦墓竹简》，第 182 页。
② 同上书，第 195 页。

8.“'者(诸)侯客来者,以火炎其衡厄(轭)。'炎之可(何)? 当者(诸)侯不治骚马,骚马虫皆丽衡厄(轭)軵显辕鞸,是以炎之”。①

这是涉及“诸侯邦国”的“卫生检查”方面的法律。凡是诸侯国来客进入秦境,要用火熏其车上的衡轭和皮带,杀灭附在上面的“骚马”(寄生虫),防止将该国的寄生虫带入秦国境内。这说明秦王朝十分重视防止传染病,有自己的卫生检查法律制度。这一规定适用于所有来秦的诸侯国客人,自然也是指“属邦”客人。在这里显然看不出有歧视的意思,从文意看应当是针对所有的“者(诸)侯客来者”。

(三) 张家山汉简中关于秦时边地司法的案例

苍梧作为新辟之地,张家山汉简《奏谳书·南郡卒史盖庐、挚田、假卒史□复攸□等狱簿》记录了一则秦代案例,其文曰:

> 御史书以廿七年二月壬辰到南郡守府,即下……尽廿八年九月甲午已。……今复之:隼曰:初视事,苍梧守竈、尉徒唯谓隼:利乡反,新黔首往击,去北当捕治者多,皆未得,其事甚害难,恐为败。隼视狱留,以问狱史氏,氏曰:苍梧县反者,御史恒令南郡复。……令:所取荆新地多群盗,吏所兴与群盗遇,去北,以儋乏不斗律论。(简124—161)②

李学勤《〈奏谳书〉解说(下)》一文认为:苍梧在今广西,汉置苍梧郡,治广信(今梧州),秦的苍梧当即是其地。根据简文,可知“苍梧县反者”一事的发生地是攸县利乡。《汉书》中凡治诸侯王狱,多诏别郡治。看来秦时对诸侯重大案件的审理,为避免受当地官员干扰,同样也由中央指定别郡官吏去审理,也就是说苍梧郡攸县隼案是移由南郡审理的,狱簿中的“南郡复吏到攸”正是这种司法审理制度的具体体现。③

根据以上对于秦简和汉简相关内容的分析,我们可以看出秦律对待边地族群的态度是比较宽容的,这仿佛与我们通常印象中“苛严”的秦律不一致。即使是发生了十分严重的犯罪情况,秦律对其边疆属邦君长的处罚也是比较轻的,甚至常常可以赎免,这显然是赋予了其法律特权。秦律强调了边疆属邦君长及

---

① 睡虎地秦墓竹简整理小组编:《睡虎地秦墓竹简》,第227—228页。
② 蔡万进:《张家山汉简〈奏谳书〉研究》,广西师范大学出版社2006年版,第103页。
③ 同上书,第110页。

其嗣子的特殊性质，让人想起中国传统的"羁縻"做法。不过，秦律同时也在强化"中央国家"的地位，如秦律对于属邦君长"嗣子"的特殊保护也可能有这样的意图。

四、汉朝在边疆地区的相关法律

（一）汉朝在边疆地区的"道"与"道史"

秦朝在边疆设道，汉代亦然，汉朝的道仍然是国家在边疆地区相当于县一级的设置。宋代洪适所著《隶释》，成书于乾道二年（1166），该书著录汉魏隶书石刻文字 183 种。《隶释》最先著录的是《蜀郡太守何君阁道碑》，2004 年 3 月在四川荥经县的山崖石壁上果真发现了此碑，碑文用汉隶书写，字迹依然清楚。

此碑记录了有关于"道"和"道史"的信息，其文曰："蜀郡太守平陵何君，遣掾临邛舒鲔将徒治道，造尊楗阁，袤五十五丈，用功千一百九十八日，建武中元二年六月就道，史任云、陈春主。"这段文字提到"遣掾临邛舒鲔将徒治道"，说明汉继承了秦的道。另，《汉书·百官公卿表》亦有"（县）有蛮夷曰道"的记载。

汉代的县属有"令史"，《续汉书·百官志五》说，县、道"各署诸曹掾史"。尽管史籍和文物资料均未见有"道史"，但是《蜀郡太守何君阁道碑》中明确提到"史任云、陈春主"。而且《蜀郡太守何君阁道碑》碑文中还有关于"道史"的解释："史道，严道地方官。《汉书·百官公卿表》：'（县）有蛮夷曰道。'史，春秋时为太宰的副官，掌管法典和记事，后来一般指副贰。"[1]"史"是掌管法典和记事之官，[2]"道史"是"道"这一级政权中的属官，当是"道"的主要司法者。又有说"道史"与"道吏"相通，《孔子家语·刑政》"史"作"吏"，《大戴礼记·保傅》"不习作吏"，《新书·保傅》"吏"作"史"，《史记·张丞相列传》"吏今行斩之"，《汉书·申屠嘉传》"吏"作"史"。[3] 此外，王子今在其《秦汉边疆与民族问题》一书中也认为汉代的"史""吏"有通假之例，或许《何君阁道石刻》"道史"即相当于武梁祠画像

---

①　雅安市文物管理所：《〈何君尊楗阁刻石〉发现及考释》，载《四川文物》2004 年第 6 期。
②　《礼记·王制》："史以狱成告于正。"
③　高亨：《古字通假会典》，齐鲁书社 1989 年版，第 417 页。

的"道吏"。他说:"武梁祠画像石有榜题'道吏车',与'君车'、'行亭车'、'主簿车'、'贼曹车'、'功曹车'、'游徼车'并列。可知'道吏'与'主簿'、'贼曹'、'功曹'、'游徼'等类同,是官职之称。"①

由此我们可以肯定,汉代边疆的设置中有相当于"县"一级的"道",同时在"道"中有"道吏"这种掌管司法的专门官吏。

(二)"张家山汉简"中与边地"蛮夷"有关的法律

总体上,汉代边疆地区皆适用汉律,江陵张家山出土的汉墓竹简也并非是专门针边疆地区的法律,但是其中也有直接涉及。1983 年底在湖北江陵张家山247 号汉墓出土竹简一千余支,经学者计算其中五百多支涉及法律,反映了汉初部分法律情况。在该汉墓竹简所记的"律"中与秦简同名的有《金布律》、《田律》、《徭律》、《置吏律》、《效律》、《传食律》、《行书律》等,②秦史、秦简均未见者有《均输律》、《史律》、《告律》、《钱律》、《赐律》等,更为重要的是,该汉墓竹简中还提到有《奴婢律》、《变(蛮)夷律》等。③

张家山汉简《贼律》和《奏谳书》涉及蛮夷和《变(蛮)夷律》的内容,这是针对边疆蛮夷的贼盗、边地司法的法律,其中有这样几则规定:

1. 关于边地贼盗的法律规定

(1)《贼律》:"以城邑亭障反,降诸侯,及守乘城亭障,诸侯人来攻盗,不坚守而弃去之若降之,及谋反者,皆要(腰)斩。其父母、妻子、同产(同母兄弟),无少长皆弃市。"④

《二年律令》的《贼律》中对于边关城邑守卫反叛而投降边夷者,以及蛮夷来攻而不坚守者的处罚,皆是死刑。

(2)《贼律》:"有挟毒矢若谨(堇)毒、糵,及和为谨(堇)毒者,皆弃市。或命糵谓鸩毒。诏所令县官为挟之,不用此律。军(?)吏缘边县道,得和为毒,毒矢谨(严)臧(藏)。节(即)追外蛮夷盗,以假之,事已辄收臧(藏)。匿及弗归,盈五

---

① 王子今:《秦汉边疆与民族问题》,中国人民大学出版社 2011 年版,第 219 页。
② 罗鸿瑛主编:《简牍文书法制研究》,华夏文化艺术出版社 2001 年版,第 4 页。
③ 江陵张家山汉简整理小组编:《张家山汉简〈奏谳书〉释文(一)》,《文物》1993 年第 8 期。
④ 江陵张家山汉简整理小组编:《张家山汉墓竹简》,文物出版社 2006 年版,第 7 页。

日，以律论。"①

这是关于边外蛮夷"毒矢"使用和持有的法律，律文规定了对"挟毒矢"者的处罚：对携带毒箭且毒箭上淬以"堇毒"、"蘮毒"，或携带这两种毒物的混合物者处以弃市之刑。"堇"是一种有毒植物，《国语·晋语》中有"置堇于肉"，对堇的注解是"乌头也"。乌头为毛莨科植物，母根叫乌头，为镇痉剂，治风痹、风湿神经痛，其侧根（子根）入药，叫附子。"蘮毒"应做"蘮"，《广雅·释草》说："蘮，奚毒，附子也。"奚毒，一作鸡毒，《淮南子·主术训》云："天下之物莫凶于鸡毒。"律文中说"或命□谓蘮毒"，即言蘮、奚毒、蘮毒，都是同一种毒，也就是附子。

从这些史料记载来看，堇毒、蘮毒都是可以致命的毒药，携带淬有这些毒药的毒箭无疑会给人带来生命威胁，所以挟带这种毒箭的人都要处以弃市之刑。然而也有例外，即如果是奉诏令可以挟带此毒箭的县官，则不适用此律。

该律文还特别涉及边疆军吏针对边外蛮夷使用"毒矢"的情况，简文不甚清楚，其中有"军(?)吏缘边县道"。所谓"军(?)吏"，大概是指军人和吏；所谓"缘边县道"，则是指巡防或驻防于边疆县道的意思，"军(?)吏缘边县道"的意思是巡防或驻防于边疆县道的军人和吏。律文规定，如果边疆县道的军人和吏得到这些有毒的箭或淬成的毒箭，应当谨慎地藏起来。如果要追捕犯盗律的边外蛮夷，可以将这些毒箭暂时借给追捕的人使用，并且在追捕到以后就应将这些毒箭收起来。如果追捕到犯人后，还不归还这些箭满五日的，就要对不还箭者按律以论，即处弃市之刑。

从上述律文看，汉代对于"毒矢"的使用和持有有严格限制，一般情况是不允许持有和使用"毒矢"的。但如果是追捕犯盗律的边外蛮夷，则可以使用，不过完成任务后，仍然要归藏。特别提到用"毒矢"追捕犯盗律的边外蛮夷，可能是对边疆地区的外蛮夷也常使用"毒矢"。

（3）《盗律》："徼（边地）外人来入为盗，要（腰）斩。吏所兴（征发）能捕若斩一人，拜爵一级。不欲拜爵及非吏所兴，购（奖赏）如律。"

这是对边地外人入而为盗的处罚，以及奖励边地官吏积极捕辑这类盗贼的

① 江陵张家山汉简整理小组编：《张家山汉墓竹简》，第10—11页。

法律。同样的法律还有：

> 盗出财物于边关徼，及吏部主智（知）而出者，皆与盗同法；弗智（知），罚金四两。使者所以出，必有符致，毋符致，吏智（知）而出之，亦与盗同法。①

又有《盗律》：

> 盗出黄金边关徼，吏、卒、徒部主者智（知）而出及弗索，与同罪；弗智（知），索弗得，戍边二岁。②

这是针对部主官吏见知故纵或渎职的法律，有学者认为这些条文应当从《盗律》中分出，归入《关市律》。③ 这里的"边关徼"，应当解释为与蛮夷交界的地方。所谓"关"，《周礼·地官·叙官》"司关"注："关，界上之门。"所谓"徼"，《史记·司马相如列传》索隐引张揖曰："徼，塞也。以木栅、水为蛮夷界。"《风俗通义》："秦建长城，土皆紫色，谓之紫塞。南徼土色丹，谓之丹徼。塞者，雍塞夷狄也。徼，绕也。"④又有："其器案：《古今注》上云：'秦所筑长城，土皆紫色，汉亦然，故云紫塞也。塞者，塞也，所以雍塞夷狄也。南方徼色赤，故谓之丹徼。徼，绕也，所以绕逆蛮夷，使不得入侵中国也。'"⑤也就是说北方通常以"塞"称，南方通常以"徼"称。

这则律条所指的"关"，在《津关令》简492、493中是指扞关、郧关、武关、函谷关、临晋关及塞之河津。对于那些在边疆地区盗出财物，如果部主官吏见知故纵，则与盗财物者同罪；如果财物被盗而不知，则罚金四两；如果没有出入符节而放任盗财物者出入，则与之同罪；如果是在边疆地区盗出黄金，吏、卒、徒部主者知道而没有及时索回，则与之同罪；如果这些官吏不知道，但是又没有索回，则处以戍边二年。

张家山汉墓竹简中关于边疆地区偷盗犯罪行为的法律记载，说明汉时对于边疆盗窃案件的重视。汉时边关"禁毋出黄金，诸奠黄金器及铜"，《史记·南越列传》中有："高后时，有司请禁南越关市铁器。"《资治通鉴》卷一三"汉高后四

---

① 江陵张家山汉简整理小组编：《张家山汉墓竹简》，第19页。
② 同上。
③ 同上书，第199页。
④ （汉）应劭撰，王利器校注：《风俗通义校注》下，第579页。
⑤ 同上。

年"，"有司请禁关市铁器"。《汉书·汲黯传》应劭注曰："律，胡市，吏民不得持
兵器及铁出关，虽于京师市买，其法一也。"黄金、铜铁、兵器涉及国防和边疆稳
定，对于偷盗黄金、兵器、铁铜等犯罪行为的处罚自然很重，而这些被盗物品出
关津更是大忌。此外，汉代与北方匈奴时战时和，关系十分不稳定，匈奴人经常
入盗于汉朝的边境地区，《史记·匈奴列传》："自是之后，匈奴绝和亲，攻当路
塞，往往入盗于汉边，不可胜数。"[1]有研究表明，汉朝的冶铁技术高于匈奴及周
边族群，[2]汉律禁止持兵器及铁出关，同时也是不想让铁器制作技术传入化外地
方。出于对国防的需要，对边疆官吏在这方面的渎职行为处罚更重。

　　自古边关的重要性不同于内地，《韩非子·内储说上》云："关市乃大恐，而
以嗣公为明察。"加之边关地方较远，对于地方官吏的管理不易，边关官吏极易
见利受贿渎职，《资治通鉴》卷四"周赧王三十二年"，"又使人过关市，赂之以金，
既而召关市，问有客过与汝金，汝回遣之，关市大恐"。西周时期就已经设司关
一职，《周礼》规定其职责是："司关掌国货之节以联门市，司货贿之出入者，掌其
治禁与其征廛；司市掌市之治教政刑，度量禁令。"边关官吏不仅掌国货之节，而
且还要治教政刑、度量禁令，如果这些官吏违反了关禁制度，自然只有对其重罚
才有望遏制。

　　2. 涉及司法的法律规定
　　(1)《奏谳书》记录事例

　　　　十一年八月甲申己丑，夷道介、丞嘉敢谳(谳)之。六月戊子发弩九诣
　　男子毋忧，告为都尉屯，已受致书，行未到，去亡。毋忧曰：变(蛮)夷大男子
　　岁出五十六钱以当繇(徭)赋，不当为屯，尉窑遣毋忧为屯，行未到，去亡，它
　　如九。窑曰：南郡尉发屯有令，变(蛮)夷律不曰勿令为屯，即遣之，不智
　　(知)亡故，它如毋忧。诘毋忧，律变(蛮)夷男子岁出賨钱，以当繇(徭)赋，
　　非曰勿令为屯也，及虽不当为屯，窑已遣毋忧，即屯卒，已去亡，何解？毋忧
　　曰：有君长，岁出賨钱，以当繇(徭)赋，即复也，存吏，毋解。问，如辤(辞)。
　　鞫之：毋忧变(蛮)夷大男子，岁出賨钱，以当繇(徭)赋，窑遣为屯，去亡，得，
　　皆审。疑毋忧罪，它县论，敢谳(谳)之，谒报。署狱史曹发。吏当：毋忧当

①　《史记》卷一一〇《匈奴列传》，第 2223 页。
②　林干：《匈奴史》(修订本)，内蒙古人民出版社 2008 年版，第 1,7 页。

要(腰)斩,或曰不当论。廷报:当要(腰)斩。①

　　汉高祖十一年(前196)有夷道属南郡,②南郡(今天湖北宜都西北)的官员上书议罚,询问如何处理与蛮夷有关的案件,其中提到了"夷道"、"变(蛮)夷律",文中提到的"毋忧","毋忧"其人有自己的"君长",因此该条文所述是发生在边地的案件。

　　其文意是:汉高祖十一年六月四日,一名叫"发弩九"的人,将夷道这个地方的成年男子"毋忧"送官,欲治其罪。原因是"毋忧"被征召为屯,还没有到屯所就逃跑了。经过调查,"毋忧"的确属蛮夷的成年男子,而且每年向官府交纳"賨钱",③以充当徭赋,都尉征召为屯卒,但"毋忧"没有应征而先逃亡。

　　对此,"毋忧"自己申诉的理由是:认为自己是蛮夷,有自己的君长(首领),而且每年已经按律交纳了五十六钱,以之充当徭赋,因此可以免为屯卒。官府提出的理由和问题有:一是都尉有征召"毋忧"为屯的命令,《蛮夷律》中并没有说过"勿令为屯";二是即使"毋忧"不应当为屯,但是由于都尉已经发出了征召"毋忧"的命令,因此"毋忧"就已经属于屯卒(军人),④现在"毋忧"逃跑了,该不该按照屯卒逃跑处置? 如果按照屯卒逃跑处置,则当处以腰斩之刑。由于此案有疑问,夷道地方不能决断,因此上报朝廷,请问是否处"毋忧"以腰斩之刑,朝廷的回复是应当处以腰斩。

　　由此结论有二:一是汉律要求凡边地族群的成年男子,每年需向国家交賨钱以免徭役;二是当时边疆地区与蛮夷有关的疑案,可以以"奏谳"的方式直接上报朝廷。

　　(2)《具律》

　　　　译讯人为詠(诈)伪,以出入罪人,死罪,黥为城旦舂;它各以其所出入罪反罪之。⑤

　　所谓"译",是翻译,《方言》十三:"译,传四夷之语也。"即指翻译边疆四夷的

---

①　江陵张家山汉简整理小组编:《张家山汉墓竹简》,第91页。

②　因为此地有蛮夷,因此才称为"道",故曰"夷道"。《水经·江水注》:"夷道县,汉武帝伐西南夷,路由此出,故曰夷道矣。"

③　《说文》:"南蛮赋也。"

④　《史记》卷九八《傅靳蒯成列传》集解引律:"勒兵而守曰屯。"(第2092页)

⑤　江陵张家山汉简整理小组编:《张家山汉墓竹简》,第24页。

语言;所谓"讯"，《汉书·张汤传》"讯鞫论报"，"讯，考问也"。① 这里的"译讯人"，就是在审理涉及四夷案件时在法庭上从事翻译的人员。

这句话的意思是：在审讯时，从事翻译的人员故意作虚伪、不真实的翻译，造成对犯罪人的定罪量刑有出入的，其处罚是：如果是犯罪人该被判处死罪，那么翻译人员应当被判处黥城旦的处罚;若是犯罪人被判处死刑以外的刑罚，那么对翻译人员实行反坐。

在出土的文物中，涉及司法翻译人员的，上述这段汉简文字可能是最早的了。此外，中国古文献中还有许多针对四夷的翻译人员的记载，王子今先生曾对之有所归纳，②现简述如下：殷王武丁时，"辫发重译至者六国";③又武丁时，"思昔先王之政，兴灭国，继绝世，举逸民，明养老之道。三年之后，远方之君重译而朝者六国";④周成王时，"有越裳氏重译而来"，周公居摄六年，制作礼乐，师旅不设，刑格法悬，而四海之内，奉贡来臻，交趾之南的越裳国之"越裳氏以三象重译而献白雉。曰道路悠远，山川阻深，音使不通，故重译而朝";⑤又有"周封八百，重译来贺";⑥汉应劭《风俗通义·十反》也说："越裳重九译献白雉，周公荐陈祖庙，曰：'先人之德。'"

中国古有"四方"之国，在古人的论述中，翻译外邦的语言是治边的重要内容之一，而且往往与贤君之治、风俗教化、外邦朝贡、刑清而省、喜赏恶罚联系在一起，认为如果出现了"重译而朝"、"方外远人归义，重译执贽"的局面，说明国家政治仁厚德美。对此，《韩诗外传》有总结性的论述：

> 夫贤君之治也，温良而和，宽容而爱，刑清而省，喜赏而恶罚。移风崇教，生而不杀，布惠施恩，仁不偏与。不夺民力，役不逾时，百姓得耕，家有收聚，民无冻馁，食无腐败。工不造无用，雕文不粥于肆。斧斤以时入山林。国无佚士，皆用于世。黎庶欢乐衍盈，方外远人归义，重译执贽，故得风雨不烈。⑦

① 江陵张家山汉简整理小组编：《张家山汉墓竹简》，第 24 页。
② 王子今：《秦边疆与民族问题》，第 422—423 页。
③ 《尚书大传》卷二。
④ 《说苑》卷一〇《敬慎》引孔子语。
⑤ 《尚书大传》卷三。
⑥ 《汉书》卷一六《高惠高后文功臣表》，第 416 页。
⑦ 《韩诗外传》卷八。

不仅如此，它还与"王者无敌"的思想联系在一起，这与我们前面说的"王者无外"的思想是一致的，如《盐铁论·世务》载文学言："《春秋》'王者无敌'，言其仁厚，其德美，天下宾服，莫敢交也。德行延及方外，舟车所臻，足迹所及，莫不被泽。蛮貊异国，重译自至。"①

汉朝继承秦之法制，又奉行儒道，讲究"方外远人归义"，其涉外法律自然也重视司法翻译的问题。从江陵张家山汉简《具律》中的这段文字看，当时对于涉外法庭翻译的确是十分重视的，对于"诈译"而出入人罪者，或"死罪，黥为城旦春"，或反坐，要求十分严格，处罚也是十分重的。

(3)《具律》关于司法审级、司法官责任、证人责任、上诉的规定

首先，从汉简《具律》中看边地司法审级和司法权限。

> 诸欲告罪人，及有罪先自告而远其县廷者，皆得告所在乡，乡官谨听，书其告，上县道官。廷士吏亦得听告。县道官守丞毋得断狱及瀗(谳)。相国、御史及二千石官所置守、叚(假)吏，若丞缺，令一尉为守丞，皆得断狱、瀗(谳)狱，皆令监临庳(卑)官，而勿令坐官。②

由于汉代在边疆地区设有郡县，因此边疆地区的司法亦按《具律》中规定的程序执行。汉律法定的基层审级是"县"。一般说来，边地民人应当是直接上县廷控告，对于"先自告而远其县廷者"才先告于乡，但是"乡"并不是第一审级，乡只是履行上传的职能，因为"乡"的职权只是"谨听，书其告，上县道官"判决。"县道官"的职能是断狱和瀗狱，即对之进行审判，如果是疑案不能决，则上报所属之"二千石官"，"二千石官"不能决，则上报廷尉，"廷尉不能决，谨具为奏"。③

其次，汉简《具律》中还有关于法官责任的规定。

> 告，告之不审，鞠之不直，故纵弗刑，若论而失之，及守将奴婢而亡之，篡遂纵之，及诸律令中曰同法、同罪，其所与同当刑复城旦春，及曰黥之，若鬼薪白粲当刑为城旦春，及刑畀主之罪也，皆如耐罪然。其纵之而令亡城旦春、鬼薪白粲也，纵者黥为城旦春。④

① 《盐铁论》卷八《世务》。
② 江陵张家山汉简整理小组编：《张家山汉墓竹简》，第22—23页。
③ 《汉书》卷二三《刑法志》，第937页。
④ 江陵张家山汉简整理小组编：《张家山汉墓竹简》，第23页。

这是针对司法者对控告的案件不进行审理，或出现上报情况不真实、断狱不当及纵囚之类情况的惩罚。关于司法官员故意或过失出入人罪的处罚，在《具律》中也有详细的规定，如：

> 事当治论者，其令、长、丞或行乡官视它事，不存，及病，而非出县道界也，及诸都官令、长、丞行离官有它事，而皆其官之事也，及病，非之官在所县道界也，其守丞及令、长若真丞存者所独断治论有不当者，令真令、长、丞不存及病者皆共坐之，如身断治论及存者之罪。唯谒属所二千石官者，乃勿令坐。①

又如：

> 治狱者，各以其告劾治之。敢放讯杜雅，求其它罪，及人毋告劾而擅覆治之，皆以鞠狱故不直论。②

再次，关于证人责任。如：

> 证不言请（情），以出入人罪者，死罪，黥为城旦舂；它各以其所出入罪反罪之。狱未鞠而更言请（情）者，除。吏谨先以辨告证。③

汉律规定证人作证，凡所说不实而出入人罪，如果是属于应当判死罪的情况，则证人当黥为城旦舂，如果是应当判其他罪的，各自以证人出入之罪反坐之。

复次，允许罪人乞鞠上诉，规定死罪不得自己乞鞠上诉，判决生效满一年的罪人不得上诉。上诉首先是在县道一级递状，再由二千石官令都吏审之，如此逐级审理。

> 罪人狱以决，自以罪不当，欲气（乞）鞠者，许之。……死罪不得自气（乞）鞠，其父、母、兄、姊、弟、夫、妻、子欲为气（乞）鞠，许之。……狱已决盈一岁，不得气（乞）鞠。气（乞）鞠者各辞在所县道，县道官令、长、丞谨听，书其气（乞）鞠，上狱属所二千石官，二千石官令都吏覆之。都吏所覆治，廷及

① 江陵张家山汉简整理小组编：《张家山汉墓竹简》，第23页。
② 同上书，第24页。
③ 同上。

郡各移近郡,御史、丞相所覆(审)治移廷。①

这是汉代地方司法程序的大概,同样也适用于边疆地区,从一些简文的内容看,也有针对边地之处。

3.《兴律》、《津关律》关于边关官吏职责的法律规定

在《兴律》、《津关律》中有许多关于边关官吏职责的法律,兹举《兴律》如下:

> 当戍,已受令而逋不行盈七日,若戍盗去署及亡盈一日到七日,赎耐;过七日,耐为隶臣;过三月,完为城旦。②
> 当奔命而逋不行,完为城旦。③
> 乘徼,亡人道其署出入,弗觉,罚金□□。④
> 守燧乏之,及见寇失不燔燧,燔燧而次燧弗私(和,响应),皆罚金四两。⑤

依据这些法条的规定,如果边关守卫者出现"戍盗去署"、"当戍而逋不行"、"奔命而逋不行"、"亡人道其署出入,弗觉"、"见寇失不燔燧"、"次燧弗私(不响应)"这些失职行为将会受到"赎耐"、"耐为隶臣"、"完为城旦"或者"罚金"的处罚。

汉有《津关律》,兹举如下:

> 御史言,越塞阑关,论未有□,请阑出入塞之津关,黥为城旦春;越塞,斩左止(趾)为城旦;吏卒主者弗得,赎耐;令、丞、令史罚金四两。智(知)其请(情)而出入之,及假予人符传,令以阑出入者,与同罪。⑥

越塞令,指《津关令》的第一条。

> 相国上内史书言,请诸诈(诈)袭人符传出入塞之津关,未出入而得,皆赎城旦春;将吏智(知)其请(情),与同罪。⑦

① 江陵张家山汉简整理小组编:《张家山汉墓竹简》,第23—24页。
② 同上书,第62—63页。
③ 同上书,第63页。
④ 同上。
⑤ 同上。
⑥ 同上书,第83页。
⑦ 同上书,第84页。

□议，禁民毋得私买马以出扞（扜）关、郧关、函谷［关］、武关及诸河塞津关。①

相国议，关外郡买计献马者，守各以匹数告买所内史、郡守，内史、郡守谨籍马职（识）物、齿、高，移其守，及为致告津关，津关案阅，津关谨以传案出入之。诈伪出马，马当复入不复入，皆以马贾（价）讹过平令论，及赏捕告者。津关吏卒、吏卒乘塞者智（知），弗告劾，与同罪；弗智（知），皆赎耐。②

相国上长沙丞相书言，长沙地卑湿，不宜马，置缺不备一驷，未有传马，请得买马十，给置传，以为恒。相国、御史以闻，请许给买马。制曰：可。③

相国上南郡守书言，云梦附窦园一所在胸忍界中，任徒治园者出人（入）扞（扜）关，故巫为传，今不得，请以园印为传，扞（扜）关听。④

丞相上备塞都尉书，请为夹溪河置关，诸漕上下河中者，皆发传，及令河北县为亭，与夹溪关相直，阑出入、越之，及吏卒主者，皆比越塞阑关令。⑤

（三）从"额济纳汉简"看汉代在西北边地的治法

魏坚主编的《额济纳汉简》一书发表了500余枚汉简。⑥《尚书·禹贡》记大禹治水，九浚大川，曾"导弱水至于合黎，余波入于流沙"，古代所谓的"弱水"，即是今日之额济纳河。额济纳汉简1999—2002年出土于额济纳旗，通过简文，亦可窥见汉代西北边地的一些法制情况。

汉代西北的防务区域，实际上就是其"线性"边疆区域所在。两汉时主要威胁来自匈奴，汉武帝北逐匈奴后在阴山一线重新修缮秦蒙恬长城，此为北方形势。在西北方向，居延一线成为防御匈奴、屏蔽河西走廊的战略要地，居延地区旧称"弱水流沙"，秦汉称居延，为匈奴语"天池"或"幽隐"之意。居延一线向东与五原塞外列城相接，向西南沿弱水（额济纳河—黑河）、疏勒河，抵敦煌境内的

①   江陵张家山汉简整理小组编：《张家山汉墓竹简》，第85页。
②   同上书，第86页。
③   同上书，第87页。
④   同上。
⑤   同上书，第88页。
⑥   魏坚主编：《额济纳汉简》，广西师范大学出版社2005年版。

玉门关,是汉代重要的防线。在汉代文献中,"长城"就是上述塞防的总称,①这是汉武帝时期西北边疆的地理形势。

1.《额济纳汉简》所载的边疆地方宣示法律的方式

在额济纳汉简中,我们见到其法律宣示通常采用"扁"的形式,涉及的法律内容包括:法律宣示、诏书律令、檄文、行政规范、司法诉讼以及相关的罪名与刑罚。从数量看,以诏书为最多,可确认者有9条,这些官文书的内容为各种政令,包括法律的颁布与废除、赦令、月令、军事动员、搜捕罪人、购求赏格、边防守则以及官吏职权条例等,通过这些汉简可以看出以下几点:

首先,汉代十分注意在西北边地的法律宣传。额济纳汉简中有许多类似"扁书乡亭市里高显处"的记载,根据马怡《扁书初探》一文的研究,②归纳如下:

　　五月壬辰,敦煌太守疆、长史章、丞敞下使都护西域骑都尉、将田车师戊己校尉、部都尉、小府官县:承书从事,下当用者。书到,白大扁书乡亭市里高显处,令亡人命者尽知之。上赦者人数太守府,别之,如诏书。(Ⅱ0115②:16,《敦煌悬泉汉简释粹》一五一)。③

　　十一月壬戌,张掖太守融、守部司马横行长史事、守部司马焉行丞事下部都尉:承书从事,下当用者。书到,明白大扁书乡亭市里门外谒舍显见处,令百姓尽知之,如诏书,书到言。(2000ES7S:4A,《额济纳汉简》)④

　　知令重,写移,书到,各明白大扁书市里、官所、寺舍、门亭、隧堠中,令吏卒民尽讼(诵)知之。且遣部吏循行,问吏卒凡[不]知令者,案论尉丞、令丞以下。毋忽,如律令。敢告卒人。(《敦煌汉简释文》1365)。⑤

　　十月己卯,敦煌太守快、丞汉德敢告部都尉卒人,谓县督盗贼史赤光、刑世:写移,今□□□□□部督趣。书到,各益部吏,□泄□捕部界中,明白大编(扁)书乡亭市里□□□□,令吏民尽知□□。(Ⅰ0309③:222,《敦煌悬泉汉简释粹》二一,第22—23页)

　　①　魏坚、昌硕:《居延汉代烽隧的调查发掘及其功能初探》,见孙家洲主编《额济纳汉简释文校本》,文物出版社2007年版,第115页。
　　②　马怡:《扁书初探》,载孙家洲主编《额济纳汉简释文校本》,第170—175页。
　　③　胡平生、张德芳编撰:《敦煌悬泉汉简释粹》,上海古籍出版社2001年版,第115页。
　　④　魏坚主编:《额济纳汉简》,第187页。
　　⑤　吴礽骧、李永良、马建华释校:《敦煌汉简释文》,甘肃人民出版社1991年版,第142页。

五月甲戌，居延都尉德、库丞登兼行丞事下库城仓□用者，书到，令长、丞侯、尉明白大扁书乡市里门亭显见□。(139.13,《居延汉简释文合校》)①

永始三年七月戊申朔戊辰□□……张掖大守谭、守郡司马宗行长史□书从事，下当用者，明篇(扁)叩(乡)亭显处，会(令)吏民皆知之，如诏书。(74.EJF16,《居延新简释粹》，第103页)。②

始建国二年十一月甲戌下。十一月壬午……丞(承)书从事，下当用者，明白扁书乡亭市里显见处，令吏民尽诵之。具上吏民一功蒙恩勿治其罪者名，会今，罪别，以赏行者，如诏书，书到言。书左曷。

十一月丁亥……丞(承)书从事?? 当用者，明白扁[书]乡亭市里显见处，令吏民尽知之。具上一功蒙恩勿治其罪人名，所坐罪别之，如诏书。

闰月丙申……丞(承)书从事，下当用者，明白扁书亭隧显见处，令吏卒尽知之。具上一功蒙恩勿治其罪者，罪别之，会今，如诏书律令。(2000ES9SF4：4、2002ES9SF4：3、2002ES9SF4：1、2002ES9SF4：2,《额济纳汉简》，第228—231页)③

闰月乙亥，张掖肩水都尉政、丞□□，承书从事，下当用者。书到，明白扁书显处，令吏民尽知之，严教，如诏书律令。(74.EJT31：64,《居延新简释粹》第93页)④

书到，扁书乡亭市里显见处，令民尽知之。商□起察，有毋四时言，如治所书律令。(16.4A,《居延汉简释文合校》第25页)⑤

写移，檄到，具写檄扁传输亭隧高显处，令吏卒明。(《敦煌汉简释文》1376，第143页)⑥

从这些记载不难看出，当时在边地、边关宣示法律方式主要有：

一，用"扁"的形式宣示法律。扁书是官府向基层吏民发布政令、进行宣谕的一种文告样式，诏书最终也是以"扁"的形式公布于亭隧。"扁"是一种包括诏

①　谢桂华、李均明、朱国照：《居延汉简释文合校》上册，文物出版社1987年版，第230页
②　甘肃省文物考古研究所编：《居延新简释粹》，兰州大学出版社1988年版。并参胡平生《"扁书"、"大扁书"考》所引本条释文，见《敦煌悬泉月令诏条》，第48页。
③　孙家洲主编：《额济纳汉简释文校本》，第172页。
④　同上书，第173页。
⑤　同上。
⑥　同上。

书在内的法律文告形式,这种形式简单直接,类似后来的"传榜书"。这些"扁"全部出自边关和烽隧遗址,"扁"的功能不限于宣传和公示,也有教谕和备忘的作用。[①]

"扁"字大约始见于西周,《说文》"册"部对"扁"字的解释:"扁,署也,从户、册。户册者,署门户之文也。""户",单扇门,引申为出入之口,可知"扁"是"署",题署;"扁"又是"户册",其样式为"册",张示于门户。[②]《太平御览》卷四九六引崔寔《政论》:"故里语曰:州郡记,如霹雳;得诏书,但挂壁。"将诏书和重要的公文、文告等书悬贴于墙壁的做法后世一直沿用,直到唐宋时代,"粉壁"仍然是公布诏敕政令的重要地方。《通典》卷一六五:"仍以当司格令,书于厅事之壁,俯仰观瞻,使免遗忘。"李元弼《作邑自箴》卷一:"通知条法,大字楷书,榜要闹处晓告民庶,乡村粉壁如法誊写。"[③]

简文中还有用"大扁"形式移写的文书,所谓"大扁"即是"大编",《说文》"糸"部:"编,次简也。""扁"作"编",在这里既可能是假借,也可能是指编联之册。《汉书·诸葛丰传》记载:"不待时而断奸臣之首,悬于都市,编书其罪,使四方明知为恶之罚。"颜师古注:"编谓联次简牍也。"有学者认为有涉及逃犯和重要律令者用"大扁",其急要程度可能较高。而用"扁"移写的文书,除政令、法律等也包括各种条规,不一定皆属急要。[④] 虽然"扁"字始见于西周,但是在秦朝边地的法律告示形式中却没有见过,已知的秦国类似的传示方式是刻石,秦始皇视察边疆地区,每到一处,均要刻石,其内容均有法律效力。

二,尤其强调"扁"要放在"乡亭市里"、"乡亭市里门外谒舍"、"市里、官所、寺舍、门亭、隧堠"、"乡市里门亭"、"乡亭市"、"亭隧"这些地方的"高显处"。这里宣布法律的地方不仅有"乡亭市里",还包括"门外谒舍",告知行旅之人;不仅要求"吏卒民尽讼(诵)知之",还要派郭吏巡查,"问吏卒凡[不]知令者,案论尉丞、令丞以下"。

三,不仅要求在"高显处"宣示,还要求百姓都知道国家法令,同时也让犯罪逃亡或企图越关的罪犯都知道律令,"令亡人命者尽知之"。所谓"亡人命者",

————————

　①　孙家洲主编:《额济纳汉简释文校本》,第174—178页。

　②　同上书,第178页。

　③　李元弼:《作邑自箴》,《续修四库全书》卷七五三《史部·职官类》,上海古籍出版社2000年影印本。并参高柯立《宋代粉壁考述——以官府诏令的传布为中心》,《文史》2004年第1期。

　④　孙家洲主编:《额济纳汉简释文校本》,第175页。

或就是指犯案之人。

四，不仅要让当地百姓尽知之，还要让当地官吏士卒都晓诵法令，即"令吏卒民尽讼（诵）知之"、"令吏民尽知"、"会（令）吏民皆知之"、"令吏民尽知之，严教"、"令吏卒明"，还要派部吏巡查。此外，在汉代烽隧遗址出土的一份简文中，对于违反宣教法令义务的官吏，还给予处罚："问吏卒凡[不]知令者，案论尉丞、令丞以下。"（《敦煌汉简释文》1365，第142页）。

此外，由于有司法层级，司法文书传递本就要求简易、快捷，秦汉之时文书传递于边疆地区自然"羽檄相传，望烽走驿"，但由于当时用篆隶文字书写较慢而不能救急，因此常用草书。隶书的由来与边事有关，是因为奏事烦多，或者事情紧急时，用篆字书写太慢，因此让隶人佐书，由于用隶人佐书，因此新的书写形式就被称为"隶书"。如《太平广记》卷二〇六"草书"条（出《书断》）："昔秦之时，诸侯争长，羽檄相传，望烽走驿，以篆隶难，不能救急，遂作赴急之书，盖今之草书是也。"同卷"隶书"条（出《书断》）："邈字符岑，始为县吏，得罪，始皇幽系云阳狱中。覃思十年，益小篆方圆，而为隶书三千字，奏之。始皇善之，用为御史。以奏事烦多，篆字难成，乃用隶字。以为隶人佐书，故曰隶书。"①

2.《额济纳汉简》所载边疆地区的法制情况

（1）赦免有罪吏民充实边疆军事力量的条令

简文有"扁书乡亭市里显见处，令吏民尽诵之，具上一功蒙恩勿治其罪者"（《额简》2000ES9SF4：3），又有始建国二年诏书册中"上吏大尉以下得蒙壹功无治其罪"，赦免有罪吏民，充实边疆军事，这是汉代在边疆治理上的一个法律传统。这里所谓的"蒙恩壹功勿治其罪"中的"壹功"，有人认为"壹功"应当作"一切"来解释。② 这是为进攻匈奴缓解兵员不足而招募士卒的法令，另有王莽时期的一道诏令：

> 惟设此一切之法以来，常安六乡巨邑之都，枹鼓稀鸣，盗贼衰少，百姓安土，岁以有年，此乃立权之力也。今胡虏未灭诛，蛮僰未绝焚，江湖海泽麻沸，盗贼未尽破殄，又兴奉宗庙社稷之大作，民众动摇。今复一切行此

---

① 此两条语料可见于王启涛《吐鲁番出土文献语言导论》，科学出版社2013年版，第56页。
② 邬文玲：《额简始建国二年诏书册"壹功"试解》，见孙家洲主编《额济纳汉简释文校本》，第138页。

令,尽二年止之,以全元元,救愚奸。①

在"今胡虏未灭诛,蛮僰未绝焚,江湖海泽麻沸,盗贼未尽破殄"的国家形势下,所谓"今复一切行此令",就是指赦免有罪吏民,充实边疆军事的条令。其实早在汉高祖时期,就有此例:"高祖十一年秋七月,淮南王布反。上赦天下死罪以下皆令从军。"武帝元封六年,"益州、昆明反,赦京师亡命令从军",②这是指汉武帝时西南地区出现叛乱,赦京师犯人,让其从军。天凤元年,发生了持续三年的益州叛乱,"士卒疾疫死者什六七,赋敛民财什取五,益州虚耗"。③ 同时国内其他地区也有叛乱,出现兵员不足的状况。《汉书·王莽传中》始建国二年"募天下囚徒","从军之事相印证。……吏民诸有罪、大逆无道、不孝子绞,蒙壹功〔无〕治其罪……意为咸得自新,同心并力除灭胡寇逆虏为故"。这里释放人犯,是为了"同心并力除灭胡寇逆虏",被赦免的罪行中也包括了大逆无道、不孝这样严重的犯罪。

东汉光武帝建武五年五月丙子,光武帝诏曰:"其令中都官、三辅、郡、国出系囚,罪非犯殊死一切勿案,见徒免为庶人。"建武七年春正月丙甲,"诏中都官、三辅、郡、国出系囚,非犯殊死,皆一切勿案其罪。见徒免为庶人。耐罪亡命,吏以文除之"。④

东汉明帝永平十七年秋八月丙寅,"令武威、张掖、酒泉、敦煌及张掖属国,系囚右趾已下任兵者,皆一切勿治其罪,诣军营"。⑤ 这是赦免西北边疆地区及其属国犯"右趾已下"罪名的人,让他们从军效力。

从以上内容看,汉代有赦免有罪吏民充实边疆军事力量的法律传统。之所以如此,是因为汉代为应付南北边患,需缓解其兵员不足的问题。

(2)"行边"、"行塞":对边地官吏的察举制度

从汉简看,汉代中国已经有了对边疆官吏进行常规性监察的制度,即所谓的"行边"制度。监察官员由朝廷派遣,他们经常视察边塞,检举边疆官吏的违法行为。如在额济纳汉简《合校》311·3有"甲渠候官初元五年七月行塞举",

---

① 《汉书》卷九九下《王莽传中》,第3054页。
② 《汉书》卷六《武帝纪》,第141页。
③ 《汉书》卷九九中《王莽传中》,第3041页。
④ 《后汉书》卷一《光武帝纪上》,第27、35页。
⑤ 《后汉书》卷二《显宗孝明帝纪》,第83页。

《新简》EPT50·44有"万岁部四月都吏□卿行塞举"。所谓"行塞举"，即是监察官于"行塞"之时，发现官吏违法行为并对其进行检举。"行塞举"的内容包括"卒兵举"（《合校》126·83）、"吏去署举"（《合校》145·5）、"邮书课举"（《新简》EPT52·83）等。[①]《张家山汉简·二年律令·兴律》："当戍，已受令而逋不行盈七日，若戍盗去署及亡盈一日到七日，赎耐；过七日，耐为隶臣；过三月，完为城旦。"

（3）"烽火品约"与"天田"巡视：关于边防监察制度

汉代直接关于边防的法律制度有二：一是"烽火品约"制度，二是"天田"巡视制度。

目前，我们所能见到的关于西北边塞最完整的一件"烽火品约"，是在甲渠候官址（破城子）第十七号房屋出土的，由17枚简组成，系居延都尉殄北、甲渠、三十井三塞燔举烽火的品约。"品约"是汉代的一种法律形式，是对律令的补充。《后汉书·安帝纪》中有"元初五年诏，旧制律令，各有科品"的说法。"烽火品约"是针对边塞举烽燔燧的警戒之法，汉简中多次提到官吏、士卒都必须熟悉烽火品约，《汉书·贾谊传》有"斥候望烽燧不得卧"，张晏注："昼举烽，夜燔燧。"其中烽为浓烟，用于白天；燧为火，用于夜晚。根据《张家山汉简·二年律令·兴律》的规定："守隧乏之，及见寇失不燔隧，燔隧而次隧弗和，皆罚金四两。"

破城子第十七号房屋出土的"烽火品约"具体内容如下：

匈人奴（奴人）昼入殄北塞，举二烽，□烦烽一，燔一积薪；夜入，燔一积薪，举堠上离合苣火，毋绝至明。甲渠、三十井塞上和如品。

匈人奴（奴人）昼［入］甲渠河北塞，举二烽，燔一积薪；夜入，燔一积薪，举堠上二苣火，毋绝至明。殄北、三十井塞和如品。

匈奴人昼入甲渠河南道上塞，举二烽，坞上大表一，燔一积薪；夜入，燔一积薪，举堠上二苣火，毋绝至明。殄北、三十井塞上和如品。

匈奴人昼入三十井降虏隧以东，举一烽，燔一积薪；夜入，燔一积薪，举堠上二苣火，毋绝至明。甲渠、殄北塞上和如品。

匈奴人昼入三十井候远隧以东，举一烽，燔一积薪，堠上烟一；夜入，燔一积薪，举，举堠上一苣火，毋绝至明。甲渠、殄北塞上和如品。

---

① 孙家洲主编：《额济纳汉简释文校本》，第226—227页。

匈奴人渡三十井悬索关门外道上隧,天田失亡,举一烽、坞上大表一、燔二积薪;不失亡,毋燔薪,它如约。

匈奴人入三十井诚势北隧悬索关以内,举烽燔薪如故;三十井悬索关诚势隧以南举烽如故,毋燔薪。

匈奴人入殄北塞,举三烽;后复入甲渠部,累举旁河烽;后复入三十井以内,部累举埃上直上烽。

匈奴人入塞,守亭鄣,不得下燔薪者,旁亭为举烽燔薪,以次和如品。

塞上亭隧见匈奴人在塞外,各举部烽如品,毋燔薪;其误,亟下烽灭火,候、尉、吏以檄驰言府。

夜即闻匈奴人及马声,若日且入时见匈奴人在塞外,各举部烽,次亭晦不和;夜入,举一苣火,毋绝尽日,夜灭火。

匈奴人入塞,侯、尉、吏亟以檄言匈奴人入烽火传都尉府,毋绝如品。

匈奴人入塞,千骑以上,举烽,燔二积薪;其攻亭鄣坞壁田舍,举烽,燔二积薪。和如品。

县田官吏令、长、丞、尉见烽火起,亟令吏民□□□诚势北隧部界中民田畜牧者□□……为令。

匈奴人入塞,天大风,风及降雨不具烽火者亟传檄告,人走马驰,以急疾为故。

右塞上烽火品约。[1]

以上是居延都尉殄北、甲渠、三十井三塞临敌报警、燔举烽火的品约。

此外,汉简中还可以见到汉代的边防检查制度,在居延汉简中有完整的"日迹簿",有针对边塞警戒的"天田"巡视制度。所谓"天田",是指沿边塞警戒地带铺设的沙土带;所谓"日迹",就是每日检查沙土带上是否出现足迹的勤务。如《新简》EPT56·25:"候长充、候史谊,三月戊申积[尽]丁丑积卅日,日迹从第四隧南界北尽第九隧北界,毋阑越出入天田迹。"[2]

"天田"巡视制度属于边地监察制度而不是边检制度。汉代边塞地方设有相应的监察官吏,负责巡视任务的是都尉府派出的"督烽掾"。这些监察官吏由

①　孙家洲主编:《额济纳汉简释文校本》,第130—132页。
②　同上书,第223页。

"督烽掾"、"督烽燧史"、"督烽史"组成。督烽即是督烽掾，就如同督邮掾称"督邮"一样，其中督烽燧史、督烽史是督烽掾的副贰。在西北地区出土的汉简中发现有多枚与"督烽掾"有关的简牍，督烽掾在传世文献中仅见于《后汉书·西羌传》："元和三年，迷吾复与弟号吾诸杂种反叛。秋，号吾先轻入寇陇西界，郡督烽掾李章追之，生得号吾。"《通鉴》胡三省注曰："督烽掾，郡掾之督烽隧者。"陈梦家指出："督烽掾"为太守、都尉属吏，与"兵马掾、塞曹及戍曹皆居塞边郡特设的曹掾"。居延汉简中有：

> 殄北督烽隧史延年五月癸卯。（合校148·8）
> ☒官并司马君都吏郑卿督烽史周卿行塞即日宿吞远具吏卒。（2000ES7SF1：6A）

督烽掾的主要职责就是督察烽燧、烽火器物的使用、管理情况，对官吏的渎职、失职行为进行监察。由于督烽掾是都尉府的派出属官，因此其监察辖区是都尉府的辖区。关于督察烽燧、烽火器物事务归之如下：

> ……府☐☐诣部作治督烽掾行塞☐☐☐。（E. P. F22：679）
> 必行加慎毋忽督烽掾从殄北始度以☐☐到县索关，加慎毋方循行。如律令。（421.8）。
> 更始三年十一月戊寅甲渠守。（E. P. F22.282）
> 督掾烽敢言之第廿四隧长王阳从故候张获谨。（E. P. F22.283）
> 严等府遣督盗贼督烽行塞具吏檄到有家属。（E. P. F22.284）
> ☒卢不调利索币绝或毋烽或币绝。（E. P. F22.285）
> 甲渠鄣守候党免冠叩头死罪死罪奉职数毋状罪法重叠身死。（E. P. F22.286）
> 厚妻子从随众死不足报。（E. P. F22.287）
> 建武六年七月己酉居延都尉督烽掾党有案问移甲渠☐。（E. P. F22：402）
> 省兵物及簿署☐☐任用不。（E. P. F21：403）

督烽掾受都尉府派遣，和督盗贼一道，履行"行塞"检查烽燧、器物的保管和使用情况等职能，是对都尉府负责的官职。简文中提到的督烽掾巡行检查的范围是从居延绿洲的最北端一直到最南端，要检查居延都尉所辖的所有区域。督烽掾作为都尉府的属吏，除了重点检查烽火器物、兵械器具的使用、管理情况

外,在巡视过程中对官吏的渎职、失职行为,也需要及时向都尉府报告。如:

复汉元年十一月戊辰,居延都尉领甲渠督烽掾,敢言之诚北。(E. P.
F22：423)

隧长候仓候长樊隆私去署,诚教敕吏无状罪,当死叩头死罪,死罪敢言
之。(E. P. F22：424)①

(四) 汉代在边疆的司法管辖及其官吏秩级

中国自古追求风俗之化、一同于俗,但是对于周边藩国"以宾礼亲邦国"或
以"藩臣之礼"治之。所谓"宾礼",不过是让蛮夷君长各治其国,只要履行尊王、
纳贡、朝觐义务就是了,对于藩国并不追求一同于俗。藩国本非直接管辖区域,
对于郡属外的藩国,汉朝不求以法律治之,对于风俗差异太大且无意内属的边
郡,汉代也有不强求的例子。如初元元年贾捐之上书认为:"骆越之人,父子同
川而浴,相习以鼻饮,与禽兽无异,本不足郡县置也。"②对此汉元帝下诏:"罢珠
崖郡。民有慕义欲内属,便处之;不欲,勿强。"③

对于与藩国的关系,汉代开始多以"约定"来解决。汉王朝与它的藩国之间
的这些具有法律性质的"约定",表面上看类似于古老的朝贡制度,其内容主要
是关于藩国的统治区域和对汉王朝的义务。

匈奴长期以来都是汉朝最主要的边患,李大龙先生认为匈奴与汉之间有时
也存在藩属关系,并且双方有藩属性质的"约定"。④《汉书·匈奴传》载汉朝与
匈奴曾订立过两个约定:

一是关于边疆和平和治安的约定,规定双方"有窃盗者,相报,行其诛,偿其
诛,偿其物"。

自今以后,汉与匈奴合为一家,世世毋得相诈相攻。有窃盗者,相报,
行其诛,偿其诛,偿其物;有寇,发兵相助。汉与匈奴敢先背者,受天不祥。
令其世世子孙尽如盟。

① 孙家洲主编:《额济纳汉简释文校本》,第210—213页。
② 《汉书》卷六四下《贾捐之传》,第2138页。
③ 同上书,第2139页。
④ 李大龙:《汉唐藩属体制研究》,中国社会科学出版社2006年版,第46页。

二是单方面限制降于匈奴者，同时也限制匈奴的外交。

> 中国人亡入匈奴者，乌孙亡降匈奴者，西域国佩受中国印绶降匈奴者，乌桓降匈奴者，皆不受。

这说明两者的关系在刑事犯罪方面是平等的，但是也单方面限制匈奴的外交，强调匈奴对汉朝的义务，这也是对其作为藩属的要求。

从这些"约定"来看，汉朝关注的是边疆的基本法律秩序和匈奴作为藩属的基本义务，对于卫满朝鲜也是如此，《汉书·朝鲜传》："会孝惠、高后时天下初定，辽东太守即约满为外臣，保塞外蛮夷，无使盗边；蛮夷君长欲入见天子，勿得禁止。以闻，上许之，以故满得以兵威财物侵降其旁小邑，真番、临屯皆来服属。"意思是汉朝与卫满朝鲜相约，以卫满朝鲜为藩属外臣，卫满朝鲜必须保护塞外蛮夷，不能使其侵犯汉朝边地；如果这些蛮夷首领想朝见汉朝天子的话，卫满朝鲜不得阻止。如果藩国违反了这些具有法律性质的"约定"，自然就有相应的责让和惩罚，即是西周之时就有了的"刑不祭，伐不祀，征不享，让不贡，告不王"。

秦朝奉行的是法家理性主义的法治模式，在秦朝的统治思想中，其兵威所至旋置郡县，郡县即行其法律。汉朝奉行的儒道思想多是西周先王之道，因此汉朝自然也继承了先秦分封时代对于边外疆域的统治思想，但与先秦时代不同的是汉承秦制，汉初虽有分封，但普行郡县毕竟是其最终的目标。随着汉武帝时期汉王朝的强大，对于原来的藩国，汉朝以"用汉法，比内诸侯"的方式直接统治。① 为实现这一目的，汉朝主动用武力讨伐或威逼的方式把它们变成了郡县。

汉朝的北边属于王朝直接管辖的有陇西、北地、上郡、云中、雁门、代郡六郡和燕国的上谷、渔阳、右北平、辽西、辽东五郡。

在南边，汉武帝元鼎五年（前112），南越国吕嘉发动内乱，汉武帝调遣十万大军灭南越国，"遂以其地为儋耳、珠崖、南海、苍梧、郁林、合浦、交趾、九真、日南九郡"。② 并于当年顺势变西南夜郎地为牂柯郡、犍为郡；变西南蜀之边夷邛都、莋都、冉駹、西白马之地为越巂郡、沈黎郡、文山郡、武都郡；变西南滇王

---

① 《汉书》卷九五《两粤传》，第 2844 页。
② 同上书，第 2847 页。

之地为益州郡，"滇举国降，请置吏入朝。于是以为益州郡"，①此为西南郡县化之始。

在东边，徙东粤之民于江淮之间，内属于郡县之下；汉武帝元封二年（前109）出兵朝鲜，灭卫氏朝鲜国，"遂定朝鲜为真番、临屯、乐浪、玄菟四郡"。② 上述这些原本为汉朝藩国的地区转为郡县，成为汉之边郡，这意味着这些地方开始直接适用汉律，属于汉朝进行直接司法管辖的区域。

除了这些边郡，汉代还出现了属国。与郡县一样，汉代的属国系地方行政建制，起初它是针对投降的匈奴人设置的。所谓属国，《汉书·武帝纪》颜师古注曰："凡言属国者，存其国号而属汉朝，故曰属国。"强调属国是属于汉朝管辖的，只是存其国号而已。具体而言，属国是针对投降的蛮夷而设置的，《汉书·百官公卿表》："典属国，秦官，掌蛮夷降者。"秦之"典属国"是官职，"掌蛮夷降者"，"掌归义蛮夷"。汉代出现的"属国"则是一个政区，"而且由都尉管理的属国也是在汉代才有的现象"。③

不管是秦"典属国"管理的对象还是汉代的"属国"都是针对"蛮夷降者"。汉武帝时期，匈奴降者甚多，元狩二年"秋，匈奴昆邪王杀休屠王，并将其众合四万余人来降，置五属国以处之。以其地为武威、酒泉郡"。④ 元狩三年，"昆邪王降，复增属国，置都尉、丞、侯、千人。属官，九译令。成帝河平元年省并大鸿胪"。⑤ "属国"实际上是郡县的外围政区，设有属国都尉，属于郡内设置。属国都尉始置于元狩三年，是派往管理边疆属国的官员，西汉时在安定、金城、西河、上郡、五原、天水等郡内有安置匈奴、西羌、龟兹等降众的属国。汉代设置的都护、校尉与都尉一样都是这些地方的官制，如西域都护、护乌桓校尉、护羌校尉、部都尉等。

因此，额济纳汉简中提到发布法令时，多是"都护西域骑都尉"、"居延都尉"、"肩水都尉"、"尉丞"等。如上文有光武帝"诏中都官、三辅、郡、国出系囚"，汉明帝诏"令武威、张掖、酒泉、敦煌及张掖属国"。这是一类介于郡县和藩国之间的区域，是中国的边疆地区，额济纳汉简显示了这些地方同样是直接适用于

---

① 《汉书》卷九五《西南夷两粤朝鲜传》，第2836页。
② 同上书，第2852页。
③ 李大龙：《汉唐藩属体制研究》，第85页。
④ 《汉书》卷六《武帝纪》，第125—126页。
⑤ 《汉书》卷一九《百官公卿表》，第679页。

汉朝法律的。

五、秦汉时期在边郡的"移风易俗"与法治

（一）法家的理念与"除其恶俗"

战国时期法家思想的影响并不限于秦国，也包括了像制订《法经》的魏国等国，然而真正彻底贯彻法家思想的，乃是战国时的秦国和后来的秦帝国。

早在商鞅变法之时，法与俗的矛盾就已经出现。战国末年李斯《谏逐客书》谓："孝公用商鞅之法，移风易俗，民以殷盛，国以富强，百姓乐用，诸侯亲服，获楚、魏之师，举地千里，至今治强。"①可见秦国在商鞅变法时，已有"以法变俗"以"移风易俗"的目的。秦国的变法同样需要与世俗、流俗进行斗争，韩非子总结商鞅变法的情况时说："商君说秦孝公以变法易俗而明公道，赏告奸，困末作而利本事。当此之时，秦民习故俗之有罪可以得免，无功可以得尊显也，故轻犯新法。"②这是说商鞅变法时为实现其"法治"，需要改变与其"法治"相背离的秦民旧俗。

法家思想的基本概念是"术"和"法"，如前说"申不害虽十使昭侯用术，而奸臣犹有所谲其辞矣。故托万乘之劲韩，七十年而不至于霸五者"。③ 商鞅则于秦曰法、重法，故秦律被今人冠以理性主义和法治主义之名，尤其秦朝奉行"刑用于将过，则大邪不生"的重刑主义，④强化了国家权力，由此开创了中国强有力的国家形态的历史。而此前的国家不过是依血缘分封的"家"，依问俗而治理的"国"，"国"只是地域意义上的封国，是城邑，而非一以贯之的文化和权力。秦朝要实现商鞅所说的官员"一岁受法令以禁令"，⑤以及司马迁《史记》中所说的"法令由一统"的统一大业，⑥必然面临如何对待如此复杂的风俗的局面问题，在行政上实行"海内为郡县"，破除了原来封邑制度的松散性，在法律上实行"皆有法式"、"一断于法"，以此约束不同的风俗。

---

① 《史记》卷八七《李斯列传》，第 1979 页。
② 《韩非子·奸劫弑臣》。
③ 《韩非子·定法篇》。
④ 《商君书·开塞》。
⑤ 《商君书·定分》。
⑥ 《史记》卷六《秦始皇本纪》，第 168 页。

　　秦律的出现表明,中国古代世俗理性主义法文化走向成熟,从此中国古代律典中少有风俗性的元素,同时也表明了它为风俗文化在"大传统"意义上的趋同提供了制度平台,这正是秦朝立法的一大贡献。但是情况并非如此简单,秦朝武力统一后,不仅需要统一原来各国的法律,而且还需使各地不同的风俗与它的法律相宜。

　　中国古代,从夏、商、周以来的历史是群族纷呈的历史,这意味着文化的趋同是一个漫长的过程,同样,法律制度的趋同也是一个漫长而复杂的过程。从上面对汉代各地众多而迥异的风俗的描述中可以想象,先秦及秦朝各地的民风、民俗是何等的不同。秦统一中国后,要实现法家所谓的"一断于法"的制度理想,必然要"去其邪僻,除其恶俗",但这并不是件容易的事情,基层的社会习俗给秦法的推行带来的障碍一定也很大。

　　应当注意的是,法家思想中对于"法治"不仅是"一断于法"的单纯认识,法家的法治主义中也没有绝对排斥法俗。作为法家思想及实践代表人物的商鞅就认为:"故圣人之为国也,观俗立法则治,察国事本则宜。不观时俗,不察国本,则其法立而民乱,事剧而功寡,此臣之所谓过也。"①在这里,商鞅强调的是"观俗立法则治,察国事本则宜"。所谓的"此臣之所谓过也",其"过"不是指"刑用于将过"的"过",而是指相对于民间法俗而说的立法之"过",是指立法的界线,要掌握这个界线,就需要察国本,观时俗。如果不能处理好法律与社会风俗之间的关系,就会"法立而民乱,事剧而功寡",社会就会出现混乱。既然作为秦改革思想指导者的商鞅有如此观俗察本的见识,那么为什么秦朝会因为其法律"繁于秋荼,而网密于凝脂"而致二世而亡呢?②

　　秦朝建立后,疆域扩大延伸,国家需要建设大量的"驰道",原来和新开拓疆域的城池需要新建和维修,为巩固国防需要建设长城,为万世基业需要建陵墓和宫殿(这是那个时代必须做的),各种工程在人力、财力上与这个新建立的国家局势极不相称,秦律中出现很多新的针对工程建设的刑罚就缘于此。如"黥为城旦"、"髡钳城旦"、"耐城旦"、"耐城旦舂"等都是让罪犯从事工程建设的刑罚,这在很大程度上进一步促使其法律逐渐走向繁密和严苛。如此以往,严苛的法律与其社会能力之间的平衡逐渐丧失,以致"奸邪并生,赭衣塞路,囹圄成

---

　　①　《商君书·算地》。
　　②　(汉)桓宽:《盐铁论·刑德》。

市，天下愁怨，溃而叛之"。① 然而，秦朝二世而亡的原因不全在其法律理念，秦国在统一六国后不顾民生，在边疆进行浩大而繁多的工程建设才是秦朝灭亡的根本原因，即"秦始皇作阿房而殃及其子……夫不度万民之力，以从耳目之欲，未有不亡者也"。②

　　1975年12月湖北省云梦县睡虎地十一号秦墓中发掘的秦代竹简，为我们了解当时的立法和司法指导思想提供了可考的材料，也为我们研究秦朝法律与风俗之间的关系提供了一些依据。竹简《语书》中有云："古者，民各有乡俗，其所利及好恶不同，或不便于民，害于邦。是以圣王作为法度，以矫端民心，去其邪僻，除其恶俗。法律未足，民多诈巧，故后有间令下者。"③对这段话，我们可以分解为三部分来理解：一是承认"民各有乡俗"，二是乡俗有时"不便于民，害于邦"，三是应当"去其邪僻，除其恶俗"。

　　由《语书》可见当时对民间风俗的态度，它不仅阐明了强势的国家法律有"去其邪僻，除其恶俗"的意义，而且隐含了"俗"已被明确分为"恶俗"和"良俗"。区分"恶俗"和"良俗"的标准，正是以强势的理性政治文化为依据的，其中最关键的一句是："法律未足，民多诈巧，故后有间令下者。"说明当时相对于各类"恶俗"，强调的是"民多诈巧"，其原因是"法律未足"。这大概也是秦朝法律"繁于秋荼，密于凝脂"的重要原因之一。

　　从睡虎地秦简看，秦朝的"法治主义"是否有风俗性司法的倾向，这是一个有学术价值的问题。秦代法律与地方风俗的关系实际上是秦代国家与社会的关系，对二者关系的分析将有助于了解秦代"法治主义"的内涵。

　　首先是占卜历法。睡虎地秦简的记录者名曰喜，是秦代的一个县吏，睡虎地秦简的年代下限是秦统一六国的四年后，即秦始皇三十年（前217），这一判断意味着喜生活的年代正好是秦国法治主义的转换期。在这一转换期，秦国并不是我们想象的那样，彻底采取了一断以秦国原有法律的做法。通过对秦简中《日书》的相关分析，我们发现在《日书》中的《星》、《官》、《稷辰》、《秦》、《除》以及《玄戈》、《岁》中存在秦、楚两种占卜方法交织使用的情况。④ 秦国在统一六国后

①　《汉书》卷二三《刑法志》，第929页。
②　《三国志》卷二五《高堂隆传》，中华书局2000年简体字版，第527页。
③　睡虎地秦墓竹简整理小组编：《睡虎地秦墓竹简·语书》，第15页。
④　［日］工藤元男著，广濑熏雄、曹峰译：《睡虎地秦简所见秦代国家与社会》，上海古籍出版社2010年版，第320页。

虽然有《焚书令》，但是并没有焚烧关于占卜的书。占卜历法是古代人生活的重要方面，也是民间习俗的重要内容之一。习俗是一个泛宗教概念，许多习俗来自宗教情绪和宗教意识。我们不知道墓主人喜是秦人还是楚人，但是秦简《日书》的内容告诉我们，秦在统治南郡时是按照楚历制定的秦律。① 日本学者工藤元男在其所著《睡虎地秦简所见秦代国家与社会》一书中认为，"虽然秦国在国家理性上认为秦律应该在包括占领区的秦全国施行，但其实秦律没能原封不动地在占领区施行"。②

此外，历法对于农业也十分重要，秦国十分重视农业，商鞅变法就奖励农耕。秦关于农业的立法是《田律》，《秦律十八种·田律》吸收了古代法俗，也依据了已存在的楚地历法，比如《秦律十八种·田律》载："春二月，毋敢伐材木、山林及雍堤水，不夏月，毋敢夜择草为灰……毋□□□□□毒鱼鳖。……到七月而纵之。"③这句话的意思是为保护山林的动物植物而禁止砍伐和狩猎。工藤元男根据他对太阴历、太阳历和秦历、楚历之间的比照分析，认为这里的"春二月"是指楚历的"春三月"（4月、5月、6月），由此认为"这条田律是按照楚历制定的秦律"。④

其实这样的习惯早已有之，《逸周书·大聚解》说早在大禹时已有砍伐和狩猎之禁："（周公）旦闻：禹之禁，春三月山林不登斧，以成草木之长；夏三月川泽不入网罟，以成鱼鳖之长。"⑤这一古老的禁令也是楚地的禁忌。结合上述观点，《秦历十八种·田律》其立法依据大概就是这一古老习俗。

其次，从秦简可以看出，秦在南郡进行法律治理时也涉及当地的民间习俗。秦简中有《封诊式》，《封诊式》是爰书的文例集，"爰书"是关于勘验、调查、审讯的法律文书。爰书的内容反映了当时一些与风俗相关的司法情况，其中的一个案例提到"毒言"禁忌：

> 某里公士甲等廿人诣里人士五（伍）丙，皆告曰：丙有宁毒言，甲等难饮食焉，来告之。……讯丙，辞曰："外大母同里丁坐有宁毒言，以卅余岁时

① 工藤元男认为秦历不同于楚历，楚月的正月相当于秦月的十月，七月相当于四月，二月相当于十一月，三月相当于十二月，四月相当于正月，如此类推。
② 工藤元男著，广濑熏雄、草峰译：《睡虎地秦简所见秦代国家与社会》，第347页。
③ 睡虎地秦墓竹简整理小组编：《睡虎地秦墓竹简·语书》，第26页。
④ ［日］工藤元男著，广濑熏雄、草峰译：《睡虎地秦简所见秦代国家与社会》，第344页。
⑤ 《逸周书·大聚解第三十九》。

（迁）。丙家节（即）有祠，召甲等，甲等不肯来，亦未常召丙饮。"①

意思是，甲等人把居住在同一乡里的丙带到县衙，说丙有"宁毒言"，难以一同饮食。县衙审讯时，丙说他同乡里的外祖母丁曾经因"宁毒言"而获罪，在三十多岁时被处以迁刑（流放刑）。

"毒言"禁忌是一种民间习俗，"毒言"是一种以言辞诅咒他人的方式，为人所忌讳。古人有"乡饮酒之礼"，有犯"毒言"者，众人同饮食则必忌讳之。在《日书》题为《吏》的占辞中，有"美言"和"恶言"之说，如："丑：朝见，有奴（怒）。晏见，有美言。昼见，禺（遇）奴（怒）。……夕见，有恶言。"这是指通过占卜算出什么时间见上司会有"美言"或"恶言"。另外，与楚地"毒言"相关的另一种说法，见东汉王充《论衡·言毒》，说因为南郡地方是"极热之地"，所以当地人喘气急促，故而"口舌为毒"，以唾液射人，则人胀胎，且言当地的巫咸能够"祝树树枯，唾鸟鸟坠"。

> 太阳之地，人民促急，促急之人，口舌为毒。故楚越之人，促急捷疾，与人言谈，口唾射人，则人唇胎肿而为创。南郡极热之地，其人祝树树枯，唾鸟鸟坠。巫咸能以祝延人之疾、愈人之祸者，生于江南，含烈气也。②

王充所描述"口唾射人，则人唇胎肿而为创"，"其人祝树树枯，唾鸟鸟坠"，让人有些难以置信，且与该爰书的情况不像是一回事，或者是一种谈及民间风俗时常有的夸张说法，抑或是一种疾病。

但是，此例清楚地表明，犯"宁毒言"在当地曾经有被判处迁刑的先例。秦朝法律有《公室告》和《非公室告》的区别，按照秦律，官府对于非公室告案件是不受理的，因为它们属于族内案件，应当由家族内部或乡老来解决，如何处理"毒言"禁忌这样涉及社会风俗性质的案件，恐怕也是一个疑难问题。实际情况是，司法者将如何处理丙，秦简爰书中并没有告诉我们。不过这样的案件原来有先例，且在秦统治时被诉之于官府（如上面，丙说他同乡里的外祖母丁曾经因为"宁毒言"而获罪），说明在这一事件的背后隐含着国法介入的可能。

---

① 睡虎地秦墓竹简整理小组编：《睡虎地秦墓竹简·封诊式·毒言》，第276页。
② （东汉）王充：《论衡·言毒》。

(二) 边郡的法律文告和"以法化俗"

秦在推行国家法律时也并不十分顺利,遇到类似涉及风俗的案件应当不少。秦简有"语书","语书"是教诫的文告,南郡(今湖北江陵一带)郡守腾于秦王嬴政二十年(四月丙戌朔丁亥)发布的一道文告清楚地说明了这一点。

首先,在文告中,这位名字叫"腾"的郡守承认了各地风俗不同,或于民有利,或于民有害,同时认为圣王之所以制定法度,就为了"去其邪避(僻)、除其恶俗"。

> 廿年四月丙戌朔丁亥,南郡守腾谓县、道啬夫:古者,民各有乡俗,其所利及好恶不同,或不便于民,害于邦。是以圣王作为法度,以矫端民心,去其邪避(僻),除其恶俗。①

其次,"腾"进一步强调,现在国家的法、律、令就是用以教导民众,除其恶俗,使民为善。

> 凡法律令者,以教道(导)民,去其淫避(僻),除其恶俗,而使之之于为善□也。②

再次,"腾"指出现在国家法律在这些地方实施的现状,虽然国家法律已比较完善了,但是地方的官吏、民众却不遵循,甚至县令、县丞也居然知情却不举报,民众私好、乡俗之心不变,以致于"害于邦,不便于民"。

> 今法律令已具矣,而吏民莫用,乡俗淫失(泆)之民不止,是即法(废)主之明法□(也),而长邪避(僻)淫失(泆)之民,甚害于邦,不便于民。……今法律已布,闻吏民犯法为间者不止,私好、乡俗之心不变。③

为此,"腾"一方面严厉告诫这些官吏,如果不遵循国家法律,不忠于职守,则是犯了"不忠"之大罪。

> 如此,则为人臣亦不忠矣。若弗智(知),是即不胜任、不智□(也);智(知)而弗敢论,是即不廉□(也)。此皆大罪□(也)。④

---

① 睡虎地秦墓竹简整理小组编:《睡虎地秦墓竹简·语书》,第15页。
② 同上。
③ 同上。
④ 同上书,第15—16页。

在秦法中，官吏本就有"化俗"之责，如《睡虎地秦墓竹简·为吏之道》就要求官吏要"变民习俗"："临事不敬，倨骄毋人，苛难留民，变民习浴（俗），须身遂过。"①

另一方面，"腾"又采取派员外出"巡视"的办法，监督各级官吏的执法情况，凡是被举劾属于不遵从法令者，即使是县令、县丞也要各抵其罪。

> 今且令人案行之，举劾不从令者，致（抵）以律，议及令丞。②

从这则"语书"看，当时秦新得楚地，要贯彻秦法并不是一开始就十分顺利，在"恶俗"与秦法之间存在着某种程度的对立，这是因为"楚荆人淫礼者旧矣"，楚荆人本多行淫礼，好巫觋。

中国古代有所谓"社稷"，甲骨文中社与土同为一字，土地崇拜自商代就已经很发达，入周改"土"为"社"，崇祭更甚。后"社稷"即是指国家，而所谓的"社会"，是"社祀"之"会"的意思。古时，逢社祀之时，同社之人于春秋雨季齐集，举行"社会"，其间男女欢会，奔者不禁，颇似苗族旧俗。"燕之有祖，当齐之社稷，宋之桑林，楚之云梦。此男女所属而观也"，③是谓"巫山云雨"、"桑林陌下"，汉代砖石上多有溪间桑林下男女交欢的画像。古代的"丘里"之地，乃是这类风俗聚集之所，"丘里者，合十姓百名而以为风俗也"，④楚地的"桑丘"可能正是这样的地方，所绘画像正是在这些地方举行"社会"之时男女交欢的写照。⑤

这些风俗在楚地存续时间较长，因此才有"楚荆人淫礼者久矣"的说法，当秦人治理楚地时，这些不同"丘里"具有的不同社神崇拜，其强烈的地方性色彩显然有违"一统"的要求，同里、同社之人的社神祭祀活动也不会被大一统的国家所支持，因此桑林下男女交欢作为"淫礼旧俗"是需要被改造的。但是风俗存在于人心、社会，对类似这样风俗的改造又谈何容易，因此必然造成秦律令在这些方面难以推行的局面。

面对这样的局面，南郡郡守腾又当如何对待这些不服从秦律的南郡楚人呢？作为秦律改革先驱的商鞅本有"观俗立法则治，察国事本则宜"这种"因俗

---

① 睡虎地秦墓竹简整理小组编：《睡虎地秦墓竹简·为吏之道》，第286页。所谓"苛难留民"，《汉书·成帝纪》有云："流民欲入涵谷、天井、壶口、五阮关者，勿苛留。"
② 睡虎地秦墓竹简整理小组编：《睡虎地秦墓竹简·语书》，第16页。
③ 吴毓江撰，孙启治点校：《墨子校注·明鬼下第三十一》，中华书局1993年版。
④ 《庄子·则阳》。
⑤ 参见陈伟主编《芜鬼与淫祭——楚简所见方术考》，武汉大学出版社2010年版，第336页。

而治"的思想,因此秦的官员可能对此并不陌生,且从现实需要出发,也可能采取"因俗立法"的做法。因为腾在修法律令、田令时,很可能依据当地风俗,在立法上做了一些让步:"故腾为是而修法律令、田令及为闲私方而下之,令吏明布,令吏民皆明智(知)之,毋巨(距)于罪。"①腾通过文书告诉县、道、啬夫等各级官吏,需要修改法律令、田令,予以颁布,让当地吏民知晓,不再犯法,但是问题仍然没有得到解决:"今法律令已布,闻吏民犯法为闲私者不止,私好、乡俗之心不变,自从令、丞以下智(知)而弗举论,是即明避主之明法□(也),而养匿邪避(僻)之民。"②这说明即使修改了"法律令、田令",但是民间私好、乡俗之心仍然不变,人们仍然拒绝适用官方律令,这充分说明楚地地方涉法风俗的顽固。

根据《史记·货殖列传》记载,南郡楚地"其俗剽轻,易发怒",又《汉书·地理志下》载其俗"信巫鬼,重淫祀",信巫鬼、重淫祀自然也属于淫僻、恶俗的范畴。由此可知,此地民风剽轻,要在短期内改变是十分困难的,同时也表明还有某种程度的抗拒。正是因为存在上述困难,郡守腾才采取了强硬的措施。

> 今且令人案行之,举劾不从令者,致以律,论及令、丞。有(又)且课县官,独多犯令而令、丞弗得者,以令、丞闻,以次传;别书江陵布,以邮行。③

这也符合秦统一六国两年后所立的山东《琅琊台刻石》文中,李斯歌颂秦始皇"是维皇帝,匡饬异俗,陵水经地,抚恤黔首,朝夕不懈,除疑定法"的说法。若李斯所言如实,始皇帝"匡饬异俗"、"除疑定法"定是十分认真、努力的,想必在楚地新征服的地方,如江夏、零陵、桂阳、武陵、长沙、汉中、汝南这些边地均是如此。《汉书·地理志》云:"今之南郡、江夏、零陵、桂阳、武陵、长沙及汉中、汝南郡,尽楚分也。……信巫鬼,重淫祀。而汉中淫失枝柱,与巴蜀同俗。"

再从《秦纪会稽山刻石》看秦法的风俗性。秦始皇在位时共刻石有六块,其中亦多有涉及民间风俗者。顾炎武认为此六块石刻因"皆铺张其灭六王、并天下之事"而具有法令性质,④如山东泰山刻石是针对有孔孟风气的鲁地,因此不过是强调"男女礼顺,慎遵职事。昭隔内外,靡不清净",在碣石门云"男乐其畴,女修其业",这些针对风俗的文辞都只是泛泛而谈罢了。但在风俗隔异、素有

---

① 睡虎地秦墓竹简整理小组编:《睡虎地秦墓竹简·语书》,第 15 页。
② 同上。
③ 同上书,第 16 页。
④ (清)顾炎武撰,黄汝成集释:《日知录集释·秦纪会稽山刻石》(全校本),第 751 页。

"淫泆"之风的越地则不然，其石刻内容大不同于其他地方。《秦纪会稽山刻石》文中对当地风俗有了明确而细致的规定："饰省宣义，有子而嫁，倍死不贞。防隔内外，禁止淫泆，男女洁诚。夫为寄豭，杀之无罪，男秉义程。妻为逃嫁，子不得母，咸化廉清。"①这是针对当时越地淫俗的一项重要而具体的法令，"防隔内外，禁止淫泆"，进而化正风俗是其主旨。

自越王勾践栖于会稽之后，"惟恐国人不蕃"，鼓励多生早育，故乃致其父兄、昆弟而誓之曰："壮者无取老妇，老者无取壮妻。女子十七不嫁，其父母有罪。丈夫二十不取，其父母有罪。生丈夫，二壶酒，一犬。生女子，二壶酒，一豚。生三人，公与之母。生二人，公与之饩。"②顾炎武《日知录·秦纪会稽山刻石》引《吴越春秋》说越王勾践"以寡妇淫泆过犯，皆输山上。士有忧思者，令游山上，以喜其意"。③这是说越国为鼓励多生早育，以有过错的寡妇来慰士兵，以此增加越国人口。《内传》子胥之言亦曰"越十年，生聚"。但当时越地的"淫泆"之风，亦因之而益盛，传至六国之末，其风犹在。因此，秦始皇为之厉禁，而特著于刻石之文，"不著之于燕、齐，而独著之于越"，④实在是彰明其向有"坊民正俗"之意。太史公认为秦没有"变风易俗，化于海内"："秦不行是风而循其故俗，为智巧权利者进，笃厚忠信者退。"⑤然顾炎武认为，此举可与其灭六王、并天下之事相提并论。针对《秦纪会稽山刻石》的内容，顾炎武对后世一味以秦法是"亡国之法"的说法提出了质疑，他说："然则秦之任刑虽过，而其坊民正俗之意固未始异于三王也。汉兴以来，承用秦法至今日者多矣，世之儒者言及秦，即以为亡国之法，亦未之深考乎！"⑥

从整个法律史的发展来看，从秦国到秦朝当是中国古代法律发展的一个转型时期，秦的法治主义伴随着秦统一中国，为中国法律兼具风俗性法学和理性法学的特点提供了经验。尽管汉代以后法律沿着儒家化的方向发展，但是在中国古代国法中"律"始终体现了这一特质。"律"的一个重要功能就是它不仅要"问俗"，还要"化俗"，要"去其淫避，除其恶俗"，这对中国古代法律"以法化俗"

---

① （清）顾炎武撰，黄汝成集释：《日知录集释·秦纪会稽山刻石》（全校本），第751页。"寄豭"，司马贞索隐："豭，牡猪也。言夫淫他室，若寄豭之猪也。豭，音加。"
② 同上。
③ 同上。
④ 同上书，第752页。
⑤ 《史记》卷一一二《平津侯主父列传》，第2259页。
⑥ （清）顾炎武撰，黄汝成集释：《日知录集释·秦纪会稽山刻石》（全校本），第751—752页。

样式的形成和发展产生了深刻影响。具体到法律上就是以异族之礼俗为耻辱并严格区分彼此,视异族为刑人,对于不帅教者"裁之以法"。

> 何谓裁之以法? 先王于天下之士,教之以道艺矣,不帅教而待之以屏弃远方终身不齿之法。约之以礼也,不循礼则待之以流、杀之法。[①]

所谓"裁之以法"实际上就是"以法化俗",要求法律要"去其淫避、除其恶俗"。至于何谓"恶俗"? 其标准自然是华夏传统的先王之礼,以华夏先王之礼法来一统风俗,达到"以一天下之俗而成吾治"的目的。

这正如宋代王安石在其《上仁宗皇帝言事书》中所说:"夫群饮、变衣服,小罪也;流、杀,大刑也,加小罪以大刑,先王所以忍而不疑者,以为不如是不足以一天下之俗而成吾治。夫约之以礼,裁之以法,天下所以服从无抵冒者。"[②]这段话的意思是群聚酗酒、穿着异服,是小罪;而流放、大辟却是重刑,先王之所以忍心用重刑来处罚小罪,是因为他们认为非如此不能统一天下风俗而完成治国大业,约之以礼,裁之以法,天下之人则无从冒犯。王安石此言充分说明了古代先王"以法化俗"之意,这种"以法化俗"的传统同样也影响了法家。

(三) 边郡的治法与"辨正风俗"

1. 边疆治法与边夷法俗

秦汉史籍有"南边"和"北边"之称。《史记·南越列传》载:"高帝已定天下,为中国劳苦,故释佗弗诛。汉十一年,遣陆贾因立佗为南越王,与剖符通使,和集百越,毋为南边患害,与长沙接境。"《史记·汉兴以来诸侯王年表》:"吴楚时,前后诸侯或以适削地,是以燕、代无北边郡,吴、淮南、长沙无南边郡。"

而裴骃在《集解》中引述如淳的解释,认为:"长沙之南更置郡,燕、代以北更置缘边郡,其所有饶利兵马器械,三国皆失之也。"张守节《正义》有:"景帝时,汉境北至燕、代、燕、代之北未列为郡。吴、长沙之国,南至岭南,岭南、越未平,亦无南边郡。"

总之,至汉代,在当时人们的观念中,所谓"北边",以燕地、代地为边;所谓

---

① (宋)王安石:《上仁宗皇帝言事书》,周俊旗、汪冰编译:《历代名臣奏议选译》,中国青年出版社1998年版,第123页。
② 同上。

"南边"，以吴、淮南、长沙为边。秦时南郡是属于边疆地区，汉时的会稽、桂阳等地亦属于边疆地区。

汉代治边总结秦代的经验和教训，对于边疆民人"守边备塞，劝农力本"。[①]秦朝治边有强烈的军事色彩，重在扩张而不在恤民治理，因此秦代治边多依靠城旦、谪戍之刑，其边民多为戍者，故边疆无稳定居民，且戍者多死于边地。

> 秦之戍卒不能其水土，戍者死于边，输者偾于道。秦民见行，如往弃市，因以谪发之，名曰"谪戍"。[②]

因此，秦代治边"非以卫边地而救民死也，贪戾而欲广大也，故功未立而天下乱"，[③]尤其是其"北边"边疆的治法，多针对边疆的戍者。而汉代文帝则从晁错之言，从移民实边、安定边疆秩序的角度出发来治理边疆。晁错曾有《守边劝农疏》和《募民实塞疏》，主张"募民相徙以实塞下"，[④]认为"今使胡人数处转牧行猎于塞下，或当燕代，或当上郡、北地、陇西，以候备塞之卒，卒少则入。陛下不救，则边民绝望而有降敌之心"，[⑤]"陛下幸忧边境，遣将吏发卒以治塞，甚大惠也。然令远方之卒守塞，一岁而更，不知胡人之能，不如选常居者，家室田作，且以备之"。[⑥]晁错主张在边疆地区"营邑立城"并实行"伍邑之法"，建立稳定的边城据点，使民乐其处而有长居之心。

所谓"营邑立城"，是指建立边城据点，划分田土，让移民实边者筑室耕作，世居其地。

> 营邑立城，制里割宅，通田作之道，正阡陌之界，先为筑室，家有一堂二内，门户之闭，置器物焉，民至有所居，作有所用，此民所以轻去故乡而劝之新邑也。为置医巫，以救疾病，以修祭祀，男女有昏，生死相恤，坟墓相从，种树畜长，室屋完安，此所以使民乐其处而有长居之心也。[⑦]

所谓"伍邑之法"，是指制边县以备敌，建立"居则习民于射法，出则教民于

---

① 《汉书》卷四九《爰盎晁错传》。
② 同上。
③ 同上。
④ 同上书，第 1755 页。
⑤ 同上书，第 1753 页。
⑥ 同上。
⑦ 同上书，第 1755 页。

应敌"的边地居民军事组织,具体如下:

> 臣又闻古之制边县以备敌也,使五家为伍,伍有长;十长一里,里有假
> 士;四里一连,连有假五百;十连一邑,邑有假候:皆择其邑之贤材有护,习
> 地形知民心者,居则习民于射法,出则教民于应敌。故卒伍成于内,则军正
> 定于外。服习以成,勿令迁徙,幼则同游,长则共事。夜战声相知,则足以
> 相救;昼战目相见,则足以相识;欢爱之心,足以相死。如此而劝以厚赏,威
> 以重罚,则前死不还踵矣。[①]

晁错所说的"伍邑之法"有助于汉代的边塞建设和边疆稳定,"伍邑之法"亦
兵亦农,形成军民组织,对于稳定边疆大有益处。由于采取了伍邑之法,边疆有
了相对稳定的居住环境,边疆的文治教化才有了逐渐推行的可能。

到了汉武帝竟宁元年,匈奴稽首来臣,并请汉朝罢除边塞吏卒,足见在边疆
地区"营邑立城"并实行"伍邑之法"的成效。当时对于匈奴请汉朝罢除边塞吏
卒一事,朝中熟悉边事的郎中令侯应认为不可罢除边塞吏卒,[②]其所阐述的理由
可归纳如下:

其一,侯应认为应当"安不忘危",夷狄本不可信,"夫夷狄之情,困则卑顺,
强则骄逆",如果继续罢外城、省亭隧、裁烽火,难保边关无事,因此汉朝不能够
再罢除边塞吏卒。

其二,即使是中国礼义之教,刑罚之诛,人民犹尚犯禁,更何况匈奴单于这
等无礼义教化、无刑罚之国,则更难保匈奴"能必其众不犯约哉"!

其三,自古中国尚建关梁、设塞徼、置屯戍以制诸侯,并非只是针对匈奴。
匈奴稽首来臣,其人已是属国降民,若汉朝罢除边塞吏卒,恐其又"思旧逃亡"。

其四,边疆汉人与匈奴西羌之间多有矛盾,边疆吏民贪利,侵盗其畜产妻
子,"以此怨恨,起而背畔,世世不绝。今罢乘塞,则生嫚易分争之渐"。若罢除
边塞吏卒,必然失去控制。

其五,边塞军民生活愁苦,其人多有亡出边塞者:"边人奴婢愁苦,欲亡者
多,曰:'闻匈奴中乐,无奈候望急何!'然时有亡出塞者。"如果罢除边塞吏卒,放
松管制,则"盗贼桀黠,群辈犯法,如其寖急,亡走北出,则不可制"。

---

① 《汉书》卷四九《爰盎晁错传》,第 1756 页。
② 《汉书》卷九四下《匈奴传下》,第 2810—2811 页。

其六，边塞设立已百余年，多因山岩石、溪谷水门、土垣筑成，本已十分不易。如果罢除边塞吏卒，省候望，则"郭塞破坏，亭隧灭绝，当更发屯缮治，累世之功不可卒复"。

其七，如果罢除边塞吏卒，则匈奴便可得寸进尺，"单于自以保塞守御，必深德汉，请求无已。小失其意，则不可测"，汉将陷入被动。

总之，如果罢备塞戍卒，只是"示夷狄之大利"，汉家"不可开夷狄之隙，亏中国之固，给匈奴以可乘之机"。

从上可知，与秦代相比，汉代在边疆治法上总的取向是重视边疆的建设而不是扩张，更重视有效组织边疆民人发展生产，巩固边界，使人民有长居之心。从前面提到的汉代边塞法律制度的情况看，汉代对于边疆治理既有法制化的倾向，也有安民保塞的特点，这在一定意义上反映了汉代的儒道恤民理念。

由于在一定程度上排除了法家"一断以法"的治国思想，汉代更重视对边疆的风俗教化，汉代的边疆种落众多，其法俗各异，治法亦各不相同。

西羌之民，"性坚刚勇猛"，"以力为雄，杀人偿死，无它禁令"。[1]

乌桓之人，俗善骑射，随水草放牧，居无常处，"其性悍塞。怒则杀父兄，而终不害其母，以母有族类，父兄无相仇报故也。有勇健能理决斗讼者，推为大人，无世业相继"。[2] 其法俗，"违大人言者，罪至死；若相贼杀者，令部落相报，不止，诣大人告之，听出马牛羊以赎死；其自杀父兄则无罪；若亡畔为大人所捕者，邑落不得受之，皆徙逐于雍狂之地，沙漠之中"。[3]

鲜卑为东胡之一支，言语、习俗与乌桓同，建武二十五年始与汉通驿使，曾于汉建武三十年"慕义内属"。桓帝时，有头领"名檀石槐，年十四五，勇健有智略"，部落畏服之，"乃施法禁，平曲直，无敢犯者，遂推以为大人"。[4] 鲜卑法俗还比较原始："以勇健，断法平端，不贪财物……每钞略得财物，均平分付，一决目前，终无所私。"[5]

南蛮之人，汉时多指巴郡、南郡等长沙武陵蛮，为秦汉时期郡县的范围。秦昭襄王末有加封，但与板楯蛮有约，内容有二：一是租税减免，"乃刻石盟要，复

① 《后汉书》卷八七《西羌传》，第 1939 页。
② 《后汉书》卷九〇《乌桓鲜卑传》，第 2015 页。
③ 同上书，第 2016 页。
④ 同上书，第 2022 页。
⑤ 《三国志》卷三〇《魏书·乌丸鲜卑东夷传》，第 622—623 页。

夷人顷田不租,十妻不算";①二是依照旧俗,"伤人者论,杀人者得以俵钱赎死"。② 这说明秦时对于恶性案件,仍然依照其赔命的风俗。更为有趣的是,其盟曰:"秦犯夷,输黄龙一双;夷犯秦,输清酒一钟。夷人安之。"③只以清酒一钟为输,足见其朴实。

汉高祖为汉王时,其人曾助汉伐秦,故汉允许其不输租赋。汉顺帝永和元年,有武陵太守上书,认为既然南方蛮夷已经率服,就应当与汉人一样输租赋,尚书令虞诩认为南蛮"不输租赋"是先帝旧典,其制由来已久,如果"计其所得,不偿所费,必有后悔"。④ 此议没有被汉顺帝采纳,结果澧中、溇中蛮果以"贡布非旧约"为由,举种反叛,后患不绝。

> 帝不从。其冬澧中、溇中蛮果争贡布非旧约,遂杀乡吏,举种反叛。明年春,蛮二万人围充城,八千人寇夷道。遣武陵太守李进讨破之,斩首数百级,余皆降服。进乃简选良吏,得其情和。在郡九年,梁太后临朝,下诏增进秩二千石,赐钱二十万。桓帝元嘉元年秋,武陵蛮詹山等四千余人反叛,拘执县令,屯结深山。至永兴元年,太守应奉以恩信招诱,皆悉降散。⑤

东夷之人,汉时主要有夫余、挹娄、高句骊。东夷之人自古性宽和,先秦时为儒者称道。夫余人居于鲜卑和挹娄之间:

> 以腊月祭天,大会连日,饮食歌舞,名曰"迎鼓",是时断狱,解囚徒。……其俗用刑严急,被诛者皆没其家人为奴婢。盗一责十二。男女淫皆杀之,尤治恶妒妇,既杀,复尸于山上。兄死妻嫂。死则有椁无棺。杀人殉葬,多者以百数。⑥

夫余之俗,尚有原始会聚司法遗风,对死罪、盗窃罪、淫乱罪以及妒妇惩罚极严,且有殉葬风俗。此外,挹娄,为古代肃慎之国,于当时的东夷中,属于"法俗最无纲纪者也"。⑦

① 《后汉书》卷八六《南蛮西南夷传》,第1920页。
② 同上。
③ 同上。
④ 同上书,第1914页。
⑤ 同上。
⑥ 《后汉书》卷八五《东夷传》,第1899—1900页。
⑦ 同上书,第1901页。

高句骊本朝鲜之地，其人性凶急，有气力，习战斗，好寇略，"沃沮、东濊皆属焉"。① 西周时期周武王封箕子于朝鲜，箕子教以礼义田桑，又制以"八条之法"，"其俗淫，皆洁净自喜，暮夜辄男女群聚为倡乐。好祠鬼神、社稷、零星……无牢狱，有罪，诸加评议便杀之，没入妻子为奴婢。其昏姻皆就妇家，生子长大，然后将还"。② 汉置乐浪东部都尉后，其人内属于汉，"风俗稍薄，法禁亦浸多，至有六十余条"。③

2. 汉代在边郡的"辨正风俗"

汉代崇儒，儒家尤重风俗教化，汉武帝在其《劝学诏》就说"导民以礼，风之以乐"，以"崇乡党之化"，基层社会的风俗教化是汉朝治政的目标，"为政之要，辨风正俗最其上也"（应劭：《风俗通义·序》）。汉宣帝重视吏治，吏治的主要功绩之一是整饬地方，移风易俗，以达到"六合同风，九州共贯"的习俗文化的统一。④ 从史料记载来看，西汉时对风俗的整饬主要集中在中原地区，而东汉则主要在南方及其边郡地区。

东汉"初，光武长于民间，颇达情伪。见稼穑艰难，百姓病害，至天下已定，务用安静"，⑤立法的主旨在于"解王莽之繁密，还汉世之轻法"。所谓"解王莽之繁密，还汉世之轻法"，对于边疆地区而言，可能就是指西汉平帝时王莽奏请设西海郡一事："今谨案已有东海、南海、北海郡，未有西海郡，请受良愿等所献地为西海郡（今青海湖环湖地区）。"⑥经王莽奏请，西汉政府在这一地区设西海郡，"又增法五十条，犯者徙之西海。徙者以千万数，民始怨矣"。⑦

由于东汉采取"还汉世之轻法"的法制政策，其边疆治理更见成效。在边疆地区实施国家法律，发展地方交通，进行文治教化，可谓人才辈出，颇有成效。"自临宰邦邑者，竞能其官。若杜诗守南阳，号为'杜母'，任延、锡光移变边俗，斯其绩用之最章章者也。又第五伦、宋均之徒，亦足有可称谈。……自章、和以

① 《后汉书》卷八五《东夷传》，第1901页。
② 同上。
③ 同上书，第1904页。
④ 《汉书》卷七二《王贡两龚鲍传》，第2297页。参看周振鹤《从"九州异俗"到"六合同风"》，《中国文化研究》1997年第4期，第60—68页。
⑤ 《后汉书》卷七六《循吏传》，第1661页。
⑥ 《汉书》卷九九上《王莽传上》，第2995页。
⑦ 同上。

后,其有善绩者,往往不绝"。① 其典型事例如并州刺史周举在太原禁"一月寒食",于是"众惑稍解,风俗颇革";②桂阳太守卫飒到任伊始"修庠序之教,设婚姻之礼,期年间邦俗从化";③会稽传袭越俗遗风,杂神祭祀多,民常屠牛祭神,第五伦出任会稽太守后,对此严行禁止,巫风遂息。④ 即使是在边远的凉州,地方长官也想以儒家的《孝经》感化百姓,"今欲多写《孝经》,令家家习之"。⑤

北方"寒食节",源于介子推被焚身亡的传说,据桓谭《新论》记:"太原郡民以隆冬不火食五日,虽有病缓急,犹不敢犯,为介子推故也。"⑥北方冬季寒冷,一月寒食,冬中禁火,是要冻死人的。在《额济纳汉简》中有两支简,学者认为可能是与介子推有关的书籍简:一是"焉介山木槐毋人单可以为巍梗耳故子推徒梗鬼食不肯与人"(2000ES7SF1∶2A 七十二　2002ES7SF1∶2B);二是"□□欲二者便(梗?)厨火柰持火者介子推□□"(2000ES7SH1∶7)。⑦ 由此可见,这一风俗汉时已传至西域。

周举是东汉中期人,主要仕宦活动在顺帝时期。文献中没有关于秦代有此风俗的记载,那么可以推测,这种风俗的形成当在西汉时期。⑧ 东汉后期寒食节期延长,周举任并州刺史时,见太原地方百姓因为介子推被焚身亡的传说而在冬中禁火,致使"老少不堪,岁多死者"。周举改变了冬中一月寒食的习俗,"乃作吊书,以置子推之庙。言:'盛冬止火,残损人命,非贤者之意。以宣示愚民,使还温食。'"⑨

到了东汉末年,寒食的节俗仍未消失,魏武帝针对太原等郡寒食之事,曾下《明罚令》,以法律的形式禁止寒食。据《明罚令》载:"闻太原上党西河雁门,冬至后百有五日,皆绝火寒食,云为介子推。且北方沍寒之地,老少羸弱,将有不堪之患。令到,人不得寒食。若犯者,家长半岁刑,主吏百日刑,令长一月俸。"⑩《明罚令》对于不禁"寒食"之俗者的处罚是"家长半岁刑,主吏百日刑,令长一月

① 《后汉书》卷七六《循吏传》,第 1661 页。
② 周斐:《汝南先贤传》,引自《太平御览》卷二六《冬》,中华书局 1960 年,第 125 页。
③ 《后汉书》卷七六《循吏传·卫飒》,第 1662 页。
④ (汉)应劭撰,王利器校注:《风俗通义》下,第 401 页。
⑤ 《后汉书》卷五八《虞傅盖臧传》,第 1269 页。
⑥ 《艺文类聚》卷三《岁时上冬》,中华书局 1965 年,第 55 页。
⑦ 孙家洲:《"介子推简"试释》,见孙家洲主编《额济纳汉简释文校本》,第 188 页。
⑧ 同上书,第 191 页。
⑨ 周斐:《汝南先贤传》,引自《太平御览》卷二六《冬》,第 125 页。《后汉书·周举传》所记亦同。
⑩ 转引自郭必恒等著《中国民俗史》(汉魏卷),人民出版社 2008 年版,第 234 页。

俸"，但是即使如此，仍然没有能够完全禁止"寒食"之俗，南北朝时反扩散到全国。① 北魏贾思勰《齐民要术》称："（介子推）忌日为之断火，煮醴而食之，名'寒食'，盖清明前一日是也。中国流行，遂为常俗。"南朝梁人宗懔《荆楚岁时记》记述了荆楚地方寒食"禁火三日"的民俗。

东汉时，"南边"会稽地方多有淫祀、卜筮的风俗，导致百姓之"财尽于鬼神，产匮于祭祀"，太守司空第五伦到任后厉行禁止。《风俗通义》对此有具体的记载：

> 会稽俗多淫祀，好卜筮，民一以牛祭，巫祝赋敛受谢，民畏其口，惧被祟，不敢拒逆，是以财尽于鬼神，产匮于祭祀。或贫家不能以时祀，至竟言不敢食牛肉，或发病且死，先为牛鸣，其畏惧如此。时太守司空第五伦到官，先禁绝之，掾吏皆谏，伦曰："夫建功立事在敢断，为政当信经义。经言'淫祀无福'，'非其鬼神而祭之，谄也'。律'不得屠杀少齿'。令鬼神有知，不妄饮食民间；使其无知，又何能祸人。"遂移书属县，晓谕百姓："民不得有出门之祀，督课部吏，张设罪罚，犯，尉以下坐。祀依托鬼神，恐怖愚民，皆按论之。有屠牛，辄行罚。"民初恐怖，颇摇动不安，或接祝妄言。伦勒之愈急，后遂断，无复有祸祟矣。②

这是说会稽这个地方有"淫祀"的风俗，所谓"淫祀"，据《礼记·曲礼下》所载，是指"非其所祭而祭之，名曰淫祀，淫祀无福"。又有郑注："妄祭，神不飨。"又据《论语·为政》有："非其鬼而祭之，谄也。"郑注："人神曰鬼，非其祖考而祭之者，是谄求福。"这显然是认为：其一，会稽地方祭祀，所祭非其祖考，是妄祭、淫祀，不符合儒家祭祀之道；其二，不符合国家法律。汉律"以经目科"，其经简与律简长短一样，都是二尺四寸，可同谓"三尺之法"。根据汉律，如果牲畜少齿（年幼），不得屠杀，《淮南·说山篇》高注："王法禁杀牛，民犯禁杀之者诛。"魏《新律》序："《汉贼律》有欺谩、诈伪、逾封、矫制、贼伐树木、杀伤人畜产，及亡印、储峙不办。"③于是第五伦的禁止令中才有"有屠牛，辄行罚"之条。

此外，古代中原文化中亦有关于"出门之祀"的禁忌，《盐铁论·散不足篇》：

① 转引自郭必恒等著《中国民俗史》（汉魏卷），第234页。
② （汉）应劭撰，王利器校注：《风俗通义》下，第401—402页。
③ 同上书，第402页。

"古者,庶人鱼菽之祭,春秋修其祖祠。士一庙,大夫三,以时有事于五祀,盖无出门之祭。"所谓"鱼菽之祭",指以鱼和豆类作祭品,《公羊传·哀公六年》:"常之母有鱼菽之祭,愿诸大夫之化我也。"这是指以鱼和豆类作祭品,礼仪不周。《春秋》盖无此出门之祭。

　　根据经义及汉律,第五伦认定会稽地方淫祀、卜筮之俗为"淫俗",为了禁止这些风俗,第五伦不顾掾吏谏言,特此移书属县,晓谕百姓,以法令禁之。

　　又,九江有"山祭"恶俗,影响了正常婚姻。"九江逡遒有唐、居二山,名有神,众巫共为取公妪,岁易,男不得复娶,女不得复嫁,百姓苦之"。① 九江的风俗中有当地巫者以男为山公,以女为山妪,祭祀其山神的"山祭"之俗,导致当地男不得复娶,女不得复嫁。"太守宋均到官,主者白出钱,给聘男女,均曰:'众巫与神合契,知其旨欲,卒取小民不相当。'于是勑条巫家男女以备公妪,巫扣头服罪,乃杀之,是后遂绝"。② 太守宋均为革除此弊,乃出法令,如此巫者服罪,这一恶俗遂绝。"自今以后,为山娶者,皆为巫家,勿扰良民"。③

　　再看卫飒对桂阳地区的治理。桂阳本是越故地,属边远地区,有含洭、浈阳、曲江三县,内属桂阳郡。卫飒初到任时,此地人民因居深山而交通不便,又因奸吏、流民,难出租徭。"民居深山,滨溪谷,习其风土,不出田租。去郡远者,或且千里。吏事往来,辄发民乘船,名曰'传役'。每一吏出,徭及数家,百姓苦之"。④ 卫飒经过调查,认为是交通的原因,于是"凿山通道五百余里,列亭传,置邮驿。于是役省劳息,奸吏杜绝。流民稍还,渐成聚邑,使输租赋,同之平民"。⑤ 又,"耒阳县出铁石,佗郡民庶常依因聚会,私为冶铸,遂招来亡命,多致奸盗。飒乃上起铁官,罢斥私铸,岁所增入五百余万。飒理恤民事,居官如家,其所施政,莫不合于物宜"。⑥ 卫飒于桂阳视事十年,郡内清理。《后汉书》载卫飒"政有名迹,迁桂阳太守。郡与交州接境,颇染其俗,不知礼则。飒下车,修庠序之教,设婚姻之礼。期年间,邦俗从化"。⑦ 后茨充代卫飒为桂阳郡守,"亦善

---

①　(汉)应劭撰,王利器校注:《风俗通义》下,第 400 页。
②　同上。
③　同上书,第 401 页。
④　《后汉书》卷七六《循吏传》,第 1662 页。
⑤　同上。
⑥　同上。
⑦　同上。

其政，教民种植柘桑麻苎之属，劝令养蚕织屦，民得利益焉"，①改变了当地人民民风惰窳、足不穿鞋履的习惯。

卫飒凿山通道，罢斥私铸，这些做法从根本入手，有的放矢，不停留于简单地强施法律、征发租赋的惯常做法。此举不仅改变了当地习其风土不出田租的情况，而且使奸吏杜绝，奸盗止息。这可以说是用法律之外的手段来解决边地"风俗"问题的范例。

西汉时对南越的政策是在和亲的基础上劝其"内属"，并对其确立了"一用汉法，以新改其俗"的方针。初平匈奴后，汉武帝想把汉朝势力延伸到南越国，于公元前113年派安国少季、辩士谏大夫终军、勇士魏臣等出使南越，比照内地诸侯，劝其"内属"。要求南越国三年朝见天子一次，撤除边境的关塞，赐南越丞相、内史、中尉、大傅等官印绶，其余的官职由南越自己安置，又让南越比照内地诸侯用汉朝的法律，废除南越以前的黥刑和劓刑。

> 南越与汉和亲，乃遣军使南越，说其王，欲令入朝，比内诸侯。……军遂往说越王，越王听许，请举国内属。天子大说，赐南越大臣印绶，一用汉法，以新改其俗。②

但是越相吕嘉不愿意内属，并发兵攻杀南越王和汉朝使节，此事激怒了汉武帝。公元前111年，汉武帝起兵十万从桂阳、豫章、零陵出发，一举灭南越国，设置九个郡，直接归属汉朝，其中交趾、九真、日南三郡在今越南北部地区，由此开启了对南越实施直接行政管辖的历史。需要说明的是，西汉在这些地方并非强行使其内属，而是根据情况有置有罢。如朱厓郡从武帝元封设立到昭帝始元元年，"其民暴恶，自以阻绝，数犯吏禁，吏亦酷之，率数年一反，杀吏，汉辄发兵击定之"，"二十余年间，凡六反叛"。③ 面对这样的情况，"民有慕义欲内属，便处之；不欲，勿强。珠厓由是罢"。④

由于是置郡管辖，汉朝刑事、行政法律自然适用于这些地方，在民事领域，到东汉时则主要是"以新改其俗"了。

东汉时，曾有马援征九真骆越，"条奏越律与汉律驳者十余事，与越人申明

---

① 《后汉书》卷七六《循吏传》，第1663页。
② 《汉书》卷六四下《严朱吾丘主父徐严终王贾传》，第2129页。
③ 同上书，第2135页。
④ 同上书，第2139页。

旧制以约束之,自后骆越奉行马将军故事"。① 又有南阳宛城人任延为九真郡太守,于骆越之民中移风易俗。骆越之民多居于今广西、越南地区,九真郡为今越南之河内以南顺化以北清华、又安等处,故治在今越南北部。

> 九真俗以射猎为业,不知牛耕,民常告籴交阯,每致困乏。延乃令铸作田器,教之垦辟。田畴岁岁开广,百姓充给。又骆越之民无嫁娶礼法,各因淫好,无适对匹,不识父子之性、夫妇之道。延乃移书属县,各使男年二十至五十,女年十五至四十,皆以年齿相配。其贫无礼聘,令长吏以下各省奉禄以赈助之。同时相娶者二千余人。是岁风雨顺节,谷稼丰衍。其产子者,始知种姓。咸曰:"使我有是子者,任君也。"多名子为"任"。于是徼外蛮夷夜郎等慕义保塞,延遂止罢侦候戍卒。②

九真郡民俗一不知牛耕,经济困乏;二各因淫好,无适对匹,民无嫁娶礼法;三不识父子之性、夫妇之道。于是任延移书属县,先是命令长吏以下官吏省下各自俸禄以赈济当地民人,以此得其人心。同时使二十至五十岁的男子与年龄在十五至四十岁的女子,以其年龄相配,改变其各因淫好、无适对匹的婚姻习俗,使其各有自己的种姓。这是汉代在边夷地区"一用汉法,新改其俗"的典型事例,任延在此为官四年,深得拥戴,"九真吏人生为立祠"。③

任延治边有功,后又拜武威太守,治理西北边陲。由于武威属西北边地,北当匈奴,南接种羌,因此"民畏寇抄,多废田业"。任延到后,加强防御,"选集武略之士千人,明其赏罚,令将杂种胡骑休屠黄石屯据要害,其有警急,逆击追讨。虏恒多残伤,遂绝不敢出"。同时,任延鉴于"河西旧少雨泽"的情况,于当地修理沟渠,发展水利,"乃为置水官吏,修理沟渠,皆蒙其利"。还设立学校,发展武威文化,造儒雅之士,"又造立校官,自掾史子孙,皆令诣学受业,复其徭役。章句既通,悉显拔荣进之,郡遂有儒雅之士"。④

汉平帝时,锡光为交阯太守时,采取教导民夷、渐以礼义的方式治理交阯,亦颇得其法。岭南、交阯地区风俗的改变,当始于任延、锡光二人。

---

① 《后汉书》卷二四《马援传》,第561页。
② 《后汉书》卷七六《循吏传·任延》,第1664页。
③ 同上书,第1665页。
④ 同上。

初，平帝时，汉中锡光为交阯太守，教导民夷，渐以礼义，化声侔于延。王莽末，闭境拒守。建武初，遣使贡献，封盐水侯。领南华风，始于二守焉。[1]

在这样一些官员的有效治理下，东汉于边疆的礼法教化颇有成效，比较成功地解决了中原与边疆在文化制度上的冲突。同时，由于东汉末期"雄杰并起，中州扰乱"，[2]一些中原士人避难于南方会稽、交趾，"越人化其节，至闾里不争讼"。[3]

儒家文化强调礼法文教、明理息讼的传统对于边疆的稳定发挥了积极的作用，并有长效之功。此外，从"汉武帝诛吕嘉，开九郡"以后，国家迁中原内地的罪犯杂居于这些边疆地区，东汉末年中原士人多南下避乱，有的到了交州，对于"南边"治理及文化的传播亦发挥了重要作用。

---

① 《后汉书》卷七六《循吏传·任延》，第 1664 页。
② 《三国志》卷五四《鲁肃传》裴松之注引《吴书》，第 937 页。
③ 《后汉书》卷三七《桓荣丁鸿传》，第 846 页。

第九章

三国两晋南北朝对边疆的法律治理

一、三国时期的法律及其边疆治理

魏、蜀、吴三国相争,战争使得各国皆有稳定各自后方边地的需要,为此均重视边疆的治理。其边疆形势如下:

> 三国之间虽不时发生战争,但疆域大致稳定:魏与吴、蜀间的界线是长江与淮河之间,今大别山、湖北汉川至兴山一线、大巴山、秦岭,而吴、蜀之间以今湖北的西界、贵州务川至台江一线、广西西界和中越边界为界。在曹操平定乌桓以后,东北的疆域基本已恢复到东汉中期的范围,但鲜卑人已大量进入缘边地区。[1]

这是说魏国的后方临乌桓、鲜卑族地区,蜀国的后方有南中,吴国的西边则至鄂西、贵州、广西、越南。

三国时期的律法多袭汉法,在延康元年(220)曹丕废汉献帝之前,魏、蜀、吴仍是以"托汉"的名义而行法的,因此其法律形式不可以有"律",而只有"科"。如蜀虽在诸葛亮主持下由李严、刘巴、伊籍等人"共造蜀律",但也只能够称为"蜀科"。曹操为魏王时,其所制定的法律,仍称为"甲子科",到了魏明帝(曹睿,曹丕的儿子)时,才由陈群等人制定《新律》,至此才以"律"称之。《文献通考》有"吴之律令,多依汉制"之说,如沈家本云:"蜀继汉后,当用汉法。陈寿志传所见甚希,无以考之。"[2]"吴之刑制,见于诸传者如此。大约承汉之旧法,未有改之。

---

① 葛剑雄:《中国历代疆域的变迁》,第59页。
② (清)沈家本著,张全民点校:《历代刑法考》,第22页。

孙权果于杀戮,虽陆逊劝以施德缓刑,张诏讽其刑罚微重,终未悛改。"①皆无专门的"律"。这说明三国时期多依汉法,没有自己的"律",其法制应当是比较灵活的,加上三国时期各国忙于内战而无心他顾,中国边疆地区多无定制,刑狱司法、风俗教化的繁简宽严、动静镇抚皆因人而异,兹举数人以察。

首先,三国魏晋时期,于治边有成者,在北方有仓慈、裴潜、崔林、田豫、牵招、徐邈、杜预、王濬等人,他们多采取因性制宜、法俗并用的手段治理边地。

仓慈为三国时淮南人,建安年间为绥集都尉,黄初末年又任长安令,太和中(魏明帝太和年间)迁敦煌太守,治理边地。仓慈到任,不以重刑治理郡中事务,采取轻刑政策处理了以前各属县积累的大量案件,对于一般罪行不判处死刑,用鞭或棍责罚后就释放。

> ……先是属城狱讼众猥,县不能决,多集治下;慈躬往省阅,料简轻重,自非殊死,但鞭杖遣之,一岁决刑曾不满十人。②

仓慈针对"常日西域杂胡欲来贡献,而诸豪族多逆断绝;既与贸迁,欺诈侮易,多不得分明。胡常怨望"的情况,采取压制地方豪强,促进边疆贸易的政策,因此其在边疆的治理有"德政"之效,深得胡人之心。仓慈去世时,胡人聚于当地官署吊唁,有的"以刀画面",又为之立祠。

> 西域诸胡闻慈死,悉共会聚于戊己校尉及长吏治下发哀,或有以刀画面,以明血诚,又为立祠,遥共祠之。③

裴潜曾与刘备俱在荆州,他对刘备的治法颇为赞赏,后裴潜归曹操,为代郡太守三年。裴潜到代郡时,"时代郡大乱"。所谓"时代郡大乱",是指当时代郡多种族杂居,鲜卑乌丸部长期住在代郡,乌丸内部三个小部落的首领各自称单于,争强斗胜,常有冲突。他们又和少数汉族官吏勾结,把持代郡政务,抢劫人口、财物,骚扰百姓。裴潜采取区别对待的办法,对鲜卑各部不以兵威,用怀柔之策,"抚之以静",使得"单于以下脱帽稽颡,悉还前后所掠妇女、器械、财物"。④对于与之勾结的郝温、郭端等十几位汉族官吏,则一律斩首示众,于是"北边大

---

① (清)沈家本著,张全民点校:《历代刑法考》,第28页。
② 《三国志》卷一六《任苏杜郑仓传》,第385—386页。
③ 同上书,第386页。
④ 《三国志》卷二三《和常杨杜赵裴传》,第499页。

震，百姓归心"。裴潜因治边得法，为曹操褒赞，但是裴潜却反生忧虑，认为自己的真实意思实则是对汉人宽而对胡人严，上述做法会让后任的太守误认为自己是对胡人宽而对汉人严，而胡人"彼素骄恣，过宽必驰，既驰又将摄之以法，此讼争所由生也"。① 讼争激发，以其形势料之，代必复叛，后来的情况果然如此。裴潜之治不仅宽严有度，而且因时制宜，亦能因鲜卑民性以制宜。

崔林以"怀柔有术，清慎持法"而自励。魏明帝景初元年，司徒、司空并缺，散骑侍郎孟康推荐崔林当任时，称其"牧守州郡，所在而治，及为外司，万里肃齐"。② 崔林出为幽州刺史时，就认为"此州与胡虏接，宜镇之以静，扰之则动其逆心，特为国家生北顾忧，以此为寄"。此外，崔林还强调边疆执法要"守一勿失"，他说："及汉之季，其失岂在乎佐史之职不密哉？方今军旅，或猥或卒，备之以科条，申之以内外，增减无常，固难一矣。……太祖随宜设辟，以遗来今，不患不法古也。以为今之制度，不为疏阔，惟在守一勿失而已。"③

后崔林迁大鸿胪，其在任期间强调依制对待边疆问题，强调要记载前代给予诸国赏赐或丰厚、或略薄的旧事，完善朝贡制度而"使有恒常"。

> 迁大鸿胪。龟兹王遣侍子来朝，朝廷嘉其远至，褒赏其王甚厚。余国各遣子来朝，间使连属，林恐所遣或非真的，权取疏属贾胡，因通使命，利得印绶，而道路护送，所损滋多。劳所养之民，资无益之事，为夷狄所笑，此曩时之所患也。乃移书燉煌喻指，并录前世待遇诸国丰约故事，使有恒常。④

他认为如今的法令制度不能说是简略、不精密，而应是坚持如一地去执行，"若朝臣能任仲山甫之重，式是百辟，则孰敢不肃"？

此外，北方魏晋治边有成者，尚有田豫、牵招、徐邈、杜预、王濬等人。

田豫早年深得刘备看重，后曹操召田豫为丞相府军谋掾。鄢陵侯曹彰征讨代郡，以田豫为相。太和末年，公孙渊在辽东反叛，魏明帝使田豫以本官统帅青州的各路军队，假予符节，前往讨伐。"乃使豫持节护乌丸校尉……为校尉九年，其御夷狄，恒摧抑兼并，乖散强猾。凡逋亡奸宄、为胡作计不利官者，豫皆构

① 《三国志》卷二三《和常杨杜赵裴传》，第499页。
② 《三国志》卷二四《韩崔高孙王传》，第508页。
③ 同上书，第507页。
④ 同上。

刺搅离，使凶邪之谋不遂，聚居之类不安"。①

牵招曾为雁门太守，当时雁门乌丸"寇钞不断"，牵招勒兵逆击，构间离散，将部落三万余家诣郡附塞，同时又置屯戍，以镇内外，由此安定了雁门，使得"夷虏大小莫不归心，诸叛亡虽亲戚不敢藏匿，咸悉收送。于是野居晏闭，寇贼静息"。② 不仅如此，牵招还重视法俗教化，"简选有才识者，诣太学受业，还相授教，数年中庠序大兴"。③

魏明帝时以徐邈为凉州刺史，领护羌校尉。凉州绝远，南接蜀寇，徐邈的法律治理卓有成效。徐邈采取募贫民、开水田等方式，使仓廪盈溢；又注意传播儒学，申明法令；还移风易俗，禁厚葬，断淫祀，彰善除恶。

> 邈上修武威酒泉盐池，以收虏谷。又广开水田，募贫民佃之。家家丰足，仓库盈溢。乃支度州界军用之余，以市金帛犬马，通供中国之费。以渐收敛民间私仗，藏之府库。然后率以仁义，立学明训，禁厚葬，断淫祀，进善黜恶，风化大行，百姓归心焉。西域流通，荒戎入贡，皆邈勋也。④

徐邈治理羌、胡，其法是不问小过，即使羌、胡之人犯有大罪，也是先告其部帅，"使知，应死者乃斩以徇，是以信服畏威"。⑤ 徐邈之治，恩威并重，法禁与教化同时，在司法上重点打击胡羌之严重犯罪行为，收宽严得宜之效。徐邈的治理使得凉州之地"弹邪绳枉，州界肃清"。⑥

杜预为西晋著名的能臣大儒，还有灭吴之功，又深研经、律之学，著有《春秋集解》《律本》。杜预虽未亲为郡守，但是善于谋划边事，时值匈奴统帅刘猛举兵反晋，占领并州西部及河东、平阳一带，"预乃奏立藉田，建安边，论处军国之要。又作人排新器，兴常平仓，定谷价，较盐运，制课调，内以利国、外以救边者五十余条，皆纳焉"。⑦

王濬曾为巴郡太守，到任之时，采取严其科条、移风易俗、宽其徭课的做法，有效治理了临吴边郡："郡边吴境，兵士苦役，生男多不养。濬乃严其科条，宽其

---

① 《三国志》卷二六《满田牵郭传》，第541页。
② 同上书，第544页。
③ 同上。
④ 《三国志》卷二七《徐胡二王传》，第549页。
⑤ 同上。
⑥ 同上。
⑦ 《晋书》卷三四《杜预传》，中华书局2000年简体字版，第670页。

徭课,其产育者皆与休复,所全活者数千人。转广汉太守,垂惠布政,百姓赖之。"王濬后来任益州刺史,于益州边地蛮夷采取怀辑殊俗的办法,蛮夷多来归降,"及贼张弘杀益州刺史皇甫晏,果迁濬为益州刺史。濬设方略,悉诛弘等,以勋封关内侯。怀辑殊俗,待以威信,蛮夷徼外,多来归降"。①

三国时期,在南方治边有成者,有蜀国的诸葛亮、张嶷,吴国的薛综、吕岱、黄盖、诸葛恪等人。

这一时期,诸葛亮治边可谓独著其功,他对于南中的治理影响深远。诸葛亮曾通过研究"四裔"的族性和所处的地理形势,形成了一套自己的治边思想,归录如下:

对东夷,若"其上下和睦",则"未可图也",只能待其内乱,行离间之计,遂修德以来之,再以甲兵击之。

东夷之性,薄礼少义,捍急能斗,依山堑海,凭险自固,上下和睦,百姓安乐,未可图也。若上乱下离,则可以行间,间起则隙生,隙生则修德以来之,固甲兵而击之,其势必克也。②

对南蛮,南蛮因种落繁多,居洞依山,地域广大,故其"性不能教"。且地"春夏多疾疫",所以利在疾战,而"不可久师"。

南蛮多种,性不能教,连合朋党,失意则相攻,居洞依山,或聚或散,西至昆仑,东至洋海,海产奇货,故人贪而勇战,春夏多疾疫,利在疾战,不可久师也。③

对西戎,由于西戎之性勇悍好利,俗负强狠,因此,应当待其外隙内乱,则可以击破之。

西戎之性,勇悍好利,或城居,或野处,米粮少,金贝多,故人勇战斗,难败。自碛石以西,诸戎种繁,地广形险,俗负强很,故人多不臣,当候之以外隙,伺之以内乱,则可破也。④

对北狄,因其随逐水草而居游牧生活方式,习惯于奔走射猎,以杀为务,所

---

① 《晋书》卷四二《王濬传》,第 795 页。
② (三国) 诸葛亮撰、段熙仲、闻旭初编校:《诸葛亮集》,中华书局 2012 年版,第 104—105 页。
③ 同上书,第 105 页。
④ 同上书,第 105—106 页。

以不能以道德来教化之，又不可以兵戎使之臣服，只能采取"守"势，在边地广设营田，充实军力，"候其虚而乘之，因其衰而取之"。

> 北狄居无城郭，随逐水草，势利则南侵，势失则北遁……奔走射猎，以杀为务，未可以道德怀之，未可以兵戎服之。……不得已，则莫若守边。守边之道，拣良将而任之，训锐士而御之，广营田而实之，设烽候而待之，候其虚而乘之，因其衰而取之。[1]

诸葛亮治国、治边思想中兵家、法家色彩较重。作为法家，诸葛亮是有传继的，"诸葛亮为诸葛丰之后，是世代相传的法家"；[2]作为军事家，诸葛亮的兵家思维自不待言，"闻丞相为写申、韩、管子、六韬一通已毕"。[3]《三国志·诸葛亮传》裴注引《蜀记》所载郭冲条亮五事中，其一事略云：

> 亮刑法峻急，刻剥百姓，自君子、小人咸怀怨叹。法正谏曰："……愿缓刑弛禁，以慰其望。"亮答曰："……刘璋暗弱，自焉（刘焉）已来有累世之恩，文法羁縻，互相承奉，德政不举，威刑不肃，蜀土人士，专权自恣，君臣之道，渐以陵替，宠之以位，位极则贱，顺之以恩，恩竭则慢。所以致弊，实由于此。吾今威之以法，法行则知恩，限之以爵，爵加则知荣，荣恩并济，上下有节。为治之要，于斯而著。"[4]

但是在南中蛮族的治理问题上，诸葛亮又深谙儒法之道，并不一味以法术而治。既以"攻心为上"，又"威之以法"，强调在南中要法俗相和，宽严相济，"修德以来之"。庲降都督张翼曾经因"持法严，不得殊俗和"而被调离南中，而霍弋为南中监军时，因在南中"立法施教，轻重允当"而受到表扬。

蜀国张嶷亦于治边有功，曾加抚戎将军。张嶷任马忠部下牙门将时，北讨汶山羌族，南平四郡蛮夷，立功无数。南中对蜀国来说属边夷之地，在诸葛亮平定南中之后，越嶲郡叟夷数次反叛，张嶷对之诱以恩信，施以讨伐，厚加赏待，深得当地种落之信任。

> 嶷将所领往之郡，诱以恩信，蛮夷皆服，颇来降附。北徼捉马最骁劲，

---

[1]　（三国）诸葛亮撰，段熙仲、闻旭初编校：《诸葛亮集》，第106—107页。
[2]　陈寅恪著，方纪南整理：《魏晋南北朝史讲演录》，贵州人民出版社2012年版，第22页。
[3]　《三国志》卷三二《先主传》，第663页。
[4]　《三国志》卷三五《诸葛亮传》，第681页。

不承节度,嶷乃往讨……汉嘉郡界旄牛夷……嶷逆遣亲近赍牛酒劳赐……悉率所领将诣嶷,嶷厚加赏待,遣还。旄牛由是辄不为患。……加嶷抚戎将军,领郡如故。①

张嶷曾治理越巂郡达十五年之久,在随姜维北伐于陇西战死后,"南土越巂民夷闻嶷死,无不悲泣,为嶷立庙,四时水旱辄祀之",②可见张嶷必是贯彻了诸葛亮的法制方针。

吴国于边地治理有成者,有薛综、吕岱、黄盖、诸葛恪等人。

东汉末年,中原士人多南下避乱,有的士人到了交州,比如三国时吴国士燮的先祖、程秉、薛综等都曾经避乱于交州。士燮祖先"至王莽之乱,避地交州",③后士燮兄弟治理此地。"燮体器宽厚,谦虚下士,中国士人往依避难者以百数",④陈国袁徽与尚书令荀彧书曰:"交趾士府君既学问优博,又达于从政,处大乱之中,保全一郡,二十余年疆场无事,民不失业,羁旅之徒,皆蒙其庆。"⑤程秉"逮事郑玄,后避乱交州,与刘熙考论大义,遂博通五经。士燮命为长史"。⑥ 薛综"少依族人避地交州,从刘熙学"。⑦ 交趾太守士燮死后,士燮之子徽为九真太守,后徽不承吴王命,薛综随吕岱进讨,"越海南征,及到九真。事毕还都,守谒者仆射"。⑧

由于薛综对于"南边"比较熟悉,因此对于南部边郡的治理关注尤多。吕岱从交州被召回时,薛综恐继任者非其人,曾有一篇治理"南边"的总结性上疏。在该疏中,薛综回顾了自古以来对南边的治理,谈到了汉以来对于南边的文治教化之功,肯定了"徙中国罪人杂居其间"以及锡光、任延等在交趾、九真、日南移风易俗、导之以经义的做法:

> 昔帝舜南巡,卒于苍梧。秦置桂林、南海、象郡,然则四国之内属也,有自来矣。赵佗起番禺,怀服百越之君,珠官之南是也。汉武帝诛吕嘉,开九郡,设交阯刺史以镇监之。山川长远,习俗不齐,言语同异,重译乃通,民如

① 《三国志》卷四三《黄李吕马王张传》,第 779—780 页。
② 同上书,第 780 页。
③ 《三国志》卷四九《刘繇太史慈士燮传》,第 880 页。
④ 同上书,第 881 页。
⑤ 同上。
⑥ 《三国志》卷五三《张严程阚薛传》,第 923 页。
⑦ 同上书,第 924 页。
⑧ 同上。

禽兽，长幼无别，椎结徒跣，贯头左衽，长吏之设，虽有若无。自斯以来，颇徙中国罪人杂居其间，稍使学书，粗知言语，使驿往来，观见礼化。及后锡光为交阯，任延为九真太守，乃教其耕犁，使之冠履；为设媒官，始知聘娶；建立学校，导之经义。由此已降，四百余年，颇有似类。①

不过薛综也指出朱崖、交阯的一些地方风俗仍与汉大异。"珠崖除州县嫁娶"，"男女自相可适"，"日南郡男女倮体，不以为羞"，交阯麋泠、九真都庞二县"皆兄死弟妻其嫂，世以此为俗"。由于当地治理过宽，"长吏恣听，不能禁制"，加之"土广人众，阻险毒害"而存在的"易以为乱，难使从治"的局面，认为只要其"田户之租赋，裁取供办"即可，而对于这些地方的珍奇，则"不必仰其赋入，以益中国也"。

> 自臣昔客始至之时，珠崖除州县嫁娶，皆须八月引户，人民集会之时，男女自相可适，乃为夫妻，父母不能止。交阯麋泠、九真都庞二县，皆兄死弟妻其嫂，世以此为俗，长吏恣听，不能禁制。日南郡男女倮体，不以为羞。由此言之，可谓虫豸，有覩面目耳。然而土广人众，阻险毒害，易以为乱，难使从治。县官羁縻，示令威服，田户之租赋，裁取供办，贵致远珍名珠、香药、象牙、犀角、玳瑁、珊瑚、琉璃、鹦鹉、翡翠、孔雀、奇物，充备宝玩，不必仰其赋入，以益中国也。②

薛综还指出，由于边疆遥远，边地官员的选任问题十分重要。汉代法律宽简，边疆官员"多自放恣，故数反违法"。他列举了黄盖为日南太守、儋萌为九真太守时，因与当地人辄相怨而被驱逐和被召回的情况。需要说明的是，此处所说黄盖不是"周瑜打黄盖"的武将黄盖，此处所说黄盖是南海人，为东汉末官吏。其人曾经受任为日南太守，刚到任即因以供设不丰，挝杀主簿，而被郡人驱逐。儋萌是东汉末官吏，曾任九真郡（今越南清化、河静两省及义安省东部地区）太守。其人任九真太守时，为岳父周京做寿，席上功曹掾番歆邀请周京跳舞，周京不肯，番歆硬要强迫他，儋萌下令杖杀番歆。后番歆之弟番苗复仇，率领土人围攻九真郡胥浦，儋萌被毒矢射中而死。士燮为交阯太守、朱符为会稽刺史、吴巨为苍梧太守时，因汉法宽而多自放恣，导致"百姓怨叛，山贼并出，攻州突郡"，以

---

① 《三国志》卷五三《张严程阚薛传》，第925页。
② 同上。

致自己丧命。

薛综认为边地之治、国家之安危"在于所任，不可不察"，"绥边抚裔，实有其人"，①现在吕岱被从交州召回，而南海、苍梧、郁林、珠官四郡界的寇盗形势依然严峻："今日交州虽名粗定，尚有高凉宿贼；其南海、苍梧、郁林、珠官四郡界未绥，依作寇盗，专为亡叛逋逃之薮。"②因此"新刺史宜得精密，检摄八郡，方略智计，能稍稍以渐（能）治高凉者，假其威宠，借之形势，责其成效"。如果用那些守常法而无奇术之人去治理这些地方，"则群恶日滋，久远成害"。③ 这说明在当时法律宽简的情况下，治理边疆需要比较灵活、可靠之人。

此外，三国大将黄盖治理吴国边地山越和武陵蛮夷亦有所成，时有"诸山越不宾，有寇难之县"，黄盖由于军务繁忙，怠于所署，"一以文书委付两掾"。当地曹掾"以盖不视文书，渐容人事"为由不奉法度，黄盖因"各得两掾不奉法数事"而杀之。后黄盖又担任春谷长、寻阳令，凡守九县，所在平定。后又迁任丹杨都尉，"抑强扶弱，山越怀附"。④ 黄盖曾平定武陵蛮夷之乱，"斩首数百，余皆奔走，尽归邑落。诛讨魁帅，附从者赦之"，⑤"诸幽邃巴、醴、由、诞邑侯君长，皆改操易节，奉礼请见，郡境遂清"。⑥ 黄盖之治，严于法度，剿抚并用，宽严适度。

吴国吕岱治边曾深得薛综称赞，"岱既定交州，复进讨九真，斩获以万数。又遣从事南宣国化，暨徼外扶南、林邑、堂明诸王，各遣使奉贡。权嘉其功"。孙权对其的评价是："历负险作乱，自致枭首；桓凶狡反覆，已降复叛。前后讨伐，历年不禽，非君规略，谁能枭之？忠武之节，于是益著。元恶既除，大小震慑，其余细类，扫地族矣。自今已去，国家永无南顾之虞，三郡晏然，无怵惕之惊，又得恶民以供赋役，重用叹息。赏不逾月，国之常典，制度所宜，君其裁之。"⑦

吕岱率军平定九真后十分重视教化，他派遣朱应和康泰出使南海诸国，"南宣国化"。朱应和康泰的经历及传闻于今天越南的中部、柬埔寨和南洋群岛一带广泛流传。由于他们的功绩，"扶南、林邑……诸王各遣使奉贡"，南海诸国从此开始了和中国的正式往来。

---

① 《三国志》卷五三《薛综传》，第 926 页。
② 同上。
③ 同上。
④ 《三国志》卷五五《程黄韩蒋周董甘凌徐潘丁传》，第 950 页。
⑤ 同上。
⑥ 同上。
⑦ 《三国志》卷六〇《贺全吕周钟离传》，第 1022—1023 页。

吴国诸葛恪曾任丹杨太守，其平定山越，治边有方。235年，诸葛恪受孙权命为抚越将军，领丹杨太守。

> 丹杨地势险阻，与吴郡、会稽、新都、鄱阳四郡邻接，周旋数千里，山谷万重，其幽邃民人，未尝入城邑，对长吏，皆仗兵野逸，白首于林莽。逋亡宿恶，咸共逃窜。山出铜铁，自铸甲兵。俗好武习战，高尚气力，其升山赴险，抵突丛棘，若鱼之走渊，猿狖之腾木也。时观间隙，出为寇盗，每致兵征伐，寻其窟藏。其战则蜂至，败则鸟窜，自前世以来，不能羁也。①

诸葛恪以为"丹杨山险，民多果劲，虽前发兵，徒得外县平民而已"，因此不以兵进剿，而是对山越人实行坚壁清野，迫使其归附。"令各保其疆界，明立部伍，其从化平民，悉令屯居。……但缮藩篱，不与交锋，候其谷稼将熟，辄纵兵芟刈，使无遗种。……于是山民饥穷，渐出降首"。②

诸葛恪认为对待这些山越种族，应当使其"去恶从化，皆当抚慰"，"不得嫌疑，有所执拘"，以致于"人数皆如本规"。

> 恪乃复敕下曰："山民去恶从化，皆当抚慰，徙出外县，不得嫌疑，有所执拘。"臼阳长胡伉得降民周遗，遗旧恶民，困迫暂出，内图叛逆，伉缚送诸府。恪以伉违教，遂斩以徇，以状表上。民闻伉坐执人被戮，知官惟欲出之而已，于是老幼相携而出，岁期，人数皆如本规。③

诸葛恪治理丹杨有功，孙权称赞其功云："元恶既枭，种党归义，荡涤山薮，献戎十万。野无遗寇，邑罔残奸。既扫凶慝，又充军用。"④

综上，三国虽然各有治法，但基本上都继承了汉代治理边疆的一些传统做法，采取剿抚并用、以抚为主的治法，在法俗方面强调宽严适度的政策，同时还重视对边地进行教化。由于三国时期多承袭汉法，然而汉法宽简，没有针对边疆的专门法律，因此在对边疆的法律治理上也表现出相当的灵活性，其治边法度往往因人而异，因时而异，因地而异。

---

① 《三国志》卷六四《诸葛滕二孙濮阳传》，第1054页。
② 同上。
③ 同上书，第1054—1055页。
④ 同上书，第1055页。

二、东汉以来的北方边疆危机与"徙戎论"

（一）北方边疆的危机与中原文化的残破

今日关于边疆的理论有"文化边疆"、"利益边疆"、"战略边疆"等诸种学说。从《尚书·旅獒》中反映出的西周时期"王者无求"的思想开始，中国人的"文化边疆"意识就一直十分浓厚。关于"王者无求"思想，前面章节中我们已经有过分析，"王者无求"思想是中国文物政教在边疆问题上的体现，也表现为中国"王朝"朝贡理论中"由内向外，以抚为主，薄来厚往"的礼治差序治理。但是经过春秋、战国时期，原来比较清晰的差序格局变得模糊。秦普行郡县，汉承秦制，继续在边疆地区设郡县，在新的制度基础上使得边疆的概念具有了"制度边疆"的特点，华夷之间的地理界线变得比较清晰。西汉时期，开始出现胡人内居的情况；东汉初年，南匈奴及依附于南匈奴的乌桓、鲜卑皆降汉，乌桓内迁，鲜卑据乌桓旧地；291年鲜卑占领蒙古高原，并由西向东，从阴山到辽东蚕食汉境。此后越来越多的北方胡人内居，边疆种族较前更加混杂。

两汉时期已有北方胡人于内地杂居，汉宣帝时纳呼韩邪，居之亭障，委以厚望，从这以后有了匈奴"保塞内附"之说；东汉光武帝时，迁南匈奴数万于西河美稷；灵帝时，匈奴助汉平黄巾，南徙离石，董卓之乱时又寇略太原、河东，遂屯聚于河内。

> 前汉末，匈奴大乱，五单于争立，而呼韩邪单于失其国，携率部落，入臣于汉。汉嘉其意，割并州北界以安之。于是匈奴五千余落入居朔方诸郡，与汉人杂处。呼韩邪感汉恩，来朝，汉因留之，赐其邸舍，犹因本号，听称单于，岁给绵绢钱谷，有如列侯。子孙传袭，历代不绝。其部落随所居郡县，使宰牧之，与编户大同，而不输贡赋。多历年所，户口渐滋，弥漫北朔，转难禁制。[1]

这说明，汉末对于这些作为"保塞内附"而与汉人杂处的匈奴人，汉廷采取了"割并州北界以安之"、"所居郡县，使宰牧之"、"与编户大同"的治理措施，同

---

[1] 《晋书》卷九七《四夷传》，第1700页。

时也给予"赐其邸舍"、"犹因本号，听称单于"、"不输贡赋"等优惠政策。这些政策的结果是：由于允许其仍"听称单于"，"不输贡赋"，以致于其户口渐滋，弥漫北朔，转而难以禁制。

三国时期，魏武帝曹操曾分匈奴为五部，立匈奴人显贵者为帅，选汉人作为司马以监督之，后改称都尉。匈奴五部皆居晋阳汾涧之滨，其左部达万余落，居太原兹氏县(今山西汾阳)；右部六千余落，居祁县(今祁县)；南部三千余落，居蒲子县(今隰县)；北部四千落，居新兴县(今祈县)；中部六千落，居大陵县(今文水)。① 左部帅刘豹，即刘渊父，赵充国击西羌时，徙之金城郡。"由于这时关中已经残破，魏武帝曹操还徙武都氐于秦川，欲借以御蜀"。②

西晋初，辽东、辽西为鲜卑所居，句注之外、河东之间为匈奴所居，北地、上郡、陇西诸郡胡以及鲜卑、氐、羌诸种，皆以"保塞"为名杂居。晋武帝泰始时，当时居住于宜阳、平阳、西河、太原、新兴、上党、乐平诸郡的种落被统称"北狄"，这些内迁种族已渐成中国边患。

> 武帝践阼后，塞外匈奴大水，塞泥、黑难等二万余落归化，帝复纳之，使居河西故宜阳城下。后复与晋人杂居，由是平阳、西河、太原、新兴、上党、乐平诸郡靡不有焉。泰始七年，单于猛叛，屯孔邪城。武帝遣娄侯何桢持节讨之。桢素有志略，以猛众凶悍，非少兵所制，乃潜诱猛左部督李恪杀猛，于是匈奴震服，积年不敢复反。其后稍因怨恨，杀害长史，渐为边患。③

到西晋惠帝时，因匈奴内附而引起的动乱更加严重。惠帝元康中，匈奴郝散攻上党，杀长吏，入守上郡。第二年，郝散的弟弟度元又率冯翊、北地羌胡攻破二郡。"自此已后，北狄渐盛，中原乱矣"。④

自此，不仅原来中国北方的边疆地区逐渐残破，中原城市也多成废墟。城市是中原王朝政治文化核心所在，以此为中心而与边缘相对应，城市的残破意味着华夏文物中心的消失。汉时的文物中心本为长安、洛阳，长安这些城市，自王莽之乱，继之以董卓之乱，已然残破，晋愍帝建都时已户不满百。三国时洛阳仍为文化中心，但至刘曜陷洛阳，洛阳死亡者有三万余人。又有马腾、韩遂等乱

---

① 《晋书》卷九七《四夷传》，第 1700 页。
② 钱穆：《国史大纲》上册，第 231 页。
③ 《晋书》卷九七《四夷传》，第 1700 页。
④ 同上书，第 1701 页。

于关、凉、刘虞、公孙瓒等战于河北,中原城市的荒残之势已无法遏制。因此,以北方作为中国文化中心的观念和以长安、洛阳为北方文化中心的观念此时已经不复存在,相反,那些内迁的种族对于中原文化的影响则有增无减。

(二)"徙戎论"

从三国时期开始,中国士人中就出现了关于"徙戎"之事的讨论,如三国时魏之邓艾,晋初之郭钦(晋武帝时有相关的上疏文)、江统(晋惠帝时作《徙戎论》)。两汉以来"北狄"内附,一则由于汉对其人民"犹因本号,听称单于","不输贡赋",具有相对"自治"的性质;二则其所居原来汉人之地,几乎成为汉之疆域的边缘地带,这些地带又十分靠近汉之中心地域,因此在很大程度上构成了对王朝统治的威胁,这自然是"徙戎论"的出发点。但是,从中国文化的历史看,这些议论随着北方边疆的残荒、边疆族群到内地定居甚至入主中原而不再有什么实质的意义。这些内居中原的种落的情况,如美国人拉铁摩尔所说:"即使在后代也没有被认为是另外的'种族',而只被认为是一些没有采用汉族那种复杂经济制度与社会组织的居民而已。"①显然拉铁摩尔是从地缘文化的角度来看待这个问题的:"无论如何,除去草原边境以外,环境允许中国人取得一切土地,吸收并同化其所遇见的民族,所以所谓'少数民族'的问题就成为次要而将不复存在了。"②

因此,"徙戎论"不是一种基于"政治边疆"、"利益边疆"的认识,而是传统"固本柔远"的"文化边疆"思想的反映。这里笔者所谓的"政治边疆",是治之所至,则界之所在;所谓的"利益边疆",是利之所至,则界之所在;所谓"文化边疆",则是文化所及,则疆域所在,正如当今的"太空边疆"一样,是技术实力所及,则是疆域所在。而此处"徙戎论"的态度,则是基于"政治边疆"和"文化边疆"的认识。

三国与晋朝时期中原王朝面临如何处理北方内迁种族的问题,"徙戎论"代表了当时汉人的主流思想。"徙戎论"的主要人物有三国时魏国的邓艾、西晋武帝时的郭钦、晋惠帝时的江统,其中尤以江统之论最为系统。

三国时邓艾任城阳太守,《魏书·邓艾传》载:

---

① ［美］拉铁摩尔著,唐晓峰译:《中国的亚洲内陆边疆》,江苏人民出版社 2010 年版,第 41 页。
② 同上。

　　是时并州右贤王刘豹并为一部，艾上言曰："戎狄兽心，不以义亲，强则侵暴，弱则内附，故周宣有猃狁之寇，汉祖有平城之围。每匈奴一盛，为前代重患。自单于在外，莫能牵制长卑。诱而致之，使来入侍。由是羌夷失统，合散无主。以单于在内，万里顺轨。今单于之尊日疏，外土之威浸重，则胡虏不可不深备也。闻刘豹部有叛胡，可因叛割为二国，以分其势。去卑功显前朝，而子不继业，宜加其子显号，使居雁门。离国弱寇，追录旧勋，此御边长计也。"又陈："羌胡与民同处者，宜以渐出之，使居民表崇廉耻之教，塞奸宄之路。"①

　　邓艾认为"戎狄兽心，不以义亲，强则侵暴，弱则内附"，这是中国古代士人对胡人常有的判断，甚至到了清代我们仍然能够看到这样的说法。说明华夷文化差异甚大，这是不断出现边疆问题的根本原因。《晋书·四夷》中有："夫宵形禀气，是称万物之灵，系土随方，乃有群分之异。蹈仁义者为中寓，肆凶犷者为外夷。"②这种观点认为地理、气候导致民性之别，是形成中寓为仁义、外夷为凶犷的原因。由于族性不同，文化有别，因此"夷狄之徒，名教所绝，窥边候隙，自古为患"。③又有"彼戎狄者，人面兽心，见利则弃君亲，临财则忘仁义者也。投之遐远，犹惧外侵，而处以封畿，窥我中衅"。④

　　基于这样的认识，邓艾认为应当将内附匈奴"割为二国，以分其势"，这同曹操分匈奴之众为五部以削其势的做法是一样的。不仅如此，邓艾还主张把与汉人杂处的匈奴人设法移居边外。邓艾主张徙出羌胡，采取"宜以渐出之，使居民表崇廉耻之教"的做法，比后来江统的《徙戎论》（晋惠帝元康九年，299 年）还早了四十八年。

　　晋武帝司马炎登基后，针对"泰始七年，单于猛叛"及"其后稍因忿恨，杀害长史，渐为边患"的边疆形势，侍御史郭钦上疏曰：

　　戎狄强犷，历古为患。魏初人寡，西北诸郡皆为戎居。今虽服从，若百年之后有风尘之警，胡骑自平阳、上党不三日而至孟津，北地、西河、太原、冯翊、安定、上郡尽为狄庭矣。宜及平吴之威，谋臣猛将之略，出北地、西

---

①　《三国志》卷二八《王毌丘诸葛邓钟传》，第 577—578 页。
②　《晋书》卷九七《四夷传》，第 1701 页。
③　同上。
④　《晋书》卷一〇三《刘曜载记》，第 1806 页。

河、安定，复上郡，实冯翊，于平阳已北诸县募取死罪，徙三河、三魏见士四万家以充之。裔不乱华，渐徙平阳、弘农、魏郡、京兆、上党杂胡，峻四夷出入之防，明先王荒服之制，万世之长策也。①

针对"西北诸郡皆为戎居"，可以随时威胁北方边疆诸郡的形势，郭钦对内迁匈奴人的处理办法仍在一"徙"字，认为这是"万世之长策也"，主张"渐徙平阳、弘农、魏郡、京兆、上党杂胡，峻四夷出入之防"。其基本目的在于"明先王荒服之制"，实现华夷有别，裔不乱华。《晋书》中对郭钦持论的评价是："振鸮响而挺灾，恣狼心而逞暴。何桢纵策，弗沮于奸萌；郭钦驰疏，无救于妖渐。"②"思郭钦之谋，而寤戎狄有衅。"③"兼其旧俗，则罕规模。虽复石勒称籓，王弥效款，终为夷狄之邦，未辩君臣之位。至于不远儒风，虚襟正直，则昔贤所谓并仁义而盗之者焉。……赞曰：……郭钦之虑，辛有知戎。"④

晋惠帝时江统袭父爵，除山阴令。时关陇屡为氐、羌所扰，孟观西讨，生擒氐帅齐万年。江统"深惟四夷乱华，宜杜其萌，乃作《徙戎论》"，⑤建议遣返各族返回旧地，使之与中原隔绝，但建议不被采纳，结果"未及十年，而夷狄乱华，时服其深识"，⑥江统其人被认为是"静默有远志"，其《徙戎论》原文如下：

夫夷蛮戎狄，谓之四夷，九服之制，地在要荒。《春秋》之义，内诸夏而外夷狄。以其言语不通，贽币不同，法俗诡异，种类乖殊；或居绝域之外，山河之表，崎岖川谷阻险之地，与中国壤断土隔，不相侵涉，赋役不及，正朔不加，故曰："天子有道，守在四夷。"

禹平九土，而西戎即叙。其性气贪婪，凶悍不仁，四夷之中，戎狄为甚。弱则畏服，强则侵叛。虽有贤圣之世，大德之君，咸未能以通化率导，而以恩德柔怀也。当其强也，以殷之高宗而愆于鬼方，有周文王而患昆夷、猃狁，高祖困于白登，孝文军于霸上。及其弱也，周公来九译之贡，中宗纳单于之朝，以元成之微，而犹四夷宾服。此其已然之效也。故匈奴求守边塞，而侯应陈其不可；单于屈膝未央，望之议以不臣。是以有道之君牧夷狄也，

---

① 《晋书》卷九七《四夷传》，第1700—1701页。
② 同上书，第1701—1702页。
③ 《晋书》卷五《孝怀帝孝愍帝本纪》，第87页。
④ 《晋书》卷一〇三《刘曜载记》，第1806—1807页。
⑤ 《晋书》卷五六《江统传》，第1013页。
⑥ 同上书，第1017页。

惟以待之有备，御之有常，虽稽颡执贽，而边城不弛固守；为寇贼强暴，而兵甲不加远征，期令境内获安，疆埸不侵而已。

及至周室失统，诸侯专征，以大兼小，转相残灭，封疆不固，而利害异心。戎狄乘间，得入中国。或招诱安抚，以为己用。故申缯之祸，颠覆宗周；襄公要秦，遽兴姜戎。当春秋时，义渠、大荔居秦、晋之域，陆浑、阴戎处伊、洛之间，鄋瞒之属害及济东，侵入齐宋，陵虐邢卫，南夷与北狄交侵，中国不绝若线。齐桓攘之，存亡继绝，北伐山戎，以开燕路。故仲尼称管仲之力，嘉左衽之功。逮至春秋之末，战国方盛，楚吞蛮氏，晋剪陆浑，赵武胡服，开榆中之地，秦雄咸阳，灭义渠之等。始皇之并天下也，南兼百越，北走匈奴，五岭长城，戎卒亿计。虽师役烦殷，寇贼横暴，然一世之功，戎虏奔却，当时中国无复四夷也。

汉兴而都长安，关中之郡号曰三辅，《禹贡》雍州，宗周丰、镐之旧也。及至王莽之败，赤眉因之，西都荒毁，百姓流亡。建武中，以马援领陇西太守，讨叛羌，徙其余种于关中，居冯翊、河东空地，而与华人杂处。数岁之后，族类蕃息，既恃其肥强，且苦汉人侵之。永初之元，骑都尉王弘使西域，发调羌氏，以为行卫。于是群羌奔骇，互相扇动，二州之戎，一时俱发，覆没将守，屠破城邑。邓骘之征，弃甲委兵，舆尸丧师，前后相继，诸戎遂炽，至于南入蜀汉，东掠赵魏，唐突轵关，侵及河内。及遣北军中候朱宠将五营士于孟津距羌，十年之中，夷夏俱毙，任尚、马贤仅乃克之。此所以为害深重、累年不定者，虽由御者之无方，将非其才，亦岂不以寇发心腹，害起肘腋，疾笃难疗，疮大迟愈之故哉！自此之后，余烬不尽，小有际会，辄复侵叛。马贤怊怅，终于覆败；段颎临冲，自西徂乐。雍州之戎，常为国患，中世之寇，惟此为大。汉末之乱，关中残灭。魏兴之初，与蜀分隔，疆埸之戎，一彼一此。魏武皇帝令将军夏侯妙才讨叛氐阿贵、千万等，后因拔弃汉中，遂徙武都之种于秦川，欲以弱寇强国，捍御蜀虏。此盖权宜之计，一时之势，非所以为万世之利也。今者当之，已受其弊矣。

夫关中土沃物丰，厥田上上，加以泾渭之流溉其舃卤，郑国、白渠灌浸相通，黍稷之饶，亩号一钟，百姓谣咏其殷实，帝王之都每以为居，未闻戎狄宜在此土也。非我族类，其心必异，戎狄志态，不与华同。而因其衰弊，迁之畿服，士庶玩习，侮其轻弱，使其怨恨之气毒于骨髓。至于蕃育众盛，则坐生其心。以贪悍之性，挟愤怒之情，候隙乘便，辄为横逆。而居封域之内，无障塞之隔，掩不备之人，收散野之积，故能为祸滋扰，暴害不测。此必然之势，已验之事也。当今之宜，宜及兵威方盛，众事未罢，徙冯翊、北地、新平、安定界内诸羌，著先零、罕开、析支之地；徙扶风、始平、京兆之氐，出还陇右，著阴平、武都之界。廪其道路之粮，令足自致，各附本种，反其旧土，使属国、抚夷就安集之。戎晋不杂，并得其所，上合往古即叙之义，下为盛世永久之规。纵有猾夏之心，风尘之警，则绝远中国，隔阂山河，虽为寇暴，所害不广。是以充国、子明能以数万之众制群羌之命，有征无战，全军独克，虽有谋谟深计，庙胜远图，岂不以华夷异处，戎夏区别，要塞易守之故，得成其功也哉！

难者曰：方今关中之祸，暴兵二载，征戍之劳，老师十万，水旱之害，荐饥累荒，疫疠之灾，札瘥夭昏。凶逆既戮，悔恶初附，且款且畏，咸怀危惧，百姓愁苦，异人同虑，望宁息之有期，若枯旱之思雨露，诚宜镇之以安豫。而子方欲作役起徒，兴功造事，使疲悴之众，徙自猜之寇，以无谷之人，迁乏食之虏，恐势尽力屈，绪业不卒，羌戎离散，心不可一，前害未及弭，而后变复横出矣。

答曰：羌戎狡猾，擅相号署，攻城野战，伤害牧守，连兵聚众，载离寒暑矣。而今异类瓦解，同种土崩，老幼系虏，丁壮降散，禽离兽迸，不能相一。子以此等为尚挟余资，悔恶反善，怀我德惠而来柔附乎？将势穷道尽，智力俱困，惧我兵诛以至于此乎？曰无有余力，势穷道尽故也。然则我能制其短长之命，而令其进退由己矣。夫乐其业者不易事，安其居者无迁志。方其自疑危惧，畏怖促遽，故可制以兵威，使之左右无违也。迫其死亡散流，离遏未鸠，与关中之人，户皆为仇，故可遏迁远处，令其心不怀土也。夫圣贤之谋事也，为之于未有，理之于未乱，道不著而平，德不显而成。其次则能转祸为福，因败为功，值困必济，遇否能通。今子遭弊事之终而不图更制之始，爱易辙之勤而得覆车之轨，何哉？且关中之人百余万口，率其少多，戎狄居半，处之与迁，必须口实。若有穷乏糇粒不继者，故当倾关中之谷以全其生生之计，必无挤于沟壑而不为侵掠之害也。今我迁之，传食而至，附其种族，自使相赡，而秦地之人得其半谷，此为济行者以廪粮，遗居者以积仓，宽关中之逼，去盗贼之原，除旦夕之损，建终年之益。若惮暂举之小劳，而忘永逸之弘策；惜日月之烦苦，而遗累世之寇敌，非所谓能开物成务，创业垂统，崇基拓迹，谋及子孙者也。

并州之胡，本实匈奴桀恶之寇也。汉宣之世，冻馁残破，国内五裂，后合为二，呼韩邪遂衰弱孤危，不能自存，依阻塞下，委质柔服。建武中，南单于复来降附，遂令入塞，居于漠南，数世之后，亦辄叛戾，故何熙、梁懂戎车屡征。中平中，以黄巾贼起，发调其兵，部众不从，而杀羌渠。由是於弥扶罗求助于汉，以讨其贼。仍值世丧乱，遂乘衅而作，卤掠赵、魏，寇至河南。建安中，又使右贤王去卑诱质呼厨泉，听其部落散居六郡。咸熙之际，以一部太强，分为三率。泰始之初，又增为四。于是刘猛内叛，连结外房。近者郝散之变，发于谷远。今五部之众，户至数万，人口之盛，过于西戎。然其天性骁勇，弓马便利，倍于氐羌。若有不虞风尘之虑，则并州之域可为寒心。荥阳句骊本居辽东塞外，正始中，幽州刺史毌丘俭伐其叛者，徙其余种。始徙之时，户落百数，子孙孳息，今以千计，数世之后，必至殷炽。今百姓失职，犹或亡叛，犬马肥充，则有噬啮，况于夷狄，能不为变！但顾其微弱势力不陈耳。

夫为邦者，患不在贫而在不均，忧不在寡而在不安。以四海之广，士庶之富，岂须夷虏在内，然后取足哉！此等皆可申谕发遣，还其本域，慰彼羁旅怀土之思，释我华夏纤介之忧。惠此中国，以绥四方，德施永世，于计为长。[①]

此文的基本观点是：

(1) 天子有道，守在四夷

《左传·昭公二十三年》有云："古者天子，守在四夷。"所谓"守在四夷"，其前提是"天子有道"，只有实行"王道"四夷才能安定。何为"王道"？《徙戎论》认为古之"王道"在于认识到夷狄与中华之间"言语不通，赞币不同，法俗诡异，种类乖殊"，且自古夷狄之人"性气贪婪，凶悍不仁，四夷之中，戎狄为甚。弱则畏服，强则侵叛"。因此采取"内诸夏而外夷狄"的《春秋》之义就是"王道"，具体而言，就是对之采取不相侵涉、赋役不及、正朔不加的态度，采取"惟以待之有备，御之有常，虽稽颡执贽，而边城不弛固守；为寇贼强暴，而兵甲不加远征，期令境内获安，疆场不侵而已"的方针。强调固守边城，兵甲不加远征，认为这就是自

---

① 《晋书》卷五六《江统传》，第1013—1016页。

古有道之君治理边疆的方法。为此,江统还列举了以往有道之君"守在四夷"的成功做法。他认为春秋、战国之际,"南夷与北狄交侵,中国不绝若线",自齐桓公始,北伐山戎;至春秋之末、战国方盛之时,楚吞蛮氏,晋翦陆浑,赵武胡服,秦灭义渠;到秦始皇并天下时,南兼百越,北走匈奴,五岭长城,戎卒亿计。这一系列的征伐防御功绩,使得戎虏奔却,中国边疆不再有四夷之乱。

（2）害起肘腋,已受其弊

汉王莽之乱后边疆问题再次出现,由于西都长安荒毁,百姓流亡,东汉光武帝刘秀以马援领陇西太守,讨叛羌,徙其余种于关中,居冯翊、河东空地,使其与汉人杂处。数年之后,"族类蕃息,既恃其肥强,且苦汉人侵之"。东汉安帝刘祜永初元年,骑都尉王弘使西域,发调羌、氐,以致于"群羌奔骇,互相煽动,二州之戎,一时俱发,覆没将守,屠破城邑。邓骘之征,弃甲委兵,舆尸丧师,前后相继,诸戎遂炽,至于南入蜀汉,东掠赵、魏,唐突轵关,侵及河内"。这些都是因为"害起肘腋"之故。魏武帝曹操令将军夏侯渊讨叛氐阿贵、千万等,"后因拔弃汉中,遂徙武都之种于秦川(时关中由于长期战乱而残灭),欲以弱寇强国,捍御蜀虏",江统认为这也只是权宜之计,"今者当之,已受其弊矣"。

（3）徙戎而治,各附本种

认为关中之地"帝王之都每以为居,未闻戎狄宜在此土也。非我族类,其心必异",提出晋朝"当今之宜,宜及兵威方盛,众事未罢,徙冯翊、北地、新平、安定界内诸羌,著先零、罕开、析支之地;徙扶风、始平、京兆之氐,出还陇右,著阴平、武都之界。廪其道路之粮,令足自致,各附本种,反其旧土,使属国、抚夷就安集之"的主张,"纵有猾夏之心,风尘之警,则绝远中国,隔阂山河,虽为寇暴,所害不广"。

因此,江统明确提出了《诗经》中所云的"惠此中国,以绥四方",对待边疆种族采取"申谕发遣,还其本域,慰彼羁旅怀土之思,释我华夏纤介之忧"。

总之,江统在其《徙戎论》中总结了中国古代治边的经验和原则,其所谓的"天子有道,守在四夷",是中国古代在治理边疆问题上传统"固本柔远"方略的体现。这一方略是内向型和防御型的,它建立在华夷有别的基础上,是传统中国王朝中心观的体现,也是华夏文化中心主义的体现。这一方略一直为后世所推崇,一如《晋书·载记序》的评价:"然则燕筑造阳之郊,秦堑临洮之险,登天山,绝地脉,苞玄菟,款黄河,所以防夷狄之乱中华,其备豫如此。"

《晋书·载记序》又载：

> 汉宣帝初纳呼韩，居之亭鄣，委以候望，始宽戎狄。光武亦以南庭数万徙入西河，后亦转至五原，连延七郡。董卓之乱，则汾晋之郊萧然矣。郭钦腾笺于武帝，江统献策于惠皇，皆以为魏处戎夷，绣居都鄙，请移沙塞之表，定一殷周之服。统则忧诸并部，钦则虑在盟津。言犹自口，元海已至。语曰"失以豪厘"，晋卿大夫之辱也。聪之誓兵，东兼齐地；曜之驰旆，西逾陇山，覆没两京，蒸徒百万。天子陵江御物，分据地险，回首中原，力不能救，划长淮以北，大抵弃之。胡人利我艰虞，分镳起乱；晋臣或阻兵退远，接武效尤。①

在这一思想指导下，后世每当出现由外部引发的边疆问题时，中原王朝往往多采取隔离政策，直到清代"固本柔远"仍然是主流治边思想，也是清代相关法律遵循的原则，这在后面我们要分析的清代王之春著《国朝柔远记》中表达得十分清楚。

三、两晋南北朝边疆的礼俗治理

清以前，边疆之治如同内地之治一样，其方略是以人治为主，故其治法的政策性强于法律性，风俗性亦强于法律性。在史料中边疆治法多表现为谋略与教化，而少相关法律治理的记载。谋略与教化之治是为了实现"通朝贡"的目的，比"通朝贡"更为直接的做法则是"羁縻"之治，比单纯的羁縻之治更为直接的则是"编户齐民"。在有些时候边疆地区但得"编户齐民"已然是比较制度化的做法了，三国两晋南北朝时期的情况亦大致如此。

魏末晋初，尚实行州郡置兵，"可令州郡并置兵，外备四夷，内威不轨，于策为长"。② 后来因为东吴平定，晋武帝以为天下为一，诸州无事，于是罢州郡兵，以示天下大安。《世说新语·识鉴类》引《竹林七贤论》："咸宁中，吴既平，上将为桃林、华山之事，息役弭兵，示天下大安。于是州郡悉去兵，大郡置武吏百人，小郡五十人。"仆射山涛曾反对罢州郡兵而单纯依赖封国之武备的做法，但是

---

① 《晋书》卷一〇一《载记第一》，第1765页。
② 《三国志》卷一五《司马朗传》，第352页。

"帝不听,及永宁以后,盗贼群起,州君无备,不能禽制,天下遂大乱,如涛所言"。①

这样的局面自然也会影响边疆稳定,但是由于当时朝廷实行的州郡罢兵也非全罢,南方边疆地区尚保存了一定的兵力,这主要是因为听从了当时交州刺史陶璜之言:"吴既平,晋减州郡兵,璜上言曰:'……臣所统之卒,本七千余人,南土温湿,多有气毒,加累年征讨,死亡减耗,其见在者二千四百二十人……未宜约损,以示单虚。……'……并从之。"②对此,陈寅恪认为:"不仅交州未罢,尚有广州及宁州的兴古,这些州兵是未罢除的。"③据《晋书·地理志上》:"泰始元年,封诸王以郡为国。邑二万户为大国,置上、中、下三军,兵五千人;邑万户为次国,置上军、下军,兵三千人;五千户为小国,置一军,兵千五百人。"④按此计算,南方一个边地州郡未罢之兵,尚相当于次国兵数,这对于西晋南方边地的稳定具有重要作用,此后北方"戎狄乱华"倒是与北方州郡罢兵有直接关系。

在官员的任用上,晋朝实行的是取本土之人任官,于郡国置中正,于州置大中正,这更加剧了地方豪强士族之治,导致地方司法的混乱和不公,人治多于法治,亦无助于边疆地方的法律治理。早在晋初,陈群就主张继续魏氏的九品中正制:"初,陈群以吏部不能审核天下之士,故令郡国各置中正,州置大中正,皆取本土之人任朝廷官,德充才盛者为之,使铨次等级以为九品。"⑤

九品中正制行之日久,中正或非其人,"奸蔽日滋"。太康五年春,刘毅、王亮等大臣上疏,要求"尽除中正九品之制"。王亮等认为由于"魏氏丧乱之后,人士流移,考详无地,故立九品之制",⑥只是权宜之计,但是"今九域同规,大化方始,臣等以为宜皆荡除末法,咸用土断"。刘毅上疏更是力陈"九品中正制"损政之道八种,其中"公无考校之负,私无告讦之忌,用心百态,营求万端"的司法腐败、混乱的现象尤甚,为此要求"罢中正,除九品,弃魏氏之敝法"。⑦

陛下赏善罚恶,无不裁之以法,独置中正,委以一国之重,曾无赏善之

① 《资治通鉴》卷八一《晋纪三·世祖武皇帝中》。
② 《晋书》卷五七《陶璜传》,第1033页。
③ 陈寅恪著,万绳楠整理:《魏晋南北朝史演讲录》,第32页。
④ 《晋书》卷一四《地理志上》,第267—268页。
⑤ 《资治通鉴》卷八一《晋纪三·世祖武皇帝中》。
⑥ 同上。
⑦ 同上。

防，又禁人不得诉讼，使之纵横任意，无所顾惮。诸受枉者，抱怨积直，不获上闻。①

这些建议并没有被采纳，"帝虽善其言而终不能改也"。② 结果，"九品中正之制"强化了西晋政治乃豪强士族之治，导致朱衣当途，为身择利，世有贪鄙、淫僻之风，以致"世刑政于此大坏"。

> 朝寡纯德之人，乡乏不二之老，风俗淫僻，耻尚失所，学者以老庄为宗而黜六经，谈者以虚荡为辨而贱名检，行身者以放浊为通而狭节信，进仕者以苟得为贵而鄙居正，当官者以望空为高而笑勤恪。③

> 悠悠风尘，皆奔竞之士，列官千百，无让贤之举。……其妇女庄栉织纴，皆取成于婢仆，未尝知女工丝枲之业、中馈酒食之事也。先时而婚，任情而动，故皆不耻淫佚之过，不拘妒忌之恶，父兄不之罪也，天下莫之非也。又况责之闻四教于古，修贞顺于今，以辅佐君子者哉！ 礼法刑政于此大坏。④

晋惠帝时已是政治大坏，危机四伏，边疆极不稳定，"思郭钦之谋，而寤戎狄有衅"。⑤ 尽管西晋之于边疆治理其官制法律未备，但是亦有治边能臣"导以王化之法"。

西晋治理边疆种族的机构在中央有大鸿胪、典客令，在地方有护羌、夷、蛮等校尉。晋武帝时有南蛮校尉（襄阳）、西戎校尉（长安）、南夷校尉（宁州）。元康中，护羌校尉为凉州刺史，西戎校尉为雍州刺史，南蛮校尉为荆州刺史。及江左初，南蛮校尉又置于江陵，改南夷校尉为镇蛮校尉。及安帝时，于襄阳置宁蛮校尉，护匈奴、羌、戎、蛮、夷、越中郎将。武帝时"置四中郎将，或领刺史，或持节为之"，又置平越中郎将，居广州，主护南越。⑥

西晋时，西南诸郡设置有如汉代。晋惠帝末西南夷叛乱，宁州需有一得力刺史前往治理。永嘉四年，朝廷以王逊为南夷校尉、宁州刺史。当时宁州的形

---

① 《资治通鉴》卷八一《晋纪三·世祖武皇帝中》。
② 同上。
③ 《晋书》卷五《孝愍帝纪论》，第 87 页。
④ 同上。
⑤ 同上。
⑥ 《晋书》卷二四《职官志》，第 483 页。

势是："外逼李雄,内有夷寇,吏士散没,城邑丘墟。"①为迅速平息边患,王逊使用严法,"披荒纠厉,收聚离散,专杖威刑,鞭挞殊俗。……又诛豪右不奉法度者数十家,征伐诸夷,俘馘千计",②威行宁州,莫不振服。王逊在平定叛乱、重立法度的基础上,又"以地势形便"改革原来的郡制,③分牂柯为平夷郡,分朱提为南广郡,分建宁为夜郎郡,分永昌为梁水郡,又改益州为晋宁郡。王逊对西南边地的治理当属于法律化和制度化的做法。

除王逊这样的严法而治外,这一时期还多以谋略治理边疆,其中比较突出的是吕光。吕光为东晋时期的人物,曾远征西域,为后来的后凉政权奠定了基础。建元十八年(382)九月,吕光受苻坚之命,率十万(一说七万)大军讨伐西域,并以陇西董方、冯翊郭抱、武威贾虔、弘农杨颖为四府佐将。阳平公苻融认为这是蹑汉朝的"过举",因为"西域荒远,得其民不可使,得其地不可食,汉武征之,得不补失"。④ 建元十九年(383)正月,吕光自长安出发,苻坚在建章宫为吕光送行时叮嘱吕光:"西戎荒俗,非礼义之邦。羁縻之道,服而赦之,示以中国之威,导以王化之法,勿极武穷兵,过深残掠。"⑤吕光到任后的确是"示以中国之威",在龟兹城屈茨(库车东)西与敌展开决战,斩杀万余,王侯降者计三十余国。随后又"抚宁西域,威恩甚著,桀黠胡王昔所未宾者,不远万里皆来归附,上汉所赐节传,光皆表而易之"。⑥

此外,史籍关于北魏、西魏、北齐、北周的治边情况都有一些记载。

北魏在治国方面继承西周以来的政治传统,实行德政,认为:"饥寒迫身,不能保其赤子,攘窃而犯法,以至于杀身。迹其所由,王政所陷也。"⑦对待边疆种族,自世祖太武帝即位以来就坚持认为:"以五方之民各有其性,故修其教不改其俗,齐其政不易其宜,纳其方贡以充仓廪,收其货物以实库藏,又于岁时取鸟兽之登于俎用者以物膳府。"⑧

西魏享国二十二年,中期以后修复了关中至汉中、巴蜀的通道,又与西域大

---

① 《晋书》卷八一《王逊传》,第 1405 页。
② 同上。
③ 同上。
④ 《资治通鉴》卷一四〇《晋纪二十六》。
⑤ 《晋书》卷一一四《载记第十四》,第 1953 页。
⑥ 《晋书》卷一二二《载记第二十二》,第 2052—2053 页。
⑦ 《魏书》卷一一〇《食货志》,中华书局 2000 年简体字版,第 1903 页。
⑧ 同上书,第 1904 页。

规模通商，"卉服毡裘，辐凑于属国；商胡贩客，填委于旗亭"。地方守宰"多经营以致赀产"，民间亦颇多商贾，不少边地游牧种族也开始定居农耕。此时的河西诸郡用西域金银之钱而"官不禁"，皇帝以银钱赏赐臣下，说明此期金银作为货币开始流通。西魏在边地"恩威并重"、"政尚仁恕"，其治边著名者有韩褒。

韩褒于西魏大统十二年(546)任西凉州刺史治理河西羌胡之地。"羌胡之俗，轻贫弱，尚豪富。豪富之家，侵渔百姓，同于仆隶。故贫者日削，豪者益富"。[1] 韩褒采取经济手段解决问题，"募贫人，以充兵士，优复其家，蠲免徭赋。又调富人财物以振给之。每西域商货至，又先尽贫者市之"，[2]而非一味去改变羌胡风俗，于是羌胡地区贫富渐均，户口殷实。

北齐为鲜卑政权，前后六帝，共享国二十八年，其国不振。有《北齐律》，《北齐律》有承上启下之功，但关于治边之法没有更多的记载。北周统一北方，在司法上要求"断案者慎罚，力戒楚毒之下，自痛自诬，尽量减少冤假错案"。大统十三年(552)，宇文泰又下令废止宫刑。

北周在西北边疆问题上主要是行"和亲"的怀柔之策，如大统元年"蠕蠕请和亲，周文遣荐与杨宽使，并结婚而还"。[3] 又如周孝闵帝践阼，"仍使突厥结婚"。[4]

北朝在其范围内的东南蛮夷之地，直接实行风俗教化。从三国到晋，东南吴越虽然有所开发，但其原住种落尚为蛮夷。平文帝初，司马睿因孙权旧所，都于丹阳，即旧扬州之地。"东南曰扬州，其山镇曰会稽，其薮泽曰具区"。[5] 此地在春秋时为吴越，僻远一隅，不闻华土，其俗气轻急，不识礼教，"盛饰子女以招游客，此其土风也"。[6] 战国时，其地并于楚，地远恃险，"世乱则先叛，世治则后服"。[7] 汉末三国时，孙吴踞其地，跨而有之，此时"中原冠带呼江东之，皆为貉子，若狐貉类云"。[8] 司马睿"羁縻而已，未能制服其民"。[9]

北周孝闵帝登基后，有薛慎通经义，兼学佛义，曾任湖州刺史，治理其东南

① 《北史》卷七一《韩褒传》，中华书局 2000 年简体字版，第 1600 页。
② 同上。
③ 《周书》卷三三《杨荐传》，中华书局 2000 年简体字版，第 386 页。
④ 《周书》卷三三《王庆传》，第 389 页。
⑤ 《魏书》卷九六《司马睿传》，第 1614 页。
⑥ 同上。
⑦ 同上。
⑧ 同上书，第 1416 页。
⑨ 同上。

边地。时当地风俗原始，"界既杂蛮夷，恒以劫掠为务"，薛慎到任后要求当地首领"每月一参，或须言事者，不限时节"，施之以德。凡有纠纷，必"殷勤劝诫，及赐酒食"，以致于"一年之间，翕然从化"，当地诸蛮以之为真人父母，莫不欣悦。

薛慎尊重当地风俗，同时多施教化，以求同于汉俗。当地蛮俗，凡婚娶之后，父母虽在，即与别居，薛慎认为"非唯萌俗之失，亦是牧守之罪"，是牧守教化不力的原因。

> 慎谓守令曰："牧守令长是化人者也，岂有其子娶妻，便与父母离析？非唯萌俗之失，亦是牧守之罪。"慎乃亲自诱导，示以孝慈。并遣守令，各喻所部。有数户蛮，别居数年，遂还侍养，及行得果膳，归奉父母。慎以其从善之速，具以状闻，有诏蠲其赋役。于是风化大行，有同华俗。①

两晋南北朝继承了过去的边官设置，有南蛮校尉、西戎校尉、宁蛮校尉、南夷校尉、镇蛮校尉等。南齐时，王奂领南蛮校尉、南郡内史，主张罢南蛮校尉的设置，认为："今天地初辟，万物载新，荆蛮来威，巴濮不扰。但使边民乐业，有司修务……制置偏校，崇望不足以助强，语实安能以相弊？且资力既分，职司增广，众劳务倍，文案滋烦。非独臣见其难，窃以为国计非允。"②王奂的建议被采纳，南蛮校尉官被罢除。③

南朝宋齐时，常以威服之势治理南方边地诸蛮，然后渐变其风土。刘宋时期萧道成第二子萧嶷治理诸蛮，时有治边官员沈攸之向诸蛮责赎千万（以赎罪为名，向边疆地方索钱财），而西溪蛮王只出五百，且西溪蛮王田头拟杀死沈攸之的使者。于是官军讨伐荆州界内的蛮族，并禁断当地鱼盐交易，由此激怒群蛮，加之田头拟之弟田娄侯篡位，更致"蛮部大乱，抄掠平民，至郡城下"。萧嶷击破蛮军，诛田娄侯于郡狱，让田都继承父位，"蛮众乃安"。④

晋宋之际，"刺史多不领南蛮"，另以重要的大臣居此位。齐高帝时，以萧嶷都督荆、湘、雍、益、梁、宁、南、北秦八州军事，萧嶷给南蛮资费每年三百万、布万匹、绵千斤、绢三百匹、米千斛，"近代莫比也"。⑤ 同时"于南蛮园东南开馆立

---

① 《北史》卷三六《薛辩传》，第 886 页。
② 《南齐书》卷四九《王奂传》，第 575—576 页。
③ 同上书，第 576 页。
④ 《南齐书》卷二二《豫章文献王传》，第 269 页。
⑤ 同上书，第 271 页。

学"，①以宣教化。

　　南齐对于越州的治理亦是如此。越州属岭南，"镇临漳郡，本合浦北界
也"，②主要在今广西浦北县地界，地处广州和交州交界处，边地种落的聚居区，
历来被视为寇盗荒蛮之地。南朝刘宋泰始中始于此地立越州，南齐时这里仍然
是"夷僚丛居，隐伏岩障，寇盗不宾，略无编户"。由于此地"越瘴独甚"，因此南
齐以威服之势治之，以陈伯绍为刺史，"刺史常事戎马，唯以战伐为务"。③　不过，
此后风土渐变，归统入编人口渐多。

　　陈朝后主陈叔宝南面继业，礼乐刑政，咸遵故典，以经律治国，严禁淫俗。"又
僧尼道士，挟邪左道，不依经律，民间淫祀袄书诸珍怪事，详为条制，并皆禁绝"。④
在治理淮、泗、青、徐的边民问题上，其认为夷狄与汉人别无二致："夷狄吾民，斯
事一也，何独讥禁，使彼离析？……并赐衣粮，颁之酒食，遂其乡路，所之阻远，
便发遣船仗卫送，必令安达。若已预仕宦及别有事义不欲去者，亦随其意"。⑤

　　三国两晋南北朝的边疆法制继承了两汉以来礼法治边的传统，出现了许多
治边能臣，他们对于这些非礼义之邦的治理，"怀柔有术，清慎持法"，宽严并济。
一方面，"禁厚葬，断淫祀，进善黜恶"，惩重罪而不问小过；另一方面又立学明
训，做到风化大行。这些措施显然是两汉时期经学昌盛及法律儒家化的结果，
与内地汉区德主刑辅、礼法并用的法制方针并无二致。这一时期的边疆治理贯
彻了儒家的法律思想，积累了历史经验，为以后边疆法制在法律形式、治理思
想、治理方法上奠定了基础。

　　由于中国很早就形成了汉人居内地、四裔居边疆的格局，因此边疆之治理
多系对边地种落之治理，故治边之法多是治理边疆四裔之法。所谓的"清代的
民族法典"本身就是治边之法典，而清以前没有这样专门的法典，因此清以前的
边疆治理更有人治的特点。三国两晋南北朝时期的治边之法，或宽或严，或重
礼俗教化，或重国家法治；或以威服，或以德化。在恩威之间、国家律典与风俗
教化之间，没有整齐划一的模式，因地制宜仿佛成为了一种管理艺术。从前面
我们列举的人物事例可以看出，一切都由治边官员个人来把握的，具有个性化

---

① 《南齐书》卷二二《豫章文献王传》，第271页。
② 《南齐书》卷一四《州郡上》，第180页。
③ 同上。
④ 《陈书》卷六《后主纪》，中华书局2000年简体字版，第73页。
⑤ 同上。

的人治色彩。不过这种个性化的人治,虽然有非法律化的因素,但却有稳定的儒家政治学背景。

中国古代虽有秦律、汉律以及后来的唐律、大明律、大清律例这样一些官方法典,且从法学的角度看还有律学。但是,中国古代的法学从根本上讲是"礼法学",或者说是"法俗学"。除秦代之外,中国古代治国的关注点一直是社会,而非政治;是社会本位,而非政治本位;是追求社会的稳定和谐,而非一味追求国家之强大。其所用的手段是礼俗而非专以法治,这亦是其"得人心者,得天下"、"民为本,君为轻,社稷次之"的民本思想的表现。诚如钱穆先生归纳的那样:"其实中国人提倡礼治,正是要政府无能,而多把责任寄放在社会。因此想把'风俗'来代替了法律,把'教育'来代替了治权,①把'师长'来代替了官吏,把'情感'来代替了权益。"②所谓风俗、教育、师长、情感皆是社会的范畴,所谓法律、治权、官吏、权益皆是国家的范围。

由于中国古代对于边疆的治理,同样是把这些地方作为"社会"而非"国家"来看待,故对于这些地方的治理在本质上仍是礼治而不是法治,手段亦多以风化为主,法律治理为辅。因此,当有外侮而出现边患之时,国家的力量总显得捉襟见肘,往往无迅速整合应对的能力,这恰如后来清王朝无以面对"洋夷"一般。从主动的方面讲,历史上中央王朝治理边疆多采取"攻心"、"怀柔"、"慎法"的方针,这一切皆是希望在边疆建立起礼俗社会以收长治之效,因此往往在威服之后于这些地方开馆明训,进行礼俗教化,这是儒家的典型做法;从被动的方面看,当遇外侮强敌时,由于国家层面没有专门的野战集团力量,王朝往往反应迟钝,缺乏有效动员集结的能力,难以迅速平息边患,而这恰又是法家之所长。

---

① 与现代学校教育的公学性质相比,古代私塾教育和书院教育皆属于私学,现代大学的导师制在大学教育中有私学成分,但是在制度上仍属于公学。
② 钱穆:《湖上闲思录》(新校本),九州出版社 2012 年版,第 61 页。

第十章

隋唐时期的边疆政策及其法律治理

陈寅恪先生认为"李唐传世三百年,而杨隋享国为日至短,两朝之典章制度传授因袭几无不同,故可视为一体",[①]因此本书以隋唐合论。隋唐两朝为中国中古极盛之世,其文物制度流传四方,北逾大漠,南暨交趾,东至日本,西及中亚。隋唐时期中国的边患多集中在南方的南诏、西北的突厥、东北的高丽,影响隋唐边疆政策和法律的外部力量主要来自西北。隋唐边疆政策和法律制度在传统治法的基础上有了很大的变化,主要表现在三个方面:一是传统的"贵夏贱夷"观念有所改变;二是在新的边疆形势下边疆治理有了制度上的创新,如羁縻府州的设置;三是边疆治理上有了进一步法律化的趋势,如针对边疆化外人制定的相关法律。

一、悉如赤子:"奉朝正之典,自化尔藩"

先秦时期的中国有"夷夏有别"和"用夏变夷"的观念。所谓"夷夏有别",就是"贵夏贱夷"。《山海经》中,有夸父逐日、女娲补天、精卫填海、鲧禹治水这类关于华夏族的传说,同时也把华夏族周边的种落形势讲得十分荒芜恐怖。应劭的《风俗通义》从自然环境的角度,认为只有中国才可能出现代表文明的圣人,这是华夏族一贯的认识。既然"贵夏贱夷",就有主从之别,就只能"用夏变夷"。这一观念一直流传下来,影响了隋唐之际对待"藩附"之国的态度,因此才有隋文帝开皇十年(590)给高丽王汤的玺书中所说的"奉朝正之典,自化尔藩",也才

---

① 陈寅恪:《隋唐制度渊源略论稿》,《陈寅恪集》,生活·读书·新知三联书店2001年版,第3页。

有"四海之内，具闻朕旨"。

> 朕受天命，爱育率土，委王海隅，宣扬朝化，欲使圆首方足各遂其心。
> 王每遣使人，岁常朝贡，虽称藩附，诚节未尽。王既人臣，须同朕德，而乃驱
> 逼靺鞨，固禁契丹。诸藩顿颡，为我臣妾。……时命使者，抚慰王藩，本欲
> 问彼人情，教彼政术。王乃坐之空馆，严加防守，使其闭目塞耳，永无闻
> 见。……又数遣马骑，杀害边人……朕于苍生悉如赤子，赐王土宇，授王官
> 爵，深恩殊泽，彰著遐迩。王专怀不信，恒自猜疑，常遣人密觇消息，纯臣之
> 义岂若是也？盖当由朕训导不明，王之愆违，一已宽恕，今日以后，必须改
> 革。守藩臣之节，奉朝正之典，自化尔藩，勿忤他国，则长享富贵，实称朕
> 心。……普天之下，皆为朕臣……昔帝王作法，仁信为先，有善必赏，有恶
> 必罚，四海之内，具闻朕旨。王若无罪，朕忽加兵，自余藩国谓朕何
> 也！……王谓辽水之广何如长江？高丽之人多少陈国？朕若不存含育，责
> 王前愆，命一将军，何待多力！殷勤晓示，许王自新耳。宜得朕怀，自求
> 多福。①

诏书中充满了优越感，一方面表达了"朕于苍生，悉如赤子"的"家天下"思
想，同时也表明了"有善必赏，有恶必罚，四海之内，具闻朕旨"的态度，这意味着
其法律自然在理论上是通行"天下"的。在此前提下隋文帝提出藩国应当"奉朝
正之典，自化尔藩"，意思是藩国既要遵循大隋的律令典章，又可以"自化尔藩"。
二者对于后来唐代治理"藩附"、"藩臣"之国，形成"羁縻府州"制度，在思想和方
法上均有所影响。

唐朝"贵夏贱夷"观念的变化，表现在贞观三年关于突厥突利可汗兵败降唐
事件的争论中。尽管在史料中，"藩部"地区的种落通常仍然被认为是夷狄，如
贞观三年(629)，由于突厥颉利可汗与突利可汗有隙而发生内战，突利兵败降
唐，表请入朝，上谓侍臣曰："夷狄弱则边境无虞。"②大臣杜如晦进曰："夷狄无
信，其来自久，国家虽为守约，彼必背之。"③唐太宗则认为，"夷狄亦人耳，其情与

---

①　《隋书》卷八一《东夷·高丽传》，中华书局 2000 年简体字版，第 1218—1219 页。
②　《旧唐书》卷一九四《突厥传上》，中华书局 2000 年简体字版，第 3510 页。
③　同上。

中夏不殊"，①"自古皆贵中华，则贱夷狄，朕独爱之如一，故其种落皆依朕如父母"。② 后来，唐太宗又在"遣司农卿郭嗣本赐延陀玺书"中云："突厥颉利可汗未破已前，自恃强盛，抄掠中国，百姓被其杀者不可胜纪。我发兵击破之，诸部落悉归化。……并授官爵，同我百僚，所有部落，爱之如子，与我百姓不异。但中国礼义，不灭尔国，前破突厥，止为颉利一人为百姓之害，所以废而黜之，实不贪其土地，利其人马也。"③

在这段文字中，唐太宗与隋文帝一样，表达了对待归化的突厥部落"爱之如子，与我百姓不异"的思想，把前来归附的种落称为"归义"之人，也是其归附礼仪之邦的意思，同时也说明了"但中国礼义，不灭尔国"的态度。由上可知，从隋文帝到唐太宗，过去"贵夏贱夷"的观念已经开始朝"爱之如一"的方向变化。而且自汉朝以来长期实行的和亲政策，使得汉、夷之间建立了名义上的亲戚关系，隋唐时期又与许多藩属之间成了舅甥关系，"爱之如一"是自然而然的事情，也当按舅甥之礼相待。此外，汉以来的羁縻思想中也包含了传统礼治的要求，早在东汉光武帝建武二十七年，公卿们讨论针对南北匈奴的治策时，司徒掾班彪就提出朝廷给予的赏赐要与他们的贡献相当："羁縻之义，礼无不答。谓可颇加赏赐，略与所以献相当。"④所谓"礼无不答"，就是要以礼相待，以礼而治，如《孝经·广要道章》云："礼者，敬而已矣。"《礼记·乐记》云："礼者，天地之序也。"这也是对那些"归化夷狄"的尊重。

二、藩卫边疆：羁縻府州的法律治理

历史上，中国一直受到边疆之外（海外）诸多种族势力的挤压，在征讨、结盟、归附的博弈过程中，与周边种族政权之间形成了主从藩属关系，这便是唐朝出现羁縻府州的背景。汉代在边郡之下设属国都尉、都护、校尉等机构管理边疆地方军政事务，虽然设置并派员管理，但是并不直接管理属国的内部事务，属国的内部事务仍然由受朝廷册封的当地种落首领处理。一般认为，这类机构不

---

① 《资治通鉴》卷一九七《唐纪十三·太宗文武大圣大广孝皇帝中之下》。
② 同上。
③ 《旧唐书》卷一九四上《突厥传》，第 3512 页。
④ 转引陈序经《匈奴史稿》，中国人民大学出版社 2008 年版，第 359 页。

同于春秋战国时期边郡的直接管辖,是介于郡县和羁縻之间的统治方式。不同于汉代在属国之外册封的羁縻统治区域,唐代的羁縻府州虽然也是就其故地,但是却把行政设置与册封结合起来,对已经降附者进行管理,其制度化的色彩更为明显,如《新唐书·北狄传》云:"薄海内外,无不郡县,遂尊天子曰'天可汗'。"羁縻府州这种行政设置的管理方式,有利于唐朝边疆治理的制度化。

相对于内地而言,唐朝比较明晰的边疆应当是由众多的羁縻府州组成的,形成了西北、西南、东北的边疆区域。也就是说,只要唐朝设立羁縻府州,实行了行政、军事建置的地方,它们都是唐朝的内属边疆。唐朝的"都护府州"不同于西方近代的殖民地,西方的殖民地实行了类似派出总督进行殖民统治,而在唐王朝眼中,"藩部"则本属夷狄而并非"中国",是"化外"区域,当"藩部"成为都护区域之后,就成了"羁縻府州"区,成为中国的"归化"部分,唐朝有兵部职方郎中辨别其疆域,[①]可以主持他们之间的"疆场之争讼"。[②]

都护区域是唐朝直接在边疆地区设置并实行行政、军事管理的区域,与内地区域没有大的区别,应当可以属于唐律中所说的"化内"范围。唐朝的都护"掌统诸蕃,抚慰征讨,叙功罚过",其都护府包括西域设立的安西、北庭(金山)、昆陵、蒙池等都护府,最远达里海之滨。在突厥、回纥、靺鞨、铁勒、室韦、契丹等地,分别设立了安西、安北、安东、安南、单于、北庭六大都护府。在这些都护府之下,尚有 856 个羁縻府州。

> 突厥、回纥、党项、吐谷浑隶关内道者,为府二十九,州九十。突厥之别部,及奚、契丹、靺鞨、降胡、高丽隶河北者,为府十四,州四十六。突厥、回纥、党项、吐谷浑之别部及龟兹、于阗、焉耆、疏勒、河西内属诸胡,西域十六国隶陇右者,为府五十一,州百九十八。羌、蛮隶剑南者,为州二百六十一。蛮隶江南者,为州五十一。隶岭南者,为州九十二。又有党项州二十四,不知其隶属。大凡府州八百五十六,号为羁縻云。[③]

---

①　(唐)李林甫等撰,陈仲夫点校:《唐六典》卷五《尚书兵部》,中华书局 2014 年版,第 162 页。

②　同上。

③　《新唐书》卷四三下《地理志》,另外《史记·司马相如传》载相如曰:"盖闻天子之于夷狄也,其义羁縻勿绝而已。"索隐案:"羁,马络头也;縻,牛缰也。汉官仪:'马云羁,牛云縻。'言制四夷如牛马之受羁縻也。"(第735 页)这里所谓的"关内道"包括府二十九、州九十,分别是突厥州十九、府五,回纥州十八、府九,党项州五十一、府十五;吐谷浑州二。

这些羁縻府州比内地的府州还多,如果按照一般理解的"外藩"来界定它们与唐朝的关系,唐朝羁縻府州的首领应是"藩臣"、"外臣"、"藩附",相对于内地官员"内臣"来讲,他们属于"外臣"。① 中国古代的"藩属"说,其本义是"奉朝贡献之国",②李大龙认为"二字连用是清代才出现的"。③ 但汉代的"属国"不同于清代的"藩属",《汉书·武帝本纪》中说匈奴昆邪王来降,"置五属国以处之,以其地为武威、酒泉郡"。颜师古注:"存其号而属汉,故曰属国。"这说明汉代的"属国"在理论上已不是"外蕃"的意思了,而清代的"属"则是用来指藩部之外的"附属国"。④ 由于唐代的羁縻府州其首领被封为都督,同时又实行了府州行政制度,已经属于"化内"的范围,从严格意义上讲,这些众多的羁縻府州应当都是唐朝的边疆。

羁縻府州制度的产生首先在于观念上的改变,因为羁縻府州制度相当于在国家意义上接纳了边疆种落政权,使之成为中央政权的一部分,对于长期存在"贵夏贱夷"思想的中国来说,这样的改变是不容易的。贞观四年(630),围绕如何安顿突厥的降众,温彦博主张遣居河南,魏征则以为宜遣返河北,最终太宗采用温彦博之议,自幽州至灵州置顺、佑、化、长四州都督府;又分颉利之地六州,左置定襄都督府,右置云中都督府,以统其部众,此为唐朝建羁縻府州制度之始。同年,四夷君长诣阙请唐太宗为"天可汗",说明他们对羁縻府州制度的认可。

就唐朝的中央行政管辖而言,羁縻府州在法理上已经等同于内地,并且已经可以对之进行编户管理。贞观二十二年,太宗见诸国使者时云:"汉武帝穷兵三十余年,疲弊中国,所就无几;岂如今日绥之以德,使穷发之地尽为编户乎?"⑤这是肯定了唐朝对边疆族群藩附实行羁縻编户的意义。

但是西北边疆羁縻府州的形势一直并不稳定,这影响了唐朝对它们的编户管理。如西北诸族编户是随着突厥部强弱形势而变,太宗时突厥薛延陀西遁,贞观三年突厥铁勒部夷男遣其弟统特勒来朝,太宗赐以宝刀和鞭,"汝所部有大

① "外臣"是汉朝时四夷君长的自称,《汉书》卷九五《南粤传》载汉惠帝时,南粤王赵佗上书云:"高皇帝幸赐臣佗玺,以为南粤王,使为外臣,时内贡职。"(第2842页)
② 《钦定四库全书总目》卷六八《史部·地理类一》。
③ 李大龙:《汉唐藩属体制研究》,第3页。
④ 同上。
⑤ 《资治通鉴》卷一九八《唐纪十四》,贞观二十一年五月庚辰条。

罪者斩之"。① 贞观十六年,太宗又与司空房玄龄择定了合亲之策,以"缓縻羁縻"之;贞观二十年,太宗至灵州,突厥铁勒部"委身内属,请同编列,并为州郡";②贞观二十一年,太宗因其地土,择其部落,置为州府,"凡一十三州。拜其酋长为都督、刺史,给玄金鱼以为符信,又置燕然都护以统之"。③

至武则天时,突厥强盛且兼并铁勒漠北部,其回纥、契苾、思结、浑部只好放弃原来的羁縻府州,迁徙于甘、凉二州。至于一些地方"无州县户口",只是因为他们"或臣或否",不容易统计而已,如"据天宝十二载簿,松州都督府,一百四州,其二十五州有额户口,但多羁縻逃散,余七十九州皆生羌部落,或臣或否,无州县户口,但羁縻统之"。④ 在理论上,朝廷不仅可以对之进行编户,还可以课以徭役。只是由于边疆诸蕃的具体情况十分复杂,不可能整齐划一,因此对一些"夷僚杂类"的羁縻府州,实行不同于内地的"随事斟量"的规定。⑤ 这不仅是优惠政策,还入了律令。根据《旧唐书·食货上》记载,早在武德七年定律令时,就把岭南地区编户的税米征收对象分为"上户"、"次户"、"下户"三类,对他们征收的税米数量不同,规定上户一石二斗、次户八斗、下户六斗。后来的《通典》《唐六典》中载对"夷僚之户"的特别优惠规定:"若岭南诸州则税米,上户一石二斗,次户八斗,下户六斗。若夷僚之户,皆从半输。"⑥"轻税诸州,高丽、百济应差征税者,并令免课、役。"⑦唐朝时期岭南地方"所辖八州,俗无耕桑,地极边远",⑧这些"夷僚之户"更不可能提供多少税米了,而对高丽、百济等"应差征税者"则免其课、役。

这些羁縻府州是否受唐朝的具体法律管辖呢? 贞观二年,曾经与唐太宗结为兄弟的突厥突利部因突厥内乱而事穷降唐,太宗采纳了杜如晦的"取乱侮亡之道",于贞观四年封授突利,置顺祐等州以安其众,使之成为唐朝的藩臣,而突利可汗被授予都督之职,率部还蕃,成为藩属。太宗曰:"我所以不立尔为可汗者,正为启民前事故也。改变前法,欲中国久安,尔宗族永固,是以授尔都督,当

---

① 《旧唐书》卷一九九下《北狄传》,第 3636 页。
② 同上。
③ 同上书,第 3639 页。
④ 《旧唐书》卷四一《地理志》,第 1164 页。
⑤ (唐)杜佑:《通典》卷六《食货六·赋税下》。
⑥ 同上。
⑦ (唐)李林甫等撰,陈仲夫点校:《唐六典》卷三《尚书户部》,第 77 页。
⑧ 《旧唐书》卷一九上《懿宗本纪》,第 460 页。

须依我国法，整齐所部，不得妄相侵掠，如有所违，当获重罪。"①此处所说"是以授尔都督，当须依我国法"，突利可汗所领都督成为唐朝羁縻府州之外臣，并且要依照唐朝的法律行事，否则将受到处罚。唐朝对境外来降、来附者，多在其地建立羁縻府州，其首领虽为羁縻外臣，有地方自治的性质，但却必须遵守唐朝的法律。这样看来，似乎唐法律管辖的边界已至羁縻府州，这些区域也应当是唐朝法律管辖的范围，或者我们可以这样说，唐朝法律的管辖范围基本上与其行政和军事管理所及范围是一致的。

这些地方是否一概实行了唐朝的律、令、格、式呢？上述太宗对突利可汗说"当须依我国法"，这究竟是什么"法"？一般说来，对于羁縻府州，唐朝实行的是册封（册立）、奉正朔、朝贡、入质、率性、守境、从征、兵刑这样一些法律，在这些只是针对羁縻府州的法律中，很难看到关于羁縻府州及外蕃内部治理的法律规定，这大概也是"羁縻"之法的特点。

关于羁縻府州内部的治理，在《永徽律疏》中，我们没有看到与此相关的法条，这是否可以认为"律、令、格、式"并不适用于这些地方的内部治理呢？对此，试着做一分析。

《新唐书·地理志》载："唐兴，初未暇于四夷，自太宗平突厥，西北诸蕃及蛮夷稍稍内属，即其部落列置州县。其大者为都督府，以其首领为都督、刺史，皆得世袭。虽贡赋版籍，多不上户部，然声教所暨，皆边州都督、都护所领，著于令式。"②这里说的是西北那些内属诸蕃被列置为羁縻都督府后的治理情况。从"律"的层面看，唐律中《名例律》、《卫禁律》关于化外人（应当包括了来自羁縻府州的藩人）的法律规定，只是针对诸蕃之人在唐朝本土犯法的处理，并不具体地适用于羁縻府州地方，这与其只是受"羁縻"治理的性质是一致的。既然如此，那么贞观二年（628）唐太宗对突利可汗所说的"是以授尔都督，当须依我国法"又如何解释呢？唐朝的羁縻府州制度始于贞观四年（630），唐太宗对突利可汗说这句话的时候，唐朝并没有形成羁縻制度，相关的法律规定也并不明确，这里太宗说"当须依我国法"，是就"不得妄相侵掠"而言，"我国法"最多也仅仅是指律、令、式中针对化外诸蕃的专条。

① 《旧唐书》卷一九四上《突厥传》，第 3511 页。
② 《新唐书》卷四三下《地理志》，中华书局 2000 年简体字版，第 735 页。

从"令式"看,这些羁縻府州"虽贡赋版籍,多不上户部",说明羁縻府州不负担朝廷赋役,不过这应当只是表明朝廷对羁縻府州的宽松政策。在法理上,对羁縻府州需要承担的赋役仍然是以"令"的形式规定,"著于令式"说明唐朝有针对边州都督、都护的"令"、"式"。唐朝对外蕃虽然没有直接的法律管辖,但成书于开元二十六年的《唐六典》中,已经明确了户部对被称为"远夷"的外蕃的贡赋制管理。唐朝的户部管理内外贡赋,"分十道以总之",①户部中有七道承担了对"远夷"的贡赋管理,它们是:关内道,"远夷则控北蕃、突厥之朝贡焉";②河南道,"远夷则控海东新罗、日本之贡献焉";③河东道,"远夷则控契丹、奚、靺鞨、室韦之贡献焉";④陇右道,"远夷则控西域胡、戎之贡献焉";⑤江南道,"远夷则控五溪之蛮";⑥剑南道,"远夷则控西洱河群蛮之贡献焉";⑦岭南道,"其远夷则控百越及林邑、扶南之贡献焉"。⑧

《唐六典》中的"赋役令"还规定了关于诸国蕃胡户等的课输办法。⑨ 此外,还有涉及天子印宝(玺)、慰劳蕃书规定的"公式令",涉及诸蕃朝贡马、驴、羊等物规定的"厩牧令",涉及诸蕃互市等规定的"关市令",以及关于供给蕃客规定的"主客司式"等,如兵部式、职方式、礼部式、司封式、司勋式等都涉及对羁縻府州的管理。

从上述与羁縻府州有关的"律、令、格、式"看,唐朝对作为其边疆"藩卫"的羁縻府州管理的法律停留在"基本法"和"外部法"的范畴,这是"羁縻"政策在唐朝边疆法律治理上的反映。

此外,唐朝还保留了对南方一些羁縻都督府的地方官员进行选拔、任命的权力,这在唐以后的土官、土司制度中得到继承。唐朝选择官员的一般办法是"取人以身、言、书、判,计资量劳而拟官"。所谓"身",是看其体态;所谓"言",察其谈吐;所谓"书",是试其文;所谓"判",是观其断。具体程序是:"始集而试,观

① (唐)李林甫等撰,陈仲夫点校:《唐六典》卷三《尚书户部》,第64页。
② 同上书,第65页。
③ 同上书,第66页。
④ 同上书,第67页。
⑤ 同上书,第69页。
⑥ 同上书,第70页。
⑦ 同上书,第71页。
⑧ 同上书,第72页。
⑨ [日]仁井田陞:《唐令拾遗》,东京大学出版会1964年覆刻,1933年初版。

其书、判；已试而铨，察其身、言；已铨而注，询其便利；已注而唱，集众告之。然后类以为甲，先简仆射，乃上门下，给事中读，侍郎省侍中审之，不当者驳下。既审，然后上闻，主者受旨奉行，各给以符，谓之告身。兵部武选亦然。"①但是唐高宗时期，黔中、岭南、闽中边疆羁縻府州县官的选拔，无需经过吏部，均委托都督选择士人补授。凡是在这些地方任职者，每年考核一次，六品以下，四考为满。②

由于注拟当地人为官，"简择未精"。高宗仪凤元年，朝廷针对桂、广、交、黔等都督府辖内官员的"注拟"发布敕令，要求加强清正官、御史对官员任命的监督，每四年派遣五品以上清正官充使，并令御史同往注拟，③此即所谓的"南选"，这一制度到宋朝时仍在边地实行。

三、"治出于二"：隋唐时期对边疆异俗的态度

隋唐时期，中央王朝政治的法律化得以进一步加强，其治边法制也逐渐完善。按照一般的说法，隋朝法律承前启后，法律进一步儒家化进而实现礼法合一。不过这只是变化的一个方面，隋唐时期国家政治建设不完全是儒家化，尽管没有说过采用法家思想来治理国家，但实际上从隋朝开始，法家思想逐渐影响了王朝的政治建设。隋文帝杨坚的执政理念，按照耶鲁大学芮沃寿教授的说法："他受了法家传统和当时常见的个人对佛教的信仰两者兼而有之的强烈影响，典型的法家思想表现在他推动政府集权化和合理化方面。"④这一理念主要表现在隋朝实行的"三省六部"、中央政府任命官员、"科举取士"、反对"屈法伸私"等这样一些举措。比如，"高祖尝言及作相时事，因愍安兄弟灭亲奉国，乃下诏曰：先王立教，以义断恩，割亲爱之情，尽事君之道，用能弘奖大节，体此至公"。⑤ 在对待儿子秦王因贪污而获罪的案件时，则坚持"法不可违"，不予宽恕。隋文帝的这些法制思想和措施，强化了国家、政治、法律的概念，在某种程度上

---

① 《资治通鉴》卷二一〇《唐纪十七》，高宗总章二年主咸亨元年。
② 同上。
③ 《资治通鉴》卷二二〇《唐纪十八》，高宗仪凤元年。
④ ［英］崔瑞德编，中国社会科学院历史研究所西方汉学研究课题组译：《剑桥中国隋唐史》，中国社会科学出版社1990年版，第64页。
⑤ 《隋书》卷五〇《李安传》，第884页。

弱化了汉代以来形成的豪门士族势力。

　　不过需要说明的是,尽管隋朝有法家倾向而在王朝治理上出现了"政府集权化和合理化"的情况,但这仍然是相对的。在对待边疆异俗的问题上,隋朝并没有一味追求"同一法俗",而是仍然继承了中国"不求变俗"为治的传统,以及中国古代法律"属人主义"的传统。这一则是因为中国疆域广大,种落繁多,若强力推行国家法律而"一同以法",则势必纠纷不断;二则同样由于中国疆域广大,风俗各异,即使有了郡县制,也难以"一同以俗"。因此,《尚书》中凡言夏、商、周王者之事,也多是弘扬其"克峻明德"、"协和万邦",这大概是中国何以有不同于西人的德治传统的根本原因。

　　隋唐有承于这一传统,尊重边疆的风俗习惯。如贞观四年,唐破突厥,太宗下诏议安边之策。中书侍郎颜师古针对"河北"突厥、铁勒土地的分配,主张"因其习俗而抚驭之":"臣愚以为凡是突厥、铁勒,须河北居住,分置酋首,统领部落,节级高下,地界多少,伏听量裁,为立条例,远绥迩安,永永无极。"①又如隋炀帝对突厥启民说的话中就强调了君子教民、不求变俗的思想:"夷夏殊风,君子教民,不求变俗。断发文身,咸安其性。"②"但使好心孝顺,何必改变衣服也。"③

　　不求变俗自然还包括不改变其刑事、民事法俗,突厥本有自己的风俗和法律,如《周书列传》卷五〇《嚈哒》:"刑法,风俗与突厥同。其俗又兄弟共娶一妻,夫无兄弟者,其妻戴一角帽;若有兄弟者,依其多少之数,更加帽角焉。"又有刑事犯罪、民事赔偿处罚之俗,如《北史》卷九九《突厥传》:"其刑法,反叛、杀人及奸人之妇、盗马绊者皆死,淫者割势而腰斩之,奸人女者重责财物,即以其女妻之,斗伤人者随轻重输物,伤目者以女,无女则输妇财,折肢体者输马,盗马及什物者各十余倍征之。"

　　不求变俗的思想与羁縻而治的政策是一致的。开皇九年时,南方岭南夷、越尚未归附,隋王朝因地制宜,利用高凉郡太夫人洗氏的"圣母"威望,册洗氏为宋康郡夫人,安抚岭外。

　　　岭南未有所附,数郡共奉高凉郡太夫人洗氏为主,号圣母,保境拒守。

────────────

① 　(北宋)王溥:《唐会要》卷七三。
② 　《隋书》卷八四《突厥传》,第 1257 页。
③ 　同上。

诏遣柱国韦洸等安抚岭外，陈豫章太守徐璒据南康拒之，洸等不得进。晋王广遣陈叔宝遗夫人书，谕以国亡，使之归隋。夫人集首领数千人，尽日恸哭，遣其孙冯魂帅众迎洸。洸击斩徐璒，入，至广州，说谕岭南诸州皆定；表冯魂为仪同三司，册洗氏为宋康郡夫人。①

开皇十七年时，由于岭南夷、越数次反叛，朝廷以令狐熙为桂州总管，许以便宜从事，令狐熙不以兵威而以手教相谕，于是"相帅日附"。同时建设城邑，开设学校，渐次感化。②

唐代对于此前中国的治国史有所反思，认为"三代"之世，是"治出于一"，而后世则是"治出于二"："三代而上，治出于一，而礼乐达于天下。由三代而下，治出于二，而礼乐为虚名。"③"其于《唐书·礼乐志》发明礼乐之本，言前世治出于一，而后世礼乐为空名。"④理由是：

> 及三代已亡，遭秦变古，后之有天下者，自天子百官名号序位、国家制度、官车服器一切用秦，至于三代礼乐，具其名物而藏于有司，时出而用之郊庙、朝廷，曰：此为礼也，所以教民。此所谓治出于二，而礼乐为虚名。故自汉以来史官所记事物名数、降登揖让、拜俯伏兴之节，皆有司之事尔，所谓礼之末节也。然用之郊庙、朝廷，自搢绅士大夫从事其间者，皆莫能晓习，而天下之人至于老死未尝见也。⑤

意思是三代以后的礼，史官所记皆止于郊庙朝廷，而不为搢绅士大夫所晓习，天下之人更是未见。这说明唐代士大夫已经认识到"汉承秦制"以后的礼乐已不是三代之法，其基本国体更非西周时的宗法分封所持之礼乐之治。

春秋时期礼崩乐坏，分封瓦解；秦行郡县，一出于法。自汉以来，礼乐止于有司，只用于郊庙朝廷。汉至南北朝，尤重门阀，宗法与封建相维，诸侯世国有封建，大夫世家则有宗法。南北朝门阀世宦之盛，尚有利于分封，西晋罢州郡兵而行封国以至于乱，其用封国兵以靖四方之意即是如此。尽管如此，王朝礼治却已不同于三代，经"汉承秦制"，加之王朝疆域内或郡县或分封，受秦之法制、

① 《资治通鉴》卷第一七七《隋纪一》，文帝开皇九年。
② 《资治通鉴》卷第一七八《隋纪二》，文帝开皇十七年。
③ 《新唐书》卷一一《礼乐志》，第197页。
④ 《欧阳文忠公集》八，转引陈寅恪《隋唐制度渊源略论稿》，《陈寅恪集》，第6页。
⑤ 《新唐书》卷一一《礼乐志》，第197页。

秦之郡县影响深刻。加之汉晋之世,曾有似周王朝时期的分封之国而至于乱,故在国家行政管理方面中央集权成为趋势。又有南北朝时北方胡国渐染华风,推行汉法并于汉法有所创制,如南齐王肃因其父为齐武帝萧赜所杀,北奔入魏,帮助北魏变革典章制度。

> 佛狸已来,稍僭华典,胡风国俗,杂相揉乱,王肃为虏制官品百司,皆中国。①
>
> 自晋氏丧乱,礼乐崩亡,孝文虽厘革制度,变更风俗,其间朴略,未能淳也。肃明炼旧事,虚心受委,朝仪国典,咸自肃出。②

这在礼法风俗制度方面,促使原来的北方边地族群在制度文化上进一步汉化,而其法典化的趋势尤为明显,《北齐律》更是成为南北朝时期法典之最,法律制度多有"北优于南"之说,这些于《开皇律》乃至《唐律疏议》都有直接的影响。

四、隋唐中国边疆形势及其治边方略

继三国邓艾和晋初郭钦、江统之后,隋炀帝时有裴矩《西域图记》对如何处理边疆种族关系的讨论,《贞观政要》之《议安边》载唐太宗与大臣们的安边政论,这说明隋唐之际对于边疆的治理逐渐制度化。同时,由于中央集权的加强,政府职能的分化,隋唐政治的"国家"意义更为突出,王朝统治的法典化水平大为提高(隋朝的《开皇律》、唐朝的《唐律疏议》),与之相应的是王朝治外、治边方面的法律化趋势也更为明显,这在唐律中表现为有了专门针对"关外人"、"化外人"等的法条规定。

隋朝在边疆治理方面的功绩可以归之如下:在南方征服了陈朝,在北方打击了突厥,在西方征服了吐谷浑,在西南占领了占婆,在东方征服了琉球。

(一) 隋朝的西北边疆形势

隋立国之后,西北突厥、契丹、党项、羌等边疆种落来降、来附。《隋书·高祖上》载:

---

① 《南齐书》卷五七《魏虏传略》,第673页。
② 《北史》卷四二《王肃传》,第1019页。

> （开皇）四年二月丁未，突厥苏尼部男女万余人来降。
>
> （开皇）四年二月庚戌，突厥可汗阿史那玷率其属来降。
>
> （开皇）四年九月庚午，契丹内附。
>
> （开皇）五年秋七月壬午，突厥沙钵略上表称臣。
>
> （开皇）六年春正月甲子，党项羌内附。

《隋书·高祖下》载：

> （开皇）十九年夏四月丁酉，突厥利可汗内附。
>
> （开皇）十九年冬十月甲午，以突厥可汗为启人可汗，筑大利城处其部落。

《隋书·炀帝上》载：

> （大业）三年秋七月辛亥，启民可汗上表请变服，袭冠带。……赐启民及其部落各有差。
>
> （大业）四年夏四月乙卯，诏曰："突厥意利珍豆启民可汗率领部落，保附关塞，遵奉朝化，思改戎俗……宜于万寿戍置城造屋，其帷帐床褥已上，随事量给，务从优厚，称朕意焉。"

隋朝拓展了西北疆域，还通过外交宴会的形式接待边外百僚、蛮夷。《隋书·炀帝上》：

> （大业）四年六月壬子，伊吾吐屯设等献西域数千里之地，上大悦。置西海、河源、鄯善、且末等四郡。
>
> （大业）四年六月丙辰，炀帝设鱼龙曼延，宴高昌王、吐屯设于殿上，以宠异之。其蛮夷陪列者三十余国。

《隋书·炀帝下》：

> （大业）十一年春正月甲午朔，大宴百僚。突厥、新罗、靺鞨、毕大辞、诃咄、传越、乌那曷、波腊、吐火罗、俱虑建、忽论、诃多、沛汗、龟兹、疏勒、于阗、安国、曹国、何国、穆国、毕、衣密、失范延、伽折、契丹等国并遣使朝贡。
>
> （大业十一年春正月）乙卯，大会蛮夷，设鱼龙曼延之乐，颁赐各有差。

尽管如此，隋王朝的西北边疆仍然面临着突厥始毕可汗部的侵扰，如大业十一年八月乙丑,炀帝巡北塞,戊辰,突厥始毕可汗率骑兵数十万谋袭。"癸酉,突厥围城,官军频战不利。上大惧……诏天下诸郡募兵,于是守令各来赴难。九月甲辰,突厥解围而去"。①

西南的南宁州等汉世牂柯之地,文帝开皇时期对这些地方的夷、僚采取遥授刺史的羁縻政策,并命左领军将军史万岁至南中平其叛乱。

> 春,二月,癸未,太平公史万岁击南宁羌,平之。初,梁睿之克王谦也,西南夷、僚莫不归附,唯南宁州酋帅爨震恃远不服。睿上疏,以为:"南宁州,汉世牂柯之地,户口殷众,金宝富饶。梁南宁州刺史徐文盛为湘东王征赴荆州,属东夏尚阻,未遑远略,土民爨瓒遂窃据一方,国家遥授刺史,其子震相承至今。而震臣礼多亏,贡赋不入,乞因平蜀之众,略定南宁。"其后南宁夷爨玩来降,拜昆州刺史,既而复叛。乃以左领军将军史万岁为行军总管,帅众击之,入自蜻蛉川,至于南中。夷人前后屯据要害,万岁皆击破之;过诸葛亮纪功碑,渡西洱河,入渠滥川,行千余里,破其三十余部,虏获男女二万余口。诸夷大惧,遣使请降,献明珠径寸,于是勒石颂美隋德。万岁请将爨玩入朝,诏许之。爨玩阴有贰心,不欲诣阙,赂万岁以金宝,万岁于是舍玩而还。②

(二) 裴矩《西域图记》: 隋朝经营西北边疆的方针

隋唐时期治理西北边疆最为著名的人物是裴矩,裴矩历北周、隋、唐三朝,以经营西域、北抚突厥、经略岭南而知名,并撰有《西域图记》。其序曰:

> 臣闻禹定九州,导河不逾积石;秦兼六国,设防止及临洮。故知西胡杂种,僻居遐裔,礼教之所不及,书典之所罕传。自汉氏兴基,开拓河右,始称名号者,有三十六国,其后分立,乃五十五王。仍置校尉、都护,以存招抚。然叛服不恒,屡经征战,后汉之世,频废此官。虽大宛以来,略知户数,而诸国山川,未有名目。至如姓氏风土、服章物产,全无纂录,世所弗闻。复以春秋递谢,年代久远,兼并诛讨,互有兴亡。或地是故邦,改从今号;或人非旧类,因袭昔名。兼复部民交错,封疆移改,戎狄音殊,事难穷验。于阗之

---

① 《隋书》卷四《炀帝本纪下》,第62页。
② 《资治通鉴》卷第一七八《隋纪二》,文帝开皇十六年至十七年。

北,葱岭以东,考于前史,三十余国。其后更相屠灭,仅有十存。自余沦没,
扫地俱尽,空有丘墟,不可记识。

　　皇上膺天育物,无隔华夷,率土黔黎,莫不慕化。风行所及,日入以来,
职贡皆通,无远不至。臣既因抚纳,监知关市,寻讨书传,访采胡人,或有所
疑,即详众口。依其本国服饰仪形,王及庶人,各显容止,即丹青模写,为
《西域图记》,共成三卷,合四十四国。仍别造地图,穷其要害。从西顷以
去,北海之南,纵横所亘,将二万里。谅由富商大贾,周游经涉,故诸国之
事,罔不遍知。复有幽荒远地,卒访难晓,不可凭虚,是以致阙。而二汉相
踵,西域为传,户民数十,即称国王,徒有名号,乃乖其实。今者所编,皆余
千户,利尽西海,多产珍异。其山居之属,非有国名,及部落小者,多亦不
载。发自敦煌,至于西海,凡为三道,各有襟带。北道从伊吾,经蒲类海铁
勒部突厥可汗庭,度北流河水,至拂菻国,达于西海。其中道从高昌、焉耆、
龟兹、疏勒,度葱岭,又经钹汗、苏对沙那国、康国、曹国、何国、大小安国、穆
国,至波斯,达于西海。其南道从鄯善、于阗、朱俱波、喝盘陀,度葱岭,又经
护密、吐火罗、挹怛、忛延、漕国,至北婆罗门,达于西海。其三道诸国,亦各
自有路,南北交通。其东女国、南婆罗门国等,并随其所往,诸处得达。故
知伊吾、高昌、鄯善,并西域之门户也。总凑敦煌,是其咽喉之地。以国家
威德,将士骁雄,泛蒙汜而扬旌,越昆仑而跃马,易如反掌,何往不至! 但突
厥、吐浑分领羌胡之国,为其拥遏,故朝贡不通。今并因商人密送诚款,引
领翘首,愿为臣妾。圣情含养,泽及普天,服而抚之,务存安辑。[①]

　　裴矩撰《西域图记》,是因为隋炀帝时西域诸胡多至张掖交市,而当时突厥、
吐谷浑分领羌胡之国,成为畅通西域贸易的障碍,因此裴矩才研究了西域的情
况,提出了破解问题的方法。

　　裴矩在《西域图记》中抓住了经略西夷的要害,一是认为西域诸国本欲与隋
朝通朝贡,"今并因商人密送诚款,引领翘首,愿为臣妾"。因此,对西域诸国当
"圣情含养,泽及普天,服而抚之,务在安辑"。二是认为厥、吐谷浑分领羌胡之
国,阻塞了西域通道,而导致朝贡不通,那么"弗动兵车,诸蕃既从,突厥可灭"。

---

①　《隋书》卷六七《裴矩传》。

于是"帝大悦","将通西域,西夷经略,咸以委之"。① 裴矩作黄门侍郎,至张掖,在裴矩的经营下,"自是西域往来相继"。② 大业五年,"帝西巡至焉支山,命矩说高昌王麹伯雅伊吾、吐屯设等,召使入朝,伊吾献西域数千里之地,置西海、河源、鄯善等郡,大开屯田,以通西域之路"。③ 因此,隋朝治理西域的成绩是破解突厥、吐谷浑分领羌胡之国的局面,在此基础上采取"服而抚之,务在安辑"的方法,以此沟通西域文化和贸易。

(三) 隋唐时期的治边、治外机构

隋朝在中央的治边、治外机构为"鸿胪寺",后来改为"典客署"。在京师建国门外设有"四方馆",接待四方使者。"四方馆"的设置比较灵活,"量事繁简,随时损益"。"四方馆"按东、南、西、北分四方"使者署",分设"东夷使者"、"南蛮使者"、"西戎使者"、"北狄使者"各一人。此四使者署之职分掌方国及其互市,使者署下有录事、叙职、叙仪、监府、监置、互市监及副、参军各一人。其中"监置"掌"安置其驼马船车,并纠察非违",④"互市监"掌互市,"参军"管出入交易。

在边疆地方,隋朝有一套比较完整的治边机构,继承了秦汉以来的称谓,以校尉、护军、中郎将称之,皆立府,其特点是军政合一。具体如下:

（1）雍州：宁蛮校尉

（2）广州：平越中郎将

（3）北凉、南秦：西戎校尉

（4）宁州：镇蛮校尉

（5）西阳、南新蔡、晋熙、庐江等郡：镇蛮护军

（6）武陵郡：安远护军

（7）巴陵郡：度支校尉

中国古代的治边机构有一个特点,就是在中央层次为文官,行"文"事;在地方层次为武官,实行军政、司法合一的体制,以应对边患。地方治边校尉、护军、

---

① 《北史》卷三八《裴佗传》,第 918 页。
② （明）张雨:《边政考》卷一一《西域经略·裴矩》。
③ 同上。
④ 《隋书》卷二八《百官志下》,第 541 页。

中郎将皆武职，如"校尉"，始置于秦朝，西汉武帝时置中垒、屯骑、步兵、越骑、长水、胡骑、射声、虎贲八校尉，比二千石官，属官有丞及司马。汉在边疆地区亦置校尉，如驻西域的戊己校尉、驻陕甘的护羌校尉等。校尉还有司法职能，如汉至魏晋设司隶校尉，亦是检察官，用来监督京师和地方。

护军始置于秦，属于禁卫之职。秦置护军都尉，汉因之，三国、西晋时期常设此职。隋炀帝时设十二卫，每卫置护军四人，以辅佐将军，后来改护军为虎贲中郎将，唐宋以后逐渐消失。

秦朝至东汉中期，中郎将主要统领禁宫、皇室的护卫，大致属于介于将军和校尉之间的阶层。唐代，中郎将又被恢复为各府卫的禁卫统领，为高级武职，仅次于正三品的大将军和正四品的将军，由于大将军多虚职，所以中郎将是十六卫军的统兵主帅。宋初中郎将曾用为虚衔，后废。

无论是校尉、护军、中郎将，皆有禁卫之责，属于高级武职，边疆地区实行这样军政、司法合一的体制，是有利于边疆稳定的。在法律方面，隋朝的法律成就如同王夫之所言："今之律其大略皆隋裴政之所定也，政之泽远矣。千余年间，非无暴君酷吏，而不能逞其淫虐，法定故也。"[1]高度肯定了裴政于《开皇律》的修撰，以及《开皇律》对于后世王朝政治的影响。隋炀帝时期，隋律从五百条减为两百条，但是由于应付征伐高丽失利的危机，原本宽松的刑罚转变得严酷。

(四) 隋朝的边疆法俗治理

隋朝治边除在边疆设置州镇外，亦十分重视因地制宜，对之进行法俗教化。首先，隋朝在边疆州镇有鼓乐之制。

> 诸州镇戍，各给鼓吹乐，多少各以大小等级为差。诸王为州，皆给赤鼓、赤角，皇子则增给吴鼓、长鸣角，上州刺史皆给青鼓、青角，中州已下及诸镇戍，皆给黑鼓、黑角。乐器皆有衣，并同鼓色。[2]

其次，出现了一些治边有方的大臣如高颎、赵仲卿、元谐、河间王弘、乞伏慧、贺娄子干、郭衍、梁毗、杨勇、梁睿、张须陀、韦师等。

---

[1]　(清) 王夫之撰，舒士彦点校：《读通鉴论》卷一九，中华书局 2013 年版，第 523 页。
[2]　《隋书》卷一四《音乐志中》，第 223 页。

高劢,渤海蓨人,在羌地素有威名,拜洮州刺史。高劢治羌有方,民夷悦附。

　　陇右诸羌数为寇乱,朝廷以劢有威名,拜洮州刺史。下车大崇威惠,民夷悦附,其山谷间生羌相率诣府称谒,前后至者,数千余户。豪猾屏迹,路不拾遗,在职数年,称为治理。后遇吐谷浑来寇,劢遇疾不能拒战,贼遂大掠而去。宪司奏劢亡失户口,又言受羌馈遗,竟坐免官。后卒于家,时年五十六。①

赵仲卿,天水陇西人,镇守西北边塞,深文致法,受到朝廷奖赏。

　　开皇三年,突厥犯塞,以行军总管从河间王弘出贺兰山……(蜀王)秀宾客经过之处,仲卿必深文致法,州县长吏坐者太半。上以为能,赏婢奴五十口,黄金二百两,米粟五千石,奇宝杂物称是。炀帝嗣位,判兵部、工部二曹尚书事。其年卒,时年六十四。谥曰肃。赠物五百段。②

河间王弘,拜蒲州刺史,便宜从事,在官十余年,风教大洽。

　　时河东多盗贼,民不得安。弘奏为盗者百余人,投之边裔,州境帖然,号为良吏。每晋王广入朝,弘辄领扬州总管,及晋王归籓,弘复还蒲州。在官十余年,风教大洽。③

贺娄子干,本代人也。吐谷浑寇边,西方多被其害,朝廷命子干讨之。贺娄子干考察实际情况后,上书曰:

　　比者凶寇侵扰,荡灭之期,匪朝伊夕。伏愿圣虑,勿以为怀。今臣在此,观机而作,不得准诏行事。且陇西、河右,土旷民稀,边境未宁,不可广为田种。比见屯田之所,获少费多,虚役人功,卒逢践暴。屯田疏远者,请皆废省。但陇右之民以畜牧为事,若更屯聚,弥不获安。只可严谨斥候,岂容集人聚畜。请要路之所,加其防守。但使镇戍连接,烽候相望,民虽散居,必谓无虑。④

隋文帝采纳其建议,后来虏寇岷、洮二州,贺娄子干率兵赴之,贼闻而遁去。

_____

①　《隋书》卷五五《高劢传》,第 919 页。
②　《隋书》卷七四《酷吏传》,第 1140—1141 页。
③　《隋书》卷四三《河间王弘传》,第 809 页。
④　《隋书》卷五三《贺娄子干传》,第 903 页。

乞伏慧，马邑鲜卑人，为荆州总管，又领潭、桂二州，总管三十一州诸军事。所辖之地，"其俗轻剽，慧躬行朴素以矫之，风化大洽。曾见人以篾捕鱼者，出绢买而放之，其仁心如此。百姓美之，号其处曰西河公篾"。①

郭衍，太原介休人，曾任朔州总管。"所部有恒安镇，北接蕃境，常劳转运。衍乃选沃饶地，置屯田，岁剩粟万余石，民免转输之劳。又筑桑乾镇，皆称旨。十年，从晋王广出镇扬州。遇江表构逆，命衍为总管，领精锐万人先屯京口。于贵洲南与贼战，败之，生擒魁帅，大获舟楫粮储，以充军实，乃讨东阳、永嘉、宣城、黟、歙诸洞，尽平之。授蒋州刺史"。②

梁毗，安定乌氏人。其人做事直道而行，无所回避，颇失权贵心，外任西宁州刺史十一年。"蛮夷酋长以金多者为豪俊，由此递相陵夺，每寻干戈，边境略无宁岁"。诸酋长相率以金赠予梁毗，梁毗"一无所纳，悉以还之"，"蛮夷感悟，遂不相攻击"，其人"处法平允，时人称之"。③

房陵王杨勇，隋文帝长子。针对隋文帝因"北夷猖獗，尝犯边烽"，"山东民多流冗"，欲"徙民北实边塞"的做法，曾上书：

> 窃以导俗当渐，非可顿革，恋土怀旧，民之本情，波迸流离，盖不获已。有齐之末，主暗时昏，周平东夏，继以威虐，民不堪命，致有逃亡，非厌家乡，愿为羁旅。加以去年三方逆乱，赖陛下仁圣，区宇肃清，锋刃虽屏，疮痍未复。若假以数岁，沐浴皇风，逃窜之徒，自然归本。虽北夷猖獗，尝犯边烽，今城镇峻峙，所在严固，何待迁配，以致劳扰。臣以庸虚，谬当储贰，寸诚管见，辄以尘闻。④

梁睿，安定乌氏人。治理西川，威惠兼著，夷、僚归附。见突厥方强，恐为边患，复陈镇守之策十余事。"上嘉叹久之，答以厚意"。⑤

韦师，京兆杜陵人。为宾曹参军，"雅知诸蕃风俗及山川险易，其有夷狄朝贡，师必接对，论其国俗，如视诸掌，夷人惊服，无敢隐情"。⑥

---

① 《隋书》卷五五《乞伏慧传》，第 922 页。
② 《隋书》卷六一《郭衍传》，第 985 页。
③ 《隋书》卷六二《梁毗传》，第 991 页。
④ 《隋书》卷四五《文四子传》，第 821 页。
⑤ 《隋书》卷三七《梁睿传》，第 752 页。
⑥ 《隋书》卷四六《韦师传》，第 840 页。

五、唐朝治边理论的形成及其治理：
"化外藩属"的法律原则

(一)"天下"的政治意义

中国古代治理边疆同治理内地一样,王朝对边疆政治的理想根本上不是为了实现法治,法治仅仅是"化成天下"的手段,在儒家看来,用上古就有的"常道"来实现"化成天下"才是目的,这是儒家"治国平天下"的政治抱负所在。因此,顾炎武说:"易姓改号,谓之亡国;仁义充塞,而至于率兽食人,人将相食,谓之亡天下。"[①]认为只要有君仁臣忠、父慈子孝、兄友弟恭、夫义妇德的"常道"大行于世,才不是"亡天下"。"何以亡天下？ 是《孟子》所谓杨、墨之言,至于使天下无父、无君而入于禽兽者也"。[②]

因此,在手段上,由于儒家的政治理想有轻视"法治主义"和"国家主义"的倾向,认为法治、国家本身并不是目的,通过教化建立符合"常道"(道德仁义)的礼俗社会才是政治理想,因此,国家连同国家的法律同样也只是实现礼俗道德社会的手段。同样,王朝在边疆地区建立法治社会并不是其目的,建立符合儒家文明的社会才是其目的。由于是立足于社会而不是国家,社会又被看作是以个人、家族为本位的,因此基于人伦五常的社会礼俗教化自然也就是实现这一目的的最好手段,而国家法律则只能居于其次,这就是为什么中国古代在边疆地区长期没有制订专门的单行法律的原因,也是直到清代才有专门针对边疆的法律的原因。

秦汉以后,由于秦的国家法治主义的实行,又由于"汉承秦制",法治国家的强势促进了中国在地理上"线性"边疆概念的形成。至于隋唐,结束了三国两晋南北朝的混乱局面,国家和版图的概念较前更为明确,同时王朝在边疆治理上更不同于以往,一方面开始在理论上讨论具体的治法,政治上的国家主义也逐渐明显,而不再局限于讨论以往文化上的华夷之防;[③]另一方面,唐朝已有人提

---

① (清)顾炎武撰,黄汝成集释:《日知录集释》卷一三《正始》,第756页。
② 同上。
③ 春秋、秦汉、两晋南北朝皆是如此,郭钦、江统的徙戎之论亦是文化上的华夷之别。

出"化中国以信，驭夷狄以权"的方针（李大亮的上疏），不仅要"化"，而且要"驭"，化则以信，驭则以权，权则以法。

唐代是中国治边法制发展的一个重要历史时期。汉朝时采取的是封边地种落首领为"王"、"侯"、"长"，又用和亲、朝贡、互市等方法，这是对于古法的继承。唐代同样也采取这些方法来解决边患问题，但是所不同者在于，唐代的国家律典中开始出现针对疆域内外不同种落的法律规定，如"化外人"条，虽然这一法条的规定仍然有"风俗性"的色彩，但是边疆的法律问题被纳入国家律典立法的范围，这显然是不同于以往的。

随着魏晋南北朝时期北方种族大量内迁、内附局面的出现，如何应付这样的局势，相关的思考变得更加具体和实际了。这里有两个问题需要给出答案：一是是否需要坚持"德化天下"、"协和万邦"的思想；二是既然中国古代是以仁义礼教而化成天下，那么中国古代又如何逐渐形成了对于边疆种落的隔离政策呢？这两个问题一个是指导思想层面的，另一个是具体制度层面的，对它的回答直接影响到后世治边法制政策的形成。关于这些问题的思考、斗争和实践，从郭钦的驱逐论、江统的《徙戎论》到《贞观政要》中《议安边》所载的论争中，我们可以窥见一二。

（二）内迁、内附问题的提出及解决态度

中国古代有"前三代"和"后三代"之说，所谓"后三代"，元末赵汸《观舆图有感》五首自注曰："世谓汉、唐、宋为后三代。"《宋史》卷三《太祖本纪赞》云："三代而降，考论声明文物之治，道德仁义之风，宋于汉、唐盖无让焉。"后三代的德化风气皆不让前三代，但是在如何安边的具体问题上，仍然不只是"德化"二字那么简单，是否一味以德化的方式或者如何用德化的方式来安定北方内附种落都不是那么简单的事情。这种政策上的困难，在《贞观政要》的《议安边》中反映得极为明显。

隋朝时突厥、契丹、党项、羌已多有来降、来附，到唐朝时这一情况仍在持续，关于如何安置、管理边疆内附种落仍然是一个问题。《议安边》中记载了唐太宗李世民与几位大臣就如何对待北方边地种落大量内迁、内附的对话，反映了他们各自的态度。其中唐太宗和温彦博的态度是比较理论化的，而魏征则比较务实。

贞观四年,李靖的军队击败了突厥颉利,突厥颉利的部落多来归降,根据魏征的说法,降者有"几至十万"之多,针对如何安置这些降部,唐王朝内部发生了争论,于是唐太宗诏群臣讨论安置突厥之事。首先提出方案的是中书令温彦博,他提议"于河南(蒙古河套一带)处之",因此处靠近大唐边界,可使其成为大唐的屏障,而且又可以不改变其风俗,认为这才是"含育之道"。

> 请于河南处之。准汉建武时,置降匈奴于五原塞下,全其部落,得为捍蔽,又不离其土俗,因而抚之,一则实空虚之地,二则示无猜之心,是含育之道也。①

此外,温彦博还认为只要让其分散居住,即使让这些突厥人在内地居住,其各有酋长,不相统属,力散势分,他们就不能为害。②

唐太宗听从了他的建议,不仅让颉利部居河南,甚至"其人居长安者,近且万家"。③

(三)"主干与枝叶": 魏征、杜楚客、李大亮的态度

对于此事,时任秘书监的魏征从实际情况出发,反对"处之以河南",他说匈奴人(指突厥之部)"自古至今,未有如斯之破败","且其世寇中国,万姓冤仇,陛下以其为降,不能诛灭,即宜遣还河北,居其旧土"。其理由是:"匈奴人面兽心,非我族类,强必为寇盗,弱则卑伏,不顾恩义,其天性也。……且今降者几至十万,数年之后,滋息过倍,居我肘腋,甫迩王畿,心腹之疾,将为后患,尤不可处以河南也。"④

魏征的这番建议,其要点在于:一,匈奴人世寇中国;二,其人强必为寇盗,弱则卑伏,不顾恩义,为其天性;三,以如此人口众多的匈奴人(指突厥降部)居于内地,则会威胁京师,成为心腹之疾,将来必为后患。魏征还列举了晋帝不听郭钦、江统逐胡人出塞外之言,⑤安置魏国时期遗留下来的胡人部落,使其"分居

---

① (唐)吴兢辑,叶光大等译注:《贞观政要》卷九《安边议第三十六》,贵州人民出版社1991年版,第504页。

② 同上书,第505页。

③ 同上。

④ 同上书,第504页。

⑤ 郭钦云:"徙三河、三魏见士四万家以充之。裔不乱华,渐徙平阳、弘农、魏郡、京兆、上党杂胡,峻四夷出入之防,明先王荒服之制,万世之长策也。"

近郡"，结果"数年之后，遂倾瀍、洛"。

> 晋代有魏时胡落，分居近郡，郭钦、江统劝逐出塞外，武帝不用其言，数
> 年之后，遂倾瀍、洛，前代覆车，殷鉴不远。陛下必用彦博言，遣居河南，所
> 谓养兽自遗患也。①

面对魏征的这番建议，温彦博仍然坚持德化安边的观点，强调天子之恩德博大，"天子之于万物也，天覆地载，有归我者则必养之"，认为天子之德，有归附就应当收养，相信德化之功，其人终无叛逆。如果"余落归附，陛下不加怜悯，弃而不纳"，就是"非天地之道，阻四夷之意"，认为"宜处之河南，所谓死而生之，亡而存之，怀我厚恩，终无叛逆"。温彦博认为自己坚持的是"圣人之道"，可以教之以礼法，改变其民性，让其畏威怀德。

> 臣闻圣人之道，无所不通。突厥余魂，以命归我，收居内地，教以礼法，
> 选其酋首，遣居宿卫，畏威怀德，何患之有？且光武居河南单于于内郡，以
> 为汉藩翰，终于一代，不有叛逆。②

给事中杜楚客的观点与魏征相同，认为"北狄人面兽心，难以德怀，易以威服"，"今令其部落散处河南，逼近中华，久必为患"。杜楚客坚持认为使"夷不乱华"才是明智的治边之道，是"前哲明训，存亡继绝，列圣通规"。如果"事不师古"，则恐怕"难以长久"。然而唐太宗只是"嘉其言，方务怀柔，未之从也"，最终听从了温彦博的建议，采取了以下措施：

（1）让其部落散处河南，甚至居住在长安。"自幽州至灵州置顺、祐、化、长四州都督以处之，其人居长安者，近且万家"。③

（2）对其封官拜将，禄厚位尊，布列朝廷。"每见一人初降，赐物五匹，袍一领，酋长悉授大官，禄厚位尊，理多糜费"。④"自突厥颉利破后，诸部落首领来降者，皆拜将军中郎将，布列朝廷，五品以上百余人，殆与朝士相半，唯拓拔不至，又遣招慰之，使者相望于道"。⑤

除此之外，尚有凉州都督李大亮与魏征、杜楚客立场相同。李大亮在上疏

---

① （唐）吴兢辑，叶光大等译注：《贞观政要》卷九《安边议第三十六》，第504—505页。
② 同上书，第505页。
③ 同上。
④ 同上书，第510页。
⑤ 同上。

中,明确提出了"主干与枝叶"的理论,并认为按照温彦博的做法,"于事无益,徒费中国",应当让突厥人"使居塞外","永为藩臣",方是上策。

> 臣闻欲绥远者必先安近,中国百姓,天下根本;四夷之人,犹于枝叶。扰其根本以厚枝叶,而求乂安,未之有也。自古明王,化中国以信,驭夷狄以权。故《春秋》云:"戎狄豺狼,不可厌也;诸夏亲昵,不可弃也。"自陛下君临区宇,深根固本,人逸兵强,九州殷富,四夷自服。今者招致突厥,虽入提封,臣愚稍觉劳费,未悟其有益也。然河西民庶,镇御藩夷,州县萧条,户口鲜少,加因隋乱,减耗尤多。突厥未平之前,尚不安业;匈奴微弱以来,始就农亩。若即劳役,恐致妨损。以臣愚惑,请停招慰。且谓之荒服者,故臣而不纳。是以周室爱民攘狄,竟延七百之龄;秦王轻战事胡,故三十载而绝灭。汉养兵静守,天下安丰;孝武扬威远略,海内虚耗,虽悔轮台,追已不及。至于隋室,早得伊吾,兼统鄯善,且既得之后,劳费日甚,虚内致外,竟损无益。远寻秦、汉,近观隋室,动静安危,昭然备矣。伊吾虽已臣附,远在藩碛,民非夏人,地多沙卤。其自竖立称藩附庸者,请羁縻受之,使居塞外,必畏威怀德,永为藩臣,盖行虚惠而收实福矣。近日突厥,倾国入朝,既不能俘之江淮,以变其俗,乃置于内地,去京不远,虽则宽仁之义,亦非久安之计也。每见一人初降,赐物五匹,袍一领,酋长悉授大官,禄厚位尊,理多靡费。以中国之租赋,供积恶之凶虏,其众益多,非中国之利也。①

李大亮的立论有四,可稍做归纳:

(1) 主干和枝叶:中国与四夷有本末之别。"绥远者必先安近,中国百姓,天下根本;四夷之人,犹于枝叶"。

(2) 有《春秋》经义为证,"化中国以信,驭夷狄以权"。

(3) 有历史之鉴。周朝时"周室爱民攘狄,竟延七百之龄";秦朝"秦王轻战事胡,故三十载而绝灭";汉"孝武扬威远略,海内虚耗,虽悔轮台,追已不及";隋朝时,"早得伊吾(古地名,隋在此设郡,治所在今新疆哈密),兼统鄯善(古地名,本名楼兰,隋在此设郡),且既得之后,劳费日甚,虚内致外,竟损无益"。

(4) 有利害之析。既然中国百姓才是天下的根本,那么"扰其根本以厚枝

---

① （唐）吴兢辑,叶光大等译注:《贞观政要》卷九《安边议第三十六》,第509—510页。

叶，而求乂安，未之有也"。只有强化根本，才能做到"九州殷富，四夷自服"。"以中国之租赋，供积恶之凶虏，其众益多，非中国之利也"。

为此，李大亮的措施有三："请停招慰"，"请羁縻受之，使居塞外"，使之"永为藩臣"。

(四) 事实与教训：枝叶与主干之分

唐朝贞观年间的这一争论是颇有代表性的。争论的结果是唐太宗没有同意魏征、杜楚客、李大亮的意见，"太宗不从"，"太宗不纳"，"方务怀柔，未之从也"，而听从了温彦博的建议。后来发生的事件证明了魏征等人的担忧。贞观十二年，唐太宗驾临九成宫，被太宗封为中郎将的突利可汗的弟弟阿史那结社率勾结部众，支持突利的儿子贺罗鹘夜犯御营，后事败皆被斩首。此一事件打击了唐太宗简单地使用怀柔政策的信心："太宗自是不直突厥，悔处其部众于中国，还其旧部于河北，建牙于故定襄城，立李思摩为乙弥泥熟俟利苾可汗以主之。"不仅如此，还认可了魏征等人的"主干与枝叶"论，谓侍臣曰："中国百姓，实天下之根本；四夷之人，乃同枝叶。扰其根本以厚枝叶，而求乂安，未之有也。初，不纳魏征言，遂觉劳费日甚，几失久安之道。"。

贞观十八年，太宗征高丽，褚遂良上书劝阻云："天下譬犹一身，两京，心腹也；州县，四支也；四夷，身外之物也。"[①]但是唐太宗有"胡越一家"、"依朕如赤子"的思想，[②]对边疆藩国的治理采取积极的态度，认为"盖苏文凌上虐下"，当地人民"延颈待救"，不能不管。

"主干与枝叶"论实是传统"华夷之防"的翻版，其立论之根据，不过是传统中国文化中的人性礼教之别。相对四裔，"中国"文化从来都有一种文化中心的优越感，这种优越感的载体是中国传统的礼乐政教。一方面，人们相信这样的文明可以化成天下，进而达到"协和万邦"的效果，如上述唐太宗李世民和温彦博较为浪漫的立场；另一方面，国家政治又是具体的，它不仅需要考虑经济、军事上的能力，还需要考虑风俗人性，因为化成天下的风俗人性毕竟不可能一蹴而就。而之所以出现所谓的"歧视"现象，更多的时候是因为自古以来对于自身文化的高度认同。正因为这两个方面的矛盾，才会有上述两派的争论。

---

① 《资治通鉴》卷一九七《唐纪十三》，贞观十八年。
② 同上。

历史上的"中国"对于周边族群的统治在实际的经济、军事上往往乏力,如上述李大亮所论,又如贞观十四年关于是否把高昌国变为州县的问题同样反映了唐朝在经济、军事上的困难。贞观十四年,侯君集平定高昌之后,"太宗欲以其国为州县",就遭到魏征和黄门侍郎褚遂良的反对。二人坚持立之为藩臣,而不是"以其国为州县"。魏征认为如果在高昌设州县,需要千余人镇守,几年换防一次,来往交替,往往"死者十有三四"。加上还需要"遣办衣资,离别亲戚","十年之后,陇右空虚。陛下终不得高昌撮谷尺布以助中国"。且"去者资装,自须营办,既卖菽粟,倾其机杼"(褚遂良语),经济上得不到什么好处,结果却是"散有用而事无用",这句话是说分散有用的资财去治理无用的地方。

褚遂良与魏征的观点相同,反对将高昌"以为州县",褚遂良上疏云:

> 臣闻古者哲后临朝,明王创制,必先华夏而后夷狄,广诸德化,不事遐荒。是以周宣薄伐,至境而返;始皇远塞,中国分离。陛下诛灭高昌,威加西域,收其鲸鲵,以为州县。然则王师初发之岁,河西供役之年,飞刍挽粟,十室九空,数郡萧然,五年不复。陛下每岁遣千余人,而远事屯戍,终年离别,万里思归。去者资装,自须营办,既卖菽粟,倾其机杼。经途死亡,复在言外;兼遣罪人,增其防遏。所遣之内,复有逃亡,官司捕捉,为国生事。高昌途路,沙碛千里,冬风冰冽,夏风如焚,行人遇之多死。《易》云:"安不忘危,理不忘乱。"设令张掖尘飞,酒泉烽举,陛下岂能得高昌一人菽粟而及事乎? 终须发陇右诸州,星驰电击。由斯而言,此河西者方于心腹,彼高昌者他人手足,岂得糜费中华,以事无用? 陛下平颉利于沙塞,灭吐浑于西海。突厥余落,为立可汗;吐浑遗萌,更树君长。复立高昌,非无前例,此所谓有罪而诛之,既服而存之。宜择高昌可立者,征给首领,遣还本国,负戴洪恩,长为藩翰。中国不扰,既富且宁,传之子孙,以贻后代。[①]

魏征和褚遂良的建议并没有得到太宗的采纳,太宗随后在高昌设西州,并仍以西州为安西都护府,每年调发千余人防守高昌。到贞观十六年,西突厥派兵寇犯西州,虽然不足为害,但足以让唐太宗为之警醒:"往者初平高昌,魏征、褚遂良劝朕立麹文泰子弟,依旧为国,朕竟不用其计,今日方自悔责。昔汉高祖遭平城之围,而赏娄敬;袁绍败于官渡而诛田丰。朕恒以此二事为诫,宁得忘所

---

① (唐)吴兢辑,叶光大等译注:《贞观政要》卷九《安边议第三十六》,第513—514页。

言者乎！"①

　　褚遂良强调"必先华夏而后夷狄"，坚持将那些被征服或归附了的边境种落立为藩臣，他认为既然"突厥余落，为立可汗；吐浑遗萌，更树君长"，那么对高昌同样也"宜择高昌可立者，征给首领，遣还本国，负戴洪恩，长为藩翰"，否则在经济上和军事上都极为不利。

　　魏征和黄门侍郎褚遂良的奏疏都强调了经济、军事上的困难，认为经济上不能"散有用而事无用"（魏征），而且"彼高昌者他人手足，岂得糜费中华，以事无用"（褚遂良）？"中国"所处的地理环境，在古代中原人看来，四周边夷之地大多没有经济上的价值，因为这些地方往往都没有维持一个农业社会需要的自然条件。如果在边地设治，远事屯戍，边地的自然条件会造成后勤粮饷不足，如此"劳命伤财"而不足以养军力。不仅如此，由于边地艰苦，为加强防卫力量，一般情况是遣犯罪之人充实，如果犯人中途逃跑，官司捕捉，更生事端。因之，唐代治边思想中所谓的枝叶与主干之分不仅有种落文化上的原因，很大程度上也有经济和司法上的顾虑。

（五）"伐罪吊民"：唐朝对"化外藩属"的法律原则

　　从上述资料来看，我们注意到这样几句话："立藩臣"，"更树君长"，"长为藩翰"；"伐罪吊民"（魏征）；"有罪而诛之，既服而存之"（褚遂良），这三点结合起来基本上反映了唐代关于边疆治理的法律思想。仔细分析，我们会发现虽然魏征、杜楚客、李大亮、褚遂良这些大臣的治法主张不如唐太宗和温颜博那么"宽之以仁义"，似乎对异族显得不那么友好，甚至有些歧视，但这些治法及指导思想在春秋时期就能够找到它的依据。

　　先秦时之于族性，有"非我族类，其心必异"（《左传·成公四年》）的说法，②后来又有"其性气贪婪，凶悍不仁，四夷之中，戎狄为甚。弱则畏服，强则侵叛"（《徒戎论》），③"非我族类，其心必异，戎狄志态，不与华同"（《徒戎论》）。④ 这些话与魏征等人所说的"匈奴人面兽心，非我族类，强必为寇盗，弱则卑伏，不顾恩

　　① （唐）吴兢辑，叶光大等译注：《贞观政要》卷九《安边议第三十六》，第517页。
　　② 《左传·成公四年》："史佚之《志》有之，曰：'非我族类，其心必异。'楚虽大，非吾族也，其肯字我乎？"
　　③ 《晋书》卷五六《江统传》，第1013页。
　　④ 同上书，第1015页。

义，其天性也"（魏征的上疏）和李大亮上疏中引《春秋》"戎狄豺狼，不可厌也；诸夏亲昵，不可弃也"的观点一致。

之于治法，有"此等皆可申谕发遣，还其本域，慰彼羁旅怀土之思，释我华夏纤介之忧"（《徙戎论》），①这同样与"立藩臣"，"不事遐荒"（褚遂良的上疏），"使居塞外，必畏威怀德，永为藩臣"（李大亮的上疏），"化中国以信，驭夷狄以权"（李大亮的上疏）是一致的。

这些思想多起于春秋之际的"华夷之别"和"华夷之防"。但是"华夷之别"和"华夷之防"本质上与春秋时期儒家所继承的中国传统是有些差别的，儒家本无"非我族类，其心必异"之义，如《诗经·小雅·北山》："普天之下，莫非王土，率土之滨，莫非王臣。"《论语·卫灵公》："子曰：有教无类。"这也是博大胸怀，而何以有歧视异族和戎狄豺狼之说。不过，《舜典》中早已有"蛮夷猾夏"的情况；春秋之际，夷夏之间彼此的攻伐，也十分严重；秦汉以后，"蛮夷猾夏"仍一直是个问题；自晋代始，更出现边地种落大规模内侵的局面，因此才有西晋江统的《徙戎论》。《徙戎论》对边地四裔的基本认识可以归纳如下：

（1）以其言语不通，贽币不同，法俗诡异，种类乖殊，其性气贪婪，凶悍不仁；

（2）居绝域之外，川谷阻险之地，与中国壤断土隔，不相侵涉；

（3）赋役不及，正朔不加；

（4）四夷之中，戎狄为甚，弱则畏服，强则侵叛；

（5）虽有贤圣之世，大德之君，咸未能以通化率导，而以恩德柔怀也；

（6）结论是"天子有道，守在四夷"。

在法律上讲，其"法俗诡异"，"性气贪婪，凶悍不仁"，难以以内地法律或者法俗治理。因此，《徙戎论》是反对采取恩德柔怀政策的。至于魏征、褚遂良等人对夷狄的态度是否受到《徙戎论》的影响不得而知，但显然二者极为相似。唐代以儒教治国，既要遵循儒家思想的本义，又要正视现实发生的情况，在恩威之间，在信与不信之间面临抉择，争论也由此发生。这里没有儒家之法和法家之法的问题，应当说双方都是在儒家思想的指导下思考着治理边地的良策。贞观年间关于边地问题的这番论争，既有理论也有实践，儒家的"仁爱"思想在这一现实中正经受着磨砺，其结果意味着中国古代治边之法将进入一个更加成熟的

① 《晋书》卷五六《江统传》，第1016页。

历史时期。

如果说唐太宗和温彦博采取的"乃置于内地"的做法是"宽之以仁义"，是体现了儒家政治"变俗"、"宽仁"的思想，那么魏征所说的"使居塞外"和"伐罪吊民"，则同样也是从这一思想出发的，但是二者手段和方法不同，"伐罪吊民"更强调国家权力的控制。"伐罪吊民"是通过惩罚其首领而控制藩国的一种法律手段，由此既达到控制藩国的目的，又不干预其内部社会秩序和风俗，从而体现了儒家爱民的仁政思想。"伐罪吊民"正是中国古代"羁縻"之法的思想内涵，"羁縻"在尊重和安辑边疆种落的同时，更为强调国家权力的控制。而且在边疆族群地区实行"羁縻"制度的同时，也在边境地方设道，实行监察制度，以此加强国家对边疆的控制。比如唐开元二十一年，将天下分为十五道，以此监察地方，又于边境置节度、经略使，式遏四夷。

> 每道置采访使，检察非法，如汉刺史之职：京畿采访使理京师城内，都畿理东都城内，关内以京官遥领，河南理汴州，河东理蒲州，河北理魏州，陇右理鄯州，山南东道理襄州，山南西道理梁州，剑南理益州，淮南理扬州，江南东道理苏州，江南西道理洪州，黔中理黔州，岭南理广州。又于边境置节度、经略使，式遏四夷。凡节度使十，经略守捉使三。大凡镇兵四十九万人，戎马八万余匹。每岁经费：衣赐则千二十万匹段，军食则百九十万石，大凡千二百一十万。开元以前，每年边用不过二百万，天宝中至于是数。①

所谓"羁縻"，《史记·司马相如传》索隐："羁，马络头也；縻，牛纼也。"由于"羁縻"是以"立藩臣"、"长为藩翰"为前提，在法律控制方面也只是伐藩臣之罪而吊其民，因此往往与中国式的"自治"概念联系在一起。由于"立藩臣"的治理方法只是"伐罪吊民"，中央王朝并不干涉其内部政治和司法，因此藩国实际上具有高度的自治权力，这种控制方式在很大程度上意味着边疆藩国与中原王朝之间很大程度上的"隔绝"。进而言之，会阻碍彼此文化上的交流，阻碍"化成天下"、"协和万邦"的儒家政治理想的实现。故褚遂良在上疏中也明确提到："古者哲后临朝，明王创业，必先华夏而后夷狄，广诸德化，不事遐荒。是以周宣薄伐，至境而返；始皇远塞，中国分离。"意思是自古以来明王创制，不去治理遥远

---

① 《旧唐书》卷三八《地理志一》，第960页。

的荒服之地,周宣王征伐猃狁,追到边疆就返回;秦始皇于边远的地方建长城,修要塞,结果中国内部反而分崩离析,化成天下的目的没有达到,反而导致内部出了问题,这就是古来明王创制,无意治理遥远的要服、荒服之地的原因。

从对上面魏征、褚遂良的分析看,魏征、褚遂良等人"立藩臣"、"伐罪吊民"的务实态度,多是出于中原王朝在经济、军事上乏力的考虑,而并不是无意去设置直接治理。与此前中国古代仅仅以朝贡为手段来治理"荒服"的做法相比,他们所说的"立藩臣"的做法并没有什么变化。但是魏征所说的"伐罪吊民"却更进了一步,因为"伐罪吊民"是需要对其首领直接进行处罚的。上述贞观十四年处理高昌国的问题,魏征的观点是:"陛下初临天下,高昌王先来朝谒。自后数有商胡称其遏绝贡献,加之不礼大国诏使,遂使王诛载加。若罪止文泰,斯亦可矣,未若因抚其民而立其子,所谓伐罪吊民,威德被于遐外,为国之善者也。"[①]认为即使"自后数有商胡称其遏绝贡献,加之不礼大国诏使"这样的罪行而导致"遂使王诛载加",也只需采取"伐罪吊民"的方法即可。所谓"伐罪吊民",是指讨伐或惩治有罪的统治者,而抚慰当地受难的民众。"伐罪吊民"是在"立藩臣"而进行羁縻统治的治法下,对藩国进行内部干预的一种法律理论。

处理类似的边疆问题,往往主张采取羁縻的方法,羁縻的方法又往往与"立藩臣"、"伐罪吊民"这些措施联系在一起。之所以采取羁縻的办法,主要还是因为唐太宗和温彦博坚持"化成天下"的思想,但他们采取的实际措施并不符合具体实际,因为只有"立藩臣"并加强相关的配套制度建设,才能真正使之"长为藩翰"。

中国古代所谓的"羁縻之法",是围绕如何保证藩国成为边疆屏障的礼义和法律制度,保证藩国成为边疆屏障是中原王朝对边疆藩国施法的目的。上述褚遂良所谓的"有罪而诛之,既服而存之"是魏征"伐罪吊民"的具体说明。

事实上,在儒家思想的影响下,中国古代的边疆之治,存在着两条路线,在这里表现为以唐太宗和温彦博为代表的怀柔路线和以魏征等人为代表的中庸道路。这两条路线都没有超出儒家政治的底线,它们共同作用的结果恰好反映在唐代针对边疆的立法和司法上,并逐渐形成了唐代在这一问题上的"内法"和"外法"的立法和司法模式。我们可以把治理"使居塞外"、"立藩臣"、"更树君

---

① (唐)吴兢辑,叶光大等译注:《贞观政要》卷九《安边议第三十六》,第513页。

长"的藩属法律，称为"化外法"；而针对居住在唐王朝本土的外族的法律，称为
"化内法"，由此可进一步厘清唐朝的边疆法律之治。

六、唐朝对边境的管理及针对
"化外人"的立法

之所以说唐律可以分"化内法"和"化外法"，是因为唐律有"化内人"和"化
外人"。唐朝虽然比较开放，但同中国古代其他时期一样，仍以天朝自居，认为
只有中国人才是受过"王道教化"的人，这与《唐律疏议》（序）中所反映的"德礼
为政教之本，刑罚为政教之用"的精神是一致的。无论是讲德礼还是刑罚，都以
体现"政教"为本，因此在国家法律上采取属人原则，区分"化内人"和"化外人"
是其德礼政教精神的体现。这说明在《唐律疏议》中，"化内人"和"化外人"的法
律区分，仍然是一个文化和文明的概念。

在唐律中，"化内人"和"化外人"的区分有明确的地理界线，二者亦有属地
上的身份。所谓"属地"，是指唐朝都护治下之人，不论其种族所属，只要居于
此，即为唐朝都护治下之民，属于"化内"之人。这既是其文化边疆观（德礼教化
为本）也是其法律边疆观（化外人入律）的体现，同时也是唐代边疆治理法律化
的具体表现，这里我们从边境管理和化外人两个方面来看唐代边疆法律之治。
唐律中涉及边疆治理的部分主要见于《名例律》、《卫禁律》等。

（一）唐律关于边境管理的法律

《卫禁律》中有不少关于边境管理的律条，如第 81、82、83、84、85、86、87、88、
89、90 条等，具体内容涉及：越城（第 81 条）、城门开闭（第 81 条）、私度（第 82、
85、87 条）、越度（第 85、88 条）、冒度（第 87 条）、随度（第 86 条）、留难（第 84 条）、
候望（第 89 条）、烽警（第 90 条）、关外人（第 82 条）、化外人（第 88 条）。《卫禁
律》涉及边境通关、贸易管理及化外人的法律有十余条，可见唐律对于边境管理
的重视。终览这些条律文及其疏议，[①]我们可以有如下认识：

（1）唐朝十分重视包括边疆地区在内的州、镇城垣、军防城垣、县城垣、官府

---

① 《唐律疏议》卷第七《卫禁律》，见钱大群《唐律疏议新注》，南京师范大学出版社 2007 年版，第 273—
274 页。

城垣、坊市垣篱及城门开闭的管理。

第 81 条关于"越州镇城垣及城门下键开闭"。所谓"越",是翻越的意思,此条是惩治越州、镇城垣及城门"下键"开闭违制的犯罪。其主要罪名有越州、镇城垣及军防城垣、县城垣、官府城垣、坊市垣篱等,根据律文及疏议:"诸越州、镇戍城及武库垣,徒一年",此犯最重;越"县城杖九十,侵坏者,亦如之",此为其次;"越官府廨垣及坊市垣篱者,杖七十",此为最轻。

第 81 条律文关于"城门下键开闭"规定是:"即州、镇、关戍城及武库等门,应闭忘误不下键,若应开毁管键而开者,各杖八十。"疏文:"错下键及不由钥而开者,杖六十。"疏文:"州及镇戍、武库门而有非时擅开闭者,加越罪二等,处徒二年。县城以下,擅开闭者,并加越罪二等。"这是对州及镇戍、武库门的管理有防范之过的处罚,此为《卫禁律》常法,因此同样适用于边疆缘塞。

(2) 私度(第 82、85、87 条)

第 82 条是关于"私度或越度关及关外人申诉抑而不送"的规定,其文曰:"诸私度关者,徒一年。"所谓"私度",指没有公文而私自从关门过,当判徒罪一年。唐律规定水陆关口皆有门禁,"行人来往皆有公文"。所谓"公文",指与公务相关的,依据不同事务、身份分别持有的符券、文牒、总历(军防、丁夫的汇总名册),也包括普通人请领的通过凭证。如果没有公文而从关门通过者,属"私度"。律文规定诸私度关者,徒一年,不过这只是针对这类非法过关者在没有"他罪"的情况下而作的处罚。

第 85 条还规定犯有"他罪"而从关门私度过关的情况,对于出现犯有"他罪"(避死罪逃亡或另外犯有徒刑以上罪)者,要严厉追究关司的责任。如果是属于知情者,以"故纵"罪论;不知情者,依常律"不觉、故纵"之法。

此外,唐律还禁止携带关禁之物私度关津,第 87 条规定:"诸赍禁物私度关者,坐赃论;赃轻者,从私造、私有法。"关禁之物包括私人不能拥有的财物,如战甲、机弩之类;私人可以拥有的财物,如《关市令》规定的"锦、绫、罗、縠、紬、绵、绢、丝、布、牦牛尾、真珠、金、银、铁",这些物资不能"度西边、北边诸关及至缘边诸州兴易",如有违反,"计赃减坐赃罪三等"。如果携带私家不应有之物过关,虽然没有度关,也要没收入官;如果属于携带私家应有之物,但是依法不能出关的,已经取得通行凭证,被关司捉获者,其物没收入官;如果已度关及越度被人纠获,三分其物,二分赏捉人,一分入官。

（3）越度（第 82 条）、冒度（第 83 条）、随度（第 86 条）

越度者，"谓关不由门、津不由济而度者"（第 82 条疏议），意思是到了城关、垣篱、缘边关塞等禁行之处，不从关门、津所而"越度者，加一等；已至越所而未度者，减五等"（第 82 条）。是在私度罪之上加一等而徒一年半。"已至越所而未度者，减五等"，"若越度未过者，准上条'减一等'之例"。

关于"冒度者"，唐律第 83 条规定："诸不应度关而给过所，取而度者，亦同。若冒名请过所而度者，各徒一年。即以过所与人及受而度者，亦准此。若家人相冒，杖八十。主司及关司知情，各与同罪；不知情者，不坐。即将马越度、冒度及私度者，各减人二等；余畜，又减二等。"这是针对那些非法发放凭证者、非法取得凭证过关者的处罚，具体分为：给有罪之人发放凭证的、本人不应度关而领取了凭证的、冒别人之名领取凭证过关的、家人之间相互冒名而度关的。

对于擅自发放凭证让罪罚之人过关的官吏，处其"同坐"之罪，即与非法度关者同罪，如果该官吏不知情，则不坐。对于本人不应度关而领取了凭证以及冒别人之名领取凭证过关者，徒一年。

对于家人之间相互冒名而度关的，对冒名者的处罚是杖八十，被冒名者无罪。如果主司及关司知情，与之同罪；不知情者，不坐。唐律还规定，如果冒度、私度、越度这些犯罪行为是家长决定的，家长虽然自己没有冒度、私度、越度，但根据"家人共犯，止坐尊长"之例，也只处罚家长。

唐律规定马、家畜等过关同样要有凭证，将马、家畜等越度、冒度及私度者要受到处罚，如将马越度、冒度、私度，各减人二等，越度者杖一百，冒度、私度者杖九十。余畜又减二等，除马之外的牲畜并为"余畜"，越度者杖八十，私度、冒度者杖七十。

关于"随度者"，唐律第 86 条规定："诸领人兵度关，而别人妄随度者，将领主司以关司论，关司不觉减将领者罪一等；知情者，各依故纵法。有过所者，关司自依常律；将领主司知情减关司故纵罪一等，不知情者不坐。"所谓"随度"，是针对领人兵度关的官员过关时，"别人妄随度者"，其罪责在于领兵官员，"将领主司以关司论"，知情与同罪，不觉减二等。若知别有重罪，亦依重罪科之；如果守关的官员没有察觉有人随度，比照领兵官员的处罚减罪一等，也就是比随之人罪减三等处罚。

（4）留难

唐律第 84 条规定："诸关、津度人，无故留难者，一日主司笞四十，一日加一等，罪止杖一百。"

所谓"留难"，是指那些通过勘验凭证过关隘或通过水上渡口的人，受到关津主管官吏阻碍而不能够通行的情况，是针对关津主管官吏的规定。留难者分两类，一是无故留难而不度，二是军务急速而留难不度。无故留难而不度是指普通度关津者，不属于"公使之人"，此种情况若留难一日，主司会被判笞四十，多一日加一等，若满七日，达到杖一百的最高限；军务急速而留难不度，则是指"公使之人"，《唐律疏议》规定："若军务急速而留难不度，致稽废者，自从所稽废重论。"所谓"稽废"，是指"迟误"，"行迟于事稽废"（第 128 条"乘驿马枉道"），"诸乏军兴者斩，故、失等。谓临军征讨，有所调发，而稽废者"（第 230 条"乏军兴"）。对于这类情况的处罚是"从所稽废重论"，这应当是根据第 123 条，将处以流刑直至绞刑。

（5）候望（第 89 条）、烽警（第 90 条）

首先，关于"候望"（第 89 条）："诸缘边城戍，有外奸内入，内奸外出，而候望者不觉，徒一年半；主司，徒一年。其有奸人入出，力所不敌者，传告比近城戍，若不速告及告而稽留，不即共捕，致失奸寇者，罪亦如之。"

该条针对"外奸内入"或"内奸外出"，规定了边境候望者及主司之罪责。所谓"候望者"，古代有"候人"，《周礼·夏官司马·候人》云："候人各掌其方之道治与其禁令，以设候人。"《国语》曰："以设候人者，选士卒以为之。"这里的"候望"，是指"烽候"者守望边疆敌情。唐代边防组织"大曰军，小曰捉守"，这里的"候望者"应是指基层守卫，有内外奸细出入时，其人"目所堪见为关"，属于目力所能及者，在疏文中尚有与之对应的"城戍主司"。唐律对于没有察觉内外奸细的候望者，处罚是"徒一年半"；对于没有察觉内外奸细的"城戍主司"，处罚是"徒一年"，疏文："虽非候望者，但是城戍主司不觉，得徒一年。"

此外，对于有"奸人入出，力所不敌者"，应当立即传告邻近的城戍，如果没有迅速传告，或者获知后没有立即共同抓捕罪犯，致使奸人逃走的，"徒一年"。

其次，关于诸烽候不警（第 90 条）："诸烽候不警，令寇贼犯边，及应举烽燧而不举，应放多烽而放少烽者，各徒三年；若放烽已讫，而前烽不举，不即往告者，罪亦如之。以故陷败户口、军人、城戍者绞。即不应举烽燧而举，若应放少烽而放多烽，及绕烽二里内辄放烟火者，各徒一年。"

"烽候"是指哨所，一般相去三十里，有山峦隔绝处则不必限三十里。《唐六典·兵部·职方郎中下》说："每烽置帅一人，副一人。"唐律对烽候的规定比较详细，有这样几种情况：

当出现敌情时，烽候用烟火发出警报，如果是白天，则放烟；如果是夜晚，则放火。因此，唐律规定烽候周围二里之内"皆不得有烟火，谓昼放烟，夜放火者"，否则要被判徒一年。

如果因为"诸烽候不警"而让寇贼犯边的，对于应举烽而不举，应放多烽而放少烽，"各徒三年"。如果是上一烽候放烽已完，而下一烽候不举烽，应当立即派人告知，如果不即时派人告知者，罪亦如之。对于造成军民人口受损、城戍失陷的，则分别处以绞刑。

至于放多少烽警，则属于机密，因此唐律不具引，《唐六典·兵部·职方郎中下》的注文说："其放烽有一炬、二炬、三炬、四炬者，随贼多少而为差焉。"

（二）对于"关外人"与"化外人"的法律之治

在唐律中有"关外人"、"化外人"、"化内人"的概念。关于"关外人"，《卫禁律》总第82条规定"私度越关及关外人申诉抑而不送"；关于"化外人"，《名例律》总第48条规定"化外人相犯"，《卫禁律》总第88条规定"越度缘边关塞共化外人相交易及共为婚姻"。

首先看"关外人"，第82条中提到的"关外人"让人有些费解，在疏议中没有明确的界定，钱大群先生在其《唐律疏议新注》中亦无解释，只是说"关外有人，被官司枉断徒罪上"。[①] 那么什么是"关外人"？从文义上看，"关外人"既不是化外人也不是关内人，"关外人"不是文化和族群概念，只是关内与关外之别，在文化和族群上应当仍然属于"化内人"的范围，应当是指唐疆域范围内的边疆居民，他们不是居住在缘边关塞之内，而是居住在其附近。

由于居住在缘边关塞之外，又是在其附近，因此常往来于关内外，故多发生纠纷狱讼，如律文第82条提到："即被枉徒罪以上，抑屈不申及使人覆讫，不与理者，听于近关州、县具状申诉，所在官司即准状申尚书省，仍递送至京。若无

---

① 钱大群：《唐律疏议新注》，第276页。

徒以上罪而妄陈者,即以其罪罪之。官司抑而不送者,减所诉之罪二等。"这说明唐朝司法管辖,不仅适用于缘边关塞之内,也适用于缘边关塞之外的唐朝官民。这些人如果被当地官府枉断徒刑以上之罪,则需下派官员复核审理,如果没有进行复核,准许他们到关附近的州、县官府申诉,附近的州、县受理后,需依状上报尚书省,并将人犯递送京师。

这清楚地规定了对于关外人的司法管辖层级,但前提必须是"被枉徒罪以上",如果并没有犯徒罪以上的罪而被虚诉犯有徒、流之罪的,则法官将受反坐其罪。如虚诉人犯徒、流罪者,则反处其徒、流之刑;虚诉人犯死罪者,则反处其死罪;虚诉至人遭除、免官职者,则依照徒刑之法办。"反坐其罪"是唐律对法官枉法反坐的常法。如果是官府压制不上报呈送申诉案情的,则对于该官府长官处以比所申诉的罪减二等处罚。

再看"化外人"。《名例律》总第 48 条属于"化外人相犯"条,是为化外人相犯之法律适用,该条确立了在唐朝境内对于涉及化外人案件的基本司法原则。由于是《名例律》这样的"总则",因此规定比较原则化,但是作为司法原则,却也十分清楚了。

律文:"诸化外人,同类自相犯者,各依本俗法,异类相犯者,以法律论。"疏议:"化外人谓'蕃夷之国',别立君长者,各有风俗,制法不同。其有同类自相犯者,问本国之制,依其俗法断之。异类相犯者,若高丽之与百济相犯之类,皆以国家法律,论定刑名。"[①]在律文中,虽然没有说"化内人",但是实际上在法律上已经明确了有"化外人"和"化内人"之分。在此概念之上,才有专门针对化外人的"同类"和"异内"之别,对于在唐朝境内化外人相互之间发生的犯罪,唐律适用原则有二:一是属于同一蕃国的人,在唐朝境内相互之间发生的犯罪,都依照其本国法律处置;二是来自不同蕃国的人,在唐朝境内相互之间发生的犯罪,依照唐朝的法律处理,比如高丽人与百济人相犯、唐朝人与外蕃之人相犯。这样规定的理由是:"'蕃夷之国',别立君长者,各有风俗,制法不同。"所谓"蕃夷之国"的解释是有"别立君长者",有自己的政权、风俗和制法,应当尊重其政权、风俗和制法,也有"依本俗法"的条件,而且这样做也是十分公平便宜的。

唐朝与关外或化外的关系是比较开放的,唐朝允许化外之人,如日本、新

---

① 《唐律疏议》卷六《名例》,"化外人相犯"条及"疏议"。

罗、南海诸岛国、印度、斯里兰卡、大食、波斯等"蕃商"到疆域内贸易，当时交易的商品主要有丝绸、茶叶、马匹、驴、牛羊等。朝廷为发展陆地边贸而专设"蕃坊"，所谓"蕃坊"，是"蕃商"在境内自由定居、营业而划出的一个固定区域。海上贸易则专设"市舶"以及管理"市舶"的市舶使，并征收市舶税。市舶税分为三种：舶脚（船舶入口税）、抽分（货物税）、收市（市税），市舶税的税率据顾炎武的记载，大约为十分之一。①

　　化外之人前来从事贸易活动必然需要有相关法律对其行为进行规范，这包括因为贸易交往活动而出现的涉外婚姻。唐律《卫禁律》总第 88 条就是关于越度缘边关塞、缘边贸易、与化外人通婚的规定，内容如下："诸越度缘边关塞者，徒二年。共化外人私相交易，若取与者，一尺徒二年半，三匹加一等，十五匹加役流。私与禁兵器者，绞；共为婚姻者，流二千里。未入、未成者，各减三等。即因使私有交易者，准盗论。"

　　首先，禁止私越缘边关塞，"诸越度缘边关塞者，徒二年"。唐律不允许私自越度边境关塞，"缘边关塞"是中、外的分界线，"缘边关塞，以隔华夏"。这是国家地理的分界线，也是华夏与夷狄文化上的分界线。凡是私自越过边境关塞的，会被判二年徒刑，比一般"诸越州、镇戍城及武库垣，徒一年"的处罚更重，疏议曰："但以缘边关塞，越罪故重。"此条说明唐代不仅有地理上的线性边疆概念，而且法律上有了明确的"化内人"或者说"唐人"的概念，因此不允许私度缘边关塞。此外，在该条疏议的解释中有"以马越度，准上条"。所谓"准上条"，是指《卫禁律》第 12 条中"比人越度减二等"，当处徒刑一年。

　　其次，禁止越关与化外人私相交易商品及兵器。疏议对化外人的解释是："化外人谓'蕃夷之国'，别立君长者。"②"水陆关栈，两岸皆有防禁"，③"若共化外蕃人私相交易，谓市买博易，或取蕃人之物及将物与蕃人"，④所谓"私相交易"，是越关门而私自交易。对于这类"走私"行为，处罚同样较一般"诸越州、镇戍城及武库垣"为重，"计赃一尺徒二年半，三匹加一等，十五匹加役流"。一般商品交易最多是处以加役流，但是如果越关将禁兵器私与化外人，则更是大

---

① （明）顾炎武：《天下郡国利病书》卷一《唐代市舶》。
② 《唐律疏议》卷六《名例》，"化外人相犯"条。
③ 同上书，"化外人相犯"条"疏议"。
④ 同上。

禁,处罚尤重,判处绞刑。如果属于"未入",谓禁兵器未入,减死三等,得徒二年半。

再次,禁止化外人私自"越度"国境与"化内人"交易。对于这样的情况,其处罚"得罪并与化内人越度、交易同",但是需上奏听敕,提请御裁。"越度"不同于"私度",如果是"私度"交易与"越度"同罪。同时禁止化外人因公出使大唐而私下做买卖,也禁止化内人因公出使入蕃而私下交易,是谓假公"市买博易"而从中取利。对于此类行为的处罚要分别计赃,依窃盗罪论处,最高处流刑三千里。疏议曰:"因使者,谓因公使入蕃,蕃人因使入国。""(因使者)私有交易者,谓市买博易,各计赃,准盗论,罪止流三千里。"

这是禁止与化外人"私相交易"的规定,比如由于官方垄断和田玉的买卖,因此唐律处罚到京城私下买卖玉货的回鹘人:"晋汉已来,回鹘每至京师,禁民以私市易,其所有宝货皆鬻之入官,民间市易者罪之。"①

顺便提及一下,五代之际,政府开放了玉货贸易(周太祖广顺元年,公元951年):"至是,周太祖命除去旧法,每回鹘来者,听私下交易,官中不得禁诘,由是玉之价直十损七八。显德六年二月,又遣使朝贡,献玉并硇砂等物,皆不纳,所入马量给价钱。时世宗以玉虽称宝,无益国用,故因而却之。"②隋唐之世,西域来者较多,日本桑原骘藏《东洋史要》曰:"东西陆路之互市,至唐极盛。"③但是,从唐律的相关规定看,其在外贸方面也并没有十分的开放,《尚书·旅獒》和《盐铁论·力耕》反映的"王者不珍无用以节其民,不爱其货以富其国"的思想在唐代也有所影响,④对于外贸亦必然有相应的限制。这说明在重农抑商、不依赖贸易获利的时代,中央王朝并不贪此宝货,作为政府收入,对边疆地方资源采取"无益国用,故因而却之"的态度。但是又放开玉货买卖,有利于彼此民间往来。⑤

复次,一般禁止与化外人"共为婚姻"。凡有此犯者,依照情况分别处置。如果是私度、越度与化外人通婚者,处流刑两千里。比如化外人到唐朝境内私

---

①　《旧五代史》卷一三八《回鹘传》,中华书局2000年简体字版,第1278页。

②　同上。

③　吕思勉:《中国制度史》,上海教育出版社2005年版,第25页。

④　(西汉)桓宽:《盐铁论·力耕》,转引自吕思勉《中国制度史》,第25页。

⑤　不过当时玉仍然是贵族专用,古时有庶人不佩玉的礼制,辽金两朝时期才改变了这一规定,不再是贵族专用,普通人以"玉吐鹘"(即玉带)为饰,老年妇女以玉片饰头巾,称作"玉逍遥"。

为婚姻者，就当处流刑两千里。不过唐律也并不是一概不允许化外人与化内人通婚，贞观时唐太宗对"诸蕃"娶"汉妇"不加禁止，唐律也允许那些到唐境内合法居住的化外人"得娶妻妾"，这是依据《主客式》的规定："如是蕃人入朝听住之者，得娶妻妾。"唐律只是强调不允许这类化外人将所娶的唐朝汉族妇女带回蕃邦，这是依照《别格》的规定："诸蕃人所娶得汉妇女为妻妾，并不得将还蕃内。"如果将所娶的汉妇女带回蕃邦，依照《主客式》"以违敕科之。"

此外，唐朝法律一般不允许国内官员、百姓与出使唐朝的外宾交往、说话甚至相见，也就是说禁止唐朝的官员、百姓与入朝蕃客来往。

从上可见，唐朝尽管比较开放，但是于边疆城镇的通关、贸易、婚姻却有细致而严格的法律规定。尤其引人注意的是，唐朝在法律上有了明确的"化外"与"化内"之分，仍然注意华夷之隔，防止以夷变夏，这表现在它的立法基本上不允许华夷通婚，并对此有细致而严格的法律规定。以上这些都说明唐朝在治边、治外管理方面逐渐法制化。

七、隋唐诸族习俗与王朝的法俗之治

（一）隋唐时藩附诸族之法俗

隋唐时期，周边族群种落纷杂，唐朝全盛之时，置边都督府和六个督护府，下辖八百余个羁縻府州，且种落民性不同、法俗各异，在西北主要有突厥、薛延陀、回纥、契丹、室韦、党项、高昌等，在东北主要有靺鞨、奚国等，在西南有吐蕃、南诏及诸蛮等。

1. 突厥、薛延陀之法俗

隋唐时，突厥人大抵与匈奴人同俗。突厥之先人，姓阿史那氏。其族于西海之上为邻国所灭，只遗一婴儿为狼所养，"其后遂与狼交，狼有孕焉。……其后狼生十男，其一姓阿史那氏，最贤，遂为君长，故牙门建狼头纛，示不忘本也"。[①]《隋书·北狄传》言其民性，如贱老贵壮、喜寇抄、重战死等，皆有英雄时代的遗风。"贱老贵壮"本是原始法俗，原始民族常无养老习惯，人到一定年纪

---

① 《隋书》卷八四《北狄传》，第1249页。

即弃之不养。儒家重视孝道即是超越了这一旧习,认为养老是天经地义的事情,是天道,亦是人道,相对"贱老贵壮",汉人重孝道即是法律文明的一大进步。

(1) 以畜牧为事,被发左衽,贱老贵壮。

> 其俗畜牧为事,随逐水草,不恒厥处。穹庐毡帐,被发左衽,食肉饮酪,身衣裘褐,贱老贵壮。①

(2) 尚武,性残忍,无文字,喜寇抄,重战死而耻病终。

> 善骑射,性残忍。无文字,刻木为契。候月将满,辄为寇抄。

> 有死者,停尸帐中,家人亲属多杀牛马而祭之,绕帐号呼,以刀划面,血泪交下,七度而止。于是择日置尸马上而焚之,取灰而葬。表木为茔,立屋其中,图画死者形仪及其生时所经战阵之状。尝杀一人,则立一石,有至千百者。②

(3) 突厥人的宗教尚原始,敬鬼神,信巫觋,有祭天之俗。

> 五月中,多杀羊马以祭天,男子好樗蒲,女子踏鞠,饮马酪取醉,歌呼相对。敬鬼神,信巫觋。③

(4) 其具体法俗可归纳如下:

首先,突厥国有官制等级,"官有叶护,次设特勤,次俟利发,次吐屯发,下至小官,凡二十八等,皆世为之"。④

其次,突厥国的刑法禁止谋反、杀人、奸淫,犯此三者皆判处死刑,"谋反叛杀人者皆死,淫者割势而腰斩之"。⑤

再次,突厥国的伤盗案件,以赔偿了结。伤人眼睛者,以自家女儿赔偿受害者,如果没有女儿,则输妇财;伤人肢体者,则输马;盗人财物者,比照伤人者,加赔十倍。⑥

最后,其婚姻有收继之俗,"父兄死,子弟妻其群母及嫂"。⑦

---

① 《隋书》卷八四《北狄传》,第 1249 页。
② 同上。
③ 同上。
④ 同上书,第 1250 页。
⑤ 同上。
⑥ 同上。
⑦ 同上。

薛延陀部的风俗大抵与突厥同，此不赘述。

2. 回纥、拔野古之法俗

贞观三年，突厥已亡，回纥始来朝，当时西北只有回纥部与薛延陀部最为雄强。回纥，又称敕勒、铁勒、回鹘，《旧唐书》云其系匈奴之后裔。回纥部人数较少，"凡有五种，皆散碛北"。"其俗骁强"，多乘高轮车，因此元魏时亦号"高车部"。① 回纥部于唐朝元和四年改称回鹘，"世以中国为舅，朝廷每赐书诏，亦常以甥称呼之"，②其君有"菩萨"，"其母乌罗浑，主知争讼之事，平反严明，部内齐肃。回纥之盛，由菩萨之兴焉"。③

拔野古部，"风俗大抵铁勒也，言语少异"。④

3. 黠戛斯之法俗

为古坚昆国，其君称"阿热"，修职贡。"景龙中，献方物，中宗引使者劳之曰：'而国与我同宗，非它蕃比。'"⑤唐武宗时著宗正属籍。

> 命太仆卿赵蕃持节临慰其国，诏宰相即鸿胪寺见使者，使译官考山川国风。宰相德裕上言："贞观时，远国皆来，中书侍郎颜师古请如周史臣集四夷朝事为《王会篇》。今黠戛斯大通中国，宜为《王会图》以示后世。"有诏以鸿胪所得缋著之。又诏阿热著宗正属籍。⑥

648年，其首领失钵屈阿栈入唐，唐以其部为坚昆都督府，任失钵屈阿栈为都督，隶燕然都护府。845年，唐曾册立黠戛斯可汗为宗英雄武诚明可汗。《新唐书·回鹘下》载其法俗如下：

(1) 官制："其官，宰相、都督、职使、长史、将军、达干六等。宰相七，都督三，职使十，皆典兵；长史十五，将军、达干无员。"

(2) 宗教："祠神惟主水草，祭无时，呼巫为'甘'。"

(3) 婚嫁："昏嫁纳羊马以聘，富者或百千计。"

(4) 丧俗："丧不剺面，三环尸哭，乃火之，收其骨，岁而乃墓，然后器泣

---

① 《旧唐书》卷一九五《回纥传》，第3535页。
② 《旧五代史》卷一三八《回鹘传》，第1277页。
③ 《旧唐书》卷一九五《回纥传》，第3535页。
④ 《新唐书》卷二一七下《回鹘传下》，第4668页。
⑤ 同上书，第4674页。
⑥ 同上。

有节。"

（5）文字："其文字言语，与回鹘正同。"

（6）法律："法最严，临阵桡、奉使不称、妄议国若盗者皆断首；子为盗，以首著父颈，非死不脱。"

4. 契丹、室韦、靺鞨之法俗

契丹之法俗与东北的靺鞨相同，室韦是契丹之别种，"室韦，契丹之类也"。① 契丹先内附而后寄于高丽，隋朝开皇五年之后，"悉其众款塞，高祖纳之，听居其故地"。② 与其他西北族群一样，契丹人有尚武之风，喜为寇盗，其孝义不合于中原礼制。《隋书》："好为寇盗，父母死而悲哭者，以为不壮。"③《旧唐书》："其俗死者不得作冢墓，以马驾车送入大山，置之树上，亦无服纪，子孙死，父母晨夕哭之；父母死，子孙不哭，其余风俗与突厥同。"④《新唐书》："子孙死，父母旦夕哭；父母死则否，亦无丧期。"⑤

室韦作为契丹之类，其内部权力继承、婚姻等法俗与契丹相同，有妇人不再婚的风俗，又有抢盗婚之遗风。"死则子弟代立，嗣绝则择贤豪而立之"。⑥《隋书》："婚嫁之法，二家相许，婿辄盗妇将去，然后送牛马为聘，更将归家。待有娠，乃相随还舍。妇人不再嫁，以为死人之妻难以共居。……人死则置尸其上，居丧三年。"⑦ 又，《旧唐书》云："婚嫁之法，男先就女舍，三年役力，因得亲自迎其妇，役日已满，女家分其财物，夫妇同车而载，鼓舞共归。"⑧

靺鞨在高丽之北，为东夷强国，其地后为唐朝羁縻都护。隋初，靺鞨遣使贡献归附，隋文帝对使者曰："朕视尔等如子。"使者对曰："闻内国有圣人，故来朝拜……愿得长为奴仆也。"⑨ 炀帝时，拜其渠帅为光禄大夫，靺鞨"悦中国风俗，请被冠带，帝嘉之"。⑩ 虽请被中国冠带，但与中国法俗异。

---

① 《隋书》卷八四《北狄传》，第 1262 页。
② 同上书，第 1261 页。
③ 同上。
④ 《旧唐书》卷一九九下《北狄传》，第 3639 页。
⑤ 《新唐书》卷二一九《北狄传》，第 4687 页。
⑥ 《隋书》卷八四《北狄传》，第 1262 页。
⑦ 同上。
⑧ 《旧唐书》卷一九九下《北狄传》，第 3644 页。
⑨ 《隋书》卷八一《东夷传》，第 1223 页。
⑩ 同上。

5. 党项羌族、高昌、焉耆、龟兹、疏勒、于阗之法俗

关于党项羌族之法俗，《隋书》："俗尚武力，无法令，各为生业。"①《旧唐书》："俗尚武，无法令赋役。"②《新唐书》："俗尚武，无法令、赋役。人寿多过百岁，然好为盗，更相剽夺。""无文字，候草木记岁。……妻其庶母、伯叔母、兄嫂、子弟妇，惟不娶同姓。老而死，子孙不哭。"③

高昌国，前汉车师前王庭，后汉戊己校尉故地，有官制，风俗、政令与华夏略同。"官有令尹一人，次公二人，次左右卫，次八长史，次五将军，次八司马，次侍郎、校郎、主簿、从事、省事。大事决之于王，小事长子及公评断，不立文记。男子胡服，妇人裙襦，头上作髻。其风俗政令与华夏略同"。④

焉耆国，无法制，宗教受印度影响，其婚姻之礼有同华夏。"国无纲维，其俗奉佛书，类婆罗门。婚姻之礼有同华夏。死者焚之，持服七日。……大业中，遣使贡方物"。⑤

龟兹国，俗与焉耆同，法俗更简，有上古刑罚遗风。"俗杀人者死，劫贼断其一臂，并刖一足。俗与焉耆同，大业中，遣使贡方物"。⑥

于阗国，俗无礼义，多贼盗淫众，"俗奉佛，尤多僧尼……于阗西五百里有比摩寺，云是老子化胡成佛之所，俗无礼义，多贼盗淫纵……大业中，频遣使朝贡"。⑦

6. 吐蕃、南诏之法俗

吐蕃本属汉时西羌之地，种落莫知所出也，"历周及隋，犹隔诸羌，未通于中国"。⑧ 唐朝时数为中国患，无羁縻府州之治，唐天成三年遣使以来，自此数至中国，虽有文成公主通婚之谊，实非中国藩附，其国至于五代而衰。无文字，刻木结绳为约，其国统率有制，其法用刑严峻，其俗"重壮贱老，母拜于子，子倨于父"。《旧唐书·吐蕃上》载其法俗：

---

① 《隋书》卷八三《西域传》，第 1238 页。
② 《旧唐书》卷一九八《西戎传》，第 3600 页。
③ 《新唐书》卷二二一上《西域传上》，第 4718 页。
④ 《隋书》卷八三《西域传》，第 1239 页。
⑤ 同上书，第 1241 页。
⑥ 同上书，第 1242 页。
⑦ 同上。
⑧ 《旧唐书》卷一九六上《吐蕃传上》，第 3551 页。

其国人号其王为赞普,相为大论、小论,以统理国事。无文字,刻木结绳为约,虽有官,不常厥职,临时统领。

征兵用金箭,寇至举烽燧,百里一亭。用刑严峻,小罪剜眼鼻,或皮鞭鞭之,但随喜怒而无常科。囚人于地牢,深数丈,二三年方出之。

重壮贱老,母拜于子,子倨于父,出入皆少者在前,老者居其后。

军令严肃,每战,前队皆死,后队方进。重兵死,恶病终。

其赞普死,以人殉葬,衣服珍玩及尝所乘马弓箭之类,皆悉埋之。仍于墓上起大室,立土堆,插杂木为祠祭之所。[1]

南诏本哀牢夷后,乌蛮别种,有六诏。其官制备,与中原相差无几,有王称"元",其下曰"昶"。《新唐书·南蛮上》载其制度、法俗,大致有以下几处:

官曰坦绰、曰布燮、曰久赞,谓之清平官,所以决国事轻重,犹唐宰相也。

曰酋望、曰员外酋望、曰大军将、曰员外,犹试官也。

有具体职能分工,其官员曰"爽":幕爽主兵,琮爽主户籍,慈爽主礼,罚爽主刑,劝爽主官人,厥爽主工作,万爽主财用,引爽主客,禾爽主商贾,皆清平官、酋望、大军将兼之。又有乞托主马,禄托主牛,巨托主仓廪,亦清平官、酋望、大军将兼之;另有酋爽、弥勤、勤齐掌赋税,兵獳掌机密;有托西,若判官。

百家有总佐一,千家有治人官一,万家有都督一。

女、嫠妇与人乱,不禁,婚夕私相送。已嫁有奸者皆死。

7. 西南诸蛮法俗

东谢蛮、西赵蛮。东谢蛮在黔州之西数百里,有谢氏,世为酋长,贞观三年入朝,拜首领谢元深为刺史。西赵蛮与东谢蛮俗同,贞观三年入朝,首领赵磨为刺史。《旧唐书·南蛮》载东谢蛮之法俗:"俗无文字,刻木为契。""皆自营生业,无赋税之事。""有功劳者,以牛马铜鼓赏之。有犯罪者,小事杖罚之,大事杀之,盗物倍其赃。婚姻之礼,以牛酒为聘。女归夫家,皆母自送之。女夫惭,逃避经旬乃出。"[2]

---

① 《旧唐书》卷一九六上《吐蕃传上》,第3551、3552页。
② 《旧唐书》卷一九七《南蛮西南蛮传》,第3588页。

牂柯蛮，首领亦为谢氏，世为酋长，武德三年遣使朝贡，首领谢龙羽始拜为刺史，《新唐书·南蛮下》言牂柯蛮法俗："无徭役……刻木为契……劫盗者倍三而偿……俗与东谢同。"[①]"另有以物赔命之俗，杀人者出牛马三十头，乃得赎死，以纳死家。"[②]

松外蛮。凡数十姓，赵、杨、李、董为贵族，贞观中梁建方发兵进讨，杀获其十余万，谕降七十余部。《新唐书·南蛮下》言其法俗："有城郭、文字，颇知阴阳历数。""为人所杀者，子以麻括发，墨面，衣不缉。居丧，昏嫁不废，亦弗避同姓，婿不亲迎。""有罪者，树一长木，击鼓集众其下。强盗杀之；富者赀死，烧屋夺其田；盗者，倍九而偿赃。奸淫，则强族输金银请和而弃其妻，处女、厘妇不坐。凡相杀必报，力不能则其部助攻之。"[③]

西原蛮、南平僚。南平僚于贞观三年遣使内款，以其地隶渝州。《旧唐书·西南蛮》言其风俗："土多女少男，为婚之法，女氏必先货求男族，贫者无嫁女。""俗皆妇人执役。"[④]

西原蛮、南平僚喜叛成俗，兹有一例，可见其性。南平僚别部于"戎、泸间有葛僚……俗喜叛，州县抚视不至"。[⑤]"大中末，昌、泸二州刺史贪沓，以弱缯及羊强僚市，米麦一斛，得直不及半。群僚诉曰：'当为贼取死耳！'刺史召二小吏榜之曰：'皆尔属为之，非吾过。'僚相视大笑，遂叛。"[⑥]

春秋以来，中国礼制文化虽有前述"治出于二"的变化，但上古礼乐法律传统并未丧失，经过汉代儒家复兴运动，其相应的制度文化仍然不改其宗，较之周边夷狄文化大不相同，中国周边族群的畜牧文化虽简单而质朴，但是也野蛮而功利。汉文化中礼仁文化的谦抑和优雅是诞生于富饶的农耕文化之上的，而四夷之地不是草原戈壁就是崇山峻岭，恶劣的自然环境使得他们以追求生存、积累财富为人生的直接目的，从匈奴到成吉思汗莫不如此。故从汉至清，中国士人皆认为周边夷狄"好利"，多以"贪婪成性"来形容。正如汉武帝元光六年（前129）在赦免征讨匈奴的公孙敖、李广部军士所下的《赦雁门代郡军士诏》中所

---

　① 《新唐书》卷二二二下《南蛮传下》，第4789页。《旧唐书》卷一九七《南蛮西南蛮传》载："无徭役……刻木契。其法：劫盗者二倍还赃……略与东谢同。"（第3589页）

　② 《旧唐书》卷一九七《南蛮西南蛮传》，第3589页。

　③ 《新唐书》卷二二二下《南蛮传下》，第4791页。

　④ 《旧唐书》卷一九七《南蛮西南蛮传》，第3590页。

　⑤ 《新唐书》卷二二二下《南蛮传下》，第4795页。

　⑥ 同上。

说："夷狄无义,所从来久。"①江统在《徙戎论》中言夷狄"其性气贪婪,凶悍不仁,四夷之中,戎狄为甚"。②

加之游牧族群多无文字,又没有制度化的教育,因此难以形成成熟的礼仁文化,更难有人文思想的法律创制。在这种缺乏成熟制度文化的社会中,人们自然"贵壮贱老",以强者为大,长此以往,则崇拜强权,与中国儒家遵循忠孝仁义的政治理想不相符。由于崇拜强权、强者,他们对待中原王朝的态度往往表现为"或降或叛",如江统《徙戎论》所说其"弱则畏服,强则侵叛","虽有贤圣之世,大德之君,咸未能以通化率导",③可见古代王朝于边地化俗之不易。

因此,当中原王朝国力强盛时,他们往往四方来朝;当国势衰微时,则寇扰边疆。两汉、三国、南北朝时期,由于中原王朝在总体军事态势上处于被动,遂出现了"五胡乱华"的局面。隋唐时期,周边族群众多且互不统属,一些边疆地区即使成了王朝的羁縻府州,但是由于同族之中部落众多,且以部为政治单位,故大多没有形成统一而稳定的政权,更没有形成成熟国家形态的法律共同体,与中原隋、唐王朝相比难以有制度上的优势,因此大规模边患的出现也比较有限。但这并不等于隋唐的边疆就已十分安宁,由于周边族群大多"好相攻击",几已成俗,如《汉书·高帝纪》说"越人之俗,好相攻击",有的虽为朝廷羁縻府州刺史,但往往恃强而侵掠旁郡,这样不仅给王朝治边带来困难,也时常形成边患。故陈寅恪先生从中国与诸外族关系的角度,考察隋唐之际"外族盛衰之连环性及外患与内政之关系",认为"盖中国与其所接触诸外族之盛衰兴废,常为多数外族间之连环性,而非中国与某甲外族间之单独性也"。④

这种华夏与"多数外族间之连环性"的复杂格局,自然使得王朝在治理众多的羁縻府州时难以深入到其法俗的层面。隋唐之际,虽然也有一些羁縻府州首领主动向化,约束边疆州郡,使从民礼,有"情在奉国,深识正理"者,如历史上著名的谯国夫人,其人世为南越首领,治理南越,规谏强凌,招慰亡叛,息怨止隙。隋高祖时,为招抚南方诸俚僚亡叛,谯国夫人曾"亲载诏书,自称使者,历十余

----

①　《汉书》卷六《武帝本纪》,第118页。
②　《晋书》卷五六《江统传》,第1013页。
③　同上。
④　陈寅恪:《唐代政治史述论稿》,载《陈寅恪集》,第321页。

州,宣述上意,谕诸狸僚所至皆降"。① 不仅如此,谯国夫人还"诫约本宗,使从民
礼"。② 但是,面对这些边疆之地或藩附之国如此迥异而复杂的风俗、族性,隋唐
尚未有足够的能力控制这些地方。唐玄宗时,为防止边疆异族的进犯,设藩镇
以求"藩镇方外"。③ 藩镇之设,后来反而削弱了中央对边疆的控制能力;④羁縻
之制,也正说明唐朝尚无力深入其内部进行治理。面对如此形势,唐朝在对这
些地方进行"移风易俗"治理方面,则更难有积极的作为。

(二) 隋唐对边疆的法俗之治

1. 隋朝对待"藩附之国"法俗的态度

隋初立国,四周族群环伺,时犯边境,寇扰中国。当时的边疆形势如隋文帝
诏云：

> 且彼渠帅,其数凡五,昆季争长,父叔相猜,外示弥缝,内乖心腹,世行
> 暴虐,家法残忍。东夷诸国,尽挟私仇,西戎群长,皆有宿怨。突厥之北,契
> 丹之徒,切齿磨牙,常伺其便。达头前攻酒泉,其后于阗、波斯、挹怛三国一
> 时即叛。沙钵略近趣周槃,其部内薄孤、束纥罗寻亦翻动。往年利稽察大
> 为高丽、靺鞨所破,娑毗设又为纥支可汗所杀。与其为邻,皆愿诛剿。部落
> 之下,尽异纯民,千种万类,仇敌怨偶,泣血拊心,衔悲积恨。圆首方足,皆
> 人类也,有一于此,更切朕怀。⑤

隋初西北突厥沙钵略勇而得众,势力甚大,北夷皆归附之,自称"保有沙漠,
自王蕃隅,地过万里,士马亿数,恒力兼戎夷,抗礼华夏。在于北狄,莫与为
大"。⑥ 隋文帝时,沙钵略纵兵侵犯隋朝西北边境,文帝怒而发兵,将士出塞时文
帝强调对突厥沙人"有降者纳,有违者死",要求做到"广辟边境,严治关塞,使其
不敢南望,永服威刑"。⑦ 后经过一番兵战往来,沙钵略与隋修好立约,愿意称

---

① 《隋书》卷八〇《列女传》,第 1211 页。
② 同上。
③ 《三国志》卷六一《陆凯传》载："愿陛下简文武之臣,各勤其官,州牧督将,藩镇方外。"(第 1035 页)
④ "(弘靖)充卢龙节度使。始从幽州,俗谓禄山、思明为'二圣',弘靖惩始乱,欲变其俗,乃发墓毁棺,众
滋不悦。幽蓟初效顺,不能因俗制变,故范阳复乱",见《新唐书》卷一二七《张嘉贞传》,第 3509—3510 页。
⑤ 《隋书》卷八四《北狄传》,第 1251 页。
⑥ 同上书,第 1253 页。
⑦ 同上书,第 1252 页。

臣，"永为藩附"，至于"削衽解辫，革音从律"，因习俗已久，未能改变。① 正如前引隋文帝开皇十年(590)给高丽王汤的玺书中所言，其对藩附之国的治理思想，是以"奉朝正之典，自化尔藩"为指导的。这表明隋朝要求藩附之国既要"奉朝正之典"，又须"自化尔藩"，中央王朝不介入其社会习俗，更不要求这些边地的风俗一同于华夏。

大业三年，隋炀帝幸榆林，突厥启民可汗献马并上表谢恩，感谢圣人先帝"养活臣及突厥百姓"，②认为"臣非是旧日边地突厥可汗，臣即是至尊臣民"，③主动要求"乞依大国服饰法用，一同华夏"，④即变革服饰，改穿汉服。对此，隋炀帝下诏："先王建国，夷夏殊风，君子教民，不求变俗。断发文身，咸安其性，旃裘卉服，各尚所宜，因而利之，其道弘矣。何必化诸削衽，縻以长缨，岂遂性之至理，非包荒之远度。衣服不同，既辨要荒之叙，庶类区别，弥见天地之情。"⑤这说明隋对于这些臣服的藩国，并没有想改变他们的风俗。

但与此同时，也并没有放弃对他们实行文治教化的想法。如开皇六年(586)，针对多次侵扰西北边疆的吐谷浑降部，隋文帝就说："浑贼风俗，特异人伦，父既不慈，子复不孝。朕以德训人，何有成其恶逆也！吾当教之以义方耳。"⑥这是说这些族群的风俗与儒家人伦悖离，而按照汉以来法律化了的儒家原则，其风俗就隋朝法律上而言，属于"恶逆"之罪，隋文帝说不能眼看着他们这样，因此"当教之以义方耳"。隋文帝在对吐谷浑降部崑王的使者的讲话中，提到了要教崑王为"臣子之法"："不可潜谋非法，受不孝之名。溥天之下，皆是朕臣妾，各为善事，即称朕心。崑王既怀好意，欲来投朕，朕唯教崑王为臣子之法，不可远遣兵马，助为恶事。"⑦又如在隋文帝给高丽王的信中，同样说："时命使者，抚尉王藩，本欲问彼人情，教彼政术。"⑧

隋文帝大有宗主的气度，所谓"问彼人情，教彼政术"，这是王者之道，是王者的义务，也是拓土开疆的理由。拓土开疆是为了"移风易俗"，同时"教彼政

---

① 《隋书》卷八四《北狄传》，第 1254 页。
② 同上书，第 1256 页。
③ 同上书，第 1257 页。
④ 同上。
⑤ 同上。
⑥ 《隋书》卷八三《西域传·吐谷浑传》，第 1236 页。
⑦ 同上书，第 1236—1237 页。
⑧ 《隋书》卷八一《东夷传·高丽传》，第 1218 页。

术"，使其"国有恒典"，故尔是"王者所务"。这一思想反映在梁睿给隋文帝的奏疏中。梁睿是隋朝治边功臣，对边疆治理做出了实绩，其治边思想对隋朝影响也比较大。梁睿强调要开疆拓土，要把易俗移风与国家法律统一起来。早在周静帝大象二年，梁睿为益州总管时就平定了西川，使得"西南夷莫不归附"。① 梁睿的经验是："窃以远抚长驾，王者令图，易俗移风，国有恒典。"把易俗移风和推行国家法律相结合，但风俗教化仍然是放在首位的。后来他在给隋文帝的奏书中写道："窃以柔远能迩，著自前经，拓土开疆，王者所务。"②认为拓土开疆是王者的义务，符合"普天之下，莫非王土"的经典，是王道正统。

2. 唐朝"化外人"思想及其教化活动

（1）怀之以德：唐朝治边官员的教化活动

"化外人"的思想从一个侧面反映了古代中国人的文化自信，直到清朝仍然有"化外"与"化内"之分，这正说明历史上的中国人一直保持着最古老的文化信仰，珍视上古华夏的器物礼仪、典章制度。从唐律中对于"化外人"犯罪的相关规定来看，唐律不仅在法律上确立了尊重他族文化的传统，而且也毫不含糊地维护着自己的文化。直到近代以前，这种文化的自尊感仍一直保存着。由于没有近代西方式的"国家"主权概念，而只有"王朝"疆域的现实和化成天下的理想，清中后期，"固本柔远"的思想仍然影响着中国王朝治边、治外的立法和司法，仍然有"化外"与"化内"之分，"固文化之本，柔远外之民"仍然是其治边司法原则和治外司法原则。清代王之春的《国朝柔远记》中，士人对"柔远"的思想有这样的总结："昔宣圣与鲁君论文武之政，于远人则曰'柔'。诚以远人，不可遽怵之以威也，遽怵之以威，则彼必震动不安；又不可故示之以弱也，故示之以弱，则彼必狡焉思逞。此求一至善不易之经，则非'柔'不为功。且夫'柔'之云者，非我自处于柔也。道其归附之心，而孚之以诚信，则柔者益柔，所谓'燮友柔克'也。化其犷悍桀黠之习，而迪之以中庸，则不柔者亦柔，所谓'高明克柔'也。"③无怪乎明万历三十六年（1608）香山知事蔡善继平息澳门骚乱后制定的《澳门十则》，对于在澳门的葡萄牙人犯罪，规定可由葡萄牙人自行处置，而牵涉华人的，则由中国官员审判。

---

① 《资治通鉴》卷一七八《开皇十七年二月》，第5551页。
② 《隋书》卷三七《梁睿传》，第1127页，第750—751页。
③ （清）王之春撰，赵春晨点校：《清朝柔远记·彭叙》，中华书局1989年版，第1页。

　　中国古代治理边疆虽也依靠武力，但是汉唐以来儒家"中庸柔远"的理念仍然是"化外"的基本指导思想。唐开国之初，针对边疆冯盎之变，魏征在谏言中就主张"王者兵不宜为蛮夷动"，"当怀之以德"，最终"征一言，贤子十万众"。①魏征对中国治边法制的贡献更在于他提出了"不以蛮夷劳中国"，"若听其商贾往来，与边民交市，则可矣，倘以宾客遇之，非中国之利也"的建议，这一建议在一定程度上改变了过去中国与四夷之间的传统朝贡做法。正如魏征所说，四夷前来朝贡，其徒旅不减千人，皆单以是宾客待遇，如此必引起边民荒耗，将不胜其弊，而如果听其以商贾身份往来，与边民交市，则两相得利。魏征的提议得到了认可，这对于后来宋代边民互市法律制度的产生不能说没有影响。

> 　　甲寅，高昌王文泰入朝。西域诸国咸欲因文泰遣使入贡，上遣文泰之臣厌怛纥干往迎之。魏征谏曰："昔光武不听西域送侍子，置都护，以为不以蛮夷劳中国。今天下初定，前者文泰之来，劳费已甚，今借使十国入贡，其徒旅不减千人。边民荒耗，将不胜其弊。若听其商贾往来，与边民交市，则可矣，倘以宾客遇之，非中国之利也。"时厌怛纥干已行，上遽令止之。②

　　在赋役方面，唐律对于夷僚、外蕃、孝子顺孙、义夫节妇以及边远地方的人民的课役皆有优惠。如对于孝子、顺孙、义夫、节妇闻于乡野者，经向尚书省申请并批准，可以"同籍免课役"。③ 对于夷僚、外蕃则规定"应输课役者，随事斟量，不必同之于华夏"。④《通典》亦有："诸外蕃得还者，一年以上复三年，二年以上复四年，三年以上复五年。外蕃之人投化者复十年。"⑤对于从偏僻的"狭乡"地方迁往"宽乡"者，按去乡之远近而定课役免否。《新唐书》："四夷降户，附以宽乡，给复（免役）十年。"⑥《通典》又有："去本居千里外复三年，五百里外复二年，三百里外复一年。"⑦

　　此外，西北比较遥远的边疆地方也逐渐有了租税制度，如龟兹、高昌。关于龟兹，《魏书·西域传》："税赋准地征租，无田者则税银钱。俗性多淫，置女市，

---

① 《新唐书》卷一一〇《冯盎传》，第3280页。
② 《资治通鉴》卷第一九三《唐纪》，太宗贞观四年。
③ （唐）杜佑撰，王文锦等点校：《通典》卷六《食货典·赋税下》，第109页。
④ 同上。
⑤ 同上。
⑥ 《新唐书》卷五一《食货志一》，第882页。
⑦ （唐）杜佑撰，王文锦等点校：《通典》卷六《食货典·赋税下》，第109页。

收男子钱入官。"关于高昌，《周书·异域传》："赋税则计输银钱，无者输麻布。"根据黄文弼在吐鲁番哈拉和卓旧城获得的西州征收残牒，所纳物资有练布、毡、绳索、杂物、屯绵、粟、麦及钱，"可为唐时高昌国人民为国家输实物租赋及货币租赋之证"。①

唐代有许多治边能臣，他们治理边疆不仅通过武力威权，更是广施德政以得民心，同时自己也奉公守法。史书对他们的治边功绩也多有褒扬，如李素立、韦仁寿、宋庆礼、苏方定、薛仁贵、柳宗元、李德裕等。

李素立于高祖、太宗时曾经任监察御史、瀚海都护，是一个以维护法律、治理边疆而著名的官员。

> 武德初为监察御史。时有犯法不至死者，高祖特命杀之，素立谏曰："三尺之法，与天下共之，法一动摇，则人无所措手足。陛下甫创鸿业，遐荒尚阻，奈何辇毂之下，便弃刑书？臣忝法司，不敢奉旨。"高祖从之。②

贞观中，突厥铁勒部相率内附，唐太宗于其地设置瀚海都护府以统之，任命李素立为瀚海都护。李素立力除边患，爱护当地百姓，任内十分清廉，"夷人感其惠，率马牛以馈素立，素立唯受其酒一杯，余悉还之"。永徽初，李素立改任蒲州刺史时，"所余粮储及什物，皆令州司收之，唯赍己之书籍而去"。③

京兆韦仁寿素有仁德，隋末时为蜀郡司法书佐，其所判死囚行刑时，死囚仍西向为韦仁寿礼佛。唐高祖时为嶲州都督府长史、检校南宁州都督，治理西南，承制置七州十五县，授其豪帅为牧宰。为官自检，法令清肃，羁縻有方，人怀欢悦。

> 初，隋末，京兆韦仁寿为蜀郡司法书佐，所论囚至市，犹西向为仁寿礼佛，然后死。……仁寿性宽厚，有识度，既受命，将兵五百人至西洱河，周历数千里，蛮夷豪帅皆望风归附，来见仁寿。仁寿承制置七州十五县，各以其豪帅为刺史、县令，法令清肃，蛮夷悦服。将还，豪帅皆曰："天子遣公都督南宁，何为遽去？"仁寿以城池未立为辞。蛮、夷即相帅为仁寿筑城，立廨

① 林幹编：《突厥与回纥历史论文选集》上册，中华书局 1987 年版，第 181 页。另见黄文弼《吐鲁番考古记》，第 36 页图 21—22。
② 《旧唐书》卷一八五上《良吏传上》，第 3256 页。
③ 同上。

舍,旬日而就。仁寿乃曰:"吾受诏但令巡抚,不敢擅留。"蛮夷号泣送之,因各遣子弟入贡。壬戌,仁寿还朝,上大悦,命仁寿徙镇南宁,以兵戍之。①

宋庆礼于武则天时任大理评事,并充岭南采访使。其人"为政清严,而勤于听理,所历之处,人吏不敢犯",且为国劳臣,不惧边陲炎瘴,常亲至其境问其风俗,晓示以祸福,安宁地方。

> 时崖、振等五州首领,更相侵掠,荒俗不安,承前使人,惧其炎瘴,莫有到者。庆礼躬至其境,询问风俗,示以祸福。于是安堵,遂罢镇兵五千人。②

苏方定高宗显庆二年为前军总管,击西突厥沙钵罗,"斩获数万,息兵诸部,各归所居,通道路,置邮驿,掩骸骨,问疾苦,画疆场,复生业,凡为沙钵罗所掠者,悉括还之,百姓安堵如故"。③

薛仁贵于唐高宗时为铁勒道行军总管,时有羌戎十余万骁骑来战,"薛仁贵发三矢辄杀三人,于是虏气惧降"。薛仁贵不仅骁勇可夺羌戎之气,而且善于德治。"人知其勇足以夺羌戎,而不知其义足以收高丽之心,史称其移治新城抚孤存老,治盗贼,随才任职,褒崇节义,高丽士众皆欣然忘亡"。④

柳宗元唐宪宗时为柳州刺史,公而忘私,施德化俗,推行教育。

> 元和十年,例移为柳州刺史。……柳州土俗,以男女质钱,过期则没入钱主。宗元革其乡法,其以没者,仍出私钱赎之,归其父母。江岭间为进士者,不远千里随宗元师法;凡经其门,必为名士。

> 柳人以男女质钱,过期不赎,则没为奴婢。(柳)宗元设方计,悉赎归之。尤贫者,令书庸,视直足相当,还其质。已没者,出己钱助赎。

李德裕于武宗时为相,他重视边防,于南方推行汉法,变易习俗,数年间,所治地方恶俗大变。

> 南方信機巫,虽父母疴疾,子弃不敢养。德裕择长老可语者,谕以孝慈大伦,患难相收不可弃之义,使归相晓敕,违约者显置以法。数年,恶俗大变。又按属州非经祠者,毁千余所,撤私邑山房千四百舍,寇无所庾蔽。天

---

① 《资治通鉴》卷第一九一《唐纪七》高祖武德七年。
② 《旧唐书》卷一八一上《良吏传下》,第3273—3274页。
③ (明)张雨:《边政考》卷一一《西域经略·苏方定》,明嘉靖刻本。
④ 同上。

子下诏褒扬。

杜希全为朔方军节度使远届朔陲，提出缮修壁垒、设攻守之具、务耕战之方、先备而即安的边疆治策。"致四夷之守，与其临事而重扰，岂若先备而即安！是用弘久远之谋，修五原之垒，使边城有守"。①

简求为官擅于应变，所历四镇皆控边陲，"所至抚御，边鄙晏然"。"太原军素管退浑、契苾、沙陀三部落，或抚纳不至，多为边患。前政或要之诅盟，质之子弟，然为盗不息。简求开怀抚待，接以恩信，所质子弟，一切遣之。故五部之人，欣然听命"。②

这些边臣治理边疆，或谕之以义，或施德化俗，或显置以法，或开怀抚待，接以恩信，这与前述唐律中的化外思想是一致的。《唐律》十分注意处理化外人与内地民人的交往关系，避免边缘州县的族群纠纷。《唐会要》中也特别勒令禁止畜突厥、蜀蛮、五溪、夷僚为奴，

> 大足元年五月三日勒："西北边缘州县不得畜突厥奴婢。"③
>
> 天宝八载六月十八日勒："京畿及诸郡百姓，有先是给使在私家驱使者，限勒到五日内，一切送付内侍省。其中有南口及契券分明者，各作限约，定数驱使。其南口请禁蜀蛮及五溪、岭南夷僚之类。"④

(2)"守典存国"与羁縻之弊

唐代虽然开放，由于奉行羁縻而治、自化尔藩的政策，且不似后来清朝那样对其着力灌输儒家思想，使得对于四夷的法俗教化尚显不足，与清朝在边疆开馆办学相比，显得不够深入和主动。当时的大臣中也有不少持有保守态度，兹举二例。

开元十八年十月，金城公主嫁到吐蕃后，吐蕃以公主名义向唐朝索要儒家经籍，吐蕃使臣名悉猎至长安，奏云："公主请《毛诗》、《礼记》、《左传》、《文选》各一部。"上制令秘书省写与之，正字于休烈上疏反对给予吐蕃经籍：

> 臣闻戎狄，国之寇也；经籍，国之典也。戎之生心，不可以无备；典有恒

① 《旧唐书》卷一四四《杜希全传》，第2665页。
② 《旧唐书》卷一六三《简求传》，第2911页。
③ 《唐会要》卷八六《奴婢门》。
④ 同上。

制,不可以假人。《传》曰:"裔不谋夏,夷不乱华。"所以格其非心,在乎有备无患。昔东平王入朝求《史记》、诸子,汉帝不与。盖以《史记》多兵谋,诸子杂诡术。夫以东平,汉之懿戚,尚不欲示征战之书;今西戎,国之寇仇,岂可贻经典之事!且臣闻吐蕃之性,慓悍果决,敏情持锐,善学不回。若达于书,必能知战:深于《诗》,则知武夫有师干之试;深于《礼》,则知月令有兴废之兵;深于《传》,则知用师多诡诈之计;深于《文》,则知往来有书檄之制。何异借寇兵而资盗粮也!臣闻鲁秉周礼,齐不加兵;吴获乘车,楚疲奔命。一以守典存国,一以丧法危邦,可取鉴也。①

正字于休烈上疏反对的真正理由是:

1. 汉朝时就不给外夷经典,如"昔东平王入朝求《史记》、诸子,汉帝不与"。孔子也不主张这样做:《传》曰:"于奚请曲县繁缨,仲尼曰:'惜也,不如多与之邑。惟名与器,不可假人。'"

2. 担心吐蕃人"慓悍果决,敏情持锐,善学不回",若是学通中国的典籍,通晓《史记》后必然多兵战之谋,懂得诡诈之计、书檄之制,则会用来对付中国,"若与此书,国之患也"。应当"守典存国",而不可"丧法危邦"。

于休烈的上疏反映了一些人的保守认识,但这并非是传统"化成天下"的态度。尽管唐与吐蕃之间多以盟誓这样的古老法俗来维系彼此因和亲而有的舅甥关系,但对于唐王朝来说,吐蕃强悍而偏远,唐朝对吐蕃没有更多的想法,彼此之间守盟从约,②划定边界,各守兵马,保持舅甥之间的和平关系,不侵扰王朝边疆的羁縻府州就是它的目的,如其盟文所说:"国家务息边人,外其故地,弃利蹈义,坚盟从约。"③故而朝廷对此"疏奏不省",没有采纳这类"守典存国"的建议,这说明唐王朝仍然坚持了文化开放的态度。但是这种开放的态度仍然是有局限的,如我们前面提到的,《唐律》禁止化内人与化外人越度交易,禁止与化外

---

① 《旧唐书》卷一九六上《吐蕃上》,第3559—3560页。
② 唐德宗建中四年正月,上诏张镒与吐蕃尚结赞及论悉颊藏、论臧热、论利陁、斯官者、论力徐等七人结盟于清水。根据盟文,双方约定的边界是:"今国家所守界:泾州西至弹筝峡西口,陇州西至清水县,凤州西至同谷县,暨剑南西山大渡河东,为汉界。蕃国守镇在兰、渭、原、会,西至临洮,东至成州,抵剑南西界磨些诸蛮,大渡水西南,为蕃界。其兵马镇守之处,州县见有居人,彼此两边见属汉诸蛮,以今所分见住处,依前为定。……盟文所有不载者,蕃有兵马处蕃守,汉有兵马处汉守,并依见守,不得侵越。其先未有兵马处,不得新置,并筑城堡耕种。""其盟文藏于宗庙,副在有司,二国之成,其永保之。"见《旧唐书》卷一九六下《吐蕃传下》,第3570页。
③ 《旧唐书》卷一九六下《吐蕃下》,第3570页。

人私相往来,其目的不仅是出于国防考虑,也应当有文化防范之意。

至于清朝之前,中原王朝向西藏传播儒家文化,以图教化外邦,则未见史料记载。由此可见,儒家文化虽然以天下为己任,追求"教化万邦"、"一同于俗",但是具体到王朝的政治活动,也有人并不完全赞成这样做。所谓的"固本",必然也会考虑防夷变夏,有些时候还局限于实际的政治考量,这也反映了唐朝时期人们对治边、治外的思考。

此外,唐朝也有困于羁縻之弊的时候,也有要求罢除羁縻府州的情况。武则天时,蜀州刺史张柬之就因为姚州府社会秩序混乱,上表请罢西南姚州。

> 姚府总管五十七州,巨猾游客,不可胜数。国家设官分职,本以化俗妨奸,无耻无厌,狼藉至此。今不问夷夏,负罪并深,见道路劫杀,不能禁止,恐一旦惊扰,为祸转大。伏乞罢姚州,使隶巂府,岁时朝觐,同之蕃国。①

其进而建议,废除泸南诸镇,于泸北置关,"百姓自非奉使入蕃,不许交通往来"。② 张柬之的建议反映出当时在交通困难的西南羁縻地方德化不行、法制不兴、抢劫盛行的情况。

> 今姚府所置之官,既无安边静寇之心,又无葛亮(诸葛亮)且纵且擒之伎。唯知诡谋狡算,恣情割剥,贪叨劫掠,积以为常。扇动酋渠,遣成朋党,折支诡笑,取媚蛮夷,拜跪趋伏,无复惭耻。提挈子弟,啸引凶愚,聚会蒲博,一掷累万。剑南逋逃,中原亡命,有二千余户,见散在彼州,专以掠夺为业。姚州本龙朔中武陵县主簿石子仁奏置之,后长史李孝让、辛文协并为群蛮所杀。③

这实际上是说朝廷置姚州作为羁縻府州的弊端,武则天并没有因此动摇,继续坚持置姚州为羁縻地方。

面对或叛或服的南方族群,唐代在西南边疆地区形成了先讨伐后羁縻、先羁縻后化俗的方针。比如广西左右江一带地广人稀,"洞坌荒僻",这里居住着"黄峒蛮"、"西原蛮"乌武僚人、乌浒人等,其姓有黄、韦、周等。其中黄氏最强,雄踞十余州,称霸一方,僭号称王,与中原时战时和,朝廷多次招谕,反攻州陷

---

① 《旧唐书》卷九一《张柬之传》,第 1990 页。
② 同上。
③ 同上。

地,多有不从。长庆初,兵部侍郎韩愈曾建议对之实行羁縻。

> 南讨损伤,岭南人希,贼之所处,洞壑荒僻。假如尽杀其人,得其地,在国计不为有益。容贷羁縻,比之禽兽,来则捍御,去则不追,未有亏损朝廷。愿因改元大庆,普赦其罪,遣郎官、御史以天子意丁宁宣谕,必能欢叫听命。为选材用威信者,委以经略,处理得方,宜无侵叛事。①

韩愈这一建议没有被采纳,朝廷仍然多次派经略使讨伐,直到徐申任邕管经略使时,"黄洞纳质供赋,不敢桀","而十三部二十九州之蛮皆定"。又如唐敬宗时对西原蛮黄氏、侬氏的讨伐和法律治理都比较强硬,在征服的同时强调有违命者必严惩之。

> 黄氏、侬氏据州十八,经略使至,遣一人诣治所,稍不得意,辄侵掠诸州。横州当邕江官道,岭南节度使常以兵五百戍守,不能制。太和中,经略使董昌龄遣子兰讨平峒穴,夷其种党,诸蛮畏服。有违命者,必严罚之。十八州岁轮贡赋,道路清平。②

总之,由于边疆形势的变化,隋唐的边疆治理开始从汉代的被动治理变为主动治理,其法律治理思想逐渐成熟,在思想和制度上较汉代都有所发展。这表现在从原来简单地"贵华贱夷",向把归附边夷视为臣子而"爱之如一"的转变;从简单地羁縻安置归附边夷,向将郡县制和羁縻自治结合起来形成成熟的羁縻府州制度的转变;从简单地歧视边夷习俗,向较为积极的政术教化并开始逐渐破除"守典存国"的思想转变;从单纯地对边疆化外者的政术教化,向"易俗移风,国有恒典"转变,把风俗教化同律典的治理结合起来,这也符合隋唐"礼法合一"的法制精神。

---

① 《新唐书》卷一九七《南蛮传下》,第 4797 页。
② 同上书,第 4798 页。

第十一章
宋代对边疆的法律治理

一、《宋刑统》关于边疆治理的法律规定

除后面我们将论述的针对边疆具体事项的诏令外，宋朝有国家律典《宋刑统》作为治理边疆的一般性规定。具体如下：

(一) "名例律"中关于"化外人相犯"的规定

《宋刑统》关于"化外人相犯"的规定，基本上继承了《永徽律疏》(即《唐律疏议》)的条文。

> 诸化外人同类自相犯者，各依本俗法；异类相犯者，以法律论。①
> [疏议]曰：化外人谓蕃夷之国，别立君长者，各有风俗，制法不同。其有同类相犯者，须问本国之制，依其俗法断之，异类相犯者，若高丽之于百济相犯之类，皆以国家法律论定刑名。②

如宋朝时一些边地族群仍然有"赔命价"的风俗。所谓"赔命价"，乃古老的法俗，能杀人而不偿命，仅以牛、羊、马等物赎罪。如唐宋时的牂牁蛮，"无城郭，散居村落。……无徭役，将战征乃屯聚。刻木为契。其法，劫盗者，偿其主三倍；杀人者，出牛马三十头与其家以赎死(赔命价)"。③

此等法俗与宋朝杀人抵命之法大异，若是内地省民与之相犯，宋朝法律一

---

① (宋)窦仪等撰，吴翔如点校：《宋刑统》卷六《名例律·化外人相犯》，中华书局1984年版，第97页。
② 同上。
③ 《宋史》卷四九六《蛮夷传四》，中华书局2005年版，第10965页。

如唐律,亦是依"化外人相犯"条的规定处置。如《宋史·曹玮传》记载边臣曹玮处理羌人杀边民的命案即是依照此条。

> 羌杀边民,入羊马赎罪(赔命价)。(曹)玮下令曰:"羌自相犯,从其俗;犯边民者,论如律。"自是无敢犯。①

(二) "卫禁律"关于越境、化外人交易及其婚姻的规定

"卫禁律"中的规定与唐律相似。犯此规定者为"越罪",一般是徒一年或二年,其规定根据不同情况作详细区分。如"卫禁律"对于诸越州镇戍城及武库垣、违反城门开闭、已经越渡和越而未渡、越度缘边关塞等行为皆有明确、细致的处罚规定,这些规定基本上与唐律无异。

1. 私渡

对于私渡"诸越州镇戍城及武库垣"者,一般是徒一年。根据不同情况,还有相应的处罚规定。

> 诸越州镇戍城及武库垣,徒一年,县城杖九十(皆谓有门禁者);越官府廨垣及坊市垣篱者,杖七十,侵坏者如之。(从沟渎内出入者,与越罪同。越而未过,减一等。余条未过准此。)②

对于违反"镇关戍城及武库等门"开闭规定者,根据不同情况亦规定不同处罚。

> 即州镇关戍城及武库等门应闭,忘误不下键,若应开毁管键而开者,各杖八十;错下键及不由钥而开者,杖六十,余门各减二等。若擅开闭者,各加越罪二等。即城主无故开闭者,与越罪同,未得开闭者,各减已开闭一等。(余条未得开闭准此。)③

2. 越渡

所谓"越","不由门为越"。对于已经越渡者,在徒一年的基础上加一等;对

---

① 《宋史》卷二五八《曹彬传》,第7408页。
② (宋)窦仪等撰,吴翊如点校:《宋刑统》卷八《卫禁律·越州县镇戍城及官府廨垣》,第134页。
③ 同上书,第134、135页。

于已经越过官方水陆防禁之所、缘边关塞有禁约之处而未得渡者,在已越罪的基础上减五等。

> ［疏］诸私渡关者徒一年,越渡者加一等。注云,不由门为越。已至越所者而未渡者减五等。注云,谓已到官司应禁约之处。余条未渡准此。①

对此还有相关的上诉原则和具体规定。凡是徒罪以上抑屈不申者以及覆讫不与理者,先上诉于州县,亦可状申于尚书省;如果是没有犯徒罪以上而上诉者,则以其罪罪之(若妄诉徒流,还得徒流;妄诉死罪,还得死罪;妄诉除免,皆准比徒之法);如果有司抑而不送者,则在所诉之罪的基础上减罪二等(若是犯死罪者,则只徒三年)。

> ［疏］又云,即被枉徒罪以上,抑屈不申,及使人覆讫不与理者,听于近关州县具状申诉。所在官司即准状申尚书省,仍递送至京。若无徒以上罪而妄陈者,即以其罪罪之。官司抑而不送者,减所诉之罪二等。②

对于"诸越度缘边关塞者",自然较一般"诸越州镇戍城及武库垣"者为重,其处罚是徒二年。"诸越度缘边关塞者,徒二年"。③ 故《宋刑统》［议曰］:"缘边关塞以隔华夷,其有越度缘边关塞者,得徒二年,……但以缘边关塞越罪故重。"④

3. 对"外奸入内奸出及烽候不警"的规定

这是针对边疆守卫而制定的条文。

> 诸缘边城戍有外奸内入,内奸外出,而候望不觉,徒一年半,主司徒一年。其有奸人入出,力所不敌者,传告比近城戍。若不速告及告而稽留,不即共捕,致失奸寇者,罪亦如之。⑤

---

① (宋)窦仪等撰,吴翊如点校:《宋刑统》卷八《卫禁律·越州县镇戍城及官府廨垣》,第136—137页。
② 同上书,第137页。
③ 同上书,第140页。
④ 同上。
⑤ 同上书,第141页。

所谓的外奸和内奸,是指非军事进犯的"非众成师旅者",而关于"烽候不警"的规定,则是针对敌方的军事寇犯而言。

> 诸烽候不警,令寇贼犯边,及应举烽燧而不举,应放多烽而放少烽者,各徒三年;若放烽已讫,而前烽不举,不即往告者,罪亦如之。以故陷败户口、军人、城戍者绞。即不应举烽燧而举,若应放少烽而放多烽,及绕烽二里内辄放烟火者,各徒一年。[1]

宋代多边事,相关的边疆军事法律的制定自然十分重要,不过这些规定与前章所述唐律基本相同。

4. 与"化外人"的交易及婚姻

对"共化外人私相交易"的解释是:"若共化外蕃人私相交易,谓市买博易,或取蕃人之物,及将物与蕃人。""卫禁律"中既不允许化外人入境交易,也不允许化内人出境交易,若犯此二者,皆同罪。但是对化外人越度入境的处罚"仍奏听敕",[2]对共化外人私相交易的具体处罚是"一尺徒二年半,三匹加一等,十五匹加役流"。[3]

对于因公出使入蕃国的使者,或蕃国之人因公出使中国,有进行私相交易的,则依盗罪论。"谓因公使入蕃,蕃人因使入国,私有交易者,谓市买博易,各计赃准盗论罪"。[4] "即因使私有交易者,准盗论"。[5] 如《宋史》载北宋末年,徽宗宣和中回鹘因公出使中国,于陕西诸州久留不去,且与内地人贸易,朝廷虑其往来需经西夏,日久习知中国边事,故立法禁之。[6]

"卫禁律"严禁将禁止的兵器私与化外人,对此种犯罪一般判处绞刑。[7] 对于犯此罪但并未将禁兵器带出者,减死三等,得徒二年半。[8]

此外,"卫禁律"还严禁与化外人通婚,与化外人通婚者,判处流刑。如果属

---

① （宋）窦仪等撰,吴翊如点校:《宋刑统》卷八《卫禁律·越州县镇戍城及官府廨垣》,第 142 页。
② 同上书,第 140 页。
③ 同上。
④ 同上。
⑤ 同上。
⑥ 《宋史》卷四九〇《外国传六》,第 10892—10893 页。
⑦ （宋）窦仪等撰,吴翊如点校:《宋刑统》卷八《卫禁律·越州县镇戍城及官府廨垣》,第 140 页。
⑧ 同上。

于与其通婚而未成者,则在流二千里基础上减刑三等,"得徒二年"。[1]

宋朝法律基本继承了唐朝律典,《宋刑统》中关于边疆关塞和化外人婚姻的具体规定也基本与唐律一致。中国古代婚姻从来都不仅是个人的事情,也无所谓"私权",婚姻不仅是家族的事情,也是国家的事情,无论家族还是国家,对于个人生活都有极强的限制,这也正是家父权时代的特点。无论是唐律还是宋律,在汉人与异族通婚的问题上用国家法律进行禁止性的干预,就反映了中国古代法律在这一问题上有某种"家国"传统。

除了严禁与化外人通婚,同唐律一样,宋律不允许国内百姓与蕃客言语交往,州县官人无公事也不得与之相见。对于那些住在中国并娶了汉人妻妾的蕃人,法律不允许他们将妻妾带往藩人国内,否则"以违敕科之"。

> [议曰]……又准主客式,蕃客入朝,于在路不得与客交杂,亦不得令客与人言语,州县官人若无事亦不得与客相见。即是国内官人百姓,不得与客交关,私作婚姻同上法。如是蕃人入朝听住之者,得娶妻妾,若将还蕃内,以违敕科之。[2]

之所以禁止与化外人私相交易和通婚,原因可能有二:一是出于汉文化的优越感;二是出于国家安全的需要,预防外奸与内奸。前者在分析唐律时已经说过,后者可以参考《宋刑统·擅兴律》"大集校阅"中"告贼消息与间谍通"的规定,从这项规定可以看出,之所以不允许化内人与化外人往来,是为了防止化内人与化外人之间"传通国家消息"。

> 诸密有征讨而告贼消息者斩,妻子流二千里。其非征讨而作间谍,若化外人来为间谍,或传书信与化内人,并受及知情容止者,并绞。[3]
>
> [疏议曰]或伺贼间隙,密期征讨,乃有奸人告贼消息者斩,妻子流二千里。其非征讨而作间谍者,间谓往来,谍谓觇候,传通国家消息,以报贼徒。化外人来为间谍者,谓声教之外,四夷之人,私入国内,往来觇候者。或传书信与化内人,并受化外书信,知情容止居停者并绞。[4]

---

[1]　(宋)窦仪等撰,吴翊如点校:《宋刑统》卷八《卫禁律·越州县镇戍城及官府廨垣》,第140页。
[2]　同上书,第141页。
[3]　(宋)窦仪等撰,吴翊如点校:《宋刑统》卷一六《擅兴律·大集校阅·告贼消息与间谍通》,第257页。
[4]　同上。

（三）"擅兴律"中针对边疆守卫的战时军法

针对边疆"守城主将"的规定,即"主将不固守城"条规定:"诸主将守城为贼所攻,不固守而弃去,及守备不设,为贼所掩覆者,斩。若连接寇贼,被遣斥候不觉贼来者,徒三年。以故致有覆败者,亦斩。"①针对"主将以下"军事人员的规定有"临阵先退"条:"诸主将以下临阵先退,若寇贼对阵舍仗投军,及弃贼来降而辄杀者,斩。即违犯军令,军还以后,在律有条者依律断,无条者勿论。"②针对"征防人"逃亡的法律规定:"诸在军所及在镇戍,私放征防人还者,各以征镇人逃亡罪论。即私放辄离军镇者,各减二等。若放人多者,一人准一日;放日多者,一日准一人。谓放三人各五日,放五人各三日,累成十五日之类。并经宿乃坐。临军征讨而放者斩,被放者各减一等。"③此外,在"擅兴律"中还有针对边疆"巧诈避征役"的相关规定:"诸镇戍有犯,本条无罪名者,各减征人二等。〔疏议〕曰:镇戍有所犯法,本条无罪名者,谓镇戍防人冒名相代,及主司知情不知情,若镇戍拒贼而有巧诈避役,若有校试以能为不能,并在镇戍中无有罪名者,各减征人二等。"④

以上这些条文皆同唐朝《永徽律》"征讨告贼消息条"、"主将守城弃去条"、"主将临阵先退条"、"镇所私人放征防人还"、"巧诈避征役条"。

（四）"职制律"中对边疆出使、从征、从行公使职制的规定

"职制律"对边疆出使、从征、从行公使的职制皆有法律规定。对于受制出使而不专使命的,辄干他事者或妄干他事者,各有徒、杖处罚。

> 诸受制出使,不返制命,辄干他事者,徒一年半。以故有所废阙者,徒三年。余始妄干他事者,杖九十。以故有所废阙者,徒一年。越司侵职者,杖七十。⑤

对于在外长官及出使之人有犯罪的,所部属官等不得即推,都需要申上听

① （宋）窦仪等撰,吴翊如点校:《宋刑统》卷一六《擅兴律·大集校阅·告贼消息与间谍通》,第258页。
② 同上。
③ （宋）窦仪等撰,吴翊如点校:《宋刑统》卷一六《擅兴律·私放征人还》,第259页。
④ 同上书,第260、261页。
⑤ （宋）窦仪等撰,吴翊如点校:《宋刑统》卷一〇《职制律·出使不返制命》,第162页。

裁。"若犯当死罪，留身待报，违者各减所犯罪四等"。① 对于"用符节事讫，应输纳而稽留者"，一日笞五十，二日加一等，十日徒一年。② 对于从征、从行者，"公使于所在身死，依令应送还本乡，违而不送者，杖一百。若伤病而医食有阙者，杖六十，因而致死者，徒一年。即卒官家无手力，不能胜致者，仰部送还乡，违而不送者，亦杖一百"。③

二、宋朝对南方边疆的法律治理

《易》之阴阳文化对中国古代政治有影响，汉文化中心主义也影响宋人的边疆观。中国人常以自己为阳，而边疆夷狄为阴，甚至大臣中也有人依据自然现象对可能出现的边患用阴阳理论进行神秘解释。如宋徽宗建中靖国元年右正言任伯雨就认为中国为阳，夷狄为阴；朝廷为阳，宫禁为阴；君子为阳，小人为阴。因此，边疆夷狄是阴，是小人，而中国则是阳，是君子。这正说明宋代在边疆问题上，有着传统的汉文化中心主义。

北宋徽宗建中靖国元年，右正言任伯雨就以"东南为阳，西北为阴"、"正西散为白，而白主兵，此夷狄窃发之证也"来议论边事。

> 春正月，壬戌朔，有赤气起东北，亘西南，中函白气；将散，复有黑祲在旁。右正言任伯雨言："正岁之始，而赤气起于暮夜。日为阳，夜为阴；东南为阳，西北为阴；朝廷为阳，宫禁为阴；中国为阳，夷狄为阴；君子为阳，小人为阴。此宫禁阴谋、下干上之证。渐冲西，正西散为白，而白主兵，此夷狄窃发之证也。天心仁爱，以灾异为警戒。愿陛下进忠良，黜邪佞，正名分，击奸恶，使小人无得生犯上之心，则灾异可变为休祥矣。"④

宋朝在"中兴"之前，尚有专门的鸿胪寺管理边疆族群、臣邦事务。鸿胪寺分往来国信所、都亭驿、礼宾院、怀远驿。总体上，鸿胪寺掌管祭祀、朝会时前资、致仕、蕃客进奉官及僧道、耆寿陪位，享拜六庙三陵；公主、妃主以下丧葬差官监护，给其所用卤簿；文武官薨卒之事。鸿胪寺中的"往来国信所"，"掌大辽

① （宋）窦仪等撰，吴翊如点校：《宋刑统》卷一〇《职制律·在外长官使人有犯》，第169页。
② （宋）窦仪等撰，吴翊如点校：《宋刑统》卷一〇《职制律·输纳符节迟留》，第170页。
③ （宋）窦仪等撰，吴翊如点校：《宋刑统》卷二六《杂律·征行出使疾病身死》，第419页。
④ （清）毕沅：《续资治通鉴》卷八七《宋纪八十七》，建中靖国元年，第2211页。

使介交聘之事";"都亭驿","掌河西蕃部贡奉之事";"礼宾院","掌蕃夷贡朝、互市之事";"怀远驿","掌西南蕃、交州、龟兹、占城、注辇、大石、于阗、甘、沙、宗哥等贡奉之事"。"中兴"后,"废鸿胪寺,以之并入礼部"。①

　　宋代中国边疆形势以契丹、女真、蒙古为强,华夏王朝常居于弱方。不仅如此,在中国边疆法律史上,这一时期由于北方契丹、女真、蒙古诸族其法俗已开始从刻木以记向成文法转变,其制度文化得以发展以致于国势渐强,从而导致中国边疆形势转逆,中央王朝于北方居于弱势,甚至有割地、输银、称臣之举。但是,宋代继承了唐朝羁縻州县的制度,对南方及西北部分地方的边疆羁縻辖地仍然进行了有效的法律统治,其边疆的法律治理在南方体现尤为明显,特别是对广南西路、黔中南路以及夔州、茂州、岷州、泸州等边地生蛮的治理尚有成效。如辰、沅瑶蛮,安化蛮,黎洞蛮,蜑蛮,播州、牂牁、夜郎诸蛮,纂府蛮,泸州蛮,泸南晏州夷,生羌等。

　　"蜑蛮",《岭外代答(一)》卷三外国门下有:"以舟为室,视水如陆,浮生江海者,蜑也。"②是指生活在江海鱼舟之上,以捕鱼为生者。所谓"瑶蛮",《岭外代答》曰:"猺人者,言其执徭役于中国也。"③由此可知,称之为"猺",是因为其已执徭役于中国,表示归附之义。本应当是"徭"人而不是"猺",之所以用反犬旁的"猺"字称之,自有歧视的意思。笔者在广西凤溪瑶寨发现一明代碑记,上面仍然用反犬旁之"猺"、"獞"。碑文有云:"凤溪在县西庇隅二十三里许,虽自明嘉靖间招抚落籍,属猺籍,然皆相传浑噩,世守农桑,迄今十余代。"是说这里的瑶族是明朝嘉靖间招抚迁移,从"山瑶"落籍为"平地瑶"而世守农桑。值得注意的是,碑文"属猺籍"一句中的"猺"字仍然用反犬旁,而不是斜玉旁的"瑶"。而更为有趣的是,反犬旁的"猺"字已为人所涂抹而有些模糊,这是何人、何时所为则不得而知,是否是近世所为更不能肯定,当地瑶族村长认为这是因为瑶民不满被称以"猺"而欲自名为瑶族所致。如碑文所说,这里的瑶民是明朝嘉靖年间招抚的,"迄今十余代"后仍用"猺"相称,可知明清时,内化瑶地仍有如此用法。

---

①　《文献通考》卷五六《职官考十》。
②　(宋)周去非:《岭外代答(一)》卷三《外国门下》,王云五主编:《丛书集成初编》,商务印书馆1936年版,第29页。
③　同上。

广西凤溪瑶寨《重建朝阳桥碑记》上的"猺"字

（一）与边疆法律治理相关的名词

1. 羁縻

宋代人解释"羁縻"，多以南方边地举要，如宋人赵升《朝野类要》解释"羁縻"皆以南方荆、广、川溪洞诸蛮而论，其特征是受到朝廷官封并时有进贡者，如同汉、唐置都护以及宋时之安南国王，释云："荆、广、川溪洞诸蛮及部落蕃夷，受本朝官封而时有进贡者，本朝悉制为羁縻州。盖如汉、唐置都护之类也。如今之安南国王，每遇大礼，则加封功臣字号，而每岁差官押历日赐之是也。"①

2. 海行

"敕格式令，谓之海行。盖天下可行之义也"，②即朝廷的敕、令、格、式这类法律于天下皆是可以实行的，所以把它们叫"海行"，这说明宋王朝在法律观念上仍持"化成天下"的政治传统。

---

① （宋）赵升撰，王瑞来点校：《朝野类要》，中华书局 2007 年版，第 35 页。
② 同上书，第 81 页。

3. 边报

"沿边州郡,列日具干事人探报平安事宜,实封申尚书省、枢密院",①即来自边疆沿边州郡的专门报告制度。

4. 招讨招抚

"讨者,伐不道之臣。抚者,安故国之民"。② 招讨使之职,唐贞元年间即有,常以大臣、将帅或节度使等地方军政长官兼任,有招降讨叛之义。辽北面边防官与金沿边诸路亦常设招讨司,长官为招讨使,以治沿边各族,元亦常于边陲置招讨司,长官为招讨使。明朝在西南边地置招讨司,则已是土官衔号。宋之招讨使,"掌收招讨杀盗贼之事,不常置"。③ 招抚使,宋之官名,亦不常置,为战时抵御边患临时设立的军政长官。

5. 安抚

"安抚之权,可以便宜行事。如俗谓先施行后奏之类是也。通辖一路之兵民,若宰执出镇,或曰安抚大使。若沿边,又有管内安抚,谓只辖本州也"。④安抚使有便宜行事之权,宋朝地方最高行政级别为"路",安抚使或曰"安抚大使",通辖一路之兵民,为路之最高长官。宋在沿边地方设有"管内安抚","管内"的意思是只辖本州。

经略使之职始于唐代,唐贞观二年(628)于沿边重要地区设置,为边防军事长官,后多由节度使兼任。宋代在西北、西南边境地区亦设置经略使,河东、陕西、岭南各路经略使常兼安抚使,称"经略安抚使",掌一路军事及民政。

6. 贡献

即向宋朝进贡土特产。

7. 租赎

即蛮夷输财赎罪。"凡蛮夷不受鞭罚,输财赎罪"。⑤

---

① (宋)赵升撰,王瑞来点校:《朝野类要》,第88页。
② 同上书,第92页。
③ 《宋史》卷一六七《职官志七》,第2657页。
④ (宋)赵升撰,王瑞来点校:《朝野类要》,第92页。
⑤ 《南史》卷二五《垣阅传》,中华书局2000年简体字版,第454页。

8. 出宋

宋人范成大《桂海虞衡志·志蛮》载："今刺史莫延葚逐其弟延廪而自立,延廪奔朝廷,谓之出宋。"[①]"凡州洞归朝者,皆称出宋。"[②]是指南方边陲族群前来归附大宋者,故曰"出宋"。凡"出宋"诸蛮,即可成为大宋的羁縻州洞。所谓"羁縻州洞",指南方诸蛮而言。如宋朝在南方设有广西经略使,称为"帅司",是"路"的最高长官,"广西经略使,所领二十五郡,其外则西南诸蛮",[③]二十五郡之外,亦有帅司所辖之蛮地数种,这些地方才称为"羁縻州洞"。

(二) 羁縻州洞之法律治理

1. 基本形势及指导思想

广南西路路治在今广西桂林市,有州二十五(桂、容、邕、融、象、昭、梧、藤、龚、浔、柳、贵、宜、宾、横、化、高、雷、钦、白、郁林、廉、琼、平、观),有军三(昌化、万安、朱崖),县六十五。此外,三峡一带的利州、夔州路(夔州、黔州、施州、忠州、万州、开州、达州、涪州、渝州、云安军、梁山军、大宁监来属);茂州(原为唐朝时的南会州,贞观八年改名,治所在今四川省茂县)、岷州(岷州下辖三县、五寨、三堡、一监,分别为祐川县、大覃县、长道县,临江寨、荔川寨、麻川寨、闾川寨、宕昌寨,遮阳堡、谷藏堡、铁城堡)皆是与吐蕃交界的边地。

宋代的南部边疆主要是西南边疆,而西南边疆主要是今天广西、四川、湖南、贵州的边地。"广西西南一方,皆迫化外。……广西二十五州,而边州十七"。[④] 其中边州大抵是指静江、融州、宜州、邕州、钦州、廉州、琼州。静江属县,半抵瑶峒;融州,其境抗扼牂牁、夜郎诸蛮;宜州,处群蛮之腹,有南丹州(今广西河池一带)、安化三州一镇(湖南益阳一带)、荔波(今贵州荔波)、赢河、五峒(湖南凤凰,元设峒府,有五峒)、茅滩(广西环江县)、抚水诸蛮;邕州,管溪峒羁縻州、县、峒数十,其外则为南诏国、安南国;钦州,其西南接境交趾,陆则限以七峒;廉州,廉之海,直通交趾;琼州中有黎母山,环山有熟黎、生黎,近则占城诸蕃,远则接于六合之外。[⑤]

---

① (宋)范成大撰,孔凡礼点校:《范成大笔记六种》,中华书局 2002 年版,第 135 页。
② 同上。
③ 同上书,第 134 页。
④ (宋)周去非:《岭外代答(一)》卷一《地理门》,王云五主编:《丛书集成初编》,第 1 页。
⑤ 同上书,第 1,2 页。

这些"羁縻州洞"地方在唐代贞观元年为岭南道辖地,唐咸通三年时分岭南道为岭南东道与岭南西道。由于南北朝、隋唐以来江南的开发,岭南东道已渐去"边疆"、"民族"之义,故岭南西道的边疆意义更为浓厚一些。唐永徽(650—655)后,以广州、桂州(治今桂林)、邕州(治今南宁)、容州(治今容县)及安南五州隶岭南五府经略使,名"岭南五管"。境内有种落称为西原蛮,大约在今广西西南部一带,境内有侬、黄、韦、周等大姓,这些边疆地方为经略使所制。宋初虽然继承唐之羁縻府州制度,但亦有改动。"帝按岭南图籍,州县多而户口少,命知广州潘美及转运使王明度其地里,并省以便民,于是前后所废州十六,县四十九"。①

宋代南方边地为诸蛮居住地方,中原人或以"种落"、"族类"别之。虽然地域有差,但是其法俗、组织方式基本类似,是为原始。

> 诸蛮族类不一,大抵依阻山谷,并林木为居,椎髻跣足,走险如履平地。言语侏离,衣服斒斓。畏鬼神,喜淫祀。刻木为契,不能相君长,以财力雄强。……相攻击,鸣鼓以集众,号有鼓者为"都老",众推服之。②

唐宋以来,南方诸蛮与中原的关系虽时有反复,但是基本上是"相继纳土,愿为王民,始创城砦,比之内地"的过程。《宋史·蛮夷三》有基本概括:

> 唐末,诸酋分拒其地,自为刺史。宋兴,始通中国,奉正朔,修职贡。间有桀黠贪利或疆吏失于抚御,往往聚而为寇,抄掠边户。朝廷禽兽畜之,务在羁縻,不深治也。熙宁间,以章惇察访经制蛮事,诸溪峒相继纳土,愿为王民,始创城砦,比之内地。元佑初,诸蛮复叛,朝廷方务休息,乃诏谕湖南、北及广西路并免追讨,废堡砦,弃五溪诸郡县。崇宁间,复议开边,于是安化上三州及思广诸峒蛮夷,皆愿纳土输贡赋。及令广西招纳左、右江四百五十余峒。寻以议者言,以为招致熟蕃非便,乃诏悉废所置州郡,复祖宗之旧焉。③

宋朝治理南方边疆的指导思想在宋太祖时已经确立,宋朝基本继承了唐朝的羁縻思想,但又有了歧视的态度,即所谓"朝廷禽兽畜之,务在羁縻,不深治

---

① （清）毕沅:《续资治通鉴》卷七《宋纪七》,太祖开宝五年,第161页。
② 《宋史》卷四九五《蛮夷传三》,第10955页。
③ 同上书,第10956页。

也"，主要以"因其俗治之"为主。宋代对南部边疆的法律治理不多见于律典，更多的是以诏令的法律形式进行，相关诏令也遵循这一精神，在制度上就表现为"羁縻"。

> 初（太祖开宝五年），平岭南，命太子中允周仁浚知琼州，以儋、崖、振、万安属焉。帝谓宰相曰："邈荒烟瘴，不必别命正官，且令仁浚择伪官，因其俗治之。"辛卯，仁浚列上骆崇璨等四人，帝曰："各授检校官，俾知州事，徐观其效可也。"①

由于以"务在羁縻，不深治"作为指导思想，因此终宋之世，其边疆法制虽然有一定程度的变化，但终未有大的进步。

> 绍兴初，监察御史明橐言："湖南边郡及二广之地，旧置溪峒归明官，比年浸广其员，及诸州措置隘砦，阙人把拓，又令管押兵夫，素不习知法令，率贪婪无厌。况管押又皆乡民，甚为边患。遭困苦折辱者往往无所赴诉。"②

2. 宋朝经略使与经略安抚使之职权

宋代赵氏因政变而得皇位，常有恐于帅权。后听赵普之议而分兵权，历朝奉行强干弱枝的统治，由于安边的经略使一职有便宜之权，故不常置。不过边疆群族又常有侵扰，如南方侬智高扰边，则不得不设，故云"不常置"。宋朝"经略安抚使"之所以"重帅权"，实为"服羌夷"，③即所谓"职任绥御戎夷，则为经略安抚使"。④

宋时，广西经略使承担了治理边疆的责任，如广西经略使领二十五郡，其外则是西南诸蛮，其中尚有羁縻州洞，有被称为瑶、僚、蛮、黎、蜑的边民，这些种落族人被统称为"蛮"。

> 广西经略使，所领二十五郡，其外则西南诸蛮。蛮之区落，不可悉记。姑既其声闻相接，帅司常有于其地者数种，曰羁縻州洞，曰猺，曰僚，曰蛮，曰黎，曰蜑，通谓之蛮。⑤

---

① （清）毕沅：《续资治通鉴》卷七《宋纪七》，太祖开宝五年，第161页。
② 《宋史》卷四九五《蛮夷传三》，第10956页。
③ （宋）马端临：《文献通考》卷六二《职官考十六》，第1862页。
④ 同上。
⑤ （宋）范成大撰，孔凡礼点校：《范成大笔记六种》，第134页。

关于经略使的职责,根据马端临《文献通考》,其除掌一路之军事、行政外,可颁禁令、定赏罚、听狱讼,于辖地有司法权和立法权。

> 皆帅其属而听其狱讼,颁其禁令,定其赏罚,稽其钱谷、甲械出纳之名籍而行以法。若事难专决,则具可否禀奏;即干机速、边防及士卒抵罪,则听以便宜裁断。①

3. 官属选任及法律适用

宋代地方官员选任有奏辟之制,边疆地区更常行此法。所谓奏辟制度,是由地方长吏向朝廷荐举征召州郡官属,宋朝地方沿边安抚使(帅司)单独奏辟或与帅司、监司联衔具奏都可以奏辟其官属。羁縻州洞的官属有守阙、副尉、下班、巡尉、知寨、沿边知县、都监、左右江提举、守、倅、沿边州军主兵官等,这些官职皆可以不限资格,通过奏辟而莅职,甚至姓名未闻于朝,已先莅职。宋人王栐的《燕翼诒谋录》卷四有:"国初,州郡官属皆长吏自行奏辟,姓名未闻于朝,已先莅职,泊(及)至命下,则已莅位月日皆为考任,大抵皆其宗族亲戚也。"②为此,"雍熙四年八月乙未,太宗诏曰:'今后如有员阙处,当以状闻。'自后奏辟不敢再私于亲戚,或犯此令者,人得而摘指之,稍有所畏忌也"。③如广西奏辟:

> 广西奏辟,不限资格,唯材是求。自守阙、副尉、下班之类,一经奏辟,皆得领兵民之寄。大率初辟巡尉、知寨,次辟沿边知县、都监,次可辟左、右江提举,等而上之,沿边知州、军,皆可辟也。守、倅,旧许帅司奏辟,今多与监司联衔具奏。帅司又可专辟沿边州军主兵官。前官将替,半年便许量才选辟。辟书一上,便可就权,往往非注补官之人,皆由之而并进。俟成命之下,就权年月,皆理为在任;不成,则不过解职而去耳。诚仕宦速化之地,比之吏部格法,何啻霄壤也!④

由于边疆地方去朝廷甚远且交通困难,所选任的官属难以一一到吏部面官,加之地方偏僻而员少阙多,因此对之实行定拟之法,又称"南选"。

> 广西去朝廷远,士夫难以一一到部,令漕司奉行吏部铨法,谓之南选。

---

① (宋)马端临:《文献通考》卷六二《职官考十六》,第1862页。
② (宋)王栐撰,诚刚点校:《燕翼诒谋录》,中华书局1981年版,第42页。
③ 同上。
④ (宋)周去非:《岭外代答(一)》卷四《法制门》,王云五主编:《丛书集成初编》,第44页。

诸郡之阙，吏部以入残零，一月无人注授，却发下漕司定拟。待次士夫拟得一阙，先许就权，吏部考其格法无害，则给告札付之，理前月日为任。南中士夫甚乐之。广西经任人，多不欲注曹官，唯欲授破格职官。初任人不欲授监当、簿、尉，唯欲授破格曹官。谓如吏部注中州四选阙，率一官而四人共之，唯广西阙无人注授。及发下定拟，唯许寄居、随侍、曾任本路人参选，员少阙多，率是见次。选人于此，可养资考，岂吏部注拟之所常有者？故落南士夫，多不出岭，良以此也。①

宋代在两广亦行科举制。"二广试场有三：曰科举，曰铨试，曰摄试。今铨试废矣，唯摄试、科举而已"。② 如在广西静江也开有科场考试，静江是沿边地区，"半抵瑶峒"。③ 静江科考共有五场，内容不仅包括经义，也突出刑统司法，包括试断案、经义、刑统律义。"广西于静江开场，试断案五（世）〔场〕如大法家，按宋史淳熙中秘书郎李巘请令习大法者，兼习经义。诏自今第一、第二、第三场试断案，第四场经义，第五场刑统律义"。④ 但是这些边地由于文化落后，往往应试者少而解额颇宽，凡是经过考试而得解士人，即可以到有关机构（漕司）暂时代理官职，称为"试摄"，成为令律规定的"假版官"。

赴试者少而解额颇宽，虽左、右江溪峒，亦有解额二名。诸州得解士人，俟再得举，则试摄为假版官。⑤

二广两得解士人，许赴漕司试摄，以阙员为额。缀名者，漕司给公据，服绿参南选，出而莅民矣，令律所谓假版官是也。⑥

"假版官"又分三等，即待次摄官、正额摄官、解发摄官，实际上是经过两个阶段的"试摄"任期且考核没有过错，就可以真正解发入仕。具体是："待次摄官"经过两任无过，可成为正额摄官；成为正额摄官后，又经过两任无过，漕司解发吏部而成为解发摄官，成为"解发摄官"后，就是国家正式官员了。⑦

这些作为"假版官"的试摄之人，虽然不是正式官员，但是如果在"试"任期

---

① （宋）周去非：《岭外代答（一）》卷四《法制门》，王云五主编：《丛书集成初编》，第 44 页。
② 同上书，第 45 页。
③ （宋）周去非：《岭外代答（一）》卷一《地理门》，王云五主编：《丛书集成初编》，第 1 页。
④ 同上书，第 45 页。
⑤ （宋）周去非：《岭外代答（一）》卷四《法制门》，王云五主编：《丛书集成初编》，第 45 页。
⑥ 同上。
⑦ 同上书，第 45、46 页。

内有犯罪的情况,仍加以真刑。所谓"真刑",是指这些"假版官"犯罪,要按照正式官员犯罪来处理。"当其未补真命也,历任之中,有犯赃私,该徒流罪,犹加真刑"。①

4."羁縻州洞"之风俗与官制

北宋仁宗时期,南方有蛮夷侬智高之乱,即所谓"庆历广源之变"。仁宗庆历八年,洞人侬智高自领广源州(今越南广渊县)反宋,攻破邕州(治所在今南宁)蛮洞,后为狄青所平,其家人伏诛,其人逃亡大理。仁宗至和二年,朝廷招募死士,出使大理国交涉,大理国函其首级至京师。②

平定侬智高的叛乱后,朝廷发布了一系列恢复边民生业的安抚法令。仁宗皇祐四年,狄青采取以下几项措施:

(1)"应避贼在山林者,速招令复业";

(2)"其乘贼势为盗,但非杀人,及贼所胁从能逃归者,并释其罪";

(3)"已尝刺面,令取字给公凭自便";

(4)"若为人所杀而冒称贼首级,令识验,给钱米周之";

(5)"其被焚劫者,权免户下差役,见役,仍宽与假,使营葺室居";

(6)"凡城壁尝经焚毁,若初无城及虽有城而不固,并加完筑。器甲朽敝不可用者,缮治之"。③

仁宗皇祐五年又下诏规范广南边民生业。

(1)凡逃亡未归之民,官府限期一年回乡复业,并仍免两年催科及免其徭役三年。"广南经蛮寇所践而民逃未复者,限一年复业,仍免两岁催科及蠲其徭役三年"。④

(2)凡当初因为避战乱而弃田者,如果满半年仍不回来耕作,任听他人占佃。后在安抚使周沆的建议下,又延期一年。

> 先是民避贼,多弃田里远去,吏以常法,满半载不还,听他人占佃。沆曰:"是岂可与凶年逃租役者同科?"乃奏延期一年,已占佃仍旧还之,贫者

---

①　(宋)周去非:《岭外代答(一)》卷四《法制门》,王云五主编:《丛书集成初编》,第46页。

②　(清)毕沅:《续资治通鉴》卷五五《宋纪五十五》,仁宗至和二年,第1346页。

③　(清)毕沅:《续资治通鉴》卷五三《宋纪五十三》,仁宗皇祐四年,第1281页。

④　(清)毕沅:《续资治通鉴》卷五三《宋纪五十三》,仁宗皇祐五年,第1298页。

官贷以种粮。①

这些规定不仅适用于被侬智高叛军占领过的州县，没有被占领过的广南地方州县也一体适用，以此布宣天子德泽。②

宋代在南方的羁縻之治，较早的是任命徭人秦再雄为辰州刺史。"再雄，辰州徭人，武健有奇略，素为蛮党畏服。帝召至汴，察其可任，擢为刺史，使自辟吏，予以租赋。再雄至州，日训士兵，得三千人，能披甲渡水，历水飞堑；又遣人分赐诸蛮，传朝廷怀徕之意，降附日众。自是荆、襄无复边患"。③

而所谓"羁縻州洞"者，则以隶邕州左右江者为多，有安平、武勒、忠浪、七源四州，又有安德、归乐、露城、田州，还包括武侯、延众、石门、感德四镇。④ 范成大在《桂海虞衡志》中，记录了南宋孝宗乾道八年考察广西经略使所属各边地的情况。《桂海虞衡志》讲述的是宋仁宗皇祐年间侬智高叛乱后，宋朝于"羁縻州洞"治理之事。在书中，范成大认为朝廷之所以对这些地方采取羁縻而治的政策，是因为这些地方"其人物犷悍，风俗荒怪，不可尽以中国教法绳治，姑羁縻之而已"。⑤

首先，之所以"不可尽以中国教法绳治"，是因为羁縻州洞之民生活尚原始，生理简单，地方"土产生金、银、铜、铅绿、丹砂、翠羽、洞緂、练布、茴香、草果诸药，各逐其利，不困乏"。⑥

在婚姻方面，其洞官之家相互婚嫁有"入寮"之俗，豪奢而形同比武。婿来就亲，女家在五里外结草屋百余间与之居住，称之为"寮"。结婚时，女方有婢妾百余人，男方亦有童仆至数百人，两家各以鼓乐迎男女至"寮"，即所谓"入寮"。"入寮"之后，成礼当晚，两家各盛兵为备，稍有口角，则兵刃相接。待成婚后，婿可以任意杀害妻之婢妾。⑦

洞人的安葬别有"收魂买水"之俗，其孝悌观念含原始旧俗，令人匪夷所思。

人远出而归者，止于三十里外，家遣巫提竹篮迓，脱归人帖身衣，贮之

---

① （清）毕沅：《续资治通鉴》卷五三《宋纪五十三》，仁宗皇祐五年，第1298页。
② 同上。
③ （清）毕沅：《续资治通鉴》卷二《宋纪二》，太祖乾德二年，第78页。
④ （宋）范成大撰，孔凡礼点校：《范成大笔记六种》，第134页。
⑤ 同上。
⑥ （宋）马端临：《文献通考》卷三三〇《四裔考七》，第9085页。
⑦ 同上。

篮以前导还家,言为行人收魂归也。亲始死,披发持瓶瓮,恸哭水滨,掷铜钱、纸钱于水,汲归浴尸,谓之买水。否则邻里以为不孝。①

侬智高叛乱后,宋朝于"羁縻州洞"地区实行了形同内地的行政官制,初步把"洞"纳入了王朝行政体制之中,对于"羁縻州洞"的治理在制度上有了内地化倾向,形成了三类管制:一是在行政体制上设置知州、权州、监州、知县、知洞层级,二是建立了提举、知寨(为民官)、主簿、主产的基层民政制度,三是建立了洞丁军事组织。

首先,分析其种落,以大者为州,小者为县,又小者为洞。所设官制有知州、权州、监州、知县、知洞,乃至村一级的"主户",这些都是由当地洞人担任。《文献通考》:"侬智高反,朝廷讨平之。因其疆域,参唐制,分析其种落,大者为州,小者为县,又小者为洞,凡五十余所。"②

《桂海虞衡志·志蛮》:"有知州、权州、监州、知县、知洞。其次有洞发遣、权发遣之属,谓之主户。余民皆称提陀,犹言百姓也。"③即除知州、权州、监州、知县、知洞这些比较上层的官职的设置外,在羁縻州洞尚有"同发遣"、"权发遣"这类被称为"官典"的"主户"这种村一级的基层管理人员。《文献通考》:"有同发遣、权发遣之属,谓之官典,各命于其州。每村团又推一人为长,谓之主户。"④宋代官制中的"发遣"一词有"出任"之意,如《续资治通鉴·宋仁宗庆历三年》:"戊寅,以虞部员外郎杜杞权发遣度支判官事,太常博士燕度权发遣户部判官事,皆王尧臣所荐也。权发遣三司判官始此。"受命而为"权发遣"者,往往是资历比较浅的官员,清人袁枚《随园随笔·官职中》:"宋法判知之外,又有云'权发遣'者,则因其资轻而骤进,故于其结衔称'权发遣'以示分别。"受命出任于羁縻州洞的"同发遣"、"权发遣"官员,可能是因资历较轻而受委派至基层任职的官员,其权属仍然是羁縻地方。所谓的"主户",为村团推举,相当于现在的村长。

关于知州、权州、监州、知县、知洞,《文献通考》云其"皆命于安抚若监司"。⑤所谓"监司",在宋朝乃是指负监察责任的监察辖区之官,如转运使、转运副使、

---

① (宋)马端临:《文献通考》卷三三〇《四裔考七》,第9085页。
② 同上书,第9083页。
③ (宋)范成大撰,孔凡礼点校:《范成大笔记六种》,第134页。
④ (宋)马端临:《文献通考》卷三百三〇《四裔考七》,第9084页。
⑤ 同上。

转运判官、提点刑狱使、提举常平之类,在清代则有如布政使、按察使及道员。

其次,建立了酋长世袭制度,形成酋长(知洞)分别隶属于知寨,知寨又隶属于提举,并由一寨之内的知寨、主簿管理诸洞的财赋。"其酋皆世袭,分隶诸寨,总隶于提举。左江四寨二提举,右江四寨一提举,寨官,民官也。知寨、主簿各一员,掌诸洞财赋"。[①]

所谓"提举",有"掌管"之意,始于宋朝,凡主管专门事务的职官,常以"提举"命名,有提举学事、提举常平、提举茶盐、提举水利、提举市舶等,其官署称"司"。在左江四寨设二提举,右江四寨设一提举,说明宋时在这些羁縻州洞地方已经实行了专务管理。从文献内容看,提举羁縻州洞的官员的职责主要在军事和司法方面。宋人范成大《桂海虞衡志·志蛮》说到这些地方洞酋时,言其"奉提举如卒伍之于主将"。

再次,形成了洞丁军事组织,选洞民强壮可教劝者为洞丁,按内地军事制度编制成军,以按抚地方。形成了"辰、沅、靖三州之地,多接溪峒,其居内地者谓之省民、熟户,山徭、峒丁乃居外为捍蔽。"的边界形势。[②]

通过这些知州、权州、监州、知县、知洞、官典、主户,朝廷边臣以羁縻之法而经略地方,形成了有效的羁縻管控局面。

> 民官治理之,兵官镇压之,以诸洞财力养官军,以民丁备召集驱使。洞酋虽号知州、县,多服皂白布袍,类里正、户长,参寨官皆横桄,自称某州防遏盗贼。大抵见知寨如里正之于长官,奉提举如卒伍之于主将,视邕管如朝廷,望经略、帅府则如神明。号令风靡,保障隐然。[③]

5."羁縻州洞"的土地制度

范成大《桂海虞衡志·志蛮》载:

> 其田计口给民,不得典卖,惟自开荒者由己,谓之祖业口分田。知州别得养印田,犹圭田也。权州以下无印记者,得荫免田。既各服属其民,又以攻剽山僚及博买嫁娶所得生口男女相配,给田使耕,教以武技,世世隶属,

---

① (宋)马端临:《文献通考》卷三百三〇《四裔考七》,第9083页。
② 《宋史》卷四九四《蛮夷传二》,第10947页。
③ (宋)马端临:《文献通考》卷三三〇《四裔考七》,第9085页。

谓之家奴,亦曰家丁。①

(1)"其田计口给民,不得典卖,惟自开荒者由己,谓之祖业口分田"。

针对南方蛮民嗜酒好赌的特点,土地按人口分配,为其祖业口分田;不允许典卖,目的当是防止其失去土地,以致生乱。同时,针对南方地区人口稀少的情况,鼓励开荒,开荒者土地由己。同时宋朝法律亦禁止边民卖夷人田地,否则依法尽拘入官。②

(2)"知州别得养印田,犹圭田也。权州以下无印记者,得荫免田"。

所谓"圭田",是古代卿、大夫、士供祭祀用的田地,《礼记·王制》:"夫圭田无征。"《孟子·滕文公上》:"卿以下必有圭田,圭田五十亩。"宋代的"圭田"有养廉的意图,宋人周辉在《清波别志》载:"圭田,养廉也。凡在职,皆当以廉责之。"③这里说另外给知州以"养印田",即如过去的"圭田",用于官员养廉。此种田地,有公田的性质,无需纳税。此外,权州以下无印记者,得荫免田,亦不纳税。

(3)"以攻剿山僚及博买嫁娶所得生口男女相配,给田使耕,教以武技,世世隶属,谓之家奴,亦曰家丁"。

把在讨伐山僚中所得人犯以及官府收买的人口进行男女婚配,并给予田土耕种,使其世世为家奴。这里所谓的"博买",唐宋时官府收买外来商品叫"博买",《宋史·食货志下七》:"嘉定十二年,臣僚言以金银博买,泄之远夷为可惜。"也叫"官市"。

这样的土地分配制度,基本解决了羁縻州洞民、官、奴的土地生计问题。范成大的记载止于孝宗乾道年间,南宋高宗时萎缩退让,至孝宗则力求振作,羁縻州洞土地制度尚有秩序。但孝宗隆兴初,湖南州县地界与溪峒蛮猺连接的地方开始出现省民与猺人之间擅易田产,当地豪猾大姓为规避税役,多以其田产寄于猺人户下的犯罪现象。

> (南宋孝宗)隆兴初,右正言尹穑言:"湖南州县多邻溪峒,省民往往交通猺人,擅自易田,豪猾大姓或诈匿其产猺人,以避科差。内亏国赋,外滋

① (宋)范成大撰,孔凡礼点校:《范成大笔记六种》,第134—135页。
② 《宋史》卷一九一《兵志五》,第3168页。
③ (宋)周辉:《清波别志》卷上,载上海师范大学古籍整理研究所编《全宋笔记》第5编(9),大象出版社2008年版。

边患。"①

为此，朝廷下诏禁止省民卖其田土于徭人，凡是诈匿其产于徭人者，依法惩处并没收其诈匿田产，赏给告奸之人。②

宁宗时，辰、沅、靖三州边地出现了防禁日益松弛，山徭、峒丁得以售卖其私田的违法情况。根据宋法，峒丁等皆计口给田，峒丁擅卖田地者有禁，私易田地者有罚，宁宗嘉定七年，敕命湖、广监司檄文诸郡，"俾循旧制毋废"。③

6. "羁縻州洞"的抚辑与向化

对于"羁縻州洞"，除了实行比较合理的土地制度之外，朝廷还采取了安抚教劝政策，如在姓氏上对当地人民"许从国姓"，有的举洞为一姓，以此表示同胞之义。"举洞纯一姓"可能还有一个后果，就是改变了当地原来的婚姻状况，出现了"婚姻不以为嫌"的情况。④

不仅如此，早在北宋时期就以当地向化之民来编制新军，出现了诸如"田子"、"田丁"、"洞丁"这样一些有新意的名词。所谓"子"、"丁"，应当有向化之"子民"的意思。《桂海虞衡志·志蛮》云："民户强壮可教劝者谓之田子、田丁，亦曰马前牌，总谓之洞丁。"⑤之所以选"民户强壮可教劝者"，亦是使其编制成军，洞丁的任务是"藩篱内郡"和"障防外蛮"，为此《文献通考》亦云："推其长雄者首领，籍其民为壮丁，以藩篱内郡，障防外蛮，缓急追集备御，制如官军。"⑥

宋朝时的广右地区，这类称谓还有"保丁"、"土丁"、"寨丁"。所谓"保丁"，是隶属于地方保正（村一级）的武装壮丁，是平定侬智高之乱后形成的村级组织，"保丁，隶保正，平侬贼后所结"。⑦ 所谓"寨丁"，应当是隶属于知寨的地方武装组织，"寨丁，沿溪洞所结"。⑧ 所谓"土丁"，就是我们所说的由"洞丁"组成的比较正规化的地方军队，"土丁，制如禁军"。⑨ 由洞丁组成的军队具有相当的战

---

① 《宋史》卷四九四《蛮夷传二》，第 10943 页。
② 同上。
③ 同上书，第 10947 页。
④ （宋）范成大撰，孔凡礼点校：《范成大笔记六种》，第 135 页。
⑤ 同上。
⑥ （宋）马端临：《文献通考》卷三三〇《四裔考七》，第 9083 页。
⑦ （宋）范成大撰，孔凡礼点校：《范成大笔记六种》，第 132 页。
⑧ 同上。
⑨ 同上。

斗力,"洞丁往往劲捷,能辛苦,穿皮履,上下山不顿。其械具有桶子甲、长枪、手标、偏刀、述口牌、山弩、竹箭、桄榔箭之属。其相仇杀,彼此布阵,各张两翼,以相包裹。人多翼长者胜,无他奇"。①

宋朝并非一开始就有这样的"洞丁"组织,北宋真宗咸平五年,黔、高、溪州蛮子弟由于没有被纳入国家体制,终年散漫。川陕地区王均起兵叛乱时,朝廷调施、黔、高、溪州蛮子弟以捍王均,不料施、黔、高、溪州蛮反过来攻州县,掠民男女入溪洞。朝廷任命丁谓为转运使,冒险入溪洞晓谕朝廷安抚之意,丁谓"至则命罢兵,自入溪洞,每渡水,辄减从吏卒,比至巢,自从者不过三二人,蛮人服其恩信"。② 丁谓对参与叛乱的黔、高、溪州蛮子弟一律赦免不杀,并赠以锦袍、银帛,蛮民愿世代奉贡并将其归附的誓言刻于石柱,竖在边境上。

> 其首领田彦伊以下遂出迎谒,以牛酒劳谓。谓留,与之饮食,欢甚,喻以祸福,且言赦不杀。彦伊等感泣,愿世奉贡。谓要与俱至夔州,每渡水,亦使之减所从蛮人,如谓入时。及馆,谓与之锦袍、银帛有差,盛具燕之,蛮酋皆大悦。比数日,请归不许,而遇之益厚。间使人谓之曰:"公欲得所掠汉民男女,若等诚能自请归之,公必喜,遣若去矣。"蛮酋乃请归所掠汉民男女,谓与之约,每归一人,与绢一匹,于是凡得万余人。及归,又自临送之,蛮酋皆感泣辞诀,乃作誓刻石柱,立境上。③

随后,丁谓于险厄之地置寨,"籍居人使自守,有事则皆会御贼,无事则散归田里"。④

这大概是北宋在西南边疆地区实行"洞丁"组织的雏形,宋神宗时爆发安南之役,朝廷进一步加强了对"洞丁"的管理,在组织、训练、按阅、辑盗等方面形成制度。

7. "羁縻州洞"的司法层级与管辖

如前所述,羁縻州洞有了比较完整的官制,有知州、权州、监州、知县、知洞,又有"官典"、"主户"这类基层管理者,有"洞丁"组成的军事组织,其边制可谓完备。

---

① (宋)范成大撰,孔凡礼点校:《范成大笔记六种》,第137页。
② (清)毕沅:《续资治通鉴》卷二三《宋纪二十三》,真宗咸平五年,第521页。
③ 同上。
④ 同上。

羁縻州洞有"洞丁"组织，相应地，也有针对"洞丁"的上诉制度。所谓"洞丁"，宋人范成大的解释是："洞丁，溪洞之民也。"①究其言，"洞丁"不仅指上述被选为壮丁的军事人员，应是泛指当地民人。因此，关于洞丁的争讼也包括了当地民人之间的诉讼。

"洞丁"遇有争讼可以诉诸"酋"、"寨或提举"、"邕管"、"帅司"，由此依次形成四级司法管辖体系。《文献通考》云："洞丁有争，各讼诸酋。酋不能决，若酋自争，则讼诸寨或提举。又不能决，讼诸邕管，次至帅司而止。"②意思是：如果是"洞丁"之间有讼争之事，各诉诸知洞（洞一级）；如果不能解决，或者知洞对此案有分歧，则诉诸知寨或提举（县一级）；如果仍不能解决，则讼诸知州（州一级），直至帅司（路一级的经略安抚司）。

在州一级，要求主官员须与僚属参议公事，毋得专决，这也包括对案件的处理，并有安抚使、转运使、提点刑狱司经常对之进行检察，如仁宗皇祐五年"诏：诸路知州军武臣，并须与僚属参议公事，毋得专决，仍令安抚、转运使、提点刑狱司常检察之"。③

此外，宋代边疆缘边诸寨死刑犯罪的司法管辖权属于其所属州军。如宋太祖建隆二年下诏，"缘边诸寨有犯大辟者，送所属州军鞫之，无得辄斩"。④ 所谓"鞫之"，指审理犯罪事实。宋代在中央和地方都实行鞫谳分司，"谳"是指检法议刑，鞫谳分司是将审与判相分离。缘边诸寨死刑犯需要送至所属州军查明事实，这意味着羁縻州洞死刑犯罪的司法管辖与内地一样，也不是基层司法机构能够审理的。

"羁縻州洞"内部社会一如南方汉区，内部社会本少有争讼之事，因此，关于"羁縻州洞"的司法争讼，则多指"洞丁有争"。《文献通考》所引范成大的笔记也仅指"洞丁有争"。那些被编为军队的"洞丁"，属于当地种落中的强者，他们能够成为"洞丁"，是因为他们身体强壮，同时又属于"可教劝者"，在名义上他们已属于国家军事人员。而那些没有成为"洞丁"的当地夷人，他们之间的纠纷，本有其法俗调整，当属于民人之间的事，如此羁縻州洞的司法才体现羁縻之义，笔

① （宋）范成大撰，孔凡礼点校：《范成大笔记六种》，第 132 页。
② （宋）马端临：《文献通考》卷三三〇《四裔考七》，第 9084 页。
③ （清）毕沅：《续资治通鉴》卷五三《宋纪五十三》，仁宗皇祐五年，第 1299 页。
④ （清）毕沅：《续资治通鉴》卷二《宋纪二》，太祖建隆二年，第 38 页。

者称之为"羁縻式司法"。这种司法的优点在于:一方面便宜其自身法俗,另一方面由于司法层次的形成,能够维护整个"羁縻州洞"的基本秩序,在一定程度上还能够通过诉讼层级形式,对"洞丁"在国家制度层面进行法制训练,起到向化劝教的作用。

8. "羁縻州洞"法制的基本状况

这样的"羁縻式司法"也有其缺陷,"羁縻式司法"更大程度上是针对洞丁军队的,只能维持这些地方的基本秩序。而洞丁组成的军队人数并不多,据《文献通考》云:"旧一州多不过五六百人,今有以千计者。"①"元丰中,尝籍其数十余万,老弱不与,此籍久不修矣。"②因此,如果国家的司法干预只是停留在对洞丁军队的管辖,尚不能深入其族群社会,也不能达到国家劝教及"一同于俗"的目的,更不能有效干预其群族内部因"人物犷悍"、"时相攻夺"、"风俗荒怪"而引起的矛盾,从而导致常出现一些羁縻州洞"其法制尤疏,几似化外"的局面(如宜州的羁縻州县和南丹州),因此才有洞人因争权失败而"出宋"的情况。

> 宜州管下,亦有羁縻州县十余所,其法制尤疏,几似化外。其尤者曰南丹州,待之又与他州洞不同,特命其首领莫氏曰刺史,月支盐料及守臣供给钱。其说以谓宜州徼外,即唐黄家贼之地,崇建南丹,使控制之。莫氏家人,亦有时相攻夺。今刺史莫延葚,逐其弟延廪而自立,延廪奔朝廷,谓之"出宋"。③

元丰(宋神宗年号)以前,在平定侬智高乱后,州洞官吏对朝廷爵命礼仪尚知尊敬。④ 元丰以后,羁縻州洞的秩序开始松弛,出现了洞酋违背国家礼法,敢与帅守抗礼及舆骑、居室、服用模仿公侯的情况。不仅如此,安平州的李械、田州的黄谐也开始拥有强兵。

> 元丰以后,渐任中州官。近岁,洞酋多寄籍内地,纳粟补授,无非大小使臣,或敢诣阙陈献利害,至借补阁职,与帅守抗礼。其为招马官者,尤与州县相狎,子弟有入邕州应举者,招致游士,多设耳目,州县文移未下,已先

---

① (宋)马端临:《文献通考》卷三三〇《四裔考七》,第9084页。
② 同上。
③ (宋)范成大撰,孔凡礼点校:《范成大笔记六种》,第135页。
④ (宋)马端临:《文献通考》卷三三四《裔七》,第9084页。

> 知之。舆骑、居室、服用皆拟公侯。如安平州之李械，田州之黄谐，皆有强兵矣。①

此外，随着时间推移，羁縻之弊日显，开始出现诸洞不供租赋、边吏冒法徇利的情况。上述提举所带之兵靠诸洞供养，诸洞不供租赋则提举之兵无以维持，故提举威令不行。不仅如此，寨官、洞官、提举之间也逐渐"交关通贿"，难以禁止。

> 寨官非惟惰不举职，且日走洞官之门握手为市，提举官亦不复威重，与之交关通贿，其间有自爱稍欲振举，诸洞必共污染之，使以罪去，甚则酖焉。②

由此，羁縻州洞社会秩序亦不如前，相关经费匮阙，官吏触事废弛，城壁器械颓坏不修，安抚、都监司事体脧弱，州洞桀黠无所忌，甚至出现了"掠劫民客旅，缚卖于交趾诸蛮"、隐然招收亡命者鼓动造反、藐视朝廷官员的现象。③

9. 羁縻州洞的化俗之治

宋代对羁縻州洞的法律治理后来出现"其法制尤疏，几似化外"的局面，除了"人物犷悍"的原因外，还由于其地"风俗荒怪"。《桂海虞衡志·杂志》言广右地方法度疏略，婚姻多不正，其羁縻州洞有"卷伴"之俗。所谓"卷伴"，"嫁娶不由礼，窃诱之名"。④ "村落强暴，窃人妻女，转移他所，安居自若，谓之卷伴，言卷以为伴侣也"，⑤即窃他人之妻女异地而居，以之为伴侣。从形式看，"卷伴"实为原始抢婚旧习的一种。"卷伴"这种原始抢婚风俗在羁縻州洞的流行，是其"风俗荒怪"的表现之一，也是其婚姻不正，难以用中土教法绳治的原因，故云"法度疏略"。羁縻州洞有的女人甚至被卷去数次，如此自然引起其前后几个丈夫之间的争讼，这种情况下官府往往无从判断其归属。因此，只有当被卷妇女的亲父母、兄弟及初娶者提起诉讼，官府才能将之归于最初被卷之家。⑥

在内地民人与边疆族群的婚姻问题上，宋代法律的规定与唐律类似，基本

---

① （宋）马端临：《文献通考》卷三三四《裔七》，第9084页。
② 同上书，第9085页。
③ 同上书，第9086页。
④ （宋）范成大撰，孔凡礼点校：《范成大笔记六种》，第132页。
⑤ 同上书，第130页。
⑥ 同上。

上仍采取禁止内地民人与其通婚的做法。如宋太宗至道元年就明确发布诏令，禁止缘边诸州民人与内属种族相互婚娶："癸卯，禁缘边诸州民与内属戎人婚娶。"①这样的规定并非出于歧视，而是因为汉人礼教与这些边疆族群婚俗自古迥异，且难以同一之故。汉人婚俗有自己一直坚持的理念，即认为婚姻对于社会治理有极重要的作用，其之于社会有所谓"立元正始"的意义，故而才认为边疆族群婚俗不正，难以用中土教法绳治，也才有禁止内地民人与边地族群通婚的规定。

除婚俗之外，南方边地还有其他一些原始古俗，如畜蛊行以杀人、杀人祭鬼、淫祀不医等，对于这些宋朝一直以法律手段予以禁止。

所谓"畜蛊"，是将百虫置于皿器密封，使其自相啖食，经年之后，独存者为蛊，用以杀人。使人食之入腹，人死则其产业移入蛊主之家。据《隋书·地理志下》记载：

> 新安、永嘉、建安、遂安、鄱阳、九江、临川、庐陵、南康、宜春，其俗又颇同豫章，而庐陵人庞淳，率多寿考。然此数郡，往往畜蛊，而宜春偏甚。其法以五月五日聚百种虫，大者至蛇，小者至虱，合置器中，令自相啖，余一种存者留之。蛇则曰蛇蛊，虱则曰虱蛊，行以杀人。使人食之入腹，蛊食其人五脏，人死则其产业移入蛊主之家。三年不杀他人，则畜蛊者自钟其弊。累世子孙，相传不绝，亦有随女子嫁焉。干宝谓之为鬼，其实非也。自侯景乱后，蛊家多绝，既无主人，故飞游道路之中则殒焉。

宋太祖乾德二年壬申，由于湖南永州诸县畜蛊者众多，朝廷遂下令徙永州畜蛊者三百二十六家，使之不复返乡。②

宋代南方地区的荆湖南路、荆湖北路的峡州、广南西路的邕州、广南东路的韶州等地区的种落族人中仍存在杀人祭鬼的"淫俗"，杀人祭鬼风俗害人性命，显然违反国家法律，对此宋朝以法禁止。宋太祖开宝四年十月，针对邕州地方尚淫俗而有病不药医的习俗，邕州知州范旻下令予以禁止，规定凡民有病者，皆予以医治，"获愈者千计"。

> 邕州俗尚淫祀，被病者不敢治疗，但益杀鸡豚，徼福于淫昏之鬼。旻下

① （清）毕沅：《续资治通鉴》卷一八《宋纪十八》，太宗至道元年，第430页。
② （清）毕沅：《续资治通鉴》卷二《宋纪二》，太祖乾德二年，第78页。

令禁止，出俸钱，市药物，亲为和合，民有病则给之，获愈者千计。[①]

宋太宗淳化元年，又禁止川峡、岭南、湖南杀人祀鬼的习俗，违反者令州县察捕，募告者赏。[②] 宋太宗雍熙二年，针对邕州杀人祀鬼之俗又发布禁令："（雍熙二年）乙未，禁邕管杀人祭鬼及僧置妻孥。"[③]

但是，祀鬼禁令的执行并不彻底。黔南溪峒夷僚有击铜鼓、沙锣祀鬼神以治病的风俗，为此，宋太宗雍熙元年下诏，释其铜禁。[④] 又有宋太宗淳化二年，富州杀父子七人，以其五脏及头祭祀魔鬼，"朝廷以其远俗，令勿问"。[⑤]

尽管北宋时多次禁止，至南宋高宗时此俗仍存，杀人祭鬼之俗不仅没有能够完全禁止，反而浸行于浙路和川路，浙路有杀人祭海神，川路有杀人祭盐井。于是高宗绍兴二十三年，时任匠作监主簿的孙寿祖上书要求禁止此种恶俗，朝廷遂再次下令"毁巫鬼淫祠"以及"犯者乡保连坐"。[⑥]

10. "羁縻州洞"的司法文字

宋代广右地方"羁縻州洞"已经有自己的文字，当时人把这些文字称为"俗字"。从"俗字"的结构看，其显然是依附汉字而成，往往由两个汉字组成一个"俗字"，以形表意，只是读音不同而已。如为了表达"稳"之意，俗字以"门"中有"坐"为"稳"；为了表达"死亡"之意，则俗字以上"不"下"生"表示；为了表达"瘦弱"之意，则俗字以上"不"下"大"表示；为表达"短"之意，则俗字以上"不"下"长"来表示，如此等等。

> 广西俗字甚多。如𡘾，音矮，言矮则不长也；𡘼，音稳，言大坐则稳也；奀，音勬，言瘦弱也；𣦸，音终，言死也；𠇎，音腊，言不能举足也；仦，音袅，言小儿也；𡚦，徒架切，言姊也；闩，音櫎，言门横关也；𥐖，音磡，言岩崖也；氽，音泅，言人在水上也；氼，音魅，言没人在水下也；𣭲，音胡，言多髭；砰，东敢切，言以石击水之声也。大理国间有文书至南边，犹用此"圀"字。圀，武后

① （清）毕沅：《续资治通鉴》卷七《宋纪七》，太祖开宝四年，第155页。
② （清）毕沅：《续资治通鉴》卷一五《宋纪十五》，太宗淳化元年，第360页。
③ （清）毕沅：《续资治通鉴》卷一二《宋纪十二》，太宗雍熙二年，第307页。
④ 《宋史》卷四九三《蛮夷传一》，第10931页。
⑤ 同上。
⑥ （清）毕沅：《续资治通鉴》卷一三〇《宋纪一百三》，高宗绍兴二十三年，第3437页。

所作"国"字也。①

这些文字虽然比较"鄙野",但由于其文字偏旁亦有所依附,因此也可以说这些文字已然成形。根据《桂海虞衡志·杂志》的记载,这些文字在当时已经用于桂林诸邑官方、民人的"牒诉券约"。② 所谓"牒",是指官府往来文书。唐宋时期,"牒"已经成为国家规定的文种名称,用于官府之间的往来行文,宋代官府往来行文都用牒,且已有固定程序。所谓"牒诉",是指讼辞、诉状,南朝齐人孔稚珪《北山移文》有"敲扑喧嚣犯其虑,牒诉倥偬装其怀",吕向注云:"牒,文牒也;诉,告也。"不仅如此,俗字还用于人们相互之间签订的券约。所谓"券约",是指契约,附会汉字而成的俗字专用于这些地方的"牒诉券约"中,一定程度上说明了宋代广右地方司法的汉化程度,同时也反映了这些地方法律文化的历史变化。

(三) 边疆的经济治法

太祖、太宗、真宗、仁宗、英宗在位之时,边疆尚比较稳定,百年而无大变,治边制度已然形成。神宗熙宁元年,神宗问王安石:"祖宗守天下,能百年无大变,粗致太平,以何道也?"③王安石退而奏书曰:"太祖躬上智独见之明,而周知人物之情伪,指挥付托,必尽其材,变置施设,必当其务,故能驾驭将帅,训齐士卒,外以捍夷狄,内以平中国。于是除苛政,止虐刑,废强横之藩镇,诛贪残之官吏,躬以简俭为天下先,其于出政发令之间,一以安利元元为事。太宗承之以聪武,真宗守之以谦仁,以至仁宗、英宗,无有逸德。此所以享国百年而天下无事也。"④

宋代本是中国古代商品经济活跃的时代,有许多关于边疆赋税、贸易方面的法律制度。这些制度一方面促进了边疆与内地的沟通,另一方面对于边疆社会的稳定亦有积极作用。

1. 边疆的易市制度及法令

边疆贸易有互通有无的效果,但是宋代南北边疆皆有不同族类、法俗、民性

① (宋)周去非:《岭外代答》卷四《风土门·俗字》,《四库全书》本,第8—9页。
② (宋)范成大撰,孔凡礼点校:《范成大笔记六种》,第129页。
③ (清)毕沅:《续资治通鉴》卷六六《宋纪六十六》,神宗熙宁元年,第1620页。
④ 同上。

各异，语言不通，且需避免冲突，因此，边疆贸易就更需要由政府进行制度化的管理。宋代边疆贸易主要集中在盐、马、茶这些商品的交易上。

宋代在南北边疆设置商品交换的"博易场"，宋神宗熙宁年间设置博易场的有楚、蜀、南粤之地，西州、熙、河、兰、湟、庆、渭、延等州沿边羌戎之地，湖北路及沅、锦、黔江口之地，以及蜀之黎、雅州等地。

> 楚、蜀、南粤之地，与蛮僚溪峒相接者，以及西州沿边羌戎，皆听与民通市。熙宁三年，王韶置市易司于秦凤路古渭砦。六年，增置市易于兰州。自后，于熙、河、兰、湟、庆、渭、延等州，又各置折博务。湖北路及沅、锦、黔江口，蜀之黎、雅州皆置博易场。①

宋徽宗重和元年，由于交趾顺服大宋已久，针对边民与交趾商人的贸易逐渐开放。

> 重和元年，燕瑛言交人服顺久，毋令阻其贸易。初，广西帅曾布请即钦、廉州各创驿，令交人就驿博买。至是，即用瑛兼广西转运副使，同王蕃计画焉。②

南宋高宗绍兴四年又下诏，在川、陕边地的永兴军、威茂州置博易场。由于边地语言不通，一听翻译者"高下其手"，官吏与之勾结为奸牟利。③

绍兴十二年，朝廷在盱眙军设置榷场与北方商人进行贸易，淮西、京西、陕西亦有榷场。④

与此同时，也罢除一些地方的互市。由于蜑人于水中所采珍珠多为交趾人所取，且下水采珠又常被大鱼所害，亦罢廉州的贡珠。至绍兴二十九年只存盱眙军之榷场。

> （绍兴）十九年，罢国信所博易。⑤
>
> （绍兴）二十六年，罢廉州贡珠，散蜑丁。盖珠池之在廉州凡十余，按交趾者水深百尺，而大珠生焉。蜑往采之，多为交人所取，又为大鱼所害。至

---

① 《宋史》卷一八六《食货志下八》，第 3058 页。
② 同上。
③ 同上。
④ 同上。
⑤ 同上。

是,罢之。①

（绍兴）二十九年,存盱眙军榷场,余并罢。②

2. 边疆的租赋制度及法令

早在宋太祖时期,针对南汉后主刘铱时在边疆地方的重赋等弊政,朝廷发布了禁止买人男女为奴婢、免税、除苛赋、招流亡者复业、严禁纳妻子为质等诏令。宋太祖开宝四年的相关诏令有:

（1）开宝四年二月,广西"免二税"。三月又诏:"广南有买人男女为奴婢转佣利者,并放免。伪政有害于民者具以闻,除之。"③

（2）开宝四年六月,"诏:'广南诸州受民租皆用省斗,每一石外别输二升为雀鼠耗。'先是刘铱私置大量,重敛于民,凡输一石乃为一石八斗。转运使王明上言,故革之"。④

（3）开宝四年十月,"知邕州范旻奏刘铱时白配民物十数事,辛巳,悉命除之"。⑤

（4）开宝四年十月,"岭南诸州,刘铱日烦苛赋敛,并除之。民为兵者释其籍;流亡者招诱复业"。⑥

（5）开宝五年闰月,"先是（指南汉时）,岭南民有逋赋者,或县吏代输,或于兼并之家假贷,则皆纳其妻子以质,知容州毋守素表其事,诏所在严禁之"。⑦

太祖时期对南方边疆地区宽赋税的政策影响到真宗时期,大中祥符四年七月,再次诏令悉除广南"丁身钱"。"两浙、福建、荆湖、广南诸州,循伪制输丁身钱,岁凡四十五万四百贯。民有子者或弃不养,或卖为僮仆,或度为释老。秋七月壬申朔,诏悉除之"。⑧

同样在北方,宋太祖建隆二年,有东北"女真"以马入贡,⑨为方便其贡马,朝

---

① 《宋史》卷一八六《食货志下八》,第3058—3059页。
② 同上书,第3059页。
③ 《宋史》卷二《太祖本纪》,第22页。
④ （清）毕沅:《续资治通鉴》卷六《宋纪六》,太祖开宝四年,第153页。
⑤ （清）毕沅:《续资治通鉴》卷七《宋纪七》,太祖开宝四年,第155页。
⑥ 同上。
⑦ （清）毕沅:《续资治通鉴》卷七《宋纪七》,太祖开宝五年,第161页。
⑧ （清）毕沅:《续资治通鉴》卷二九《宋纪二九》,大中祥符四年,第660页。
⑨ 五代时,有生女真和熟女真之分。"五代时,辽尽取渤海之地,黑水部民居混同江之南者,系籍于辽,号熟女真;居江之北者,不系籍于辽,号生女真",见（清）毕沅《续资治通鉴》卷二《宋纪二》,太祖建隆二年,第37页。

廷免除了登州沙门岛居民租赋，令其专门造船以渡女真贡马。①

宋太宗至道元年西南蕃牂牁诸蛮来贡受封，西南诸蛮逐渐归附朝贡，"诏封西南蕃龙汉尧为归化王"。②

真宗之时，为加强边防，应付北方边患而导致的军需所急，尤其是缓解军用布帛的不足，对南方边疆族群采取了一些经济法律措施。

真宗咸平元年，广西转运使陈尧叟所部诸州因多种麻苎，货多价贱，导致织者众卖者少。因国家军需布帛为先，于是劝谕部民广植麻苎，政府以钱盐折价采购布帛，凡是民人以布赴官卖者，免其算税等措施，以收布帛上供、泉货下流、公私交济的成效。

> 广西转运使陈尧叟上言："所部诸州，土风本异，地少蚕桑，其民除耕水田外，惟种麻苎，周岁三收。布出之时，每端只售百钱，盖织者众而市者少故也。今臣以国家军须所急，布帛为先，因劝谕部民广植麻苎，以钱盐折变收市之，未及二年，已得三十七万余匹。望自今许以所种麻苎顷亩折桑枣之数，诸县令佐依例书历为课，民以布赴官卖者，免其算税。如此，则布帛上供，泉货下流，公私交济，其利甚博。"诏从之。③

真宗咸平元年，又加强了与契丹交界的寨、铺的贸易管理。真宗采纳臣下何承矩的建议，停止之前颁布的"听民越拒马河抵契丹中市马"诏令，禁止与契丹"公私贸市"。

> 帝曰："此事朕当屈节为天下苍生，然须执纪纲，存大体，即久远之利也。"尝有诏听民越拒马河抵契丹中市马，承矩言："缘边战棹司，自淘河至泥姑海口，屈曲九百里许，天设险固，真地利也。太宗置寨二十八，铺百二十五，命廷臣十一人，戍卒三千余，部舟百艘，往来巡警，以屏奸诈，则缓急之备，大为要害。今听公私贸市，则人马交度，深非便宜。若然，则寨、铺为虚设矣。"帝纳其言，即停前诏。④

真宗咸平五年，丁谓为转运使，朝廷委之经制荆南夔、万诸州，针对这些地

---

① （清）毕沅：《续资治通鉴》卷二《宋纪二》，太祖建隆二年，第37页。
② （清）毕沅：《续资治通鉴》卷一八《宋纪十八》，太宗至道元年，第430页。
③ （清）毕沅：《续资治通鉴》卷二〇《宋纪二十》，真宗咸平元年，第468页。
④ 同上书，第480页。

方"食尝不足而道狭难馈",不利于防卫蛮夷入盗的情况发布新令,且使这些法令成为定制:

（1）强化边防,"谓乃度巫山县,每三十里置铺,铺置卒三十人"。[1]

（2）允许黔南蛮族经营马匹,"黔南蛮族多善马,请置馆犒给缯帛,岁收市之"。凡所经画,其后皆不能变更。[2]

（3）丁谓在三峡诸州实行以盐换粮之制,以解决粮食运输之难,令"往者负粟以次达施州,迓者负盐以次达巫山",由此商人比从其他州买盐的劳费减少了一半。

> 峡之诸州,施尤近蛮,食尝不足而道狭难馈,有盐井之利而亦难致,故售者少。谓乃度巫山县,每三十里置铺,铺置卒三十人,使往者负粟以次达施州,迓者负盐以次达巫山。凡商人之得盐巫山者,比得之它州减劳费半,乃令欲巫山盐者,皆入粟于施州,于是施州得粟与它州等。[3]

此外,南宋宁宗开禧年间,三峡一带夔州路边远地区的土地制度逐渐形成。夔州路置于北宋咸平四年(1001),南宋时有州八:夔、达、涪、万、开、施、播、思,多有土苗。宁宗开禧元年,夔州路转运判官范荪认为本路施、黔等州绵亘山谷、地广人稀,富豪占田之家的土地需大量客户耕垦,于是富豪之家诱使"客户"举家为其耕垦。为规范官庄客户,范荪上奏朝廷乞用皇祐逃移之法,被采纳。[4]

> 凡为客者,许役其身,毋及其家属。
>
> 凡典卖田宅,听其离业,毋就租以充客户。
>
> 凡贷钱,只凭文约交还,毋抑勒以为地客。
>
> 凡客户身故、其妻改嫁者,听其自便,女听其自嫁。庶使深山穷谷之民,得安生理。
>
> 刑部以皇祐逃移旧法轻重适中,可以经久,淳熙比附略人之法太重,今后凡理诉官庄客户,并用皇祐旧法。

真宗咸平六年,北方许多边疆地方地势平坦,为了遏制边境敌骑奔突来袭,

---

[1]　（清）毕沅:《续资治通鉴》卷二三《宋纪二十三》,真宗咸平五年,第522页。

[2]　同上。

[3]　同上。

[4]　《宋史》卷一七三《食货上一(农田)》,第2798页。

同时又可资经济,静戎军王能奏请在边境地方"开方田",并以之为制。

> 甲子,静戎军王能奏:"于军城东新河之北开田,广袤相去皆五尺许,深七尺,状若连锁,东西至顺安、威虏军界,必能限隔戎马;纵或来侵,亦易于防捍。"仍以地图来上。帝召宰相李沆等示之,沆等曰:"沿边所开方田,臣寮累曾上言,朝廷继亦商榷,皆以难于设防,恐有奔突,寻即罢议。今专委边臣,渐为之制,斯可矣。乞并威虏、顺安军皆依此施行。且虑兴功之际,敌或侵轶,可选兵五万人分据险要,渐次经度之。"是日,诏静戎、顺安、威虏界并置方田,凿河以遏敌骑。①

由于边民"皆习障塞蹊隧,解羌、胡语,耐寒苦,有警可参正兵为前锋",为加强边防,宋朝还招边民应募从军,其相当于"民兵"性质。由于"官未尝与器械资粮,难责其死力",朝廷分给其土地耕作,同时永远免租。宋真宗景德二年知镇戎军曹玮上言,请给以境内闲田,永蠲其租,成为制度。

> 又言:"边民应募为弓箭手者,皆习障塞蹊隧,解羌、胡语,耐寒苦,有警可参正兵为前锋;而官未尝与器械资粮,难责其死力。请给以境内闲田,永蠲其租,春秋耕敛,州为出兵而护作之。"诏:"人给田二顷,出甲士一人,及三顷者出战马一匹。设堡戍,列部伍,补指挥使以下校长,有功劳者亦补军都指挥使,置巡检以统之。"其后鄜延、环庆、泾原并河东州军,亦各募置。②

这些虽是经济措施,但却是为强化边防而颁布的。在采取上述措施以强化边防的同时,真宗景德二年,又针对北方边警颁布诏令,强调现在虽与辽通好,但边警的间谍侦候仍然宜循旧制。③

宋朝在开设边疆贸易的同时也十分注意边防,前述《宋刑统》对此更有禁止性规定,特别是在一些经常遭到寇扰的地方并不轻易开设交易市场,比如广西的南丹州。曾有沿边巡检常恭者引诱莫延甚上表请求在宜州开设马市,针对此事朝廷多有争议,担心因此成为广西地方生事取衅的源头。

> 前帅建议于宜州境南丹州置买马场,朝廷用其议下经略司,公(李浩)

---

① (清)毕沅:《续资治通鉴》卷二四《宋纪二十四》,真宗咸平六年,第540页。
② (清)毕沅:《续资治通鉴》卷二五《宋纪二十五》,真宗景德二年,第577页。
③ 同上书,第573页。

力争其不可,遂止。众谓南丹买马之议若行,其为广西生事取衅,有不可胜言者,非公言之力,朝廷亦未悉其利害如此也。[①]

范成大上奏朝廷,认为南丹越宜州开路市马已是非法,于是建议:"请选官团结省民,毋得外交,寇至,勿俟官兵,径御之;次及熟猺在省地者,亦为保伍;明开博易之路,毋得私易;又遣人深入蛮境,谕以约束,自是无敢犯法。"[②]

成为羁縻州洞的基本要求是受朝廷官封且时有进贡,这种进贡本是表示蛮夷向化之心,但是同宋以前的朝代一样,诸蛮每次进贡,朝廷必以厚赏回馈之,如宋朝时泸南夷乞第及其子阿永的进贡。宋神宗元丰年间,泸南夷乞第既已归顺朝廷,愿意每年进贡马匹以表示向化之心,"官以银缯赏之,所得亡虑数倍"。此后,由于乞第的儿子"阿永所中之数,岁增不已",在一定意义上成了一种经济往来,宋(徽宗)政和末期才限定其进贡以及朝廷回馈的往来数量,并逐渐形成制度。诸蛮前来进贡时,还允许其随从附带白椹、茶、麻、酒、米、鹿豹皮、杂毡兰之属在"省地"进行交易。

> (徽宗)政和末,始立定额。每岁冬至后,蛮以马来州,遣官视之,自江门寨浮筏而下,蛮官及放马者九十三人,悉劳飨之,帅臣亲与为礼。诸蛮从而至者几二千人,皆以筏载白椹、茶、麻、酒、米、鹿豹皮、杂毡兰之属,博易于市,留三日乃去。[③]

不仅如此,官方还以优厚的价格计算马匹本身及其所附银、彩的价值,以银、帛、盐等赏之。宋高宗时,"马之直虽约二十千,然揍以银、彩之直,则每匹可九十余千,自夷酋已下所给马直及散犒之物,岁用银帛四千余匹两,盐六千余斤。银则取于夔之涪州及大宁,物、帛则果、遂、怀安。凡马之死于汉地者,亦以其直偿之"。[④]

博易场的有些商品是由官府收购,南宋时改变旧制,由民间自行收买。如

---

① 张栻:《南轩集》卷三七《李浩墓志铭》,线装书局《宋集珍本丛刊》影印嘉靖刊本,页二一八上;《四部丛刊初编》景印宋钞本,页三上、下。又见《晦庵集》卷九四《李椿墓志铭》,页九下:"小吏持南丹莫氏表来,请于宜州市马,因签书张说以闻。公语说:邕远宜近,人孰不知? 其前日故迁其涂,岂无意哉? 况今莫氏方横,乃欲为之除道,而擅以互市之饶,误矣。小吏妄作,将启边衅,请论如法。"又见(清) 毕沅《续资治通鉴》卷一四九《宋纪一百四十九》,孝宗淳熙十年,第3979页。
② (南宋) 周必大:《周文忠集》卷六一《范公成大神道碑》,《四库全书》本,页二〇上、下。
③ (清) 毕沅:《续资治通鉴》卷一一二《宋纪一百十二》,高宗绍兴三年,第2971—2972页。
④ 同上。

南宋孝宗淳熙二年,有臣僚献言,认为溪峒缘边州县博易场交易的珠玉商品由官府主导进行交易容易引起争端,提出"止合听商贾、百姓收买。"①

除朝廷的规定外,一些边疆官员针对内地商人在边疆的贸易也有自己的具体管理规定。如宋孝宗隆兴甲中,滕子昭为邕州守,为防止商人任意越过州界与诸蛮交易,也为了防止当地语言翻译者为误导蛮夷购买而导致交易不公的现象,特在邕州开"官场",进行有限制的贸易。

> 多遣逻卒于私路口邀截商人越州,轻其税而留其货,为之品定诸货之价,列贾区于官场。至开场之日,群商请货于官,依官所定价与蛮为市,不许减价先售,悉驱译者导蛮恣买。遇夜则次日再市。其有不售,许执覆监官,减价博易。诸商之事既毕,官乃抽解,并收税钱。赏信罚必,官吏不敢乞取,商亦无他靡费,且无冒禁之险。时邕州宽裕,而人皆便之。②

此外,宋朝对于边疆经济和防御不仅有前述开方田之制,还有禁止采伐边界林木的规定。由于边疆军备上制器械、运粮造船的需要,原来可以作为边疆屏障的山林被砍伐,为此,北宋初期就有禁止采伐边界林木的规定,南宋高宗时又再次强调。高宗绍兴六年四月辛酉,再次诏四川制置大使司禁止采伐禁山林木。

> 蜀三面被边,绵亘四百里,山溪阻限,林木障蔽,初时封禁甚备。前一日,太常博士李弼直面对,论:"顷岁以来,一切废弛,加以军兴,而制器械,运粮造船,自近及远,斫采殆尽,异时障蔽之地,乃四通八达。"帝曰:"如河东黑松林,祖宗时所以严禁采伐者,正藉此为阻,以屏捍外敌耳。异日营缮,为一时游观之美,遂使边境荡然,更无阻隔。"③

汉代就有酒禁之制,将酒的酿造权和经营权收归官营,严禁民间自酿和销售酒类。宋代对盐、茶和酒亦实行官酿和专卖制度,宋代政府垄断高额酒利以纾财政,并有严格的酒禁规定,"去东京城五十里、州二十里、县镇寨十里内余条酒曲称禁地者,准此",违者"等第科罪"。④但是边疆种落却不适用酒禁之制,

---

① 《宋史》卷一八六《食货志下八》,第3059页。
② (宋)周去非:《岭外代答(一)》卷五《财计门》,王云五主编:《丛书集成初编》,第54页。
③ (清)毕沅:《续资治通鉴》卷第一一六《宋纪一百十六》,高宗绍兴六年,第3093页。
④ 谢深甫:《庆元条法事类》卷二八,黑龙江人民出版社2002年版。

《宋史》载:"惟夔、达、开、施、泸、黔、涪、黎、威州,梁山、云安军,即河东之麟、府州,荆湖之辰州,福建之福、泉,汀,漳州,兴化军,广南东西路不禁。"①

官府酿酒"酝齐不良,酒多醨薄",以致于广右公私皆有美酿,这反有利于边地经济,如广右之临贺酒多被称美:"广右无酒禁,公私皆有美酝,以帅司瑞露为冠,风味蕴藉,似备道全美之君子,声震湖广。此酒本出贺州,今临贺酒乃远不逮。"②

不仅如此,政府还将铁器、盐、茶等与边民交易,纳入政府的重要财源之一。宋孝宗乾道七年(1171),官府通过盐、茶、香、矾获得的收入,约占全国货币收入的40%。

宋代为保证内地供应与贸易收入,禁止边疆地区与周边国家进行盐等重要物资的贸易。针对边民素与蛮夷私相贸易而官府不能约束的情况,南宋淳熙十二年正月,诸司上言要求禁"交阯盐"。

> 既而诸司上言:"经略司初准朝旨,置马盐仓,贮盐以易马,岁给江上诸军及御前投进,用银盐锦,悉与蛮互市。其永平砦所易交阯盐,货居民食,皆旧制也。况边民素与蛮夷私相贸易,官不能制。今一切禁绝,非惟左江居民乏盐,而蛮情亦叵测,恐致乖异也。"乃牒邕州,禁民毋私贩交阯盐,以妨钞法。③

在西北,宋朝边将郑文宝曾经提出禁止边境商人贩青海白盐于边地居民,只准许商人贩安邑、解县两池盐于陕西,以达到"官获其利,而戎益困",不战而屈戎人的效果。

> 先是,诸羌部落树艺殊少,但用池盐与边民交易谷麦,会馈挽趋灵州,为继迁所钞。(郑)文宝建议以为"银、夏之北,千里不毛,但以贩青白盐为命尔,请禁之,许商人贩安邑、解县两池盐于陕西以济民食。官获其利,而戎益困,继迁可不战而屈。"乃诏自陕以西有敢私市者,皆抵死,募告者差定其罪。④

---

① 《宋史》卷一八五《食货志下七·酒》,第 3026 页。
② (宋)周去非:《岭外代答(二)》卷六《食用门》,王云五主编:《丛书集成初编》,第 67 页。
③ 《宋史》卷四九五《蛮夷传三》,第 10958 页。
④ 《宋史》卷二七七《郑文宝传》,第 7704 页。

这一禁令行之数月，而犯者益众。不仅如此，戎人由于乏食而相率寇边，屠小康堡，内属万余帐亦叛。与此同时，商人贩安邑、解县两池盐却少利，由此出现了其他问题。

> 戎人乏食，相率寇边，屠小康堡。内属万余帐亦叛。商人贩两池盐少利，多取他径出唐、邓、襄、汝间邀善价，吏不能禁。关、陇民无盐以食，境上骚扰。上知其事，遣知制诰钱若水驰传视之，悉除其禁，召诸族抚谕之，乃定。①

此外，为稳定边地，宋孝宗乾道三年八月还下诏平抑溪峒互市盐米价，违者论罪："诏平溪峒互市盐米，价听民便，毋相抑配。其徭人岁输身丁米，务平收，无取羡余及折输钱，违者论罪。"②

（四）王安石变法对边疆治理的影响

1. 王安石的"锐意开边"之策

神宗熙宁元年四月乙巳，诏翰林学士王安石入对，讨论国策，王安石退而上《本朝百年无事札子》书奏神宗，论本朝之弊。在列数一系列弊政之后，王安石还表露出不屑前代羁縻治理的思想，提出要改变"本朝累世因循末俗之弊"，似有革新边政的意思。"兵士杂于疲老，而未尝申敕训练，又不为之择将而久其疆场之权。宿卫则聚卒伍无赖之人，而未有以变五代姑息羁縻之俗"。③王安石把这些问题归之于理财，认为自太祖之后，天下百年无事，"赖非夷狄昌炽之时，又无尧、汤水旱之变"，但目前"其于理财，大抵无法，虽俭约而民不富，虽勤忧而国不强"。④在边疆问题上，王安石的意思是现在夷狄昌炽（夏、辽、西南诸蛮时有寇犯），国家应当改革经济，实行变法，锐意开边。《续资治通鉴》卷六九云："自王安石用事，锐意开边。"⑤《续资治通鉴》卷七〇云："王安石秉政五年，更法度，开边疆。"⑥

王安石的主张遭到不少人的反对，如神宗熙宁八年三月戊午，张方平以宣

---

① 《宋史》卷二七七《郑文宝传》，第7704页。
② 《宋史》卷四九四《蛮夷传二》，第10943页。
③ （清）毕沅：《续资治通鉴》卷六六《宋纪六十六》，神宗熙宁元年，第1620页。
④ 同上。
⑤ （清）毕沅：《续资治通鉴》卷六九《宋纪六十九》，神宗熙宁六年，第1736页。
⑥ （清）毕沅：《续资治通鉴》卷七〇《宋纪七十》，神宗熙宁七年，第1753、1754页。

徽北院使出知青州，未行之时，宋神宗问张方平以祖宗御戎之策，张方平认为：

> 太祖不勤远略，如夏州李彝兴、灵武冯晖、河西折御卿，皆因其酋豪，许以世袭，故边围无事。董遵诲捍环州，郭进守西山，李汉超保关南，皆十余年，优其禄赐，宽其文法，诸将财力丰而威令行。间谍详审，吏士用命，贼所入辄先知，并力御之，战无不克，故以十五万人而获百万之用。终太祖之世，边鄙不耸，天下安乐。及太宗平并，又欲远取燕蓟，自是岁有契丹之虞；曹彬、刘廷让、傅潜等数十战，各亡士卒十余万，又内徙李彝兴、冯晖之族，致继迁之变，二边皆扰，而朝廷始旰食矣。真宗之初，赵德明纳款，及澶渊之克，遂与契丹盟，至今人不识兵革，可谓盛德大业。祖宗之事，大略如此。近岁边臣建开拓之议，皆行险徼幸之人，欲以天下安危试之一掷，事成则身蒙其利，不成则陛下任其患，不可听也。①

以此反对近年来一些边臣开拓边疆之议，显然是针对王安石的开边主张的。

2. 边臣迎合变法与安南之役

在王安石"锐意开边"政策的指导下，一些边臣为获高位而迎合王安石，开始发动边疆战争，导致王安石开疆政策的失败。比较典型的是邕州的萧注、沈起等人，他们在交趾仍奉朝贡的情况下，企图攻取交趾。

> 知邕州萧注，喜言兵，羡王韶等获高位，乃上疏言："交趾虽奉朝贡，实包祸心久矣，今不取，必为后忧。"会交人为占城所败，或言其余众不满万，可计日以取，诏以注知桂州，经略之。注入朝，帝问攻取之策，注复以为难。时起（沈起）为度支判官，言南交小鬼，无不可取之理，乃以起代注。起迎合安石，遂一意攻击，交趾始贰。②

神宗熙宁八年，沈起在边境地方禁止交人与州县的正常贸易，引发了南方边患。沈起在边地推行王安石的保甲法，遣派官吏入溪峒，集结土丁为保伍，使岁时肄习；罢黜互市，禁止一切以前交人与州县的贸易。朝廷以沈起生事，改任命刘彝取代沈起之任，也许是迎合王安石的原因，刘彝继续沈起之法，加强军

---

① （清）毕沅：《续资治通鉴》卷七一《宋纪七十一》，神宗熙宁八年，第1773、1774页。
② （清）毕沅：《续资治通鉴》卷六九《宋纪六十九》，神宗熙宁六年，第1736页。

事而遏绝互市贸易，以致于交人入寇边境，导致钦州、廉州、白州、邕州相继陷落。

> 知桂州沈起规取交趾，妄言受密旨，遣官入溪峒点集土丁为保伍，授以阵图，使岁时肄习。继命人因督运盐之海滨，集舟师，寓教水战，故时交人与州县贸易，一切禁止。知邕州苏缄遗起书，请止保甲，罢水运，通互市；起不听，劾缄沮议。朝廷以起生事，乃罢起，命刘彝代之。彝至，不改起之所为，奏罢广西所顿北兵，而用枪杖手分戍，大治戈船，遏绝互市。交人疑惧，至是分三道入寇，戊寅，陷钦州。……（十一月）甲申，交趾陷廉州……（十二月）戊辰，交趾围邕州，知州苏缄悉力拒守，外援不至，城遂陷。[①]

对交趾的攻击不仅没有成功，反而导致广西缘边三州相继陷落，引发严重边患。也许王安石开疆是名，希望在边疆地方实行青苗、助役之法是实，但却没想到有这样的结果。

一方面，安南是大宋受封朝贡之国，安南犯境，在名义上仍然属于"内政"，在法理上可以用宋朝法律处罚之，对安南的处罚自然可以用"干国之纪，刑兹无赦"。历史上，以叛臣的名义处罚非羁縻区的朝贡国家，在法理上这个国家应当是受封之国。如神宗十年七月乙卯，针对过去仁宗时北方元昊因不得朝廷名分而反一事，神宗与辅臣讨论此事时，就强调其"名号"的重要，因为没有朝廷的封号，对夷狄就难以以中国叛臣处之。[②]

另一方面，安南出兵寇犯宋朝边疆四州的理由是，王安石变法致使边民穷困，安南才以出兵相拯济。[③]

安南之役，宋朝军队损失巨大，西南亦不稳。"是役也，帝令中书、枢密院具行营兵马数，兵四万九千五百六人，马四千六百九十匹，除病及事故，见存二万三千四百人，马三千一百七十四匹"。[④]

神宗熙宁九年，在朝廷处理安南之役的同时，西南边疆的茂州、广南西路辰州、沅州、顺州、宜州诸蛮亦有叛寇，至神宗元丰年间西南仍时有边患，朝廷或以州兵击之，或以峒、州兵讨平之。"（四月）辛亥，茂州夷寇边，知成都府蔡延庆乞

---

①　（清）毕沅：《续资治通鉴》卷七一《宋纪七十一》，神宗熙宁八年，第 1784、1787 页。
②　同上书，第 1787 页。
③　（清）毕沅：《续资治通鉴》卷七二《宋纪七十二》，神宗熙宁十年，第 1801 页。
④　同上。

发陕西兵援茂州".① "秋七月丙辰,硃崖军黎贼黄婴入寇,诏广南西路严兵备之".② 神宗元丰元年,"(三月)丁酉,辰、沅贼瑶寇边,州兵击走之".③ 神宗元丰二年,"(五月)丙子,顺州蛮叛,峒、州兵讨平之".④ 神宗元丰五年,"(九月)庚子,安化蛮寇宜州,知州王奇死之,诏赠忠州防御使".⑤

3. 安南之役后朝廷有关边疆问题的法律处置

神宗熙宁九年,安南之役后朝廷对于边疆的法律处置,其具体措施如下:

(1) 在邕州陷落后,朝廷只是追究沈起、刘彝的开衅之罪,二人均只受贬为团练副使的处罚。

> 初,邕州将陷,缄愤沈起、刘彝致寇,彝又坐视不救,欲上疏论之,属道梗不通,乃列二人罪状榜于市,冀达朝廷。至是治起、彝开衅之罪,贬起郢州团练副使、安置郢州;彝均州团练副使、安置随州。⑥

(2) 抚恤钦、廉、邕三州战亡士及受害百姓。遭乱之地,除其田征。

> 三月,辛酉朔,恤钦、廉、邕三州死事家,瘗战亡士;贼所蹂践,除其田征。⑦

> (四月)癸卯,诏:"广南亡没士卒及百姓为贼残破者,转运安抚司具实并议赈恤以闻。"⑧

> (九月)己卯,诏恤岭南死事家,表将士墓。⑨

(3) 进一步笼络邕管沿边州峒首领,以此稳定边地。

> 五月,丙辰朔,诏:"邕州沿边州峒首领来降者,周惠之。"⑩

(4) 在靠近内地的边疆地方,改变其行政区划,对这些地方的治理进一步

---

① (清) 毕沅:《续资治通鉴》卷七一《宋纪七十一》,神宗熙宁九年,第 1790 页。
② 同上书,第 1791 页。
③ (清) 毕沅:《续资治通鉴》卷七三《宋纪七十三》,神宗元丰元年,第 1833 页。
④ (清) 毕沅:《续资治通鉴》卷七四《宋纪七十四》,神宗元丰二年,第 1855 页。
⑤ (清) 毕沅:《续资治通鉴》卷七七《宋纪七十七》,神宗元丰五年,第 1931 页。
⑥ (清) 毕沅:《续资治通鉴》卷七一《宋纪七十一》,神宗熙宁九年,第 1788 页。
⑦ 同上书,第 1789 页。
⑧ 同上。
⑨ 同上书,第 1793 页。
⑩ 同上书,第 1790 页。

内地化。

> （七月）壬戌,城下溪州,赐名会溪城,戍以兵,隶辰州,出租赋如汉民。①

（5）神宗熙宁十年二月丙午,在收复广源、苏茂这些邕管之地后,②朝廷下诏,对因安南之役而受影响的失业者以及被杀的土丁之家,采取进一步的免税措施,同时对因战争而致孤贫之人,给口食米。

> 丙午,以复广源、苏茂等州,群臣表贺。……经贼坊郭、乡邨户及避贼失业者,并被杀土丁之家,去年已放（免）税者更放（免）,今年并二税役钱已免两料者更免两料。应经贼杀戮之家,见存丁口孤贫不能自存者,所在州军日给口食米。以广源州为顺州。③

（6）为加强广西邕州、钦州的边防及治安,神宗熙宁十年又出台了一些法令。

> 六月辛丑,枢密院言:"闻邕州、钦州峒丁,其人颇骁勇,但训练不至,激劝无术。欲委经略司选举才武廉干之人为都司巡检等,提举训练,每季分往按阅。逐峒岁终具武艺精强人数,首领等第给俸;提举官以武艺精强五分以上议酬奖。仍令五人附近者结一保,五保相附近者结一队。每按阅,保、队各相依附;至于战斗,互相救助。勇怯分为三等:有战功或武艺出众为上等,免差役;人才趫捷为中等,免科配;余为下等。常日不妨农作,习学武艺,遇提举官按阅,即聚一村按试,毋得豫集边境。有盗贼,令首领相关报。"从之。④

在某种意义上,神宗时期王安石变法所奉行的开疆政策,是引发安南入寇、掠城劫民的原因。安南之役在一定程度上还影响了宋朝在岷州、辰州、沅州等南方边地统治的稳定。对此役的善后,也迫使宋朝在南方边疆法律制度建设开始表现出一些内地化的政策倾向。

4. 在一些边疆地方罢行"义仓法"

神宗年间,在一些边地或汉夷杂居的地方推行内地新法,这些新法有的可

---

① （清）毕沅:《续资治通鉴》卷七一《宋纪七十一》,神宗熙宁九年,第1792页。
② 《宋会要辑稿·蕃夷四之三九》载:"广源州旧隶邕管羁縻,本非交趾（越南）有也。"
③ （清）毕沅:《续资治通鉴》卷七二《宋纪七十二》,神宗熙宁十年,第1801页。
④ 同上书,第1811页。

行,有的则显得不切实际。

元丰元年,朝廷开始在全国实行义仓法,同年推广至川峡四路。① 但是,由于威、茂、黎三州是夷夏杂居之地,其税赋本不多,义仓法的推行就显得有些不切实际。因此,神宗元丰二年二月,神宗下诏罢行威、茂、黎三州义仓法。②

实际上,到了宋朝,南方边疆地区多是夷蛮区或夷汉杂居区。这些地方多是山地,百姓田米贫乏,负担本已十分沉重,因此上交的税赋自然不多,行义仓之法,则不切实际。

> 广西一路,户口才二十余万,盖不过江淮一大郡,而民出役钱至十九万缗,募役实用钱十四万缗,余四万缗谓之宽剩。百姓贫乏,非它路比,上等之家不能当湖湘中下之户,而役钱之出,概用税钱。税钱既少,又敷之田米,田米不足,复算于身丁。广西之民,身之有丁也,既税以钱,又算以米,是一身已输二税,殆前世弊法。今既未能蠲除之,而又敷以役钱,甚可悯也。③

为减轻因为战争而带来的民人负担,神宗下诏广西一路月给钱第减二千,每年减役钱一千二百余缗。④

5. "免役法"于边疆地方之弊

所谓"役钱",又名"募役法"、"雇役法",是代替劳役的税钱,按宋制,凡应服劳役者可输钱免役。免役法实行后,减轻了一般平民的负担,而官僚及大地主因新增负担则坚决反对。也有的官府除征钱外,又假借名义科派差役,多征小户役钱,克扣雇值。

王安石执政后,于熙宁四年(1071)十月在全国实施免役法。规定由州、县官府出钱雇人应役,各州、县预计每年雇役所需经费,由民户按户等高下分摊。使原来轮流充役的农村居民回乡务农,原来享有免役特权的人户不得不交纳役钱,官府也因此增加了一宗收入。

但是免役法在海南并没有得到实际推行。"南海役法:自免役法行,天下

---

① (清)毕沅:《续资治通鉴》卷七四《宋纪七十四》,神宗元丰二年,第1849页。
② 同上。
③ 同上书,第1866、1867页。
④ 同上书,第1867页。

无复有乡差为吏之州,独海南四郡不行焉。闻仕于海南者曰,海南名为乡差,实募人为吏。……今日举世之民,受吏之害,幸海南四郡,遗法尚存"。① 所谓"海南四郡",应是指唐代在海南设的琼州、儋州、崖州、振州。宋改州为军,有珠崖军、昌化军、万安军。

关于免役法没有在海南四郡实际推行的原因,宋人周去非有一番分析:

> 彼受募者,已世其业,民间反谓免役为便,愿输役钱而不可得。夫权利之心,人皆有之,地迩京师,则人以功名为权利;去朝廷远,人绝荣望,人知吏之为权利耳。广西州县之吏,皆乡落大姓,能为一乡之祸福,人莫不尊敬之,与江浙之耻为吏者大异。远方之贵吏,犹江浙之贵仕也,况南海之远乎? 向之所知,殆一二受募吏辈自固之言。尝谓免役之法,圣人所谓顺非而泽者也。人生天地之间,生于忧患而死于安乐。富民为吏,岂不艰苦? 然而甲乙执役,必能自爱其乡党,虽不保其不为非,必不至舞文以毒民如今日之吏。就使斯民得输钱免役以自逸,而心厌作吏之贱,举先王良法美意纳之于斯民厌恶之心,俾募雇为吏者,长子孙于害民之间,而斯民有无穷之患,岂不甚可痛哉? 自免役之法一行,有志于世之士,至终不敢复,盖民之所安者在是,圣人所谓顺非而泽者,其是法乎! 乡差之法,非役民以自养也,与民长虑而全其生也。今日举世之民,受吏之害,幸海南四郡,遗法尚存。吾惧继此有摇撼欲去之而行免役者,羊亡,礼亦亡矣!②

6. "保甲法"在边疆地方的实行

熙宁三年(1070)司农寺制定《畿县保甲条例颁行》,规定内地乡村住户,每五家组一保,五保为一大保,十大保为一都保。以土丁旧制为基础,边夷地方亦行此法。宋神宗熙宁六年,广南西路经略沈起上言,请行保甲于邕州五十一郡峒丁:"邕州五十一郡峒丁,凡四万五千二百。请行保甲,给戎械,教阵队。艺出众者,依府界推恩补授。"③

"洞丁"与"土丁"不是一个概念,"洞丁"一般是指"溪洞之民也","土丁"则是"制如禁军"的准军事组织。而所谓"保丁",是在平定侬智高叛乱后,为加强

---

① (宋)周去非:《岭外代答(一)》卷四《法制门》,王云五主编:《丛书集成初编》,第46页。
② 同上书,第46、47页。
③ 《宋史》卷一九一《兵志五·乡兵二》,第3172页。

边地管理而针对溪洞之民(洞丁)形成的组织,"隶保正。平依贼所结,今困私役"。① "保丁"是介于"洞丁"与"土丁"之间的名词。

"土丁"旧制的存在是实行保甲法的良好基础。作为有属籍的军事组织,"土丁"所居之地内邻省民,外接蛮徼,是一个中间地带,本身就对蛮人之寇掠有警惧,其"守御应援,不待驱策"。依旧有土丁之制,凡是洞丁,成人以上者,皆为土丁。

宋神宗熙宁七年,宜、融、桂、邕、钦五郡实行的具体办法是:在"蠲土丁之籍"的基础上,"减旧(土)丁十之七。余三分以为保丁"。

> 旧制,宜、融、桂、邕、钦五郡土丁,成丁已上者皆籍之。既接蛮徼,自惧寇掠,守御应援,不待驱策。而近制主户自第四等以上,三取一以为土丁。而旁塞多非四等以上,若三丁籍一,则减旧丁十之七。余三分以为保丁,保丁多处内地,又俟其益习武事,则当蠲土丁之籍。恐边备有阙,请如旧制便。②

变法过程中,在一些原来没有土丁或土丁比较少的夷地,采取了"募土丁、联夷属以为保甲之制"的做法。神宗熙宁七年,熊本经略泸州夷,为改变夷地"山田可以蒔禾,而民惰不垦辟"的状况,③请于泸州夷地界募土丁,最终"募土丁五千人……募民垦耕,联其夷属以为保"。④

变法实行保甲教阅,实为强化边疆政治稳定并节省军费。神宗元丰二年进一步推行保甲法,广西经略司言:"诏下诸臣献议措置峒丁事,付曾布参酌损益,创为规划,务令详尽,便于施行。"⑤

内地保甲法开始时是以十户为一保,五十户为一大保,五百户为一都保。宋神宗元丰二年在广南西路邕、钦溪洞的做法与之相似。"峒以三十人为一甲,置节级,五甲置都头,十甲置指挥使,五十甲置都指挥使,总四万四千五百人,以为定额"。⑥

宜、融、桂、邕、钦五州郡的保甲训练初有成效,为此朝廷下诏,命广南东路

---

① (宋)范成大:《桂海虞衡志·杂志》,《范成大笔记六种》,第132页。
② 《宋史》卷一九一《兵志五·乡兵二》,第3170页。
③ 同上书,第3168页。
④ 同上。
⑤ 同上书,第3172页。
⑥ 同上。

沿江海诸州外接蛮人之地效仿广南西路的军训之法。如元丰二年十二月辛亥，提举广南东路常平等事林颜上书，认为边及江海地方外接蛮徼，可依西路保甲教习武艺，上从之。

> 闻广西缘边稍已肄习武艺，东路虽间有枪手，然保甲之教尚阙。欲乞本路沿江海诸州，依西路法训阅，使其人既熟山川之险易，而又知夫弓矢金鼓之习，则一方自足为备。诏下广南东路经略、转运、提举、钤辖司相度，皆言广、惠、潮、封、康、端、南恩七州，皆并边及江海，外接蛮贼，可依西路保甲教习武艺，从之。①

至宋徽宗宣和年间，边地的保甲训练仍在进行，宣和四年仍诏挑选施、黔兵善射者各五十人，分任教习茂州、石泉土丁子弟。② 元丰五年，又诏广南保甲的兵器管理依照戎、泸以前的做法，使用自置裹头无刃枪、竹标排、木弓刀、蒿矢等，遇有捕盗时则由官府给予器械。③

至元丰六年，得宜州土丁七千余人，"缓急可用。欲令所属编排，分作都分，除防盗外，缘边有警，听会合掩捕"。④ 元丰六年，为加强峒丁的管理和训练，又诏枢密承旨司讲议广西峒丁事，要求实行开封府界的集训保甲模式。⑤ 同年，提点广西路刑狱使彭次云上言，请求在边地只留少量的正规戍兵防卫，其余用峒丁每年赴邕州轮训，平时不误农事，这一做法大大节省了费用。⑥

在宋朝统治者看来，这些峒丁是边地自备的当地子弟，是在自家地方分防之人，因此不用给廪酬赏，且不允许其邀功生事，否则重置于法。⑦ 不过也不是全不给廪酬赏，如徽宗宣和四年，夔州路义军土丁职级以上者，亦根据情况，"冬赐绵袍，月给食盐、米麦、铁钱；其次紫绫绵袍，月给盐米；其次月给米盐而已。有功者以次迁"。⑧

保甲法的成效还体现在其起到了强化边防的作用，至宋徽宗大观二年，广

---

① （清）毕沅：《续资治通鉴》卷七四《宋纪七十四》，神宗元丰二年，第1867页。
② 《宋史》卷一九一《兵志五·乡兵二》，第3168页。
③ 同上书，第3173页。
④ 同上书，第3171页。
⑤ 同上书，第3173页。
⑥ 同上。
⑦ 同上书，第3168页。
⑧ 同上书，第3170页。

西左、右江地区,已得峒丁十万以上,广南西路赖之以防守。①

7. 王安石"开边纳土"对边疆政治的影响

关于王安石变法的评价,清人毕沅的《续资治通鉴》予以否定的态度,认为王安石变法是导致靖康之祸的原因:"王安石遂以富强之谋进,而青苗、保甲、均输、市易、水利诸法,一时并兴,天下骚然,痛哭流涕者接踵而至。帝终不觉悟,力废逐元老,摈斥谏士,行之不疑,祖宗之良法美意,变坏几尽,驯至靖康之祸。"②

神宗元丰八年五月,司马光上奏,以为王安石开疆之法导致边鄙之臣行险侥幸,轻动干戈,深入敌境而使兵夫数十万暴骸于旷野。

> 先帝励精求治以致太平,不幸所委之人不足以仰副圣志,多以己意轻改旧章,谓之新法。其人意所欲为,人主不能夺,天下莫能移。搢绅士大夫望风承流,竞献策画,作青苗、免役、市易、赊贷等法。又有边鄙之臣,行险侥幸,轻动干戈,深入敌境,使兵夫数十万暴骸于旷野。③

还有资政殿学士韩维上奏,陈王安石保甲法、养马法之弊。

> 丙子,以资政殿学士韩维知陈州。维初赴临阙庭,太皇太后降手诏劳问。维奏:"臣尝请陛下深察盗贼之原,罢非业之令,宽训练之程,盖为保甲、保马发也。臣非谓国马遂不可养,但官置监牧可矣;非谓兵民遂不可教,但于农隙一时训练可矣。"④

相对于宋以前的边疆政策,王安石的开疆纳土政策是一种积极主动的边疆政策。实际上,在神宗之后的哲宗、徽宗时期,这一政策得以延续并在政治上取得一定成效,边臣继续上开疆纳土之议,南方许多叛乱的蛮夷也纷纷内附,在许多原来名义上的羁縻地方建立了军、州、县、寨。"初,夔峡、广南边臣开纳土之议,建立军州,上蠹国用,下殚民财,至是言者以为病。丁亥,诏废纯、兹、祥、亨、淇、溱、承、播、恩、隆、充、孚十二州及熙宁、遵义二军,或为县,

---

① 《宋史》卷一九一《兵志五·乡兵二》,第 3173 页。
② (清)毕沅:《续资治通鉴》卷七八《宋纪七十八》,神宗元丰八年,第 1956 页。
③ 同上书,第 1962、1963 页。
④ 同上书,第 1965 页。

或为堡寨"。①

北宋时期，除云南的南诏独立成国外，湘西、贵州、广西的许多地区虽然在地理上不属于沿边，但是就王朝教化而言，实是王朝文化之边。虽然唐朝时朝廷就在这些地域设羁縻州，但直到宋朝仍然各自为政。"羁縻"一词最早见于《索隐》："盖闻天子与夷狄也，其义羁縻勿绝而已。"意思是笼络而不断绝其关系，在法理上是名义上的属地，因此才任其各自为政。如唐朝黔中南路就有五十个羁縻州县，其官员任免不由中央，数十百部落不相统属，黔中州县官任职不由吏部，而是委派黔州都督府选择土人补授。实际上其中不少蛮夷尚未内属，如湖南的辰、沅瑶蛮，广西的安化蛮、黎洞蛮，贵州的播州、牂牁、夜郎诸蛮，四川的泸州蛮、泸南晏州夷，北方的生羌等。北宋时仍有不时入寇内地者，如徽宗崇宁元年至二年十二月"辰、沅瑶入寇"。② 徽宗崇宁二年"二月，辛亥，安化蛮人入寇，广西经略使程节败之。壬子，遣官相度湖南、北瑶地，取其材植，入供在京营造"。③ 徽宗政和五年正月"丙戌，泸南晏州夷卜漏等反，攻梅领堡，陷之"。④

至北宋哲宗、徽宗时期，这些边地种落降附者较多，有的地方还新置了军、州，如"哲宗绍圣四年、元符元年十二月，播州夷杨光荣等内附"。⑤ 徽宗崇宁元年至二年十二月，"辰、沅瑶入寇。……知荆南府舒亶平辰、沅瑶贼，复诚、徽二州，改诚为靖州，徽为莳竹县"。⑥ 徽宗崇宁二年十二月，"纂府蛮杨晟铜、融州杨晟天、邵州黄聪内附"。⑦ 徽宗崇宁三年"春，正月，己卯，安化蛮降"。⑧ 徽宗崇宁三年十二月，"桂州梨洞蛮杨晟免等内附"。⑨ 徽宗崇宁四年三月，"丁卯，牂牁、夜郎首领以其地内附"。⑩ 徽宗崇宁四年八月，"庚午，以王江、古州归顺，置提举溪洞官二员，改怀远军为平州"。⑪ 徽宗政和二年十二月，"成都路夷人董舜谘、

① （清）毕沅：《续资治通鉴》卷九四《宋纪九十四》，徽宗宣和三年，第 2434 页。
② （清）毕沅：《续资治通鉴》卷八八《宋纪八十八》，徽宗崇宁元年至二年，第 2248 页。
③ （清）毕沅：《续资治通鉴》卷八八《宋纪八十八》，徽宗崇宁二年，第 2250 页。
④ （清）毕沅：《续资治通鉴》卷九二《宋纪九十二》，徽宗政和五年，第 1115 页。
⑤ （清）毕沅：《续资治通鉴》卷八五《宋纪八十五》，哲宗绍圣四年，元符元年，第 2171 页。
⑥ （清）毕沅：《续资治通鉴》卷八八《宋纪八十八》，徽宗崇宁元年至二年，第 2249 页。
⑦ （清）毕沅：《续资治通鉴》卷八八《宋纪八十八》，徽宗崇宁三年，第 2263 页。
⑧ 同上。
⑨ 同上书，第 2278 页。
⑩ （清）毕沅：《续资治通鉴》卷八九《宋纪八十九》，徽宗崇宁四年，第 2283 页。
⑪ 同上书，第 2286 页。

董彦博内附,置祺、亨二州"。① 徽宗政和三年闰月,"壬寅,以筑溇、播二州,进执政官一等"。② 徽宗政和四年六月,"壬申,以广西西溪洞地置隆、兑州"。③ 徽宗政和六年十二月,"茂州夷至永寿内附,以其地置寿宁、延宁军"。④

此外,占城、真腊亦得封号为王。

> (徽宗宣和元年正月)封占城杨卜麻叠为占城国王。占城在中国西南,所统大小聚落一百五,略如州县。自上古未常通中国,周显德中始入贡,自是朝贡不绝。然北与交趾接壤,互相侵扰。及诏封为王,始与交趾恩均矣。⑤

> (徽宗宣和二年十二月)真腊遣人来朝,诏封其为真腊国王。⑥

宋徽宗时期,在"开疆纳土"政策的影响下,边疆治理虽然取得了一些成就,但由于朝臣弄权而乘时徼利,也存在夸大其辞的现象。如在蔡京当政时,继续主张开边,而主管桂州的王祖道则乘时徼利,虚报新开洞蛮及人口,并提出开建城邑及新置"溪洞司"以控制百蛮。

> 时蔡京务开边,知桂州王祖道欲乘时徼利,乃诱王江酋杨晟免等使纳土,夸大其辞,言:"向慕者百三十洞,五千九百家,十余万口,其旁通江洞之众尚未论也。王江在诸江合流之地,山川形势据诸洞要会,幅员二千里,宜开建城邑,控制百蛮,以武臣为守,置溪洞司主之。"⑦

(五) 对南方诸蛮叛乱的法律处置

宋代南方诸蛮的内地化是一个逐渐的过程,这个过程直到清代都没有完成。宋代南方诸蛮已经开始有生蛮和熟蛮的区分,南方诸蛮种落不一,山川相隔,地域分散,不似北方容易聚集,凝聚成一大族,故其对中央王朝的威胁历来不似北方。因此,尽管处于生界的生蛮时叛时服,但朝廷对南方诸蛮往往有对

① (清) 毕沅:《续资治通鉴》卷九一《宋纪九十一》,徽宗政和二年,第 2347 页。
② (清) 毕沅:《续资治通鉴》卷九一《宋纪九十一》,徽宗政和三年,第 2350 页。
③ (清) 毕沅:《续资治通鉴》卷九一《宋纪九十一》,徽宗政和四年,第 2358 页。
④ (清) 毕沅:《续资治通鉴》卷九二《宋纪九十二》,徽宗政和六年,第 2384 页。
⑤ (清) 毕沅:《续资治通鉴》卷九三《宋纪九十三》,徽宗宣和元年,第 2408 页。
⑥ (清) 毕沅:《续资治通鉴》卷九三《宋纪九十三》,徽宗宣和二年,第 2426 页。
⑦ (清) 毕沅:《续资治通鉴》卷八九《宋纪八十九》,徽宗崇宁三年,第 2278、2279 页。

其分化和进一步治理的信心。宋代皇帝大多孝友宽和并颇有儒风,对于这些南方叛乱诸蛮在法律上的处罚,也贯彻了仁义为首、恩威并重的原则,平定叛乱后,往往安抚民生,对其首领处罚尤轻。如前述对侬智高叛乱的处置措施,此不赘言,这里强调的是朝廷除追讨侬智高外,对所胁从者均释其无罪。

又如安南之役后,没有处罚安南,只是要求其送还所掠土地、人口。至宋哲宗时仍有归来者,哲宗元祐七年六月乙亥,“前陷交趾将吏苏佐等十七人自拔来归”。① 还允许其依旧例入贡:“赐李乾德诏,许依旧入贡,送还所掠省地人口。”②同时,为保证安南“依旧入贡”,特诏广州地方官府不得阻碍。神宗元丰四年安南郡王李乾德派遣使臣陶宗元等来朝贡却在广州被禁制,神宗“诏广州悉准旧例,无得邀阻”。③ 在划清与安南边界的同时,神宗元丰七年十月还赐之袍带及绢五百匹,更重要的是还赐之以六县、二峒土地及人民以示安抚。④ 中国封建时代,国家主权在君而不在民,国家的概念亦不似今日,虽与朝贡之国有疆界的划分,也并非现代国界之分,安南受大宋封号,名义上仍属于天子的土地,因此划之以六县、二峒在法理上不是割地,故曰“赐”。

北宋时虽常受南方边夷困扰,但是每每讨伐平定之后,出于安定边疆的需要,朝廷对之或不予处罚,或采取禁止交往的态度。如神宗年间对常扰边的泸州蛮不予处罚,而是多行招抚宽恕。神宗元丰八年八月庚午,朝廷下诏,命“知泸州”的王光祖派人招谕泸州蛮乞弟,允许其自新。后来乞弟死,斗然、斗更等酋长及新取生界两江夷族归附为朝廷义军,以致于其他泸夷震慑而不再为边患。⑤

又如莫氏世领的“南丹州”,其地接宜州,又为岭南道的边界,是“羁縻”与“省地”交错的生僻之地,“法制尤疏,几似化外”,自徽宗宣和以来屡为边患,朝廷岁调官军防守。高宗绍兴二十四年七月乙亥归顺并进上贡马,诸蛮愿以二十七州、一百三十五县为本路羁縻。⑥ 对于莫氏过去屡为边患,朝廷不计前嫌,高宗曾告诉大臣,“得丹州,非以广地,但徭人不作过,百姓安业可喜”,诏命莫公晟

① （清）毕沅:《续资治通鉴》卷八二《宋纪八十二》,哲宗元祐七年,第2089页。
② （清）毕沅:《续资治通鉴》卷七二《宋纪七十二》,神宗熙宁十年,第1801页。
③ （清）毕沅:《续资治通鉴》卷七六《宋纪七十六》,神宗元丰四年,第1894、1895页。
④ （清）毕沅:《续资治通鉴》卷七八《宋纪七十八》,神宗元丰七年,第1949页。
⑤ 同上书,第1948页。
⑥ （清）毕沅:《续资治通鉴》卷一三〇《宋纪一百三》,高宗绍兴二十四年,第3445页。

以南丹州防御使身份退休,封其子莫延沈为银青光禄大夫、检校太子宾客、使持节南丹州诸军事、南丹州刺史、知南丹州公事、武骑尉,其余首领并推恩。

再如,莫世忍的儿子莫公效有恶,莫世忍乞求斩莫公效于宜州,对此,朝廷的处罚是刺面配莫公效于江西牢城。①

再如宋真宗景德二年十一月癸酉,辽国遣耶律留宁、耶律委演等来贺承天节,馆伴使李宗谔根据宋朝法律不允许耶律留宁带刀上崇德殿。真宗听说后,认为戎人佩刀是其常礼,不须禁以令式。

> 馆伴使李宗谔,引令式不许佩刀,至上阁门,留宁等欣然解之。帝闻之,曰:"戎人佩刀,是其常礼,不须禁以令式。"即传诏听自便。留宁等感悦,谓宗谔曰:"圣上推心置人腹中,足以示信遐迩也。"②

宋真宗大中祥符年间,张佶于秦州为开拓疆境而设置四门砦,因侵夺羌人土地,以致于羌部颇怨,羌人多叛去。曹玮招羌人出而抚之,"令入马赎罪,还故地,至者数千人,每送马六十匹,给彩一端"。③

南宋孝宗乾道年间,由于缘边溪峒州县官员失于抚循,导致溪峒边民反侧,一些人逃窜于山谷之中,朝廷施以宽宥,令其凡是恢复生业者,不问其罪,缘边溪峒互市如故。④

对于那些过于偏远、不易治理、叛服无常的边疆地方,朝廷则采取封禁之策。如梅山溪峒为武陵长沙蛮、五溪蛮、梅山蛮等,本不与中国通,宋太祖开宝八年曾寇掠边界,攻入内地后被讨平,"禁不得与汉民往来,其地不得耕牧"。⑤

从上可知,一方面羁縻之治全在于内地与周边族群的实力对比,由于是羁縻而治,故其法俗无以变化,自然与内地汉区不一。同时,边疆族群亦因自身的实力消长而改变对中原王朝的态度,故往往叛服无常。另一方面中国广大,中原王朝往往无力辖远,更难以在其地构建一同于内地的法俗秩序,并以此来维护其内部的稳定,故边地归附种落对中央王朝的态度是或附或叛。

---

① (宋)李焘:《续资治通鉴长编》卷三三六,第8089页。
② (清)毕沅:《续资治通鉴》卷二五《宋纪二十五》,真宗景德二年,第581页。
③ 《宋史》卷二五八《曹彬传》,第7407页。
④ 《宋史》卷四九四《蛮夷传二》,第10946页。
⑤ 同上书,第10947页。

  宋代在南方边疆地区的法律治理总体上在于一个"宽"字,其于边疆的宽仁之治大致如内地,由于边疆各地边民生业各异,具体的经济、军事、赋税、贸易方面的法律治理亦有不同,边臣们对其治理往往也是因地制宜。这些具体的治边法令连同国家律典在边地的实施,使得宋王朝逐渐积累了依据法律来治理边疆的经验,促进了边疆治理水平的提高,这对于后世治边有着积极意义。

第十二章
元代对边疆的法律治理

一、"羁縻"治法的变化

蒙元时期,蒙古所征服之地极广,原来的中国不过是其一域。

> 若元,则起朔漠,并西域,平西夏,灭女真,臣高丽,定南诏,遂下江南,
> 而天下为一,故其地北逾阴山,西极流沙,东尽辽左,南越海表。盖汉东西
> 九千三百二里,南北一万三千三百六十八里,唐东西九千五百一十一里,南
> 北一万六千九百一十八里,元东南所至不下汉、唐,而西北则过之,有难以
> 里数限者矣。①

元世祖以后,所谓的由几个汗国组成的"蒙古帝国"实际上已经瓦解。元至
元元年(1264),世祖忽必烈打败其弟阿里不哥,后迁都燕京(今北京),改称大
都,八年建国号为元,十六年(1279)灭南宋。因此所谓"元朝"即是寄托于中国
之王朝,②元朝也并非仅仅是蒙古人的国家,它是以蒙古贵族为主,联合汉人及
其他族群而形成的中央政权,元朝疆域远大于过去的"中国",因此这里说的元
朝边疆法律之治,实是言其对过去"中国"边疆地方的治理。

元朝统治中国,惟有元世祖、元仁宗在位时,其政治可谓清明且颇有治法,
其余的统治者大多昏庸愚昧。如元世祖在法律上强调"祖述变通"、"务施实
德",③且有许多仁政措施。在观念上,元朝诸帝以其疆域广大,视中国为其一占

---

① 《元史》卷五八《地理志一》,第903页。
② 蒙古于南宋咸淳七年十一月乙亥,始"建国号曰大元,取易'大哉乾元'之义,从太保刘秉忠请也"。
见(清)毕沅《续资治通鉴》卷一七九《宋纪一百七十九》,度宗咸淳七年,第4905页。
③ 《元史》卷四《世祖本纪一》,第44页。

领区，故其重视蒙古、色目之人而轻视汉人，缺乏深入了解中国的愿望，以致于元朝诸帝大多不十分了解中国，且多不通汉语。[①] 其通行文字只始于南宋咸淳五年二月己丑。[②]

元朝治法，从世祖开始就以防制汉人为务，于边徼襟喉之地分封宗王，置世袭之万户府分军屯驻各处，[③]腹心之地以蒙古军、探马赤军驻守，其兵籍不许汉人看阅。在文化上，这样的防范并不十分严重，元朝在原来中国西南的偏远之地建立了行政及儒教体制且置儒学科举，[④]同时也参用南人，"奉诏求贤于江南，诏令旧用蒙古字，及是特命以汉字书之"。[⑤] 如世祖忽必烈针对台臣的异议，规定可以参用南人，元世祖二十三年三月任用汉人程文海为中丞，是年又用汉官赵孟頫等二十余人。但是，在对蒙古人、色目人优先录用的科考政策下，此举不过是取其形式安抚汉人而已，而任用南人为官，实是有所选择，并无与汉人同化之意。

在很大程度上，元代改变了中国原有边疆的地理范围，原来的边疆之地在地理上已然成为内属之地。加之元朝实行行省制度，亦是郡县之制，其行中书省"掌国庶务，统郡县，镇边鄙，与都省为表里"。[⑥] 这样一来，实际上也扩大了中国实行郡县制以来的治理范围。

> 自封建变为郡县，有天下者，汉、隋、唐、宋为盛，然幅员之广，咸不逮元。……行中书省十有一：曰岭北、曰辽阳、曰河南、曰陕西、曰四川、曰甘肃、曰云南、曰浙江、曰江西、曰湖广、曰征东，分镇藩服，路一百八十五，府三十三，州三百五十九，军四，安抚司十五，县一千一百二十七。[⑦]

由于疆域广大，元朝治理原来属于中国边疆的地方，不似汉唐以来诸朝边

---

① 吕思勉：《中国通史》，第 421 页。

② （清）毕沅：《续资治通鉴》卷一七九《宋纪一百七十九》，度宗咸淳五年，第 4885、4886 页。

③ 蒙古之军事、行政体制本是："每部落为十人小队，就十人中选一人为之长，而统其余九人；合十夫长九人共隶于百夫长一人；九百夫长属一千夫长；九千夫长属一万夫长。君主之命令由其传令之军校达于万夫长，复由万夫长按次以达十夫长。"见[瑞典]多桑著，冯承钧译：《多桑蒙古史》上，上海书店出版社 2006 年版，第 144 页。

④ 在原来宋朝时中国西南的偏远之地，如云南府、安宁府、嵩明州、大理府、邓川州、永昌府、临安府、石屏州、河西县、澄江府、鹤庆州建有学宫，在贵州的顺元路、普定路、播州路设立儒学，在广西亦有儒学 35 所。见《新纂云南通志》卷六《学制考》云南人民出版社 2010 年版及张声震主编《壮族通史》（中册，民族出版社 1996 年版，第 780 页）。

⑤ （清）毕沅：《续资治通鉴》卷一八七《元纪五》，世祖至元二十三年，第 5112 页。

⑥ 《元史》卷九一《百官志七》，第 1531 页。

⑦ 《元史》卷五八《地理志十》，第 903 页。

患多,"汉梗于北狄,隋不能服东夷,唐患在西戎,宋患常在西北"。① 但也不同于唐以来的羁縻制度。

元太宗(窝阔台)六年甲午灭金之后得中原,太宗七年乙未即开始下诏籍民,开始设中书省。世祖(忽必烈)至元七年,又籍之。十三年平定南宋,全有版图。二十七年,再籍之。"于是南北之户总书于策者,一千三百一十九万六千二百有六,口五千八百八十三万四千七百一十有一,而山泽溪洞之民不与焉"。② 从第八位皇帝文宗(图帖睦尔)至最后一个皇帝顺元帝(妥欢贴睦尔),其户数又视前增加二十五万有奇。昔日唐之羁縻地,至于元朝则"皆赋役之,而比于内地"。

> 汉、唐极盛之际,有不及焉。盖岭北、辽阳与甘肃、四川、云南、湖广之边,唐所谓羁縻之州往往在是,今皆赋役之,比于内地;而高丽守东藩,执臣礼惟谨,亦古所未见。③

"今皆赋役之,比于内地",说明元朝在原来唐宋边疆羁縻之地采取了同内地一样的赋税差役制度。边疆之地多非农耕,故以畜牧数量计赋税,亦有农业税、商业课税。其中牧业税之规定如下:

> (元成宗元贞二年五月甲戌)诏民间马牛羊,百取其一,羊不满百者亦取之,惟色目人及数乃取。④

> (元成宗大德八年三月戊辰)诏诸路牧羊及百至三十者,官取其一,不及数者勿取。⑤

农业税:

> (世祖中统五年)诏僧、道、也里可温、答失蛮、儒人凡种田者,白地每亩输税三升,水地每亩五升。军、站户除地四顷免税,余悉征之。⑥

> (至大二年六月乙亥)中书省臣言:"……宣政院奏免僧、道、也里可温、

① 《元史》卷五八《地理志十》,第 903 页。
② 同上。
③ 同上。
④ 《元史》卷一九《成宗本纪》,第 273 页。
⑤ 《元史》卷二一《成宗本纪》,第 310 页。
⑥ 《元史》卷九三《食货志》,第 1565 页。

答失蛮租税。臣等议，田有租、商有税，乃祖宗成法，今宣政院一体奏免，非制。"有旨，依旧制征之。①

（至元八年）又定西夏中兴路、西宁州、兀剌海三处之税，其数与前僧道同。②

课税：

（至元七年）初无定额，至元七年立法，始以三十分取一。③

（元太宗二年）定诸路课税，酒课验实息十取一，杂税三十取一。④

此外尚有驿站差税、丁税、地税。

二、在中国边疆地方所设官制

元朝"以法治国"有一定的思想基础，这对其边疆的法律治理有一定的影响。早在南宋理宗时，蒙古皇弟忽必烈招金故臣栾城李冶，问为治之道。李冶对曰：

> 且不过立法度、正纪纲而已。纪纲者，上下相维持；法度者，赏罚示惩劝。今则大官小吏，下至编氓，皆自纵恣，以私害公，是无法度也。有功者未必得赏，有罪者未必被罚，甚则有功者或反受辱，有罪者或反获宠，是无法度也。法度废，纪纲坏，天下不变乱，已为幸矣。……若能辨奸邪、去女谒、屏馋慝、慎刑罚、慎征讨，上当天心，下协人意，则可转咎为休矣。⑤

元朝在中央设有宣政院，"掌释教僧徒及吐蕃之境"，⑥有一套完整的机构设置。"至元初，立总制院，而领以国师。至元二十五年，因唐制吐蕃来朝见于宣政殿之故，更名宣政院"。⑦

---

① 《元史》卷二三《武宗本纪二》，第347页。
② 《元史》卷九三《食货志》，第1565页。
③ （元）苏天爵编：《国朝文类》卷四〇，北京图书馆出版社2006年版。转引自张云《元朝中央政府治藏制度研究》，黑龙江教育出版社2013年版，第212页。
④ 《元史》卷二《太宗本纪》，第19页。
⑤ （清）毕沅：《续资治通鉴》卷一七四《宋纪一百七十四》，理宗宝祐三年，第4757—4758页。
⑥ 《元史》卷八七《百官志三》，第1457页。
⑦ 同上。

元朝在地方的行政辖制一般是省、道(宣慰司)、路(州)、县。元朝的道分两种,一是肃政廉访使司(提刑按察司),掌稽查司法;一是宣慰使司,掌管军民之政,有宣慰使、同知、副使等官,后一种并不普遍。共有十一道,多在行省边陲地方。

廉访司原为提刑按察司,世祖至元二十八年二月改为肃政廉访司。

> (至元二十八年)二月丙戌,诏:"改提刑按察司为肃政廉访司,每道设官八员,余六人分临所部。如民事、钱谷、官吏奸弊,一切委之。俟岁终,省、道、台遣官考其功效。"①

成宗大德元年时,强调应由蒙古人担任肃政廉访使,在遇有缺出的情况下,可由色目人担任,其次才参以汉人。"各道肃政廉访司,必择蒙古人为使,或缺则以色目世臣子孙为之,其次参以色目、汉人"。②

元朝一般是在北方或者"内地"置行省。为征讨日本,在东北也命高丽王置行省并以中国法律治之,后罢其行省,从其国俗,后又复置,可以自奏选其属官。

> 至元二十年,以征日本国,命高丽王置省,典军兴之务,师还而罢。大德三年,复立行省,以中国之法治之。既而王言其非便,诏罢行省,从其国俗。至治元年复置,以高丽王兼领丞相,得自奏选属官,治沈阳,统有二府、一司、五道。③

在南方,除四川、云南置行省外,在原来中国的其他南方边疆地区最高只置宣慰司。宣慰司最早见于金朝,元朝时遍设,明清时则只在边疆族群聚居地区设立。四川在宋时已经是统治比较成熟的地方,自然要设行枢密院。

> (至元二十一年春正月)庚午,立江淮、荆湖、江西、四川行枢密院,治建康、鄂州、抚州、成都。④

而在云南这一新辟边地亦设行省,"云南等处行中书省,即古南诏之地。初,世祖(忽必烈)征取以为郡县,尝封建宗王镇抚其军民。至元十一年,始置

---

① (清)毕沅:《续资治通鉴》卷一八九《元纪七》,世祖至元二十八年,第5174页。
② (清)毕沅:《续资治通鉴》卷一九二《元纪十》,成宗大德元年,第5248页。
③ 《元史》卷九一《百官志七》,第1532—1533页。
④ (清)毕沅:《续资治通鉴》卷一八六《元纪四》,世祖至元二十一年,第5085页。

行省"。① 由于云南地方僻远，诏许凡六品以下，本省可以自辟属官。②

相对于唐宋时云南、西藏皆属化外之国，元朝时中国边疆有了重大变化，就是将云南和西藏纳入版籍。在云南，先封宗王，后置行省及宣慰司，以行省领军民，并采纳尼雅斯拉鼎的建议，于至元十七年罢原来的都元帅府，质其官员子弟，由此纳云南入其疆治。③ 在西藏，先在河州设立吐蕃宣慰司，后在藏区又于多处置宣慰司，以此将西藏纳入版籍。宣慰司介于行省与郡县之间，上情下达，有行边陲军旅之事，则兼都元帅府或元帅府。宣慰司的长官称宣慰使，在边远地方又有招讨使、安抚使、宣抚使等。

> 宣慰司，掌军民之务，分道以总郡县，行省有政令则布于下，郡县有请则为达于省。有边陲军旅之事，则兼都元帅府，其次则止为元帅府。其在远服，又有招讨、安抚、宣抚等使。④

此外，又有诸如"诸蛮夷长官司"，参用土人为之，秩如下州，此为元朝土官之制。

> 西南夷诸溪洞各置长官司，秩如下州。达鲁花赤、长官、副长官，参用其土人为之。⑤

在平定南方的过程中，元军虽然也有蒙古军一贯屠城掠地的情况发生，但于边地族群大多未兴兵戈而以口舌降服。⑥ 蒙元平定中国南方边地，除忽必烈定云南外，畏兀儿人阿里海牙可谓居功至伟。如阿里海牙在征服荆南、江西、广西、海南之地时，得州五十八，其中俘获的"峒夷山僚"计三万二千余人，虽然"悉役为奴，自置吏治之，责其租赋"，⑦但是也采取了"悉从轻赋"、"并放为民"的政策，这两项政策使得稳定人心有了基础，有利于元朝在这些地方实行土官制度。

土官制度的实行有赖于先变"奴"为"民"，如此方得土官自治之义。元世祖

① 《元史》卷九一《百官志七》，第1532页。
② 《元史》卷一五《世祖本纪十二》，第218页。
③ （清）毕沅：《续资治通鉴》卷一八五《元纪三》，元世祖至元十七年，第5041页。
④ 《元史》卷九一《百官志七》，第1533页。
⑤ 同上书，第1539页。
⑥ 《元史》卷一二八《阿里海乐传》，第2069页。
⑦ （清）毕沅：《续资治通鉴》卷一八五《元纪三》，元世祖至元十七年，第5040页。

至元十七年二月,元朝命泸州梅国宝袭其父梅应春的泸州安抚使一职,并应梅国宝所请赎还泸州军民之为俘者。

> 己丑,命梅国宝袭其父应春泸州安抚使职。初,泸州尝降宋,应春为前重庆制置使张珏所杀。国宝诣阙诉冤,诏以珏畀国宝,使复其父仇,时珏在京兆,解弓弦自缢死。国宝请赎还泸州军民之为俘者,从之。[①]

元朝在南方实行土官制始于那些前来归降的南方洞蛮种落。如大德元年九月己丑,"平珠、六洞蛮及十部洞蛮皆来降,命以蛮夷官授之"。[②] 又如至元十五年十一月,罗氏鬼国和西南蕃主内附,被封为安抚使,佩虎符。[③] 再如至元二十年十一月癸丑,授前来内附的、原为海盗出身的陈义以"万户"并佩虎符,"义初名五虎,起自海盗,内附后,其兄为招讨,义为总管"。[④]

三、对南方治边官员及土官犯罪和奖励的法律规定

对于治边的军官和管民官的渎职行为亦有一般性的法律规定,其中有罚有奖,其法如下:

> 诸监临禁治不严及故纵者,军官笞三十七,管民官二十七,并削所受阶一等,记过。
>
> 诸边隅镇守不严,他盗辄入境杀掠者,军官坐罪,民官不坐。
>
> 诸军民官镇抚边陲,三年无啸聚之盗者,民官减一资,军官升散官一阶;五年无者,军民官各升散官一等。
>
> 诸郡县版籍,所司谨庋置之,正官相沿掌之。[⑤]

这里所谓的"散官",只是一称号,始于隋朝,有品级。对于治边官员而言,散官是相对于宣抚使、安抚使、招讨使等类职事官的一种称呼。元朝的散官主要是指某某"大夫"、某某"上将军"及"大将军"之类的称号,类似今天的军衔制

---

① (清)毕沅:《续资治通鉴》卷一八五《元纪三》,元世祖至元十七年,第5041页。
② 《元史》卷一九《成宗本纪二》,第279页。
③ 《元史》卷一〇《世祖本纪七》,第139页。
④ 《元史》卷一二《世祖本纪九》,第174页。
⑤ 《元史》卷一〇二《刑法志一》,第1738—1739页。

度。镇抚边陲的军官和管民官能否晋升散官，依照元朝法律规定，取决于其在三年或五年的任期内，所管辖地方有无"啸聚之盗"发生。

针对边疆地区官员的法律治理，元朝法律分为两类。具体如下：

> 诸内郡官仕云南者，有罪依常律。
>
> 土官有罪，罚而不废。
>
> 诸左右两江所部土官，辄兴兵相仇杀者，坐以叛逆之罪。
>
> （土官）其有妄相告言者，以其罪罪之。
>
> （土官）有司受财妄听者，以枉法论。
>
> 诸土官有能爱抚军民，境内宁谧者，三年一次，保勘升官。
>
> 其有勋劳，及应升赏承袭，文字至帅府，辄非理疏驳，故为难阻者，罢之。①

从这些规定看，对于内郡官到边疆地方任职的，"有罪依常律"，这是一类。对于当地土人为官者（土官），元朝法律则别有专门的规定。

首先，元朝对于土官犯罪奉行的是"土官有罪，罚而不废"的原则。不过虽然罚而不废，但也是有限度的，如果土官的犯罪行为严重危及地方稳定，犯叛逆之罪，也是要废掉的。

其次，重点打击土官之间相互兴兵仇杀的现象。如规定左右两江地区土官之间若是相互兴兵仇杀，则以叛逆之罪论处。对于土官之间妄自诬告者，则"以其罪罪之"。之所以如此重罚，是为了协调土官之间的关系，维护边地社会的基本稳定，这自然是元朝统治者最关心的问题。

再次，强调土官要依法治理边地，要爱抚军民，鼓励其勤劳任事。对于土官受贿而枉法者，以枉法论处；对于爱抚军民，能够保境安民者，三年保勘升官一次；对于勋劳任事者，应当上行文书于帅府，予以升赏承袭，凡是故意为难而阻碍者，则罢免之。

除此之外，为约束边疆地方官员，元世祖至元二十年还制定了针对边地官员的"质子令"，规定"凡大官子弟，遣赴京师"。②

---

① 《元史》卷一〇三《刑法志二》，第 1750 页。
② 《元史》卷一二《世祖本纪九》，第 174—175 页。

四、在南方边地的法律适用及其司法管辖

蒙古的意识形态比较混杂,自进入中原以来,一方面尊喇嘛教,另一方面又尊儒。南宋度宗咸淳三年正月(至元四年正月),蒙古敕修曲阜孔子庙。畏兀儿人廉希宪好儒家经典,人称"廉孟子",其人对提举儒学有积极作用,同时尊儒也在一定程度上避免了中原地区世俗司法管辖的宗教化。

> (至元四年正月)癸卯……蒙古敕修曲阜孔子庙。①
>
> 五月,丁丑朔,日有食之,蒙古敕上都重建孔子庙。②
>
> 时方尊帝师,蒙古主命希宪受戒,对曰:"臣受孔子戒矣。"蒙古主曰:"孔子亦有戒耶?"对曰:"为臣也忠,为子也孝,孔子之戒,如是而已。"③

蒙古虽尊孔,但是其在法制上却是"各从本俗",由于边疆法俗各异,汉区政教与边疆民俗之间必有冲突,蒙古人自己的风俗亦与孔教迥异,这实是一矛盾的事情。终元之世也未能做到"自天子至于庶人,皆从礼制",亦不能"以成列圣未遑之典,明万世不易之道"。元顺帝至正三年十二月,监察御史乌古逊(旧作乌古孙)良桢上疏言及此事,要求"皆从礼制"而未果。

> 又以国俗父死则妻其后母,兄弟死则收其妻,父母死无忧制,遂上言:"纲常皆出于天而不可变。议法之吏,乃云国人(蒙古人)不拘此例,诸国人各从本俗,是汉人、南人当守纲常,国人(蒙古人)、诸国人不必守纲常也。名曰优之,实则陷之;外若尊之,内实侮之;推其本心,所以待国人者不若汉人、南人之厚也。请下礼官有司及右科进士在朝者会议;自天子至于庶人,皆从礼制,以成列圣未遑之典,明万世不易之道。"奏入,皆不报。④

到了元顺帝元统二年六月才改变父母死无忧制的蒙古风俗,要求蒙古、色

---

①　(清)毕沅:《续资治通鉴》卷一七八《宋纪一百七十八》,度宗咸淳三年,第4870页。
②　同上书,第4872页。
③　同上书,第4877页。
④　(清)毕沅:《续资治通鉴》卷二〇八《元纪二十六》,顺帝至正三年,第5679页。

目人为父母行丧。① 元统三年正月，又诏修孔子庙。② 而在至元四年正月乙巳，蒙古即禁止僧官侵理民讼，从而排除了喇嘛教僧官对世俗司法的管辖权。"乙巳，蒙古禁僧官侵理民讼"。③

元朝初期，由于武力征服，多行滥杀，无有法制，在如云南等地边疆地方对于死刑犯罪"便宜处决"，后来才逐渐有了相应的司法管辖。

> （至元二十年五月）丙子，诏谕诸王相吾答儿："先是云南重囚令便宜处决，恐滥及无辜，自今凡大辟罪，仍须待报。"并省江淮、云南州郡。④

南方边疆地方往往民风剽悍，由于风俗习惯的影响，民众对一些刑事犯罪不以为然，少受官府约束，即使是盗贼案件，也多以"私和"了之。至元二十年，边疆地方的盗贼案件亦逐渐收归管民官处理，"由管民官鞫问，仍不许私和"，⑤以此加强官府的司法管辖权。

此外，由于元朝在法律上奉行歧视汉人的政策，在司法上亦有属人主义的色彩，故汉人在法律上地位极低，同样的犯罪，对蒙古人的处罚远轻于对汉人的处罚；蒙古人与汉人之间的刑事案件，则处罚汉人尤重。甚至同为养马、引道的"阔端赤"，犯同一罪，色目人不刺字，而高丽、汉儿、蛮子（即所谓的"蛮子地界"的人，实是指南宋旧壤之人）则刺字，受到的处罚也不同。⑥ 对于没入官府的非蒙古人拥有的马匹，法律亦有相应规定："（至元二十六年）十二月，辛巳，诏括天下马。哈都犯边，帝命伊勒噜与李庭议所以为备，庭请下括马之令，其品官限数外，悉令入官，凡马十一万匹。"⑦不仅汉民拥有的马匹悉没入官，更不允许买卖，否则以罪论处。"（至元二十三年六月）戊申，括诸路马，色目人有马者三取其二，汉民悉入官，敢匿与互市者罪之"。⑧ 对于生长在中原地区的女真人与生于中国西北部、不通汉语的女真、契丹人，法律亦遵循了歧视汉人的原则："女直、

---

① （清）毕沅：《续资治通鉴》卷二〇七《元纪二十五》，顺帝元统二年，第5633页。
② 同上书，第5653页。
③ （清）毕沅：《续资治通鉴》卷一七八《宋纪一百七十八》，度宗咸淳三年，第4870页。
④ 《元史》卷一二《世祖本纪九》，第171页。
⑤ 同上书，第174页。
⑥ 见《元典章》卷四九页下（并参阅同卷页一七《盗贼出军处所》条）。关于"阔端赤"，韩儒林著《元代阔端赤考》有云："元代文集中有译阔端赤为从人者，据吾人所见，似专指非军官之随从，惟其人似亦与照料马匹、引道路有关。"载《穹庐集：元史及西北民族史研究》，上海人民出版社1982年版，第117页。
⑦ （清）毕沅：《续资治通鉴》卷一八九《元纪七》，世祖至元二十六年，第5159页。
⑧ （清）毕沅：《续资治通鉴》卷一八七《元纪五》，世祖至元二十三年，第5115页。

契丹生西北不通汉语者,同蒙古人;女真生长汉地,同汉人。"①

其所遵循的属人原则的实际效果有三:

一是对于出生在西北且不通汉语的女真人、契丹人,在法律上将其视为蒙古人,有与蒙古人同样高贵的法律地位。

二是对于南宋时生长在中国北方中原地区的女真人,在法律上则将其视同汉人。这显然是在法律上将原来生长于汉区的其他族群皆等同于汉人,这些族群的法律地位与汉人同样的低。

三是由于蒙元在南方边疆地方实行了自治性质的土官制,在某种意义上,蒙元对内地汉人、南人的歧视,反而相对提高了边疆种落的法律地位。

五、对边疆地方的具体法律治理

(一) 对云南边疆地方的法律治理

由于宋朝时云南尚属大理国时代,没有被纳入中央王朝的治理范围,因此中央王朝对云南的治理当始于蒙元。元朝初步平定云南后,至元十一年元世祖为安远人,选派谨厚之人赛典赤入云南以进一步抚治之。

赛典赤不辱使命,从至元十一年到十六年的六年时间里"置郡县,署守令,行赋役,施政化,与中州同",②举措得法,功劳卓著,云南继唐之南诏、宋之大理后,因被纳入中原文化圈而得以大治。具体表现如下:

(1) 由于云南诸夷未附,出于军事安边方面的考虑,宣慰司兼行元帅府事,并听行省节制,以集中边疆行政事权。③

(2) 在地方州县一改蒙古军事组织的治理为郡县治理,原来的蒙古军事组织万户、千户成为郡县令长。④

(3) 创建孔学,兴文风,改其法俗;以贝代钱,渐行钞;相地置镇,治地方盗贼。

  云南俗无礼仪,男女往往自相配偶,亲死则火之,不为丧祭。无秔稻桑

---

① 《元史》卷一三《世祖本纪十》,第 181 页。
② 《元史》卷一六六《信苴日传》,第 2609 页。
③ 《元史》卷一二五《赛典赤赡思丁传》,第 2026 页。
④ 同上。

麻，子弟不知读书。赛典赤教之拜跪之节，婚姻行媒，死者为之棺椁奠祭，教民播种，为陂池以备水旱，创建孔子庙明伦堂，购经史，授学田，由是文风稍兴。云南民以贝代钱，是时初行钞法，民不便之，赛典赤为闻于朝，许仍其俗。又患山路险远，盗贼出没，为行者病，相地置镇，每镇设土酋吏一人、百夫长一人，往来者或值劫掠，则罪及之。[1]

赛典赤在云南兴礼教的诸种举措，后在程思廉任云南行御史台中丞时仍然继续贯彻。

> （至元二十七年五月）始至，蛮夷酋长来贺，词若逊而意甚倨。思廉奉宣绥怀之意，且明示祸福，使毋自外，闻者慑服。云南旧有学校而礼教不兴，思廉力振起之，始有从学问礼者。[2]

赛典赤之后，为强化官府的司法管辖必须要破旧布新，对于云南地方的不法旧习也应当用法律进行规范。元世祖至元二十年十一月，政府采取了一系列法律措施，如禁止管课官额外多取民人余钱，禁止地方有权势者多取债息，禁止没人口为奴并黥其面。[3] 这些措施从另一方面强化了元朝政府在云南的司法权威。

元世祖在位时，政治尚清明，对于云南治理也还通达，如云南平章事纳速剌丁上便宜数事，皆得以通行。

> （至元二十三年）夏四月庚子……云南省平章纳速剌丁上便宜数事：一曰弛道路之禁，通民来往；二曰禁负贩之徒，毋令从征；三曰罢丹当站赋民金为饮食之费；四曰听民伐木贸易；五曰戒使臣勿扰民居，立急递铺以省驿骑。诏议行之。[4]

（二）对贵州、四川、湖广等边地的法律治理

同云南一样，贵州在元以前一直属于未开化的羁縻之地，没有直接、深入的法律治理。贵州没有设行省，只设宣慰司、安抚使，其中安抚使以当地人担任。入元后，原思州田景贤、播州杨邦宪分别以其地降元，朝廷置思州安抚司、播州

---

[1]　《元史》卷一二五《赛典赤赡思丁传》，第 2026 页。
[2]　（清）毕沅：《续资治通鉴》卷一八九《元纪七》，至元二十七年，第 5164 页。
[3]　《元史》卷一二《世祖本纪九》，第 174 页。
[4]　（清）毕沅：《续资治通鉴》卷一八七《元纪五》，至元二十三年，第 5114 页。

安抚司治其地,不久升之为宣抚司,允许田、杨二氏世袭其职。思州、播州两地先隶四川行省,后隶湖广行省。至元十六年,随着贵州各地洞蛮逐渐内附,各以安抚使授"八番顺元蛮夷官"。

> 至元十六年,潭州行省遣两淮招讨司经历刘继昌招降西南诸番,以龙方零为小龙番静蛮军安抚使,龙文求卧龙番南宁州安抚使,龙延三大龙番应天府安抚使,程延随程番武盛军安抚使,洪延畅洪番永盛军安抚使,韦昌盛方番河中府安抚使。①

这一年,贵州的"八番顺元蛮夷"基本上均籍其户而归附于元朝。

> 是年,宣慰使塔海以西南八番、罗氏等国已归附者,具以来上,洞寨凡千六百二十有六,户凡十万一千一百六十有八。西南五番千一百八十六寨,户八万九千四百。②

至元十七年,李德辉上闻罗施鬼国事,于是改罗施鬼国为顺元路,以其酋长阿察为宣抚使。及李德辉死,播州安抚使何彦清为之立庙,"蛮夷哭之哀如私亲"。③

> 初,罗施鬼国既降复叛,诏云南、湖广、四川合兵三万人讨之。兵且压境,德辉适被命在播,乃遣安圭驰驿止三道兵勿进,复遣张孝思谕鬼国趣降。其酋阿察熟德辉名,曰:"是活合州李公耶,其言明信可恃。"即身至播纳款。德辉以其事上闻,乃改鬼国为顺元路,以阿察为宣抚使。④

至元十九年,置顺元等路军民宣慰司,以蒙古人速哥为宣慰使。

至元二十年,四川行省讨平贵州九溪十八洞,"以其酋长赴阙,定其地之可以设官者与其人之可以入官者,大处为州,小处为县,并立总管府",⑤听顺元路军民宣慰司节制。

至元二十四年,降八番金竹,悉以其地为郡县,置顺元路、金竹府、贵州以统之。

---

① 《元史》卷六三《地理志六》,第 1026 页。
② 同上书,第 1027 页。
③ (清)毕沅:《续资治通鉴》卷一八五《元纪三》,至元十七年,第 5048 页。
④ 同上书,第 5045、5046 页。
⑤ 《元史》卷六三《地理志六》,第 1029 页。

至元二十八年,任命播州杨汉英为沿边溪洞宣慰使。这说明元朝时贵州地方省级以下的官员皆可以由当地土著担任。

> 播州杨赛因不花(杨汉英)言:"洞民近因籍户,怀疑窜匿,乞降诏召集。"又言:"向所授安抚职任,隶顺元宣慰司,其所管地,于四川行省为近,乞改为军民宣抚司,直隶四川行省。"从之。以播州等处管军万户杨汉英为绍庆、珍州、南平等处沿边宣慰使,行播州军民宣抚使、播州等处管军万户,仍佩虎符。①

随着播州地方阅实户数工作的展开,贵州各族逐渐归籍于元朝。思州、播州归附后,蒙元仍于此地驻戍卒且戍卒多扰民,但由于实行的是由土官任安抚使的制度,故思州、播州地方的土官与地方驻军之间必然有矛盾,地方驻军亦有扰民现象发生。因此,至元十五年十二月,思州地方的安抚使田景贤等人上书元朝,请求降诏禁止戍卒扰思、播之民。②

对于四川边夷的治理,于"四川等处行中书省,为路九、府三、属府二、属州三十六、军一、属县八十一。蛮夷种落,不在其数"。③ 在叙南等处蛮夷宣抚司辖地的诸部蛮夷各设蛮夷官。

元世祖时期,由于西藏与四川为其统治区域,故四川与吐蕃的关系也不再是宋时的敌对关系,因此至元十四年四月于四川碉门、黎州置榷场,与吐蕃贸易。④

至元十四年五月,诏谕泸州阿永、筠连、腾串等处诸族蛮夷来附。⑤ 至元十五年九月,设成都、潼川、重庆、利州四处宣慰司,抚治播川、务川西南诸蛮夷,使"军民各从其俗"。⑥ 至元十五年十二月,又招诱西川都掌蛮夷内附,以其酋长阿永为西南番蛮安抚使。⑦ 至元二十六年,"(五月辛丑)青山苗蛮相继内附";⑧"(六月)甲戌,西南夷中、下烂土等处峒长忽带等,以峒三百、寨百一十

---

① 《元史》卷六三《地理志六》,第1033页。
② 《元史》卷一〇《世祖本纪七》,第139页。
③ 《元史》卷六〇《地理志三》,第960页。
④ 《元史》卷九《世祖本纪六》,第129页。
⑤ 同上。
⑥ 《元史》卷一〇《世祖本纪七》,第139页。
⑦ 同上。
⑧ (清)毕沅:《续资治通鉴》卷一八九《元纪七》,至元二十六年,第5153页。

来归,得户三千余";①"(七月)甲申,四川齐山蛮马四寨内附";②"(十月)丙戌,西南生蕃内附".③

至元二十七年,"蛮民多未服".如至元二十七年七月戊午,贵州苗蛮三十余人作乱,入顺元城,杀伤官吏,湖广省合兵往讨.至至元二十八年,八番洞吴金叔等才以所部内附.④

对于新近内附、招降的蛮夷地方,元朝在这里设立了县并任命长官,并参用土人任职.

> 九月戊甲金竹府知府扫闾贡马及雨毡,且言:"金竹府虽内附,蛮民多未服.近与赵坚招降竹古弄、古鲁花等三十余寨,乞立县,设长官、总把,参用土人."从之.⑤

由于元代没有在贵州建立行省,这一时期对四川边夷的治理仍包括贵州境内的"八番洞蛮"地区,直到至元二十八年后,才将贵州的"八番洞蛮"地区割给湖广行省.⑥

元朝在四川地区边地的法律治理面临的形势是蛮夷杂处、难以为治.如松潘叠宕威茂州等处安抚司管辖的范围内,有西番、秃鲁卜、降胡、汉民四种人杂处,民情复杂,且这些地方的宣抚司官均来自其他州郡,这些人不懂蛮情,治理往往无功而返.

> (至大二年秋七月)壬辰,宣政院臣言:"武靖王搠思班与朵思麻宣慰司言:'松潘叠宕威茂州等处安抚司管内,西番、秃鲁卜、降胡、汉民四种人杂处……酋长令真巴等八人已尝廷见.今令真巴谓其地邻接四川,未降者尚十余万.宣抚司官皆他郡人,不知蛮夷事宜,才至成都灌州,畏惧即返,何以抚治?宜改安抚司为宣抚司,迁治茂州,徙松州军千人镇遏,为便.'臣等议,宜从其言."诏改松潘叠宕威茂州安抚司为宣抚司,迁治茂州汶川县,秩

---

① (清)毕沅:《续资治通鉴》卷一八九《元纪七》,至元二十六年,第5154页.
② 同上.
③ 同上书,第5157页.
④ (清)毕沅:《续资治通鉴》卷一九○《元纪八》,至元二十九年,第5187页.
⑤ 《元史》卷一六《世祖本纪十三》,第229—230页.
⑥ 《元史》卷六三《地理志六》,第1027页.

正三品，以八儿思的斤为宣抚司达鲁花赤……并佩虎符。①

在羌、藏及蛮夷杂处的地方，为了加强控制，至元二十二年冬十月戊午初，改变了阿合马主政时滥设官制、增西川四路为九路的情况，只留广元、成都、顺庆、重庆、夔府五路，余悉罢去。②又以山谷险要，蛮夷杂处，复置嘉定路、叙州宣抚司。②"蜀平，升诸蛮夷部宣慰使，甚得蛮夷心"。③

蛮夷杂处的地方，其纠纷最难处置，如四川羌汉混居之地，其地统属于碉门鱼通司管辖，由于边地互市，时有争价杀人的事情发生，鱼通司以力管束，羌酋怒而谋入劫之，鱼通司告急。④成都总管张庭瑞知"羌俗暴悍，以斗杀为勇"，从数骑抵羌界，用"讲理"的方式晓以利害，最终平息了风波。

> 庭瑞进前语之曰："杀人偿死，羌与中国之法同，有司系诸人，欲以为见证耳。而汝即肆无礼，如行省闻于朝，召近郡兵，空汝巢穴矣。"其酋长弃枪弩罗拜曰："我近者生裂羊脾卜之，视肉之文理何如，则吉其兆，曰：'有白马将军来，可不劳兵而罢。'今公马果白，敢不从命。"乃论杀人者，余尽纵遣之。遂与约，自今交市者，以碉门为界，无相出入。⑤

又，张庭瑞针对"官买蜀茶，增价鬻于羌，人以为患"的情况，变更"茶引法"，"使每引纳二缗，而付文券与民，听其自市于羌，羌、蜀便之"。⑥"茶引"又称护票，是茶商缴纳茶税后获得的茶叶专卖凭证。茶商于官场买茶，缴纳百分之十的引税，产茶州县发给茶引，凭此引贩运茶可免除过境税。

实际上，早在至元二年元朝就比较注意四川边地的治理，在碉门、岩州等西南沿边地方，凡是愿意归附的，对其采取"用意存恤，百姓贫者赈之，愿徙近里城邑者以屋舍给之"的措施。⑦除了这些措施，针对"羌俗素鄙野，事无统纪"的状况，元初还注意这些地方土官行政能力的培养，"使习吏事"，让其"子弟亦知读书"，目的是使其"俗为一变"。⑧

① 《元史》卷二三《武宗本纪二》，第347页。
② 《元史》卷一三《世祖本纪十》，第188页。
③ 《元史》卷一六七《张廷珍传》，第2617页。
④ 同上。
⑤ 同上书，第2618页。
⑥ 同上。
⑦ 《元史》卷六〇《地理志三》，第959页。
⑧ 《元史》卷一五七《张文谦传》，第2463页。

　　与贵州、四川的治法一样，在湖广地区元朝亦是汉人与土人"杂用之"，至元十四年五月癸卯，改原来的广南西路宣抚司为宣慰司，广西的钦、横二州改立安抚司。"广西两江道宣慰使司都元帅府。……元至元十三年，立广西道宣抚司。十四年，改宣慰司"。①

　　蒙古军初入中国，并非一味屠城，在进入湖北荆州、沙市、江陵、子归、山峡一带，湖南常德、澧、随、辰、沅等地及广西地方时，由于阿里海牙治法得宜，较快地降服了这些地方。

> 阿里海牙……禁将士毋侵掠。……沙市立破……乃入江陵，释系囚，放戍券军，除其徭赋及法令之繁细者。传檄郢、归、峡、常德、澧、随、辰、沅、靖、复、均、房、施、荆门及诸洞，无不降者。……籍其户口财赋来上。②

　　阿里海牙在湖广地区虽然采取了除其徭赋及法令之繁细者的治法，但对容易叛乱的地方亦以重刑治之，甚至采用坑、斩之刑。"以静江民易叛，非潭比，不重刑之，则广西诸州不服，因悉坑之，斩望于市"。③

　　同宋朝的情况一样，在降服了这些地方后，沅、靖、柳、桂等路的徭、僚地方并不稳定且时有叛乱。"(至元三年)二月辛卯，广西徭复反，命湖广行省平章那海、江西行省平章秃儿迷失海牙总兵捕之"。④

　　至元九年达识帖睦迩为湖广行省平章政事时，沅、靖、柳、桂等路徭、僚窃发，朝廷以溪洞险阻，下诏招谕之。"达识帖睦迩以寇情不可料，请置三分省，一治静江，一治沅、靖，一治柳、桂，以左右丞、参政分兵镇其地。罢靖州路总管府，改立靖州路军民安抚司，设万户府，益以戍兵"。⑤

　　在广西左、右江口溪洞蛮僚边地这些难以治理的地方，元朝设置四个总管府，统州县一百六十峒，用汉人为"达鲁花赤"，同时也"杂土人用之"。之所以用汉人和当地土人担任官职，是因为所调蒙古官员害怕边地的"瘴疠"，大多不敢赴任。⑥ 这一情况在至元三十年时仍然存在，由于所调官员不敢赴任而疏于治理，边地枉法现象在所难免。如至元三十年，臧梦解为广西廉访副使，由于臧梦

---

① 《元史》卷六三《地理志六》，第 1022 页。
② 《元史》卷一二八《阿里海牙传》，第 2067—2068 页。
③ 同上书，第 2068 页。
④ 《元史》卷三九《顺帝本纪二》，第 566—567 页。
⑤ 《元史》卷一四〇《达识帖睦迩传》，第 2243—2244 页。
⑥ (清) 毕沅：《续资治通鉴》卷一八八《元纪六》，世祖至元二十五年，第 5143 页。

解亲力亲为，才得以惩治地方奸墨官吏，平反冤狱，臧梦解因此而得到当地人民爱戴。

> 故事，烟瘴之地，行部者多不躬至，梦解独偏历焉。遂按问宾州、藤州两路达噜噶齐及奸墨官吏，置于法者无虑八十余人，又平反两冤狱，民德之。①

边疆遥远，交通不便，这些都是边地任职之苦，有的官员甚至死后无法运回内地家乡安葬。元顺帝至元二年八月，诏定优待云南、广海、八番及甘肃、四川边远官死后安葬一事："云南、广海、八番及甘肃、四川边远官，死而不能归葬者，有司给粮食舟车护送还乡；无亲属者，官为瘗之。"②元文宗至顺三年又规定："三月，庚午朔，中书省言：'凡远戍军官死而归葬者，宜视民官例，给道里之费。又四川驿户，比以军兴消乏，宜遣官同行省量济之。'制可。"③

在左、右江口溪洞蛮僚地方，为进一步强化法律控制，至元二十九年秋七月并左右两江道归广西宣慰司，置都元帅府，同时也进行礼法治理。广西两江道宣慰副使、金都元帅府事乌古孙泽针对两江地方荒远瘴疠，其地与百夷相接、其人不知礼法的情况，作《司规》三十二章。所谓《司规》，仅限于该地方，并非国家制定的法律，然由于得到行省的肯定，《司规》才得以生效。

> （至元二十九年秋七月）并左右两江道归广西宣慰司，置都元帅府……两江荒远瘴疠，与百夷接，不知礼法，泽作《司规》三十有二章，以渐为教，其民至今遵守之。又省庭置二十二所以纾民力。岁饥，上言蠲其田租，发象州、贺州官粟三千五百石以赈饥者，既发，乃上其事。时行省平章哈喇哈孙察其心诚爱民，不以专擅罪之。④

不过，从元世祖到元英宗几乎整个元代，湖广、西南边境并不十分安宁，辰、昭、贺、藤、邕、澧、全、衡、柳、吉、赣、南安等处蛮寇窃发，诸蛮复寇内地的情况时有发生。"（至元二十一年二月）壬辰，邕州、宾州民黄大成等叛，梧州、韶州、衡州民相挺而起，湖南宣慰使萨里曼将兵讨之"。⑤

---

① （清）毕沅：《续资治通鉴》卷一九一《元纪九》，世祖至元三十年，第5208页。
② （清）毕沅：《续资治通鉴》卷二〇七《元纪二十七》，顺帝至元二年，第5646页。
③ （清）毕沅：《续资治通鉴》卷二〇七《元纪二十四》，文宗至顺三年，第5618页。
④ 《元史》卷一六三《乌古孙泽传》，第2559页。
⑤ （清）毕沅：《续资治通鉴》卷一八六《元纪四》，世祖至元二十一年，第5085页。

按照元朝法律,民间不得私藏兵器,边疆地方官员也不断收缴民间兵器。

> 是岁(至元三十年),(原枢密院判官邓制宜)除湖广枢密副使。湖南地阔远,群寇依险出没,昭、贺二州及庐陵境民常被害。制宜帅偏师徇二州,道经庐陵、永新,获首贼及其党,皆杀之。茶乡谭计龙者,匿兵器为奸,既捕获,其家纳赂以缓狱事,制宜悉以劳军,斩计龙于市。自是湖以南无复盗贼。①

元初,统治者的征服欲望十分强烈,尽管安南臣服已久,且岁贡不断,但是朝廷仍欲发兵击之。但由于湖广边地叛乱不断,民生多艰,因此在很大程度上影响了元朝对安南、日本的军事征讨计划。

> 是月,湖南宣慰司上言:"连岁征日本及用兵占城,百姓罢于转输,赋役烦重。士卒触瘴疠,多死伤者。群生愁叹,四民废业,贫者弃子以偷生,富者鬻产而应役,倒悬之苦,日甚一日。今复有事交趾,动百万之众,虚千金之费,非所以恤士民也。"②

> 先是吏部尚书刘宣亦上言:"安南臣事已久,岁贡未尝愆期,往者用兵无功,疮痍未复,今又下令再征,闻者莫不恐惧。……广西、湖南,调度频数,民多离散,户令供役,亦不能办。况湖广密迩溪洞,寇盗尝多。万一奸人伺隙,大兵一出,乘虚生变,虽有留后人马,疲弱衰老,卒难应变。请与彼中兵官深知事体者,商量万全方略,不然将复蹈前辙矣。……帝即日下诏罢征。"③

宋朝时湖南、广西一带有洞丁屯戍制度,"辰、澧地接溪洞,宋尝选民立屯,免其徭役,使御之,在澧者曰隘丁,在辰者寨兵",④内外治理皆有法度,可以有效控制溪峒诸蛮。宋亡后,此制度被废。

元朝地方官员乌克逊泽为广西两江道宣慰司副使、佥都元帅府事时,不仅在这些地方作《司规》三十二章以司教化,而且在邕管边地也实行屯戍制度。

> 邕管徼外蛮数为寇,泽循行并徼,得陁塞处,布画远迩,募民伉健者四

---

① (清)毕沅:《续资治通鉴》卷一九一《元纪九》,世祖至元三十年,第5214页。
② (清)毕沅:《续资治通鉴》卷一八七《元纪五》,世祖至元二十三年,第5115页。
③ 同上书,第5116、5117页。
④ (清)毕沅:《续资治通鉴》卷一九二《元纪十》,成宗元贞元年,第5232页。

千六百余户,置雷留、那扶十屯,列营堡以守之,陂水垦田,筑八场以节潴泄,得稻田若干顷,岁收谷为军储,边民赖之。①

元成宗元贞元年,湖广行省平章政事刘国杰悉复宋朝旧制,"又经画茶陵、衡、郴、道、桂阳,凡广东、江西盗所出入之地,南北三千里,置戍三十有八,分屯将士以守之,由是东尽交广,西亘黔中,地周湖广,四境皆有屯戍",②其戍军悉隶两江宣慰司都元帅府,③由于制度周密而诸蛮不能复寇,盗贼遂息。

其屯田之处,已经抵近交趾界。如上思州,其地近交趾,知州黄胜许恃其险远,勾结交趾,聚集二万人反叛。元朝廷诏湖广省左丞刘国杰讨之,后以其地为屯田,"募度诸种人耕之,以为两江蔽障",④由是徼外蛮人以为"省地",不敢来犯。

尽管元朝前期采取了一些措施,世祖以后对边民的治理也颇有成效,但是西南边地族群时降时叛的状况并没有改变,仅元泰定帝时期,湖南、广西边地溪蛮、徭、僚就寇乱不止。

(元成宗大德五年十一月)戊申……徭人蓝赖率丹阳三十六洞来降,以赖等为融州怀远县簿、尉。⑤

(元泰定帝泰定二年正月)甲辰……广西山僚为寇,命所在有司捕之。⑥

(元泰定帝泰定二年七月)癸亥……海北徭酋盘吉祥寇阳春县,命江西行省督兵捕之。……徭蛮潘宝寇镡津、义宁、来宾诸县,命广西守将捕之。庆远溪洞民饥,发米二万五百石,平价粜之。⑦

(元泰定帝泰定二年十一月)丁巳……广西道宣慰使获徭酋潘宝下狱……诸王幹耳朵罕遣使以追捕广西徭寇上闻,帝曰:"朕自即位,累诏天下悯恤黎元,惟广徭屡叛,杀掠良民,故命幹耳朵罕等讨之。"⑧

(元泰定帝泰定四年十二月)甲辰,梧州徭为寇,湖广行省督兵捕

---

① (清)毕沅:《续资治通鉴》卷一九〇《元纪八》,世祖至元二十九年,第5198页。
② (清)毕沅:《续资治通鉴》卷一九二《元纪十》,成宗元贞元年,第5232页。
③ 元成宗元贞二年十一月"戊辰,以广西戍军悉隶两江宣慰司都元帅府"。《元史》卷一八《成宗本纪二》,第275页。
④ (清)毕沅:《续资治通鉴》卷一九〇《元纪八》,世祖至元二十九年,第5199页。
⑤ 《元史》卷二〇《成宗本纪二》,第296页。
⑥ 《元史》卷二九《泰定帝本纪一》,第442页。
⑦ 同上书,第445页。
⑧ 同上书,第447页。

之。……己未……静江路猺兵为寇,湖广行省督兵捕之。①

（元泰定帝致和元年春正月）辛巳,静江猺寇灵川、临桂二县,命广西招捕之。②

（元英宗至治二年五月闰月）丙寅,辰州沅陵县洞蛮为寇,遣兵捕之。③

（元英宗至治三年春正月）壬子……静江、邕、柳诸郡僚为寇,命湖广行省督兵捕之。④

（元英宗延祐七年九月）壬辰……循州溪蛮秦元吉为寇,遣守将捕之。⑤

（元英宗延祐七年九月）庚子,常澧州洞蛮贞公合诸洞为寇,命土官追捕之。⑥

尽管元朝有行省之制,实现了一统,但是在中国传统的边疆地区,与前朝一样,仍然需要不断地解决边疆与内地民人的隔阂,解决边疆各族内部之间相互仇杀引起的矛盾。这一直是中国治边史上的主要问题,而解决这一问题的基本原则,从唐宋以来就没有大的变化,仍然是基于主干与枝叶之分的以怀柔为主的政策,在此原则指导下,羁縻就成为其具体的法律治理方法。

如元成宗大德四年,谢让授宗正府郎中,擢监察御史,迁中书省右司员外郎,出为湖广行省左右司郎中。当时广西两江的岑雄、黄圣许等屡相仇杀,成为边患。谢让就主张"可怀柔,不宜力争",提出"宽其法以羁縻之",认为"舍中国有用之民,争炎荒不毛之地"非长策。⑦ 为实现羁縻而治,元泰定帝泰定元年十二月癸丑朔,以岑世兴为怀远大将军,遥授沿边溪洞军民安抚使,佩虎符,仍来安路总管;黄胜许为怀远大将军,遥授沿边溪洞军民安抚使,佩虎符。⑧

元代在尊释教的同时也尊传统儒教,第三位皇帝元武宗时诏封孔子为"大成至圣文宣王"。第四位皇帝元仁宗时,继续推行"以儒治国"的政策,进一步推动了国家儒家式的法制治理和教谕。在边疆法律治理方面,亦继承了寓教化告

① 《元史》卷三〇《泰定帝本纪二》,第462页。
② 同上。
③ 《元史》卷二八《英宗本纪二》,第421页。
④ 同上书,第425页。
⑤ 《元史》卷二七《英宗本纪一》,第411页。
⑥ 同上。
⑦ 《元史》卷一七六《谢让传》,第2748页。
⑧ 《元史》卷二九《泰定帝本纪一》,第441页。

谕于掌刑的传统做法，逐渐在边远地方推行法制教育。元朝在南方和西南边地的法律治理多继承宋代的做法，如在湖广恢复洞丁制度，在海北、海南行儒家教谕之法，在海北、海南蛮夷边远地方设置廉访司。一些廉访司官印摹"格例"，取名"社长须知"，每月聚集长幼人等进行普法宣传，"于是，人知自重，犯刑者寡"，①收到较好的效果。

所谓"格例"，即是元英宗时颁行的《大元通制》。"（元英宗至治三年二月）辛巳，格例成定，凡二千五百三十九条，内断例七百一十七、条格千一百五十一、诏赦九十四、令类五百七十七，名曰《大元通制》，颁行天下"。②苏天爵《大元通制条例纲目后序·乞续编通制》云："若不类编，颁示中外，诚恐远方之民，或不识而误犯，奸贪之吏，独习知而舞文。"

元朝行省下设有道、路、府、州、县，县以下在城市设立坊，在农村设立社。"社长"，元世祖至元七年（1270）置。其乡里有村疃组织，每50家编为一社，择年高、晓农事的当地人为社长，并派蒙古的探马赤军与民共同编社，以便监督。社长的职责在于劝课农桑，度其乡老。凡有案件，若不系违法重事，由社长拦告休和，教之督之，不劳簿责刑威。

> 诸社长本为劝农而设，近年以来多以差科干扰，大失元立社长之意。今后凡催差办集，自有里正主首。其社长使专劝课，凡农事未喻者教之，人力不勤者督之，必使农尽其功，地尽其利。③
>
> 诸论诉婚姻、家财、田宅、负债，若不系违法重事，并听社长以理谕解，免使妨废农务，烦紊。④
>
> 令社长、里正、主首、各处官司、肃政廉访司常加体察，毋致愚民冒触刑宪。⑤

在处理边疆及地方聚众违法事件时，官员往往都十分注意把握分寸。与前面提到的张庭瑞在四川只从数骑抵羌界去化解边地纠纷一样，元仁宗延祐元年欧阳玄任岳州路平江州同知不久，赤水、太清两洞聚众相互攻杀，当地官员相顾

---

① 《墙东类稿》卷一二《中大夫江东肃政廉访使孙公墓志铭》。
② 《元史》卷二八《英宗本纪二》，第425页。
③ 《条格》卷一六，参见《典章》二三《户部》卷九《立社类》"社长不管余事条"。
④ 《条格》卷一六，参见《典章》五三《刑部》卷一五《听讼类》。
⑤ 《条格》卷一六，参见《典章》二三《户部》卷九《立社类》"社长不管余事条"。

失色,无计可施。欧阳玄径抵其地,晓以祸福,喻以利害,于是僚人遂安。①

虽然对其讲明道理,析其诉讼,但是在对边地的法律适用上,元仁宗时期对边地发生的盗孳畜罪,实行的仍然是"断罪如内地法"的原则。

> (仁宗延祐七年六月)己未,定边地盗孳畜罪犯者,令给各部力役,如不悛,断罪如内地法。②

至大二年间,王都中任郴州路总管。郴州路是瑶族、仡佬族与汉族杂居区,溪洞徭僚与内地汉民往来贸易,但是内地民人惧惮其强猾,没有人敢与之贸易。王都中煦之以恩,慑之以威,人皆悦服。由于元朝亦崇儒教,因此王都中还考虑到郴州之民染于蛮俗,喜欢争斗的风气,为收礼法合治之效而大治学舍,以儒学义理晓谕当地人,还"作笾簠簋、笙磬琴瑟之属,使其民识先王礼乐之器,延宿儒教学其中,以义理开晓之",③郴州民俗为之一变。

(三) 对西藏及西北畏吾儿地区的法律治理

即使是在北宋时期,中国疆域亦不过北抵于辽金、蒙古,西限于西夏,西南止于吐蕃、大理。蒙元时期,中国疆域扩大而包含了辽金、吐蕃、大理,边疆的概念亦推到辽金、吐蕃、大理之地,并由此将西藏纳入版籍。元朝治藏的基本特点是"帅臣以下,亦必僧俗并用",其基本形势可以用《元史》中的这样一段话来概括:

> 元起朔方,固已崇尚释教,及得西域,世祖以其地广而险远,民犷而好斗,思有以因其俗而柔其人,乃郡县土番之地,设官分职,而领之于帝师。乃立宣政院,其为使位居第二者,必以僧为之,出帝师所辟举,而总其政于内外者,帅臣以下,亦必僧俗并用,而军民通摄。于是帝师之命,与诏敕并行于西土。④

所谓"僧俗并用"即是其位居第二者,必以帝师推荐的僧人为之,这一政策不仅影响了元中央政府对西藏的法律治理,也影响了西藏的法律史。

西藏农奴时代的酷刑令人瞠目,然究其源流,则多来自元代,或与元代有

---

① 《元史》卷一八二《欧阳玄传》,第 2803 页。
② 《元史》卷二七《英宗本纪一》,第 409 页。
③ 《元史》卷一八四《王都中传》,第 2826 页。
④ 《元史》卷二〇二《释老》,第 3023 页。

关。元朝立法粗陋，有些条文无明确的刑罚规定，对于相关的处罚多称"禁之"、"罪之"、"重罪之"等，这使得对犯罪者施以法外酷刑有了存在的空间。且元代恢复了许多野蛮的刑罚，如"凌迟"、"剥皮"、"醢"、"刺面"、"割鼻"、"断足"、"断手"、"断舌"等，如有法律规定："强盗皆死，盗牛马者剐，盗驴骡者黥额。"①"（顺帝至元二年八月）庚子，诏：'强盗皆死；盗牛马者剐；盗驴骡者黥额，再犯剐；盗羊豕者墨项，再犯黥，三犯剐；剐后再犯者死。盗诸物者，照其数估价。'"②

元朝法律对于西藏刑罚的影响，主要表现在对侵犯僧人的犯罪方面。元朝优待僧人以致于僧人在法律上拥有特权，因此对侵犯僧人的罪犯多施以酷刑，如在藏文史书《红史》中有元成宗赐给吐蕃僧人的《优礼僧人诏》，其中便有断手、断舌的规定："为侍奉西番僧人，忽必烈皇帝在位时，军犯营中有一名称马明者，因拉执僧人衣袖受到重罚。今后，如有俗人以手犯西僧者，断其手；以言语犯西僧者，断其舌。自颁布此诏后，对不敬奉僧人及践踏寺庙与寺院者，请派遣至各地之官员及僧众长老具名奏来，朕知后必加惩处。"③从此诏书可知，元世祖忽必烈在位时西藏才开始对侵犯僧人的罪犯施以断手、断舌之类的酷刑。又如《元史》中载元武宗至大二年六月甲戌，皇太子言此等断手、断舌之酷刑"昔所未闻"，有乖国典且于僧人无益，因此要求更改此种法令。

> 皇太子言："宣政院先奉旨，殴西番僧者截其手，詈之者断其舌，此法昔所未闻，有乖国典，且于僧无益。僧俗相犯，已有明宪，乞更其令。"又言："宣政院文案不检核，于宪章有碍，遵旧制为宜。"并从之。④

这似乎说明"殴西番僧者截其手，詈之者断其舌"这样的法律本非吐蕃之法，只是从忽必烈时才有的法令。文后的"并从之"，表明元武宗时已听从了皇太子的建议，更改了关于此种酷刑的法令。西藏政治本是僧俗并用，即使更改了关于此种酷刑的法令，恐怕也难以彻底改变，而且随着僧俗合一政治的发展，这些酷刑逐渐成为其法俗并对后来西藏刑罚产生了较深的影响。

元朝驿站之制较前发达，由兵部总管的驿站饮食费用较前增加几十倍，官

---

① 《元史》卷三九《顺帝本纪二》，第 565 页。
② （清）毕沅：《续资治通鉴》卷二〇七《元纪二十七》，顺帝至元二年，第 5646 页。
③ 《红史》，藏文本，第 149—151 页；汉译本，第 129—130 页。参见张云《元朝中央政府治藏制度研究》，黑龙江教育出版社 2013 年版，第 85 页。
④ 《元史》卷二三《武宗本纪二》，第 347 页。

吏无以供给,只能"强取于民,不胜其扰,遂请于中书,增钞给之"。① 而西藏地方本就路途遥远,其通往内地的驿站制度糜费更多,而元代西藏政治本是僧俗并用,以致僧人地位尤高,至元英宗时,甚至诏各郡建帝师八思巴殿。② 因此,从西藏到内地,除正常的军政命令传达之需外,使用驿站最多的是僧人。西僧往来藏区及内地导致驿户支应的负担加重,因此早在元世祖时就下令"禁吐蕃僧给驿太繁,扰害于民,自今非奉旨勿给"。③ 所谓"非奉旨勿给",在后来又进一步变成限制僧人擅入内地的具体法律,西蕃僧人过黄河到京师,需奉玺书及西蕃宣慰司发放的文牒。

(成宗)大德十年五月癸未,诏西蕃僧往还者不许驰驿,给以舟车。④

(仁宗至大四年二月)丁卯,命西蕃僧非奉玺书驿券及无西蕃宣慰司文牒者,勿辄至京师,仍戒黄河津吏验问禁止。⑤

(英宗延祐七年)五月己卯,禁僧驰驿,仍收元给玺书。⑥

元代在西藏没有针对西藏地方的司法机构,设置于中央的宣政院主要是管理僧政的机构,同时也兼治西藏地方政务,是一个军民通摄的机构。"遇吐蕃有事,则为分院往镇,亦别有印"。⑦

元朝僧政是一件重要的工作,元世祖至元二十八年时宣政院就上奏说全国有寺宇 42 318 区,僧尼 213 148 人。⑧ 元代在内地各处均设有与路(府)、州、县相对应的专门管理僧政的司法机构,从上至下,依其层级有总统所、僧录司、都纲司。总统所是元代地方上最高层级的僧政管理机构,称"诸路释教都总统所",又称"总摄所",其下有僧录司、僧正司、都纲司。僧录司既可设于路,也可设于府,州设僧正司,都纲司则设于县。总统所的职责是掌释教,除僧租赋,禁扰寺宇,⑨兼理涉及僧人的案件。⑩ 元武宗时一度罢除上述机构,至大四年罢总

①　(清)毕沅:《续资治通鉴》卷一八八《元纪六》,世祖至元二十四年,第5130页。
②　《元史》卷一七二《程钜夫等传》,第2686页。
③　《元史》卷一二《世祖本纪九》,第163页。
④　《元史》卷二一《成宗本纪四》,第318页。
⑤　《元史》卷二四《仁宗本纪一》,第365页。
⑥　《元史》卷二七《英宗本纪一》,第408页。
⑦　《元史》卷八七《百官志三》,第1457页。
⑧　(清)毕沅:《续资治通鉴》卷一九○《元纪八》,世祖至元二十八年,第5187页。
⑨　《元史》卷九《世祖本纪六》,第128页。
⑩　《元史》卷二七《英宗本纪一》,第409页。

统所、僧录司、僧正司、都纲司，规定"凡僧人诉讼，悉归有司"。① 这说明总统所、僧录、僧正、都纲司皆是受理涉及僧人案件的地方机构。不过，在西藏地方似乎没有设立这样的地方僧政司法机构。由于西藏在元朝时已经被纳入了中央政权的行政区划，根据"悉归有司"的原则，元朝在西藏地方的司法管辖理论上应当属于非僧政司法机构，但是实际上由于只是一度罢除上述机构，又因为元朝在西藏并没有设立总统所及各处僧录、僧正、都纲司这些僧政司法机构，因此西藏具体案件的管辖遵循的仍然可能是按元初定下的"帅臣以下，亦必僧俗并用"的原则。

由于元朝优崇喇嘛教，在英宗时甚至到了以佛事御边患的程度，如英宗至治三年十二月"丙子，命岭北守边诸王修佛事以却寇兵"。② 如此崇教，进而导致"僧格专政"，以致于出现"法令苛急，天下骚然"的严重情况。③

世祖时期西蕃僧人就以佛事为名行枉法之事，成宗即位后更是如此。

> 西僧为佛事，请释罪人祈福，谓之"秃鲁麻"，豪民犯法者，皆贿赂之以求免。有杀主、杀夫者，西僧请被以帝后御服，乘黄犊出宫释之，云可得福。博果密曰："人伦者，王政之本，风化之基，岂可容其乱法如是！"帝责丞相曰："朕戒汝毋使博果密知，今闻其言，朕甚愧之。"使人谓博果密曰："卿且休矣，朕今从卿言。"然自是以为故事。④

西蕃僧人以佛事为名而累释重囚的现象，至仁宗时已经使得法制大乱，后仁宗采纳御史台谏言，这一现象才被禁止。

> （仁宗皇庆二年夏四月）乙酉，御史台言："富人夤缘特旨，滥受官爵。徽政、宣徽用人，率多罪废之流。内侍托为贫乏，互奏恩赏。而西僧以作佛事之故，累释重囚。外任之官，身犯刑宪，辄营求内旨以免罪。诸王、驸马、寺观土田每岁征租，扰民尤甚。请悉革其弊。"制可。⑤

至武宗至大元年时，西蕃僧人无视国法的现象更为严重。西蕃僧人甚至在

---

① 《元史》卷二四《仁宗本纪一》，第 365 页。
② （清）毕沅：《续资治通鉴》卷二〇一《元纪十九》，英宗至治三年，第 5489 页。
③ （清）毕沅：《续资治通鉴》卷一八九《元纪七》，世祖至元二十六年，第 5160 页。
④ （清）毕沅：《继资治通鉴》卷一九一《元纪九》，世祖至元三十一年，第 5222 页。
⑤ （清）毕沅：《续资治通鉴》卷一九八《元纪十六》，仁宗皇庆二年，第 5394 页。

上都也敢殴打判案官员,甚至王妃。

　　　　西蕃僧在上都者,强市民薪,民诉于留守李璧。璧方询其由,僧率其党
　　持白梃突入公府,隔案引璧发,捽诸地,箠扑交下,拽归,闭诸空室,久乃得
　　脱,奔诉于朝;僧竟遇赦免。未几,其徒龚柯等与诸王妃争道,拉妃堕车,殴
　　之,语侵上,事闻,亦释不问。时宣政院方奉诏言殴西僧者断其手,詈者截
　　其舌。皇太子丞上言:"此法昔所未有。"乃寝其令。①

　　元朝西藏萨迦派八思巴为国师而优崇其教,实际上算是一治边国策,优崇
其教虽然对于稳定西藏有积极作用,但是却纵容西僧在内地枉法太过,反而有
损国家法制大局,正如中书平章政事博果密所说,这是动摇了王政之本、风化
之基。

　　元朝的边疆地方司法实行差别管辖,强调的仍然是归于"有司专决"。如在
西北的畏吾儿地区,法律规定畏吾儿人、合迷里人自相诉讼,归朝廷在当地所设
的都护府管辖,而与内地民人交讼者,听有司专决。② 这里的都护继承了唐朝的
称谓,当时高昌畏兀儿君主的称号为"亦都护",或译"亦都兀惕",其辖区是以今
新疆为主体,包括中亚的一部分在内的畏兀儿地区。元朝在这里以畏兀儿首领
为"亦都护",同时又设有宣慰司,长官为宣慰使,并在此驻军屯田,建立驿站,收
赋税。都护府职官是由当地族人担任,属于羁縻官,并多受安抚。如元成宗即
位的第一个月,即至元三十一年(1294)四月,曾经对边疆地方这类官员实行过
封赏,其中蛮子带银76 500两,阔里吉思15 450两,高丽王王昛30 000两。同
年五月,又赐畏兀儿亦都护金550两、银7 500两,合迷里的斤金50两、银
450两。

　　这里说的"有司",应当是元朝在这一地区的行政设置机构,属于宣慰司及
州县之类的机关。不同族群之间发生的案件分别由"都护府"和"有司"来处理,
这说明元朝在这一地区的司法管辖因族群文化不同而有差别,采取属人司法管
辖原则,具体是:当地族群之间发生的诉讼案件,由当地人组成的都护府来处
理;而当地族群与内地民人之间发生的诉讼案件,则由中央设置在当地的行政
官员管辖。

---

① （清）毕沅:《续资治通鉴》卷一九六《元纪十四》,武宗至大元年,第5335页。
② 《元史》卷二一《成宗本纪四》,第311页。

元朝在西北畏兀儿地区，不仅司法上采取属人原则，量刑上亦较为宽松。如元朝名臣速哥出任山西大达鲁花赤，①处理"回回六人讼事不实"一案，本当处之以死刑，然速哥因为此六人名著西域，以"怀远人"为由，"皆释之"。由此可见，其在西域的法制并不十分严格。

> （速哥）受命方出，有回回六人讼事不实，将抵罪，遇诸途，急止监者曰："姑缓其刑，当入奏。"复见帝曰："此六人者，名著西域，徒以小罪尽诛之，恐非所以怀远人也。愿以赐臣，臣得困辱之，使自悔悟迁善，为他日用，杀之无益也。"帝意解，召六人谓之曰："生汝者速哥也，其竭力事之。"至云中，皆释之。后有至大官者。②

此外，至元二十八年六月开始，元朝还禁止蒙古人到回回地方经商，③其具体原因，实无所考。

（四）对海南黎族人的法律治理

元朝在海南的治理始于元世祖至元十五年阿里海牙、呼图特穆尔等人的南征。

> 先是阿尔哈雅（阿里海牙）、呼图特穆尔等下荆南、江西、广西、海南之地，凡得州五十八，峒夷山僚不可胜计，所俘三万二千余人，悉役为奴，自置吏治之，责其租赋。④

> 元至元十五年，平章政事阿里海牙南征海外四州，雷州归附，初置安抚司。⑤

至元十七年，即以雷州为海北、海南道宣慰司治所，改安抚司为总管府，隶宣慰司。⑥ 三十年十一月，置海北、海南道肃政廉访司，治也在雷州。⑦

针对海南黎族人的具体法律规定，多见于至元二十九年。时海南之地并未

---

① 所谓"山西"，根据顾炎武《日知录》卷三一有"古之所谓山西即今之关中"，"元之京师在蓟门，而其西则山，故谓之山西"，见《日知录》下，上海古籍出版社 2006 年版，第 1722 页。
② 《元史》卷一二四《速哥传》，第 2017 页。
③ （清）毕沅：《续资治通鉴》卷一九〇《元纪八》，世祖至元二十八年，第 5180 页。
④ （清）毕沅：《续资治通鉴》卷一八五《元纪三》，元世祖至元十七年，第 5040 页。
⑤ 《元史》卷六三《地理志六》，第 1025 页。
⑥ 同上。
⑦ 《元史》卷一七《世祖本纪十四》，第 253 页。

全部归附,遂有许多新附族群。至元二十九年六月发布敕令,置会同、定安二县,隶属琼州,负责管理海南新附的四州五百一十九个洞寨种落,并免其田租二年。[①] 同年九月,立海北海南博易提举司,税依市舶司例。[②] 对于海南镇守官员的赏罚,"慢功当罚者,已有定例;获功当赏者,乞或加散官,或授金、银符"。[③]

　　终元之世,其享国时短,虽有世祖、仁宗之治,驿道之通;有条格、通制为国家法律,但是其法律系统性至弱,对待边疆各族群亦"各依本俗",并无针对性的专门法律,总体说来,其于国家、边疆治理几无方略。元朝政府虽优崇佛教,然纵容西僧乱法,并无纲纪;虽礼尊孔子之庙,又不愿改其旧俗,归依王化;虽有兼顾诸族法俗之意,却不能于其上实现族群平等。由于这些原因,其治边之法难见有一致的理论,这不能不说是其享国时短的原因。

---

① 《元史》卷一七《世祖本纪十四》,第 245 页。
② 同上。
③ 《元史》卷二〇《成宗本纪三》,第 295 页。

第十三章

明朝对边疆的法律治理

一、对南方土官的法律规制

(一) 关于土官承袭的法律规定

虽然明太祖朱元璋亦行分封,但受封者却是不临民、不受土、不治事,"分藩而不赐土,列爵而不临民,食禄而不治事"。① 因此,在地方政治制度方面明朝基本继承了元朝的行省制度。但是,由于元代行省长官一统军民政治,导致其权力过大,为克服此弊端,明朝开国以后,即采取了两个方面的措施:一是将一些边疆地方改行省为承宣布政使司(但习惯上仍称为行省),如洪武九年(1376)改广西行省为广西承宣布政使司;二是分行省长官之权,改由布政使司、提刑按察使司、都指挥使司这"三司"来分管民政、司法、军事。"三司"彼此独立,互不统辖,以此权归中央,这显然是加强了中央对边疆的直接控制。

明朝还继承了之前王朝的边疆屯戍制,形成了要塞式的军民屯所制,即所谓"屯堡"。在卫之下设千户所,千户所之下设百户所,百户所为 112 人,千户所 1 120 人,一卫统率 5 个千户所,共 5 600 人。② 黄佑在《广西通志》中言明初时的屯所,"民无定居,稼穑尽废,粮饷匮乏。命诸将分军于龙江等处屯田,自是立法渐密,遍于天下"。③

此外,更为重要的是明朝继承并规范了唐、宋、元以来的土官制度,这使得

---

① 《明史》卷一二〇《诸王列传》,中华书局 2000 年简体字版,第 2422 页。
② 《明史》卷九〇《兵志》,第 1465 页。
③ 黄佑:《广西通志》卷二九《兵防》。

明朝成为土官制度成熟的时期。"及楚庄跻王滇,而秦开五尺道,置吏,沿及汉武,置都尉县属,仍令自保,此即土官、土吏之所始欤。……迨有明踵元故事,大为恢拓,分别司郡州县,额以赋役,听我驱调,而法始备矣"。①

在边疆省份实行布政使司、府、县三级行政建制,一些边疆省份的州县土官辖区甚至占了该省一半以上的州县地域,如西南蛮夷地区土司皆以元代原官授之,武职为宣慰使司、宣抚使司、招讨使、长官司长官,文职为土知府、土知州、土知县,担任文武官职的土著首领就是所谓的"土司"。

西南土司制度的起源可以从汉代说起,汉朝在边疆地方虽置郡县,以示开化之意,但是仍令其自保。三国时诸葛亮南征,用其渠率,是土官、土吏之始。唐羁縻八余州,仍然以其土酋封官而治,对其统治并不加干涉。元代对西南土著首领封官管理比较细致,但仍听其自治。在陕西、四川、云南、湖广,元代所设土官大致如下:

> 计有陕西行中书省所属:宣抚司二,安抚司一,招讨司五。四川行中书省所属:宣抚司四,安抚司三,总管府一,长官司三十一。云南行中书省所属:宣抚司四,军民总管府十二,宣抚司三,路九,军民府十六,上知府知州九,及其他蛮夷长官。湖广行中书省所属:宣慰司二,宣抚司一,安抚司十四,土府五,土州五十六,土县一,及长官司。②

明代土官条例初备,土司成为西南各省一种固定的官职。土司分文武两种,武官曰"土司",文官曰"土官"。"土司"隶兵部武选司,由所属各省都指挥使领之;"土官"隶属吏部验封司,由所属各省布政司领之。关于土司品职官衔,民国时黄奋生于其《边疆政教之研究》一书中有所归纳。③

武职土司品阶、官衔归之如下:

宣慰使司:宣慰使(从三品)—同知(正四品)—副使(从四品)—佥事(正五品)—经历(从七品)—都事(正八品)

宣抚使司:宣抚使(正四品)—同知(从五品)—副使(正五品)—佥事(从五品)—经历(从八品)—知事(正九品)—照磨(从九品)

---

①　《明史》卷三一〇《土司传序》,第5345页。
②　(民国)黄奋生:《边疆政教之研究》(国立武汉大学图书馆藏),商务印书馆1951年版,第96页。
③　同上书,第97、98页。

安抚使司：安抚使（从四品）—同知（正五品）—副使（从五品）—佥事（正六品）—吏目（从九品）

招讨司：招讨使（从四品）—副讨（正五品）—吏目（从九品）

长官司：长官（正六品）—副长官（从七品），各一人，又有蛮夷官、苗民官、千夫长、副千夫长。

文职土官品级、官衔大致如下：

土府：土知府（从四品）—同知（正五品）—通判（正六品）—推官（正七品）—经历（正八品）—知事（正九品）

土州：土知州（从五品）—州同（从六品）—州判（从七品）—吏目（从九品）

土县：土知县（正七品）—县丞（正八品）—主簿（正九品）—巡检（从九品）—典史（未入流）—驿丞（未入流）

虽然一般我们都习惯以"土司"相称，但是明代的"土司"和"土官"是分设的，武官"土司"多设于夷多汉少地区，文官"土官"则多设置在汉多夷少地区，其设置原则是"夷汉参用"、"流土共治"。如武职中的经历、都事、知事、吏目，及文职中的佐贰皆规定为流官，以后又"流土共治"，即州县正贰，多一官两缺，即流土同时各设一官，共管一州一县。

出于加强中央对边疆控制的需要，经过"夷汉参用"以及"流土共治"后，又在一些地方取消土官，改设流官，实行"改土归流"。明朝的"改土归流"成效不大，许多改了以后又恢复了。"除播州外，其他重要者较少，而其成绩亦不佳。朝廷对于土司甚少干涉其事，平时发生关系者为'承袭'与'朝贡'二事"。①

在不能改流的情况下，边疆地区土官的承袭直接影响到边疆的稳定。为此，从洪武时期开始，明朝一方面对原来的土州、县、峒进行省并改革，另一方面还建立了一套针对土官承袭的法律制度。具体归纳如下：

（1）改变过去土州、县、峒、司设置过滥的弊端，将部分土州、县、峒进行省并。如洪武年间将永州长官司、銮州长官司、福州长官司、延州长官司等并入南丹州，又将西兰州、安习州（一作安息州）、忠州、文州等并入东兰州。②

（2）在土属地区普遍设置流官，用流官担任土司下属的经历、都事、知事、吏

---

① （民国）黄奋生：《边疆政教之研究》，第98页。

② 《续通典》卷一四五《州郡》。

目、典史,担任这些职务的流官们对各土官名为辅佐,实为监督。

(3) 对土官的承袭作了种种详细、周密的规定:

首先,土官的承袭顺序和资格。

a. 土官无子,许弟袭。洪武二十七年(1394)规定土官无子,许弟袭。

b. 土官无子、弟,许妻、婿、舍人(土司家族)、外亲承袭。洪武二十八年(1395)规定土官无子、弟,"而其妻或婿为夷民信服者,许令一人承袭"。

此外,明朝也并不是一律不允许土官的女儿承袭其职,如宣德五年就命云南楚雄已故土知府高政的女儿承袭其职:"(明宣宗)宣德五年(1430)命故土知府高政女袭同知。政初为同知,永乐中来朝,时仁宗监国,嘉其诚,升知府,子孙仍同知。政卒,无子,妻袭。又卒,其女乞袭知府。帝曰:'皇考有成命。令袭同知。'"①

关于土官承袭顺序的规定意义重大,因为明代西南边地族群内乱多因土官争袭而起,正如正统二年曲靖军民府知府晏毅所说的那样,其承袭皆无豫定次序,是导致其内部相互之间临袭争夺、仇杀连年的原因。(明英宗朱祁镇)正统二年(1437),曲靖军民府知府晏毅言事:"土官承袭,或子孙,或兄弟,或妻继夫,或妾继嫡,皆无豫定次序,致临袭争夺,仇杀连年。乞敕该部移文所司,豫为定序造册,土官有故,如序袭职。……从之。"②

c. 土官应袭者,要预先勘定。正统二年(1437)规定要"造册在官,依次承袭"。

d. 土官应袭者年龄的规定。弘治二年(1489)规定年龄在 5 岁以上者,要先勘定立案,年龄至 15 岁以上方准承袭;年龄未到 15 岁者,"暂令协同流官管事"。

其次,土官的承袭程序与世袭的取消。

a. 土官应先将应袭之人呈报,并于请袭之际取得土司印结、本人宗支及邻舍保结。

b. 再由朝廷对之进行"体勘",土官需亲赴京师受职。洪武二十六年(1393)规定,土官承袭必须由验封司派遣官员进行"体勘",查明无人争袭,又要取具宗支图本以及官吏人等具结"呈部具奏"。洪武三十年(1397)重新规定,凡是"掌

---

①　《明史》卷三一三《云南土司传一》,第 5407 页。
②　同上书,第 5415 页。

土兵者"改由兵部武选司办理。① 又规定，凡是受职土官，其地虽在万里之外，都需亲赴京师受职。"袭替必奉朝命，虽在万里外，皆赴阙受职。……于是文武相维，比于中土矣"。②

c. 然后由朝廷赐予信符诰文，以昭大信。

d. 土官先学习礼仪三个月，再上任。弘治五年(1492)规定，土官袭职后，先要学习礼仪三个月，然后方准"回任管事"。

e. 凡袭职土官，需功劳屡著，经过历练，方得实授本职。嘉靖七年(1528)规定："男孙名色就彼袭替，权管地方，俟著有功劳，然后授以冠带；候功劳再著，然后授署职；俟功劳屡著，然后实授本职。"③

嘉靖二十八年(1549)规定："应袭土舍，曾经调遣效有功劳，暂免赴京，就彼冠带署职，管束夷民，待后功劳显著，方许实授。"④万历二十年(1592)规定："土舍初袭，照旧小帽管事；三年后，若守法奉公、兵粮完足者，给冠带；至六年、九年劳绩愈彰，渐次议加署职、实授。如有恣肆不检，仇邻构兵及钱粮、兵马负欠逾期，追夺示罚。"⑤

f. 若不守法度，亦可取消世袭。明朝廷在批准土官承袭的文书上往往加上"只不做世袭，若不守法度时，换了"、"准他做，只不世袭"等附加语。⑥

明朝在这些地方的司法治理，主要是体现在解决土官争袭或夺地而引起的土官犯罪方面。在土司制度下，虽然授予土舍冠带职务，但是其土地宽阔、复杂，彼此界限不清，导致邻近土司之间因侵地而引起仇杀；由于土司之间彼此姻亲关系复杂容易因争袭土官职务引起混乱，导致杀戮犯罪；因为西南许多土司地方处省际之间，常所发一案，牵扯三省，导致司法效率低下而不利于稳定。

(二) 对土官争袭案件的司法处理

土司之法，在实际执行过程中亦出现枉法的情况。如弘治元年，王诏以右

---

① 《明会典》卷一二一《土夷袭替》，《粤西丛载》卷二四《土官承袭例》。转引自钟文典主编《广西通史》第一卷，广西人民出版社 1999 年版，第 322、323 页。

② 《明史》卷三一〇《土司传》，第 5346 页。

③ 《明会典》卷一二一《土夷袭替》。

④ 同上。

⑤ 同上。

⑥ 《土官底簿》卷下《上思州知州》、《太平州知州》、《左州同知》、《那地州知州》。

副都御史巡抚云南时，就有为争袭土官行贿而变乱曲直的现象，王诏一断以法，去其弊政而使诸夷归命。"土官好争袭，所司入其贿，变乱曲直，生边患。诏（王诏）不通苞苴，一断以法，且去弊政之不便者。诸夷归命，边徼宁戢"。①

明朝也并非只要是蛮夷地方就都任设土官，而是根据实际情况而定，但一般都从其所请。如宣德八年南安州土巡检李保以俱罗舞、和泥、乌蛮杂类地方尚无土官管束为由，乞授本州土官，当时吏部认为"南安旧无土官，难从其请"，而皇帝认为"治在顺民情"，从其请。

> 八年，升南安州琅井土巡检李保为州判官；以乡老言："本州俱罗舞、和泥、乌蛮杂类，禀性顽犷，以无土官管束，多致流移，差役赋税，俱难理办。众尝推保署州事，抚绥得宜，民皆向服，流移复归，乞授本州土官。"吏部言："南安旧无土官，难从其请。"帝以为治在顺民情，从之。②

明朝地方官员对于土官之间相互仇杀以及争袭出现的犯罪现象予以处罚，但又根据不同情况在法律上有所变通。如嘉靖初期，梁材补云南，时云南土官相互之间的仇杀已有多年，其罪当诛。梁材到任后召集土官，令其以牛羊赎罪。以牛羊赎死罪，大抵是依其"赔命价"习惯。

> （梁材）嘉靖初，起补云南。土官相仇杀累年，材召其酋曰："汝罪当死。贳汝，以牛羊赎。"御史讶其轻，材曰："如是足矣，急之变生。"③

又如嘉靖六年，缅甸、木邦、陇川、孟密、孟养的土官之间相互仇杀，各自上奏朝廷，右金都御史欧阳重等治边官员并没有采取更多的处罚措施，而是"遍历诸蛮，譬以祸福，皆还侵地，供贡如故"。

> 缅甸、木邦、陇川、孟密、孟养诸酋相仇杀，各讦奏于朝，下重（欧阳重）等勘覆。遣参政王汝舟、知府严时泰等遍历诸蛮，譬以祸福，皆还侵地，供贡如故。重列善后数事，悉报可，赐玺书褒谕。重乃恤创残，振贫乏，轻徭赋，规画盐铁商税、屯田诸务。民咸便之。④

明代在西南治理土官，其难点在于云贵川交界的乌蒙（云南昭通）、乌撒（贵

① 《明史》卷一八五《王诏传》，第 3264 页。
② 《明史》卷三一三《云南土司传一》，第 5407 页。
③ 《明史》卷一九四《梁材传》，第 3431 页。
④ 《明史》卷二〇三《欧阳重传》，第 3577 页。

州威宁）、东川（唐代之东川郡，主要是云南和四川交界的部分地区）、芒部（云南镇雄）地区。这些地方的地理状况是："并在蜀之东南，与滇、黔壤土相接，皆据险阻深，与中土声教相隔。"①这些地方皆唐之乌蒙裔，宋有乌蒙王，元置乌蒙路，以东川、芒部隶乌蒙、乌撒宣慰司，明初以傅友德、沐英两军捣之，洪武十四年敕谕其黔人入贡，十五年置东川、乌撒、乌蒙、芒部诸卫指挥使司，十六年乌撒、乌蒙、芒部三府隶四川布政使司，十七年东川府亦隶四川布政使司，皆来朝，各授官职，同年改为军民府。

　　这些地方的土官治理存在的问题是：由于开化较晚，难设流官治理；民饥窘，无以征岁输之粮；土官之制本具有自治性，难统以国家法律治之；地处云、贵、川交界地方，遇土官争袭案件时，常一案牵涉数部，司法上有赖于"三省会勘"。因此，此类地方宜以安静抚绥为主，国家法律的重点在于解决土官争袭及相互之间争地仇杀的问题，而其长治久安仍只能寄希望于文治教化。

　　首先，就明朝廷的愿望来讲，自然希望在一些土官争袭或易生叛乱的地方设流官。以云南为例，如武定于洪武十四年即已归附，但土知府凤氏内部不稳，土舍之间相攻。万历三十五年，由于长时间的混乱，朝廷抚辑不成，最后在平定武定之后，"遂悉置流官"。② 又如寻甸，洪武十六年即设土官，成化十四年"土知府安晟死，兄弟争袭，遂改置流官"。③ 不过，有的地方亦有因实际困难而土官改设流官后又复设土官的情况，如嘉靖五年芒部因陇氏争袭叛乱而设流官知府一事。

> 　　（嘉靖）五年，兵部奏："芒部陇氏，釁起萧墙，骚动两省，王师大举，始克荡平，今其本属亲支已尽，无人承袭，请改为镇雄府，设流官知府统之。……"……（六年，）兵科给事中郑自壁等言："镇雄初设流官，蛮情未服，而有司失先事之防，不亟收遗裔陇胜，而令沙保得拥孺子，致煽祸一方。……"④

　　在设镇雄流官知府后，嘉靖七年，沙保得拥孺子复反，川、贵军会剿，设镇雄流官如旧。而芒部、乌撒、毋响苗蛮陇革等复起，攻劫毕节屯堡，杀掠士民，纷纷

---

① 《明史》卷三一一《四川土司传一》，第5359—5360页。
② 《明史》卷三一四《云南土司传二》，第5423页。
③ 同上。
④ 《明史》卷三一一《四川土司传一》，第5363页。

见告。对此,御史杨彝、四川巡抚唐凤仪以及川贵巡按戴金、陈讲等皆主张革去镇雄流官知府而复设土官进行治理。

> 而御史杨彝复言芒部改土易流非长策……于是四川巡抚唐凤仪言:"乌蒙、乌撒、东川诸土官,故与芒部为唇齿。自芒部改流,诸部内怀不安,以是反者数起。"……川、贵巡按戴金、陈讲等奏如凤仪言。金又以首恶如毋响、祖保等,宜剿诛以折其骄气,始下抚处之令,许生献沙保等,待阿济以不死,然后复陇胜故职,或降为知州……乃革镇雄流官知府,而以陇胜为通判,署镇雄府事。①

不过,在个别接受教化时间较长且又因土官仇杀争袭而导致无族人可以承袭的地方,自然要改为流官治理。如鹤庆"沾被圣化三十余年,声教所届,言较渐通",②因正统二年、正统八年鹤庆府土官内部复杂的仇杀案件而导致官位无人承袭,朝廷因此改此地为流官治理。

> 正统二年,副使徐训奏鹤庆土知府高伦与弟纯屡逞凶恶,屠戮士庶,与母杨氏并叔宣互相贼害。敕黔国公沐昂谕使输款,如恃强不服,即调军擒捕。五年复敕昂等曰:"比闻土知府高伦妻刘氏同伦弟高昌等,纠集罗罗、麽些人众,肆行凶暴。事发,不从逮讯。敕至,即委官至彼勘实,量调官军擒捕首恶,并逮千户王蕙及高宣等至京质问。"③
>
> (正统)八年,鹤庆民杨仕洁妻阿夜珠告伦(高伦)谋杀其子,复命法司移文勘验。已而大理卫千户奏报,伦擅率军马欲谋害亲母,又称其母告伦不孝及私敛民财、多造兵器、杀戮军民、支解枭令等罪。遂敕黔国公沐晟等勘覆。及奏至,言伦所犯皆实,罪应死。伦复屡诉,因与叔宣(高宣)争袭,又与千户王蕙争娶妾,以致挟仇诬陷;所勘杀死,皆病死及强盗拒捕之人。伦母杨亦诉伦无不孝,实由宣等陷害。复敕晟及御史严恭确访。既而奏当伦等皆伏诛。高氏族人无可继者,帝命于流官中择人,以绥远蛮。乃擢泸州知府林道节为知府。鹤庆之改流官自此始。④

---

① 《明史》卷三一一《四川土司传一》,第5364页。
② 《明史》卷三一四《云南土司传二》,第5420页。
③ 同上。
④ 同上书,第5420—5421页。

其次，明朝在这一地区采取免其岁输之粮的宽贷政策。洪武十八年从乌蒙知府亦德之言免其输粮，其理由是："蛮地刀耕火种，比年霜旱疾疫，民饥窘，岁输之粮无从征纳，诏悉免之。"①洪武二十八年再次申明此诏，免征其岁输："乌撒、乌蒙、芒部、东川岁赋毡衫不如数，诏已免征。今有司仍追之，宜申明。"②

（三）关于土司之间夺地案件的司法处理

由于蛮界宽阔、复杂，彼此界限本来就交错不清，且其人好争夺，常因侵地引起仇杀，对此，根据情况有的调解退还，有的退还后仍治罪。

早在明成祖永乐时期，永乐皇帝就认为"蛮众攻夺常事"，几成风俗。如永乐二年，云南麓川平缅宣慰使思行发诉孟养、木邦数侵其地一案，为不失远人之心，没有进行追究，而是根据情况采取抚谕或调解方法来解决。

> （永乐二年）时麓川平缅宣慰使思行发所遣头目刀门赖诉孟养、木邦数侵其地。礼部请以孟养、木邦朝贡使付法司，正其罪。帝谓蛮众攻夺常事，执一二人罪之，不足以革其俗，且曲直未明，遽罪其使，失远人心。命西平侯谕之，遣员外郎左缉使八百国，并使赐麓川平缅宣慰冠带、袭衣。③

永乐六年，黔国公沐晟上奏，请朝廷命思行发晓谕刀薛孟归侵地："思行发贡马、方物谢，赐金牌、信符。黔国公沐晟言：'麓川、平缅所隶孟外、陶孟，土官刀发孟之地，为头目刀薛孟侵据，请命思行发谕刀薛孟归侵地。'从之。"④

明宣宗宣德元年，麓川、木邦之间为争界，各诉于朝廷，朝廷派使臣调解，"俾安分毋侵越"。⑤"（宣德八年）赐思任发币物，谕其勿与木邦争地抗杀"。⑥

明宣宗宣德三年，思行发之弟思任发代行麓川宣慰使后，又夺南甸、腾冲之地，朝廷降敕诚谕使还侵地。南甸土舍请置邦哈、九浪、莽孟洞三处巡检司，以正疆界，朝廷命下三司勘复。

> 宣德三年，南甸为麓川侵夺，有司请讨，不许。降敕诚谕麓川，俾还侵

---

① 《明史》卷三一一《四川土司传一》，第5361页。
② 同上书，第5362页。
③ 《明史》卷三一四《云南土司传二》，第5434页。
④ 同上。
⑤ 同上书，第5435页。
⑥ 同上。

地。五年,南甸州奏:"先被麓川宣慰司夺其境土,赖朝廷威力复之,若不置官司以正疆界,恐侵夺未厌,乞置四巡检司镇之。"帝命吏部除官。八年又奏:"……今蒙敕谕还,窃恐再侵,百姓逃移,乞于赖邦哈、九浪、莽孟洞三处各置巡检,以土军杨义等三人为之。"命下三司勘复,授之。①

除上述进行调解的争地案件之外,也有通过官府审理判决的。如陇川与木邦相邻,争地仇杀,构兵不息,导致族内弑兄争袭,官府按问,诏赦其罪而诫之。

> 陇川与木邦相邻,争地仇杀,构兵不息。嘉靖中,土舍多鲸(人名)刃兄自袭,下镇巡官按问,伏辜,还职兄子多参。诏贳其罪,并戒木邦罕孟毋得复党鲸争职。②

又有退还占地仍治其罪的,如明英宗天顺二年,南甸宣抚使刀落盖诉腾冲千户蔺愈占其招八地一案,云南三司官及巡按御史就治了蔺愈之罪。

> 天顺二年复置南甸驿丞一人,以土人为之。时宣抚使刀落盖奏南宁伯毛胜遣腾冲千户蔺愈占其招八地,逼民逃窜。敕云南三司官同巡按御史诣其地体勘,以所占田寨退还,治胜、愈罪。③

又有明武宗正德十六年,潞江安抚司安棒夺其从弟掩庄三十八所一案,性质恶劣,朝廷治以"戮尸弃市"的处罚。

> 武宗正德十六年,潞江安抚司安棒夺其从弟掩庄三十八所,掩诉于官,不报。棒遂集蛮兵围掩寨,纵火屠掠,掩母子妻妾及蛮民男妇死者八十余人,据有其地。官军诱执之,棒死于狱。帝命戮尸弃市,其子诏及党与皆斩。④

用封袭对西南边疆族群地方进行建官分管,本就是确立国家认同的重要一步,至于剿抚平定、敕谕安抚、礼仪教化、刑罚处置则只是维护这种认同的手段。明朝政府在对待土官争地的问题上,坚持了朝廷建官分管的权威,一般对于土官辖地之间过去存在的纠纷,采取灵活政策。如明英宗正统十一年,木邦宣慰

---

① 《明史》卷三一五《云南土司传三》,第 5450 页。
② 《明史》卷三一四《云南土司传二》,第 5439 页。
③ 《明史》卷三一五《云南土司传三》,第 5450 页。
④ 同上书,第 5449—5450 页。

罕盖发来请求归还在麓川的故地，朝廷认为既然此地已经属于陇川宣抚司辖地，就不再返还给木邦宣慰司。

> （明英宗）正统十一年，木邦宣慰罕盖发来求麓川故地。有司以已设陇川宣抚司，建官分管，以孟止地予之，报可。[①]

二、对省际边地土司的司法
管辖及"土例"的适用

明时芒部、乌蒙、乌撒、东川处云、贵、川三省边地，一些地方在当时属于四川辖区，如东川、乌蒙、镇雄旧属云南皆隶四川，贵州乌撒、播州亦属四川（在隆庆三十一年平定播州杨应龙叛乱后，分播州为遵义、平越二府，属蜀者曰遵义府，属黔者为平越府）。四川土司诸境，"多有去蜀远，去滇、黔近者"，其民"性旷悍，嗜利好杀，争相竞尚，焚烧劫掠，习以为常"。如此，四川布政司往往莫能控制，附近边民倍受其害。

> 四川土司诸境，多有去蜀远，去滇、黔近者。如乌蒙、东川近于滇，乌撒、镇雄、播州近于黔。明太祖略定边方，首平蜀夏，置四川布政司，使招谕诸蛮，次第归附。故乌蒙、乌撒、东川、芒部旧属云南者，皆隶于四川，不过岁输贡赋，示以羁縻。然夷性旷悍，嗜利好杀，争相竞尚，焚烧劫掠，习以为恒。去省窵远，莫能控制，附近边民，咸被其毒。皆由规模草创，未尝设立文武为钤辖，听其自相雄长。虽受天朝爵号，实自王其地。以故终明之世，常烦挞伐。唯建昌、松、茂等处设立卫所，播州改遵义、平越二府以后，稍安戢云。[②]

嘉靖时期，云、贵、川三省交界的地区常因内部争袭土官之职而叛乱频发，如芒部的陇寿、陇政等争袭之乱，芒部的沙保等谋陇氏之乱，芒部改流后的乌蒙、乌撒、东川诸土官之乱，东川的阿堂之乱而引起的罗雄、水西等地的系列混乱。"（明宣宗）正德十五年讨斩芒部僰蛮阿又磯等。初，芒部土舍陇寿，与庶弟

---

① 《明史》卷三一四《云南土司传二》，第 5439 页。
② 《明史》卷三一一《四川土司传一》，第 5359 页。

陇政及兄妻支禄争袭仇杀。所部粳蛮阿又磌等乘机倡乱流劫"。[1]此乱导致无人承袭的局面,于是镇雄改设流官,使陇氏分属阿济、白寿、祖保、阿万四人统之。由于在镇雄设流官,流官之治缺乏威望,以致"蛮情未服",导致芒部贼人沙保等谋复陇氏,攻陷镇雄城。"(明世宗嘉靖)六年,芒部贼沙保等谋复陇氏,拥陇寿子胜纠众攻陷镇雄城,执程洸,夺其印,杀伤数百人,洸奔毕节"。[2]

不仅如此,这些土司多处云、贵、川、广西交界,彼此姻亲关系复杂,此省与彼省土官之间结亲而成朋党,若一省土官内部有争袭官爵的情况,即借外省之兵相助争杀,已经成为自然的事情,由此造成争袭之乱不止。如嘉靖初年贵州巡抚杨一汉在其上疏中云:"照得土官衙门俱世受国恩,承袭官爵,各随土俗结为婚姻,故有贵州土官而结亲云南者,亦有广西土官而结亲贵州者。但其间辄因亲戚,遂成朋党,各借兵仇杀,以为当然,如芒部争官则借兵于乌撒,凯里相战则借兵于水西,蒙政杀子则借兵于南丹。"[3]为此,杨一汉建议会同贵州御史刘廷簠商议,认为土官恩袭由朝廷来决定,而土官的善恶考核又在地方抚按官员,因此土官借兵仇杀之初,难以防其微,杜其渐。只有朝廷通令所有土官衙门采取新的法律措施,才能"王法得行,土官知畏,而边患或息矣"。此议得到肯定。

> 议得朝廷之法不可不严,不严则人无所惩。土官善恶不可以不知,不知则人无所畏。今土官恩袭,既皆出于朝廷,而在官善恶又得考于抚按。借兵之初,不能防其微;而仇杀之后,可得以纪其罪。[4]

其具体法律措施分述如下:

(1)"乞敕通行天下土官衙门,各宜遵守法度,再不得借兵仇杀";

(2)"议行之后有再犯者,许令抚按衙门纪过在官,以注其罪";

(3)"若头目、寨长、营长私借兵与人者,问拟死罪";

(4)"土官问拟钤束不严,各抚按衙门仍造册送部,以备查考";

(5)"土官终身之日,子孙告替赴部者,若查册内有借兵仇杀者,即行停袭,以为众戒";

---

[1]　《明史》卷三一一《四川土司传一》,第5362页。

[2]　同上书,第5363页。

[3]　(明)严从简撰,余思黎点校:《殊域周咨录》卷一○《云南百夷》,中华书局1993年版,第338页。

[4]　同上。

(6)"若因借兵仇杀致成大患者,抚按官临时议奏另行"。

虽然有此禁止土官借兵仇杀的法律规定,但却仍然难以完全禁止。不仅如此,由于常常要跨省管辖,才能法定其罪,使得司法管辖复杂化,其中由于东川府的阿得革擅权引起的"阿堂之乱"更是远近骚动,波及贵州宣慰安万铨以及乌撒、沾益、罗雄土官及云南巡抚游居敬。

> 初,东川土知府禄庆死,子位幼,妻安氏摄府事。有营长阿得革颇擅权,谋夺其官。因先求烝安氏不得,乃纵火焚府治,走武定州,为土官所杀。得革子堂(阿堂)奔水西(贵州黔西大方一带),赂结乌撒土官安泰,入东川,囚安氏,夺其印。[①]

此事又牵涉贵州宣慰安万铨。安万铨本与禄氏有姻连关系,于是起兵攻阿堂,阿堂的妻子投奔沾益州土官安九鼎。安万铨威胁安九鼎,得阿堂妻子而杀之。阿堂因此怨恨安九鼎,时常攻击安九鼎并侵犯罗雄州,于是沾益的安九鼎以及罗雄的土官者浚等一起上书,讼告阿堂之罪。嘉靖三十九年朝廷命云、贵、川抚按官会勘东川阿堂之罪。结果,"堂(阿堂)听勘于车洪江,具服罪,愿献所劫府印并沾益、罗雄人口牲畜及侵地,乞贷死"。[②] 不久,阿堂又诡称自己的幼子是禄氏之后上报,仍掌东川府印,且攻击沾益州土官安九鼎。安九鼎又求讼于云南巡抚游居敬,说阿堂反叛并请求游居敬出汉军五万讨伐阿堂,游居敬从其言,于是阿堂逃往深箐,地方民夷大遭屠掠。嘉靖四十年,阿堂被营长阿易掩杀,导致原来禄氏的东川府印因此丢失。

对此,朝廷依据巡按王大任的意见进行处罚,认为阿堂有二罪当诛:一是夺印谋官,二是以自己的幼子假冒禄氏之后以图土官之职。但是由于"四川之差税办纳以时,云、贵之邻壤未见侵越",因此"此其非叛明矣"。而云南巡抚游居敬轻信沾益州土官安九鼎之言,甚至收受了安九鼎及各土官的贿赂,轻动大军讨伐阿堂,这违反了原来云、贵、川三省抚按会勘的宗旨,由此多生边患,于是罢免游居敬,停止大军征剿。由于东川禄氏已无近亲可以继承原来的土官之职,只能由其同六世祖的幼男阿采承袭。

> 巡按王大任言:"逆堂夺印谋官,法所必诛。第彼犹借朝廷之印以约土

---

① (明)严从简撰,余思黎点校:《殊域周咨录》卷一〇《云南百夷》,第 5364 页。
② 同上。

蛮,冒禄氏之宗以图世职,而四川之差税办纳以时,云、贵之邻壤未见侵越,此其非叛明矣。其与九鼎治兵相攻,彼此俱属有罪。居敬乃信一偏之诡辞,违会勘之明旨,轻动大众,恐生意外患。且外议籍籍,谓居敬入九鼎重贿,欲为雪怨,及受各土官赂,攘盗帑积,皆有实迹。请亟罢居敬,暂停征剿为便。"乃命逮居敬。①

从上可知,明朝几乎无法从根本上制止西南土官争袭引起的边患,其法制政策只能以抚辑为主,法律处罚为次,甚至万历六年乃令重辟死罪照"蛮俗"处分。"先是,乌撒与永宁、乌蒙、沾益、水西诸土官,境土相连,世戚亲厚,既而以各私所亲,彼此构祸,奏讦纷纭……当事者颇厌苦之。万历六年乃令照蛮俗罚牛例处分,务悔祸息争,以保境安民,然终不能靖也"。②

又如在云、贵冲要之地的永宁地区发生的乌撒土司安国亨与永宁宣抚奢效忠仇杀一案,虽赴京求诉于朝廷,但川贵巡抚却依照"蛮俗罚牛赎罪"来处理纠纷。

> 初,乌撒与永宁、乌蒙、水西、沾益诸土官境相连,复以世戚亲厚。既而安国亨杀安信,信兄智结永宁宣抚奢效忠报仇,彼此相攻。而安国亨部下吏目与智有亲,恐为国亨所杀,因投安路墨。墨诈称为土知府安承祖,赴京代奏。已而国亨亦令其子安民陈诉,与奢效忠俱奉命听勘于川贵巡抚。议照蛮俗罚牛赎罪,报可。③

再如在处理贵州土司安氏与宋氏之间的案件时,亦"依土俗纳粟赎罪"。时贵州土司安氏领水西,宋氏领水东,皆设治所于贵州(贵阳)城内。安氏世居水西,管苗民四十族,朝廷规定安氏非有公事不得擅还水西。"安氏世居水西,管苗民四十族,宋氏世居贵州城侧,管水东、贵竹等十长官司,皆设治所于城内,衔列左右。而安氏掌印,非有公事不得擅还水西"。④ 后经许总兵所请,才允许安氏巡历所部,办理贡赋,安氏暂还水西时,由宋然代理其职。宋然贪淫,科害苗民,激起民变,有名叫贵荣者,乘机作乱。在官军平定贵荣之乱后,朝廷欲改宋

---

① 《明史》卷三一一《四川土司传一》,第 5365 页。
② 同上。
③ 同上书,第 5394 页。
④ 《明史》卷三一六《贵州土司传》,第 5471 页。

氏之地为流官治理，并治宋然死罪，后因"巡抚奏以蛮民不愿，遂寝"。宋然奏请免死，后"依土俗纳粟赎罪"处理，但是宋氏自后衰落，只是守官听调而已。"及贼平，贵荣已死，坐追夺，然坐斩。然奏世受爵土，负国厚恩，但变起于荣，而身陷重辟，乞分释。因从末减，依土俗纳粟赎罪"。①

再如贵州巡抚叶梦熊和巡按陈效诉播州土司杨应龙二十四大罪一案。播州本处黔、蜀之间，在著名的播州杨应龙叛乱之前，隆庆十八年贵州巡抚叶梦熊疏论播州杨应龙凶恶诸事，巡按陈效也历数杨应龙二十四大罪，指出"在蜀者谓应龙无可勘之罪，在黔者谓蜀有私"。② 于是朝议命勘，而杨应龙愿赴蜀而不愿赴黔应勘。隆庆二十年，杨应龙到重庆对簿公堂且服罪，其罪坐法当斩，"（应龙）请以二万金赎。御史张鹤鸣方驳问，会倭大入朝鲜，征天下兵，应龙因奏辨，且愿将五千兵征倭自赎，诏释之"。③

在西南省际之间的边地，对于人伦、婚姻法律方面的犯罪，明朝廷的处罚反而严格一些。

如永乐八年，思州宣慰使田琛与思南宣慰使田宗鼎为争沙坑之地而致怨，田琛杀田宗鼎的弟弟，发其坟墓，并戮其母尸，犯下不道之罪。田宗鼎上诉于朝廷，朝廷命令田琛到朝廷申辩，田琛拒绝前往，后田琛被镇远侯顾成械送京师。其妻强悍，先故意招诱苗人为乱，后又请求朝廷派遣田琛前往招抚，以免田琛死罪，"帝闻而锢之"。④ 思南宣慰使田宗鼎回到思南后，又被揭发缢杀亲母旧事。田宗鼎因此被告发，此等人伦重罪，罪不可宥。此两案导致永乐十二年思州、思南宣慰司被废，思州、思南三十九长官地更为郡县，由此结束了田氏在思州、思南的世代统治，贵州也自此成为"内地"。

> 宗鼎出诽言，因发祖母阴事，谓与禧奸，实造祸本。祖母亦发宗鼎缢杀亲母渎乱人伦事。帝命刑部正其罪，谕户部尚书夏原吉曰："琛、宗鼎分治思州、思南，皆为民害。琛不道，已正其辜。宗鼎灭伦，罪不可宥。其思州、思南三十九长官地，可更郡县，设贵州布政使司总辖之。……贵州为内地，

---

① 《明史》卷三一六《贵州土司传》，第 5471 页。
② 《明史》卷三一二《四川土司传二》，第 5389 页。
③ 同上。
④ 《明史》卷三一六《贵州土司传》，第 5476 页。

自是始。两宣慰废，田氏遂亡。"①

另外，在婚姻方面，明英宗正统初年有贵州蛮夷长官司奏请颁恩命，要求土官衙门审决姻亲结婚案件时都适用当地土俗。所谓"土俗"，就是当地姻亲结婚之俗，针对此一"土俗"，朝廷颁下法令，过去的赦宥不论，从今以后这些地方都必须依朝廷礼法结婚，"违者罪之"。

> 正统初，蛮夷长官司奏土官衙门婚姻，皆从土俗，乞颁恩命。帝以土司循袭旧俗，因亲结婚者，既累经赦宥不论，继今悉依朝廷礼法，违者罪之。②

乌撒、乌蒙、芒部、东川土官争袭案件难以止息，究其原因，有以下两点：

一是因为其地理形势复杂，司法方面存在困难，所谓"三省会勘"的司法管辖方式就说明了这一点。

这些地区的一些部落同源而异辖，一些部落同辖而异源。如四川乌撒军民府和云南沾益州，虽血缘宗派一源，彼此绝继，但却是"滇、蜀异辖"，这导致争袭案件出现时，往往长期不能结案。万历元年，双方为争袭事彼此仇杀，"事行两省会勘，历十四年不结"，③后又改为"三省会勘"。

嘉靖三十九年，以土官争职在云南，而为害在黔、蜀，必得"三省会勘"方可以解决。"（嘉靖）三十九年廷议、贵大吏勘报。贵州抚臣以土官争职在云南，而为害在黔、蜀，必得三省会勘，始可定狱"。④

二是土官制度本身使得国家法律难以深入到其山地社会中，在当地仍然奉行"旧俗"（如部落以劫杀为生）生活的情况下，土官制度反而会成为引发社会上层之间政治劫杀的理由，在不能改变这一法制状况的情况下，只能依赖文治教化来改变其风俗民性。如东川府的情况就是如此。

东川部落本以劫杀为生，不事耕作，虽然归四川管辖，但是"蜀辖辽远"，法纪易疏，其地近云南，却非云南管辖，因此东川地方出现国家号令不行、目无汉法的局面。

> （嘉靖三十八年）时巡按邓渼疏称："蜀之东川逼处武定、寻甸诸郡，只

---

①　《明史》卷三一六《贵州土司传》，第5476页。
②　同上书，第5476—5477页。
③　《明史》卷三一一《四川土司传一》，第5364页。
④　同上书，第5366页。

隔一岭，出没无时，朝发夕至。其酋长禄寿、禄哲兄弟，安忍无亲，日寻干戈。其部落以劫杀为生，不事耕作。蜀辖辽远，法纪易疏。滇以非我属内，号令不行。以是骄寒成习，目无汉法。"①

每当四川东川、乌撒土官内部争袭、秩序失统时，当地工人皆成暴民，越境劫掠，荼毒云贵邻地，这从嘉靖四十三年云南巡按吴应琦和贵州巡按御史杨鹤的奏折中可见一斑。

> （嘉靖四十三年）云南巡按吴应琦言："东川土官禄寿、禄哲争袭以来，各纵部众，越境劫掠。拥众千余，剽掠两府，浃旬之间，村屯并扫，荼毒未有如此之甚者。"②

> （嘉靖四十三年）贵州巡按御史杨鹤言："乌撒土官，自安云龙物故，安咀与安效良争官夺印，仇杀者二十年。夷民无统，盗寇蜂起，堡屯焚毁，行贾梗绝者亦二十年。是争官夺印者蜀之土官，而蹂践糜烂者黔之赤子。"③

乌撒土官为了争官夺印，可以相互仇杀二十年之久。除了用武力平息之外，明朝也认识到用礼教文治来求得长治久安的重要性，为此也恢复了元朝时在这些地方设立的学校，并设管理教育的官员，有督学厅提督（省一级）、教授（府一级）、学正（州一级）、教谕（县一级）之制，并在府、州、县均设训导一职。一般是在省级的督学厅设提督 1 人，府设教授、州设学正、县设教谕各 1 人。另外，府设训导 4 人，州设训导 3 人，县设训导 2 人。明代在地方设立的学校，府学 40 人，州 30 人，县 20 人，以礼、乐、射、御、书、数设科分数。"生员之数，府学四十人，州、县以次减十。师生月禀食米，人六斗，有司给以鱼肉。学官月俸有差。生员专治一经，以礼、乐、射、御、书、数设科分数。务求实才，顽不率者黜之"。④

宣德八年在乌蒙、乌撒之地始设乌蒙儒学教授、训导各一员，并选俊秀子弟入学读书，采取此种文治教化政策的目的，是以使其知礼仪教化来改变其风俗民性，以求得长久稳定。

> 宣德七年，兵部侍郎王骥言，乌蒙、乌撒土官禄昭、尼禄等，争地仇杀，

① 《明史》卷三一一《四川土司一传》，第 5366 页。
② 同上书，第 5367 页。
③ 同上。
④ 《明史》卷六九《选举志一》，第 1126 页。

宜遣官按问。八年遣行人章聪、侯琏赍敕往谕,仍敕巡按与三司官往平之。设乌蒙儒学教授、训导各一员。以通判黄甫越言,元时本府向有学校,今文庙虽存,师儒未建。乞除教官,选俊秀子弟入学读书,以广文治,从之。①

又有洪武二十一年,播州宣慰使司并所属宣抚司官俱遣其子来朝,请入太学,帝敕国子监官善训导之。② 嘉靖元年又赐播州《四书集注》,以宣示倡导儒教。

从总体上说,明朝在对土司的刑事处罚采取比较灵活的方式,同时也注意对其进行教化。中国古代有"刑不上大夫,礼不下庶人"之说,《孔子家语·五刑解》中认为"大夫"者,本属于"君子"之列,"凡治君子,以礼御其心,所以属之廉耻之节也","既而为之讳,所以愧耻之","其有大罪者,闻命则北再拜,跪而自裁",因此并不是大夫犯罪就不受刑罚,而是"以刑不上大夫,而大夫亦不失其罪者,教使然也"。③

理论上,土司受封命于明朝,亦属于上流社会,属于"大夫"、"君子"之列,其人因属土舍而疏于教化、不知儒家的礼法,且有自己的"土俗旧例"。因此,对于土司的犯罪处理,或依国法,或依土俗,且其辖地偏远,国法亦难以适用。为求得对土司地方治理之长效,明朝对土司犯罪进行处罚的同时也推行儒家礼法教化,这符合儒家刑罚思想追求的"预塞其源"的目标,因为儒家认为"礼"有预防犯罪的功能,反对刑罚"不豫塞其源,辄绳之以刑,是为民设阱而陷之"。④

三、对西南土官的法律态度

洪武时蓝玉奏川辖西北边地的地理形势是:"四川地旷山险,控扼西番。松、茂、碉、黎当吐番出入之地,马湖、建昌、嘉定俱为要道。"⑤建议在这些边地增置屯卫,得以批准实行。

① 《明史》卷三一一《四川土司传一》,第5362页。
② 同上。
③ 王国轩、王秀梅校注:《孔子家语·五刑解》,中华书局2009年版,第241页。
④ 同上书,第237页。
⑤ 《明史》卷三一一《四川土司传一》,第5370—5371页。

川辖南部马湖、建昌、嘉定地界，"北至大渡，南及金沙江，东抵乌蒙，西讫盐井，延袤千余里。以昌州、普济、威龙三州长官隶之，世辖其众，皆节制于四川行都指挥使司。西南土官，安氏殆为称首"。①

在西南边地，其生息之地多瘴毒，地理环境复杂恶劣，为便宜行纠讼之事，朝廷权衡事件轻重大小，要事由中央派专门官员断理，凡简易案件则委托当地衙门就近管辖。

> 广西左、右两江设土官衙门大小四十九处，蛮性无常，仇杀不绝。朝廷每命臣同巡按御史三司官理断，缘诸处皆瘴乡，兼有蛊毒，三年之间，遣官往彼，死者凡十七人，事竟不完。今同众议，凡土官衙门军务重事，径诣其处。其余争论词讼，就所近卫理之。②

明朝廷深谙边民乖戾无常，为杜绝诬枉之事发生，对待"告诉"必须思虑再三，顺应边疆族群的心理习性，勘验证实后方可结案。

> 宣德元年，崇善县土知县赵暹谋广地界……事闻，帝命总兵官顾兴祖会广西三司剿捕……时左州土官黄荣亦奏："蛮人李圆英劫掠居民，伪称官爵，乞发兵剿捕。"帝谓兵部曰："蛮民愚犷，或挟私仇忿争戕杀，来告者必欲深致其罪，未可遽信。其令镇远侯并广西三司勘实，先遣人招抚，如叛逆果彰，发兵未晚也。"③

边地诸蛮的性格往往桀骜难驯，欲使诸蛮归服朝廷，单靠教化之功难以达成，须使法令有常，执法严苛，蛮民心生畏惧而不敢作乱，则治世可期。

> 韩观，字彦宾，虹人，高阳忠壮侯成子也。……观生长兵间，有勇略。性鸷悍，诛罚无所假。下令如山，人莫敢犯。初，群蛮所在蜂起，剽郡县，杀守吏，势甚炽。将士畏观法，争死斗。观得贼必处以极刑。间纵一二，使归告诸蛮，诸蛮胆落。由是境内得安。④

有明一代，朝廷对待边疆诸族极尽宽仁，且礼法并重，因边地诸族不受礼教束缚，本性鲁莽粗犷，地方官员因此而在狱讼方面对之多有宽宥赦免。兹举

① 《明史》卷三一一《四川土司传一》，第5371页。
② 《明史》卷三一七《广西土司传一》，第5492页。
③ 《明史》卷三一八《广西土司传二》，第5510页。
④ 《明史》卷一六六《韩观传》，第2979页。

三例：

　　二十五年,凭祥洞巡检高祥奏,思明州知州门三贵谋杀思明府知府黄广平,广平觉而杀之,乃以病死闻于朝,所言不实。诏逮广平鞫之。既至,帝谓刑部曰:"蛮寇相杀,性习固然,独广平不以实言,故绳以法。今姑宥之,使其改过。"命给道里费遣还,是后朝贡如例。①

　　宣德六年,瑛受属挟诈事觉,帝以土蛮宥不问,令法司移文戒之。②

　　正德十一年,容美宣抚田秀爱其幼子,将逐其兄白俚俾,而以幼子袭。白俚俾恨之,贼杀其父及其弟。事闻,下镇巡官验治,磔死。土官唐胜富、张世英等为白俚俾奏辨,罪亦当坐。诏以蛮僚异类,难尽绳以法,免其并坐,戒饬之。③

西北边地番民犯罪,有司常加存恤,以抚绥为主但并非舍弃法典不用,对作乱之人先予以警告,若其怙恶不悛,自然施以刑罚,严惩不贷,此与腹地民人并无二致。

　　正统五年敕陕西镇守都督郑铭、都御史陈镒曰:"得奏,言河州番民领占等先因避罪,逃居结河里,召集徒党,占耕土田,不注籍纳赋,又藏匿逃亡,剽劫行旅,欲发兵讨之。朕念番性顽梗,且所犯在赦前,若遽加师旅,恐累及无辜。宜使人抚谕,令散遣徒党,还所掠牛羊,兵即勿进,否则加兵未晚。尔等其审之。"④

　　(宣德)七年又奏旱灾,敕于肃州授粮五百石。已而哈烈贡使言道经沙州,为赤斤指挥革古者等剽掠。部议赤斤之人远至沙州为盗,罪不可贷。帝令困即来察之,敕曰:"彼既为盗,不可复容,宜驱还本土,再犯不宥。"⑤

明代对于边疆的法律治理,继承了过去传统的方式,对于许多重案的处理尽量宽宥,再以国法论处。正如河州都指挥刘永奏:

　　往岁阿尔官等六族三千余人,列营归德城下,声言交易,后乃钞掠屯

---

①　《明史》卷三一八《广西土司传二》,第5512页。
②　同上书,第5515—5516页。
③　《明史》卷三一〇《湖广土司传》,第5350页。
④　《明史》卷三三〇《西域传二》,第5725页。
⑤　《明史》卷三三〇《西域传二》,第5737页。

军,大肆焚戮;而著亦匝族番人屡于暖泉亭诸处,潜为寇盗。指挥张瑀擒获二人,止责偿所盗马,纵之使去。论法,瑀及永皆当究治,今姑令戴罪。尔等即遣官偕三司堂上亲诣其寨,晓以利害,令还归所掠,许其自新,不悛,则进讨。盖驭戎之道,抚绥为先,抚之不从,然后用兵。尔等宜体此意。①

再如宣德元年,针对"澄迈县黎王观珠、琼山县黎王观政等聚众杀琼山土知县许志广,流劫乡村,杀掠人畜"一案,就采取了"宜严戒抚黎诸官,宽以驭之。若生事激变,国有常刑"的法制方针。

> (宣德元年)九月,澄迈县黎王观珠、琼山县黎王观政等聚众杀琼山土知县许志广,流劫乡村,杀掠人畜,命广东三司勘实讨之。二年,指挥王瑀等追捕黎贼,兵至金鸡岭,贼率众拒敌,败之,生擒贼首王观政及从贼二百六十二人,斩首二百六十七级,余众溃,奔走入山,招抚复业黎八百一十二户,以捷闻,械送观政等至京。帝谓尚书蹇义曰:蛮性虽难驯,然至为变,必有激。宜严戒抚黎诸官,宽以驭之。若生事激变,国有常刑。②

不仅如此,边疆土官犯罪,亦可纳赀赎罪。"正统十四年,保靖宣慰与族人彭南木答等相讦奏,既而讲和,愿输米赎诬奏罪,从之"。③ 但纳赀赎罪仅限于小罪,触犯重罪仍然要施加刑罚。兹有三例:

> 景泰二年,礼部奏:"散毛宣抚司副使黄缙瑄谋杀亲兄,律应斩。其妻谭氏遣子忠等贡马赎罪,然缙瑄罪重,法不可宥。宜给钞以酬马直。"从之。④

> (天顺五年)礼部奏:"施州木册长官司土舍谭文寿凶暴,并造不法诽谤之言,罪当刑。今其母向氏进马以赎,恐不可从。"帝命给钞百锭以慰其母,其子仍禁锢之。⑤

> 弘治二年,木册长官田贤及容美致仕田保富各进马,为土人谭敬保等赎罪。刑部言:"蛮民纳马赎罪,轻者可原,重者难宥,宜下按臣察核。"⑥

---

① 《明史》卷三三〇《西域传二》,第5725页。
② 《明史》卷三一九《广西土司传三》,第5538页。
③ 《明史》卷三一〇《湖广土司传》,第5355页。
④ 同上书,第5349页。
⑤ 《明史》卷三一〇《湖广土司传》,第5349页。
⑥ 同上书,第5350页。

四、针对土司的"朝贡"之例

明朝治理土司主要在"承袭"与"朝贡"二事,其中土司朝贡之例极为重要。明朝廷与土司之间的贡赐皆有定制,朝贡之例起于中国古代的封建传统,大致与前无异,《文献通考》载:

> 中书侍郎颜师古《论封建表》曰:……天下之地,尽为封国,庶姓群官,皆锡茅社。或云凋敝之后,人稀土旷,封建之事,普未可行。此皆不臻至理,两失其衷。臣愚以为当今之要,莫不量其远近,分置王国;均其户邑,强弱相济;画野分疆,不得过大;间以州县,杂错而居;互相维持,永无倾夺。使各守其境,而不能为非,协力同心,则定扶京室。陛下然后分命诸子,各就封之,为置官僚,皆一省选用,法令之外,不得擅作威刑。朝贡礼仪,具为条式。一定此制,万代永久。①

《明史》所载对土司朝贡的赏赐,每以"朝贡赐予如制"、"朝贡赐予如例"表述。

> 洪武二十四年,布政使张纮奏:"维摩、云龙、永宁、浪渠、越顺等州县蛮民顽恶,不尊政教,宜置兵戍守,以控制之。"是后,朝贡赐予如制。②

> 永乐以后,云南诸土官州县,率按期入贡,进马及方物,朝廷赐予如制。③

> 永乐三年,刀平率其子来朝,贡方物,赐钞文绮。……升为府,以刀平为知府,置经历、知事各一员。贡赐皆如例。④

> (洪武)二十九年,西平侯沐春遣郑祥与指挥李荣等,分道进讨,擒(云南顺宁)阿罗等诛之。后贡赐如制。⑤

> 永乐三年(云南孟艮蛮)来归,设孟艮府,隶云南都司,以土酋刀哀为知

---

① （宋）马端临撰,上海师范大学古籍研究所、华东师范大学古籍研究所点校:《文献通考》卷二七五《封建考十六》。
② 《明史》卷三一三《云南土司传一》,第5410页。
③ 同上书,第5405页。
④ 同上书,第5411页。
⑤ 同上书,第5412页。

府,给印诰冠带。时刀哀遣人来朝,请设治所……帝曰:"蛮夷能悔过来朝,往事不足责。"命赐钞及绒锦绮帛。是后,贡赐皆如例。[1]

明朝的朝贡之例一般是一年贡,包括贡献方物、朝廷的赏赐以及庆贺、谢恩仪式。对于一些路途偏远且艰险的地方来说,一岁一贡是十分困难的事情,对此,明朝采取了比较灵活的法律政策,如改为三年一贡,且"著为令",庆贺、谢恩之类的事也不拘于例。

> 宣德二年……兵部议以四百户以上者设长官司,四百户以下者设蛮夷官司。元土官子孙量授以职,从所招官司管属。皆从之。令三年一朝贡如故事。[2]

不仅规定三年一贡,而且按旧制,进贡不过百人,赴京不过二十人。[3]

洪武十五年云南孟定酋刀名扛始贡,朝廷于此设孟定府。永乐二年,因其地远,往来不便,朝廷令其从此三年一贡,至于庆贺、谢恩之类,则不拘于例。"永乐二年,孟定土官刀景发遣人贡马,赐钞罗绮。遣使往赐印诰、冠带、袭衣,复颁信符,金字红牌。四年,帝以孟定道里险远,每岁朝贡不便,令自今三年一贡,如庆贺、谢恩不拘例"。[4]

永乐元年,云南湾甸设湾甸长官司,由于其地偏远,永乐四年,朝廷令其三年一贡,庆贺、谢恩之类,不拘于例。"(永乐)四年,帝以湾甸道里险远,每岁朝贡不使,令自今三年一贡,著为令。如庆贺、谢恩不拘例"。[5]

洪武十五年,置云南车里军民府,土酋刀坎为知府,始贡方物。永乐元年,"自是频入贡"。永乐四年,"遣子刀典入国学,实阴自纳质。帝知其隐,赐衣币慰谕遣还,以道里辽远,命三年一贡,著为令"。[6]

此外,从洪武初始,对于包括藏区在内的西南三十六番部落,就有"或三年,或五年一朝贡"的规定。

> 三十六番者,皆西南诸部落,洪武初,先后至京,授职赐印。立都指挥

---

① 《明史》卷三一三《云南土司传一》,第 5413 页。
② 《明史》卷三一〇《湖广土司传》,第 5349 页。
③ 同上书,第 5350 页。
④ 《明史》卷三一三《云南土司传一》,第 5413 页。
⑤ 《明史》卷三一四《云南土司传二》,第 5430 页。
⑥ 《明史》卷三一五《云南土司传三》,第 5453 页。

使二：曰乌斯藏，曰朵甘。为宣慰司者三：曰朵甘，曰董卜韩胡，曰长河西
鱼通宁远。为招讨司者六，为万户府者四，为千户所者十七，是为三十六
种。或三年，或五年一朝贡，其道皆由雅州入。①

永乐二年设军民宣慰使司二，以土官刀招你为八百者乃宣慰使，其弟
刀招散为八百大甸宣慰使，遣员外郎左洋往赐印诰、冠带、袭衣。刀招散遣
人贡马及方物谢恩，命五年一朝贡。②

对于夷人前来朝贡并进行贸易，明朝《问刑条例·户律七·市廛》中的行市
条例亦有相关规定。归之如下：

> 凡夷人朝贡到京，全同馆开市五日。各铺行人等，将不系应禁之物入
> 馆，两平交易，染作布绢等项，立限交还。如赊买及故意拖延骗勒夷人，久
> 候不得起程者，问罪，仍于馆门首枷号一个月。若不依期日及引诱夷人潜
> 入人家私相交易者，私货各入官；铺行人等，照前枷号。通行守边官员，不
> 许将曾经违犯夷人起送赴京。

> 甘肃、西宁等处，遇有番夷到来，本都司委官关防提督，听与军民人等
> 两平交易。若势豪之家，主使弟男子侄、家人、头目人等，将夷人好马奇货
> 包收，逼令减价，以贱易贵，及将粗重货物并瘦损头畜拘收，取觅用钱方许
> 买卖者，听使之人，问发附近卫分充军；干碍势豪及委官知而不举，通同分
> 利者，参问治罪。

> 成化十四年十一月初四日，节该钦奉宪宗皇帝圣旨：辽东开设马市，
> 许令海西并朵颜等三卫夷人买卖开市。每月初一日至初五日开一次，广宁
> 每月初一日至初五日、十六日至二十日开二次。各夷止将马匹并土产物货
> 赴彼处，委官验放入市，许赍有货物之人入市与彼两平交易。不许通事、交
> 易人等将各夷欺侮愚弄，亏少马价，及偷盗货物。亦不许拨置夷人，指以失
> 物为由，扶同诈骗财务分用。敢有擅放夷人入城，及纵容官军人等无货者
> 任意入市，有货者在内过宿，规取小利，透漏边情，事发，问拟明白，俱发两
> 广烟瘴地面充军，遇赦并不原宥。

---

① 《明史》卷三一一《四川土司传一》。
② 《明史》卷三一八《广西土司传二》。

五、针对"吐蕃"的朝贡之例

明朝时西藏仍称"吐蕃"，俗称"西蕃"。明朝建国后，于洪武二年遣使晓谕，未即时回归复命，又遣陕西行省员外郎许允德往谕。洪武六年，又诏吐蕃各族有官职者入京授职赐印。与元朝尊其喇嘛教不同，在明朝廷眼中，吐蕃只是"因俗为治"的化外之地。①

元朝摄喃加巴藏卜为帝师而奉行喇嘛教，元末时喃加巴藏卜已经逃回西藏。明朝取代元朝，为汉人政治，因此明朝的法制政策是"明法弼教"，在文化上十分坚持儒家政教，对于西蕃喇嘛教抱有"夷夏之防"的态度。正德年间，西蕃僧人在藏区设寺庙，让一些"行秘术"的僧人居其中，并劝明朝廷派人前往乌斯藏（即吐蕃）相迎，时任尚书之职的毛纪认为本已有了朝贡之例，中国亦"非崇信其教"，故反对让西蕃僧教"留居中国"："乌斯藏地方僻在西陲数千里之外，其地习俗鄙恶，语言侏离，与中国悬绝。中国之人亦鲜有至其地者。祖宗之时，番僧虽尝入贡，赐以法王国师等号，不过命之空名虚秩，居其本土，藉以抚化番众，无扰我边境而已，非崇信其教。留居中国，令入禁内……以为堂堂天朝衣冠文物之区，道德纲常之化，而顾从事于夷狄之陋哉！"②

另有一例可以说明明朝对待西蕃僧教的态度。明正德皇帝有心好佛，正德六年自号"大庆法王"，西蕃僧乘机上奏讨腴田百顷作为"大庆法王"下院，且将"大庆法王"与圣旨并书，时有礼部尚书执奏指正曰："孰为大庆法王者，敢并至尊书之，亵天子，坏祖宗法，大不敬！当诛！"对此，正德皇帝的态度是："诏勿问，田亦止。"③

明代藏区政制基本继承了元朝土官旧制，保有其原来的宣慰司、万户府、千户所。

> 有封灌顶国师及赞善王、阐化王、阐教王、辅教王者，又有正觉大乘法
> 王、如来大宝法王。设都指挥二：曰乌思藏，曰朵甘卫；宣慰司三：曰朵甘
> 思，曰董卜韩胡，曰长河西鱼通宁远。又设万户府四：曰沙儿可，曰乃竹，曰

---

① （明）严从简撰，余思黎点校：《殊域周咨录》卷一〇《吐蕃》，第359页。
② 同上书，第371页。
③ 同上书，第372页。

罗思端,曰列思麻;招讨司六:曰朵甘思,曰朵甘龙合,曰朵甘丹,曰朵甘仓溏,曰朵甘川,曰磨儿勘;千户所十七:曰朵甘思,曰剌宗,曰孛里加,曰长河西,曰多八参孙,曰加八,曰兆日,曰纳竹,曰伦答,曰果由,曰沙里可哈思的,曰孛里加思东,曰撒里土儿干,曰参卜朗,曰剌错牙,曰泄里壩,曰阔侧鲁孙。缘陕西、四川、云南西鄙皆是,南北袤数千里。①

明初,藏区入贡者有三王,即赞善王、阐化王、阐教王。三王入贡有法可循,明朝廷针对其朝贡规定了年限、路线和人数。按明制,三王入贡皆为"三年一贡";阐化王、阐教王的贡道是从陕西而入,赞善王的贡道是从四川而入,三法王不给勘合(朝贡贸易的凭证),朝贡无常。

明朝对外番入贡的贡道多有明确规定,如:按例北方的迤北酋入贡必须经大同路而入,曾有瓦剌入贡从东路喜峰口而入,并勾结在冀东一带边地牧居的卜剌罕卫、朵颜卫一同来贡,朝廷对迤北酋的颜赏本优于其他夷人,但是因其违规,只以常礼待之。之所以如此,是出于边防的考虑,防止入贡者不经故道而入,借以勾结边虏,"以窥边方"。②两个月后,瓦剌入贡又不按规定,朝廷敕谕以责,要求其遵守之前的规定,不得从东路喜峰口进入,且只能每年于冬月农闲时来朝,人数不得超过三四十人。

> 自尔祖脱欢以来,朝贡有常时,道路有道处,朝廷亦待之不疑,无有败事。尔宜遵守前人家法,何乃不依时月,既差使臣兀纳阿等纠同卜剌罕卫来朝,未及两月,又遣哈三帖木儿等同朵颜卫,不依故道,却从东路来朝。二卫朝贡自有常例,今纠引而来,甚非所宜。尔今后当体尔前人所为,每年冬月遣使来朝,不过三四十人,仍由大同旧路进入。③

成化元年,瓦剌又经常携东路三卫,从喜峰口进入前来朝贡,明朝廷再次敕谕以责。

明朝关于"西番"朝贡事例至少在成化年间已经比较详细,对于西番前来朝贡的人数已有定例。

> 及查成化年间,节该本部题准事例乌思藏辅教等四王每王名下,例该

---

① (明)严从简撰,余思黎点校:《殊域周咨录》卷一〇《吐蕃》,第359页。
② (明)严从简撰,余思黎点校:《殊域周咨录》卷一六《北狄》,第600页。
③ 同上。

三年一贡，各许差一百人，多不过一百五十人。长河西、鱼通、宁远等处宣慰司三年一贡，每贡多不过一百人。如有国师、禅师在司住坐者，不许各另差人进贡。其有退老事故等项，着令亲徒儿男袭替。赴京进贡者国师差一百人，禅师、都指挥以下各差五十人，多不过一千人。数外多者照例阻回。其都纲指挥以下来替者止许随同年例进贡。若国师、禅师数少，则自当随数而来，或三四百名，或五六百名，不待辏满千名。其大乘法王系出家高僧，无土地番民管束，不给勘合，亦无年例进贡，听其欲来，止许差僧徒十人赍此印信番本随同阐化等四王年例进贡。题奉圣旨合例的全赏，违例的减去，钦此钦遵！[①]

但是西番入贡也不时有违例之举，出现"额外起送"，朝廷却"俱一体给赏"。如嘉靖十五年，四川都指挥刘永昌上奏朝廷的西番"起送"入贡的人数就有超额。

起送乌斯藏辅教王差来到京国师一十五员名，并存留寨主一千三名；大乘法王差来到京国师一十五员名，并存留番僧一千四名；阐教王差来到京国师一十五员名，并存留寨主一千一百四名，并长河西、鱼通、宁远等处军民宣慰使司差来到京寨官一十五员名，并存留寨官一千三名。[②]

为此，当时的礼部尚书夏言就指出，长河西各地方都联络喇嘛前来进贡，还带来许多僧徒，大乘法王按例只能差僧徒十人前来，却带来僧徒一千余人。过去每遇这样的情况，"本部每从宽处，俱一体给赏，以全柔远之恩"，现在"俱系过额多余之数，例应减革赏赐"。他认为这是边官贪图贿赂之故，应将各经手官员提查到案，按罪行轻重，照律例发落，"该边官员坐赃罪，番人革赏"。对此，上诏："番人进贡已有明例，今次过额数多，显是边官贪图货贿。都布按三司官不行查审，朦胧起送，都着巡按御史提了问。今后再有违的，你部里指名参奏，重治不饶。"[③]下此诏令后，西番进贡如例，一直不绝。

①　（明）严从简撰，余思黎点校：《殊域周咨录》卷一〇《吐蕃》，第379页。
②　同上书，第378页。
③　同上书，第380页。

六、明朝关于"通事"从事边务的规定

朝贡之制是中国古代边疆治理的重要内容,由于四方族群语言各殊,"通方俗之殊语"与朝贡制度一样是大一统政治的必然要求,因此从事翻译工作的"通事"在其中承担着重要责任。中国古代有"释古今之异言,通方俗之殊语",[①]中国古代本族群众多,古汉语的形成建立在许多"方俗之殊语"的基础上,包含了许多族群的语言,估计成书于秦汉之际的《尔雅》即记载了古汉语中的"方俗之殊语",如《尔雅·释诂第一》:"詹、攡,皆楚语。""艐,宋语也。""逝,秦晋语也。徂,齐语也。適,宋鲁语也。往,凡语也。"又如:"届、格、戻、怀、摧、詹,皆方俗语。"如此方俗语而后同汉语者,亦不在少数。较之以往,中国各地语言到了明代时逐渐趋同,明代设会同馆并置通事,大有"会同"四方之义。

明代的礼部、鸿胪寺、会同馆是管理四方朝贡的重要部门,中国古代政府中承担与外夷、边夷沟通的叫"象胥"、"寄译",明清称为"通事"。"通事"受辖于鸿胪寺,其职务又多在会同馆。《大明会典·兵部·驿传》规定:"在京曰会同馆,在外曰水马驿并递送所。"是专门接待外地或外邦来京贡使之所,同时又是贡使进行交易的场所,所以又称"乌蛮市"或"乌蛮驿"。京师之地有房数百间,以供使臣居住交易,其交易的时间一般由礼部规定,朝贡之物先入会同馆,再由礼部派人按例审验"表文"和"贡物",这当中需要有"通事"作翻译。由于明朝有"四夷朝贡到京,有物则偿,有贡则赏"的规定,[②]所以"通事"的职责十分重要。

通事选用是"徒以谙晓夷言"为标准,由于四夷多是三年一贡、一年一贡或久不来贡,但是也同样需要设岗位以备,因此有的通事冠带授官,"历俸数年,未遇贡夷,略无职务而亦叨获序进"。

> 臣备员部属提督会同馆,于鸿胪寺通事序班等官实有监临之任,查得《大明会典》具载我国初入贡之夷十有八国,因其来之疏数以为通事之多寡。其后虽有久不来贡者,则亦设有通事。其选用也,徒以谙晓夷言。其食粮也,冠带也,授官也,惟以积累年月。有为通事历俸数年,未遇贡夷,略

---

① (晋)郭璞注,(宋)邢昺疏:《尔雅·释诂第一》。
② 《明宪宗实录》,(台北)中研院历史语言研究所,1962年。转引自李云泉《再论清代朝贡体制》,载《山东师范大学学报》(人文社会科学版)2011年第5期。

无职务而亦叨获序进。视乎夷来之数，其劳逸何如。①

通事的工作除了以传译为本职外，也需要审查夷人的贡物，管理其贸易，由于"夷情攸系，事匪轻微"，其工作也十分重要。作为通事，由于有传译之责，因此极可能在翻译过程中有误译、通贿、容纵、教唆贡使并从中牟利的情况，又由于边夷、外蕃多有诈伪的情况，这要求"通事"有廉洁、谨慎的作风。

明朝中国对待边夷、外蕃的态度仍然是"薄来厚往"，一再强调中国是"贤其人而不贵其物"，"厚往而薄来"，这表现在：一、进贡之物有时允许其"自售"，二、朝廷因其来贡而多加赏赐。如瓦剌族使臣曾前来进贡玉石九千九百斤，朝廷却令其自售；也先族进贡，想与中国通好，贡市往来，"然数年赏赐房不下百万计"。② 如此边夷、外蕃进贡则每"望加其赐"，有的为了从中获利，于土地、贡物也常有谎报欺诈的行为，边臣、通事等常称其"诈伪多端"以图厚赏。如鸿胪寺通事胡仕绅上疏言："但此数夷诈伪多端，实难轻信。臣常译审求讨一十四番地面，有相去三四百里者，有相去一千余里者。……今各诈充正使，又各诈充各番王，所差岂有父子兄弟主仆之间而各自为一王之统属，且又相去三四百里或一千里之哉！……臣又观去年哈密卫夷人虎力马黑麻诈充忠顺王母所差，有畏兀儿伴送。"③嘉靖四年，御史张禄针对西域哈烈国进贡一事，上疏要求朝廷派通事晓谕夷人，使其今后不再进贡，"仍返其物归其人，薄其所赐，以阻其希望之心"。④

明代在接受四夷朝贡时，也出现过因通事误译而导致贡使提出诉讼的情况。如嘉靖四年"天方国"使臣火者马黑木等十六名赴京进贡和朝鲜使臣郑允谦、通事金利锡等进贡至馆买卖两案，就是因通事翻译中出了问题而导致礼部主客郎中陈九川等因"闭禁使臣，欺玩法度，甚失朝廷柔远之心"而被下狱。为此，嘉靖四年会同馆主事陈邦偁上疏言"通事"之职："且诸通事即古象胥寄译之职，其于贡夷除引领传译之外，又尝承委审其诈冒，理其贸易，夷情攸系，事匪轻微，须得廉者斯不求索乎夷，慎者斯不容纵乎夷。否则交通之不特求索而已，教唆之不特容纵而已，宁不偾公务哉！"⑤

---

① （明）严从简撰，余思黎点校：《殊域周咨录》卷一一《天方国》，第397页。
② （明）严从简撰，余思黎点校：《殊域周咨录》卷一八《鞑靼》，第586页。
③ （明）严从简撰，余思黎点校：《殊域周咨录》卷一一《哈烈》，第499—500页。
④ 同上书，第498页。
⑤ （明）严从简撰，余思黎点校：《殊域周咨录》卷一一《天方国》，第396—397页。

明代对"通事"的工作有具体的规定,现根据明人严从简《殊域周咨录》所载,[1]分述如下:

（1）即使未遇前来朝贡的夷务,每五天必须到会同馆报到一次。即:"其通事之未遇贡夷者,虽无职务,于例皆当五日一次请馆作揖。"

（2）门役在提督主事制作的文簿上每天填写"通事"的签到情况,年终送司备查。即:"提督主事立有文簿,发馆把门夫役每日于各名下填写到否字样,年终送司备查。"

（3）为加强"通事"的实际语音翻译能力,对通事进行相关业绩考核,以此分上、中、下三等,以廉者、慎者、勤者、引领传译多者为上。即:"及各通事三六九年考满,但能手书夷言,释字无差,即得以为谙晓。故多但记诵纸上之文,而于各夷语音不务参习,况焉能勉修贤行,以尽其职耶!""于凡考满通事,追查作揖文簿,有故违不到,次数多者,扣算日月,勿准其为实历。应考满者,察其行业,别其等差,如以廉者、慎者、勤者、引领传译多者为上,平常者、引领传译少者为中,贪者、肆者、惰者、无引领传译者为下。备由呈堂以凭参详,出给考语,定其优劣,不特试以夷言而已。"

（4）三年考核期满后,根据其业绩进行奖惩,属于下等者,则革罢其职。即:"三年满日,将各通事贤否劳逸,指名具呈本部参详转奏,或令径行举劾,上请特敕吏部参详考核,因其年绩以行黜陟。如上等者序迁,中等者仍旧,下等者革罢,别选补充。"

（5）对于历任年深有劳绩者,例迁升职。即:"其通事序班历任年深有劳绩者,例迁该寺首领等官。"

（6）资格较浅的通事必待年满无过,始授冠带,不得冒滥领俸银。即:"方巾通事必待年满无过,始授冠带。虽遇恩例,不得冒滥纳银,以坏常法。"

七、边疆盐、茶、马贸易及田地之法

明朝对边疆的法律治理,还体现在茶马法令和盐业法令。中国古代边疆的茶马贸易和盐业贸易自唐宋以来有其政治、军事意义,这类贸易在一定程度上

---

[1] （明）严从简撰,余思黎点校:《殊域周咨录》卷一一《天方国》,第 397 页。

是中原王朝制约边疆诸族的重要手段。

首先，"以茶易马"可以制约北方、西北、西藏，这些地方的人民"嗜乳酪，不得茶，则困以病"，茶叶是其民人的必需品。唐宋以来，王朝深知"戎人得茶不能为我害，中国得马足以为我利"，以茶易马，如同扼其咽喉。一方面，"用茶易马，固番人心"；另一方面又可以"强中国"，①故行茶马之法，"以是而羁縻之"，于此"明制尤密"。②

明朝针对边疆诸族的茶法盐制，规定商茶输课大致与盐制相同。"有官茶，有商茶，皆贮边易马。官茶间征课钞，商茶输课略如盐制"。③

关于茶法，早在洪武初就有定令，规定凡是茶叶买卖，宣课司三十取一。洪武四年，又规定凡无主的茶园，令军士薅采，十取其八，以易番马。

> 洪武初，定令：凡卖茶之地，令宣课司三十取一。四年，户部言："陕西汉中、金州、石泉、汉阴、平利、西乡诸县，茶园四十五顷，茶八十六万余株。四川巴茶三百十五户，茶二百三十八万余株。宜定令每十株官取其一。无主茶园，令军士薅采，十取其八，以易番马。"从之。④

洪武初还规定凡是"称较茶引不相当，即为私茶"，凡是贩私茶者，与贩私盐者同罪。如洪武时，"驸马都尉欧阳伦以贩私茶坐死"。⑤ 不仅如此，对关隘失察官吏也要处以死刑。

> 初，太祖令商人于产茶地买茶，纳钱请引。引茶百斤，输钱二百，不及引曰畸零，别置由帖给之。无由、引及茶引相离者，人得告捕。置茶局批验所，称较茶引不相当，即为私茶。凡犯私茶者，与私盐同罪。私茶出境，与关隘不讥者，并论死。⑥

《明史·食货》又载："律例私茶出境与关隘失察者，并凌迟处死。"对犯私茶及关隘失察者处以凌迟重刑，是出于茶马贸易在稳固西陲蕃边问题上的战略地位。如成都作为茶叶集散之所，地通羌藏，扼其咽喉，其茶叶贸易乃治羌、藏之

---

① 《明史》卷八〇《食货志四》，第1300页。
② 同上书，第1299页。
③ 同上。
④ 同上书，第1300页。
⑤ 同上书，第1299页。
⑥ 同上。

器。故《明史·食货志》云茶马贸易有"制蕃人之死命,壮中国之藩篱"的意义。①

由于可以"壮中国之藩篱",故对于茶马贸易,明朝的态度是十分积极的。如弘治末年,都御史杨一清在上疏言茶马贸易时,再次强调了其意义:"戎人得茶不能为我害,中国得马足以为我利,计之得者宜无出此。……以马为科差,以茶为酬答,使知虽远小夷,皆王官王民,志向中国,不敢背叛。盖以一叛中国则不得茶,无茶则病且死,以是而羁縻之贤于数万甲兵矣。"②为此,洪武初年时就有"民间蓄茶不得过一月之用"之例。③

明朝为进一步杜绝私茶之弊,在四川、陕西诸产茶之地设茶课司。洪武二十三年,于甘肃、洮河、西宁各设茶马司;洪武三十年,又在秦、洮、雅诸州,自碉门、黎、雅抵朵甘、乌思藏这些行茶之地五千余里设茶马司,"听吐蕃纳马易茶"。由于明朝有通过经济手段控制吐蕃的政治目的,为防止出现"马日贵而茶日贱"的不利情况,对茶马贸易实行政府专卖,遂制金牌信符以控制,有严禁贩卖私茶的禁令,具体如"令茶户私者籍其茶入官","私茶出境及关隘不觉察者皆斩","民间蓄茶不得过一月之用,多皆官卖,私易者籍其圆","遂制金牌信符,其文曰:'皇帝圣旨差发纳马,不信者斩。'"④

为杜绝奸欺,在贸易中实行了"金牌信符"制度并定下数量、价格。所谓"金牌信符",是在其额篆文曰"皇帝圣旨",在其左下刻曰"今当差发",右曰"不信者死"。"番族各给一面,洮州、火把、藏思、裹日等族牌六面,纳马二千五十匹;河州、必里卫二州七站西番二十九族牌五十一面,纳马七千七百五匹;西宁、曲先、阿端、罕东、安定四卫巴哇、申藏等族一十六面,纳马三千五十匹"。⑤ 不仅如此,政府还规定了马匹的价格,上马给茶一百二十斤,中马七十斤,下马五十斤。另外一面收储于内府,每三年一次差大臣前去调集各番,比对字号收纳马匹。

为了严禁假茶、私茶出境,还加强了对茶业的监察。万历二十三年,由于汉中、四川的茶贵,湖南的茶便宜,于是商人越境私贩。同时又因为湖南多假茶,"食之刺口破腹,番人亦受其害",御史李楠请禁湖南茶,御史徐侨却认为"湖茶之行,无妨汉中",且湖南茶味苦,于番人酥酪为宜,只需要立法严核,遏制假茶

---

① 《明史》卷八〇《食货志四》,第1302页。
② (明)严从简撰,余思黎点校:《殊域周咨录》卷一〇《吐蕃》,第369页。
③ 《明史》卷八〇《食货志四》,第1303页。
④ (明)严从简撰,余思黎点校:《殊域周咨录》卷一〇《吐蕃》,第362、363、364页。
⑤ 同上书,第363页。

即可。①

此外，还派都司官军于这些地方"巡禁私茶之出境者"，还派遣驸马都尉谕布政司、都司"严为防禁，毋致失利"。

> 三十年改设秦州茶马司于西宁，敕右军都督曰："近者私茶出境，互市者少，马日贵而茶日贱，启番人玩侮之心。檄秦、蜀二府，发都司官军于松潘、碉门、黎、雅、河州、临洮及入西番关口外，巡禁私茶之出境者。"又遣驸马都尉谢达谕蜀王椿曰："国家榷茶，本资易马。边吏失讥，私贩出境，惟易红缨杂物。使番人坐收其利，而马入中国者少，岂所以制戎狄哉！尔其谕布政司、都司，严为防禁，毋致失利。"②

弘治中改变了洪武时民间蓄茶不得超过一个月之用的定例，"禁内地之茶，使不得食，又使商私课茶，悉聚于三茶马司"，③以控制其出入。同时减通番之罪，改为"止于充军"。由此导致了严重的"茶法之弊"："积久腐烂而无所用。茶法之弊如此，番地多马而无所市，吾茶有禁而不得通。"④

从洪武时就实行的严禁私贩茶叶的制度虽于稳定边疆有一定的作用，但是由于越是控制利益就越大，日久奸弊丛生，实难禁止，结果导致马政、边防俱坏。

> 明初严禁私贩，久而奸弊日生。洎乎末造，商人正引之外，多给赏由票，使得私行，番人上驷尽入奸商，茶司所市者乃其中下也。番得茶，叛服自由，而将吏又以私马窜番马，冒支上茶，茶法、马政于是俱坏。⑤

其次，"牟取盐利"可以制约一些不产盐的西南边疆地区（如贵州、广西等）的经济。洪武二十八年（1395）九月，户部议定："先令广东布致司运盐至梧州，命广西官司于梧州接运至桂林，召商中纳，每引纳米三石，令于湖广卖之。"⑥洪武帝又认为"纳米三石太重"，令广东、海北二提举司减其半，以减轻商人负担，鼓励盐商贸易。"令广东、海北二提举司运盐八十五万余引至广西桂林，以给商

---

① 《明史》卷八〇《食货志四》，第1304页。
② 同上书，第1300页。
③ 同上书，第1302页。
④ 同上书，第1303页。
⑤ 同上书，1304页。
⑥ 《明太祖实录》卷二四一。

人之入粟者,且以先定纳米三石太重,令减其半,以便商人"。①

为进一步解决边地粮盐问题,明朝在边地卫所推行"开中之法"。边地卫所是明朝处置边疆危机、抚化蛮夷的主要力量,也是边疆粮食生产的重要单位。"这种制度,使各地卫所军士在明初 25 年中,每年都能生产约 3 亿公斤粮食,足以供养 100 万军队"。② 实际上,它与明朝的军流刑配套,明朝的军流刑分终身充军(止于被判充军刑者本人)和永远充军(其子孙继续永远充军),这些被充军者成为边疆地方的重要兵力来源,这也促使明朝的边疆驻军形成世袭军户的形式。③

但是,到 16 世纪初,随着法制松驰,充军之法显然并没有继续得到很好地贯彻,卫所制度也开始衰落。据日本学者清水泰次的研究,"一些卫所的逃亡军士已占其总数的 80%,许多边地驻军也只剩下兵力的一半"。④ 如果按照这样的逃亡率和实际兵力数,必会导致世袭军户制的瓦解,同时也导致边疆粮食生产的下降。于是,明朝又以募兵制补充世袭军士之不足。募兵制的实行使以实物自给自足的军屯养军方式遭到破坏,由此明朝边疆驻军进入了用货币支付军饷的时代,大约每人每年饷银 18 两,边疆地方则是 23 两。同时,由于边疆粮食生产的下降,军民粮食供应短缺的情况日益严重,采取措施减少边疆地方所纳粮米之数是必然之举,这是明朝在边地实行"开中法"的背景。

"开中法"又叫"商屯","募盐商于各边开中,谓之商屯"。具体做法是鼓励商人运粮至边地,换取盐引回内地兑盐经营。洪武二十九年(1396)在广西奉议、庆远、南丹地区就实行过"开中之法",如在广西西北的南丹地区(今广西河池一带)原定每引纳米二石,后减为一石五斗,再减为五斗,并允许商人在南丹输粮后即可在就近盐仓支盐贩卖。⑤ 明初在广西边地推行的开中之法对各地商人纳银米之数额作了规定:"桂林府纳银四两五钱、米三石三斗,浔州米五石五

① 《明太祖实录》卷二四一。
② [美] 罗梅因·戴乐:《卫所制度在元代的起源》,第 36—37 页。转引自[美] 魏斐德著,陈苏镇、薄小莹译《洪业:清朝开国史》,江苏人民出版社 2003 年版,第 8 页。
③ 在今贵州省安顺市有保留下来的明初大将傅友德军队的世袭军户卫所,如现在被政府开发为旅游项目的天龙等屯堡。21 世纪初以前,其衣着服饰等生活方式上仍如明朝,屯堡中人常自称为"大汉人",男仍着长衫、女仍着明朝衣装且头札布带,以区别于周围苗人。这种自给自足的、具有军事防御性质的屯堡至今仍然是这些明朝军人的后代的家,笔者因随家人曾驻军这一地区,常与之有交往。
④ [日]清水泰次:《明代的流民与流贼》,第 217 页。转引自《洪业:清朝开国史》,第 8 页。
⑤ 《明太祖实录》卷二四四。

斗,南宁、庆远二府米四石三斗并给白石场盐一引;桂林府纳银五两五钱、米四石五斗,南宁、庆远米四石五斗,浔州米五石五斗并给东海场盐一引。"①

开中之法从明初实行,至弘治中,由于户部尚书叶淇变法,其法始坏。具体情况是:"弘治五年,商人困守支,户部尚书叶淇请召商纳银运司,类解太仓,分给各边。每引输银三四钱有差,视国初中米直加倍,而商无守支之苦,一时太仓银累至百余万。然赴边开中之法废,商屯撤业,菽粟翔贵,边储日虚矣。"②所谓"守支",明代盐商凭盐引等候领盐。盐商守支为明代盐政的一个特殊现象,正统年间盐法败坏,为了维护盐引的信用,便采取了以钞锭偿还的办法,每一引给盐八成("常股"),另二成收存在官仓中("存积"),如遇沿边军情紧急,只要商人加倍运送粮草赴边,"存积"的盐就立即发给商人,即"人到即支"。湖广、贵州、广西内地本不产盐,主要是因为官府以"取其利以资饷"及"可给军粮"为目的,公开做食盐的买卖生意,把从广东运来的食盐"转市楚商",再由楚商运到湖广、贵州、广西等地出卖,形成"官自为市"的局面。《广西盐法志》记载:"粤西兵饷,半藉盐运。其法与他处异,官出资本及舟具,发令郡卒一人往东省鬻盐运归,转市楚商,取其利以资饷,盖官自为市也。"③

"官自为市"以资军饷的结果是,米价和盐价都上涨,"私贩甚多,盐价甚昂","官运之盐,旋行旋罢,兵食俱乏,地方坐困",④以及"边地所需军饷当然也要随之增加"的严重局面。⑤ 因此,随着世袭军户的瓦解、用饷银支付的募兵制的推行,"赴边开中之法废"以及"官自为市"情况的出现,以及明朝末年内地出现的通货膨胀、经济货币化的发展,⑥都是造成"边储日虚"的历史背景。

再次,明朝为进一步在经济上控制边地,还采取了禁止将民田给予边疆夷人佃种的法律措施,由此导致不少边疆夷人穷困,进而盗贼劫夺之事频繁出现。以广西为例,其平原地区的土地大部分为民田,由于禁止将民田与徭人佃种,当

① 《明太祖实录》卷九六。
② 《明史》卷八〇《食货志四》,第1294页。
③ 《粤西丛载》卷五《广西盐法志》。
④ 同上。
⑤ 〔美〕魏斐德著,陈苏镇、薄小莹译:《洪业:清朝开国史》,第9页。
⑥ 依据不仅是边疆地方经济,整个明朝在中后期,为了购买丝绸和瓷器,来自欧洲、美洲和日本的白银都在流向中国,中国进入了货币化的"白银时代"。但明末由于1620年至1660年的欧洲贸易危机,明朝的海外贸易衰退,澳门、广州白银贸易的萎缩,中国的白银进口又突然出现严重短缺,加之1626年到1640年的自然灾害,这些都导致了中国经济通胀加剧(参见《洪业:清朝开国史》,第1—2页),进而也必然影响了已经用货币化支付的明朝边疆经济和防务。

地徭人大都只能到山区去开山种地,而山区资源的匮乏,由此必然导致徭人与当地民人之间的关系恶化。"兵部覆广西巡按唐炼条陈一议武备谓:'广西军兵不下五六万,所贵训练以戒不虞,合如议行,一议扼险迎恩堡设兵一营;一议劝农广西民田禁与徭贼佃种,俱应巡抚勘议,'从之"。①

盗贼劫夺之事的频繁出现,又不得不增加兵员,同时还不得不减免这些地方的赋税,颁布减免赋税的法令。以广西为例,举数例如下:

(洪武二十四年)广西兴城县奏,蛮民作耗,所逋赋千四百二十八石无征,命俱免之。②

(洪熙元年)广西思恩县知县谢寅奏:"蛮人剽掠乡村,杀民(地主)男女,田多荒芜,乞蠲其税粮。"③

(景泰元年)七月,巡抚广西刑部右侍郎李棠奏:"广西庆远、柳州等府,郁林、天河、柳城、洛容、马平、宜山等州县良民数少,瑶壮甚多,其壮民屯种田地,欲乞俯就夷情,俱与减半征收,屡年拖欠税粮亦暂停免。"④

(嘉靖九年)五月,巡按两广御史杨绍芳奏:"广西瑶壮劫掠,军民困弊。积逋军器科银,数岁无可征派,请量减。"⑤

总之,明朝为了稳定边疆,对于犯罪土官的处罚一般比较宽松,虽然也有为解决边疆地区生计,鼓励商人贸易、减少边疆赋税的法令,但是其与西番的茶马贸易法令、西南地区的盐业贸易法令都有以此控制边疆的意图,这一时期西南边疆各种落与当地民人之间的土地之争也逐渐成为边疆不稳定的重要因素。

八、倭寇侵扰与明代对海疆的法律治理

中国自古以来海疆一直比较平静,几无外患。那时的海疆概念,尚无今日大陆架之说,因此,所谓海疆不过是近海之陆地边疆。明代的边疆治理,海疆是

① 《明神宗实录》卷三二。
② 《明太祖实录》卷二〇八。
③ 《明宗宣实录》卷八。
④ 《明英宗实录》卷一九四《景泰附录》。
⑤ 《明世宗实录》卷一一三。

一个重要内容，这是针对日本国的侵扰而言。明代担任行人司行人科右给事中的严从简，作为行人司官员和学者，他对明朝的海疆问题十分清楚，在其《殊域周咨录》中对因倭寇侵扰而引起的海疆法律治理的记载，应当是可靠详实的，在此笔者据之以述。

(一) 明初对日本国的海禁与教化政策

明以前，中国古代海疆的威胁只可能来自朝鲜和日本，而在明王朝时这种威胁则来自日本国，这是因为日本法俗不同于朝鲜。朝鲜的民性、法俗多同中国，中国古代文人一直爱用"柔谨"二字来形容其民性："其俗自箕子施八条之约，乃邑无淫盗，柔谨成风。"[①]《汉书》《北史》之《高丽传》亦有记载其素秉礼仪，不喜恶杀，崇尚佛教，有箕子谟范之遗化。国无私产，计口受业，父母夫服丧三年、兄弟三月，刑罚轻缓。"形貌洁净，知文字，喜读书……刑无惨酷之科，惟元恶及骂父母者斩，余皆杖肋。死罪贷流诸岛，累赦视重轻原之"。[②]

日本的民性与中国人迥异，明朝时日本的器物、法俗虽有衣冠礼乐之形，但其人无"柔谨"之性。洪武八年，倭王遣使臣答黑麻、嗐哩嘛哈上表明朝廷，洪武帝曾问使臣云："其国风俗如何？"嗐哩嘛哈答以诗曰："国比中原国，人同上国人。衣冠唐制度，礼乐汉君臣。……"[③]但实际情况是，日本虽有衣冠之制，却常骚扰中国东海沿岸，且手段残忍。日本国古代被称为倭奴国，秦以前不通中国，其酋长世以王为姓。秦时派遣方士徐福将男女童千人入海，因至蓬莱求仙不得，惧怕被秦诛杀，"止夷、澶二州，号秦王国，属倭奴"。[④] 因此这个所谓的"秦王国"后被中国人称之为"徐倭"，非日本姓号。[⑤]

汉朝时，中国交通海外始于汉武帝灭朝鲜，从此倭奴使驿通于汉者，有三十余国，皆称王，其大倭王居于邪马台（又称为"耶摩维"）。东汉光武中元二年，倭奴国开始来朝贡，恒帝、灵帝时有女子名卑弥呼者，以妖术惑众，被倭人共立为主，其法甚为严峻。卑弥呼死后，倭奴国出现内乱，更相诛杀，后复立男王，并受中国爵命，经历魏、晋、宋、齐、梁、陈诸朝皆来朝贡，从无犯扰中国边地。隋唐之

---

① (明)严从简撰，余思黎点校：《殊域周咨录·殊域周咨录题词》，第 47 页。
② 同上。
③ (明)严从简撰，余思黎点校：《殊域周咨录》卷二《东夷》，第 57 页。
④ 同上书，第 50 页。
⑤ 同上。

时,逐渐以"日本"为称,隋大业初,倭奴国遣使入贡,其所呈国书中称:"日出处天子致书,日没处天子无恙。"①隋炀帝看后甚是不悦。倭奴国改号为"日本",有两种说法,一是唐朝咸亨初年时,因为"恶倭名,自以其国近日所出,更号日本";②另外一种说法是"或云日本乃别一小国,为倭所并,故冒其号"。③

宋雍熙年后,日本每朝都来朝贡。宋熙宁以后,前来中国的一般都只是些僧人。元朝时,元世祖派遣使臣前往招谕,日本国不至,遂命范文虎率兵十万往击之,至五龙山时被暴风破舟败回,终元之世,日本国不复至中国。到了明初,日本国开始侵扰中国沿海,首先是侵扰山东沿海州郡,当时倭寇犯边问题尚未引起明王朝的足够重视,这从洪武二年朝廷派遣行人递送给日本的一份"即位书"中可以看出。

> 洪武二年,遣行人杨载赍玺书往报即位书,曰:"上帝好生恶不仁者,向者我中国自赵宋失驭,北夷得据之,播故俗以腥膻中土,华风不竞,凡百有心,孰不兴愤。自辛卯以来,中原扰扰。彼倭来寇山东,不过乘胡元之衰耳。朕本中国之旧家,耻前王之辱,兴师振旅,扫荡胡番,宵衣旰食,垂二十年。自去岁以来,殄绝北夷,以主中国,惟四夷未报。闻者山东来奏,倭兵数寇海边,生离人妻子,损害物命,故修书特报正统之事,兼谕倭兵越海之由。诏书到日,如臣则奉表来庭,不臣则备兵自固,永安境土,以应天休。如必为寇贼,朕当命舟师扬帆诸岛,捕绝其徒,直抵其国,缚其王,岂不代天伐不仁者哉,惟王图之!"④

虽然明朝政府向日本国发出了照会并谴责日本,但是日本并没有与中国向化通好。洪武二年,日本数次寇扰中国的苏州、崇明。洪武五年,复来寇扰中国沿海,海上不宁。这一时期,洪武帝仍然认为倭寇非心腹之患,因听闻日本信奉禅宗,认为应该选派高僧出使日本,说其归顺。"东夷固非北胡,心腹之患······议其俗尚禅教,宜选高僧说其归顺"。⑤

于是,明州天宁寺的祖阐和尚和南京瓦罐寺的无逸和尚作为使者前往宣

---

① (明)严从简撰,余思黎点校:《殊域周咨录》卷二《东夷》,第 50 页。
② 同上书,第 51 页。
③ 同上。
④ 同上。
⑤ 同上书,第 52 页。

谕，为此洪武帝还写御和诗一首，希望日本因此而得以教化，其诗中有云："谕善化凶人，不负西来意。迩僧使远方，毋得多生事。"[1]

（二）对日本国的朝贡之例与倭人寇边

后来日本国先是来贡，有贡献但是无表文。洪武七年复来寇边，八年虽有贡有表，但是上表却出言不逊，不满于"年年进奉于上国，岁岁称臣为弱倭"，于是妄说中国常起灭绝日本之意："盖天下乃天下人之天下，非一人之天下……今陛下作中华之主，为万乘之君，城池数千座，封疆百万余里，尤有不足之心，常起灭绝之意。"[2]有点类似今天的"中国威胁论"，并接连寇犯浙江。为此，明朝廷一方面筑城增戍，屯守备之，另一方面，严禁军民下海通藩，此为明朝的海禁法令之始。

明朝的海禁法令对于清朝亦有影响，明清的"闭关"政策，并非朝廷无开放之胸襟，更多的是出于对倭寇的防范。倭寇扰边虽然与日本天皇有关，但是明朝时倭寇扰边的另一个原因，是日本自身处于地方割据的状态，倭人并无统一约束。如永乐二年，对马、壹岐诸岛的倭人劫掠中国沿海边境，日本天皇抓获寇扰中国的倭人，献于明朝廷。"上命行人潘赐捧勅往谕国王源道义捕之。国王卑辞纳款，谢约束不谨，出兵殱其众，献渠魁二十人于阙下"。[3]为表称其善，明朝政府命倭使将所献之倭寇带还按照其国法处罚，倭使将这些寇扰中国的倭人按照日本法律"尽蒸而死"。[4]

双方约定日本不得"违例越贡"，如有违反，并以寇掠论。所谓"违例越贡"，是指规定此后日本向明朝十年一贡，规定人数每次不得超过两百人，船只二艘，并不准带刀枪。[5]又封其国之主山为"寿安镇国之山"，勒碑其上。永乐皇帝还亲自制文以表。

实际上，明朝本对日本倭人进贡有些畏惧，并不十分希望其前来朝贡，但是明朝又视之为藩属，因此心态上比较复杂，于是才有此专门的关于"违例越贡"的规定。但是倭人终不肯革其心，仍不时寇扰中国。经过永乐十九年抗击倭寇

---

① （明）严从简撰，余思黎点校：《殊域周咨录》卷二《东夷》，第 53 页。
② 同上书，第 56 页。
③ 同上书，第 58 页。
④ 同上。
⑤ 同上。

二千余人的辽东大捷之后,形势才稍微缓和。但是到了宣德元年,倭人前来进贡又出现了"违例越贡"的情况。于是宣德中,明朝重新说明并放宽了针对倭人的贡制,由不超过两百人,改为不超过三百人;由贡船只能两艘,改为不超过三艘。①

但是情况并没有因此而改变,正统四年五月,倭船四十余艘夜入大嵩港,袭破千户所城,转破昌国卫城,大杀掠而去。为此,"备倭官"受到刑事处罚者大小三十六人。正统七年,倭人侵而复贡,再次大肆僭越朝贡之例,以千余人来贡,"朝廷责其越禁,姑容之"。② 成化十一年,倭王复遣使周瑞入贡,朝廷特别敕谕倭王,要求其"宜守宣德中事例"。③

明朝时倭人寇边,多是掠劫而去,并无侵占中国之意,其意图不过如成化年间庶吉士鄞人杨守陈所说,是为了"侵暴则卷民财,朝贡则霑国赐",④其真正图占中国之谋,应是起于后来中日甲午海战之时。由于倭人常借朝贡之名寇边,因此对于倭人寇边,明朝也有一个认识过程。从洪武帝开始,由寄希望教化,到禁止海通并积极守备;从特别规定其朝贡之例制,到严格禁止其"违例越贡";从禁止其"违例越贡",到放宽其朝贡例制。直到成化十三年,才有人对其残忍之性和"侵暴则卷民财,朝贡则霑国赐"的意图真正有了明确的认识。成化十三年庶吉士鄞人杨守陈上书礼部,建议绝却日本国朝贡之请,但建议没有被礼部采纳。

> 庶吉士鄞人杨守陈贻书主客郎中,欲请绝之,书曰:"倭奴僻在海岛,其俗狙诈而狼贪。自唐至近代,尝为中国疥癣矣。国初,洪武间来贡,不恪。朝廷既正其罪,后绝不与通,著之为训。至永乐初,始复来贡,往来数数知我中国虚实,山川险易。因肆奸谲,时挈舟载其方物戎器,出没海道,以窥伺我。得间则张其戎器而肆侵暴,不得间则陈其方物而称朝贡,侵暴则卷民财,朝贡则霑国赐。间有得不得,而利无不得,其计之狡如是也。宣德中,来不得间,乃复称贡。朝廷不知其狡,许其至京,宴赏丰渥,捆载而

---

① (明)严从简撰,余思黎点校:《殊域周咨录》卷二《东夷》,第 61 页。
② 同上。
③ 同上书,第 62 页。
④ 同上。

归,则已堕其计矣……"①

杨守陈还描述了当时倭人寇边时,纵肆无道,抢夺物货,虐杀妇孺。其人狡计狼贪之心,不可以教化,其劫掠和残杀的手段以及当时被害百姓的惨状,可谓类似于后来南京大屠杀的情形。

> 正统中,来而得间,乃入桃渚,犯我大嵩,劫仓庾、燔室庐,贼杀蒸庶,积骸流血如陵谷,缚婴儿于柱,沃之沸汤,视其啼号以为笑乐。捕得孕妇,则计其孕之男女剔视以赌酒。荒淫秽恶,殆有不可者。吾民之少壮与其粟帛席卷而归巢穴,城野萧条,过者陨涕。②

杨守陈上书要求礼部废其朝贡的意见没有得到采纳,其后果一如严从简所说:"今观此书,凿凿正谊,洞烛倭情,使当时肯奏行之,岂有今日扰乱之祸哉,噫!"③因此,明朝没有取消日本的对华朝贡例制,而后来倭人又继续以此为名进行强贡,并与汉奸相勾结,继续寇扰中国沿海。

(三) 内外勾结与海禁之法废驰

嘉靖二年,日本国内各道争相前往明朝入贡,为此还相互争执,如大内艺兴派遣使臣宗设谦道和细川高国派遣使臣宋素卿入贡于宁波争执一事。倭夷入贡一般都是经宁波港进入,然后达于朝。二道使团在中国宁波港交相争贡,诋毁仇杀,当时天皇源义植无力制止。其中细川高国使臣宋素卿原本汉人,弘治九年间,倭使汤四五郎入贡时携之归倭国,宋素卿诈称是明朝宗室,天皇以之为婿,官拜纲司。嘉靖二年又作为使臣来朝,宋素卿此次来贡不仅违例,且借机与宗设谦道在宁波港一起作乱,后被获并会审,由于宋素卿贿赂了太监赖恩因而得圣旨,不仅免除了宗设谦道之罪,宋素卿也只是受到被遣返回日本的处罚。当时宋素卿一案也引发了朝中的议论。

巡按御史欧珠认为宋素卿本来就犯了诈伪之罪,且行仇杀,不能够待之以常礼,更不能够许其前来入贡。河南道御史熊兰认为宋素卿原本华人,叛入夷狄,今"违例入贡,且大起衅端,迹其罪恶,虽死不足以容之",朝廷应当降下明

---

① (明)严从简撰,余思黎点校:《殊域周咨录》卷二《东夷》,第62页。
② 同上。
③ 同上。

诏，"数其不恭之罪，示以薄伐之威，绝其朝贡之请"。① 礼科都给事张翀认为宗设谦道等人俱"罪在不赦，通合置之典刑，以昭天朝之法，以严夷夏之防"，尤其应当"绝约闭关，永断其朝贡之途"。② 兵科右给事中夏言上书，同样要求恢复洪武祖制，对之绝约闭关。夏言认为倭夷入贡，"往往为边方州郡之害，我圣祖灼见其情，故痛绝之，于山东、淮、浙、闽、广沿海去处，多设卫所，以为备御"，像宁波这样因是倭夷常年入贡必经之地而法制尚存的地方犹且败事，其他法制未备的沿海地方，则更容易生乱，因此应当对之处以刑罚，不可使其竟脱天朝之诛。③

这些朝议基本上是强调要绝约闭关、断绝日本朝贡，同时要求加强沿海的法制。但是实际情况是朝贡之途未绝，海道猖乱，海禁法制更加松驰。

嘉靖十七年，日本使臣石鼎、周良前来朝贡，礼部又奏请重申十年一贡之例，但是日本国仍强贡不止。嘉靖二十三年，又来入贡，但是却没有表文，明朝以其期限未至，拒绝其入贡。嘉靖二十六年，日本国又至请贡，明朝仍以期限未至为由予以拒绝，让其等候第二年再来入贡。

虽然从洪武时期就因为倭人寇暴掠劫中国沿海居民而厉行海禁，禁止与倭人贸易往来，但是由于沿海边民与倭人之间的贸易有着很大的经济利益，同时海禁政策的实施也刺激了日本假借朝贡之名而行贸易或掠劫之实，因此，明朝实行的海禁政策并不十分顺利。到了嘉靖庚子年已经出现了海禁久驰的局面，中国沿海一些不法船主为了牟利，招集亡命之徒，勾结日本海盗，仍然与海外往来贩运，他们往往置办硝黄、丝绵等违禁货物卖往日本、暹罗、西洋等国。"船主招集亡命，勾引蕃倭，结巢于宁波霩衢之双屿，出没剽掠，海道骚动"。④

不仅如此，由于海禁久驰，这种非法贸易逐渐形成气候，他们在中国沿海边地有"细奸"为之作牙行，地方势豪为其窝主。当时的都御史朱纨巡抚两浙时对之进行整顿，严申海禁之令，规范法制，凡是违禁下海者，一律处死。但由于在查案过程中难免有未及详细审理，或者有过误之处，因此引起地方官员和不法之徒的怨谤，不久朱纨即被罢官而去，从此东南禁海之令愈加松驰。

甚至有一个叫王直的中国人逃往日本萨摩州的松浦津，自称为王，控制要

---

① （明）严从简撰，余思黎点校：《殊域周咨录》卷二《东夷》，第 66 页。
② 同上书，第 67 页。
③ 同上书，第 68 页。
④ 同上书，第 74 页。

害之地，三十六岛的倭人竟都听其指挥，倭酋部落数万人皆受其节制。王直率领倭人侵盗中国东南浙江、福建、广东沿海地方，其恶行到了"燔庐舍，掠子女，横杀无算，河水为赤"的程度。不仅王直勾结日倭，倡乱海道，汉人中还有王仵疯、徐必欺、毛醢之徒与王直一样，金冠龙袍，称王海岛，攻城拔地，劫库纵囚。嘉靖二十五年，朱纨掌浙江兼领兴、福、漳、泉时就曾经说过："去外夷之盗易，去中国之盗难；去中国之盗易，去中国衣冠之盗难。"①

在此形势下，浙江巡抚赵炳然上书呈八条建议，此议被朝廷采纳，并诏江北、江南、浙江、福建、广东一体遵行。这八条建议即定兵额、振军队、练民兵、立保甲、明职掌、分统辖、严哨应、公赏罚，提出边防之策在于用人，亦在于"立可久之规者，尤在于以法。盖有人非法无据，有法非人不行"。② 其中所谓的法治，集中体现在"立保甲"、"公赏罚"。

所谓"立保甲"，是为了在倭夷来时相互救援，所以弭道而塞源。其内容有：每十家为一甲，有甲长一人，十甲为一保，有保长一人。平时相互稽查内奸外盗，如有窝隐歹人者，一家犯罪，九家连坐；甲长犯罪，保长连坐。若遇倭夷来袭，合力拒寇。

所谓"公赏罚"，是为了明确这些地方督抚将帅的责任，防止希功而捏报者。规定凡是有偾事而败军者，当追究将领责任，其功过赏罚，赏不遗贱，罚必自始，庶法典至明而至当。在"赏"的方面，如果遇有斩获之功，则以其是否亲自临战为主，凡是加赏，首议总兵之功，督抚止于加赏；如果偏裨有功，而总兵不在战阵，则止议赏本兵，巡按、御史不允许论功。在"罚"的方面，如遇失事有罪，首先惩罚将领，其部下但有功劳，俱当从重论叙，不轻遗微贱。

---

① （明）严从简撰，余思黎点校：《殊域周咨录》卷二《东夷》，第 115 页。
② 同上书，第 108 页。

第十四章

清朝对边疆的法律治理

一、清朝的边疆立法

清朝以法治边的重点在蒙疆、回疆、西藏、苗疆、青海,由于东北是满清王朝的发源地,在观念上没有被看作是中国的"边疆"。清朝前期,中国的边疆局势比较稳定,基本上没有来自外部的威胁。清朝在中央有专门管理边疆的机构理藩院并颁行了《理藩院则例》,基本法典《大清律例》中也有相关的规定。在地方,针对西藏、蒙疆、回疆、青海这些边疆地方都制定了专门的法律,而在南方边地则没有专门的立法,其治边法律主要是针对苗疆、康藏。其中北方的重点是蒙疆与回疆,南方则重点是西南的西藏、康藏、苗疆。即使是在嘉庆朝以后,情况也是如此。

乾隆十五年、五十三年、五十六年三次平定西藏动乱,清廷针对西藏先后制定了《酌定西藏善后章程》、《设站定界事宜》、《酌议藏中各事宜》、《钦定西藏章程》等法规;在蒙疆,康熙三十年多伦会盟之后,理藩院将自清太宗皇太极以来陆续发布的125条有关蒙古内部事务的法令汇编为《蒙古则例》,乾隆五十四年编纂了共12卷、209条的《蒙古律例》;在青海,雍正初年在平定罗卜藏丹津以后,针对青海地区制定了《青海善后事宜十三条》、《青海禁约十二事》、《西宁番子治罪条例》、《西宁青海番夷成例治罪条例》等法规;在回疆,嘉庆朝有了《回疆则例》;在"苗疆",则有"苗例"。

除此之外,清政府主要致力于对上述法规的整理和完善工作。比如从嘉庆十六年(1811)到嘉庆二十二年(1817)又将《蒙古律例》中的旧例删除、修改、复核、增纂,"旧例二百九条逐一校阅,内有二十条系远年例案,近事不能援引，拟删；其余一百八十九条内，除修改一百七十八条，修并二条外，并将自顺治年以来应遵照之稿案，译妥汉文，逐件复核，增纂五百二十一条，通共七百十三条"。①

前面总论部分，笔者阐述了清代边疆法俗的南北类型，其中分析了清代回疆、蒙疆、西藏与苗疆之间因宗教文化的差异而呈现的不同法律文化类型，认为相对于苗疆，回疆、蒙疆、西藏的律例属于成熟的宗教法律类型。清朝治边的难点在于回、蒙、藏，因此在上述立法中，《蒙古律例》《西宁番子治罪条例》《回疆则例》这三部法规占有重要的地位，其中《回疆则例》主要是针对维吾尔族，《西宁番子治罪条例》是针对青海、甘肃、宁夏各地的蒙、藏等族。

二、《国朝柔远记》：清代的
治外观念及其法律

（一）《国朝柔远记》中的几篇"叙"：士大夫的化外观

在研究清代后期思想史时，我们习惯专注于对清代"新派"思想的研究，但是若要认识这种文化的碰撞，则亦需注意对清代"保守主义者"的考察。中国先秦时期有"德以柔中国，刑以威四夷"之说，②这是当时晋国军队包围了阳樊，阳樊人为自救而在情急之下的说法。先秦时期中国与四夷的态势，实际情况是中原地区不断受到夷狄的威胁和挤压，虽然汉唐之际有所突破，但总体上来说这种情况一直持续到清朝。因此，所谓"德以柔中国"与后来所谓的"固本"是一致的，而"刑以威四夷"也只是威慑，而不是积极的进攻，因之，"固本柔远"才是中国一贯的治边方略。

满清的中国自来有雍正皇帝"中外一体"的理论，但是满清时期面对的"西洋"已不同于以往。以往的"四夷"与中国相争，不过是财物、土地，并不涉及文化，中国人尚有"吾闻用夏变夷者，未闻变于夷者也"的自信。③ 即使是匈奴这样

---

① 《理藩院则例》卷一《原奏之三》。
② 《左传·僖公二十五年》。
③ 《孟子·滕文公上》。

强悍的对手，也不过是"夷狄譬如禽兽，得其善言不足喜，恶言不足怒也"，^①在文化层次上与中国差距太大，尚不能与中国相比。而满清时期的中国所面对的西洋人，不仅拥有先进的器物文化，而且还拥有能够与儒教齐肩的耶教，甚至还有对华的鸦片贸易，这些都是在感官上具有强烈吸引力的东西。

因此，满清时期的中国对西洋人传教和通市中的鸦片贸易十分担心，在这种情况下，坚持"固本"、"反本"自然是清王朝应对西洋人的基本态度。由于西洋人来自遥远的海外，无所谓"刑以威四夷"，因此"柔远"之说也自然成为其应付洋人的基本方略，这种态度和方略直接影响了朝廷对于洋人传教和通市贸易的立法。

成书于清后期的王之春所撰的《国朝柔远记》，其中便体现了清代官方主流思想中对于自身政教文化的坚持，同时也展示了清王朝治外政策和法律上的"柔远"态度，二者构成了清代治外思想的两个方面。

在清后期的士人观念中，近代国家意识仍不成熟，"外"和"夷"没有严格的区分，坚持儒家政教为前提的"化外主义"仍然是其治边、治外的基本态度和方略。^②关于清代边疆治理有两本不可以忽视的论著：一是魏源的《圣武记》，二是王之春的《国朝柔远记》，其中王之春的《国朝柔远记》集中反映了清王朝关于治边、治外的观念和态度。

清人王之春的《国朝柔远记》今版书名曰《清朝柔远记》，成书于光绪五年(1879)前后，为该书作"叙"者，皆是当时的名臣。从这些"叙"中我们可以看到光绪年间国门洞开之时清廷官方的主流思想，也可见其在中华民族危机的时刻对传统"以德柔远"思想的笃信。他们的治边、治外思想是中国传统儒家化外主义思想的反映，代表了晚清时期保守主义者（如戊戌变法和清末宪政法律改革时出现的保守主义者）在这一问题上的态度。

王之春的《清朝柔远记》中突出了一个"柔"字。清臣彭玉麟于光绪八年为之所作的"叙"中，解释了这个"柔"字的含义，反映了当时清廷"士大夫"在边疆问题上的主流意识。

> 夫秦汉而还，多事四夷，往往兵连祸结，为累世隐忧。即勒石燕然山，

---

① 《汉书》卷九四上《匈奴传》，第 2779 页。
② 杜文忠：《边疆的法律：对清代治边法制的历史考察》，第 36 页。

系单于颈致阙下，而财穷力竭，得其土不可治，得其人不可臣，"隋珠弹雀"之诮，所难免焉。至于若两晋、南宋已事，率皆君臣玩泄，养痈贻患，自小其朝廷。史册所书，千载下读之，犹令人发指。①

从政治利益的角度看，中国古代中原王朝在处理与"化外"地方的关系时，往往认为与"外国"打交道只能是"财穷力竭，得其土不可治，得其人不可臣"，是一件"吃力不讨好"事情，因此采用"礼尚往来"、"薄来厚往"的办法。鉴于历史教训，一般不主张采用武力，多事四夷，因为这样会造成"兵连祸结"的局面。主要以"柔远"为术，即彭玉麟在其"叙"文中所说的"高明柔克"。

> 昔宣圣与鲁君论文武之政，于远人则曰"柔"。诚以远人不可遽怵之以威也，遽怵之以威，则彼必震动不安；又不可故示之以弱也，故示之以弱，则彼必狡焉思逞。此求一至善不易之经，则非"柔"不为功。且夫"柔"之云者，非我之处柔也，道在其归附之心，而孚之以诚信，则柔者益柔，所谓"燮友柔克"也。化其犷悍桀黠之习，而迪之以中庸，则不柔者亦柔，所谓"高明克柔"也。②

所谓"高明柔克"，仍然是"中庸"的心术，其做法是"诚以远人不可遽怵之以威"，"又不可故示之以弱"，重在"归附"，而不在获得利益。柔远之政，不主张一味以武力克之，认为此等柔术"可以行久远而无弊者"。③

同样，在谭钧培为《国朝柔远记》所作的"叙"中，强调了康熙三十三年针对俄罗斯遣使来朝一事的上谕："外藩朝贡，固属盛事，总当以敉宁中国，培养元气为根本。"④这符合乾隆四十一年针对刑部奏驳李质颖谳英商狱而不得其平允一案乾隆皇帝谕旨的精神，该谕旨"传旨申饬，反复数百言"，表达了"敉宁中国，培养元气"是国家外事的基本原则。因此在该"叙"中，谭钧培引《礼记》："日月所照，霜露所队（坠），凡有血气者，莫不尊亲"来说明固本纾外的重要性，同时也说明"柔远"政策的正确性，主张"柔远人，四方归之"。⑤

在清臣卫荣光为之所作"叙"中，他回顾了中国治边、治外的做法："《禹贡》

---

① （清）王之春撰，赵春晨点校：《清朝柔远记·彭叙》，中华书局 1989 年版，第 1 页。
② 同上。
③ 同上书，第 2 页。
④ （清）王之春撰，赵春晨点校：《清朝柔远记·谭叙》，第 3 页。
⑤ 同上书，第 4 页。

纪要荒,《周官》有职方氏之掌,明堂之位,九夷八蛮,如在幕庭。……诚务修其德政,则四海犹一家,如天君泰而百体从令。苟或失之,则指臂之间,亦驱使之所不及,遑论其他乎?"①再次提到"修其德政,则四海犹一家",这与上述柔远思想是一致的,都是养元气,修德政,同样反映了中国传统固本治外的思想,其中所谓的"天君泰而百体从令"就是这个意思。

清臣俞樾为《国朝柔远记》所写的"叙"文对王之春的"柔远"之说也尤为赞赏,认为光绪朝王之春的《国朝柔远记》与道光朝魏源的《圣武记》一样,其"自顺治以迄于同治,于中外交涉机宜以及通商始末,凡所以控御八荒,怀柔万国者皆在此焉"。②

> 晋皇甫谧《帝王世纪》云:"自神农以上有大九州,柱州、迎州、神州之等。黄帝以来,德不及远,惟于神州之内分为九州。"是说也,儒者或未之深信。及佛氏之书出,而四大部洲之说兴,更为儒者所不道。……以是推佛氏四大部洲可信,而神农以上大九州亦可信。③

俞樾的地理观念反映出中国人对于"天下"有新的认识,他认为中国自古"九州"之说可信,而佛教说的四大部洲同样存在。不过俞樾仍然坚持"华夏中心"说,认为"然则神农以上君临大九州者,皆吾中国圣人,而四夷无与焉"。俞樾进一步坚持传统儒家的"本末"之关系说,④以此解释中外关系,认为"治天下有本有末",西国人"其心计之奇巧,器械之精良,则天实启之,使得以自通于中国者也,皆其末也",⑤提出"若夫其本,则固在我中国矣"的思想。⑥ 这显然是附会了康熙的治边、治外思想。康熙三十三年(1694)针对俄罗斯遣使入贡一事,康熙阅其章奏,谕大学士:"至外藩朝贡,虽属盛事,恐传至后,未必不因此反生事端。总之,中国安宁,则外衅不作,故当以培养元气为根本要务耳!"⑦因此俞樾说:

---

① （清）王之春撰,赵春晨点校:《清朝柔远记》,《卫叙》第5页。
② （清）王之春撰,赵春晨点校:《清朝柔远记》,《俞叙》第7页。
③ 同上。
④ 《论语·学而》曰:"君子务本,本立而道生。"不仅以君子的态度务本,而且还以君子的态度治国,自然也包括治外、治边。
⑤ （清）王之春撰,赵春晨点校:《清朝柔远记》,《俞叙》第8页。
⑥ 同上。
⑦ （清）王之春著,赵春晨点校:《清朝柔远记》卷三,第43页。

世徒见其人心计之奇巧，器械之精良，挟其长技凌犯我边陲，则惴惴焉惧中国之不可以为国，而不知治天下有本有末。其心计之奇巧、器械之精良，则天实启之，使得以自通于中国者也，皆其末也。若夫其本，则固在我中国矣。……今西国之人心计奇巧、器械精良，虽孟子无以尚之也。孟子则一言以折之曰："盍亦反其本矣！"①

那么如何才能"固本"、"反本"，俞樾阐述了一些传统的做法：

所谓反其本，无他焉，省刑罚，薄税敛，使仕者皆欲仕其朝，耕者皆欲耕于其野，商贾皆欲出于其途，邻国之民皆仰之如父母。如此者，在孟子时不过朝秦楚、莅中国，而在今日则虽统大九州而为之君不难矣。②

另外一位作"叙"者是李元度，他的论述更具有理论性，认为薄海内外诸国之人也都是人，按照"有教无类"的原则，他们都可以接受我中国的尧舜孔孟尊亲之道，只是因为过于遥远，"礼闻来学，不闻往教，故（他们）不知有圣人，未得闻其教耳"，③但是"圣人有教无类，必不忍出此也。圣人之道，譬如天地之无不持载，无不覆帱，是以声名洋溢乎中国，施及蛮貊，舟车所至，人力所通，天之所覆，地之所载，凡有血气者莫不尊亲，故曰配天"。④ 李元度还从中国与周边的文化的历史关系中，论证了中国传统"教化万邦"的"无外"思想。

尧舜都冀州，其时惟今山西、山东、直隶、河南、陕西数行省为中原，余皆要荒服也。孔孟时，吴越荆楚尚为蛮服。宋以来，三江、两湖、闽、越、黔、滇、川、粤始大盛，文学比邹鲁。谓非圣教之自近而远欤？我朝雍正中，滇、黔、川、楚、两粤诸苗猺改土归流，亦自开辟以来始沾王化。至乾隆中，新疆拓土二万里，则中土业已遍覆无遗，繇是可以及外国矣。⑤

李元度的立场显然有强烈的"华夏中心主义"色彩，是以我化人，而不是以人化我。在"叙"文中他强调了传统的"天地无外，圣人无外"。在新出现的中西方关系中，他寄希望于中国改变外国，而不是外国改变中国，认为西洋人的比递

---

① （清）王之春著，赵春晨点校：《清朝柔远记》，《俞叙》第8页。
② 同上。
③ （清）王之春著，赵春晨点校：《清朝柔远记》，《李叙》第9页。
④ 同上。
⑤ （清）王之春著，赵春晨点校：《清朝柔远记》卷一，第10页。

斯尼教以躬行实践为宗,此即尧舜孔孟之正教,而天主教以及耶稣、希腊诸教也已"自悟其非"。他说:

> 天欲使尧舜孔孟之教自中国以施及蛮貊,列圣先天而不违,故在二百年前即已启其机括。盖天地无外,圣人无外,故列圣之包涵遍覆亦无外。吾知百年内外,尽地球九万里,皆当一道同风,尽遵圣教。天下一家、中国一人之盛,其必在我朝之圣人无疑矣!目下泰西诸国,皆能识华文、仿中制,译读四子、五经书,丕变其陋俗。英国近有比递斯尼教,以躬行实践为宗,此即尧舜孔孟之正教也。彼其所谓天主、耶稣、希腊诸教,已自悟其非,而迁乔出谷矣。①

不仅如此,李元度更进一步从中外比较的角度深入阐述了这样的思想,认为西洋人应当"幡然改从尧舜孔孟之教",仍然不失其"人性",他具体分析了西洋宗教、政治、科学文化,认为其犯"天忌"者有十。②

> 洋人所奉者天主,然而天道之所忌彼皆犯之。残忍,天所忌也,洋人于火攻则精益求精,于鸦片则创鸩毒以害人,充其量不至尽天下之人类不止,犯天之忌一。机巧,天所忌也,洋人无事不用机械,犯天之忌二。强梁,天所忌也,洋人则以强凌弱,以众暴寡,犯天之忌三。阴险,天所忌也,洋人吞噬兼并,每蓄意于数十年前,而坐收后利,犯天之忌四。狡猾,天所忌也,洋人智取术驭,得寸进尺,犯天之忌五。忘本,天所忌也,洋人不敬祖先,废宗绝祀,犯天之忌六。黩武,天所忌也,洋人恃其船坚炮利,不战势将自焚,犯天之忌七。专利,天所忌也,洋人上下交征利,君臣、父子、兄弟怀利以相接,犯天之忌八。奢侈,天所忌也,洋人厚于自奉,穷奢极欲,犯天之忌九。忌刻,天所忌也,洋人暗分朋党,彼此猜嫌,犯天之忌十。③

总结以上十条,他认为"吾中国之所以为中国者,在此不在彼也"。④ 认为时下面对外患之侵扰,文化的根本不可以失,"言时务者虽师彼之所长,尤当以尧舜孔孟相传不变之道为本,而后可与言富强"。应当说李元度对西方文化的分

---

① （清）王之春撰,赵春晨点校:《清朝柔远记》卷一,第10页。
② 同上书,第11页。
③ 同上。
④ 同上。

析和归纳是比较具体的,他的理论的出发点正是从儒家的天道和人道思想出发,以中国古代"常教"为根本,不走西方人"强梁忘本"之路,在此基础上再寻求国家富强的方法,这一思想即使在今天看来,也不失文化比较的价值。此外,在王之春的"自叙"中,认为"先王之训",在于"耀德不观兵,止戈之文,安民而和众",表达了"虽近在要荒,但示怀柔之意,岂远违声教,必伸挞伐之威"的思想。①

(二) 对洋教、经商的困扰与关于国人出洋的法令

赵春晨为其点校的《国朝柔远记》所撰前言中,认为王之春之书存在的问题有二：一是"陈腐的华夷之辨和名教观念时有流露",②二是"很多地方说的是国内少数民族,这都是较大的缺陷"。③ 如果站在中国文化本位的立场,而不是西方中心主义的立场来看,所谓的名教观念是可以理解的。

从文化的性质看,中国传统对外治法中不乏文明的因素;从人类政治文明发展的角度看,讲求"治天下有本有末",进而"固本"、"反本",其主张德化而"怀柔万国"的思想也不无道理。同时,我们在《国朝柔远记》中仍然难以看出这时的清朝士大夫具有近代主权"国家"意识,在他们的观念中,近代主权国家概念仍然只是"中外"这类十分模糊的文化概念,这说明即使到了光绪年间,传统的"化外主义"的边疆观念仍然是清王朝"官方"的主流意识。

古代中国人的世界观十分宏大,动辄称"天下",儒家的政治理想也十分远大,有普世主义的蓝图。由于王朝力量的局限和特定地理环境的限制,中国人往往在周边有限的范围内推行自己坚信的"圣教",以仁为本的儒家圣教使得它的治边、治外政策同样具有"传教"的性质。同时传播孔孟圣教文化是为了协和万邦而具有"和"的属性,武力和法律的统治并不是它的终极目的,因此"怀柔万国"才是它的基本策略。清王朝继承了这一切,它的世界观是雍正所说的"中外一体","朕以万物一体为怀",④"中外一体"的实意是"天下一体",由于有"天下一体"的思想,清王朝本身在经济、政治上并不拒外,其之所以在经济、政治上有

---

① （清）王之春撰,赵春晨点校：《清朝柔远记》,《自叙》第12页。
② （清）王之春撰,赵春晨点校：《清朝柔远记》,《前言》第9页。
③ 同上。
④ （清）王之春撰,赵春晨点校：《清朝柔远记》卷三,第61页。

拒外之心，只是因为担心洋教的传播，破坏了始终遵循并自信的"尧舜禹汤文武周公孔子"之道。

清代伊始，中国面临的"治外"问题有二：一是海外西方人前来传教与经商可能危及儒家圣教的矛盾和困扰；二是边疆的历史遗留问题，如蒙古遗部的寇乱，西藏的稳定，东部台湾蕃族、西南苗人的归化以及周边藩属如朝鲜、安南、暹罗归附等问题。这些问题在相关的法律上也有所反映。

首先是来自洋教与经商的困扰，这一点在杨光先的《不得已》一文中反映得十分明显。

实际上，从明朝开始，西方外夷与中国的交往最要紧者有二：一是洋教，二是互市。中国官方所惧者，非互市、天文、利器，恰恰是西方人带来的洋教。如果我们能从清王朝的角度来看待当时的中国边疆问题，就会发现这不是一个纯粹的政治问题，也不是纯粹的经济问题，更不是法律问题，而仍然是一个文化的根本问题。清朝的士人早在清前期就已经意识到与西方沟通存在着来自文化上的威胁和挑战，这在明代万历年间利玛窦开启的传教活动和清代康熙时期钦天监正杨光先的《不得已》一书中可以看出，亦可从时任钦天监事的汤若望与杨光先之间的矛盾中看到。

西方与明清王朝之间大规模的互市贸易发生在洋教传播之后，而洋教则是洋教士通过帮助明王朝修定"历法"得以传入的。先是明万历九年利玛窦来华入京贡方物，传其"推步之术"，同时在朝廷官员中发展教众。清朝时同样如此，顺治元年(1644)七月修正历法，依据汤若望所传西方历法造《时宪书》通行全国，此时汤若望已经在更深入的层面上宣传天主教。

西方人的传教活动的确是以"奇技淫巧"为先，天文历法对于传统中国政治来讲是十分重要的事情。明朝万历九年，意大利传教士利玛窦来到广州香山澳，后入京贡献方物，由于其人"精推步之学，士大夫皆重之"。[①]

利玛窦来华的根本目的，显然不是为了传播科学，而是为文化来(传教)。利玛窦带来了耶稣经像，并显扬天主为天地万物之主宰，这对于援"天道"而进行统治的中国来说，在思想和政治上都具有挑战性，王之春在论述西教在中国滥觞时，认为这也是随后"彼教流染中华，议和战，通贡市"的原因。

---

① （清）王之春撰，赵春晨点校：《清朝柔远记》卷一，第 1 页。

其徒党继至者，相率和之，或居京师，或在各直省，开堂礼拜，以其说煽惑愚众。时廷臣已有恶之请驱斥者，特当事因其历法准验，不肯严为禁绝，遂使彼教流染中华，议和战、通贡市，胥此滥觞。萌蘖不扎，将寻斧柯，殆谓是哉！[1]

到了康熙八年（1669）八月出现了杨光先一案。杨光先时为钦天监正，吴明烜为监副。钦天监是清朝掌管天文历法的机构，钦天监由于工作失误，当年出现了"本年置闰之误"。此事十分严重，南怀仁以此事弹劾吴明烜，但是作为监正的杨光先"自觉其非，自行检举。但《时宪书》已颁行，乃下诏停止闰月。下光先于狱。刑部议光先罪当斩，上怜其年老，加恩从宽免死。至是改成。后遇赦归，行至山东暴卒"。[2] 作为钦天监正的杨光先对于西洋传教的事情十分敏感。对于天主教在中国的传布，杨光先自愤其先忧之隐不白于天下后世，于是才著《不得已》一书，批判天主教法以维护传统儒教义理，并深为当时担任钦天监事的汤若望所忌。

杨光先之所以名之曰《不得已》，是因为战国时杨朱、墨翟之言盈天下进而威胁孔孟之说，孟子不得已而以言拒之；隋唐时，佛老之说盛行，陷溺人心，韩愈不得已而作《原道》以拒之，由此以明先王之教。杨光先仿效孟子、韩愈，表达了他著《不得已》的初衷："我朝定鼎之初，汤若望挟其新法，混入中国。一时喜其历法准验，稍弛中外之大防，遂致腥膻杂处。光先不得已而为是篇。"[3]《不得已》中的论题如下：

一是关于中国人的起源问题。汤若望所著《天学传概》一书称中国人的祖先是伏羲氏，令人惊讶的是，他认为伏羲氏是"如德亚之苗裔"，"如德亚"又是亚当夏娃子孙所居住的地方。他说："其在《书》曰：昭受上帝，天其申命用休；《诗》曰：文王在上，于昭于天；《鲁论》曰：获罪于天；《中庸》曰：郊社之礼，所以事上帝；《孟子》曰乐天、畏天、事天。何莫非天学之法语微言？是中国之教，无先天学者。"[4]照此说法，中国历代之圣君、贤臣都成了天主教的苗裔，而儒家的经典也成了天主教的微言，清朝的君臣也成了天主教的苗裔。汤若望的这种逻辑自

---

[1]　（清）王之春撰，赵春晨点校：《清朝柔远记》卷一，第 2 页。
[2]　（清）王之春撰，赵春晨点校：《清朝柔远记》卷二，第 18 页。
[3]　同上书，第 23—24 页。
[4]　同上书，第 19 页。

然不能为杨光先这样的士人所接受，在他们看来，甚至有些搞笑。

二是天主教不供君亲，无君、无父、无母，这对于主张"忠孝"的传统中国政治文化来讲是不能接受的。因此杨光先说："天主教不供君亲，是率天下而无君父者。……吾儒以天秩、天序、天伦、天性立教乎！惟天主耶稣以犯法钉死，是莫识君臣；耶稣之母玛丽亚有夫名若瑟，而曰耶稣不由父生，是莫知父子。何颠倒之甚也！"①他认为耶稣以犯法钉死，是不识君王国法。因此杨光先说孟子针对墨家和杨朱学说云："杨墨之道不息，孔子之道不著。"而如果按照汤若望的意思，则成了"孔子之道不息，天主之教不著。孟子之拒，恐人至于无父无君。祖白之著，恐人至于有父有君"。②

三是"天"，"天"是中国文化的基本概念，儒家敬天，援天道而治是中国基本的政治哲学，而天主教上帝造天之说，威胁到了传统的"天道"观："天主教所事之像，名曰耶稣。手执一圆像，问：'何物？'则曰：'天。'问：'天何以持于耶稣之手？'则曰：'天不能自成其为天，犹万有之不能自成其为万有，必有造之者而后成。'"如果天持于耶稣之手，那么耶稣必是圣人，既然这样，与伏羲、尧、舜、文王、周公、孔子相比，耶稣又做了什么呢？"耶稣而诚全天德之圣人也，则必一言而为法后世，一事而泽被生民，若伏羲、文王之明易象，尧、舜之致时雍，大禹之平水土，周公之制礼乐，孔子之明道德，斯万世之功也，耶稣有一于是乎"？③

最后，除了上述理论上的批判，杨光先对于天主教在中国的传播对中国政治、边防的威胁表示了担忧。天主教当时已开堂于京师，且共有三十余处，几乎遍布全国，"若望藉历法以藏身金门，而棋布邪教之党羽于十三省要害之地，其意欲何为乎？……徐光启以历法荐利玛窦于朝，以数万里不朝贡之人，来而弗讯其所从来，去而弗究其所从去，行不监守之，止不关防之，十三省之山川形势、兵马钱粮，靡不收归图籍而弗之禁。古今有此玩待外国人之政否"？④ 杨光先的《不得已》集中体现了明清时期中国士人对洋教的排斥意识和谨慎态度。

其次，对"洋教"传播的担忧影响了关于洋教与互市的法令。

明王朝在与西方的贸易中就已采取了比较谨慎的态度，对"洋教"传播的担

---

① （清）王之春撰，赵春晨点校：《清朝柔远记》卷二，第20页。
② 同上。
③ 同上书，第23页。
④ 同上书，第20—21页。

忧也影响了清朝针对中外贸易的法律，这表现在当时的一些相关法令中。

当时对中国海上贸易有冲击性的是"佛郎机"（此指葡萄牙），正德十三年，"佛郎机"遣使入贡，但因其占据马六甲一事，御史何鳌上书，恐其在南方滋事，建议绝其朝贡互市。后巡抚林富上言："粤中公私诸费，多资商税，番舶不至，则公私皆窘。"林富从经济利益的角度，希望朝廷开设互市，"因陈许与佛郎机互市有四利，部议从之。自是佛郎机得市香山澳，又越境商于福建"。① 嘉靖二十六年，因互市与葡萄牙人出现纠纷，巡抚朱纨严禁与海外的互市，于是这些有葡萄牙背景的马六甲外商聚众侵犯福建漳州的月港、浯屿。巡抚朱纨命官军迎击，生擒为首的李光头等 96 人，朱纨"用便宜斩之"。朱纨此举遭御史陈九德弹劾，认为朱纨不应当擅自诛杀马六甲商人，朱纨于是被逮自杀。

巡抚朱纨死后，福建海禁复弛，互市复开。于是暹罗、爪哇、占城、浡泥诸国都在广州进行互市，正德时移至高州电白县，由市舶司进行管理。嘉靖十四年，由于指挥黄庆受外商贿赂，互市地点又从电白县移到濠镜（澳门）。葡萄牙商人乘机混入，其他国家商人"皆畏避之"，为了实现贸易的目的，葡萄牙商人假称是满剌加（马六甲）入贡，已改称"蒲都丽家"，②朝廷认定他们是葡萄牙人，于是部议驱赶他们。

这些商人在濠镜筑室建城，"雄踞海畔若一国"，明王朝地方官员"利其货宝"，"佯禁而阴许之"，加上又有许多侵犯明朝的倭寇藏匿于此，于是这一情况引起了有关官员的重视，总督张鸣冈上书朝廷："今倭去而番尚存，有谓宜剿除者，有谓宜移之浪白外洋、就船贸易者。顾兵难轻动，濠镜在香山内地，官军环海而守，彼日食所需咸仰于我，一怀异志，我即制其死命，若移外洋，则巨海茫茫，奸宄安诘，制御安施？ 似不如申明约束，无启衅，无弛防，相安无患之为愈。"③朝廷听从张鸣冈的建议，在澳门设"雍陌营"，拨约一千士兵驻防，对于当地互市则采取"申明约束，无启衅，无弛防，相安无患"的政策。这一治策显然是有效的，到了天启元年，监司冯从龙等毁掉了他们在澳门所筑城市，这些外国商人也未敢抗拒。王之春对此的评价是"中朝疑之过甚"："盖番人本求市易，初无不轨谋，而中朝疑之过甚，不许其朝贡，又无以制之，故议者纷纷。然终明之世，

①　（清）王之春撰，赵春晨点校：《清朝柔远记》卷一，第 7 页。
②　同上书，第 7—8 页。
③　同上书，第 8 页。

此番固未尝为变也。"①

从上可见，明王朝对于外商到广州贸易有所开放，也有所禁止。开始只是从一般性的贸易管理角度出发，担心其相互之间招惹事端，观念上仍然视之如夷狄。尤其是认为葡萄牙人凶顽，因此更不希望把互市深入内地，期间之所以颁布禁令，有所禁止，只是因为发现互市已经深入到了广州内地，正如广州总督佟养甲上疏所言："佛郎机国（葡萄牙）人寓居濠镜澳门，与粤商互市，于明季节已有历年，后因深入省会，遂饬禁止。请嗣后仍准番舶通市。"②从佟养甲的上疏看，当时并不是一味采取"闭关"的态度，仍有准番舶通市的建议，只是不允许在省会通市而已。此后每年"通市不绝，惟禁入省会"。③ 佟养甲的这一做法，本是出于"圣朝招徕之仁"，不过在当时的士大夫的眼中，也有代替葡萄牙人请许互市的嫌疑。

康熙二十二年（1683），清廷起初尚禁商舶出洋互市，后来由于荷兰曾经帮助剿灭台湾郑经，施琅等几次上书，请求与洋人通市，得到了朝廷的准许。后来又因为疆臣请开海禁，朝廷设粤海、闽海、浙海、江海四个榷关，在澳门、漳州、宁波府、云台山署吏以莅之。④ 康熙二十三年（1684）清廷晓谕沿海，正式以法律的形式放开海禁，允许商民出海贸易，包括东洋日本、南洋各地。"商民人等有欲出洋者，呈明地方官，登记姓名，取具保结，给发执照，将船身烙号刊名，令守口官弁查验，准其出入贸易"。⑤

这一法令的效力一直持续到康熙五十六年，该年清廷颁布了南洋禁海令，而前往东洋的贸易仍然照旧。具体规定是："凡商船照旧东洋贸易外，其南洋吕宋、噶喇吧等处不准商船前往贸易，于南澳等地方截住。令广东、福建沿海一带水师各营巡查，违禁者严拿治罪。"⑥

雍正五年，这一禁令又被解除，允许商人出洋贸易，但出洋贸易者回籍的"禁约"仍然有效。所谓"回籍"，即涉及"国籍"问题。既然有人逾期不归，甘心

① （清）王之春撰，赵春晨点校：《清朝柔远记》卷一，第8页。
② 同上书，第7—8页。
③ 同上。
④ （清）王之春撰，赵春晨点校：《清朝柔远记》卷二，第36页。
⑤ 《光绪朝大清会典事例》卷六二九。
⑥ 印光任、张汝霖：《澳门纪略》，转引自马汝珩、马大正《清代的边疆政策》，中国社会科学出版社1994年版，第224页。

流移外方，就是不遵守出洋贸易的"禁约"，用雍正皇帝的话来说，就是等同于不愿再做大清的子民，自然"无可悯惜"。"若逾期不回，是其人甘心流移外方，无可悯惜，朕意不许令其回内地"。①

雍正六年，又具体规定，凡是出洋商船，必须有坐商、行商、船户同三名出洋商人连环互保，并且还必须将船只、货物、乘员逐一详填造册，报官批准。"若在海外逾期不归者，则保商、家属均坐罪"。②

乾隆初年又有关于"在番回籍之人"的规定，特别是针对那些外流回籍人口中假冒而显非善良者、托故不归又偷渡私回者。对这类人的处罚是"充发烟瘴地方"或"即行请旨正法"："如在番回籍之人，查有捏混顶冒显非善良者，充发烟瘴地方。至定例之后，仍有托故不归，复偷渡私回者，一经拿获，即行请旨正法。"③

从上述规定看，清朝前期本有开海禁的初衷，后又不禁东洋而禁南洋，这是由于南洋不断有荷兰殖民当局屠杀华侨的事件发生，也反映了清朝政府禁止偷渡出海、要求出洋贸易者必须按时回籍的立法意图。由于那时的中国尚无现代法学上的"国籍"和"公民"概念，而是只有"子民"和"臣民"的意识，之所以有如此禁约，是符合这样的意识的。

此外，由于那时中国与外国彼此之间没有现代的贸易保护、关税保护、知识产权保护这些概念，没有海外贸易的国际共同规则、条约和国内相应的制度设计，因此那些外流贸易者若不"回籍"，对于清朝国家利益而言，无疑是人、货、技术全无，且只有利于东洋和南洋，这与外方人前来贸易，清国可以进货收税的情况是不同的。如日本素来习中国技艺，唐代就有过对中国的海战，明代以降更是对中国沿海骚扰成性，成为海疆大患，皆有赖于历史上不断学习中国各类技术，前述《唐律》《宋刑统》中，相关条文也有此类防范。因此清前期这些关于出洋贸易的禁令或禁约，要求出洋贸易者必须按时回籍，亦当有技术和军事上的考虑。康熙时期，在与日本的贸易中，日本国向华人单方面颁发"信牌"（1715年的"正德新令"），以方便华人前往贸易获利。在清政府看来，其意图则在于搜罗中国禁运的技术、武器、医药、书籍以及人才来发展其盔甲、水师、战船等，海外

① 《清世宗实录》卷五八。
② 《浙江通志》，转引自马汝珩、马大正《清代的边疆政策》，第229页。
③ 《光绪朝钦定大清会典事例》卷七七五《兵律·关律·私出外境及违禁下海》。

贸易中这些情况的不断出现,在一定程度上也会促使清朝政府思考和改善相关的法律制度。

上面这类关于"回籍"的禁约,只是说明了清王朝对外贸的限制,而不能仅以"闭关锁国"言之。实际上,唐代即有专门的市舶制度,从唐代后期算起,中国广州、泉州、宁波的海外贸易就一直没有中断过,从广州出发的船队最远已达中亚,交易货物种类达 300 余种。宋明继续积极发展,清朝即使有所限制,但广州、澳门的海外贸易也仍在继续。从明朝中叶到鸦片战争期间,白银作为国际货币就一直在大量流向中国,而且在中国人的心目中,中国在世界上是高技术的"发达国家",海外大量需要中国的丝绸、陶瓷、茶叶。而相反,处于自然经济生活中的中国人似乎对海外商品没有特别的需求。

> 中国,自罗马时代以来便是欧洲货币的归宿,17 世纪通过与西属菲律宾的贸易,又成为美洲白银的主要吸收者。西属美洲所产的白银有 20% 被西班牙大帆船直接运往中国购丝绸和瓷器。还有一部分美洲白银,通过中亚贸易到达俄国的布哈拉,然后间接转入中国。美洲新大陆出产的贵金属,有一半多经上述渠道流入中国。加上每年来自日本的 15 万到 18.7 万公斤白银,在 17 世纪的前 30 多年中,每年流入中国的白银,总量约达 25 万至 26.5 万公斤。[1]

白银大量流入中国促进了中国社会的市场化和货币化,也影响了明清的经济,但是并没有根本改变中国是建立在自然经济之上的"高技术国家"的地位,"王者无求"仍然有其社会经济基础,尤其是相对于毗邻的南洋和东洋,中国在技术、武器、医药、书籍及人才方面仍然保持着绝对的优势。这也是明清这一时期外贸"禁约"的重要历史背景。因此,我们经常所说的"闭关锁国"、所谓的"寸板不得下海",多是指清初为了进攻台湾而发布的"禁海令"而言,当时规定沿海居民内迁 50 里,违者斩。而形成于乾隆年间并删除于宣统二年的 36 条禁海律文条例,亦只是限制而非禁止,《大清律例》"私出外境及违禁下海"律文亦只是针对军需、武器、铁货、丝绸这类在当时具有战略性的物资"私出"而制定的。[2]

---

① [美]魏斐德著,陈苏镇、薄小莹译:《洪业:清朝开国史》,第 1—2 页。
② 如"私出外境及违禁下海"律文规定:"凡将马、牛、军需、铁货、铜钱、缎匹、绸绢、丝绵,私出外境货卖及下海者,杖一百。"

因此,就整体而言,清朝的海疆政策只是有针对性的限制而不是"闭关锁国"。

三、清朝前期的洋教和外贸禁令

在中国的西南边疆地区,清朝开国初期亦面临西方人传教与互市的问题。

安南本中国隶属之地,五代以后才开始自立为国,但是一直都接受中央王朝的册封,明朝时基本上可以算作是以土司羁縻之法治之。"衣冠仍唐宋之制,职官、选举、文字大都尊仿中国。坐则席地,贵人乃施短榻,尚循古制"。[①]

在明清王朝的藩属体系中,安南属于中国的"外藩",是中国的西南边疆之地,安南本身也一直有这种明确的意识。乾隆、嘉庆时,安南新旧阮氏皆以藩封得国,因此西洋人与安南之间的通市贸易必然也属于中国的利益,西洋人与安南之间的通市就如同他们与中国之间的通市。由于当时已经出现西洋人与安南人之间的鸦片贸易,因此安南才置重典,杜绝洋人的鸦片贸易并严禁天主教的传入。其法律对于从事鸦片贸易者进行严惩,对于本国有入教者则歼灭之。"国中禁令甚严。红毛人以鸦片诱据交留巴,复诱安南,安南觉其阴谋,犯者立置重典。又严禁天主教,有入教者,歼灭之。不与西洋通市(乾隆中,阮光平以广南篡据安南,引法兰西人为助,与之通市,后遂据其西贡)"。[②] 安南的这一立法也反映了明王朝对鸦片和传教的基本态度。

清康熙年间对于天主教尚比较开放,但仍然有限制。康熙八年(1669)十二月,朝廷下令禁止各省设立天主堂,由于南怀仁在历法上的准确判断,朝廷"遂特旨许西洋人在京师者自行其教。凡在各省开堂设教者,禁之"。[③] 允许在京师者自行其教,而禁止在各省开堂设教,但是实际情况是,当时许多私立的天主教堂并没有奉旨摧毁,加上洋人都是自行其教,原来禁止各省开堂设教的法令"日久法弛"。于是,康熙五十六年(1717)广东碣石镇总兵官陈昂上请朝廷再次禁止开堂传教:"天主一教,设自西洋,今各省开堂聚众,此辈居心叵测,目下广州城内外尤多,加以洋船所汇,同类招引,恐滋事端。乞循例严禁,

---

① (清)王之春撰,赵春晨点校:《清朝柔远记》卷一,第13页。
② 同上。
③ (清)王之春撰,赵春晨点校:《清朝柔远记》卷二,第24页。

毋使滋蔓"。^① 陈昂的这一上请得到朝廷准许,这就是关于禁止洋教传播的"康熙五十六年定例"。虽然有此"定例",但问题并没有从根本上解决,由于沿海互市仍在进行,依然是"洋船所汇,同类招引",伴随着互市,传播洋教的情况仍在继续。由于洋教与孔孟之道迥异,洋教的传播威胁到了王朝"以孝治天下"的政教根本,沿海互市带来的经济利益与维护政教传统之间的矛盾仍然存在,对互市的法律限制也总是与对洋教传播的限制联系在一起。

雍正时期,一方面坚持"康熙五十六年定例",禁止洋教传播;另一方面进一步实行有限制的海外贸易。由于康熙时期海禁已开,越来越多的洋人前来贸易,这引起了清政府的注意。雍正二年(1724)六月,通政司右通政梁文科上奏朝廷:"查香山县澳门地方,明季嘉靖间租与红毛居住,屡年来户口日增,居心未必善良,不可不严加防范,以杜隐忧。今宜设一弁员在澳门弹压,凡外洋人往来贸易,不许久留,并不许内地奸民勾通为匪,则地方安静,庶不致有意外之虞。"^②雍正皇帝责成两广总督孔毓珣进一步查实情况后再行上奏。在孔珣毓的回奏中,提到了"康熙五十六年定例",并提出了限定来粤洋商船额数和限制外国贸易船只停泊地点的建议。孔毓珣认为原来为了防止西洋人擅入内地,在澳门设置的关卡防务都没有问题,毋庸另议安设,只是前来贸易的船只日多,恐致滋事,为此,"臣拟查其现有船只,仍听贸易,定为额数,朽坏准修,此后不许添置,以杜其逐岁增多之势"。^③ 此外,"至外国洋船每年来中国贸易者,俱泊省城黄埔地方,听粤海关征税查货,并不到澳门湾泊"。^④

这一建议得到了朝廷的许可。同年冬十月,雍正皇帝又责成孔珣毓对广东外夷之事妥善料理,于是孔珣毓提出了区别对待、分而治之的办法。

一是对于各省所居西洋人中有通晓技艺、愿赴京效力者送往北京,此外一概送赴澳门安插。"臣思西洋人在中国,未闻犯法生事,于吏治民生原无大害,然历法、算法各技艺,民间俱无","查各省居住西洋人,先经闽浙督臣满保题准,有通晓技艺愿赴京效力者送京,此外一概送赴澳门安插,嗣经西洋人戴进贤等奏恳宽免逐回澳门,发臣等查议"。^⑤

---

① (清)王之春撰,赵春晨点校:《清朝柔远记》卷三,第53页。
② 同上书,第58页。
③ 同上书,第58—59页。
④ 同上。
⑤ 同上书,第59页。

二是为防止西洋人在各省传教，将各省送到之西洋人，集中于广州省城天主堂暂时居住，并不许其出外行教，亦不许百姓入教，并在有其本国洋船到广东时，"陆续搭回。此外各府州县天主堂，尽行改为公所，不许潜往居住"。①

三是对于在澳门居住的西洋人，考虑到他们已经在此居住了二百年之久，"守法纳税，亦称良善"，准许其继续居住。但是为防止他们"将来船只日多，呼引族类来此谋利，则人数益众"，需要对现存船只编列字号，作为定数，不许添造，并不许再带外国人容留居住。

四是对于新来贸易的商人，"宜使其怀德畏威"。在洋船到广东时，"止许正商数人与行客公平交易，其余水手人等俱在船上等候，不得登岸行走"。并定于十一、十二两月内，乘风信便利，将银货交清，遣令回国，以达到"关税有益而远人感慕，亦不致别生事端矣"的效果。②

对于两广总督孔毓珣的这一禁教方案，雍正皇帝似有王者不忍之心，认为西洋教法本无让人深恶痛绝之处，"但念于我中国圣人之道无甚裨益，不过聊从众议耳。尔其详加酌量，若果无害，则异域远人自应一切从宽。尔或不达朕意，绳之过严，则又不是矣"。③雍正皇帝的这一答复模棱两可，有让孔毓珣便宜行事的意思，基本上是如果无害，一切从宽。

实际上，早在雍正元年(1723)闽浙总督满保就针对西洋人杂处内地进行传教一事，提出："西洋人杂处内地，在各省起天主堂，邪教偏行，闻见渐淆，人心渐被煽惑。请将各省西洋人，除送京效力人员外，余俱安置澳门，其天主堂改为公廨，误入其教者严行禁饬。"④对此奏议，当时雍正皇帝的态度就不是很强硬，他说："远夷住居各省已历年所，今令其迁移，可给限半年，委官照看，毋使地方扰累、沿途劳苦。"⑤

到了雍正三年，雍正在上谕中对洋教和洋人贸易的态度逐渐明确，针对洋人的海洋贸易，雍正三年秋九月颁布《禁民入番船》令。

> 本年六、七月间，粤东到英吉利洋船三、法兰西洋船一，皆载黑铅、番

① （清）王之春撰，赵春晨点校：《清朝柔远记》卷三，第60页。
② 同上。
③ 同上。
④ 同上书，第56页。
⑤ 同上。

钱、羽缎、哆啰哔叽诸货,又续到啊沙国、咖喇吧国、吗吧喇斯国洋船、英吉利洋船,皆载胡椒、檀香、苏木、黑铅,停泊黄埔。总督孔毓珣奏请委员弹压稽查,不许内地闲杂人等擅入夷船生事,并严饬牙行公平交易,务在年内乘风信尽令开发归国。奉旨:"严加约束,不可宽从。"①

这里说的"禁民入番船"令,可归纳为三条:一是不许内地闲杂人等擅入夷船,意指禁止在夷船内进行交易;二是只准在牙行进行公平交易;三是英法各国洋船必须在年内乘风信全部归国,不能长时间停泊于黄埔。这显然是既允许其前来贸易,并不"闭关",同时又对其有所防范和限制。雍正时期的这一禁令,有出于防止洋人传教和输入鸦片的考虑,令其务于年内乘风信归国,就已经包含了不甚欢迎洋人前来贸易的意思。

清政府的禁教政策从来都不是一概而论的,之所以禁洋教只是因为天主教在理论上与孔教对立,而对于国内边疆诸族的宗教却少有禁止。流行于中国的佛、道、喇嘛教等宗教中,伊斯兰的"回教"是最异于中国儒道释传统的,尽管如此,清王朝对伊斯兰"回教"却一直很宽容。如雍正二年(1724)九月,山东巡抚陈世倌曾经请禁回教,陈世倌的疏言,认为回教不敬天地,不祀神祇,另立宗主,自为岁年,党羽众盛,请求朝廷概令出其教,毁其礼拜寺。但是雍正的上谕则认为陈世倌所请偏激,他认为回教同佛、道、喇嘛教一样,虽然由来已久,但历来却不为中土之人所崇尚,其传播范围也十分有限,不易蔓延。"其来已久,今无故欲一时改革禁除,不但不能,徒滋纷扰,有是治理乎?未知汝具何意见也"。② 至于回教的礼拜寺、回回堂也不过是在同族中进行,"惟彼类中敬奉而已,何能惑众"?③ 因此在上谕中对山东巡抚陈世倌所请不仅不允许,且多有责备之意,由此可见清朝统治者认为回教只是在同族中进行,这不同于西洋人的传教。

《国朝柔远记》集中体现了清朝士人的主流治外意识。从上分析可知,清政府对于西洋人在中国周边的贸易也并不是一味拒绝的态度,其所担心的只是洋教和鸦片,因为这已经触及清朝的经济利益和政治文化根基(儒家政教),二者是清朝国家的"核心利益"。明清所谓的"柔远",是以儒家政教为内容的柔远,它的治外法律一方面体现了儒家政治的宽容精神,另一方面也表现出对于自身

① (清)王之春撰,赵春晨点校:《清朝柔远记》卷三,第61页。
② 同上书,第59页。
③ 同上。

政教文化的坚持，这两个方面共同构成了明清时期治外、治边的基本态度。比如雍正三年(1725)二月颁布的《诏安辑台湾降番》中，对待台湾生番的态度就说得很清楚："生番野性难训，全在地方文武官弁安戢得法，封疆大吏当严饬属员施恩布教，令其心悦诚服，永无变更，方不愧柔远之道。"①这里"严饬属员施恩布教，令其心悦诚服"中所谓的"教"，是指"儒教"。与历史上一些政教合一国家（基督教国家、回教国家）不同，"儒教"非神教，而是人教，是人文之教，以"儒教"为立国指导思想的明清王朝，在对外关系上奉行的本也是"万物一体"的宽容态度。正如雍正三年八月的上谕："至西洋寓居中国之人，朕以万物一体为怀，时时教以谨饬安静，果能慎守法度，行止无亏，朕自推爱抚恤。"②

尽管忌讳鸦片，但对于寓居中国的洋人，只要能够遵守中国的法律，仍然是"推爱抚恤"；尽管忌讳洋教，但是并非以敌人视之，如雍正三年八月西洋教皇遣使入贡，雍正帝赐谕曰："教化王地处极远，特遣使臣赍章陈奏，感先帝之垂恩，祝朕躬之衍庆，周详恳至，词意虔恭，朕心嘉慰。使臣远来，朕已加礼优待。……兹因尔使臣归国，特颁斯勒，并赐妆段、锦段、大段六十匹，次段四十匹，王其领受，悉朕绻绻之意。"③甚至对于那些私入洋教的宗室贝勒的处罚也采取宽容态度，如雍正五年(1727)丁未，曾议宗室贝勒苏努子乌尔陈、苏尔金、库尔陈私入天主教一案，因雍正帝先命人对之"分晰开导"，但其仍不悛改，有大臣请将乌尔陈等即行正法，但雍正仍然只是将乌尔陈等人交步军统领"牢固锁禁，俾得穷究西洋道理"，以自请悔过的方式进行处理。④

> 乌尔陈等不遵满洲正道，崇奉西洋之教。朕令伊等悛改，遣王大臣等分晰开导，乃伊等固执不愿悛改，如此昏庸无知，与禽兽奚别，何必加以诛戮！乌尔陈等非力能摇动政事、断不可姑容于世者可比，此等人正法与否并无关系。今王大臣等因苏努父子从前所行大逆不道，请将乌尔陈等即行正法，所奏虽是，但朕从前已将伊等之罪暂行宽宥，今复将伊等正法，西洋人不知其故，必以为伊等因入西洋教被戮，转使伊等名闻于西洋。著将乌尔陈等交于步军统领阿齐图，择一地方牢固锁禁，俾得穷究西洋道理。如

---

① （清）王之春撰，赵春晨点校：《清朝柔远记》卷三，第61页。
② 同上。
③ 同上。
④ 同上书，第64页。

知西洋敬天之教,自然在朕前奏请改过也。①

四、清朝边界意识的变化

清朝官方有"洋夷"的概念。所谓"洋夷",清朝时实际上已经专指今天我们所说的"外国",已非春秋时期所说的汉文化圈外的四方夷狄了。由于地理和历史的原因,原来春秋时的"四方夷狄"在清朝时大多已经属于汉文化圈,或者说属于汉文化圈的"亚文化"。因此,在"文化疆域"的意义上,这些"四方外夷"已经属于这个汉文化圈可以直接辐射的范围了,而且在一定程度上,它们一直是一部相互融合的历史。但是清朝所谓的"洋夷"则不同,它似乎是突如其来的一种异端文化,而且具有极端的异己性,这种异质文化之间的矛盾影响了清朝在法律方面对待洋夷的态度。

清代边疆的开拓以及与外夷的边界纠纷,与此前中国历史上的王朝相比,其地理边界意识在顺治、康熙、雍正时期不断强化。但是从清朝的第一个边界条约《尼布楚条约》内容来看,清初时的边界意识并没有一般认为的那么清晰。在墨菲教授《亚洲史》一书中,是这样来评价 1689 年康熙朝与沙皇代表签订的《尼布楚条约》的:"在这场清朝显然获胜的竞争中,康熙成功地保卫了中国历来易受威胁的陆上边疆。俄国代表团被阻止在边境,中国派出级别较低的官员,带着几名当翻译的耶稣会士,前去同俄国人谈判。"②这肯定了《尼布楚条约》是一个成功的条约,因为它成功地保卫了中国历来易受威胁的陆上边疆。在此之前,我们似乎没有看到过中国与所谓的"外国"之间有以"国家"名义签订过条约,过去的王朝由于在边疆地区多是羁縻而治而缺乏严密的政治组织,这导致了在此之前中国边界只是当地边民聚居的地理范围,而没有建立在双边条约之上的明确边界,而《尼布楚条约》当是中国与"主权国家"之间划定边界的开始。《尼布楚条约》法理上的意义正在于清朝不仅以一个"王朝"的名义,更以"国家"的名义划定了它在东北与俄罗斯之间的边界。

康熙朝平三藩之乱,国基不固,因此对东北边疆问题采取比较宽大的政策。

① (清)王之春撰,赵春晨点校:《清朝柔远记》卷三,第 64 页。
② 〔美〕罗兹·墨菲著,黄磷译:《亚洲史》,海南出版社 2004 年版,第 358 页。

从万历八年俄罗斯人入侵吉利斯族地方开始，中俄在东北边境的冲突持续了数十年。1686年雅克萨之战虽然取得了军事上的胜利，但仍然是清政府主动要求与俄罗斯签订边界条约的。于是俄罗斯公使陆军大将费耀多罗的代表团与清朝钦差大臣索额图的代表团进行谈判，从1689年8月22日第一次会面开始，至1689年8月27日（康熙二十八年九月五日）议定了《尼布楚条约》，以满、蒙、拉丁、俄罗斯五体文字在格尔必齐河东岸、额尔古纳河南岸刊石立碑。

民国时期葛绥成编著的《中国近代边疆沿革考》中，依据日本《极东外交史稿》所云，在谈判之始，清使就拒绝了俄使以黑龙江为界的要求，认为"黑龙江一带到色楞格河左岸，早已属清国版图，土民年年朝贡不绝"。① 康熙二十七年索额图的一份相关奏折亦云：

> 查俄罗斯所据尼布楚，本系我茂明安游牧之所，雅克萨达呼尔总管倍勒儿故墟，原非罗刹所有，亦非两国隙地也。况黑龙江最为扼要，未可轻忽视之。由黑龙江而下，可至松花江。由松花江而上，可至嫩江。南行可通库尔瀚江（按即牡丹江）及乌拉、宁古塔、锡伯、科尔沁、索伦、达呼尔诸地。若向黑龙江口，可达于海。又恒滚（即阿穆混河）、牛满等江及净溪里江（即精奇里江）口，俱合流于黑龙江。环江左右，均属我俄乐春、奇勒尔、毕喇儿民人，及赫真费雅喀所居之地，不尽取之，边民终不获安。臣以为尼布楚、雅克萨、黑龙江上下，及通此江之一河一溪，皆属我地，不可弃之于俄罗斯。②

索额图的这份奏折是主张俄罗斯应当把黑龙江上游以及贝加尔湖以南、色楞格河以东这些本属于大清国领土的地方归还中国，但最终《尼布楚条约》把这些地方让给了俄罗斯。此外，根据约文："乌地河以南、兴安岭以北，中间所有地方河道，暂行存放，俟各还国察明后，或遣使，或行文，再行定议。"③而《尼布楚条约》签订后，清朝对河流未尝过问，一任俄罗斯人据为己有。因此，《中国近代边疆沿革考》一书中认为清国因此共丧失了约"二十三万二千余方公里"的领土："《尼布楚条约》是我国和外国订立最早的条约，向来中外多说是我国最光荣的条约，而不知这次丧失黑龙江上游和色楞格河东岸及乌地河流域的地方，仍多

---

① 葛绥成编著：《中国近代边疆沿革考》，中华书局有限公司民国二十三年版，第22页。
② 同上书，第21—22页。
③ 同上书，第23页。

至二十三万二千余方公里。"①

《尼布楚条约》之前,在清初的边疆概念中,边疆族群是否前来向中央王朝进行"朝贡",仍然是判断这些族群所在地方是否属于清国统治范围的标准,"朝贡"的领土意识和"羁縻"的治理方式是统一的。清入关前,东北边疆地区部落的朝贡是建立在满族收服这些部落基础上的。

后金天命初年,黑龙江下游叫野人卫。清太宗时,命巴齐兰、萨木什喀征伐黑龙江地方,收服呼尔哈部。1638年,居于额尔古纳河和精奇里河的索伦、达呼喱诸部来朝贡。1689年,派遣大臣于吉尔巴齐河立石为界,并于神奇里河畔置田驻兵,东海滨省(沿海州)也是清朝兵马所及地方,而当地的索海、达呼尔部诸部(崇德二年即来朝贡)也仍居旧地,"但是没有政治组织,只求羁縻"。②

在适当的军事控制基础上,对边疆诸族进行羁縻统治仍然是治理这些地方的主要方式。1684年,清军收复雅克萨后就开始在黑龙江东岸建瑷珲城并驻军,先置黑龙江将军和副都统,以控制索伦、达呼尔诸部。后又进一步对这一带的齐齐哈尔、墨尔根(嫩江)、呼伦贝尔、布特哈等城市驻军,进行军事控制。东北边疆地方有如索伦、达呼尔、巴尔虎、额鲁特、赫哲、俄伦春等游牧部落,在其民政方面,1671年设索伦总管一员,统辖索伦、布特哈两部;1734年于呼兰设城守尉,治理民屯;在三姓城(伊兰)驻副都统,控制赫哲、俄伦春诸部(即库页岛到恒滚河一带地方)。清朝在这些边疆地方实行了军事巡边制度,具体规定是:

> 又瑷珲、墨尔根、齐齐哈尔的各协领,每年五、六月分三路到格尔必齐额尔古纳、墨里克勒等河流去视察巡边,各协领各写衔名日月于木牌,瘗山上。明年视察者取归以呈将军和副都统,各瘗木牌以备后来者考验。又每年于七月咨报中央管理民族事务的理藩院。而边界请谒,按例于年终奏闻。③

尽管有军事和十分有限的民政治理,清朝在这些地方的民政治理仍然局限于羁縻而治,并没有进一步深入。军事上,在《尼布楚条约》签订后也没有进一步积极经营,就当时黑龙江的边疆形势来看,绰尔纳河口、雅克萨、海兰泡最为

---

① 葛绥成编著:《中国近代边疆沿革考》,第21页。
② 同上书,第5页。
③ 同上书,第26页。

重要，但是整个军事、民政机构并没有向边界方向前移，没有在海兰泡设城，移瑷珲将军于此；也没有在绰尔纳河口、雅克萨驻都统等官；其东北方向也没有移将军府于三姓城；没有移阿勒楚喀拉林副都统驻黑河口和混同江，这在一定程度上为后来俄罗斯探寻出海河道、港口提供了方便。在后来清朝国势日弱的情况下，此后的《瑷珲条约》、《天津条约》、《北京条约》中东北失地之多更不待言，而且在民政上也一直没有形成有效的政治组织。

之所以没有形成有效的行政组织，是因为当时在边疆观念上，"中国"要从文化型向法理型转变必然要经历一个逐渐的过程，这一进程是随着清王朝在近代与西方交往关系的深入而不断加强的，二者之间的关系几乎是正比。历史事实清楚地表明，即使到了雍正时期，王朝在处理与"藩属"的关系上，仍然表现为一个文化型的国家，"藩属"这种缘于古老的邦属政治文化的概念，仍然是清王朝在处理重大边界纠纷问题上的基本指导思想。这种观念和制度是中国古老分封制的产物，至少从西周开始，"藩属"作为一种具有文化色彩的边疆制度就已经成熟，到了近代它仍一直影响着中国人的边疆观念，可以这样说，虽然从康熙时期开始清王朝已经在忙于划清自己直接管辖的疆界，但是在处理内地与藩属之间越界纠纷问题上，"藩属属于中国"的思想仍然影响着王朝的决定，即使藩属国之人在大清边境内的死刑犯罪，亦以儒家理论为指导，采取教与刑并用的宽仁原则。

比如乾隆二十九年(1764)九月，朝鲜人朴厚赞等十人越江到清国境内猎貂取貂皮，被清朝驻防兵抓获，清朝照会朝鲜国王，朝鲜国王的态度是"请即正法"。对于此案，乾隆皇帝却认为"请即正法原属罪所应得，第念向来此等罪犯曾邀格外从宽"，于是改为监候，并谕刑部行文于朝鲜国王，曰："嗣后遇有似此罪犯，应将首恶之人明正典刑，以昭国宪。此案不即照此处分者，以未经申谕于前，事同不教而杀，所不忍为耳。该国王其约束所属，宣示朝章，如复不悛，朕亦不能为奸民曲法屡宥也。"①

雍正时期，朝廷有一次似乎是全国性的周边疆界清理活动，其中清廷想清理安南作为藩属国在云南内地拥有的一百二十里地方，双方先于赌咒河立界，后安南国王上奏陈辩，雍正命总督鄂尔泰再行确查，经确查后清廷还给安南八十里地方，并于铅厂山下小河立界。安南国王又上奏复辩，并想再多要四十里

---

① （清）王之春撰，赵春晨点校：《清朝柔远记》卷五，第116页。

地。为此,雍正六年春正月,上谕有"敕谕安南国王黎维祹定边界",以此阐明皇帝仁义尽至之意,并决定再把这四十里的地方划给安南。有趣的是,清廷的依据只是安南是大清的"藩属"。在清廷看来,"藩属"是臣服之邦,而"凡臣服之邦,皆隶版籍",不过只是"在云南为朕之内地,在安南仍为朕之外藩",并无一毫分别,即使给了安南,这些地方仍然属于中国版图。在此特略录此上谕于下:

> 朕前令守土各官清理疆界,原属行之内地,未令清查及于安南也。督臣高其倬以职任封疆,详考志书,兼访舆论,知开化府与安南分界处当在逢春里之赌咒河,于是一面设汛,一面奏闻。比因该国陈奏,朕特降旨令撤汛另议立界,又恐高其倬固执己见,复命接任总督鄂尔泰秉公办理。鄂尔泰体朕怀远之心,定界于铅厂山下小河,较旧界已缩减八十里,诚为仁义尽至。朕统御寰宇,凡臣服之邦皆隶版籍,安南既列藩封,尺地莫非吾土,何必较论此区区四十里地?……顷鄂尔泰呈进该国王上年十二月章奏,知该国王深感朝廷之仁,自悔从前之失,词意虔恭,朕甚为嘉悦。在王既知尽礼,在朕便可加恩,况此四十里之地,在云南为朕之内地,在安南仍为朕之外藩,一毫无所分别,著将此地仍赏赐该国王世守之。①

进入近代,传统"中国"面临的对外关系不再是南方边疆诸族的自然宗教世界,不再是西藏的喇嘛教世界,不再是西北的伊斯兰教世界,而是来自西方的基督教世界。自然宗教、喇嘛教、伊斯兰教世界没有基督教世界那样的科学技术以及建立在这些技术之上的新型军事力量,也没有基督教世界中建立在罗马法之上的、精细得像几何学那样的机械的法律逻辑。中国的对外关系开始出现了两样新东西:一是西方世界的军事技术,二是西方世界的法理型逻辑。这种法理型逻辑不再是建立在天理、人情之上的道德逻辑,也不是建立在基于文化上区分内地与化外的法俗逻辑,而是按照精确而严格的法律条文、法律概念进行分析推断的形式逻辑。

同样,这样的法理型逻辑使得在对外关系上出现了明确而精细的领土、领空、领海概念,这些建立在地理之上的界约概念构成了近现代主权概念,并在这一概念的基础上确立了国家概念。这种新的国家概念使得国家之间边界建立在非道德、非宗教的清晰而理性的国际法律之上,它不再是春秋时代那种仅仅

---

① (清)王之春撰,赵春晨点校:《清朝柔远记》卷四,第68—69页。

依靠信誉，甚至建立在具有原始宗教色彩的血誓仪式之上的关系，不再是以"朝贡"这种象征形式来表现的宗主与附属的关系，也不是"化"与"未化"、内地与外藩的关系，而是西方法律意义上主权国家之间的关系。

虽然《尼布楚条约》是清前期签订的对外条约，但是从整个清朝对外关系的对象看，《尼布楚条约》的确是清国与西方世界在法律层面上进行交往的开始。在《尼布楚条约》之后，无论中国的统治者是否意识到这种新的法理世界的存在，中国的对外关系都由此走进了一个新的国际条约时代，这对于她的国家文化性质和边疆观念都必然是一个挑战。

在中国内部，清朝的边疆治理仍然具有传统的性质，以传统国家儒家礼法文化和社会中差异化的族群文化之间的矛盾仍然存在，"化外"仍然是国家法律努力的方向。清朝于近代出现的边疆危机使得这一任务更加紧迫，清代"化俗"的重点更在于那些出现边疆危机的地方，如西藏以及西北、西南边地，而且对山川地理和边疆习俗的研究较之前朝也更多一些，即使到了民国时期仍然如此。关于民国时期研究边疆风俗的动机，兹以时人对西北、西南的研究动因为例以探究竟。

今天所说的"西北"，并不包括四川之甘孜、阿坝地区，甚至西藏也属于西南范围，这纯粹是地理方位的划分。从族源和文化风俗的角度讲，四川之甘孜、阿坝以及今天的西藏皆可称为"西北"，其人本属西北种族。因此，民国二十四年五月一日由南京文华印务局承印的《边疆异俗漫谈》一书中，上述地方皆属"西北"。《边疆异俗漫谈》由"新西北通讯社南京总社编印"，作为"新西北丛书"之一出版。当时之所以研究边疆"异俗"，"九一八事变"的发生是其直接动因："自九一八事变发生，东北四省沦陷后，举国莫不注意边疆问题解决。边疆问题虽言人人殊而民族问题确为根本，若解决民族问题非先对其风俗习惯作彻底之了解。"[1]从根本上讲，近代以来出现的边疆危机和民族危机是研究边疆问题的真正原因。《边疆异俗漫谈弁言》中说到："《密勒氏评论报》谓：'中国已到一全部解体之严重危急！'又谓：'自一八八三年以来，中国在东亚已失去了二.四一四.一九三方哩领土之统治权，其割裂之速，远胜于罗马、希腊、拜占庭及埃及诸帝国之崩溃！'"[2]这是说当

---

[1] 《新西北通讯社南京总社启事》，见新西北通讯社南京总社编印《边疆异俗漫谈》，民国二十四年五月一日。
[2] 《边疆异俗漫谈弁言》，见《边疆异俗漫谈》，第1页。

时对边疆问题的研究,是由于近代以来面临的边疆危机。近代以来中国受外敌入侵,大片边地沦丧且割裂之速远胜于罗马、希腊、拜占庭及埃及诸帝国之崩溃。之所以边疆土地割裂如此之速,原因固然很多,但中国边疆诸族智识未开,又受外人愚弄利诱且无充分力量抵抗也是原因之一。

> 丧失土地之所以有这样惊人速度的原因固然很多,而边疆民族智识之不开化,时受外人愚弄利诱,认贼作父,实为最重要原因之一。像现在的蒙古、新疆、青海、西藏、西康、云南等地之各种民族,文化程度如此低落,依旧过着原始时代的生活,试问一日遇到对外战争,或是外来武力侵略的时候,哪一处有充分的力量抵抗呢?台湾、流球、朝鲜、暹罗、缅甸、安南、外蒙诸藩篱,都不是被人家不废一兵、不折一矢的侵吞了吗! 自东北四省被日帝国主义者用暴力占据以后,我国人士才觉悟到边疆的重要,于是全国一致高喊着开发西北,建设中华国民的口号。①

因此,欲解决边疆民族问题,先需明了其风俗习惯,对症发药,使能见效。

> 关于边疆的问题,虽言人人殊,但民族问题确为先决问题;换言之,民族问题实为边疆问题中之根本问题;此根本问题,若未获解决,其余所有问题,皆属空谈。纵使能修几条公路,开几个金矿,也犹高大洋楼未曾建筑在巩固的基础上,为时不久,它必然会倒塌。欲解决边疆民族问题,先需明了其风俗习惯,对症发药,使能见效;不然,盲人瞎马,势必失败。这就是本社出版此小小册子《边疆异俗漫谈》的一点微意。②

此外,书中《川甘青藏边三俄罗边地之风土人情》一文研究边疆风俗的目的已经具体:"闻该局局长,拟具体计划书,请求中央拨款,再加实地勘测,以备将来移民实边之借镜云。"③

由此可见,民国兴起的对于边疆风俗的研究,不仅仅是今天我们关注的人类学意义上的,更是出于"救亡"现实政治的需要,也必然是法律治理的需要。

民国时期,一般国人对边疆了解甚少,但是相关研究由于方法得当,却已十分具体细致。中国的这些边疆地方风俗与清朝时期的情况大体相同,《边疆异

① 《边疆异俗漫谈弁言》,见《边疆异俗漫谈》,第1—2页。
② 同上书,第2—3页。
③ 《川甘青藏边三俄罗边地之风土人情》,见《边疆异俗漫谈》,第52页。

俗漫谈》的内容涉及康定（今四川甘孜州首府）、青海、川甘青藏边地（阿坝地方）、苗疆，具体有蒙古、新疆、西藏、康定、玉树、都兰、俄罗、云南苗族地方。当时的边疆研究不完全等同于所谓的民族研究，比如苗人主要在贵州，而对于苗人的研究则只针对云南，这自然有针对地理边疆之意。

由此可知，民国对于边疆"异俗"的研究，是为了促进内地人民对边疆的了解，以实现"民族"间的认同和团结，凝聚中华民族的力量，共同抵御外侮。这些研究自清朝以来便是大势所趋，是清代田雯等人边疆民俗研究的延续。

五、清代南方"苗倮"社会及其法律治理

清代的"苗疆"有广义和狭义之分，广义的"苗疆"泛指西南三省、两湖、两广等省的各族地区，几乎包括了中国的整个西南、南方地区。如《清世宗实录》卷一四七所载："云、贵、川、广等省苗疆地方，请照台湾例，令文武官弁互相稽察。"[1]又如《清世宗实录》卷四九所载上谕称云、贵、川、广、湖南各省为"边省苗疆"。[2] 而狭义的"苗疆"仅指贵州东部以古州为中心的苗人聚居区，如鄂尔泰说："苗疆四周几千余里，千有三百余寨，古州踞其中，群寨环其外。左有清江可北达楚，右有都江可南通粤，皆为顽苗蟠据，梗隔三省，遂成化外。"[3]这才是人们通常所说的"苗疆"化外之地。

这个以贵州为中心的"苗疆"，乃是典型的"化外之地"，清代南方诸族尽管历史上其族源南北、东西混杂，但是由于地处山区，交通不便，人烟稀少，较之北方族群受到外来文化（主要是宗教文化）的影响较少。与西藏、蒙古的佛教和"回疆"的伊斯兰教这类成熟的宗教形态相比，苗疆的宗教文化是在自然神灵的背景下展开的，二者的宗教文化之间存在着巨大差异，其法俗也不同于"回疆"、蒙古地区。"回疆"、蒙古地区的习惯法源于更高级、更成熟的有宗教背景的法律，比如西藏、蒙古地区的习惯法必然受到佛教文化的影响，而"回疆"地区则因为阿拉伯文化影响，流行于"回疆"的法律是以伊斯兰教义为法源的、更发达的宗教法。

---

① 《清世宗实录》卷一四七。
② 《清世宗实录》卷四九。
③ 《清史稿》卷五一二《土司传一》，第14205页。

清代整个南方苗、瑶、侗、倮社会的文化仍然保持了较为朴素、原始的独特风貌,基本上属于汉文化影响所及的范围。同许多古老的族群一样,"苗疆"社会的法俗具有早期法律朴素性的特点。

在清朝"改土归流"之前,对"苗疆"的法制政策基本上是"长城式"的封禁、隔离政策,而清政府在用武力对"苗疆"进行"改土归流"之后,改变了过去司法上对这些地方的放任态度,改行直接的司法管辖。不仅如此,边疆的概念也发生了同样的变化,这时已不再把以成都平原为中心的四川以及元代以后就设立了行省的云南的主要部分称为"边疆"。这时"化"与"未化"仍然是区分"边疆"与"腹地"的基本标准,比如像"苗疆"的苗人地区和与这些地方邻近的倮人(彝族)地区,这些地方虽然居于三省边缘交叉地带的内陆,但仍然被视为"边疆",因此"苗疆"亦是边疆。"苗疆"所处之地,实为今天的湘西与贵州交界处和云南与贵州交界的地区,之所以称"疆",是因为这些地区尚属"未化"之地。雍正五年九月十六日,时任云贵总督的鄂尔泰的奏折中就反映出这种疑惑,称其"虽居边界之外,实介两省之中","分两省而观,各在疆外,合两省观之,适居中央",又这些地方的"各土司隶在域中,有如化外"。① 因此,清朝早期在"苗疆"的封禁政策说明"文化边疆"意识仍然在王朝法律中有所反映。

清代对南方边疆的治理除"苗疆"外,尚有广西。蒙元时期广西也存在司法官员不敢"下乡"的问题,由此导致元朝广西地方司法管辖比较松散的局面。蒙元时广西地方归附者有五十州洞,②至元二年朝廷在左右江实行土官制度,规定蒙古人充任达鲁花赤,回回人担任同知,前述也偶尔出现过汉人担任的情况。达鲁花赤本是军官,军民合一,同时兼理地方司法,且"永为定制"。③ 左右江地区属于"溪峒蛮僚"居住的偏远地方,且接邻"百夷",朝廷任命的由蒙古人和回回人组成的地方官员多不愿赴任。至元二十五年,湖广行省要求中央政府在这些地方改用"达鲁花赤","杂土人用之"。这是因为左右江四个总管府,一百六十个州、县、峒所派官员因惧怕瘴疠,不敢赴任。为约束地方土官,至元二十九年广西宣慰副使乌古孙泽又制定《司规》,大德四年湖广行中书省左右司郎中谢

---

① (清)俞益谟撰,田富军、杨学娟点校:《青铜自考》,上海古籍出版社 2012 年版,第 165 页。
② 见《平章政事史公神道碑》,转引自钟文典主编《广西通史》第一卷,广西人民出版社 1999 年版,第 291 页。
③ 《元史》卷一五五《史天泽传(附史格传)》。

让提出"宽其法以羁縻之"的司法政策，"此曹（土官）第可怀柔，不宜力竞，宽其法以羁縻之，使不至跳梁可也。若乃舍中国有用之民，争不毛之地，非长策也"。① 这一主张与元朝"各依本俗"的政策是一致的，延续了其松散的司法政策。这一政策对元朝广西边地的法律治理影响深刻，使得土官之间的土地兼并活动没有得到有效约束，失去土地的人口增加，本在法律上就属于"南人"的边民常常典质妻女，由此引发了社会矛盾。延佑二年，朝廷颁布禁令，禁止"南人"典质妻女为奴婢。

虽然同元朝一样，明朝地方官员也常常因为广西"溪峒蛮僚"之地是"瘴乡疠域"而不愿赴任，但是经过元朝地方土官的相互兼并，土目数量大为减少，再加上土官制度逐渐成熟，明朝对广西的地方治理大为加强。至清朝，绿营标兵深入到了这些地方，加上"土兵"、"民壮"，且广置"堡田"、"兵田"，招徕流民，编入保甲，州县给以印信，永准为业，"六年之后，方议征收钱粮"，社会逐渐趋于稳定。

此外，清朝对安南、朝鲜这类藩属国的治理方式对于其边疆地方的法律治理也产生了不小的影响。如前所述，雍正时期清廷对于安南"内地与外藩无别"的态度，经高其倬、鄂尔泰在领土问题上的有效处置，安南与内地的关系一直比较好。就广西内部而言，相对于元、明时期，清朝广西边地较为安静；相对于苗疆的治理，清朝时广西亦少边地纠纷。

中原王朝对广西的治理本就较贵州为早，自秦以来逐渐深入，历代多有建树，元朝时始设土司；明朝时虽然广西土司"叛服无常"，但是边臣多具安靖之功；清雍正朝"改土归流"时，鄂尔泰经略三省，以云贵总督兼辖广西，广西的一些土司亦被列入改土归流的范围之内。经过对泗城、镇安、思恩等地土司的改土归流，广西政制稳定，如东兰、土州地方因改土归流，"治官斯土者，披荆斩棘，除狼莠，蛮烟瘴雨之乡，渐成乐土"。② 因此，广西出现了"莠民四起，土司独安靖无事"的局面。

> 广西为西南边地。秦，桂林郡。汉，始安。唐，桂管。宋，静江府。元，静江路。明建广西省。瑶、僮多于汉人十倍，盘万山之中，踞三江之险。明

---

① 《元史》卷一七六《谢让传》，第 2748 页。
② 转引钟文典主编《广西通史》第一卷，第 438 页。

时,因元之旧,多设土司,以资镇压。叛服不常,韩雍之定藤峡,王守仁之抚田州,沈希仪、俞大猷之战功,殷正茂、翁万达之成绩,仅得勘定。清朝,广西莠民四起,土司独安靖无事。鄂尔泰经略三省,革泗城土府岑映宸职,割江北地隶贵州。①

对于广西的法律治理,清朝前期就确定了"就其俗为变通"的原则。乾隆六年,杨锡绂任广西巡抚,会贵州、湖南兵剿贵州土苗叛乱,其于乾隆七年就广西的法制问题上奏,提出对广西边民的治理要因其旧制,"苗、僮虽殊种,多聚族而居,原有头人,略谙事体。请因其旧制,寓以稽覈,苗、瑶、伶、僮各就其俗为变通",②这一主张得到了朝廷的肯定。

由于广西为西南边地,常有边民私自逃往安南,朝廷一般要求重处,但是也要求边臣要按律处罚,不得随意将其处死。如杨锡绂就曾经杖杀逃往安南的边民,对此乾隆帝要求杨锡绂要将犯人"下部议处",不得自行枉杀。

> 广西有民逃入安南者,捕得下诸狱,疏闻,上命重处,锡绂即杖杀之。上谕曰:"朕前批示,令其具谳明正典刑。乃锡绂误会,即毙杖下。此皆当死罪人,设使不应死者死,则死者不可复生矣。"下部议处。③

从上可见,清代的广西经过历代治理,已经比较接近内地了。尤其在改土归流后,原来的"蛮烟瘴雨之乡,渐成乐土",而以贵州为中心的狭义"苗疆"却封闭已久,成为清代南方边疆治理的重点。

(一)"苗人"社会法制状况及其法俗

1. "苗人"社会秩序的基本状况

清代初期,"贵州仲家苗为乱二十余年……招抚,久未定"。④ 康熙时蓝鼎元上《论边省苗蛮事宜书》,分析过苗疆社会形势:

(1)楚蜀滇黔两粤之间土民杂处,有生苗、熟苗之分,将深藏苗疆山谷中"不籍有司者"定义为"生苗";居住在郡邑附近、"输纳丁粮者"定义为"熟苗"。

---

① 《清史稿》卷五一六《土司传五》,第 14293 页。
② 《清史稿》卷三〇八《杨锡绂传》,第 10584—10585 页。
③ 同上。
④ 《清史稿》卷二八八《鄂尔泰传》,第 10230 页。

> 楚蜀滇黔两粤之间土民杂处，曰苗、曰瑶、曰僮、曰犵狫，皆苗蛮之种类也。其深藏山谷、不籍有司者为生苗，附近郡邑、输纳丁粮者为熟苗。①

熟苗的特点是他们虽与良民无异，但仍然"性顽嗜杀"，每与汉民之间有矛盾，就乘夜率众环其屋，焚而屠之，只是还"亦畏汉民，而尤惧官长"。②

不仅如此，每有苗人焚屠汉民之事，"土司多坐纵其行凶杀夺，而因以为利。即使事迹败露，大吏督责无参罚处分之"。③

（2）"黔、粤土司地苗、僳、瑶之类，前朝叛乱无宁岁，非必法令不善，实其势盛也"。④ 苗民深受土司荼毒，且守"土例"，"种种朘削，无可告诉"。

一方面，土司势力仍大，但是在黔、粤土司所辖的苗、僳、瑶地方，清朝时由于内地客民大量进入，占据丰腴之地，其土民之势更弱。

> 然客民多黠，在其地贸易，稍以子母钱质其产蚕食之，久之，膏腴地皆为所占。苗、僳渐移入深山，而凡附城郭、通驿之处，变为客民世业，今皆成土著，故民势盛而苗、僳势弱，不复敢蠢动云。⑤

苗民之于土司，彼此无官民之礼，而有万世奴仆之势，苗人子女、财帛都不是本人所自有：土司加倍苛派丁粮；土司为儿子娶妻，则土民三年不敢婚姻；土民一人犯罪，土司缚而杀之，其家族还需向土司奉上数量不少的"玷刀银"，而土民却无处控告。

> 愚闻黔省土司一年四小派，三年一大派，小派计钱，大派计两，土民岁输土徭，较汉民丁粮加多十倍；土司一日为子娶妇，则土民三载不敢婚姻；土民一人犯罪，土司缚而杀之，其被杀者之族，尚当敛银以奉土司，六十两、四十两不等，最下亦二十四两，名曰"玷刀银"，种种朘削，无可告诉。⑥

由于南方地区自元以来数百年实行"以夷制夷"的羁縻政策，土司往往即是

---

① （清）蓝鼎元：《论边省苗蛮事宜书》，《皇朝经世文统编》卷七九《经武部十·边防》，光绪二十七年上海慎记书庄石印本，又上海宝善斋石印本。
② 同上。
③ 同上。
④ （清）赵翼：《簷曝杂记》卷四《黔粤人民》，中华书局1982年版，第68页。
⑤ 同上。
⑥ （清）蓝鼎元：《论边省苗蛮事宜书》，《皇朝经世文统编》卷七九《经武部十·边防》。

当地头人，又"世袭其职"，"世有其土，世长其民"，被赋予独立的行政、司法权力。土司在司法时往往依照当地风俗、习惯，在其所辖范围内几乎没有任何制约，其权力具有专断、任意的性质。

贵州各地土司，"每年科派，较之有司征收正供不啻倍蓰，甚至取其牛马，夺取子女，生杀任性。土民受其鱼肉，敢怒而不敢言"。据明魏濬《峤南琐记》载："土司法极严酷，鞭笞杀戮，其人死不敢有二心，所谓怯于私斗、勇于公战者。商贩入其境则输税，以二枪交植境上曰关。未税而越关者，辄射之。输税后，虽露处野宿，物货狼藉，道路夜行，无敢窥者。"清曹树翘《滇南杂志》载："诸酋果于杀戮，每杀一人，止付二卒携持至野外，掘一坑，集其亲知泣别痛饮彻夜。昧爽，乃斫其头推坑中，复命。更使二卒勘亡，乃许其家收葬。虽素暱者，欲杀而杀之，令出无敢居间丏免，家人亦莫敢怒怼，以用法严，故境内无盗。"又据明邝露《赤雅》"法制"条说："土司法极严肃，鞭笞杀戮，其人死无二心。"

清赵翼曾任官西南，所记翔实而富代表性，他在《簷曝杂记》中说及土官与土民之关系："凡土官之于土民，其主仆之分最严，盖自祖宗千百年以来，官常为主，民常为仆，故其视土官，休戚相关，直如发乎天性而无可解免者。"①清代改土归流后，贵州水西（今贵州毕节一带）彝族仍然甚是畏惧当地原来的土司家族："贵州之水西倮人更甚，本朝初年已改流矣，而其四十八支子孙为头目如故。……倮人见头目，答语必跪，进食必跪，甚至捧盥水亦跪。头目或有事，但杀一鸡，沥血于酒，使各饮之，则生死惟命。"②每有官府征徭，仍然必要请原来的土司头目去签派，方可以成事。"流官号令，不如头目之传呼也"。③赵翼还记载了他在水西时，亲见官府审理水西旧土司安氏家族头目争田案的情形："余在贵西，尝讯安氏头目争田事。左证皆其所属倮人，群奉头目所约，虽加以三木，无改语。至刑讯头目已吐实，诸倮犹目视不敢言，转令头目谕之，乃定讞。"④

在粤西田州一带，当地土司岑宜栋所辖地方的土民虽然也读书，但却不被允许去应试，"其虐使土民非常法所有"。且当地土民凡有诉讼，则控于土司，土司判决不公，也不敢向流官上诉。

①　（清）赵翼：《簷曝杂记》卷四《黔中倮俗》，第68页。
②　同上书，第68—69页。
③　同上。
④　同上书，第69页。

生女有姿色，本官辄唤入，不听嫁，不敢字人也。有事控于本官，本官或判不公，负冤者惟私向老土官墓上痛哭，虽有流官辖土司，不敢上诉也。①

鄂西一带的土家族，容美土司为楚、蜀土司中最强者，清朝康熙年间的顾彩在其《容美记游》中描述了鄂西土家族土司之法，其突出特点是滥施肉刑。

其刑法重者，径斩。当斩者，列五旗于公座后，君先告天，反背以手掣之。掣得他色者，皆可保救，惟黑色则无救。次宫刑，次断一指，次割耳。盖奸者宫，盗者斩，慢客及失期会者割耳，窃物者断指。皆亲决。余罪则发管事人棍责，亦有死杖下者，是以境内凛凛，无敢犯法。②

由上可知清代不少苗、倮之地土司势力极强，其法严酷，即使是在清朝改土归流后，土司的司法活动仍可排除国家干预，所辖之地的案件甚至被排除了上诉的可能，社会内部自成一体。之所以如此，一则因为土司势盛，二则因为土民淳朴，习惯了"土例"。清人赵翼认为滇黔之民最为淳朴，土民事事有"土例"，如果有流官不肖，又不熟悉其"土例"，必然"往往滋事"。

土民事事有土例，如出夫应役，某村民自某塘送至某塘，欲其过一步不肯也。凡交官粮及杂款，旧例所沿，虽非令甲亦输纳惟谨，彼固不知有所谓朝制，但祖父相传，即以为固然也。有流官不肖者，既征数年，将满任，辄与土民约"某例缴钱若干，吾为汝去之"，谓之卖例，土民欣然敛财馈官，官为之勒碑示后。后官至，复欲征之，土民不服，故往往滋事。③

不过南方边地也并非都是一样，反而呈现出多族群、多层次、多习俗的复杂局面。在没有国家干预的情况下，各族群社会内部的法律生活也存在着很大的差异，比如上述彝人的土司法的专制化程度就比苗例要高。在苗人社会内部虽然有阶级分化，但是不甚明显，往往"其人有名无姓，有族属无君长"，"争论不入官府，即入亦不得以律科之"，"推其属之公正善言者号曰行头，以讲曲直"。遇有杀伤，举族为仇，进行血亲复仇。④ 南方边疆社会的这种情况在历史上之所以

---

① （清）赵翼：《簷曝杂记》卷四《黔中倮俗》，第 68 页。
② 中共鹤峰县委统战部、县史志编纂办公室、中共五峰县委统战部、民族工作办公室编：《容美土司资料汇编》，中共鹤峰县委统战部 1984 年版，第 319 页。
③ （清）赵翼：《簷曝杂记》卷四《滇黔民俗》，第 69 页。
④ 参阅史继忠《西南民族社会形态与经济文化类型》，云南教育出版社 1997 年版，第 322 页。

能长期存在,既与历代无意、无力顾及西南边夷有关,也是历代推行羁縻之治、羁縻之法的结果。

以上为云南、贵州、广西土司之法,应当认识到"土司法"在明清时期所暴露的种种弊端,不仅与中央王朝在这些地方长期实行的"羁縻"政策有关,作为一种地方性的制度,也与"苗疆"地方法俗固有的原始特征有关,清朝前期在苗疆的法律治理所面临的难题正在于此。

清初,面对这样的形势,蓝鼎元认为苗、瑶、僮、黎都是朝廷赤子,应"当与汉民一例轸恤",使其知道孝悌礼让,奉公守法,自然不敢行凶杀夺,关键是要明确对土司的法律规制。虽然可以依照法律将暴虐太甚或纵苗行凶的土司"照汉官事例参罚处分",但是也只能是罚俸、降级、革职之类。实际上土司本无俸可罚,也无级可降,如果将其革职,其子孙承袭,原来的土司却又成了"太土司",可以继续暴虐其民。于是蓝鼎元提出"改籍"、"削土"、"归流"、"勿许承袭"之策,以求化生苗为熟苗,化熟苗为汉民,这是改土归流之初议。

> 愚以为:惟有削土之一法可令土司畏惧,请题定削土则例,照所犯重轻,削夺村落里数,以当罚俸降级。所犯重大至革职者,相其远近强弱,可以改土为流,即将土地、人民归州县官管辖,勿许承袭。并土民有不甘受土司毒虐,愿呈改土籍为汉民者,亦顺民情,改归州县。其深山穷谷,流官威法所不及之处,则将所削之土,分立本人子弟为众土司,使其地小势分,事权不一,而不能为害。将来教化日深,皆可渐为汉民。至山中生苗,责成附近土司招徕向化,一体恩抚。如此数年之间,生苗可化为熟苗,熟苗可化为良善。[1]

雍正四年春,云贵鄂尔泰上疏要求改土归流时,亦认为"云、贵大患无如苗、蛮"。[2] 以苗疆而论,西南土府的法制状况仍如明代,十分混乱。鄂尔泰分析当时情况,认为:

(1)与苗疆相错的四川土府有东川、乌蒙、镇雄,相互之间仍然攻掠。在乌蒙土府之地,"土司娶子妇,土民三载不敢婚。土民被杀,亲族尚出垫刀数十金,

---

① (清)蓝鼎元:《论边省苗蛮事宜书》,《皇朝经世文统编》卷七九《经武部十·边防》。
② 《清史稿》卷二八八《鄂尔泰传》,第 10230 页。

终身不见天日"。① 在东川土府之地，虽已改流，但"尚为土目盘据，文武长寓省城，膏腴四百里无人敢垦"。②

（2）与苗疆相邻的广西土府、州、县、峒、寨等一百五十余员，"其为边患，自泗城土府外，皆土目横于土司。黔、粤以牂牁江为界，而粤属西隆州与黔属普安州越江互相斗入"。③

（3）贵州苗疆实是真正的化外之地，其地"几三千余里，千三百余寨"。左有清水江可以北达于楚，右有都江可以南通于粤。地属边徼，入版图未久，人迹罕到，"顽苗蟠据，梗隔三省，遂成化外"。④

比较全面关注苗疆法制状况的是雍正时期的鄂尔泰，对土司犯罪的法律规定也多起源于鄂尔泰治疆之时。雍正四年云贵总督鄂尔泰在其多份奏折中分析了苗疆土司法制状况，在《云贵事宜疏》中，他描述了当时在土司治理下云南苗疆的法制状况：苗疆地方如果土司强者，则残暴横肆，无所不为；土司弱者，则由凶恶者把目，他们目无府州，或暗行贿赂，或捏详结案，或刁抗不法，或任拘不到，地方文武官员只能隐忍了事。不仅如此，"至于或经控告，凶犯百无一获，而原告、原报并干证人等反拖累至死"。而边方夷俦，劫杀为生，纵则啸聚，擒则遁藏，实不易治。由此，鄂尔泰认为仅仅依靠法律，"拏几土官，杀几苗首，亦不过急则治其标，本病未除"，不能根本改变苗疆社会法制混乱的局面。⑤ 又如，"苗、俅（彝族的一支）无追赃抵命之忧，土司无革职削地之罚。直至事上闻，行贿详结，上司亦不深求，以为镇静，边民无所控诉"。⑥

明代，因为苗疆是"烟瘴新疆，未习风土"，因此采取"以夷制夷"之法，但鄂尔泰经过观察和分析，认为这实际上只是"以盗治盗"，⑦地方凶恶者"徒令挟土司之势以残虐苗，随复逞苗之凶以荼毒百姓"而已。

> 今自有明以来已数百年，中外一体，流土同官，既有职衔，宁无考察，乃仍以夷待夷，遂致以盗治盗，徒令挟土司之势以残虐苗，随复逞苗之凶以荼毒百

① 《清史稿》卷二八八《鄂尔泰传》，第10230页。
② 同上。
③ 同上。
④ 同上。
⑤ （清）鄂尔泰：《云贵事宜疏》，《皇朝经世文统编》卷七九《经武部十·边防》。
⑥ 《清史稿》卷二八八《鄂尔泰传》，第10231页。
⑦ 同上。

姓,横征苛敛,贡之朝廷者,百不一二,而烧杀劫掳扰我生民者,十常八九。必须控制有方,约束有法,使其烧杀劫掳之技无能施为,而后军民相得以安。①

从鄂尔泰的分析看,苗疆社会的问题在于缺乏基本的法制秩序,是谓"苗、倮无追赃抵命之忧,土司无革职削地之罚"。这同雍正时期云贵总督高其倬于刚就任时上疏时所说是一样的。雍正当时就诏谕如高其倬所请:"贵州民间陋俗,被人劫杀,力不能报,则掠质他家人畜,令转为报仇;不应则索赎,谓之'拏白放黑'。请加等治罪。土司贫困,田赋令属苗代纳,请清察,责执业者完赋。土司下设权目人等,请令报有司,有罪并惩。"②初步加强了对贵州苗疆的法律治理。

因此,鄂尔泰才在其雍正四年的《改土归流疏》中,认为"土司肆虐并无官法,恃有土官土目之名,行其相杀相劫之计,汉民被其摧残,夷人受其荼毒,此边疆大害,必当剗除者也"。③ 这便是雍正时期"改土归流"的开始。

2. 苗人社会之法俗

(1) 苗人社会风俗之由来

从大约生活在清康熙时期的钱塘人陆次云《峒溪纤志》一书中的描述看,清代南方边疆地区的"苗人"(这里清人所谓"苗人",不仅仅是今天所谓的苗族,还包括了南方边远地方诸族)对于内地的了解甚少,有些地方的"苗人"称朝廷派去治理当地的流官为"老皇帝",称内地人为"汉人",这应当是沿习了汉代以来的旧称。"见流官无论尊卑,皆称曰老皇帝。见内地人,皆称曰汉人。以汉始通道西南,故称犹旧也"。④ 而当时内地的人受到历史上对于"荒服"地方采取"不治治之"治理观念的影响,对于苗人地方亦无更多的关注。

陆次云描述当时"峒溪种类多矣",⑤有白苗、花苗、青苗、黑苗、红苗。"苗部所衣,各别以色",⑥其百姓则称之为"提陀"。⑦ 其中,亦有被认为历史上来自内地人的后裔,如所谓的"仲家"、"宋家"、"蔡家"、"夭家"、"紫姜苗"。"余谓'礼失

① (清)鄂尔泰:《分别流土考成疏》,《皇朝经世文统编》卷七九《经武部十·边防》。
② 《清史稿》卷二九二《高其倬传》,第 10302 页。
③ (清)鄂尔泰:《改土归流疏》,《皇朝经世文统编》卷七九《经武部十·边防》。
④ (清)陆次云撰,朱廷铉校:《峒溪纤志》上卷《苗人》,大学士英廉家藏本。
⑤ 同上。
⑥ 同上。
⑦ (清)陆次云撰,朱廷铉校:《峒溪纤志》中卷《提托》。

而求诸野'，太古之风尤然在彼，其若宋、若蔡、若牫三族尚子尚丑，依然三代之遗意"。① "仲家"被认为是先秦时内地楚国人之后，且还有楚人尚鬼和造蛊毒的旧俗。清朝时，仲家之人仍带刀弩，且多为盗贼。苗人多不习文字，每有事，刻木记之。② 仲家之人中有识汉字者，这些通汉语的人被称为"客语"。③ 因此，清朝时仲家之人亦有充胥役者和被称为"客语"者，属于苗人社会中"苗而近汉者也"，他们应当成为流官和当地人之间交流的中介。

> 楚王马殷遣将镇八蕃，遂成土著，多楼居，衣青衣，妇人被细摺，如蝶版，古致可观。以六月六日为正旦，尚鬼，善造蛊毒，身带刀弩，多为盗贼。亦有识字充胥役者，苗而近汉者也。④

但是苗、僄社会中这样的人是有限的，到雍正朝时，苗、僄社会中出现纠纷，夷情的翻译仍然是一个问题，在涉及对僄人的审讯中，仍然很难找到翻译人员，有通汉语而充当胥役者，乘机徇私枉法。如雍正八年，东川、乌蒙僄叛，俘虏了七千人，"语不可通，译者面谩莫能诘。光裕集群译于使院，分室居之，讯一人，经数译乃得其情"。⑤

苗人社会中又有如"宋家"、"蔡家"之人，他们被认为是春秋时期宋国、蔡国人的后裔，流落到西南，从此不服汉人衣冠，宛然苗类，成为苗人社会一别种。"宋家、蔡家，春秋宋、蔡二国之裔也，而流为蛮性，朴不诈（注：朴不诈，其苗也）惟事耕，风俗异略同，宋家稍雅，惟椎髻当前，衣冠尽废，宛然苗类矣"。⑥

还有所谓的"牫家"，其人多为姬姓，被认为是周人之后，至清时其俗仍尚周礼，上古之风尤在。"牫苗多姬姓，周后也，尚行周礼，祭祖，推其家长，唱土语，为赞祝"。⑦

此外，还有"紫姜苗"，装束与汉人相同，行事礼数与被认为是周之后的"牫家"类似。其人多力善战，亦知道读书，又云其可生吃仇人之肉。其葬夫之风俗

---

① （清）陆次云撰，朱廷铉校：《峒溪纤志·序》。
② 见（清）陆次云撰《峒溪纤志》中卷《木契》："木契者，刻木为符，以志事也。苗人虽有文字，不能皆习。故每有事，刻木记之，以为约信之验。"
③ （清）陆次云撰，朱廷铉校：《峒溪纤志》中卷《客语》。
④ （清）陆次云撰，朱廷铉校：《峒溪纤志》上卷《仲家》。
⑤ 《清史稿》卷三〇八《冯光裕传》，第 10583 页。
⑥ （清）陆次云撰，朱廷铉校：《峒溪纤志》上卷《宋家蔡家》。
⑦ （清）陆次云撰，朱廷铉校：《峒溪纤志》上卷《牫家》。

异,在夫死后,需先待妻嫁人后再葬其夫。至于紫姜苗是何由来,则不可考。

> 紫姜苗装束与汉人同,行事与夭家类,多力善战,亦晓读书,有云紫姜苗嗜杀尤甚,得仇人生啖其肉,夫死则妻嫁,嫁而后葬,曰丧有主矣。①

(2) 苗人社会状况及其法俗

关于苗人社会状况,陆次云《峒溪纤志》中谓其"散处山谷,聚而成寨,睚眦杀人,报仇不已",②基本上反映了当时内地人对于苗人社会状况的认识。

> 土人在新添司者,与卫人间通婚姻,渐染汉俗。在施秉者,播人流裔;在邛水者,斗狠轻生。③

> 峒人以苗为姓,好争喜杀,片言不合,即起干戈。在石门、朗溪二司者,多类汉人;在永从者,居常负固;在洪州者,地颇膏腴,然不事耕作,惟喜剽掠。④

这些苗人喜剽掠,其社会中有"坐草"一说。所谓"坐草",实是剽掠之举,喜剽掠者,藏于茂草之中,伺机抢劫过往孤客的货物。"苗之猾者坐茂草中,见孤客过,暗出钩枪曳入篁箐之中,绑之货贩"。⑤ 此外,还有"木靴"一说。所谓"木靴",即是抢劫汉人,藏于洞中,以木靴锁之,使其终身莫出。⑥ 又有"丽日丽霜"一说。所谓"丽日丽霜",是处罚所抢掠来的汉人,"木锁之外,六月曝日中曰丽日,冬月去衣使露处曰丽霜"。⑦

清代的"苗疆"乃是一个典型的"化外之地",可以说从明代始与内地沟通,历史上黔湘"苗疆"不如西北及东南海疆,有着悠久的丝路历史;不如云南可外通缅越,容易受到外来文化的影响;不如北方族群,没有历史上长期的民族融合。因此,西南黔、湘诸族其族源尽管历史上也有南北、东西之混杂,但是由于地处山区,交通不便,人烟稀少,受到外来文化(包括宗教文化)的影响较他处为少,明清之际其文化的原始性、朴素性较他处更甚。西藏文化也有其朴素性,但

---

① (清)陆次云撰,朱廷铉校:《峒溪纤志》上卷《紫姜苗》。
② (清)陆次云撰,朱廷铉校:《峒溪纤志》上卷《苗人》。
③ (清)陆次云撰,朱廷铉校:《峒溪纤志》上卷《土人》。
④ (清)陆次云撰,朱廷铉校:《峒溪纤志》上卷《峒人》。
⑤ (清)陆次云撰,朱廷铉校:《峒溪纤志》中卷《坐草》。
⑥ (清)陆次云撰,朱廷铉校:《峒溪纤志》中卷《木靴》。
⑦ (清)陆次云撰,朱廷铉校:《峒溪纤志》中卷《丽日丽霜》。

是由于受到佛教的影响及历史上与中原的长期博弈，故到清朝时其文化虽仍朴素，但并不像"苗疆"文化生态之原始。

同许多古老的族群一样，苗疆法俗属于自然宗教时代的产物，其法俗同其族性一样，具有早期法律朴素性的特点。比如习惯于通过设誓的方式来建立某种民事契约关系，盛行多神论背景下的神明裁判，对通奸行为的宽容，习惯于采取用财产赔偿的方式来处理许多今天我们认为属于刑事范畴的案件等。从法律文明史来看，这些都是人类早期法律的基本形态。

另有《岭外代答·蛮俗》"款塞"条载：

> 史有款塞之语，亦曰纳款，读者略之，盖未观其事尔。款者誓也，今人谓中心之事为款，狱事以情实为款，蛮夷效顺，以其中心情实发其誓词，故曰款也。乾道丁亥，静江瑶人犯边，范石湖檄余白事帅府，与闻团结边民之事。瑶人计穷，出而归命，诣帅府纳款。

此外，清陆次云《峒溪纤志》载："各峒歃血誓约，缓急相救，名曰门款。"又云"宰款合榔"，或名"合款"、"诂话"。如清方显《平苗纪略》载：

> 乃令头人订期会集，宰款合榔。宰款合榔者，苗俗也，即汉人歃血盟誓之意。又曰合款，亦曰诂话，其会盟处曰款场。其首事人曰头人，头人中之，头人曰榔头。悔盟者有罚，曰赔榔。皆苗语也。

"歃血誓约"的效力源于苗人信巫鬼，故把誓辞当做神圣的律令来看待，故清人爱必达《黔南识略》卷二七载，苗民认为"背盟不祥，必干鬼怒也，盖其信巫鬼之心甚于畏法"。清人张澍《续黔书》载黔之民信巫鬼，好诅盟，以此诉其冤情。苗人之所以尤信鬼神，鬼神者，祖先也，数千年来少与外世沟通的苗人自认为是蚩尤之后，蚩尤乃王钺之神，是其精神寄托，故苗人尤其畏之、敬之、信之是很自然的事情。

> 宋《遵义军图经》云："民信巫鬼，好诅盟。"嗟乎！此不独遵义也，黔之民类然。……小民有情而不得申，有冤而不见理。于是不得不诉之于神……而鬼神之往来于人间者，亦或著其灵祥，视听所接，赏罚为昭，蚩尤之氓，其畏王钺也。[1]

---

[1]　（清）张澍：《续黔书》卷一《诅盟》，王云五主编：《丛书集成初编》，第9页。

在司法方面,南方许多边地夷人中流行的仍然是一些原始的神判习惯。神判习惯作为一种原始的诉讼程序,是与其风俗中的许多实体内容相一致的。比如"捞油",据《峒溪纤志》载:"蛮僚有事,争辨不明,则对神祠热油鼎,谓理直者探入鼎中,其手无恙。愚人不胜愤激,信以为然,往往焦溃其肤,莫能白其意者。此习,土著之民亦皆从之,少抱微冤,动以捞油为说。"《贵州通志·土民志》"黑苗"条引《清平县志》云:"苗事有不明者,只依苗例。请人讲理,不服,则架锅,用油米和水贮锅,置铁斧于内,柴数十担,烧极滚。其人用手捞斧出锅,验其手起泡与否为决输赢,凭天地神明公断有无冤枉,谓之捞汤。"神判之法在南方诸族中种类很多,流行极广,是历史上中外族群都有的一种原始的公断方式。此种方法直到解放初期仍流行于南方许多族群中,所以清代南方诸族此种风俗之盛,是可以想象的。

除此之外,南方诸族旧俗的另一个突出的特点是:对盗窃者处于重罪,对淫乱者施于宽刑,这也反映了其习惯法的原始特征,与汉区法律有明显区别。据乾隆《凤山县志·番社风俗》"上淡水等八社风俗"条载:"未婚嫁相奸不论,已婚嫁犯奸,土官罚以牛酒。"又据清姚柬之《且看山人文集·风俗第四》载:"夫瑶既群居,不能无喜怒交争之情,乃有轻重刑罚之制。事有交争,则延邻里责让之,名曰放酒。其不直者,罚输放酒钱。犯奸者,则鞭扑。犯窃者,遇事主获之,以竹圈箍其首,名曰下头箍;房族获之,则率其众而生瘗焉。盖宽于奸而严于盗。"清李心衡《金川琐记》卷二"夷例"条也载:"夷俗最重窃盗,事发,辄捆缚犯人投大江中。杀人者罚,牛马银物入土司赎罪。至奸淫一事,不足为异,未见有告奸者,即或事败,不过私自罚柴数百觔而已。"李元阳《云南通志》卷一六"僰夷风俗"条载:"其刑法三条:杀人者死,犯奸者死,偷盗者全家处死,为贼者一村皆死。故无奸盗,道不拾遗。"又《滇南杂志》所载略同:"(僰夷)其法,杀人与奸者皆死,窃盗一家皆死,为寇盗则一村皆死,道不拾遗。"概言之,在法制上"宽于奸"的主要表现为:未嫁娶时,男女之事一般不予追究;婚后通奸,处置也较汉区为轻。[①]

从处罚方式上讲,清代南方诸族的"夷例"中,多采用"民事处罚"的方式解决"犯罪"问题。据《旧唐书·西南蛮传》载:东谢蛮"有犯罪者,小事杖罚之,大

---

① 参阅吴永章《古代南方民族法制述略》,《云南社会科学》1990 年第 3 期。

事杀之,盗物备还其赃"。明朱孟震《西南夷风土记》载:"治理多如腹里土司。其法惟杀戮与罚赎二条,事情重罪者杀之,余则量所犯之大小,为罚之轻重也。"概言之,土官统治的边地,其治法主要有三:即除杀戮与肉刑外,大多依靠"罚赎"。据清代严如熤《苗防备览·风俗上》载苗人"打冤家","战斗之后,记尸以相抵。除一命一抵外,多尸者为人命,则索牛马财物以偿,谓之'例骨价'"。清人李宗昉《黔记》载:"黑脚苗,有鼓楼,凡有不平之事,即登楼击之。各寨相闻,俱带长镖利刃齐至楼下,听寨长判之。有事之家备牛待之,如无事而击鼓及有事击鼓不到者,罚牛一只以充公用。"①清张泓《使滇日记》载:贵州安顺"其俗不分富,以牛多为大姓,婚亦论牛"。清张庆长《黎岐纪闻》载:"黎人以牛之有无多寡计贫富,大抵有牛家即为殷实。有养至数十头及数百头者,谓之大家当。"清吴省兰《楚峒志略》载:"苗人大会必宰牛,以火燎去毛烹之,曰火焯肉。悬牛首于棚以相夸耀,其俗以食牛多者为富。"清严如熤《苗防备览·风俗上》载:"耕织之外,惟事牧畜,以牛、马、犬、羊、豕、猫、鸡、鸭之类最多。而所重牛,所窃亦惟牛。然不任耕种,供口腹、资贸易而已。"

从以上罗列史料看,"刑事犯罪"采用"民事处罚"的现象,无论中外都有前国家法时代的共同特征。与其他边疆族群相比,清代"苗疆"法俗的不同之处在于,它属于一种以自然宗教为背景的习惯。通过研究我们可以认识到,西南苗、傈、瑶族法俗与藏、回等族群法俗不同的文化原因。

3. 清代"苗人"社会的纠纷解决

苗人之地多偏狭,苗人之性多强悍,其人"不忘九世之仇",故社会中多世仇,彼此之间一旦结仇,往往相杀无已。朝廷派往当地的流官亦承担了"开诚劝论"及调解纠纷的责任,并能起到了较大的作用。"苗人不忘九世之仇,往往相杀无已。惟恃流官开诚劝论,能为息争"。②

苗人社会中主持论判是非者,还有所谓"乡公","为苗人论判是非者谓之乡公",③是否包括流官,抑或只是指当地头人则不知。此外,又有所谓的"专事","熟溪洞文移者谓之专事",④指能够从事溪洞地方公务文字的人。

---

① (清)李宗昉:《黔记》卷三,王云五主编:《丛书集成初编》,第29页。
② (清)陆次云撰,朱廷铉校:《峒溪纤志》中卷《仇杀》。
③ (清)陆次云撰,朱廷铉校:《峒溪纤志》中卷《乡公》。
④ (清)陆次云撰,朱廷铉校:《峒溪纤志》中卷《专事》。

　　由于地形环境的原因,清代甚至之后的苗人社会一直是一个比较封闭的社会,加上清朝法律不允许"民人擅入苗地",因此能够混同于这一社会的汉人是比较少的,苗人很大程度上也排斥和警惕汉人进入苗地。在苗人的语言中,有"汉奸"一词,陆次云《峒溪纤志》中有"汉奸"专条:"汉人潜入苗峒者,谓之汉奸。"[1]中国人所谓的"汉奸"一词大抵可能出于此。清朝法律允许前往进行贸易的汉民经过官方登记进入苗地。所谓"潜入"者,是指那些没有经过官方允许而非法"擅入"的汉人,这些人才被称为"汉奸"。因此,从官方的角度讲,也尤其注意防止他们擅入作乱。如乾隆十二年云贵总督张允随上疏认为:"苗、猓(彝族的一种)种类虽殊,皆具人心。如果抚驭得宜,自不至激成事变。臣严饬苗疆文武,毋许私收滥派,并禁胥役滋扰。至苗民为乱,往往由汉奸勾结。臣饬有司稽察捕治。"[2]田雯所编的《黔书》卷一《治苗》中引上谕,认为:"苗盗之患,多起于汉奸,或为之发纵指示于中,或为之补救弥缝于外,党援既植,心胆斯张,跋扈飞扬,而不可复制者,非畏贼而偷安,即养贼以自重,甚至勾贼以为利,其事之坏,大抵然也。"[3]

　　因此,在这样一个比较封闭的社会里,我们仍然能够看到一些具有汉苗文化交流的概念,即略通汉语的仲家、汉人流官抑或乡公、客语、专事,这些概念共同构成了清代苗人社会解决纠纷的文化基础,同时他们极可能成为沟通汉法观与苗人习惯的参与者(教唆者)。

　　苗人智识及社会中人与人之间的关系本十分简单,且重信约,因此纠纷的调解也并不十分复杂,其社会虽通行苗例,这也为汉官在这些地方的"调解"工作提供了方便。在苗人社会中,凡出现峒苗之间的仇杀,汉人流官为其调解,被称为"讲歹"。无论是何类案件,皆可以"讲歹"的方式解决。所谓"讲歹",应当就是两造一起直面事实并相互认错的意思。

　　"讲歹"的方式之一就是双方各积草"举筹"而决。"两造各积草为筹,每讲一事举一筹,理诎(屈)者弃其筹,筹多者胜,负者以牛马归胜者"。[4] 甚至彼此杀人,亦可以根据其人数的多寡,以牛马赔偿的方式来解决,"即彼此杀

---

①　(清)陆次云撰,朱廷铉校:《峒溪纤志》中卷《汉奸》。
②　《清史稿》卷三〇七《张允随传》,第 10557 页。
③　(清)田雯编:《黔书》卷一《治苗》,王云五主编:《丛书集成初编》,第 25 页。
④　(清)陆次云撰,朱廷铉校:《峒溪纤志》中卷《讲歹》。

人数多寡而以牛马赔偿之，纷乃解"。① 说明那时苗人社会就有"赔命价"的习俗。

"讲歹"的另一方式就是"剁谕"。所谓"剁谕"，应当是双方族人聚集一起，用剁牛祭祖的方式相互发誓来解决纠纷。故而在"讲歹"完成时，双方呼噪而集剁牛谕誓，如果有违背誓言者，当如被剁割之牛。

> 讲歹之时，两造苗民各踞两山之上，而立牛于其中。讲既明矣，一苗持刃从牛颈下，屠牛易如委土，于是两山之苗呼噪而集，各割牛肉一块，归而祭祖。若相誓，曰："有负谕者有如此牛。"②

在"讲歹"之后双方对于纠纷的处理是不能反悔的，这主要依靠立誓来保证，此种立誓以苗语称则为"纳款"。

此外，苗人社会内部极为团结，各峒之间以歃血誓约，亦能缓急相救。陆次云《峒溪纤志》中又载苗人各峒之间相互歃血立誓，其云"门款"。③

清方显《平苗纪略》又载苗族头人之间订期会集，并依苗人风俗要进行"宰款合榔"。"宰款合榔"的地点叫"款场"，其盟誓叫"合款"，头人叫"榔头"，凡是悔盟者有惩罚，叫"赔榔"，都是苗语。

苗人相信巫鬼，因此好诅盟、咒誓，清人张澍《续黔书》卷一"诅盟"条载黔民皆信巫鬼，好诅盟。由于苗人尤信巫鬼，因此苗人视誓言如律令，据爱必达《黔南识略》卷二七载，苗民信巫鬼之心甚于畏法。在"讲歹"之后所立的"谕誓"中，对于违背誓言者，多有令人畏惧的咒语。据《文献通考》卷三二八《四裔考五》载，苗瑶誓状云："某等既充山职，今当钤束男侄。男行持棒，女行把麻，任从出入，不得生事者。上有太阴，下有地宿，其翻背者，生儿成驴，生女成猪，举家灭绝。不得翻面说好，背面说恶；不得偷寒送暖。上山同路，下水同船。"④

在清代之前，苗瑶之人历史上亦有向官府立誓"纳款"的，如《岭外代答·蛮俗》"款塞"条就有"瑶人计穷，出而归命，诣帅府纳款"的记载。

以上苗瑶社会的"讲歹"属于比较理性的处理纠纷的方式。除"讲歹"外，苗瑶社会对于偷盗疑案尚用"捞油鼎"之类的方式来判明，据清人陆次云的说法，

---

① （清）陆次云撰，朱廷铉校：《峒溪纤志》中卷《讲歹》。
② （清）陆次云撰，朱廷铉校：《峒溪纤志》中卷《剁谕》。
③ （清）陆次云撰，朱廷铉校：《峒溪纤志》中卷《门款》。
④ （宋）马端临：《文献通考》卷三二八《四裔考五》，第9026页。

土著之民"少抱微冤,动以捞油为说"。之所以用"捞油鼎"这种残忍的方式来判明偷盗疑案,可能与苗人普遍痛恨偷盗行为有关。从相关史料记载中,我们能够看到苗人法俗对盗窃惩处之严酷,若有犯者,或射乱箭,或举火焚之,或竟有生埋者,故苗瑶之人一般不敢盗窃。据明王士性《广志绎》卷五"贵州"条载:"夷人法严,遇为盗者,绷其手足于高枬之上,乱箭射而杀之。夷俗射极巧,未射其心膂,不能顷刻死也,夷性不畏殴死,惟畏缓死,故不敢犯盗。"①民国时刘介《苗荒小记》载其于贵州、湖南苗地的见闻,言其社会此一法俗如旧,所以"道不拾遗,夜不闭户"。

> 苗瑶刑罚甚酷,犯盗窃者,苗头以其罪状传语团众,于是家出片柴,堆积刑场。缚犯者于柴薪之上,举火焚之,或竟有生埋者,其残忍可谓极矣。然而道不拾遗,夜不闭户……牛羊之牧于野者,恒数日不归,亦无人敢行偷盗者,岂所谓辟以止辟欤。②

苗瑶社会法俗可能多与先秦时期楚国风俗有关。先秦时期楚人好淫祀,好巫风,亦有蛊毒之俗,苗瑶社会中"苗人能为蛊毒"或亦为楚人遗俗,且极可能是缘于作为先秦楚人之后的"仲家",因为在苗瑶社会中"仲家"尤善造蛊毒。

> 苗人能为蛊毒。其法:五月五日聚毒虫于一器之中,使相吞噬,并而为一,诸毒之尤也。以之为蛊,中者立毙。然造蛊之法多端,如有所谓金蚕蛊、蜈蚣蛊者,其术不可思议。大约其用蛊恒在冷茶、冷酒中,及菜蔬、肉食中第一块上。行其地者,虑为所毒,宜带甘草,嚼而咽汁,中毒即能吐出,仍以炙甘草三两、生姜四两、水六升,煮二升,日三服,或用都淋藤、黄藤酒煎温常服,则毒随大小溲出,若含甘草而不吐者,非毒也。又三七末、荸荠皆可解。又白矾、细辛为末,各五钱,新汲水调下,得吐即止。又蛮人解蛊毒药有名"三百头牛"者,土常山也;有言"三百两银"者,马兜铃藤也,皆宜佩带。有中蛊而卧病者,烧病人所卧之簀,则病者能自言下蛊者为何人也。蛊祟有神,夜出摄死者之魂,如拽彗流入人家,当知防御。又下蛊之家,其居必洁,盖蛊死之鬼为之拂拭,故窗牖之上纤尘不染也,觉之者为女字坐,

① （明）王士性:《黔志》,王云五主编:《丛书集成初编》,第3页。
② （民国）刘介:《苗荒小记》,上海商务印书馆1928年版(影印本,无页码)。

则其蛊不灵。又闻蓄蛊之家鸡辄飞去，彼或蛊，我方食时，窃其少许，密埋十字街心，则蛊神反为彼祟。又蛊神畏蜎，取蜎入养蛊之家，其蛊立擒。数说皆有征验，故为附及。①

古时南方新安、永嘉、建安、遂安、鄱阳、九江、临川、庐陵、南康、宜春数郡都有畜蛊以杀人，杀人祭鬼等风俗。侯景之乱后，这些地方的蛊家多绝。到宋朝时，湖南永州诸县等地仍有此旧俗，从太祖开始朝廷就一直以法律禁止，也曾徙永州畜蛊者三百二十六家，令其不复返乡。但是在边远的贵州、湖南苗人社会中，其造蛊之法多端，至明清仍然不绝，但少闻行蛊杀人，其只是一神秘风俗而已。

（二）清代针对南方"土蛮、瑶、僮、苗人"社会的国家法律

1. "编置户口牌甲之令"

从清世祖入关，对于民间社会的管理"有编置户口牌甲之令"，以便官府稽察管理，是谓编户制度。乾隆二十二年，更定为十五条，其中涉及边疆诸族的编户如下：

> 一，苗人寄籍内地，久经编入民甲者，照民人一例编查。其余各处苗、瑶，千百户及头人、峒长等稽查约束。一，云南有夷、民错处者，一体编入保甲。其依山傍水自成村落者，令管事头造册稽查。一，川省客民，同土著一例编查。一，甘肃番子土民，责成土地查察。系地方官管辖者，令所管头目编查，地方官给牌册报。其四川改土归流各番寨，令乡约甲长等稽查，均听抚夷掌堡管束。②

清代苗人社会主要的法律问题集中在仇杀劫房、伏草捉人、自相争讼、土司犯罪。因此清代的相关立法也是围绕着防止仇杀抢夺、惩办伏草捉人、限制民苗往来、限制相互贸易这样几个方面进行的。

> 时各省番、苗与内地民人语言不通，常有肇衅之事。二十四年，定番界、苗疆禁例。凡台湾民、番不许结亲，违者离异。各省民人无故擅入苗

---

① （清）陆次云撰，朱廷铉校：《峒溪纤志》中卷《蛊毒》。
② 《清史稿》卷一二〇《食货志一》，第3482页。

地,及苗人无故擅入民地,均照例治罪。若往来贸易,必取具行户邻右保结,报官给照,令塘汛验放始往。①

从清人薛永升《读例存疑》中,我们可以看到国家法律中针对苗人社会的律例的具体情况。

《名例律》是《大清律例》的总则部分,针对"化外人有犯"此条仅指蒙古有犯的情况,薛永升认为:"此门所载各条均指蒙古有犯而言,其苗、瑶等夷人有犯均散见各门,似不画一。应将例内苗蛮等项及土司有犯各条,均移入此门。"这些律例内容涉及土苗仇杀劫虏、苗人伏草捉人、苗人自相争讼、土苗犯流徙军遣者以及土司犯罪等。

> 土蛮、瑶、僮有仇杀劫虏,凶惨已甚;云南、贵州苗人犯流徙军遣;苗疆地方民人捏称土苗希图折枷免徒者;土司有犯徒罪以下者;各省迁徙土司,本犯身故,均见"徒流迁徙地方";苗猓蛮户俱不许带刀出入,见"私藏应禁军器";土官土人如有差遣公务事越外省,见"私越冒渡关津";苗人伏草捉人横加枷肘,勒银取赎,见"恐赫取财";苗人自相争讼之事,照苗例归结,见"断罪不当";苗人图财害命,照强盗杀人例斩枭,见"谋杀人"。②

2. 苗人抢夺后"犯罪事发在逃"

苗人社会多抢夺案件,尤其是聚众抢夺。同时,也存在外来流棍勾结当地棍徒,杀害人命,虏其妇人子女,计图贩卖的现象,且这类犯罪多是有在逃者。在《名例律》"犯罪事发在逃"条中,关于苗人社会犯罪事发在逃现象有如下之例:③

> 黔楚红苗仇怨抢夺杀人,聚众不及五十人为首及聚众至百人,杀人为从下手者。
>
> 贵州地方有外来流棍,勾通本地棍徒,将荒村居住民苗人户杀害人命,虏其妇人子女,计图贩卖,不论已卖未卖,曾否出境,案内有迫胁同行,在场

---

① 《清史稿》卷一二〇《食货志一》,第3482页。
② (清)薛允升撰:《读例存疑》卷五《名例律下之二·犯罪事发在逃》。
③ 此例原系二条,一系雍正五年遵旨议准定例,乾隆五年修改;一系乾隆四十年,刑部议覆山东巡抚杨景素审题、刨坟人犯王学孔、放子明逃后二三年被获,将王学孔等改拟立决一案,钦奉谕旨恭纂为例。五十三年删并,嘉庆六年改定。

未经下手者。①

黔楚红苗仇忿抢夺，聚众至五十人，杀人为从下手者。②

对于这类犯罪的处罚是：

凡有关人命，应拟斩绞各犯，脱逃二三年后就获，如谋杀、故杀及拒捕杀人等类情重之犯，幸稽显戮者，各依原犯科条，应监候者俱改为立决。寻常命案，仍照本律、本例拟以监候。其无关人命，应拟死罪各犯，俱随案酌核情节，分别定拟。其知情藏匿罪人者，照律治罪。知情之邻保甲长，俱杖八十。该地方官稽查不力者，交部议处。若有属员藏匿罪人，该管上司不行纠参者，亦交部议处。③

以上各项人犯情罪较重。如事发在逃，二三年后被获，即改为立决。④

这些处罚同样适用于"番役诬陷无辜，妄用脑箍及竹签、烙铁等刑致毙人命者"。⑤

3. "土蛮、瑶、僮、苗人""捉人靴禁"或"伏草捉人"犯罪

前述苗疆有"捉人靴禁"情况，且几已成俗，清人陆次云《峒溪纤志·木靴》一书中称之为"木靴"，即是苗人抢掠得汉人，藏之于洞中，以木靴锁之，使其终身莫出。又，康熙朝湖广提督俞益谟说苗人素有"伏草捉人"之俗，"苗性贪顽，素惯捉人勒赎，以至滋扰边民"。⑥ 嘉庆时曾督学贵州的李宗昉，于其《黔记》中比较生动地描述了仲家苗人"捉人索钱"一事："清江仲家，台拱有之，妇人耕勤，男子头缠红布，腰佩大刀，聚党出寨，捉挈过路孤客，将长木为枷，枷进寨内索取财务，名字曰'赎身钱'，如不给者，终不能脱。多受害者，近今严惩，畏法者不敢为也。"⑦

"捉人靴禁"、"伏草捉人"的目的在于勒赎被捉人家的银两，不仅如此，内地民人也有与之勾结，从中取利的。"今苗与民一体，应遵王化，不许仍前伏草捉

---

① （清）薛允升：《读例存疑》卷五《名例律下之二·犯罪事发在逃》。
② 同上。
③ 同上。
④ 同上。
⑤ 同上。
⑥ （清）俞益谟撰，田富军、杨学娟点校：《青铜自考》，第113页。
⑦ （清）李宗昉：《黔记》卷三，王云五主编：《丛书集成初编》，第27页。

人、勒赎银两”。① 这自然属于犯罪行为，康熙朝俞益谟治边时就指出这种现象虽是苗人旧俗，但是在法律上也应当"苗与民一体，应遵王化"。他提出由于这已经"滋扰边民"，且有奸民与之同伙牟利的情况，因此应采取法律措施进行惩治，对苗人按强盗罪处斩；对与之勾结的民人，按强盗窝户之律治罪。此议上奏后，依据理藩院议定，对于"伏草捉人"，是苗人犯此罪者，按强盗罪处斩；与苗人勾结的民人犯此罪者，如果是故意为之，判斩立决，如果不是有意为之，判"枷责金发边外为民"。②

康熙四十三年九月二十八日，又有《增议筹边善后准偏院咨复总督喻》对苗疆的盗窃命案、拿人勒赎、哨民勾和、捉人犯罪有比较清晰的规定："如苗之盗窃命案，定以审题究拟；拿人勒赎，定以强盗之律；哨民勾和，亦照窝盗治罪。以上二款，盖定法有在，不患冤抑难伸；比例森严，能使蠢愚不犯。"③后来又依据始于雍正五年之例和乾隆五年改定之例，对于"聚众捉人靴禁"，区分了本人和族人；对于"伏草捉人"犯罪，有了首从区分。具体规定是：凡是"聚众捉人靴禁"者，本人处以死刑，父母、兄弟、子侄适用"徒流迁徙地方"条例；凡是"伏草捉人勒索"者，首犯处斩，从犯枷号三个月且刺字。④

> 凡土蛮、瑶、僮、苗人仇杀劫房及聚众捉人靴禁者，所犯系死罪，将本犯正法，一应家口、父母、兄弟、子侄，俱令迁徙。
>
> （薛允升谨按：恐吓取财门，苗人伏草捉人勒索，首犯斩候，从犯枷号三个月，刺字，并无迁徙明文，与此不同，应参看。此条所云自系专指仇杀劫房矣。）⑤

此外，为强化对这类案件的治理，还对地方土官、百户、寨长的法律责任进行了严格的规定。

> 如逃盗事案，土官亦与责成；黔楚苗寨再有拿人构衅、杀人殒命等事，百户、寨长治以通同。以上二款，不特归化诸苗不敢妄肆，凡有责成者，尤

---

① （清）俞益谟撰，田富军、杨学娟点校：《青铜自考》，第113页。
② 同上。
③ 同上书，第151页。
④ （清）薛允升：《读例存疑》卷六《名例律下之三·徒流迁徙地方》。
⑤ 同上。

必愈加严束，而边疆永无不靖之患矣。①

4. "土蛮、瑶、僮、苗人"因犯罪被"徒流迁徙"

中国古代罪犯的迁徙制度起源于唐朝的"杀人移乡"，宋明之世，地方边地族群之间或某族内部之间，因彼此相互仇杀引起法制败坏、地方动乱的情况很多。在对待西南土蛮、瑶、僮、苗人社会仇杀犯罪问题上，清朝为防止边地这一现象的不断重演，采用了"杀人移乡"的办法，以条例的形式进行了法律层面的规定。"惟条例于土蛮、瑶、僮、苗人仇杀劫掳及改土为流之土司有犯，将家口实行迁徙。然各有定地，亦不限千里也"。②

那么，如何迁徙这类苗人犯罪者呢？对其徒流迁徙之地分系军流等罪、系流官所辖者、系土司所辖者三种情况进行安置："如系军流等罪，将本犯照例枷责，仍同家口父母、兄弟、子侄一并迁徙。系流官所辖者，发六百里外之土司安插。系土司所辖者，发六百里外之营县安插。"③（薛允升谨按："土蛮、瑶、僮及苗人，有犯军流徒罪，均应折枷，而例无专条，附见于此。"）④

该例对于"木靴"犯罪者，如果本人所犯系死罪的处罚如上，是"首犯斩候，从犯枷号"。

苗人伏草捉人勒索，首犯斩候，从犯枷号三个月，刺字。⑤

凡土蛮、瑶、僮、苗人仇杀劫房及聚众捉人靴禁者，所犯系死罪，将本犯正法。⑥

(1) 对于情节较轻的"凶恶未甚者"，如果是初犯，则只是处以枷责且免迁徙，"初犯照例枷责，姑免迁徙"。⑦

由于免除迁徙只是针对苗人而言，因此在苗疆地方内地之人可能"捏称土苗"而犯此罪，之所以"捏称土苗"，是为了适用此条"免迁徙"的情况。根据乾隆二十五年刑部议覆广西按察使申梦玺条奏定例规定，对此种情况的处罚是："凡

① （清）俞益谟撰，田富军、杨学娟点校：《青铜自考》，第151页。
② （清）薛允升：《读例存疑》卷六《名例律下之三·徒流迁徙地方》。
③ 同上。
④ 同上。
⑤ 同上。
⑥ 同上。
⑦ 同上。

苗疆地方,如军流徒遣等内民人,有捏称土苗,希图折枷免徙者,事发之日,除按其本律治罪外,仍先于本地方枷号一个月,再行充发。其捏结之邻保人等,照证佐不言实情律,减因罪二等科断;受贿重者计赃,以枉法论。"①

(2)对于仍不改恶者,本人仍是枷责,其亲属家口亦迁别地安插。"将本人仍照原拟枷责,亲属家口亦迁徙别地安插。仍严饬文武官稽查约束,出具印结,并年貌清册,于年底报部"。②

(3)对于安插十年后,能够改恶迁善者,则准予回籍。"有情愿回籍者,查明咨报,准予回籍"。③

由于"木靴"犯罪者"亲属家口亦迁徙别地安插",因此还涉及其家属在所迁徙地方的犯罪问题。对于其家属在所迁徙地方行凶生事的则加重处罚:"若本犯并各家口,仍在安插地方行凶生事,照已徒已流而又犯罪律,再科后犯之罪。"④(薛允升谨按:"而在安插地方,行凶生事,又照已徒已流又犯律科断,似嫌参差。且家口与本犯亦有区别,一体治罪,尤觉未协。即如平常遣犯,脱逃为匪,如犯该军流,即应拟绞矣。迁徙之家口有犯似应斟酌。"⑤)

对于其家属在所迁徙地方逃亡的,一方面追究地方官不尽心约束,以致疏脱之责,"即将该管文武各官照例参处"。另一方面,如果其逃亡家属只是逃亡,而无其他犯罪情节,则"照例治以逃罪";如果另外还有犯罪情节者,则"照平常遣犯逃后为匪例,分别治罪"。⑥

5. 对衣冠、服饰方面汉化了的苗人的法律适用

在"徒流迁徙地方"例中,清朝法律对于云南、贵州苗人犯该徒流军遣罪的本人,情节较轻且不再犯者,一般"仍照旧例枷责完结"。对于情节较重或再犯不悛的,才会牵连其家属。值得注意的是,在该例中还有关于苗人中有衣冠服饰与内地汉人相同者犯罪到官时,亦按民例治罪的规定。这说明清朝对于在衣冠服饰方面汉化了的苗人的法律适用上,已经开始将其视同汉人,"悉照民例治罪"。

---

① (清)薛允升:《读例存疑》卷六《名例律下之三·徒流迁徙地方》。
② 同上。
③ 同上。
④ 同上。
⑤ 同上。
⑥ 同上。

其情节较重或再犯不悛，将本犯照例折枷后，仍同家口各就土流所辖，一并迁徙安插。至苗人中有薙发衣冠与民人无别者，犯罪到官悉照民例治罪。

（薛允升谨按："原例指贵州一省，故专言苗人。添入云南，则土蛮夷傈等类似应一并添入。"）①

6. 对土司犯罪的法律规定

元代以来，中央政权在边疆实行土官制度。明清继承了这一制度，从清雍正四年开始到雍正九年，又在南方边地实行"改土归流"，旨在消除明代中后期以来改土归流的弊端。明代在实行改土归流后，没有及时形成一整套有效的法律制度进行规制，结果造成不少地方虽已改流但仍然混乱的局面。如"贵州仲家为乱二十余年……招抚，久未定"。②"东川虽然已改流三十载，尚为土目盘据，文武长寓省城，膏腴四百里无人敢垦"。③

清康熙时期，广西、云南、贵州土司所辖地方与汉人居处的形势是："广西、贵州、云南三省苗民所居之处田土膏腴，物产丰富，而汉人所居半系瘠土。……其土司所辖地方，大者数百里，中者数十里，小者一二十里。……观此三省，汉人之土田户口未及土司之半。"④

土司"改流"之事，其实在康熙后期就有了相关的法律规定，而不是始于雍正时期。这一时期清廷对土司改流一事亦有"条约"颁行，内容主要是关于土司适用"削袭改流"和"改袭降职"的规范，兹据《降革土司例》，⑤归之于下：

（1）土司被"革职拿问，削袭改流"的情况有：抗延王命者；行事不仰尊大清律例者；招军买马者；擅开铜、铅、锡矿，铸造私钱，以致奸徒啸聚者；彼此有仇衅，擅自兴兵杀掳先举者。

（2）土司被"削袭改流"的情况有：无故用兵，吞并邻司土地，荼毒生灵，夺取印信者；彼此穴斗，波及汉地粮民者；服署器皿僭用龙凤雕饰者。

（3）土司被"改袭"的情况有：窝隐满汉旗人及重案罪犯。

---

① （清）薛允升：《读例存疑》卷六《名例律下之三·徒流迁徙地方》。
② 《清史稿》卷二八八《鄂尔泰传》，第 10230 页。
③ 同上。
④ （清）俞益谟撰，田富军、杨学娟点校：《青铜自考》，第 99 页。
⑤ 同上书，第 101 页。

（4）土司被"降职"的情况有：招接在外奸宄，畜养术士方流者，降职三等；本管土民头目为盗，劫取内地财物牲畜，如果是纵容者降职三等，如果是不知情者降职二等；规避拖延督抚、提镇檄调者，降职二等；与流官呈移往来，妄自尊大者，降职一等；除从前阉割官官不议外，自后阉割人命者，题请降职一等。"以上革职拿问、削袭改流者，应即改土为流；其改袭降职者，俱俟有犯递降以致无级可降，然后改土为流"。①

从明朝中后期至于清雍正，土司犯罪多因改流导致。因此，制定一套比较完整的、针对土司的法律制度，是清代南方边疆法律治理的重要内容。

首先，严格土司考成制度且制订保甲之法。按照雍正四年鄂尔泰的建议，对土司的考成应当与流官适用同一定例，但是明确了土、流官员对地方犯罪的责任。"何斩不为此土司之考成不可不严，所当与文武流官划一定例者也，据臣愚见，事各有专责"。② 其责任分割是土、流各负其责，但是又共同负责。具体规定是：

（1）由苗寨内部引发的犯罪由土司负责。

> 盗由苗寨，专责土司。……盗由苗寨者，是平时不行钤束，而临事又不行防闲，此土司之罪也。③

（2）由苗寨外部引发的犯罪由流官负责，属于"内地"引发的由文员负责，属于"外来"引起的由武官负责。

> 盗起内地，责在文员；盗自外来，责在武职。……盗起内地者，是乡保不能稽查，而捕快又不能缉获，此文员之罪也；盗自外来者，是塘汛不能盘诘，而兵丁又不能救援，此武职之罪也。④

（3）但是对当地犯罪，土司及流官之文员、武职均互有责任，俱皆参罚，只是轻重不同。

> 责在土司者，末减流官；责在文员者，末减武职；责在武职者，亦末减文

---

①　（清）俞益谟撰，田富军、杨学娟点校：《青铜自考》，第111页。
②　（清）鄂尔泰：《分别流土考成疏·雍正四年》，《皇朝经世文统编》卷七九《经武部十·边防》。
③　同上。
④　同上。

员。参罚虽俱，不免轻重各有攸分。①

以此三者分别议罪土司，无辞流官亦服然，所以清盗之源者莫善于保甲之法。②

所谓"保甲之法"是针对除生苗外的民夷杂处地方，雍正时期，按照鄂尔泰的建议，需要改变"云贵土苗杂处，户多畸零，保甲不行"的状况，无论附近民人还是当地夷人，均实行三户以上编为一甲的做法。凡所居之地不足三户的，则令其迁到附近能够实行保甲的地方，"毋许独住"。为此，由乡保甲长负责，"则逐村清理，逐户稽查"。这样做的效果是："一遇有事，罚先及之，一家被盗，一村干连，乡保甲长不能觉察，左右舍不能救护，各皆酌拟无所逃罪。此法一行，则盗贼来时，合村百姓鸣锣响应，互相守望，互相救护，即有凶狠之盗，不可敌当。"③

为强化保甲制度，需要加强对"捕快"、"塘兵"的管理。在捕快的基础上，增设"快头"。针对"捕快之中亦有奸良不一，能否不齐"的情况，"每十人立一快头，如缉盗不获者，捕快与快头一同治罪"。同时，针对塘兵"每昼则看牌赌钱，夜则饮酒酣睡，甚或乘空偷窃……又或伙众结强，唆使劫掠，阳防阴助"的情况，④提出要严加号令，定为成法，使其尽力盘诘稽查地方。

清代，针对黔楚红苗抢夺杀人、贵州地方有外来流棍勾通本地棍徒犯罪的相关规定中，亦严格了对"捕快"、"塘兵"、"快头"、"保甲长"等与保甲制度配套的规定。如在"犯罪事发在逃"条中规定："其知情藏匿罪人者，照律治罪。知情之邻保甲长，俱杖八十。该地方官稽查不力者，交部议处。若有属员藏匿罪人，该管上司不行纠参者，亦交部议处。"⑤

其次，清代法律十分重视防止外来人等"引诱蛮僮头目犯法"现象。对引诱蛮僮头目犯法者，要"加等治罪"。除"照诱人犯法律加等治罪"外，还实行"遇赦不宥"，对于失察的地方官员也要进行"交部议处"。⑥

官员犯罪分公罪和私罪，清朝法律对外任犯私罪的文武官员的处罚比较

---

① （清）鄂尔泰：《分别流土考成疏·雍正四年》，《皇朝经世文统编》卷七九《经武部十·边防》。
② 同上。
③ 同上。
④ 同上。
⑤ （清）薛允升：《读例存疑》卷二《名例律下之二·犯罪事发在逃—06》。
⑥ 同上。

重,如薛允升对条例"文武官犯私罪—01"的按语:"后又定有军台、新疆之例,而官员之罪反较重于平民矣。"①

再次,大清条例规定了土司犯罪的法律适用,其规定基本等同于内地职官:土司犯徒流以上的,依律科断;土司犯杖罪以下的,交部议处。可见在刑事犯罪方面,对各处土官犯罪的法律适用与一般职官没有什么区别。清律条例"职官有犯"规定:"各处大小土官有犯徒流以上,依律科断。其杖罪以下,交部议处。"(薛允升谨按:"此专为土官分别奏提及罚米而设,改为交部议处,转不分明。")②

关于土司犯罪的具体规定有:

(1) 土司犯徒罪以下者,一般仍照例遵行。对于改土为流的土司,犯徒罪以上应斩绞罪者,仍于本省分别正法监候。如果其家人应迁于远省者,亦拨给田房,维持其生计,以示国法体恤土司之意。而迁家人于别省的目的,则在于避免当地人仇杀相寻。

　　凡土司有犯徒罪以下者,仍照例遵行外,其改土为流之土司,本犯系斩绞者,仍于各本省分别正法监候。其家口应迁于远省者,系云南迁往江宁,系贵州迁往山东,系广西迁往山西,系湖南迁往陕西,系四川迁往浙江,在于各该省城安插。……该地方文武各官不时稽查,毋许生事、扰民、出境。……其安插地方,每十口拨给官房五间,官地五十亩,俾得存养。获所官地,照例输课。

　　(薛允升谨按:"此专指改土为流之土司而言。死罪及军流人犯家口,均遣于别省,盖恐其仇杀相寻也。拨给田房,俾得存养,又所以示体恤也。")③

(2) 若土司未犯死罪,又被迁徙别省,如果土司本人又死亡,其家人能否回原籍,依据乾隆五年广西巡抚杨超曾条奏定例,则需要请旨定夺。

　　各省迁徙土司,若本犯身故,该管地方即行文原籍,该督抚将该犯家口应否回籍之处,酌量奏闻,请旨定夺。其本犯身故无子,及虽有子而幼小

---

① (清) 薛允升:《读例存疑》卷一《名例律上之一·文武官·犯私罪—01》。
② (清) 薛允升:《读例存疑》卷一《名例律上之一·职官有犯—01》。
③ (清) 薛允升:《读例存疑》卷六《名例律下之三·徒流迁徙地方—06》。

者，其妻子并许回籍，不在此例。①

（三）苗汉关系及其相关的法律治理

经过雍正时期鄂尔泰总理三省而进行的"改土归流"，西南边地社会秩序趋于稳定，但是鄂尔泰"改土归流"的后遗症仍然存在。经过战争，双方尚余有仇隙，按照当时湖广总督孙嘉淦在乾隆七年上疏中的说法，苗疆官吏对苗疆的治理状况是："历来治苗之官，既无爱养之道，又乏约束之方。无事恣其侵渔，有事止于剿杀。剿杀之后，仍事侵渔；侵渔既久，势必又至剿杀，长此循环。"②因此，要实现苗疆社会的长久稳定则需要强化相应的法律规定，这从此后几朝边臣的上疏中可见一斑。

雍正年间高其倬、鄂尔泰治理苗人社会时期，立法的重点在于解决苗人社会内部的仇杀抢夺以及土司臣服之类的刑事犯罪问题。前述清朝法律中涉及的"木靴"、"汉奸"、"伏草捉人"、"引诱蛮撞头目犯法"、"保甲"这些概念多与苗人加害进入苗境的汉人相关。然而在"改土归流"之后，由于"威权所及"，与法律治理相关的，更多的是地方官吏欺压及滋扰苗人的问题。

乾隆七年，湖广总督孙家淦在其上疏中描述了苗疆的法治形势：

（1）文官不敢入苗寨，差役只是"持票滋扰"。

由于苗疆形势初定，文官尚不敢入苗寨催科，只能命令差役入境催科，而差役只是"持票滋扰"而已。③

（2）文官不敢入苗寨，只能武弁入苗境处理争讼、劫杀案。

依照清朝法律规定，审理案件本是文官之事，武弁不得干预民事。但是由于苗疆形势初定，尚有点军管色彩，再加上文官不敢入苗寨，故凡涉苗争讼、劫杀案件只能由武弁入苗寨处理。但是武弁入苗境，其威权所及，摊派亦会随之，"于是因公科敛，文武各行其令；因事需索，兵役竞逞其能；甚至没其家赀，辱及妇女"，④由此导致怨恨积累，苗人与官府之间嫌衅遂成，最终引发动乱。

① （清）薛允升：《读例存疑》卷六《名例律下之三·徒流迁徙地方一07》。
② 《清史稿》卷三〇三《孙嘉淦传》，第 10488 页。
③ 同上。
④ 同上。

（3）动乱被剿抚之后，后来者仍蹈前辙，"搜捕株连，滋扰益甚，苗瑶无所告诉"。①

针对此种形式，孙嘉淦提出"治苗在治头人"的建议，他认为："兵役侦之而不得者，头人能知之；斗争劫杀之事，官法绳之而不解者，头人能调之。"②其具体措施是：

（1）任命头人为寨长，任命头人信服的人为峒长，寨长、峒长听命于县令。

> 令各寨用头人为寨长。一峒之中，取头人所信服者为峒长，使各约束寨长而听于县令。③

（2）苗寨诉告程序分为寨长、峒长、县令三级，这样既可以发挥头人的作用，又可以收司法权于有司，以收令行禁止之效。

> 众苗有事，寨长处之不能，以告峒长；又不能，以告县令。则于苗疆有提纲挈领之方，于有司自收令行禁止之效。④

（3）如此，峒长可以经常见到县令，有争讼可告于官府，及时处理纠纷而消弭仇杀，且去吏役蒙蔽之患。

> 且峒长数见牧令，有争讼可告官区处，而无仇杀之举。牧令数见峒长，有条教可面饬遵行，而无吏役荧蔽之患。⑤

经过乾隆年间较长时期的治理及嘉庆年间平息苗人反叛之后，在嵩溥、贺长龄等人治理苗疆时，虽然也有"镇远、黎平、都匀、古州苗俗桀骜，以盗为生，州县差役缉捕难周"的情况，但是在苗疆的法制上，这一时期的主要问题多都是"黔民苦讼累而多盗，以听断缉捕课吏"，而黔民之所以苦讼累，又多与土地田产纠纷有关，对于原本山多地少的苗疆来说，苗汉关系又集中在苗人与来自内地的客民之间的土地之争，这是苗疆土地纠纷的主要内容。

总之，清代中后期苗疆的问题，更多是在通过立法解决苗人内部和苗汉之间的民事纠纷。时任贵州巡抚贺长龄于道光十九年正月所上《覆陈汉苗土司各

---

① 《清史稿》卷三〇三《孙嘉淦传》，第 10489 页。
② 同上。
③ 同上。
④ 同上。
⑤ 同上。

情疏》中，把道光年间苗疆社会矛盾和司法问题讲得十分清楚，兹解析如下：

1. "苗人失地"与客民包揽词讼

(1) 川、楚、粤各省穷苦之民赴滇黔苗地贸易，至使苗人失去土地。

川、楚、粤各省穷苦之民为求生计，赴滇、黔两省苗地进行贸易，佃种苗人的土地，成为当地的客民、流民。这些客民、流民往往利用内地带来的酒食、衣饰"诱以纷华"，或重利借与银两，苗人入不敷出，只能加价作抵，将田典质，苗人所与佃种土地悉归客民、流民。①

(2) 遇有土司之间的互争案件，客民为土司包揽词讼，且借贷给土司的银两皆以田土抵债，使苗人土司失去田产。"至土司遇有互争案件，客民为之包揽词讼，借贷银两皆以田土抵债"。②

(3) 遇有土司与汉民之间的田土互争案件，衙门的胥役勒索汉民，从而为汉民包揽词讼，教唆其以土司田土来抵偿借贷，进而侵占土司田产。"其尤甚者，土司与汉民每有田土互争之案，辄被胥役勒索客民从而包揽教唆，借贷银两，动以田土抵偿，应示限制，方可保全苗业，预弭争端"。③

2. 朝廷对"苗人失地"问题的法律态度

对以上所反映的这些情况，清廷的态度是，如果情况属实，除客民、流民已经置买的田产不计外，对侵占苗人土地及擅买土司田产的现象一概禁止，所占苗人田地归还本人；涉及的田土案件，如果是汉人霸占苗业，或是夷苗诬控平民，要求地方官员予以公平听断，不得任听胥役诈索客民唆讼。

> 弊如果属实，不得不严行查禁。著伊里布、颜伯焘、贺长龄，即将折内所指各情节悉心体访，严饬各地方官随时查察认真禁止，除客民、流民已经置买田产不计外，傥有狡黠客民人等，侵占苗人土地及擅买土司田产，即将田地断还本人管业，追价入官，仍照例治罪。至田土案件，如有汉人霸占苗业，及夷苗诬控平民，务当公平听断，治以应得之罪，毋得任听胥役诈索客民唆讼，以杜侵越而靖边陲。④

① （清）贺长龄：《覆陈汉苗土司各情疏·道光十九年正月》，《皇朝经世文统编》卷七九《经武部十·边防》。
② 同上。
③ 同上。
④ 同上。

从上谕内容看,朝廷的态度颇为公允,显然是禁止汉人霸占苗业,有不再准许客民、流民置买苗人田产的意思。同时也要求地方司法官员公平听断,要防止夷苗诬控汉民并制止当地胥役诈索客民、教唆词讼,为此才派伊里布、颜伯焘、贺长龄及当地官员悉心体访。

3. 苗疆贸易纠纷的法律治理重点

清朝法律只是不允许内地民人擅入苗地,"各省民人无故擅入苗地,及苗人无故擅入民地,均照例治罪"。① 但是却允许彼此之间正常贸易,"若往来贸易,必取具行户邻右保结,报官给照,令塘汛验放始往"。② 这是因为"客民未尝不有益于苗"。③

经过调查,贺长龄在其道光十九年正月《覆陈汉苗土司各情疏》中,认为:

(1) 过去在苗疆实行保甲制度,本意在禁止各省民人无故擅入苗地,但是实行保甲之后,内地前往苗疆的客民并没有减少,虽严禁而不能制止。

> 自臣到黔(贵州)以来,兴义各属已无不垦之山,而四川客民及本省遵义、思南等处之人仍多搬住,终岁络绎不绝,亦尝出示饬属严禁而不能止。④

(2) 究其原因,一在于内地包括四川、遵义等地"人稠地贵","黔省下游及四川、湖广客民,携眷而来租垦荒山,俱系极贫之户",苗地地价贱,因此这些省份的人有前往这些地方寻求土地耕种谋生的需求;二在于贵州本不产盐,有对盐的需求,而苗民多杂粮、木材,与客民交易盐、布,则其杂粮、木材亦可得以销售,彼此互惠。贺长龄于是认为因为外地人前往贸易,以致于"苗民习染纷华,生计渐蹙"之说不可取。

> 苗民错居岩洞,所饶者杂粮、材木耳,非得客民与之交易,则盐、布无所资,即杂粮、材木亦无由销售,分余利以供日用,是客民未尝不有益于苗。且苗民务耕作而不知贸易,客民耐劳而俭用,多就谷贱之地以为家,是亦未尝不两有益。⑤

---

① 《清史稿》卷一二〇《食货志一》,第 3482 页。
② 同上。
③ (清) 贺长龄:《覆陈汉苗土司各情疏·道光十九年正月》,《皇朝经世文统编》卷七九《经武部十·边防》。
④ 同上。
⑤ 同上。

因此，贺长龄对当时苗疆社会的实际情况进行了归纳，其情形复杂以致于"黔民苦讼累而多盗"。

(1) 苗民害汉民

自元置宣慰使、都元帅府以来，苗疆就已有汉人居住。经过五百余年发展，仍是苗人多于汉人。苗人"其俗以偷盗劫掠为事，不但客民不能盘剥，即土著汉民犹畏之。他如台拱、青江、黄平等处之苗，亦多沿路行劫、滋扰客民，控制弹压均非易也"。①

(2) 苗民害苗民

以主体而论，苗疆的司法案件可分为：汉苗之间多有争控，苗人与苗人之间亦互控不休，苗人唆使苗人以控告苗人，苗人勾结汉匪以控告苗人，如此等等，"颠倒簸弄"，"刁诈殆难言状"。②

(3) 土目、土司害苗民

清代苗疆的土目、土司本非完全是原始土著，不少是来自内地的汉人后裔。"黔省上游多土目，下游多土司，土司多系江西、湖广、山陕、江南等处之人，土目则系从前土著及由滇蜀拨入之人"。③

苗民有佃种土目、土司的田地，每年交牛、羊、猪、鸡作为年例、年租。"其土目、土司之强而暴，辄虐使其苗，又于年例、年租之外，多方科派之，苦累殊甚"。④

(4) 苗民害土司、土目

苗疆亦有苗民将佃种之田当与汉人土目、土司的情况，由于苗疆地域广大，属于崎岖山区，其情况官员无由察知。苗民按法律应当上交官府的条银本应由土司交地方官转解藩库，但是苗民却纷纷要求改归地方官征收，改由地方官员征收后，又往往拒交，且相率抗粮，还传案不到，最后只能由土司、土司为之代垫。⑤

以上几种情况是贺长龄对道光时期苗族社会矛盾的总结。而在司法方面，苗民社会的国家司法面临的问题一同于清代内地，即普遍存在的"胥役诈索、刁徒唆

---

① （清）贺长龄：《覆陈汉苗土司各情疏·道光十九年正月》，《皇朝经世文统编》卷七九《经武部十·边防》。
② 同上。
③ 同上。
④ 同上。
⑤ 同上。

讼"。"胥役诈索、刁徒唆讼各情形,此二弊实生民之大蠹,不独有害苗民"。①

为此,贺长龄到黔上任之后,采取了如下法律措施:

（1）限制土司在借贷中以田土抵偿,保全苗业,预弭争端。

（2）在地方,"苗学"屡经添设,不乏衣冠之族的熟苗地方,其法律适用仍以苗民视之。

（3）对于住在深山穷谷之中的生苗,锄"汉奸"以纾苗困。又将苗民之凶悍劫掠者严行究办,其诬控平民之案照例治罪,由此可以防止苗民为害汉人。

（4）对于苗民互控案件,要求迅速听断,由此可防止胥役、客民在司法过程中勾串唆使,诡诈百端,从中分肥,以致于苗民自相为害。

（5）禁止土司违例科派,亦禁止苗民借端挟制土司,防止土司与苗民互相为害。

（6）严厉查办衙蠹、讼匪,对之随时随事严示惩创。贺长龄到黔上任之后,即查办了衙门诈索衙蠹140名,查办教唆词讼的匪徒28名,查办地方凶恶棍徒162名,被锁系铁杆者559名,"均经达部有案"。此举颇有成效,"年来察看情形,宵小尚为敛,汉苗亦各相安复,以各属控案细加比对,较之从前已减十之四五"。②

任职于嘉庆、道光时期的贺熙龄有《缕陈湖南苗疆情形疏》,讨论苗疆自嘉庆初年戡定之后的情形,并条呈上闻苗疆九事,提出相关治法,皆奉旨可行,从中可知这一时期苗疆的社会矛盾及相关法律治理。贺熙龄在《缕陈湖南苗疆情形疏》中所提到的问题,主要是苗疆"边墙"内外往来问题,③即是黔省与楚地（湖南）交界之地（凤凰、永绥、乾州三厅的楚黔接壤之处）的交往问题。

"边墙"有"塘汛",康熙时期对于"塘汛"即已有相关法律规定,据《条饬塘汛防守咨楚督部院喻》,④兹析录于下:

---

①　（清）贺长龄:《覆陈汉苗土司各情疏·道光十九年正月》,《皇朝经世文统编》卷七九《经武部十·边防》。

②　同上。

③　"其黔楚碉堡之制,始于嘉庆朝征苗之役,傅鼐精练乡兵,遍设碉堡,师苗技以制苗,遂平边患。自湖南乾州界之木林坪起,至中营之四路口,筑围墙百数十里,以杜窜扰。其险隘处设屯堡,联以碉卡。凤凰厅境内,设堡卡碉台八百八十七座,永绥厅境内,设堡卡碉台一百三十二座,乾州厅境内,设汛碉一百二十一处,古丈坪及保靖县境内,设汛碉六十九处。环苗疆数百里,烽燧相望,声息相闻"。《清史稿》卷一三七《兵志八》,第4093页。

④　（清）俞益谟撰,田富军、杨学娟点校:《青铜自考》,第144—146页。

塘兵之设原以弭盗……遇有盗案，当时即要缉获。如三月之后，不能获贼者，塘兵一体治罪。

水汛之兵崴以巡辑汪洋、盘诘奸究为事，遇有往来官舫客船傍晚经过，即须吹角招呼在塘湾泊。如系各衙门差使船只，亦须验明印信牌票，有无紧急字样。倘或强词支饰，即系不轨之徒，务要留心防范，加意穷诘；或有语言错乱、神色沮丧者，擒送该营官会同有司究问。并不许藉端需索，故为留难，违者治罪。……

设立烟墩原为上下塘汛联络声援，嗣后遇有贼发即为放烟，上下塘兵望见烟起，即赴邀截合擒。敢有疏忽及观望不前看，所在兵丁即照故纵畏缩治罪。

每塘设立烟墩五座，崴为遇有贼盗即为燃放，使上下塘兵夜见火、日见烟即可邀截合擒之意。第贼有多寡不同，亦须于点放之时有所分别。如盗贼五人以至十人者，则放一座；十人以外者，则放两座；三四十人以外者，放三座；六七十人以外者，放四座；约至百人，则五座俱放。如此区别，庶上下塘兵望烟知警，少则即为奔赴，多则报明临汛官弁，即可纠同兵丁并力齐擒矣。至于烟墩之草，必须接季更换，不然风雨飘淋，草腐无烟，即放而邻汛恐亦不觉也，遵之毋忽。

盗贼流寓，附近必有窝家，劫掠必有线索。塘兵平时于乡村处所密为访缉，崴汛弁员亦须亲身巡查，务期盗贼屏迹，地方宁谧。嗣后本汛、邻汛如有失事，贼指于该讯某家停住过五日者，汛弁、溏兵一并治罪。

各塘塘兵凡遇钦差宪驾、地方文武官员经过该塘，瞭楼上吹角三声，鸣锣三荡，塘兵或三或五，即在本塘门前排班迎接，不必远道趋迎。

塘兵无事须读《训戒简本》，有能熟诵者遇小事免责十板，有能身体力行者记功一次。如有不能识字之人，即令识字者讲说训解。倘各悠忽漫视，查出均行重究。

各塘之兵俱要亲身在讯，不许冒名代替。器械等项，俱要整齐；弓矢技艺，时勤演习。崴汛弁员仍差老练队目一名不时稽查，倘有顶替怠惰等弊，即为禀究；如或互隐不报，查出，塘兵重责，队目加倍治罪。

塘房、瞭楼、烟墩、界牌、墙垣、旗竿等项，在塘兵丁须知物力艰难，小心经理，就如自己房舍一般，遇有损坏，即便修整。轮换交替之时，接防塘兵务须查看房楼、烟墩等项有无损坏,方可接手。遇有损坏,即系上首塘兵懒惰作践,令其赔整。总之,五年以内一切损坏者俱系塘兵赔补,十年以内损坏者责在营弁,一概不得干涉有司,十年以外损坏者方可移会地方有司,再为修建。至于在塘兵丁,慎毋互隐怠忽,任意遭踏,取究不贷。

方旗、绳索、枪杖、架子等项,遇有风雨即为收藏,倘不经心收管致有朽坏,责令塘兵赔补。

往来商旅人等日间行路困倦,偶来塘房暂为休息者,不可妄行驱逐,致彼愈加饿困;遇晚到塘,须要挽留歇宿,不许前往,以防疏虞。倘或抗令强行,许禀该管官弁送交有司诘治。

各塘兵每月朔日须实心奉行,不敢怠忽,甘结赍投该管衙门。倘有失事,以便按月按名究惩。如违,按以军法治罪。

塘兵必须熟识路径。无论崇山峻岭、平洋险隘处所,俱要平日踩看明白,万一有事,即风雨晦夜便可奔援。倘怠惰不遵,或差查,或调询对答不明者,重责革黜。

"边墙"之设原以隔断汉民、熟苗与生苗之间的往来,由于苗疆与内地在经济上互有需求,因此官府于分界地设有互市,规定一个月以三日为期进行贸易,其他时间不得越界出入,凡是想参与交易者,需要预先报请地方官,知会塘汛查验。①

贺熙龄肯定了自嘉庆初年戡定之后苗疆的形势,认为"苗情极为安贴",这是因为抚绥得宜、控制有力的缘故。虽有"边墙",但是贸易仍在继续,自然不免存在纠纷。贺熙龄所提出的治法,主要是针对"闻近年来,该处情形渐就废弛"的情形。贺熙龄在《缕陈湖南苗疆情形疏》中涉及的当时苗疆社会的相关法律问题,可归之如下:

(1)嘉庆初年以来,业经禁止的祭鬼神判之俗犹存。

苗人素来有"椎牛祭鬼"的风俗,以此占卜吉凶。一般做法是苗人群聚一处,先持刀将牛杀死,以牛头所倒方向来占卜吉凶。由此导致的问题有二:一是"每岁残杀耕牛无算",影响生计;二是"时虞滋事",扰乱地方秩序。

查苗人向有椎牛祭鬼之习,每聚众持刀,将牛打毙,视牛首所向,以占

---

① 《清史稿》卷二八九《迈柱传》,第 10255 页。

明清南方苗疆边墙遗址("边墙"内一位守将的坟墓,碑文尚存"荣封二品")

吉凶,不惟每岁残杀耕牛无算,而且集聚多人,时虞滋事。嘉庆初年业经禁止,近闻此风复起。[①]

嘉庆初年傅鼐治理此地时,就认为需要严行禁止残杀耕牛的习俗,如此,苗寨中每年可省牛数万头,节省费用数十万金。

> 生熟苗人皆令剃之俗,又信鬼多淫祀,每岁各寨中宰牛延巫,所费不赀,故用歉则性益贪,性益贪则夺易起,今则作鬼跳鼓藏诸习,严行禁止,计苗寨中岁可省牛数万头,岁可省费数十万金。[②]

(2) 苗疆内有书吏受贿,苗守、备苗、千总、苗把总、苗外委等员拔补不得其人。

苗守、备苗、千总、苗把总、苗外委等员的拔补,按例是由辰沅、永靖道于诸苗中择其诚实者秉公拔补,但是由于苗疆内有书吏受贿,贺熙龄认为如果"拔补

---

① (清)贺熙龄:《缕陈湖南苗疆情形疏》,《皇朝经世文统编》卷七九《经武部十·边防》。
② (清)傅鼐:《治苗》,《皇朝经世文统编》卷七九《经武部十·边防》。

不得其人",这些人极容易肆其强悍,凌虐平苗,进而导致仇杀之风。

> 又苗疆内原设有苗守、备苗、千总、苗把总、苗外委等员。例由辰沅、永靖道于诸苗中择其诚实者秉公拔补,若拔补不得其人,则肆其强悍、凌虐平苗,仇杀之风即由此起,近闻亦有苗疆内书吏受贿。①

(3) 汉民仍不时与苗人往来而多有涉苗案件。

清朝治苗的基本方针是限制汉人与苗人往来,这包括限制已经被逐渐视为汉民的熟苗与生苗之间的往来,其目的是减少纷争,为此亦有相关的法律规定。尽管如此,在实际生活中,因生苗与熟苗之间有越过边界进行集场交易和约定婚姻的需要,故难以完全禁止,"近闻此禁复弛,汉民仍不时与苗人往来。……苗地处处可通兼之,苗人或为旧时姻姻,或因集场交易,势不能禁其不相往来其间"。② 这里主要是指凤凰、永绥二厅与黔省接壤(笔者按,此处边界于山岭中修有边墙以隔生、熟苗人)之地。

(4) 生苗与民苗之间有集场约婚和进行交易的习惯,偶有纠纷,有来告官者,官府提审被告,亦不到案。

对此,傅鼐治苗之时亦有规定:"今则于苗、民交界处设集场限期交易,官弁监之。负贩小民入苗寨者,则有刑。"③但是后来的问题是,在"集场限期交易"的过程中,常有"互相奸控"、"强牵牛只"、"拏人勒索"以及被告"提不到案"的现象,"偶有嫌隙因而互相奸控者有之,又或因钱债细故彼此强牵牛只,或拏人勒索,抗不退还,告官关提亦不到案"。④

(5) 凡遇涉及苗人案件,差役乘机擅入苗境处理案件且肆行盘剥苗人。

苗人与苗人之间的案件被称为"苗讼",乾隆六年张广泗总督贵州兼管巡抚事受命平苗,毁除一千二百二十四苗寨,赦免三百八十八寨,并宥免了一半俘虏,同时规定"苗讼仍从苗俗处分,不拘律例",其目的就是"以杜官胥之扰"。⑤

嘉庆时,傅鼐治苗也认为"客民盘剥,差役吓索,历来扰苗之大者"。傅鼐就差役借办理涉苗案件乘机擅入苗境吓索苗人现象,采取了一系列法律措施:对

① (清)贺熙龄:《缕陈湖南苗疆情形疏》,《皇朝经世文统编》卷七九《经武部十·边防》。
② 同上。
③ (清)傅鼐:《治苗》,《皇朝经世文统编》卷七九《经武部十·边防》。
④ (清)贺熙龄:《缕陈湖南苗疆情形疏》,《皇朝经世文统编》卷七九《经武部十·边防》。
⑤ 《清史稿》卷五一五《土司传四》,第 14272 页。

于苗人的一般争讼案件，一律禁止差役进入苗寨，而是命令苗弁送诉讼双方入城，朝讼夕结；对于"偷盗细事"案件，亦不允许差役入苗寨，而是责成苗弁调查；"机密要事，则令熟员访查，凡干法者，置重典"。①

按此禁令，凡"苗人有词讼案件，向令苗弁传送，不准擅差兵役入寨"。② 但实际情况却是，遇有涉及苗人的案件时，地方官派遣差役入苗境去传唤苗人，这些差役不仅借机擅入苗境，而且趁机到当事人家里肆行需索盘剥，"甚至擅行鞭责，詈辱苗弁"，③苗人滋事亦多因于此。

为此贺熙龄提出：

（1）针对"椎牛祭鬼"之俗，"责成苗弁分寨查禁，如有不遵，送官究治，若苗弁徇隐不报，一经查出，从重责革"。④

（2）针对拔补不得其人之弊，要求严行剔除，"以恤丁弁而顺苗情"。⑤ 差役人等，宜禁入苗地，以防滋扰也。

（3）针对涉苗案件中，差役乘机擅入苗境盘剥苗人当事人及辱骂苗弁的情况，"必应一律严行申禁，以弭事端"。⑥

（4）针对生苗与熟苗之间因集场交易而出现的"互相奸控"、"强牵牛只"、"拏人勒索"以及被告"提不到案"的现象，要求边墙内外的凤凰、永绥二厅会同黔省松桃厅依法秉公断结。

（四）犯罪发遣对苗疆地方社会秩序的影响

雍正四年鄂尔泰上疏"改土归流"时就提到苗疆及邻近东川土地无人开垦的情况，早在顺治十八年时，云贵总督赵廷臣就有"滇黔田土荒芜，当亟开垦"的奏议，⑦为此朝廷规定："将有主荒田令本主开垦，无主荒田招民垦种。俱三年起科，该州县给以印票，永为己业，户部议复从之。"⑧这样做的目的，正如雍正时的云贵总督高其倬所说，"可以充实地方，可以移易保习"。

---

① （清）傅鼐：《治苗》，《皇朝经世文统编》卷七九《经武部十·边防》。
② （清）贺熙龄：《缕陈湖南苗疆情形疏》，《皇朝经世文统编》卷七九《经武部十·边防》。
③ 同上。
④ 同上。
⑤ 同上。
⑥ 同上。
⑦ 《清圣祖实录》卷一。
⑧ 同上。

　　明代大将傅友德在苗人地方实行的军屯卫所制度亦为清朝所继承,清朝在贵州就设有 30 卫、140 余所,多在平坦的"坝子",其目的在于进行军事控制:"苗疆新辟,恐诸苗之叛服靡常也,因设军要害杂处,以防之。"①

　　清代法律基本上不以属地而以属人治理边地,流放发遣之地亦因族群而异。然亦有内地之人,因犯罪流往边地,历史上的流刑一直有"流囚实边"的意义,"流囚实边"不仅对于边疆社会人口结构产生了影响,也促进了边疆民俗的变化。清代发遣之地多为沿海、边外、极边烟瘴处。

　　首先,看"发遣"。清律所谓的"发遣",不仅是指新疆、黑龙江等处,新疆、黑龙江、吉林等处及四省烟瘴并各省驻防为奴者,均谓之遣犯。

　　　　条例:第烟瘴充军之犯从前亦谓之发遣,后专以新疆、黑龙江等处为发遣,而烟瘴军犯与近边等项相等,相沿至今,诸多参差。况犯罪免发遣系属律目,又何尝专指新疆等处耶。似应将新疆、黑龙江、吉林等处及四省烟瘴并各省驻防为奴者,均谓之遣犯,其余仍谓之军犯。明立界限,庶无错误。②

　　清代流囚发遣之地,一是新疆、黑龙江、吉林,二是四省(云、贵、两广)烟瘴地区,三是发各省驻防为奴。清代发遣之地,依顺治十二年题准,已成定制,"一应流犯,俱照律例所定地方发遣,其解部流徙者,改流尚阳堡"。③ 顺治十八年后凡是因反叛案而应被流人犯,"俱流徙宁古塔(吉林)"。④ 后来又有三姓、索伦达呼尔、黑龙江等处,新疆作为发遣地的规定是在乾隆二十四年。

　　清代各省军流人犯一般"按军流道里表"发遣至应发省份,但是对广东、广西、四川、湖南应发人犯有特别规定;虽有发遣于云、贵、两广烟瘴地区,但是也并非云、贵、两广烟瘴地区之地皆可以拨发安置。法律规定在广西土司所属地方不得拨发安置,广东琼连二属及四川、湖南有苗民州县的地方只能就地方情形通融派拨,不得与苗民聚处。这是从实际情况出发,如果把内地军流人犯发往这些苗瑶聚居的地方,则必会给与苗瑶之间的关系带来不便。

① 贵州省民族研究学会、贵州民族研究所:《贵州民族调查》第 4 册,1986 年编。
② (清)薛允升:《读例存疑》卷三《名例律上之三·徒流人又犯罪—10》。
③ (清)薛允升:《读例存疑》卷六《名例律下之三·徒流迁徙地方—01》。
④ 同上。

各省佥发军流人犯，除广西土司所属地方不得拨发安置，并广东琼连二属及四川、湖南有苗民州县令解巡抚衙门，就地方情形通融派拨，不得与苗民聚处外，余俱按照军流道里表内应发省分。①（谨按：广东、广西、四川、湖南应发人犯，因不便与苗瑶等聚处，俱解巡抚衙门，与别省不同。）

按清朝法律，一般旗人犯流罪，发往东北黑龙江、吉林，而汉人则多发往四省（云、贵、两广）烟瘴地区或新疆。

条例：徒罪复犯，拟以满流，军流复犯，俱改发云、贵、两广极边烟瘴充军。若犯至三次者，徒罪复犯，亦改发云、贵、两广极边烟瘴充军。军流复犯，发遣新疆。②

条例：凡触犯祖父母、父母发遣之犯遇赦，查询伊祖父母、父母，愿令回家，如恩赦，准其免罪者，即准释放。若只准减等者，仍行减徒。其所减徒罪，照亲老留养之例，枷号一个月，满日释放，毋庸充配。傥释回后再有触犯，复经祖父母、父母呈送，民人发往新疆，给官兵为奴。旗人枷号两个月，仍发黑龙江当差。③

条例：凡在京八旗兵丁、闲散人等，因犯逃罪及别项罪名，发遣黑龙江、新疆等处当差者，如在途在配，遇赦回京，仍归入本旗档内，严加管束，即准以步甲等差挑取。傥挑差后怙恶不悛，仍复滋事及脱逃被获者，即销除旗档，发遣烟瘴地方，照民人一例管束，不准释回。若未经挑差以前，复犯逃罪被获者，仍发黑龙江等处当差。④

（薛允升谨按：旗人犯罪，现俱发黑龙江、吉林，并不发新疆。）

（薛允升谨按：八旗逃人、匪类发遣黑龙江、吉林，令该将军严行约束，如不知改悔，即销除旗档，改发云、贵、两广等处，见"徒流迁徙地方"。）

（薛允升谨按：旗下逃人、匪类发遣黑龙江等处，三年后悔过者，挑选匠役。复犯罪者，销除旗档，发云、贵、两广管束，见"徒流人又犯罪"。旗人因犯逃人、匪类及别项罪名，发遣黑龙江等处者，三年后果能悔罪改过，即入本地丁册，挑选匠役、披甲；复行犯罪者，改发云南等省。）

---

① （清）薛允升：《读例存疑》卷六《名例律下之三·徒流迁徙地方—08》。
② （清）薛允升：《读例存疑》卷三《名例律上之三徒·流人又犯罪—05》。
③ （清）薛允升：《读例存疑》卷三《名例律上之三·徒常赦所不原—11》。
④ （清）薛允升：《读例存疑》卷三《名例律上之三·流犯在道会赦—02》。

其次,看对"旗人"之发遣。一般被发遣的旗人罪犯,皆有枷号,只是对旗人有免发遣的规定。如旗人犯罪一般免发遣边地,只是笞杖各照数鞭责,分别对之枷号,这是旗人在法律上的特权。对于旗人的这类犯罪,其枷号时间的具体算法是按应发遣地方的远近而定。

　　条例:充军附近者,枷号七十日,近边者七十五日,边远沿海边外者八十日,极边烟瘴者九十日。

　　(薛允升谨按:现在其充军地方,并无沿海边外名目。)①

但是,如果旗人犯"窝窃、窝娼、窝赌及诬告、讹诈、行同无赖不顾行止,并棍徒扰害、教诱宗室为非、造卖赌具、代贼销赃、行使假银、捏造假契、描画钱票、一切诓骗诈欺取财以窃盗论、准窃盗论,及犯诱拐强奸、亲属相奸"这些罪行,则"均销除本身旗档,各照民人一例办理。犯该徒流军遣者,好别发配,不准折枷"。②

再次,看军籍人犯的发遣。对于军人犯徒流之罪者,一般是"徒限满日,仍发回原卫所",具体规定是:"凡军籍人犯罪该徒流者,各依所犯杖数决讫。徒五等依律发配,徒限满日,仍发回原卫所(并所隶州县)。流三等照依地里远近,发直省卫所(并所隶州县)附籍。犯该充军者,依律发遣。③这是因为"军人有定额,若犯罪者皆充徒流,则军伍渐空"。④ 这是继承了明代的做法,仅从该规定看来,军人被发往边疆地方成为一般民人的情况应当不多,但是薛允升认为:"此前明一代之定制,盖指世隶军籍之人而言,以示别于民人之意。今隶军籍之人与民无异,有犯亦一体同科,不过籍贯稍殊耳。"⑤

复次,看对流囚家属的处理。对于流囚家属(妻妾、父祖、子孙)愿意随同流犯前往流放地方的情况,一般均予准许。如果流囚(正犯)身死,其家属愿还乡者,"放还(军犯亦准此)"。

　　条例:凡犯流者,妻妾从之;父祖子孙欲随者,听。迁徙安置人(随行)家口(妻妾、父祖、子孙)亦准此。若流徒人(正犯)身死,家口虽经附(入配

───────────────

　① (清)薛允升:《读例存疑》卷二《名例律上之二·犯罪免发遣卷首》。
　② (清)薛允升:《读例存疑》卷二《名例律上之二·犯罪免发遣—05》
　③ (清)薛允升:《读例存疑》卷二《名例律上之二·军籍有犯卷首》。
　④ 同上。
　⑤ 同上。

所之)籍,愿还乡者,放还(军犯亦准此)。①

条例：内地军流人犯身故,除妻子不愿回籍并会赦不准放还外,其余令该地方官给咨回籍。妇人无子及子幼者,咨明本省督抚,令本犯亲戚领回原籍。②

康熙二十年又有恩诏,流囚(正犯)身死,其妻子有愿携骸骨回籍者,准其各回原籍。

流徙人犯在配所身死,其妻子有愿携骸骨回籍者,该地方官报部,准其各回原籍。尔时每遇恩诏,即有此款。③

对于军流发遣人犯到配所后生长的子孙男女,如果其子孙愿意往他处耕种贸易的,如果其所生长之女,出嫁人或寄养与人,均听其自便。

条例：军流发遣人犯到配后生长子孙,本犯在日,其子孙如欲往他处耕种贸易,呈明该管,听其自便。至配所生长之女,本犯或许嫁他处,或寄养与人,亦听其自便。④

清朝律例还对流囚家属在边疆配所的安置做了进一步规定,对于那些中途病故的流囚的家属,凡是不愿回原籍,情愿到配所为民者,有可以将其"安插耕种"而不必令其为奴的合理规定。

条例：发往乌鲁木齐等处人犯,未经到配,本犯中途病故,跟随妻子或因到配已近,不愿回籍,或子已年长堪胜力作,情愿到配为民者,令地方官讯明仍行发往,即入于各该处民籍安插耕种,不必令其为奴。⑤

除"不必令其为奴"外,对于发往新疆的满洲、蒙古汉军当差人犯,其随带的妻室家口,到配所后享有不得同罪犯一例羁管的自由。这是因为"新疆垦种需人故也"。

条例：满洲、蒙古汉军发往新疆当差人犯,如有情愿随带妻室家口者,

---

① (清)薛允升：《读例存疑》卷二《名例律上之二·流囚家属卷首》。
② (清)薛允升：《读例存疑》卷二《名例律上之二·流囚家属—03》。
③ (清)薛允升：《读例存疑》卷二《名例律上之二·流囚家属—04》。
④ (清)薛允升：《读例存疑》卷二《名例律上之二·流囚家属—06》。
⑤ (清)薛允升：《读例存疑》卷二《名例律上之二·流囚家属—09》。

官为资送,到配后不得同罪犯一例羁管。

（薛允升谨按：此专为发遣之旗人迎娶妻室家口而设,是以止言新疆而不及吉林等处,以尔时专为乌鲁木齐、新疆垦种需人故也。后旗人均发吉林等处,并不发往新疆。）①

但是,有两种情况流犯家属不得返还原籍：

一是如果系因犯谋反、叛逆及造畜蛊毒、采生折割人、杀一家三人这类罪行而被流放者,其家属"不在听还之律"。

其谋反、叛逆及造畜蛊毒,若采生折割人、杀一家三人,会赦犹流者家口,不在听还之律。②

条例：凡犯罪应缘坐及造畜蛊毒、采生折割人、杀一家非死罪三人等项,犯属仍照例佥发外,其余一应军流遣犯及应发乌鲁木齐等处人犯家属,均无庸佥配。③

二是永远不准回籍之遣犯的配偶,和缘坐案内例应佥遣伊犁等处为奴之人犯在配所生之女,以及妇女本身犯罪被发遣为奴的。

条例：缘坐案内例应佥遣伊犁等处为奴人犯在配所生之女,及妇女本身犯罪,发遣为奴,单身到配者,俱准其各就该处择配。永远不准回籍之遣犯,仍令各将所配自行报明,该管官存案。④

在法律上,发往烟瘴之地充军重于发往新疆。甘青一带的回民本邻近新疆,且文化基本相同,对于甘青一带的回民犯流罪,如果是犯窃盗罪,则俱改发烟瘴之地充军,并不发遣新疆。

薛允升谨按：其"窃盗门"内,回民行窃如系结伙持械,俱改发烟瘴充军,并不发遣新疆。⑤

但是后来回民因犯窝窃罪应往烟瘴之地充军者,亦改发新疆为奴。

---

① （清）薛允升：《读例存疑》卷二《名例律上之二·流囚家属—11》。
② （清）薛允升：《读例存疑》卷二《名例律上之二·流囚家属卷首》。
③ （清）薛允升：《读例存疑》卷二《名例律上之二·流囚家属—08》。
④ （清）薛允升：《读例存疑》卷二《名例律上之二·流囚家属—13》。
⑤ （清）薛允升：《读例存疑》卷三《名例律上之三·徒流人又犯罪—10》。

薛允升谨按：回民窝窃罪应烟瘴充军者，改发新疆为奴，载在"盗贼窝主门"内。①

那些被发遣到新疆、黑龙江等处为奴的人犯，在配期间行窃、滋事犯法及乘间脱逃，或者逃后另犯有不法情事的，清朝法律亦有相关处罚规定。如果在配期间又犯行窃罪的，则处以枷号，分一年、二年、三年、永远枷号。这部分人可能一生都在这些流放地方了。

条例：初犯者在配所枷号一年，再犯者枷号二年，三犯者枷号三年，至四犯者即拟以永远枷号。遇赦不准援免。②

对于发遣到乌鲁木齐地方的遣犯，如果在配期间滋事犯法，或者乘间脱逃，并在逃后另犯有不法情事，且罪止枷责者，最终多是限满开释，仍令分别当差为奴。其中若属军流徒罪，则系带铁杆二年；如属笞杖等罪，则系带铁杆一年。所谓"系带铁杆"，是指锁带铁杆、石墩。

乌鲁木齐地方遣犯，如有在配滋事犯法及乘间脱逃，并逃后另犯不法情事，除罪应斩绞者，仍照例办理外，其因罪无可加，例止枷责之犯，核其所犯事由，如系军流徒罪，系带铁杆二年；如系笞杖等罪，系带铁杆一年。果能安分，限满开释，仍令分别当差为奴。③

从这些法律规定可以看出，这部分在配期间又犯罪的人可能一生都要生活在这些流放地方了。需要提及的是，清朝对于被发遣的罪犯亦有体恤之例，对被发遣的罪犯，仍然贯彻儒家的恤刑政策，这表现在"发遣收赎"以及"隆冬盛暑停遣"之例。

"发遣收赎"之例是专门针对老幼及废疾犯人的规定。"律该收赎者，若例该枷号，一体放免。应得杖罪，仍令收赎"。④由于有此定例规定，许多发遣人犯解送到刑部后，"始纷纷告称老疾"，以求得适用该"收赎"之例。

此外，关于"隆冬盛暑停遣"之例，由于清朝发遣人犯不用"先责后解"，因此不会出现犯人"被创上道"的情况；遇到隆冬时节，由于天气寒冷，要停止遣发，

---

① （清）薛允升：《读例存疑》卷三《名例律上之三·徒流人又犯罪—10》。
② （清）薛允升：《读例存疑》卷三《名例律上之三·徒流人又犯罪—12》。
③ （清）薛允升：《读例存疑》卷三《名例律上之三·徒流人又犯罪—13》。
④ （清）薛允升：《读例存疑》卷四《名例律下之一·老小废疾收赎—01》。

因为情况不同,对此有十分具体的规定,并对违反规定者"均交吏部照例议处",其"体恤可谓至矣"。

> 直省军流遣犯及实发新疆,并由新疆条款改发内地,人犯未起解者,十月至正月终及六月俱停其发遣。若已至中途,初冬十月,经过州县照常接递,至十一月初一日方准停遣,俟次年二月转解。如遇六月,照前停遣。觅抵配不远并发往东南省分各项人犯,有情愿前进赴配者,取具本犯确供,一体起解。并将不行停遣缘由,移咨前途接递,仍报刑部。惟云南省并无盛暑严寒,各省解往军流遣犯,已入该省边境者,不必停遣。其起解之时,有情愿前进者,亦照解往东南省分之例办理。其军流遣犯在配脱逃,例应解回原配及改调他省者,虽遇隆冬盛暑,不准停遣。其民人在外省犯徒,例应递回原籍发配之犯,若离籍在一千里外者,入时遇隆冬盛暑,亦准停解。其起解及接递州县,如有将应行停解之犯而不停解,及将不应停解之犯擅行停解者,均交吏部照例议处。①

清朝法律同汉代以后的法律一样,总体上有法律儒家化的特点,体现出儒家的恤刑思想,张之洞在其著名的《劝学篇》中,对此有一番概括:

> 本朝立法平允,其仁如天,具于《大清律》一书:一、无灭族之法;二、无肉刑;三、问刑衙门不准用非刑拷讯,犯者革黜;四、是死罪中又分情实缓决,情实中稍有一线可矜者,刑部夹签声明请旨,大率从轻比者居多;五、杖一百折责实杖四十,夏月有热审减刑之令,又减为三十二;六、老幼从宽;七、孤子留养;八、死罪系狱,不绝其嗣;九、军流徒犯,不过移徒远方,非如汉法令为城旦鬼薪,亦不比宋代流配沙门岛,额满则投之大海;十、职官妇女收赎,绝无汉输织室、唐没掖庭、明发教坊诸虐政。凡死罪必经三法司会核,秋审勾决之期,天子素服,大学士捧本,审酌再三,然后定罪。遇有庆典则停勾减等。一岁之中,勾决者天下不过二三百人,较之汉文帝岁断死刑四百,更远过之。若罪不应死而拟死者,谓之失入;应死而拟轻者,谓之失出。失入死罪一人,臬司、巡抚、兼管巡抚事之总督降一级调用,不准抵销。失出者,一案至五案,止降级留任;十案以上始降调,仍声明请旨。

---

① （清）薛允升:《读例存疑》卷六《名例律下之三·徒流迁徙地方—01》。

遇有疑狱,则诏旨驳查覆讯,至于再三,平反无数,具见于历朝圣训。[1]

其中清律的"军流徒犯"条就体现了"本朝立法平允,其仁如天"的特点:"军流徒犯,不过移徙远方,非如汉法令为城旦鬼薪,亦不比宋代流配沙门岛,额满则投之大海。"[2]

总体上,从"流囚实边"的角度来看,虽然清律准许流囚家属回原籍,但仍有鼓励那些生长在流配之地的流囚家属留在当地生活的意图。这些关于流刑的规定显然重点在于西南、西北、东北,这也会使这些地方更多一些来自内地的人口因而有实边的意义。但是对于山多田少的西南苗疆,由于来自内地的发遣人犯的不断增加,也给当地社会管理带来了很大困难。除了"客民"、"流民"、"汉奸"外,历年发遣至苗疆的军流人犯也是苗疆人口增加的重要原因,这些流犯递年增加,且或挈家眷而来,虽然清朝法律一般准许流囚家属回原籍,但是也有遇恩赦举家皆愿留当地的,如在苗疆的军流犯中,这类人可谓"生齿日繁",与客民无异。据贺长龄在道光十九年正月的《覆陈汉苗土司各情疏》中所说,"黔省山多田少,民苗耕作已形不足"的情况已经十分严重。[3]

> 惟是黔省山多田少,民苗耕作已形不足,又有递年寻常军流人犯,现已积至一千七百三十余名,新疆改发人犯又积至一千二百四十余名,此等人犯或挈眷偕来,或遇赦愿留,生齿日繁,皆与客民无异。[4]

这部分人口的不断增加,也加剧了苗疆人口与土地之间的矛盾,同样苗汉殊俗也加剧了社会矛盾,进而给苗疆的社会管理带来困难。按旧例禁约,这些流犯及家眷只能居住在城内,不允许住在各乡,但是在苗疆相对落后的农耕社会中,城市商业还不足以使其维持生计,因此这些人不少到乡下谋生,地方官员难以稽查防范,"亦不敢过事拘泥"。

> 虽向例各犯止准居住城内,不许私住各乡,而生计维艰,亦未便概行禁约,稽查防范耳目恒苦难周。臣等仍按照前抚臣嵩溥奏定章程,不敢稍涉

---

① (清)张之洞:《劝学篇》,广西师范大学出版社 2008 年版,第 19—20 页。

② 同上书,第 19 页。

③ (清)贺长龄:《覆陈汉苗土司各情疏·道光十九年正月》,《皇朝经世文统编》卷七九《经武部十·边防》。

④ 同上。

松懈,亦不敢过事拘泥,惟有谆饬各属,实心实力设法查办,以仰副圣主绥靖苗疆、预弭争端之至意。[1]

六、清代对藏区的法律治理

(一) 清朝对藏区的直接法律管辖

与苗疆不同,藏区被外国学者称为"喇嘛王国",明清时期它仍是一个有着成熟宗教体系并与外部文化相通的边疆区域。明朝时西藏与内地的关系基本上是朝贡关系,明廷对西藏的治理并没有太多的深入,基本政策只是封法王、国师称号,依其世袭,通朝贡。自元末帝师喃加巴藏卜逃回西藏后,明朝在文化上不似元朝那样奉其为国教。清朝虽是一个由边地夷人建立的中原政权,对喇嘛有所尊重,但其程度远不似蒙元时期以喇嘛教为国教,其"参汉酌金"的法律政策也不同于蒙元时期的"附会汉法"。清前期治藏的重点归纳起来主要有三个方面:一是进行宗教册封来解决宗教问题,以收西藏及蒙古人心;二是割断蒙古与西藏之间的政治联系,以便在政治格局上解决清初藏区三十年来之攘乱;三是分化其地方政权,统之以驻藏大臣,对其进行直接治理。

按清代称谓,藏地分三部,又称前、中、后三藏。其地寒冷,不宜稻谷,同其他许多边疆地方一样,"仰中国茶布及诸布施"。根据清人王之春的说法,在清入关前的1640年,达赖、班禅及藏巴汗就曾遣使自塞外绕道赴盛京与之接洽。美国学者柔克义在他的一篇文章中提到,早在1640年清太宗就收到过达赖喇嘛、班禅喇嘛、第悉藏巴和"青海固始汗"的信件,1640年下半年清太宗也曾经对其发出过邀请。[2]

清军入关进入北京后,顺治九年冬十二月,西藏罗卜藏嘉措达赖喇嘛来朝通贡,接受清朝的册封。由于当时北方边疆的主要威胁依旧来自蒙古部族,而蒙古亦奉行喇嘛教,不安分的蒙古噶尔丹亦十分崇拜达赖喇嘛,他希望利用达

---

[1]　(清)贺长龄:《覆陈汉苗土司各情疏·道光十九年正月》,《皇朝经世文统编》卷七九《经武部十·边防》。

[2]　[美]柔克义撰、杨黎浩译:《1644—1908年间的达赖喇嘛》,载王尧、王启龙主编《国外藏学研究译文集》,西藏人民出版社2013年版,第7页。

赖喇嘛的宗教权威来重建一个统一的蒙古帝国,为此还曾经特意前往拉萨朝
觐,达赖也授予过噶尔丹"博硕克图汗"的称号。与此同时,清朝皇帝也需要达
赖喇嘛的帮助以对付噶尔丹,"他继续致书达赖喇嘛,以最诚恳的言辞要求他协
助在蒙古人中间带来和平",[1]希望罗卜藏嘉措达赖喇嘛在清朝与噶尔丹之间进
行有利的斡旋,因此这次对达赖喇嘛进行册封的政治意义十分重大,对于稳定
中国的北部边疆发挥了很大的作用。达赖喇嘛的努力也产生了效果,"塞上诸
部安谧,多赖其教诚以释争"。[2]

此后的康熙九年,金川土司嘉巴又内附,清廷因金川土司奉行西藏释教,故
赐其"演化禅师印",让其领大小金川地区。康熙三十八年、五十八年又分别抚
定打箭炉及里塘、巴塘土司,沟通了这条西藏与内地的出入要道并稳定了前藏。
康熙五十九年,清军驱逐蒙古在藏势力并进入西藏,至是西藏僧俗始定。康熙
二十七年秋九月,漠北喀尔喀蒙古各部来附,喀尔喀蒙古来附者可分旧喀尔喀、
内喀尔喀、外喀尔喀,编入八旗驻京的蒙古为旧喀尔喀,内喀尔喀被赐于喜峰
口、张家口外游牧,外喀尔喀在漠北,"专佞喇嘛,懈武事"。

总括起来,清代治藏的历史是逐渐实行政教分离的历史。西藏官制本是有
职务而无官署机构,此不同于清朝统治的内地,内地是必先有组织而后设官吏,
当时的西藏人"一般均呼官名,不知有机构,甚至不知有公署",[3]其政府"只有专
司之官吏,而无专司之机构",[4]因此其政权之行使亦必随人转移,这在某种意义
上对于清朝治理西藏是有利的。终观清代、民国对西藏的治理,其政教治理的
变化有三:

一是康熙初年,清王朝承认达赖总理西藏的地位,政教两权均统于达赖。
雍正年间,在平息了"总理西藏事务贝子"首席噶伦康济鼐的遇害事件之后,清
政府又封当初对清军入藏有功的颇罗鼐为郡王并总理西藏政务,由此建立了由
驻藏大臣二人监督西藏政务的制度,达赖之权从此始只限于宗教事务。

二是乾隆十五年(1750),因藏王珠尔墨特那木扎勒欺压达赖喇嘛,并因"立

---

①　[美]柔克义撰,杨黎浩译:《1644—1908 年间的达赖喇嘛》,载王尧、王启龙主编《国外藏学研究译文集》,第 15 页。

②　(清)王之春撰,赵春晨点校:《清朝柔远记》卷一,第 10 页。

③　(民国)朱少逸:《拉萨见闻记》,商务印书馆 1947 年发行(复印本),第 27 页。

④　同上。

心叛逆,勾通准夷,寄水前去,私立假号"的背逆行为,①而被清朝驻藏大臣傅清、拉布敦诛杀,随后即废除藏王制度并增兵一千五百人戍藏。清初西藏的内乱总是与蒙古部族在藏区的势力有关,于是"命将军策楞、班第来藏,永禁西藏与准部往来之路"。②这样就进一步割断了蒙古部族与西藏的联系,以绝其纷扰。同时西藏改由驻藏大臣和达赖共理藏政,并采取"以四噶布伦分其权,而总于达赖喇嘛"的原则,③建立在驻藏大臣监督下的由四个噶布伦组成的"噶夏内阁"来行使原来由藏王统理的地方政务。④

三是乾隆五十年,由于历经数年的廓尔喀战争(1788—1793),清朝强化了对西藏的治理,进一步扩大了驻藏大臣的权限,所有噶布伦以下官吏、各大寺院的堪布均由驻藏大臣会同达赖拣选,并由驻藏大臣奏派,达赖仅拥虚名,并为此颁行了《西藏善后章程》,以法律的形式确立了中央政权对西藏一切具体事务直接治理的模式。

民国时,由于没有了驻藏大臣制度,到第十三世达赖时,西藏的政教治权复归于达赖,这是自第五世达赖以后,达赖作为教主的权力最盛期。第十三世达赖圆寂后,先是司伦尧奇冷青和噶伦泽墨左右政事,后由热振摄政,整个民国时期达赖一直是西藏政教合一治权的代表。

清朝治藏的主要法律渊源有《清会典》、《西藏善后章程》、《钦定西藏章程》等。《清会典》的意义在于确立了清朝政府在西藏的主权,突出了清政府有管理西藏"一切事务"的权力,明确规定了驻藏大臣在西藏对前、后藏区拥有管理包括宗教、军事、行政、法制事务在内的一切权力。"置驻藏大臣以统前藏、后藏,而理喇嘛之事。乃正其官族,治其营寨,练其兵队,固其边隘,覆其财赋,平其刑罚,定其法制,以安唐古特"。⑤所谓"唐古特",系蒙古语,元朝时称青藏地区为"唐兀"或"唐兀惕",清初沿用,即是指西藏。驻藏大臣的衙门设在拉萨,由满

① (清)张其勤原稿,吴丰培辑:《清代藏事辑要》卷二,西藏人民出版社1983年版,第176页。
② (清)王之春撰,赵春晨点校:《清朝柔远记》卷四,第94页。
③ 同上。
④ 藏语之"噶夏",意为"大官的办公处"。"噶夏内阁"由四位"噶布伦"组成,藏语之"噶布伦"是"大臣"的意思,因其变音,又称作"噶伦",共有四人,又称"四噶伦",分一僧三俗,以僧为首席。从雍正初年设"噶布伦"始,无论是清代驻藏大臣握权时期,还是民国时达赖复又统政教的时期,在西藏"只有专司之官吏,而无专司之机构"的情况下,所谓的"噶夏内阁",一直是西藏政治最重要的行政枢纽。
⑤ 光绪《清会典》卷六七,转引自马汝珩、马大正《清代的边疆政策》,中国社会科学出版社1994年版,第410页。

蒙重臣担任,属员有包括翻译在内的军政人员,控制塘汛、兵防、行政、司法等事。

乾隆十六年颁布的《西藏善后章程》是清朝专门针对西藏的第一个法律文献,从而确立了清朝政府在西藏的治权。从章程内容来看,主要突出了以"共理藏政"的形式来实现清政府对西藏一切事务的治理,其规定分述如下:①

(1)四噶伦会商管理地方些小事务:设置四噶伦,地方的小事需四噶伦会商而治。

> 凡地方之些小事务,众噶隆(噶伦)秉公会商。

(2)达赖喇嘛会同驻藏大臣共同管理地方紧要重务:地方的紧要事务,需请示达赖喇嘛会同驻藏大臣办理,使用双方印信方为有效。

> 其具折奏事重务,并驿站紧要事件,务须遵旨请示达赖喇嘛并驻藏大臣酌定办理。

(3)驻藏大臣同达赖喇嘛共掌官员选用、奖罚、革除之权且双方需会同向朝廷参奏。对官员选用的规定:

> 嗣后遇有缺出,驻藏大臣同达赖喇嘛拣选应放之人,请旨补放,仍报部一并颁给敕书。
>
> 将来或有不遵奉达赖喇嘛,并犯法不能办理地方应行革除者,亦由达赖喇嘛会同驻藏大臣参奏。

(4)驻藏大臣同达赖喇嘛共掌司法之权。

> 遇有犯法,或应抄没,或应有革除,噶伦、代本等务须秉公查明,分别定拟,请示达赖喇嘛并驻藏大臣指示遵行。

(5)驻藏大臣同达赖喇嘛共掌军事指挥之权。

> 嗣后凡遇调遣兵马,防御卡隘,均应遵旨,听候达赖喇嘛并驻藏大臣印信文书遵行。

---

① (清)张其勤原稿,吴丰培辑:《清代藏事辑要》卷二,第179—180页。

　　乾隆五十八年(1793),清政府又制定了《钦定西藏章程》,①其中规定了"金瓶掣签"制度。按照《钦定西藏章程》的规定,不仅是达赖喇嘛、班禅的"呼毕勒罕"(蒙古语,意为转世),而且前、后藏以及青海在内的所有蒙古和西藏高僧的出任,都必须在驻藏大臣的监督下,经过"金瓶掣签"得以确认,这在很大程度上也为清政府对这些僧人采用弹劾、剥夺爵位、流放等方式进行处罚提供了法律依据。根据规定,由驻藏大臣主持"金瓶掣签",上述包括达赖、班禅在内的察木多、类乌齐、乍丫、萨喀、西宁等处"呼图克图"(蒙古语,意为大活佛)的转世都必须由驻藏大臣亲往监同抽掣,"一经呈报出世,指出数名,均由驻藏大臣将其姓名、年月日,用清、汉、唐古忒三样字缮写牙签,贮于钦颁金本巴瓶内,先期传唤喇嘛齐集大昭诵经七日,届期,驻藏大臣亲往监同抽掣"。②

　　《钦定西藏章程》还更进一步细化了对西藏事务的管理,对"镇抚"、"职掌"、"番目"、"绿营"、"蕃营"、"马政"、"贸易"、"钱法"、"租赋"、"差徭"、"边防"进行详细的规定,是一部比较完善的治藏法典。从治藏法律史看,是中央政权对西藏治理法典化的一个重要表现,该《章程》在1959年西藏民主改革之前一直有效,这里重点介绍其"镇抚"和"贸易"两部分内容。

　　首先,进一步分化治藏之权,统摄于驻藏大臣。改变了《西藏善后章程》中只是驻藏大臣会同达赖共管西藏的规定,突出了班禅的地位,实行前、后藏分治,规定后藏由班禅管理,前藏由达赖治理。虽然规定驻藏大臣与达赖、班禅在地位上平等,但是在具体治权上规定"事无大小,均应禀命驻藏大臣"。同时规定达赖若遇事需向皇帝请旨,按《理藩院则例》卷六二的规定,必须"报明驻藏大臣转奏"。

　　其次,进一步强化驻藏大臣对僧俗人员的任免权。对于寺庙喇嘛名数"开造清册",驻藏大臣和达赖喇嘛各备一份。还规定了寺庙主持(堪布喇嘛)的补缺制度,大寺庙的堪布喇嘛"俱由驻藏大臣会同达赖喇嘛拣选,其余小寺堪布喇嘛听达赖喇嘛自行拣选";将僧俗官员的任免权归之于驻藏大臣并明确规定达赖、班禅的亲族"概不准干预公事"。

　　再次,进一步规范和限制了西藏与"外番"之间的宗教活动,实行"照票"、

---

① 《钦定西藏章程》,《西藏志·卫藏通志》卷一二,西藏人民出版社1982年版,第333—346页。
② 同上书,第346页。

"书信查验"及由驻藏大臣主持解决涉外事件的制度。藏内喇嘛前往"外番"(指尼泊尔、不丹、锡金、亚东等)从事宗教活动,由驻藏大臣发给照票,限期往返,回时缴销,"如有潜行私越者,即行究治"。"外番"入藏从事宗教活动亦然。此外,青海、蒙古王公请西藏喇嘛入其地方诵经者,需有西宁等处大臣行文,由驻藏大臣给予执照;外番与达赖和班禅之间的通问布施书信,需要"俱报明驻藏大臣,译出查验,并代为酌定回书,方可发给"。凡是"外番"与西藏之间发生的地方"禀商事件",均由驻藏大臣主持。

此外,对西藏与"外番"的贸易活动亦有细致的规定。清政府允许西藏与"外番"进行贸易活动,规定"外番"商人前来贸易需要将人数造册,并于驻藏大臣衙门备案,由驻藏大臣发给执照。规定行走路线,规定每年与尼泊尔之间可贸易三次,与克什米尔之间贸易一次。还规定了私越边境的处罚制度及纳税等制度,并规定对藏民在与外番的贸易中"争占便宜,不安本分"的,随时查办;对驻防备弁"需索外番,及扰累商民"的,从严参革治罪。

从乾隆十六年的《西藏善后章程》到乾隆五十八年的《钦定西藏章程》,清政府基本上用法律的形式规范了西藏的宗教、政治、军事等方面的活动,确立了驻藏大臣的统摄之权,有效管理和控制了西藏与蒙古和"外番"之间的关系,形成了清政府对西藏的直接法律管辖。

关于乾隆五十八年《钦定西藏章程》的制订对于藏人心理的影响,美国学者柔克义的相关研究结论是十分肯定的,他说:

> 我认为,过去150年里,藏人对此是相当满意的。他们并未要求完全或相对更多地独立于中国,对1793年的改革也并无不满,这些改革很好地适应了国家的需求和民众的习惯。藏人的抱怨,源于驻藏官员的履职方式或者渎职行为,源于他们的各种强征勒索,源于他们不能或者不愿在藏人遭遇苦难或麻烦时提供正确的建议或足够的支持,以及源于他们没有能够帮助藏人改革陋习,确保公正。这些就是藏人不满的原因所在,也是一再爆发祸国殃民的叛乱的原因所在,同样,也是让藏人在心底疏远清廷的原因所在。[①]

---

① [美]柔克义撰,杨黎浩译:《1644—1908年间的达赖喇嘛》,载王尧、王启龙主编《国外藏学研究译文集》,第53页。

（二）藏区社会的治权及其法律治理

1. "会办"制及藏区社会的多元化治权

总体上，西藏地方不同于他处的地方就在于其政教合一制度，西藏的政教合一现象至少可以追溯到 1247 年萨迦派政权的建立。由于是政教合一，西藏的政治上层实际由僧侣、俗官组成，俗官又分为僧侣出身和贵族出身两类，僧侣出身的称为孜仲，贵族出身的称为雪仲。从 17 世纪五世达赖喇嘛时期开始，他们还有了自己的培训学校，①这促进了西藏多元化政权结构的形成。这种多元化的政权结构一直持续到清初，清朝要对西藏进行直接治理，就必然要建立新的以驻藏大臣为核心的行政体制，但是这样的新制度仍然是建立在原来多元化的政权结构基础上的。

由一僧三俗、以僧为首席组成的所谓"噶夏内阁"，在处理行政和司法事务时采取的是"合议制"。虽然是关于民国时达赖喇嘛统一政教权力时的记载，但是根据作为民国中央政府代表之一者朱少逸于民国二十八年十一月赴西藏的所见，令我们可以窥见旧时"合议制"之概貌："小事自行处断，大事则拟具意见，呈请司伦转达赖裁决。噶伦于呈核事件，例须拟具意见三点，由达赖择一施行。如达赖对于三点意见均不同意，可发回重拟。而宗教事务亦由'仲译青布'拟妥后送呈噶夏转呈热振（摄政者）。"②

"噶夏内阁"的办公场所在大昭寺内，仅有办公室三间，另有大门，不与寺通。职员无定额，无固定办公时间，一般有接待员三人、书记办事员三人、翻译若干，由这些人处理"噶夏内阁"的日常事务。参加"合议"的噶伦，每日上午十点至十二点左右必至办公处小坐饮茶议事。但是许多案情，当事人必先赴噶伦私邸与其奉商，再于噶夏内提出，才能够得以妥善解决。

> 如有例行公文，即于此送请盖印；噶伦互有所商讨，亦于此时行之。据云西藏惯例，凡事需经噶夏决定者，必先至噶伦私邸，分别奉商，得其同意，再于噶夏内提出，则案情可望通过。否则，虽至不重要之问题，亦必相互推诿，以至毫无结果。内地人士初抵拉萨者，不明此理，以为西藏与内地情形

① ［日］中根千枝撰，柴建华译：《西藏政教合一制的发展过程》，载王尧、王启龙主编《国外藏学研究译文集》，第 128 页。

② （民国）朱少逸：《拉萨见闻记》，第 28 页。

相同，遇事辄向噶夏交涉，往往不得要领，此不可不注意也。①

不仅如此，噶夏办公的公文运行也极为简单，无所谓存记归档。

> 公文纸张，系以土法制成，类内地之桑皮纸，竹笔则长约数寸之尖细竹篾耳……公文由秘书办稿，送书记缮写，写就送噶伦盖印，即原张发出，无所谓划稿刊行，亦无所谓存记归档。收文于办竣后，由经手人以麻绳系壁上，日久遗失，亦不顾惜。惟特别重要事项，亦有专簿记载。②

这是从清代遗留下来的西藏"噶夏内阁"办公的情形，而清朝对其进行规制之前，西藏行政、司法事务处理的散漫状态可想而知，清朝对西藏的治理一定程度上改变了原来的散漫状态。驻藏大臣的设置和乾隆十六年《西藏善后章程》的实行，开始明确规定了行政、司法决策的"会办"合议制度。"会办"合议制度的前提是这些参与会办地方事务的噶夏内阁最起码应当在公所办公，强调在公所办公的原因是因为自颇罗鼐后，西藏各噶伦均不赴公所。各噶伦长期在私宅办理公事，就可以任意添放属员，导致专擅事权、徇私纠合的"官风"。这在策楞等人于乾隆十六年三月所奏的《酌定西藏善后章程》中有所反映，③其中尤其强调了要"应遵照旧例"，要求西藏噶伦办理公务应在公所。

> 噶隆办理公务，应在公所。查旧例噶隆会办事件，原系噶夏之公所衙门。自颇罗鼐后，各噶隆竟不赴公所，俱于私宅办事，又舍官放之卓呢尔笔七格齐等员不用，各将私人任意添放卓呢尔等种种官员，故致罗卜藏扎什等得以专擅，任意纠合。今噶隆业已照例补放，自应遵照旧例，遇有应办事件，俱赴公所会办。④

在强调行政官员在公所办公，防止官员任用的腐败之后，又强调了秉公会办制度分两个层次：一是噶伦秉公会办，一是达赖喇嘛与驻藏大臣会办。

策楞等人的上述奏折，强调了在噶伦秉公会办制度中"公同举报"的规定，并依据举报来处罚治罪，这显然是为了贯彻《西藏善后章程》而采取的相应

---

① （民国）朱少逸：《拉萨见闻记》，第29页。
② 同上书，第29、30页。
③ 吴丰培按："策楞所奏《西藏善后章程》用《高宗实录》及《东华录》相比较，则此篇内容，转为完备。"（清）张其勤原稿，吴丰培辑：《清代藏事辑要》卷二，第184页。
④ 同上书，第179页。

措施。

> 倘嗣后噶隆内仍有内怀私见,并不遵照章程办理者,准各噶隆公同举
> 报,以凭参奏治罪。①

清朝初期,七世达赖为避免 1720 年任命噶伦导致的 1727—1728 年的内争局面,根据清朝的意图废除了藏王(郡王)制度,建立了四大臣(即四噶伦)合议制,组成"噶厦内阁"。"噶厦内阁"是西藏最高行政机构,也是最高的司法机构。四噶伦由一个僧官和三个俗官组成,他们同时也组成了西藏最高的司法机构(噶厦),这个司法机构承办着藏区重大刑事案件以及由驻藏大臣和达赖喇嘛交给的案件。他们的"会办"和"公同举报"规定,有助于缓和藏区内部的政治矛盾,也有助于规范藏区的行政、司法活动,还有助于驻藏大臣会同达赖对藏区进行治理。

清代达赖喇嘛权力的加强,不仅表现在会同驻藏大臣对西藏事务进行最终决策,如前面已经提到过的达赖喇嘛与驻藏大臣会办"折奏重务"和"驿站紧要事件"的权力,这些"重务"包括对俗官拣选、补放的权力。

> 除现有并添设之噶隆、代本,均查取花名,造册送部,奏请颁发外。嗣
> 后遇有缺出,驻藏大臣商同达赖喇嘛,拣选应放之人,请旨补放,仍报部一
> 并颁给敕书。②

对于达赖喇嘛权力的强化还表现在,要改变自珠尔默特那木扎勒任事以来,不容达赖主持而任意补放和调换堪布喇嘛的局面。驻藏大臣策楞等人所奏的《酌定西藏善后章程》中还强调改变过去的"陋例",将藏区寺庙喇嘛的任用、调动及违法处置权力收归达赖喇嘛,这样就确立了达赖喇嘛对于僧俗官员、喇嘛的人事及司法的实际治权。

> 嗣后各寺之堪布喇嘛或遇缺出,拣选派往,或人不妥协,应行调回,均
> 应由达赖喇嘛酌行,噶隆等不得仍照陋例专擅办理。其遇喇嘛中有犯法
> 者,噶隆等亦应秉公禀明达赖喇嘛,请示遵行。③

---

① 吴丰培按:"策楞所奏《西藏善后章程》用《高宗实录》及《东华录》相比较,则此篇内容,转为完备。"(清)张其勤原稿,吴丰培辑:《清代藏事辑要》卷二,第 179 页。
② (清)张其勤原稿,吴丰培辑:《清代藏事辑要》卷二,第 181 页。
③ 同上书,第 180 页。

同时，策楞等人所奏的《酌定西藏善后章程》还改变了自颇罗鼐、珠尔墨特那木扎勒父子任事时，不经达赖喇嘛同意私行动用达赖喇嘛仓库储存物件的状况，规定："遇有公事动用，噶隆等必须公同请示达赖喇嘛遵行。私行动用，永行禁止。"①

驻藏大臣制度始于1727年，其真正发挥作用的时间仅在1794—1845年的50年间。② 驻藏大臣制度也有助于统一西藏上层政教治权，但是这在西藏政权上层并没有避免僧俗分治治权的延续。噶夏内阁有具体的分工（政治、行政、司法等），他们共同协商决定官员的任免。噶夏内阁又分俗、僧两个部门，前者在大昭寺内，办公机构叫孜康（俗）；后者在布达拉宫内，办公机构叫译仓（僧）。

西藏的地方社会是由寺院、活佛系统及庄园、贵族世袭系统组成，③西藏绝大多数土地和民众被纳入庄园制度中。这两个系统一直是各行其是，寺院自有寺产，自有佃户，自营生活，除处理寺院财产纠纷外，达赖也并不直接掌理有关诉讼案件，其僧徒犯罪亦由主事寺院堪布自行处罚，其寺院司法是完全独立的。在拉萨，除寺院系统外，有噶夏内阁掌理行政、司法；在地方，有"基巧"（又称为总管）处理包括边境地方在内的大区事务，如在昌都、日喀则、绛巧、阿里、山南、卓木基设有"基巧"。"基巧"有僧俗官员各一人，一般在四品以上，他们管理西藏几个大区的行政和司法事务，处理辖区内的刑民案件。比"基巧"更低一级的行政司法机构叫"宗"，其长官员叫"宗本"，"原则上由僧俗二名担任，但是小宗通常只有俗官一名，任期三年，掌管民事、军事、征税、法律、秩序等"。④ 清朝时西藏的"宗"最初共有53个，最终发展成147个，分布于后藏，它们构成了西藏这个辽阔区域的基层行政和司法中心，管理辖区内的普通刑民案件，有时也承办由噶夏交办的案件，这是西藏地区最主要的司法机构。

除此之外，包括甘南、山南、日喀则在内的西藏地方还存在着私人性质的庄

---

① （清）张其勤原稿，吴丰培辑：《清代藏事辑要》卷二，第182页。
② ［日］中根千枝撰，柴建华译：《西藏政教合一制的发展过程》，载王尧、王启龙主编《国外藏学研究译文集》，第130页。
③ "据中国方面的最新统计表明……宗教集团的庄园占有可耕地总数的37％，贵州的庄园占有可耕地总数的25％"，见［美］梅·戈尔斯坦著、杜永彬译《喇嘛王国的覆灭·导论》，中国藏学出版社2005年版，第2页。
④ ［日］中根千枝撰，柴建华译：《西藏政教合一制的发展过程》，载王尧、王启龙主编《国外藏学研究译文集》，第128页。

园(奚卡)司法,虽然照例西藏人民均属达赖喇嘛,只有达赖喇嘛才有行差徭的权力。"查旧例全藏人民,均系达赖喇嘛所属,按地方大小、人户之多寡,各有一定的差徭,以供黄教佛事并备众僧熬茶之用"。① 但是在一些区域仍然存在着实际上独立的土地私有者,他们是这些奚卡的领主,有着自己的代理人,叫"奚堆"。在庄园(奚卡)内部有自己的规矩,即强迫人民为之差徭以维护领主利益的庄园法,违反者要受到奚卡的私刑处罚,包括斥责、罚款、抽皮鞭、打皮巴掌、悬梁、带镣监禁等。② 这种司法机构长期存在着,它是藏区复杂的地方司法的又一表现。

清代西藏的僧俗官僚系统还引进了内地的品级制度。在地方,由于僧俗共治,加上官僚机构、寺庙系统和部落头人系统的并存,官僚、僧院、贵族之间又存在着复杂的关系,往往还有各种各样的纷争,因此西藏所谓的政教合一,乃是指集政权、教权于达赖一人而已,并不是指西藏政教事务结为一体。在寺院系统之外,虽然有僧人参任官吏,其所主持者仍是地方政务而非宗教事务,这是西藏政治的一个特点。

2. 驻藏大臣制度及治藏"旧例"

清政府对西藏"章程"的制定和"品级"的引入,并不意味着就等同于内地世俗化和科层化的官僚品级制度。

从清朝对于藏区的实际统治来看,"章程"只是清朝政府借助达赖喇嘛的权威对全藏进行世俗统治的纲领性法律文件,这个法律文件并不意味着清代国家法律已经深入到西藏社会内部。而从西周以来的边疆制度史来看,"品级"制度与分封、朝贡几乎就是同义语,它只是一种象征性的确认、激励或安抚。实际上,西藏僧俗贵族文化及其官僚制度并没有发生实质性的改变,所谓"没有发生实质性的改变",是指西藏传统的官僚、僧院、贵族多元化政治样式仍在延续,西藏宗教文化社会共同体的性质并没有发生变化。

因此,驻藏大臣对西藏的统治有点类似于西方殖民时期总督式的治理,这与西藏社会长期属于一种成熟的宗教文化社会的性质有着直接关系。这个社会被一种超越世俗权威的精神力量严密地统治着,它有着完整的宗教学说、寺

---

① (清) 张其勤原稿,吴丰培辑:《清代藏事辑要》卷二,第 181 页。
② 《藏族社会历史调查》(二),西藏人民出版社 1987 年版,第 6 页。

庙、学校(从五世达赖时就开始)以及与之相应的教阶等级制度,更有着长期封
闭于这个宗教精神世界的信众作为它的社会基础。这一切都决定了至少在相
当长的时期内清朝不可能把内地的政治、法律文化移植到西藏。对于比以往朝
代对边疆表现出更强控制力的清王朝来说,同它在苗疆、回疆的统治一样,中
央政权对这些地方的治理不仅是一次军事和政治上的征服,也不仅仅是国家
法律的适用,更是一场持久的文化上的碰撞。因为相对于与国家、法律的关
系来说,文化是与社会联系更为密切的一个概念,文化的绵延性是制度变革
和移植的真正对手。而对于藏区、苗疆、回疆这三个区域而言,这种沟通至今
仍然没有完结。总之,虽然西藏这种具有宗教文化社会性质的地域共同体的
存在,使得它在面对清朝国家权力干预时得以保留相对"自治"的社会状态,
也使得它在后来出现内乱和边疆危机时能够保持一定的内聚力,但是另一方
面,这也并不意味着清朝的驻藏大臣制度能够有效地解决汉藏文化的沟通和
认同问题。

　　清朝政府也不是完全不懂得这种沟通的重要性,早在乾隆十五年正月戊午
的"赐准噶尔台吉策多尔济那木扎勒敕书"中就提出让西藏挑选喇嘛到北京太
庙学习,"尔等将喇嘛内聪颖者,挑取十名或二十名送京师,在大庙勤学,三四年
令其回去,即可助黄教"。[①] 此举表明清朝政府早已意识到要真正巩固西藏边
疆,就必须在相当程度上实现与西藏在文化上的互通,并促使西藏在法俗方面
尽可能地内地化,也认识到对西藏的治理更需要依赖文化的作用而不是仅仅依
靠制度的作用。但是在整个清代的大部分时间内,清廷并没有想要全面改变藏
人的文化习惯,甚至满清入关后特别看重并执行十分严格的"剃发令",[②]对于藏
区有品级的土司也基本没有适用。如在乾隆四十五年二月,因为已经平定了大
小金川,乾隆帝认为沿边各土司无不隶属大清版图,已经与内地民人相同,因此
上谕军机大臣等,要求该处番众,应恪遵定制,一例剃发。

　　　　四十五年二月壬申,谕军机大臣等:向来两金川番众,俱不剃发,但自

---

　　① (清)张其勤原稿,吴丰培辑:《清代藏事辑要》卷二,第156页。
　　② (崇德二年四月丁酉)又谕曰:"昔金熙宗循汉俗,服汉衣冠,尽忘本国言语,太祖、太宗之业遂衰。夫
弓矢我之长技,今不亲骑射,惟耽宴乐,则武备浸弛。朕每出猎,冀不忘骑射,勤练士卒,诸王贝勒务转相告
诫,使后世无变祖宗之制。丁丑,谕礼部曰:"凡有不遵定制变乱法纪者,王、贝勒、贝子议罚,官系三日,民枷责
乃释之。出入坐起违式,及官阶名号已定而仍称旧名者,戒饬之。有效他国衣冠、束发、裹足者,治重罪。"《清
史稿》卷三《太宗本纪二》,第60—64页。

大功平定以来,沿边各土司,无不隶我版宇。所有番众,即与内地民人无异,自应恪遵定制,一例剃发。况见在安营设镇屯驻兵丁,而该处番人,若复仍沿旧俗,殊于体制未协。著传谕文绥,即行明白晓谕各土司,令该处番众概行剃发。①

到了乾隆四十五年三月,又改变了前谕的要求,认为四川沿边土司之地"自可听其各仍旧俗",没有必要剃发、更换衣饰,理由是:"伊等轮班进京朝贡,衣服各别,亦可见职贡来朝之盛。"且没有必要因为要求其剃发、更换衣饰而导致"以生其怨"。

> 沿边土司番众如德尔格、霍尔等处,自可听其各仍旧俗,毋庸饬令一律剃发、更换衣饰。将来伊等轮班进京朝贡,衣服各别,亦可见职贡来朝之盛,何必令其换衣服,以生其怨也。即见在收服之两金川等番众,亦止须遵制剃发,其服饰何妨听从其旧。又况沿边土司番众,何必更改服饰耶!②

清朝末期,西藏边疆由于英俄势力的武力干涉和传教活动而出现"岌岌可危"的形势,西藏内部也出现禀控案件迭发的局面,正如驻藏大臣张荫堂所说:"本大臣此身虽在拉萨,此心未尝一刻忘也。藏民禀控案件数百起,迭经札催商上(达赖喇嘛的办事机构总称)迅速持平集讯,尚未尽具报结。"③这一形势更促使清政府依靠国家的力量在西藏推行儒家文化教育,尽力消除"汉、番自分畛域",促进汉藏文化认同,以此增加汉藏之间的凝聚力,从而应付外患。"彼时汉番前后藏、廓布数十万男女同被羁缚,同受宰割,迟早同归于尽,岂有畛域之分"。④

为此,张荫堂在全藏刊发了《藏俗改良》、《训俗浅言》,以求改良西藏法俗,想以此领先于西方技术、宗教文化在西藏的传播。张荫堂实际上是按照张之洞在其《劝学篇》中说的要"先中学,后西学"的原则,以兴学、练兵为治藏之策,要求西藏人民练习中文,通晓汉语,普及儒家文化,然后考求西国文字技艺,是为

---

① （清）张其勤原稿,吴丰培辑:《清代藏事辑要》卷二,第 199 页。
② 同上。
③ （清）张荫堂:"谕全藏僧俗官民筹办要政亟图自强"[光绪三十三年(1907)五月],许广智、达瓦编:《西藏地方近代史资料选辑》,西藏人民出版社 2007 年版,第 266 页。
④ （清）张荫堂:"复奏西藏情形并善后事宜折"[光绪三十三年(1907)十一月],许广智、达瓦编:《西藏地方近代史资料选辑》,第 270 页。

"文化治边"之一表现。

> 尔藏民系大清国皇帝百姓，尤须先练习中文，通晓汉语，然后考求西国
> 文字技艺。……犹望尔西藏官民人等，按照我所订《九局章程》、《藏俗改
> 良》各书，一一切实办理，以立基础而图神进。①

张荫棠颁发的《训俗浅言》，以浅显、简洁的方式介绍了儒家的三纲五常、忠
孝节义、博学笃行、慎思明辨、礼义廉耻这些传统"旧学"，为适应清末形势，也介
绍了"合群"、"公益"、"尚武"、"实业"这类"新学"。《藏俗改良》则用十分具体的
规范来贯彻上述思想、文化原则，以图改变西藏民事法俗。如在男女问题上规
定："妇能配一夫，兄弟不得同娶一妇。""闺女寡妇，不得私通苟合。""兄姊妹弟
叔嫂侄，不得同炕卧宿。"以及关于儿童学习汉语、孝敬父母长辈、贸易诚信不
欺、男女家庭内外分工、衣着简便卫生、房屋多开窗户以通光线、合理处理粪便
污水、每日喇嘛诵经时间、尚武用枪卫国、不当奸细、购买机器种植、种植畜牧时
节、使用大清历法、敬鬼神而远之等规定都十分细致。②

从法律治理的角度看，这些改良措施的内容多涉及藏区民事风俗方面，而
没有涉及刑事法律的内容，也没有看到有关"赔命价"的法律改革。一则是因为
针对当时西藏边疆外患，该《训俗浅言》等着重于文化心理上的建设，想改良藏
人的日常婚姻家庭生活，以求类于汉俗，意在团结藏人，保卫边疆领土；二则在
清代治藏历史上，即使是涉及死刑的案件，官府一般也不干涉藏人内部的人命
盗窃案件。"卫藏地方，习俗相沿已久，自不能以内地治理民人之法，概行禁
约"。③ 但是对于藏区"旧例"的适用及官员的司法腐败也有相关的规定，藏区的
司法管辖规定是：

（1）对于西藏的第巴、头人、官员、士兵欺压"外番"的案件，必须禀明驻藏大
臣拿究。

> 倘有第巴、头人及官弁兵役，倚势勒买，苦累外番，即禀驻藏大臣
> 拿究。④

---

① （清）张荫棠："谕全藏僧俗官民筹办要政亟图自强"［光绪三十三年（1907）五月］，许广智、达瓦编：
《西藏地方近代史资料选辑》，第266页。
② （清）张荫棠："颁发《藏俗改良》"，许广智、达瓦编：《西藏地方近代史资料选辑》，281—284页。
③ （清）张其勤原稿，吴丰培辑：《清代藏事辑要》卷五，第368页。
④ （清）张其勤原稿，吴丰培辑：《清代藏事辑要》卷三，第240页。

（2）对于发生在西藏的汉、回、外番的案件，须由"朗仔辖"呈报驻藏大臣，拣员会同审理。

> 恐有高下等弊，见在告知达赖喇嘛及噶布伦等，凡有关涉汉、回、外番等事，均令朗仔辖呈报（驻藏大臣），拣员会同审理。[①]

（3）按照惯例，发生在西藏的藏人之间的普通讼事，归管理刑法的藏族头人"朗仔辖"进行处理。"朗仔辖"在处理案件时，不是按照大清的律例，而是遵照藏族的"夷例"进行判决，往往是依据藏人"旧例"，以罚金银、牛羊的手段来结案。

> 向来西藏遇有讼事，系归管理刑法头人朗仔辖听断，俱照夷例分别重轻，罚以金银牛羊，减免完结。[②]

关于藏区"旧例"适用的规定，见于在乾隆五十八年军机大臣等针对福安康等人奏折的议覆。在该"议覆"中，他们认为西藏的争讼及犯人命盗窃等事，本来就不能够适用内地律例而对之科罪，应当"仍其旧制"，没有坚持人命盗窃案件一定要适用清朝的律例。

> 福康安等奏……查卫藏地方番俗相沿，遇有唐古特番民争讼及犯人命盗窃等事，多系罚赎减免，原不能按照内地律例科罪，但仍其旧制……[③]

由于当藏人中出现"人命"案件时，一般以历史上一直适用的"赔命价"来解决，而不是诉诸死刑，因此在该"议覆"中"赔命价"作为一种"旧例"或"旧制"被认可。藏区的"旧制"同许多其他边地法俗一样，习惯于对刑事案件采取民事处罚的方式进行了结，这与中华法系中惯于对民事案件采用刑事处罚相反。在藏区的"旧制"中，不仅对命案的处罚不适用死刑，其他盗窃等刑事案件也多用罚款来解决。

根据福康安等人的奏折，在适用藏人"赔命价"旧例的过程中，存在噶伦布、朗仔辖、密缮等地方官员对于"赔命价"价格判定的"剖断不公"，并借以"贪索赔价"，中饱私囊的现象。如对于"家道殷实之人"的命价罚款没有按照藏区习惯

---

① （清）张其勤原稿，吴丰培辑：《清代藏事辑要》卷三，第 240 页。
② 同上。
③ 同上书，第 338 页。

进行判定,往往数倍加价,而且还不全数归公,并且对于那些偶犯盗窃小过之人,动辄抄没其家产,实则是中饱私囊。

> 福康安等奏,罚赎不公及私行抄没家产之弊,应行严禁一款。查卫藏地方番俗相沿,遇有唐古特番民争讼及犯人命盗窃等事,多系罚赎减免,原不能按照内地律例科罪,但仍其旧制,亦必须按其罪名之轻重,定罚赎之多少。今据福康安等奏称:"近年以来,该管之噶伦布、朗仔辖、密绷等,剖断不公,意为高下,遇有家道殷实之人议罚,本例外加至数倍,并不全数归公,侵渔肥囊。又或怀挟私嫌,竟将偶犯小过之人,挫词回明达赖喇嘛,辄行抄没家产。"①

鉴于上述因适用藏区"旧制"而出现的司法不公或腐败现象,乾隆五十八年正月,在军机大臣等对福安康等人奏折的议覆中,清政府规定:

> "……请嗣后罚赎各款,按照向来旧例,译写一本交驻藏大臣衙门存案,如有应议罪名,总须回明驻藏大臣核拟办理。其查抄家产之例,除娄索赃数过多者,应回明驻藏大臣酌办外,其余公私罪犯,俱令凭公处治,严禁私议查抄"等语,臣等查该处罚赎之例,按罪定罚,应定有成书,用昭遵守。福安康等所称译写旧例一本,交驻藏大臣衙门存案之处,该处所存旧例是否妥协,亦令驻藏大臣详加阅核,如有未为妥善之处,正可乘此补定章程之时,略为酌改。其娄索脏数过多者,亦令驻藏大臣予以悉心酌核。其娄索赃数过多者,从重议罚。②

对此段文字可略作如下解析:

(1) 此后凡是此类案件的罚款,虽然可以按照藏人"赔命价"实行,但是要遵循"必按其罪名之轻重,定罚赎之多少"的原则进行罚款。

(2) 将这些"旧例"翻译一本交驻藏大臣衙门存案,以备罚款时对照使用。

(3) 在适用"旧例"的过程中,"如有应议罪名,总须回明驻藏大臣核拟办理"。

(4) 在适用"旧例"的过程中,对于属于私自抄没他人家产并娄索赃数过多者,地方官员应回明驻藏大臣酌办。

---

① (清)张其勤原稿,吴丰培辑:《清代藏事辑要》卷三,第338页。
② 同上。

不仅如此,由"赔命价"的适用一事还引发了清政府对藏区地方官员其他腐败问题的关注,如噶伦、戴绷以及达赖喇嘛身边的办事人员时有类似于"公车私用"、"公款吃喝"的现象。"噶伦、戴绷以及从前达赖喇嘛用事族属,竟有私用乌拉之事,则供应食用一切多行取给,扰累番民,皆属势所必有"。① 为此,朝廷规定,凡是私事往来,皆禁止使用"乌拉",②并对"乌拉"的使用手续进行了严格的制度化的规定。

> 嗣后应如福安康等奏,喇嘛番目人等,私事往来,概不得擅用乌拉,亦不许私发信票。遇有公事差遣须用乌拉之处,必须禀明驻藏大臣及达赖喇嘛,发给用印牌票,标定号数,沿途始准应用。③

从西藏法律史的角度看,清政府对西藏的法律治理一直是侧重于行政官员、外事、贸易方面的法律控制,总体上是疏于民事和普通刑事方面的法律管辖。对于地方"旧例"法俗,则只有出现有争议的罪名或藏区地方官员贪索罚款数过多的情况,驻藏大臣才进行司法干预。这一做法是符合中国古代对藩属地区的一贯治法,这种做法可以说是类似"总督式"的。只是到了清朝末年,由于英俄觊觎西藏,鉴于外患紧迫才有张荫堂推行的"内地化"的法俗之治,虽然张荫堂的《训俗浅言》被后人诟病,且时至清末也不可能持续实行,但是从这些改良治法的具体内容看,它在整个西藏法律史上确有先行革新的意义。

3. 藏区秩序及清政府对相关重要案件的处理

清朝前期和中期,西藏社会虽然不时小有扰乱,但是其政治、社会秩序基本稳定,朝廷过问的案件中有涉及驻藏大臣的、边事的、活佛的,从这些案件的内容及清廷的处置情况,我们可以窥见清政府对藏区社会、边务以及宗教秩序的法律态度及其解决方式。

(1) 对涉及政治、社会秩序案件的处理

嘉庆十年五月丁亥发生的"西藏番民匿名呈词控告噶布伦案"是当时的一个重要案件,先是藏民阿旺索巴、丹巴策楞等人因为被噶伦革退改补,遂捏造事实来报复噶伦,用匿名的方式控告噶伦勾结地方夹坝(劫贼)以自肥,公肆劫掠

---

① (清)张其勤原稿,吴丰培辑:《清代藏事辑要》卷三,第338页。
② 蒙古语,这里是公用车夫、轿夫之类。
③ (清)张其勤原稿,吴丰培辑:《清代藏事辑要》卷三,第338页。

一事。由于此案涉及西藏上层官员"噶伦"，后来又牵扯到驻藏大臣策拔克、成林获罪，朝廷要求认真查办此案。

> 至所称"噶布伦（噶伦）等既仗势力霸占地方，还心里不足，在地方上放夹坝"等语，此则大有关系。夹坝系地方劫贼，噶布伦等以在彼管事之人，若竟豢贼自肥，公肆劫掠，致令地方百姓被其扰累，岂不大为卫藏之害，或为外夷轻视，又生事端，殊有关系，不可不认真查办。①

此案发生于达赖喇嘛刚圆寂之时，由于涉及噶伦，遂由驻藏大臣策拔克审理，在拿获匿名控告者阿旺索巴、丹巴策楞等人后，经查证，所控噶伦各款并无实据，均属"挟嫌诬控"，于是策拔克做出判决，将匿名呈控各犯按律治罪。随后，藏民阿旺索巴、丹巴策楞、博冲、汪堆、任增哈增又控告策拔克办案不公，说策拔克因保举敏珠尔担任噶伦职务而受其金银贿赂，又言其在审理该案时有札萨克喇嘛及丹津班珠尔父子送金银一事，于是朝廷又派文弼前往查办并将策拔克停职交部议处。后经查实，驻藏大臣策拔克并无受贿营私和妄拿无辜的情况，但由于驻藏大臣成林又参告策拔克在查办阿旺索巴、丹巴策楞等人过程中，有"率行拘人勘讯，躁妄任性"的过失，策拔克遂因不静候查办，率行拘人勘讯，躁妄任性而获罪，同时驻藏大臣成林又因策拔克参告其有违例动支、挪借藩库银两之事而获罪。

该案最后的处罚是：策拔克被革职发往伊犁效力赎罪，成林发往乌鲁木齐效力赎罪，藏民阿旺索巴、丹巴策楞等人因匿名诬告分别被判处绞、绞监候，其余从犯人等各自处以杖流，罪犯有关财产充达赖喇嘛公用。对于该案，清廷的态度是："卫藏番情，向称朴实，此风（诬告之风）断不可长。"②从此案的判决结果亦可看出，由于西藏一向为边疆重地，清廷对于驻藏大臣的要求是十分严格的。

清廷不仅是对驻藏大臣，对整个藏区的地方官吏乃至军队纪律都要求甚严。早在乾隆四十五年，乾隆帝就认为："历观往代中国筹边，所以酿衅，未有不由边吏陵傲姑息、绥驭失宜者，此实绥靖边隅、抚驭外人之要务。不特川省为然，即直隶、山、陕、云、贵、闽、粤等省，凡与边境毗连之处，各该督抚等，均宜时

---

① （清）张其勤原稿，吴丰培辑：《清代藏事辑要》卷五，第364页。
② 同上。

刻留心。"①乾隆之时,清朝对于官军在藏区的军纪要求也是严格的。如乾隆五十七年十月,因为游击李胜连在火竹卡地方查拿夹坝(盗贼),命令士兵砍木盖房并将所盖房屋售与客民居住,而且又引诱藏族妇女留宿,故有上谕,要求将其按照军法办理示惩,先是"发往伊犁效力赎罪",后来认为处罚太轻,又将李胜连正法示众,同时传于打箭炉外各驿站,使各站员知之,永以为戒。

> 李胜连系游击大员,经提督派赴理塘一带查拿夹坝,竟敢令兵丁砍木盖房,售卖图利,且引诱蛮妇留藏奸宿。当行军之际,似此纵肆不法之员,自应按照军法办理示惩,该提督仅拟以发往伊犁效力赎罪,殊属失之轻纵。观成著传旨申饬,李胜连著即在该处正法示众,以示惩儆,并传各站员知之,永以为戒。仍著孙士毅、惠龄将此旨缮录悬挂打箭炉外各驿站,俾站员触目惊心,咸知凛惕。②

(2) 关于涉及边务案件的处理

在鸦片战争前后,宗教活动、游牧和贸易仍然是西藏社会生活的基本内容,西藏内部没有大乱,道光时期西藏边境地方却有博窝的扰乱和森巴侵犯藏地的事件发生。

清朝西藏边地内外的博窝(今西藏东南部的波密县)、克什米尔的森巴部落均被称为"生番"。道光时期此处部落于地方多有滋扰,上博窝和下博窝之间亦常因争地起衅。除博窝之乱外,又有克什米尔的森巴部落勾结附属西藏的拉达克头人并侵犯藏属阿里地区一事,此二事成为道光时期影响西藏边地稳定的重要事件,通过对这两件事情的处理,亦可见清政府是如何以法律和武力手段处理西藏边务的。

首先,博窝被驻藏官员称为"极恶之区",博窝之人传说中是藏王止贡赞普的后代,道光时期清朝大臣鄂顺安等人在奏折中称其"素性强悍"、"负固不服"、"风俗刁野"。③ 自嘉庆年间始,博窝部落屡次在东台和工布一带抢劫商人、占寨劫民,还杀死藏区番目,截夺公文,虽有查办,但是旋结旋乱,为乱长达二十余

---

① (清)张其勤原稿,吴丰培辑:《清代藏事辑要》卷二,第 202 页。
② 同上书,第 307 页。
③ "鄂顺安奏波密肃清定拟善后章程折",中国藏学研究中心等编:《元以来西藏地方与中央政府关系档案史料汇编》,第 880 页;"关圣保等奏波密负固抵拒添兵剿办折",《元以来西藏地方与中央政府关系档案史料汇编》,第 884 页。另载许广智、达瓦编《西藏地方近代史资料选辑》,第 25、29 页。

年。后经历次剿抚，始得安定。但镇压并不能从根本上解决问题，仍需加强法制予以治理。

> 今既平定，约束不可不严，镇悍不可不备。游牧无定期，则盘踞游奕行住皆易为非；贸易无稽查，则凶番游民往来无难勾结，是则设官募兵以及稽查游牧、贸易，实是于现在博窝善后切要事宜。谨拟章程四则，附缮清单，恭呈御览。[①]

为此，道光十七年正月，鄂顺安上奏朝廷提出善后"章程四则"。[②]

a. "宜酌设营官以申约束也"。为此在扼要之地，如于汤堆番寨迤西沃顶各增设五品、六品营官各一名，居中镇抚，裁宿凹宗、宿木宗、普咙寺三处番官，只保留曲木多、汤堆、沃顶营官于东、中、西三处分别控制博窝全境。所有该地粮词诉讼等事，仍然由曲木多总管汇总复核办理。

b. "宜添募士兵以资弹压也"。改变下博窝边界有营官而无士兵的局面，曲木多、汤堆、沃顶各添士兵五十员，以没收的贼人田产资养，不扰累于民。

c. "贸易宜严加稽核也"。凡是博窝番人出行贸易，均需赴该营官处登记，注明人畜数目及出行隘口，由地方营官核查，以防止无赖凶顽者随贸易之人混出，行劫杀之事。

d. "游牧宜定明期限也"。鉴于该地番民出牧回巢，向无定期，终年不返，不时进行抢夺、偷窃的情况，限定其每年五月出、十月归，由营官、头人统计人畜数目，报总营官核查。同时立石桩，划清上博窝和下博窝的边界，以杜绝争端。

其次，有克什米尔的森巴部落勾结附属西藏的拉达克头人并侵犯藏属阿里地区的拉达克事件，此一事件系西藏属地与外番勾结叛乱，被朝廷武力平定。

拉达克以南有一个大部落然吉森，其属有二，一是索热林，一是谷郎森，三者所属地方通称为"森巴"。道光二十一年四月，位于克什米尔的森巴部落勾结西藏属地的拉达克头人，共四百余人，以朝拜雪山为名，要求进入西藏境内。六月又有拉达克及森巴三千余人夺占了西藏所属的茹妥、堆噶尔本两处营官官寨，并掳掠寨中百姓，令改穿其部落的服装，同时声称西藏所属茫玉纳山以外从

---

① "鄂顺安奏波密肃清定拟善后章程折"，中国藏学研究中心等编：《元以来西藏地方与中央政府关系档案史料汇编》，第880页。
② 同上书，第884页。

前均属于拉达克的地界,将来一定要占至茫玉纳山才停止。清朝历经近一年的时间,克服了许多困难,才于道光二十一年十二月杀毙森巴大头目并拿获拉达克头人,"所有在藏贸易各部落番民观看,无不称快"。①

（3）对涉及藏区活佛案件的处理

清政府对涉及藏区活佛案件的处理,这里略举三例:一是道光时期前藏的"乍丫地方两活佛互争滋事案件",二是道光时期的"班禅控告前藏噶勒丹锡呼图萨玛第巴克什额尔德蒙额诺们汗阿旺扎木巴勒粗勒齐木种种欺压达赖喇嘛"案,三是咸丰时期的"弟穆大活佛不守僧规案"。

首先看道光二十三年的"乍丫两活佛互争"案。道光二十三年,前藏乍丫地方有"呼图克图等蛮触相争"。对于这类事件,因"该处穷荒野地,顽犷成风,设有呼图克图管理地方事务,并非内地所属",驻藏大臣及地方官员一般都不予过问。

> 康熙五十八年有讲习黄法那(诺)门汗印信,乾隆二十四年复奉颁给敕书,该处俗人等遂称为二呼图克图,相延已久。遇有意见不和,时相竞争。因地非内属,历未官为查办。②

但由于乍丫地方是前藏的交通要道,两活佛长期互相争夺,打仗滋事,导致前藏的乍丫、阿足、王卡一带地方交通梗阻。③

乍丫地方的这两个活佛本是师徒关系,乍丫地方的事务本由大活佛负责管理,康熙五十八年朝廷赐以印信,乾隆二十四年又颁给敕书,而其徒洛桑丹臻江错只是帮协办理,当地番民遂称其徒洛桑丹臻江错为"二呼图克图"。但是此二活佛,"遇有意见不和,时相竞争",且罗桑丹臻江错于应办事务抗不遵办并不时大肆抢劫,侵占土地。不仅如此,还彼此裹挟番人打仗,导致四川通往西藏的道路不时阻滞。对此,驻藏大臣孟保、海朴先采取调解的方式予以解决。先是驻藏大臣孟保会同四川总督宝兴派员驰赴协办,"调集两造,详细查讯",进行多次调解,但是都"总未服贴"。

---

① "奏杀毙森巴大头目拿获拉达克头人等情折"(道光二十一年十二月十七日),中国藏学研究中心等编:《元以来西藏地方与中央政府关系档案史料汇编》,第917页。

② "奏查办乍丫两活佛互争事竣道路疏通折"(道光二十三年正月十九日),中国藏学研究中心等编:《元以来西藏地方与中央政府关系档案史料汇编》,第894页。

③ 同上书,第895页。

随后，所派出调解的委员王椿源、谢国泰又深入部落番寨，对那些被其裹挟参加滋事的番民进行开导，遍贴告示让他们照常放牧，不得参与这两活佛之间的纠纷，"众遂安静"。同时，经过连日对此二活佛多方劝导，双方才分别表示愿意和睦相处。但是此案又生枝节，大活佛不愿意转回乍丫，坚持要惩办小活佛，并呈上亲供禀词，表明自己从未做过违误往来差使的事情，并历数罗桑丹臻江错抢劫杀人种种罪状，要求将罗桑丹臻江错等人革逐重办；如果不照办，就不能遵依。而被称为"二呼图克图"的罗桑丹臻江错也仗着势强人众而"悍不遵断"，加上内地文武官员又不谙夷俗僧规，此案因此成为悬案。

不久，清政府又再次派噶布伦汪曲结布、察木多的商卓特巴葛桑曲敦、德尔格特土司差派的大头人江卡格勒及西藏的一些番目，并会同游击驻防官员前往，向该大小喇嘛及头人、百姓等严行查讯，双方才彼此拜认师徒，退还侵占地土并设誓认罪，表示情愿当差，各头目亦分别定罪。此案于此本可了结，但是又忽然有夺瓦地方的彭错达尔结等人借此滋事，纠众抗违，后经开导查拿，将首犯枭首示众，彭错达尔结被革退充发，其亲戚亦被分发各处管束，永绝祸根。其余随同抗拒之人亦全数拿获，分别发往各处永远锁禁。不仅如此，还逐处广为晓谕，该诺们汗及夷民俱伏地碰头，皆称仰蒙复帱深仁，格外矜怜，俱已痛悔前非，断不敢再有犯法。

因两活佛相争致使当地头人之间的残杀，历时十二年之久，四川总督宝兴两次派人查办，该喇嘛等并未遵断而成悬案，后赖噶伦、土司等人前往进行弹压开导，才了结了多年积案。此事朝廷未劳内地一兵，却得以驿路无阻，地方安宁，为此，朝廷大加赏赐藏区参与了结此案的有功人员。

> 噶布伦汪曲结布已于桑巴等军务蒙恩赏戴花翎，给予二等台吉，拟请再准承袭一次；德尔格特二品顶戴土司达木齐夺尔结策凌拉木结拟请赏戴花翎；其大头人江卡格勒拟请赏给五品顶戴花翎；商卓特巴葛桑曲敦不敢请达喇嘛名号，致有袭替，拟请赏给达尔汉堪布虚衔，荣及其身；唐古特二等台吉坚参欧柱、硕第巴觉尔结、六品江达营官策垫伦珠、六品作岗营官江巴克珠，均拟请以应升之缺尽先升用，以召激劝之处。[1]

---

① "奏请奖赏开导乍丫两活佛有功噶伦土司等折"（道光二十七年十月初三日），中国藏学研究中心等编：《元以来西藏地方与中央政府关系档案史料汇编》，第 902 页。

从该案的处理过程看,清政府对于藏区社会的治理,虽然根据前述两个重要章程将治藏大权归于驻藏大臣,形成对藏区的直接管辖,但是难以真正深入治理地方的宗教、头人及部落社会中多元化统治势力之间的纠纷。此案积年之久,且非驻藏大臣和四川总督派员前往所能解决,许多问题仍然需要依靠地方土司才得以办到。但是从整个藏区来说,尤其是在一些偏远山谷村落间世仇较为普遍的地方,土司并非能够解决所有的社会纠纷。这说明了藏区社会多元化的治权对于当地司法的影响,正如荷兰学者司半金在其一篇关于清代、民国时期藏区社会的文章中所说的那样:"边远的部落和村庄并没有绝对的权威。偏远山谷村落间世仇较为普遍,但是土司却无能为力。村落为基础的地方秩序围绕着许多小寺院展开,但是这也并不总能节制当地人。"①

再看道光二十年发生的"班禅等控告噶勒丹锡呼图萨玛第巴克什"案。道光二十年,班禅等控告噶勒丹锡呼图萨玛第巴克什需索财物,侵占田庐,私拆房间,擅用轿伞,强据商产,隐匿逃人,奸贪狂妄,欺压达赖喇嘛并导致达赖喇嘛颈上受伤流血不止等种种罪行。朝廷对此事十分重视,上谕驻藏大臣会同班禅额尔德尼按款查明,集全案人证,逐一严讯,一经审实,即将其职衔、名号尽行褫革,赀财先行查封,自无枉纵,"仍追敕剥黄,名下徒众全行撤出寺庙内"。又下谕将该喇嘛的劣迹转谕各呼图克图喇嘛,强调"诚遵宗喀巴之正教,咸以该喇嘛为戒"。②

后来经过详查,发现确有实据,于是钦遵谕旨,③做出如下处理:

(1) 将该犯阿旺甲木巴勒楚勒齐木历得萨玛第巴克什额尔德蒙额诺们汗职衔,衍宗、翊教、靖远、懋功、达尔汉名号全行褫革剥黄。

(2) 将所得敕印与前革札萨克喇嘛印信俱行追夺,交达赖喇嘛商上(办事机构)暂行存贮,遇有便员到京时销毁。

(3) 祝庆寺内资财严密查封,此次查封计有银十四万四千余两,大都用于修理西藏各寺庙,所余之银两分别赏给前、后藏各寺庙喇嘛,以示优恤;至于所

① [荷兰]乌·范·司半金著,刘勇、尼玛扎西译:《卓尼和迭部甘南边界:地区、地方政权和政治控制(1880—1940)》,载王尧、王启龙主编《国外藏学研究译文集》,西藏人民出版社2013年版,第212页。

② "谕内阁阿旺降白楚臣被控各款一经审实即将其褫革剥黄并晓示各呼图克图等务令恪守清规"(道光二十四年十月初七日),中国藏学研究中心等编:《元以来西藏地方与中央政府关系档案史料汇编》,第937页。

③ "谕内阁将查封阿旺降白楚臣之资产分别赏给前后藏寺庙官兵",中国藏学研究中心等编:《元以来西藏地方与中央政府关系档案史料汇编》,第945页。

称抄出的粮米计二百八十七石，麦、豆、青稞共六千九百四十九石，均赏给了前、后藏番官、兵丁。

对于此案的处置，"该寺僧俗均各贴服"。道光二十五年三月，十一世达赖喇嘛经琦善上"奏十一世达赖喇嘛为处理阿旺降白楚臣谢恩折"，朱批云："知道了。"

复看咸丰三年十一月的"弟穆大活佛不守僧规案"，该案情况是：咸丰三年十一月庚申，驻藏大臣穆腾额、谆龄等奏第穆大活佛阿旺罗布藏吉克美嘉木参将其弟媳妇沃赛竹留于寺内饮酒作乐且与之通奸，又招留猎户打生，私戴红顶花翎，蓄留发辫，改着俗装，又将甑巴降巴番民之小娃子一名作为枪靶，令人用枪打死，不守僧规，又派番商前往披楞（英国人）之噶里噶达地方进行贸易，如此等等，劣迹昭著，均系实事。①

依据咸丰三年十二月癸未上谕，②对该活佛的处置是：

（1）先行拿禁，禀请参奏，自应严切讯究惩办。

（2）第穆呼图克图阿旺罗布藏吉克美嘉木参及属下管辖事札萨克喇嘛工噶嘉木白，所得名号均著先行革退。

（3）将阿旺罗布藏吉克美嘉木参发往宗喀地方，并将工噶嘉木白发往琼结地方，均交该营官永远管束，不准外出滋事。

（4）惟该呼图克图既经发遣，其所有寺院财物及所属地土人民，自应慎选妥实可靠之人代为经管，以免别滋事端。

（5）由于达赖喇嘛的请求，著加恩即允所请，待该第穆大活佛身故之后，准其转世。

4. 清朝中后期西藏的边疆危机及"尼泊尔条约"中的司法规定

1840年鸦片战争以后，英国据有克什米尔、印度，又在阿富汗与俄国争夺。在此过程中，威胁我西藏边疆，于嘉庆、咸丰、光绪年间与清中央政府或者西藏地方势力签订了不平等条约，又以勘定边界为名，窃取我国疆土和番属，造成清朝后期西藏一些原有属地的丧失。这一时期，涉及有乾竺特、巴达克山、阿富汗、拉达克、尼泊尔、哲孟雄、不丹、印度的一些地方，这些地方或属当时清朝领

---

① （清）张其勤原稿，吴丰培辑：《清代藏事辑要》卷七，第461页。
② 同上书，第460页。

土,或原属于中国属地,且至少在乾隆五十九年时就已经派和琳、张志林等人勘明了边界,"各交界均已画然清楚",并"一律堆设鄂博"作为标识。这在乾隆五十九年六月庚午的上谕中对此已有说明。

> 和琳奏设立唐古特各边界鄂博及查阅前、后藏汉番官兵各折。唐古特地方,毗邻外番,向因界址不甚分明,易致争扰。此次经和琳带同游击张志林等,由沿边一带,亲自履勘,悉心讲求,一律堆设鄂博,所有唐古特西南外番布鲁克巴、哲孟雄、作木朗、洛敏汤、廓尔喀各交界均已画然清楚,边界可期永远宁谧。[①]

依据民国时期学者的考证,嘉庆之前我国西藏疆域边界,"从帕米尔东南麓喀喇昆仑山的穆斯塔格山口起,沿新疆省一小部分和西藏全部边界,以至西康省(民国时期)的察隅县,这一带国界,都是清朝盛时所开辟的"。[②] 然而到了清朝后期,由于英、俄势力的侵入,出现了一系列涉及西藏西南边界的条约或议定,其中有《西藏尼泊尔条约》、《藏印条约》、《藏印续约》、《英藏条约》和议定的"买卖苏木",致使中国失去了原本属于中国的许多领土。

乾竺特位于今天新疆蒲犁西南边外,是印度北面的门户,邻近克什米尔,也是出入南疆的要道,面积九万三千方里,人民以游牧为生,乾隆二十六年内附,按定例向清廷三年一贡砂金,俗称"十五塔哈贡金"。这本是中国属地,同治、光绪年间,英国取得克什米尔后图谋该处。光绪十八年七月,薛福成根据英国的要求,奏请朝廷与英国会商议定,从此乾竺特的实际治权归于英国。

巴达克山在今瓦罕帕一带,人民以游牧为生,面积三十一万方里。乾隆二十二年勘定为回疆的一部分,并于乾隆二十五年朝贡,后在没有中英约定的情况下归于英属阿富汗。光绪二十一年,在没有清政府参与的情况下,英俄擅自勘定阿富汗北界,将属于清朝的帕米尔地区及位于巴达克山和帕米尔境内的一狭长地带划为英属阿富汗属地。

拉达克在西藏阿里地区西北,约十二万方里,五世达赖时就已属西藏版图,光绪十四年拉达克边民与印度边民冲突,英人约清廷议界,当时清政府认为此地荒远,于光绪十六年赠给了英国。

---

① （清）张其勤原稿,吴丰培辑:《清代藏事辑要》卷四,第 359 页。
② （民国）葛绥成编著:《中国近代边疆沿革考》,第 204—205 页。

哲孟雄(锡金)本为西藏旧属，面积十万方里。道光十九年，英国赠给哲孟雄王年金三百磅，租得大吉领地。咸丰十年增加至一千二百磅，取得其铁路修筑权。光绪二年，由于英国翻译官在云南滕越被杀事件，英国与清政府缔结了芝罘条约，其条款实际上承认了英国人可以在西藏自由往来。后驻藏大臣升泰受命与英国缔结《中英藏印条约》，根据其中第二款规定："哲孟雄由英国一国保护督理，即为承认。其内政外交，均由英国一国经办。该部长暨官员等，除由英国经理准行之事外，概不得与无论何国交涉来往。"①从此，英国对哲孟雄在法律上拥有了宗主权，这也意味着哲孟雄脱离我国西藏。光绪十九年十月二十八日，中英双方又议定《印藏续约九条》，其中就英国商民在中国边界和哲孟雄这一带活动的法律管辖事宜进行了规定，其中第六款规定："凡英国商民在藏界内与中藏商民有争辩之事，应由中国边界官与哲孟雄办事大员面商酌办。其面商酌办者，因为查明两造情形，彼此秉公办理。如两边官员意见有不合处，须照被告所供，按伊本国律例办理。"②

不丹在西藏南境，是红教喇嘛汇集的地方。乾隆元年贡献方物，十七年又遣使入贡。宣统二年，在没有照会中国的情况下，英国与不丹国王乌格杨黄察克在不丹签订条约，虽然英国政府承诺不干涉其内政，但是要求不丹政府在外交上必须受制于英国，并获得不丹与哲孟雄和科址哈尔之间争端解决的裁判权，从此英国成为不丹的保护国。

廓尔喀(尼泊尔)位于在西藏南境，在乾隆五十七年八月戊子的上谕中讨论廓尔喀侵犯藏地一事时，就认为"廓尔喀系边外荒微小部落，从前未列职方"。③乾隆五十七年因其寇犯藏境为福安康所击，同年九月自订向清廷五年一贡，从此成为清朝番属并一直与中国交好。

根据英国人查理士柏尔在《西藏之今昔》(1924年版)中的记载，"火龙年二月十八日"，即咸丰六年(1856)，在未经清朝政府同意的情况下，西藏和尼泊尔双方僧俗人员会约缔结了条约十款，是为《西藏尼泊尔》条约。该条约只是说明"对于中国皇帝，一如历来，加以尊重"，④并在条约开头对西藏以"国"相称："倘

---

①　(民国)葛绥成编著：《中国近代边疆沿革考》，第214—215页。
②　同上书，第216页。
③　(清)张其勤原稿，吴丰培辑：《清代藏事辑要》卷四，第295页。
④　(民国)葛绥成编著：《中国近代边疆沿革考》，第209—210页。

两国之中,一国违背约中条件,则其他一国如果向其宣战,当不负宣战之咎。"①
条约涉及西藏与尼泊尔之间的法律事务较多,有助于了解西藏与尼泊尔之间历史上的法律事务关系,故于此选录于下:

(1) 西藏政府每年应给廓尔喀政府 1 万卢布,作为馈送。

(2) 廓尔喀与西藏当尊重大皇帝。因西藏系一种寺院的、隐者的、独身者的国家,遵以宗教为业之故;廓尔喀政府乃自愿,从现在起,如遇西藏受外国攻击之时,定当助之护之,尽其力之所能。

(3) 从今以后,西藏不得对于廓尔喀政府的商民及其他臣民,征收商税、路税以及其他各税。

(4) 西藏政府自愿交还廓尔喀政府前破西藏俘获之 Sikh 兵士,以及所有廓尔喀兵丁官长使役妇女大炮之在战时被掳者。……

　　……

(7) 廓尔喀官吏不得审判拉萨人民商贾间发生之争端。西藏政府不得审判居于拉萨法区的廓尔廓人民商贾 khatmandu 回教徒间发生之争端。倘西藏人民及廓尔喀人民之间发生争端,则应由两国政府之高等官吏公司审判。如西藏人民被处罚金之罪,则此项罚金须由西藏政府催收。……

(8) 倘有廓尔喀杀人罪犯,事后逃入西藏,则应由西藏方面将彼引渡与廓尔喀;倘有西藏杀人罪犯,事后逃入廓尔喀,则由廓尔喀方面将彼引渡与西藏。

(9) 假如廓尔喀商贾,或其他廓人财产,为西藏人民所抢劫,则西藏官厅于追查之后,应行强迫该藏人,将此财产退还原占有人。倘该抢犯不能再将原物交还,则西藏官吏应迫彼结一合同,定于某种较久期间之内,退还此项财产。假如西藏商贾,或其他藏人财产,为廓尔喀人民所抢劫,则廓尔喀官吏于追查之后,应行强迫该廓人,将此财产退还原占有人。倘该抢犯不能再将原物交还,则廓尔喀官吏应迫彼结一合同,定于某种较久期间之内,退还此项财产。

(10) 此约既成之后,两国政府各不得对于战争期间附和廓尔喀政府的藏人之身命财产,或附和西藏政府的廓人之身命财产,加以报复手段。

---

① (民国)葛绥成编著:《中国近代边疆沿革考》,第209—210页。

（三）清、民国康藏地区的法律治理

1. 清朝前期强化康区土司案件的司法处理

邻近四川的藏人聚居的康区是西藏这个"喇嘛王国"与内地的交界区域，是进入西藏的交通咽喉地带。这一带有众多的寺庙，有清朝政府册封的土司，是清政府治理的藏区中最有可能实行"内地化"改革的地域。

被称打箭炉的地方明朝时就已为土司所属，地高寒，因山为城，西通里塘、巴塘，达西藏，康熙三十八年（1699）为四川提督唐希顺攻克，"以其地为番夷互市、通贡总汇，入藏驿路所经，因定界于中渡"。① 1700 年，清朝政府将其并入四川省并派军驻守。1701 年，横跨大渡河两岸的铁索桥"泸定桥"建成，此桥沟通了打箭炉到成都的交通，为清朝政府治理这一区域提供了便利。由于地属川藏交界，相对于藏区的其他地方，其在清朝时期就已属于内地化的藏区了。经过乾隆时期大小金川之战，康区的社会局势也基本稳定，此时对于这一地方土司的治理是稳定康区的关键。

首先，清政府将康区与西藏在行政管辖上进行了分治，将康区划归内地省份四川，由四川总督直接管辖，这使得康区逐渐脱离了西藏的政治范围。按照乾隆时期的划分，"口外至西藏一切事务，向归住藏大臣管理。其巴塘迤东土司地方，归川省将军提督衙门就近管理。至江卡、乍丫、察木多并移驻后藏各营汛台站，统归驻藏大臣总理"。② "其巴塘、理塘安设塘汛官兵，就近归阜和协副将兼辖。打箭炉出口以至西藏，向于文职内委派州县丞倅，武职内捡派游击、都司、守备、千总分驻办理，均三年一次更换"。③ 所谓"巴塘迤东土司地方"，正是进入西藏的交通咽喉地带，在清朝的文献中，这些地方的土司被称为"四川沿边土司"，同其他地方的土司一样，都有官职、品级。"四川边外各土司，所戴帽顶，自应照阿桂等所奏，各按品级戴用"。④

乾隆四十一年，朝廷对于在征剿两金川叛乱过程中有功劳的土司均加恩赏戴，以示优奖。"所有伊等官阶，仍照原品级外，著加恩均赏戴二品红顶，并令子

① （清）王之春撰，赵春晨点校：《清朝柔远记》卷三，第 49 页。
② （清）张其勤原稿，吴丰培辑：《清代藏事辑要》卷三，第 241 页。
③ 同上。
④ （清）张其勤原稿，吴丰培辑：《清代藏事辑要》卷二，第 196 页。

孙承袭后一体戴用。至随来之土舍头人,向有于本职上越级带用帽顶者,亦著加恩仍旧赏戴,以示优奖"。①

其次,要求速决土司私仇互控案件,尤其是那些延搁多年的案件,及时化解其内部矛盾以稳定康区。比如"四川土司沙金龙弟兄争控案",该案从乾隆四年到乾隆四十六年一直持续了四十多年都"延阁未结";又如"会理州知州徐士勋于土司抢劫牛羊谷石之案",也是"复延玩二年不办"。

针对上述案件不能及时处理的问题,乾隆四十六年十二月,专门谕军机大臣等,对于"土司以私仇互控,地方官置之不问"的现象,批评藏区历任总督,不及时督促下属早行审结,指责地方官员"竟不以事为事","安知不酿成事端";要求对于土司争控之案,必须"即时秉公审断,迅速办理"。

> 此等土司远居边徼,遇有争控之案,地方官自应即时秉公审断,迅速办理。乃此案始于乾隆四年,历任总督,并不饬属早行审结,以至该土司之弟侄,屡次赴京具控,展转系逮,可见地方官平日竟不以事为事。至该州徐士勋于抢劫大案,延阁不办,在总督文绶任内,该省诸事废弛,上下因循延玩,贻误地方不小,土司以私仇互控,地方官置之不问,安知不酿成事端。②

同时,还将康区土司案件的处理情况,传谕各督抚严饬所属,留心体访,要求对各省苗疆及番夷地方的土司案件也要做到"一有此等控案,一面奏闻,一面秉公办理"。③

在平定两金川后,清政府对该处降番就近安插,该处降番生活区域发生的钱粮命盗案件均交由地方行政官员处理,不再让军事官员越俎干预。如乾隆四十八年十一月,军机大臣准四川成都将军特成额的奏折中,就规定了对于大小金川地方钱粮命盗案件的处理,"归美诺同知办理,该营员不许越俎干预"。④

上面强调的需要强化处置的案件只是针对土司争控案件,因为这关系到康区政治大局的稳定。为进一步理解清朝法制与藏区土司旧法之间的关系,这里特别对清到民国法制"转型"时期康区地方适用的土司旧法的情况做一

---

① (清)张其勤原稿,吴丰培辑:《清代藏事辑要》卷二,第196页。
② 同上书,第204页。
③ 同上。
④ 同上书,第205页。

研究。

2. 清、民国时期康区地方适用的"土司"旧法

在土司治理时代，康区的一般案件由地方头人、土司自行处理，这里我们以白玉、炉霍、德格为例。

近邻甘孜、瞻化县的白玉县，地处德格和巴安交通要冲，明时为甘朵思，雍正六年内附于清朝设置的打箭炉厅。白玉从雍正六年至清末赵尔丰改土归流之前，一切均由土司管理，其辖区内土目官员又分内官和外官，外官直接管理人民，由叫做"六戈"、"翁乍"等的内官分别委任。此外，汉官对于白玉地方的治理只限于在巴安设置了粮道，但是由于相距太远，权力也有限，与当地人民之间毫无关系。

> 彼时土司本人驻节更庆，下设业巴数人，并设六戈及翁乍各若干名，以综理一切事务，是为内官。至各地直接管理人民之外官，所谓异业及绒本者，则由六戈、翁乍等分别放委充任。迄于清季，汉官方面，巴安地方虽有粮台之设置，然以相距悬远，权力有限，与人民毫无关系也。①

几乎整个清代，白玉地方都属于"土目管理时代"，其民间诉讼亦由土司及其所属的"六戈"、"翁乍"等地方头人自行处理，没有流官干预。宣统二年改土归流后才设治，至民国二年正式置县，"设治以后，始由官府处理，头人干预词讼，即悬为例禁"。② 民国七年地方失治，白玉县地方的一切事务逐渐又恢复昔日之旧。民国时期这一地方实际上同时存在两套司法系统，一是民国县府，二是德格土司。民国县府有监狱一所（因粮由犯人自备），有民国官方法律，有部颁的统一制式的诉讼状纸以及明确规定的诉讼费；德格土司则有自己的一套"村保"系统，有自己的诉讼程式以及习惯法适用。由于政府的控制能力有限以及地方人民的习惯，直到1941年时由地方村保受理案件仍被人们视为当然，"小事诉诸村保，大事则诉诸德格土目"，当地人民很少到县政府提出诉讼。根据当时的调查，每个月仅一二案而已。

> 民间诉讼案件，在土目管理时代，纯由地方头人自行处理。设治以后，

---

① 《康导月刊》第2卷，1941年第3期，赵心愚、秦和平编：《康区藏族社会历史调查资料辑要》，四川出版集团、四川民族出版社2004年版，第92页。
② 同上书，第99页。

始由官府处理,头人干预词讼,即悬为例禁。然自民七失治,地方一切渐已恢复昔日之旧。驯至今日,村保受理诉讼,则视为当然,人民至县府起诉者,月仅一二案而已。①

当地司法基本上是依其土俗,所谓"土俗",不过是依据过去德格土司自定的民刑法"十三条",亦称为"德格土目自定之民刑法十三条"。所谓的"十三条"规定的诉讼程序,一般先由村保进行判决,判决后发给判牌,双方画押,如果有一方不满意,可以向德格土司上诉,德格土司对其进行判决后,双方必须遵行。

> 即传集双方对审,根据地方习惯,及此项法律为之判决,判决有判牌,双方并须具结,以资信守。若系村保判决之案,一方认为不满意时,则可至德格土目处上诉,一经彼处判决,无论公平与否,双方则须绝对服从也。②

至于实体法律适用方面,其刑事犯罪仍然依其"土俗"。由土司系统进行的判决,对于劫杀、偷盗案件的处罚没有死刑,仍然适用其"赔命价"旧俗,采用赔款来了结,依据被劫杀、被偷盗之人的身份确定赔偿价格。

> 劫杀案件,旧俗无死罪,可以赔款了息。劫案则视被劫人之身份而定赔偿。如所劫为人民,则照原物赔三倍,头人为六倍,公务员则增至九倍矣,盗案亦然。命价亦以被害人之身份为准,由五百元起,至一千元为止。而普通事件亦多以罚款行之。普通罚款,分为九元、六元、四元、二元四等。而额外罚款,不在此列。③

如果属于徒刑案件,按照"土俗"来处理,却没有无期徒刑和有期徒刑之分,只有拘役之刑,一般少则数日,多则三年,其刑罚有皮鞭、脚镣、悬吊之属。④

如果属于疑难案件且又不能依据"土俗"来解决,则双方邀往寺庙,在佛像面前进行诅咒裁判以求解决。藏人历来崇信佛教,非至万不得已时,不诉诸诅

① 《康导月刊》第 2 卷,1941 年第 3 期,赵心愚、秦和平编:《康区藏族社会历史调查资料辑要》,四川出版集团、四川民族出版社 2004 年版,第 99 页。
② 同上书,第 99 页。
③ 同上书,第 99—100 页。
④ 同上书,第 100 页。

咒裁判。此外，寺庙也受理藏人之间的诉讼，但是只是针对其所辖佃民。①

无论何种地方，司法总是"官"与"民"之间社会法律关系的中介，康区藏人社会从清末改流以至于民国时期，一直存在着这样两个司法系统、两种法律适用，且基本上是以土司、喇嘛的司法系统和以"土俗"适用为主，因此，民国时期作为已经在体制上内属了的藏人地区，其司法状况的确有特别之处。

不仅白玉地方如此，炉霍县及其他康区地方亦然。根据民国时期尹子文在《炉霍概况》(1945)一文中的记载，②民国时炉霍县同整个康区一样，诉讼由县长兼理，间由秘书代审，一所监狱和一所管押室组成了地方政府司法系统，收押、开释犯人时皆由县政府收发室派士兵办理。同样其地汉民甚少且人民基本不知晓国家法律，因此，遇有诉讼纠纷，人们仍然习惯于诉诸喇嘛寺及头人，按照"土俗"处理。

> 县府管理诉讼，无论民事刑事，均以现行法令参酌地方习惯处理，如完全反其习惯，则困难之处必多。一切诉讼事宜，由县长兼理，间由秘书代审。地方案件极少，每月至多一二次。有监所一，管押室一，禁、释时均由县府收发室派士兵办理。③

这里有"如完全反其习惯，则困难之处必多"一句，这说明即使是县府处理民刑案件时，如果依据现行国家法令，亦难以平息。不仅如此，根据尹子文的记载，当时炉霍县的处理办法是："无论民事、刑事，均以现行法令参酌地方习惯处理。"这显然是不得已而又十分明智的做法。这里的"参酌"二字不十分具体，如何"参酌"，以什么标准来"参酌"，则只能是"因地制宜"，"因俗制宜"。

在二元司法系统并存的实际格局下，藏民之所以不到县政府进行诉讼，一则是习惯使然，二则是碍于头人"重重积威"，虽土司、头人判决不公，也不敢径行向政府申诉。在文阶发表于1940年的《德格写真》中，就描述了民国时期康区藏人畏惧土司、头人的这一情况："喇嘛、土人等之讼事，概由土司头人处理，虽经迭次严禁，而人民等在土头重重积威之下，不敢径向政府申诉。"④

---

① 《康导月刊》第2卷，1941年第3期，赵心愚、秦和平编：《康区藏族社会历史调查资料辑要》，第100页。
② 《康导月刊》第2卷，1945年第4期。
③ 尹子文：《炉霍概况》，赵心愚、秦和平编：《康区藏族社会历史调查资料辑要》，第139、140页。
④ 文阶：《德格写真》，《康导月刊》第2卷，第4、6期(1940年)，赵心愚、秦和平编：《康区藏族社会历史调查资料辑要》，第163页。

对于土司、头人来说,受理诉讼不仅是传统权力的象征,还有一笔不少的额外收入。

> 土司受理案件,由其属下之二三大头人办理,其程序先由原告以口头或书面之陈述,向土司起诉。经批准后,即派差拘传被告对质,由办理之大头人,讯明判结,发给断牌,以案情之大小,征收讼案费,数元、数十元或数百元不等。原被两造,有平均负担者,有以曲直情形分高低成分担任者。[①]

由于碍于头人"重重积威",当事人一般到头人处控告,当遇有办案头人处置不公平的情况时,尽管当事人不服,非万不得已,绝不敢到县府提出上诉。即使偶尔有向县政府上诉者,县政府作为头人、土司司法上诉机构的情况也十分少见,大部分只是转而特饬办案头人另行秉公判结并报府备案而已。

> 间有办案头人,判结失平,当事人不服,而向县府上诉者,但为数较少,非万不得已,决不敢出此。县府受理上诉后,或提案审讯,或饬该土司特饬办理头人,另行秉公判结,报府备查。[②]

梳理这段文字,可以见德格县司法之大概:

(1) 统由县府兼理案件:县长任审判长,临时指派县府科秘担任书记或检查等任务,法警即由政警兼充。但是"人民等在土头重重积威之下,不敢径向政府申诉"。

(2) 土司受理案件:喇嘛、土人等之讼事,概由土司头人处理。土司受理案件,由其下属之二三大头人办理。

(3) 县府受理上诉案件:偶尔有办案头人判结失平,当事人不服而向县府上诉,县府受理上诉后,或提案审讯,但大多数是责令土司指示办理该案的头人另外秉公判结,并报县府备查。此类情况为数极少,非万不得已,当事人绝不敢这样做。

从上述分析看,当时德格县土司的"余威"尚存,习惯了土司时代的法律统治,人们不敢冒然向官府控诉。那么可以肯定的是,至少在1940年以前,当地绝大多数案件是由土司受理的。

---

① 文阶:《德格写真》,《康导月刊》第2卷,第4、6期(1940年),赵心愚、秦和平编:《康区藏族社会历史调查资料辑要》,第163页。

② 同上。

我们再来梳理一下德格土司受理案件的程序：

（1）先由原告以口头或书面陈述，向土司提出诉讼。

（2）土司批准后，派差拘传被告对质。

（3）土司指派办理案件的大头人来进行审判，得出判决结果，发给断牌（判决书）。

（4）以案情之大小征收讼案费。诉讼费有平均负担的，也有依照胜诉或败诉讼情按高低进行分担的。

从上述分析中，我们可以清楚地看出，民国时期在国家（县府）司法权力之外，土司司法权仍然十分强大，绝大多数案件仍然由土司掌控，尽管国家司法已经深入到了县府一级，但是康区人民的法律生活显然没有发生根本性的"变革"。

从上述程序看，德格土司在整个案件审理判决过程中居于主动地位，其主动性至少体现在以下几点：

（1）土司拥有传统权力和传统合法性，以致于诉之县府的案件极少，因为人们畏惧土司已成为习惯。

（2）土司并不直接审理判决案件，而是由属下头人负责审理并做出判决。

（3）即使是发生当事人向县府上诉的情况，土司也不承担对案件审理判决的责任。

虽然康区藏民根本不谙官方法律，藏民很少到官府进行诉讼，基本上仍是由当地喇嘛寺庙及头人自行处理案件，但是在民国时期，康区由县府兼理诉讼的国家司法体制已经确立，在法律适用方面开始适用国家制订法，与清朝宣统二年改土归流之前相比，这些都是近代化的表现。

从上述清朝乃至民国时期康区的司法情况来看，其在行政体制上已经内地化了，在康区实行的改土归流实际上也与清末政府的法律改革是一致的，因此无论是清末对康区实行的改土归流，还是民国在这些地方适用的民国新法，都属于中国边疆法律治理近代化的一个组成部分，都属于从传统的"总督式"治法向近代国家法治转型的内容，这一转型的过程同时也是藏人习惯法与国家法之间的一个调适过程。

3. 内地化的康区存在的司法问题

有了近代化的司法体制，不等于有了"法治"。民国时期康藏地区存在的司法问题主要是司法腐败、摸索法律适用及解决司法中汉藏语言翻译这三个问题。

（1）司法中汉藏语翻译问题

中国是一个多族群、多语族的国家，同新疆等地一样，民国时期藏区的司法还存在语言上的障碍。由于汉藏文字不一，康区又是汉藏交汇之地，但凡遇有诉讼，其语言交流上的难题有二：一是由于改土归流，多用汉族官员，法庭调查、审判语言不通；二是若是涉及汉藏之间的纠纷，其交涉、文字翻译和法庭辩论困难。语言因此成为康区司法的障碍，要实现国家法在康区真正意义上的贯彻，必须要有效解决康区司法面临的这一语言问题。

任乃强在其《西康札记》中言西康从清代到民国时期，都存在"通译"诈索的现象："盖夷人与汉官对面不能达情，通译当面诈索，毫无障碍。夷人见汉官只知要钱，故呼为'汉叫花子'。其实官吏亦有贤者不要钱，通事尽藉官要钱耳。"[1]朱增鉴在其《川边政屑》中指出，在治理康区的过程中，语言障碍是造成康区案件审理出现搁置或积案的重要因素。其对于当时司法中发生的语言障碍问题有这样的记载：

> 呈复蛮民逃走业已招还文：据知事审查，蛮民性格，愚陋可哂，而朴实却可钦。地方官因语言未晓，文字难通，则于所呈词讼案件，搁置不理。夷人望之俨然，未敢催问。而即如我家被彼家盗去牛马，此村被彼村支过站头，或有保正通兵等估要支差，扣食脚价等弊，居官者全不理料，而民心由热而冷，公事由成而败也。知事窥悉此中艰苦，故于通事中，除准一名由粮税开支外，雇用四名，而又防伊等隔绝民膜，乃时向大堂上下巡视。遇有呼冤者，当即堂讯，随指通事一名，督令照翻，理曲者斥之使去，理直者随下朱单追究。蛮民最敬服官，亦最爱惜钱。若果随讯随断随结，无论不准索贿，为伊等所感激，即免其牵缠，少在城中花消银钱，耗用面粑，已觉感戴不忘。知事素性无欺，精力颇健，且又重以大府厚望勉旃之褒语，更应仰体鸿慈，勉尽职守，无负裁成。所有呈报夷民逃走暨拟办招抚及地方庶政各缘由，理合具文呈请，云云。[2]

分析朱增鉴的这段话，我们可以了解当时司法因为语言障碍而存在问题，可具体归纳如下：

① 任乃强：《通译舞弊记》，《民国川边游踪之"西康札记"》，中国藏学出版社2010年版，第26页。
② 朱增鉴：《川边政屑》，赵心愚、秦和平编：《康区藏族社会珍稀资料辑要》，第121—122页。

a. 地方官因语言未晓，文字难通，则于所呈讼词案件，搁置不理。

b. 当地藏民朴实，因此对官员望之俨然，不敢催问。

c. 如此以往，民心由热而冷，公事由成而败也。

这不仅是司法问题，已经影响到民心了。当地知事显然为此十分苦恼，可能是因为翻译人手不济，如果雇更多的翻译人员，又需增加经济上的开销。为此，知事应对的办法是：除准一名由粮税开支外，又多雇用四名通事，这可能是应急的办法。通事人多了，知事还需要防止这些通事"隔绝民膜"，擅自枉法，因此不时在大堂上下巡视，遇到呼冤者，随指通事一名（以免有私），督令照翻，随讯随断。其结果是提高了效率，减少了藏民因打官司而滞留在城中的银钱花销以及耗用面粑。

在这里，我们看到的似乎是一位身处汉藏杂居之地、努力排除语言困难、勉尽职守、廉洁高效的好法官形象。这里增加四名通事（翻译）的目的，不仅仅是为了提高效率，因为同中国其他边疆地方一样，当地的案件一般是比较少的，因此这里增加通事员数额的目的至少还为了"公正"，防止这些通事"隔绝民膜"，擅自枉法。

关于这一时期康区法律的许多记载都提到了司法执行中的翻译问题，看来即使是民国时期，这个问题仍然存在。关于当时诉讼翻译费的规定在许多康区文献记载中都大同小异。据尹子文的《炉霍概况》一文记载："诉讼手续，汉文呈状不征费，藏文呈状收翻译费藏洋三元。"[①]由此看到，炉霍县的做法是用汉文书写的诉状不收翻译费，用藏文书写的诉状则收藏洋三元。这是一项具有普遍性的规定，因为在其他文献中我们看到了类似的记载。吕国璋在《道孚公牍》中记载了道孚县当时处理案件的"计开"规定，即"民刑诉讼应守规则十二条"，[②]具体内容如下：

• 凡收发处收呈词一张，由诉讼人给与挂号钱二百四十文。

• 凡正副队长传达呈词一张，由诉讼人给与传达钱二百四十文。

• 凡汉夷民民事诉讼案件，缉勇执票传唤两造，先由原告给与传脚钱每名二百文，按日推算。如格外需索，指控查究。

---

① 尹子文：《炉霍概况》，赵心愚、秦和平编：《康区藏族社会历史调查资料辑要》，第140页。

② 《道孚公牍》，此系吕国璋担任道孚知事时的公牍杂件集，为未刊文稿。此处根据赵心愚、秦和平编《康区藏族社会珍稀资料辑要》上，第246—247页。

- 凡夷民民事诉讼案件，照汉民规定之数，发给此项传脚，但应归通事执票传唤。
- 凡夷民呈词，传到公署，翻译汉文，每张由诉讼人给翻译费藏洋一元。
- 凡民事诉讼，履勘田地，每造每日各给缉勇口食钱三百文。
- 民事诉讼，无论汉夷人等，应先呈缴讼费藏洋八元，交收发处暂存，俟判决后，由败诉人担任，以备缉捕之需。
- 凡民事诉讼，无论汉夷民等，应先缴格式纸张费藏洋一元。
- 民事诉讼，无论汉夷民等诉讼，一经准理送审，均先缴开单纸张费二百四十文。
- 民事诉讼，无论汉夷民等，一经审结，两造各缴结状钱二百四十文。
- 刑事案件，如系夷民，应缴翻译汉文笔墨费藏洋一元。汉民自书呈递者，不缴。
- 凡汉夷民等，遇有抢劫刃伤案件，来署喊冤，一概免费，以示体恤。

该"应守规则十二条"详细规定了诉讼费用的收取，其中第4、5、11、12条均涉及如何收取翻译人员传唤和翻译费用。

"应守规则十二条"第4、5条的规定是针对民事诉讼案件的。第4条中所谓的"传脚"，是指给"缉勇"的"传脚钱"，相当于原告给"缉勇"的跑路费之类，其费用是"每名二百文"，这在第3条中有明确规定。这里"应归通事执票传唤"，是说凡涉及藏民的民事诉讼案件，其传唤原、被告仍需要经过通事，而不仅仅是缉勇执票传唤。这表明在传唤过程中仍然需要"通事"的参与，而且这显然也是通事在诉讼中的一项权利。"通事"收取的诉状翻译费是"藏洋一元"，同刑事案件中的价格是一样的。"应守规则十二条"中第11条的规定与上述尹子文《炉霍概况》记载的炉霍县的相关规定是一样的，即如果是藏民呈递的文状，收翻译成汉文的笔墨费藏洋三元，而汉族人提交的"自书呈状"则不用缴翻译费。而第12条中也有变通的规定，根据该条，无论是汉民还是藏民，如果属于遇到强人而被"抢劫刃伤"的情况，一概免收费用。

过去的土司时代，藏区的司法权控制在土司手中，因此在司法过程中，即使是涉及汉藏之间的纠纷，司法翻译问题也并不十分严重，因为"县汉民甚少"，[1]

---

① 尹子文：《炉霍概况》，赵心愚、秦和平编：《康区藏族社会历史调查资料辑要》，第139—140页。

土司"法官"懂藏语，至少熟悉当地情况。"改土归流"后这一问题已然突出，国家派遣的"县知事"往往不懂藏语，如果涉及藏民，司法过程中就完全依赖"通事"进行翻译，于是因为翻译过程中的舞弊现象而出现信息不对称，就可能影响"知事"判决的公正性。

（2）棍徒、衙蠹及国家司法力量的弱势

民国时期康区的司法存在的另一个问题是司法部门缺乏财政供养，加之棍徒和衙蠹扰乱枉法，"案前则讹诈百端，案后则索酬不已"，造成"差役之腹未果，而民之家产已倾"，影响了司法活动的正常运行。

道孚县的司法"计开"有"民刑诉讼应守规则十二条"，该"计开"具体、实用而有变通性。只是这些规定中收取的费用过于繁杂，甚至很不合理。这里稍加梳理计算可知：

挂号钱二百四十文收发处收呈词

传达钱二百四十文正副队长传达呈词

传脚钱每人二百文缉勇执票传唤

翻译费藏洋一元（民刑）　　　　　公署（夷民呈词）

缉勇口食钱三百文（每天）　　　　履勘田地（田地纠纷）

讼费藏洋八元（败诉人支付）以备缉捕之用

格式纸张费藏洋一元公署

开单纸张费二百四十文一经送审

两造各缴结状钱二百四十文一经审结

这些项目给人以十分浩繁的感觉，不得不让人感到这些规定是否具有合法性。它不像是我们理解的诉讼程序，倒像一本行政与司法合一的敛财价目表，否则就是这些缉勇、通事都缺乏财政供养，甚至整个公署尚未有足够的财政收入。① 此外，该"民刑诉讼应守规则十二条"是道孚县官员自订的，还是当时省级政府规定的，如果我们再看晓喻告示，就可以明白许多了。

　　　照得为政之道，首在剔弊除奸；保民之原，尤重扶良安善。视小民为鱼

---

① "边民受经济压迫的情形，前面已略略说过。我们来解除边民的痛苦——经济的束缚——就非着手于统一财政不可。财政若不统一，遇事都要发生障碍，我们进行治边，一定要限于动弹不得的境遇。我们知道从前边地的财政是非常紊乱的，是无法统一的。"（刘文辉领导的二十四军政治部：《国民革命军第二十四军川康边务宣传辑要》，载赵心愚、秦和平编《康区藏族社会珍稀资料辑要》，第311页）

肉,固多出自棍徒;藉朋比为狼贪,亦半由乎衙蠹。所谓荆榛不去,无以茂其芝兰;害马不除,奚能安其良骥。此本知事外则对于奸宄,内则对于蠹役,不惜尽力设法,冀决根株,原以保民生而端政本也。查县属一般人民,其安分自爱,各安生业者,固不乏人。而平日专以包揽词讼,勾串衙役,蹂躏平民者,亦复不鲜。……既有为虎作伥之人,遂肆乘骥探珠之手,凡民间一事到官,案前则讹诈百端,案后则索酬不已。大抵差役之腹未果,而民之家产已倾。甚或良懦者无事安居,因其肥而罗织其罪;黠滑者满盈恶贯,受其托而反饰其奸。或包庇赌博洋烟,按月收费;或容隐小偷盗窃,暗地分赃。凡此惨无天日,淆乱是非,在浅者见,以为奸民蠹役之所为;而卓识者,实则身膺民社之放弃责任矣。昔汉廷立法,凡官吏诈赃,至匹绢以上者,弃市。是官吏贪墨,尚且按法行诛,而况在公人役,大肆贪婪。若不预为设法,痛绝弊端,则国家设官为民,直反以害民耳。本知事做宰是邦,亟应力除其弊,合行示谕。为此示,仰军民人等知悉,倘有本署人役,以及外间痞棍,敢于勾串连结,妨害治安,如有以上包庇烟赌,藉案搕索各情事,无论军民人等,果具有真知灼见,准其指明证据,来署投诉。本知事讯系确凿,定予按照军法,从严惩治,绝不稍涉徇纵。惟尔人民,断不可存公门如海之心,惧城狐社鼠之势,宁可含冤负屈,弗肯蹈虎涉冰,则又未免视本知事为俗吏矣,其各遵照特示。①

　　这份告示是以道孚县知事的口气发布的,让人想起前述秦简《语书》和东汉会稽太守第五伦的晓喻,这一告示显然是为了达到威慑的效果,其中亦反映出当时社会的弊端,我们从中也看到了道孚县知事"保民生而端政本"的立场。在这里,知事强调了两个问题:一是"视小民为鱼肉,固多出自棍徒",二是"藉朋比为狼贪,亦半由乎衙蠹"。一个是棍徒为霸,另一个是衙蠹为贪。棍徒视小民为鱼肉,衙蠹与之朋比为狼狈,则所谓"奸民蠹役"。描述的情况与清朝讼棍当道、包揽词讼、勾串衙役的现象相似,给人以社会法制状况糟糕的感觉。讼棍"平日专以包揽词讼,勾串衙役,蹂躏平民者,亦复不鲜",造成的结果是:"凡民间一事到官,案前则讹诈百端,案后则索酬不已。"当差役的可能因为经济困难,于是利用职权致使"民之家产已倾。甚或良懦者无事安居,因其肥而罗织其罪;黠滑者

① 吕国璋:《道孚公牍》,赵心愚、秦和平编:《康区藏族社会珍稀资料辑要》,第228—229页。

满盈恶贯，受其托而反饰其奸。或包庇赌博洋烟，按月收费；或容隐小偷盗窃，暗地分赃"，"凡此惨无天日，淆乱是非"。由此可见，当时司法中的枉法现象已十分严重。

道孚县知事认为这不仅仅是奸民、蠹役之所为，"实则身膺民社之放弃责任矣"。该告示列举汉朝惩治官吏贪墨的法律，强调要"预为设法"，以法治官，以法治吏。具体应对办法一是鼓励人民指明证据，前来投诉；二是讯系确凿后，定予按照军法从严惩治。在告示的最后，该县知事再次强调了自己"做宰是邦，亟应力除其弊"的决心，号召人们不要"含冤负屈"，弗肯"蹈虎涉冰"，有冤必诉，更不可"视本知事为俗吏"。

这里提到"大抵差役之腹未果，而民之家产已倾。甚或良懦者无事安居，因其肥而罗织其罪"，联系上述道孚县的"十二条"，有可能确实存在"差役之腹未果"的情况。相应地，弱财政和弱司法现象也是司法腐败的原因。然而对于康区这样一个汉藏、新旧混杂的地方来讲，弱财政和弱司法现象在那个政治本就复杂时代是难以一时改变的。一如吕国璋《道孚公牍》中所说："窃维财物为国家命脉，庶政赖以敷施，报销为整理权舆，计政凭以审定。川边自前清末季具规模，旋乘改革，元二等年……而军费收支又复牵混，边地财政，遂至纷如乱丝。"[①]

道孚县知事在告示中的语气和思维方式，并不像一个晚清以来学习"西法"、法律改革后的法官，倒更像一个旧式法律体系下从事司法活动的"县太爷"。他需要用很多形容词来表达他对"恶"的愤怒，需要用威慑性的口气来斥责司法的腐败，这一切无不表明他的手中没有健全而理性的法律，有的只是"军法"："定予按照军法，从严惩治。"在他的背后也没有足够的政府财政支撑，甚至一份开单纸张也要收取二百四十文钱。因此，他需要一份像"民刑诉讼应守规则十二条"这样的价目表来收取费用，以维持"公署"的运转，保证司法活动能够顺利进行。如果是这样的话，在这样的条件下，他在告示中强硬的口气只能说明他因缺乏制度的保障和财政支撑而更少自信。

上述知事面临的正是在民国以后国家司法在藏区普遍面临的问题。首先，民国时期，处于社会转型时期康区财政混乱而拮据，司法腐败，这一切都聚焦于

---

① 吕国璋：《道孚公牍》卷四《整理川边财政详文》，赵心愚、秦和平编：《康区藏族社会珍稀资料辑要》，第249页。

康区的法律转型,表现出社会法律生活的新旧混杂,也反映出当时的"民族"关系正缓慢地发生着变化。据民国时期的调查,康区社会的贫富分化和纠纷处理本没有想象得那么复杂,如任乃强 1929—1930 年对西康边地风俗的调查札记中,言其类似西周的"均田之制",并无土地兼并之事:"今日西康夷户,殆真行此制者也。其法田地不准买卖分割,传之长子,或赘一婿承受,余子不得受田也。土司如古之国王,彼有汤役田、打役田、乌拉田,由当差者耕之,此即公田也。故夷贵富之差甚微,无田连阡陌之事。"①任乃强又言其"税赋徭役"与殷周无异:"夷民之税,有米粟之征,有力役之征,一切与殷周无异。"②

康区受五百余年土司之统治,民国时期藏民仍极敬土司而避汉官,土民把对土司的役供视为当然的义务,因此民国时康区的土司与土民之间仍不平等。

　　　　又闻土司与人涉讼,无论何所为,讼费皆部民担之。其土目与丧葬婚娶事,皆役部民,不给一钱。③

民国元年改制,改土司为土保,根雀为副总保,当时政府任命前来改制者为"设治委员",康区土民闻之大骇,于是有"三土司之乱",平乱之后,政府仍不敢严惩土司,只是处以罚金而已。④

民国在康区设治,进行司法管辖,在实体法和程序法上,力图奉行晚清法律改革以来的"西法"原则,实现康区社会法治的转型。但是地方政府"新法"的介入又多引发了新的矛盾。

在实体法方面,即使是对恶性命案,民国时期康区的地方知事也基本上认同其"赔命价"的习俗。不仅如此,有时还会因为不了解其命价计算方法而纠缠不清,导致出现抗拒官府的现象。如民国时,曾有大盖喇嘛寺凶杀三人性命,掳其财产且拘其家属一案。此案经县署张知事派员处断,放出其家属,缴还其财产,同时按康区习惯,赔三人命价 3 000 藏洋,县署外罚 100 秤。但是该喇嘛寺并不遵从此判决,认为"命价赔到一千元一人,瞻对向来没这规矩",⑤致使该案的处理越来越复杂,是言"瞻对娃之蛮横,大抵如此"。⑥

---

① 　任乃强:《边地风俗一般》,《民国川边游踪之"西康札记"》,第 9—10 页。
② 　同上书,第 11 页。
③ 　任乃强:《巴底土司》,《民国川边游踪之"西康札记"》,第 12 页。
④ 　同上。
⑤ 　任乃强:《大盖夷寨》,《民国川边游踪之"西康札记"》,第 59 页。
⑥ 　同上书,第 60 页。

　　民国时期并没有彻底完成这样的转型，因而呈现出"强势的政府告示和弱势的司法力量"的态势：没有健全而理性的法律、没有足够的政府财政支撑、名目繁多的诉讼费用、没有律师参与的旧式诉讼模式。这一切造成了案件的稀少，司法水平底下，人员很不专业。文阶在《德格写真》(1940)中就记录了当时司法人员和案件数量的情况。

　　　　司法情形，引录县府答覆司法调查专员印润深之答案，以见一斑。(一)甲、本县司法，统由县府兼理，无一定之组织。乙、本县情形特殊，民刑案件极少，司法事务未设专人办理，遇有案件时，由县长任审判长，临时指派县府科秘担任书记，或检查等任务，法警即由政警兼充。①

　　这里没有讲述"民刑案件极少"的原因何在，总是说"本县情形特殊"。由于"民刑案件极少"，德格县就没有设专门的司法人员。但是，同样的情况在康区其他地方并不鲜见，上述道孚县同样是由"知事"担任"法官"，这里德格县亦是由县长任审判长。由此可见，清末民初时，康区地方的国家司法财政力量是十分薄弱的，又由于是行政与司法合一而没有专门的法院，又没有专业的司法人员和监督机制，这种情况下很难说法治之中没有"人治"。

　　此外，民国改制以来，延续自清朝的诉讼状况并没有发生根本变化，一般土民有案，决于土司，依其向例，很少诉于官府。因此县知事处理的案件基本上是土司与头人之间的案件，以及涉及汉人的案件。土司、头人、汉人多是有钱人，日久形成贿官求胜的局面，加剧了边吏操纵司法的腐败现象。

　　　　每有讼案，向例皆以贿官求胜。管吏以番家有无讼案，定官运好否。关外各县，几成通病，不仅丹巴然。汉人好讼者多，负讼，则换官家复告，能饱吏欲，无塞官囊者。②

　　因此，民国时民间有"不愿为边地官，愿完边地吏"之说，③而政府所派亲民之官，不谙民情，深居高拱，且不顾及区化之道，徒以饱填宦囊为事。又因土民不通汉语，情不能达于官府，一切由番绅包办，"故官自为官，民自为民，令教隔

　　① 文阶：《德格写真》，《康导月刊》第 2 卷，第 4、6 期(1940 年)，赵心愚、秦和平编：《康区藏族社会历史调查资料辑要》，第 163 页。
　　② 任乃强：《丹巴县视察报告》，《民国川边游踪之"西康札记"》，第 92 页。
　　③ 同上。

阁",①其法治、教化皆无由见也。

七、清朝对回疆的法律治理

(一) 重视对回疆的治理

有清一代的边疆治理,基本上可以说是"北重南轻"。究其原因,主要是因为北方的族群关系中所包含的文化成分更复杂,族群关系更不稳定。而在北方各边地又尤以回疆为重,治理回疆之难,一在于它在西北边陲的重要战略地位,地处古老而发达的中亚政治文化区,而不像蒙古、东北的周边环境那样相对简单;二是由于回疆的伊斯兰文化与西藏、蒙古的佛教文化不同,对于汉文化来讲几乎完全是一种异质文化,尽管地方政权也具有政教合一的性质,但是长期以来存在着宗教势力与世俗伯克之间的对立和斗争,回疆的宗教问题往往与政治、军事、经济等问题交织在一起,造成长期的社会动荡,权力更迭频繁。从整个清代北部边疆法律调整的难度来讲,对回疆的治理是最为复杂的。入关后,随着国家的统一,为防止边患,加强对回疆的统治,因族、因俗、因地的立法工作便全面展开且不断深化,而如何在立法和司法两个方面加强对回疆的法律统治,巩固西北边疆,就被摆在十分重要的位置。

清政府一开始就对回疆在整个中国北部边疆的战略地位给予了高度重视,管辖这一地区的历任督抚对此曾发表过自己的看法,认为"中国大势,究以西北为重,而新疆实为门户",回疆又是蒙、番杂处之地,"逼近强邻,抚御一有不当,则边衅易生"。②

新疆乃清朝西部边陲重地,其安危盛衰与西北乃至全国不无关系。光绪元年(1875)任陕甘总督的左宗棠云:"亘古以来,中国边患,西北恒剧于东南……若新疆不固,则蒙部不安,匪特陕、甘、山西各边时虞侵轶,防不胜防,即直北关山,亦将无晏眠之日。"③新疆第一任巡抚刘锦棠亦云:"盖新疆本秦陇之屏障,燕

---

① 任乃强:《康定县视察报告》,《民国川边游踪之"西康札记"》,第 76 页。
② (清) 宋伯鲁撰:《新疆建置志·弁言》(影印本)。
③ 《左文襄公全集》卷五〇《奏稿》。

晋之藩篱,亟宜经营尽善,以固吾圉。"①这说明了治理好新疆对于巩固清朝统治的重要性,也说明了新疆与内地是一个统一的整体,是"指臂相连,唇齿相依"的关系。正因如此,清政府很重视对回疆的政治控制和司法管辖,开始了它不同于其他地区的"西域"统治。

今日之新疆分天山以南和天山以北,有南疆和北疆之称,大致清代天山以北为蒙古准噶尔部所据,以南则为回部所领。"新疆"这一称呼亦源自清代,道光元年(1821),道光皇帝将伊犁将军松筠主持编写的《伊犁总统事略》一书钦定为《新疆识略》,从此"西域新疆"改称"新疆",并一直沿用下来。到了光绪七年,经过左宗棠、刘锦棠对回乱的平定,又经崇厚(因为交涉不力,被慈禧太后处死)、曾纪泽与俄国的交涉,签订了《伊犁改定条约》,稳定了回疆形势。光绪八年(1884),从刘锦棠之请,改建新疆行省,"新疆"成为省名。

> 八年,清廷从刘锦棠之请,改建新疆行省,添设新疆巡抚一员,驻乌城,即乌鲁木齐,为省治。十年(1884)授刘锦棠为甘肃新疆巡抚,责以改建行省各事务。②

而所谓的"回疆",则是指新疆南部地区,究其原委,实乃文化之故,因为历史上这一地区全民信仰伊斯兰教的缘故。

> 有明初年,帖木尔帝国全盛时代,西方回教徒之文人学士,争集其国都撒马尔汗,教祖穆罕默德后裔有称为和卓木者,尤得尊信。有明中叶,和卓木子加利宴、伊撒克兄弟,始自萨玛耳罕移居喀什噶尔,各集子弟说教,自汗以下咸崇奉之。明世宗嘉靖中,喀什噶尔汗撒伊特数用兵东向,悉定天山南路地,回教势力随之增长。加利宴之门徒称白山宗,伊撒克之门徒称黑山宗,各习师说相标榜。③

清代将伊斯兰教称作"回教",因此清代的官私文献中,除将居住在新疆南部的柯尔克孜族称作"布鲁特"外,对于其他族群则一般不加区分,统称为"缠头回子"、"缠回"、"回人"等。其居住范围包括天山以南塔里木盆地周围诸城和东部吐鲁番、哈密地区,其主体是维吾尔族。据有关研究,到乾隆三十一年

---

① 《光绪朝东华录》卷二。
② (民国)王金绂:《中国边疆史》,北京师范大学图书馆藏,第141页。
③ 同上书,第125页。

(1766)，新疆维吾尔人口有 66 871 户，262 078 人。① 同时，该地区还有少量的布鲁特人（柯尔克孜族）、浩罕人（乌兹别克族）、哈萨克族等。

> 顺治初，哈密有巴拜汗，叶尔羌有阿布都汗，吐鲁番有苏勒檀汗，并都入贡中国。中国以其久习回教，遂以宗教之名名之。②

这些信奉"回教"者聚居的新疆南部地方也因此而被称作"回疆"、"回部"。如《新疆识略》卷三："天山以南，是为回疆。"《圣武记》卷四云："回部者，天山南路也。天山为葱岭正干……袤数千里。抵哈密，其左右为准、回两部。回部即《汉书》城郭三十六国……其间大小回城数十，回庄小堡千计。"

此外，回疆也有少量的哈萨克族，亦是新疆的一个主要族群，多居住在北疆。清代哈萨克族居住的地方，被认为是古之"大宛"、"大夏"、"康居"之地，"哈萨克即大宛也，自古不通中国"。③ 乾隆二十一年（1756）清军征之，乾隆二十二年（1757）哈萨克的阿布赉部来献马并请行贡例之法，定为三年一贡，从此哈萨克阿布赉部内属于清朝，只有北哈萨克未通中国。为此，乾隆皇帝于同年秋七月上谕："兹乃率其全部倾心内属，此皆上苍之福佑、列祖之鸿庥，以成我大清中外一统之盛，非人力所能为也！ 著将哈萨克阿布赉降表翻译宣布中外，并将此通行晓谕知之。"④

（二）回疆的地方法俗

1. 回疆的法文化背景

所谓回疆的地方法俗，在清代的文献中多称为"回法"、"回疆旧例"、"回俗"、"回人旧例"。清代回疆在文化上属于伊斯兰文化圈，其法文化的核心是伊斯兰法，但是在一些具体法律制度方面，也受到吐蕃法俗的一些影响。因此所谓的"回疆旧例"，实际上包括了伊斯兰法和西藏旧法。

关于这种法文化背景的特殊性，剑桥大学教授崔瑞德认为，从唐朝开始中国在西域地区就已经丧失了它在文化上的优势。在他看来，唐朝时期对中国中

---

① 袁祖亮主编：《丝绸之路人口问题研究》，新疆人民出版社 1998 年版，第 272 页。其中哈密地区人口有万余人。
② （民国）王金绂：《中国边疆史》，第 126 页。
③ （清）王之春撰，赵春晨点校：《清朝柔远记》卷五，第 102 页。
④ 同上。

亚霸主地位挑战的主要新兴力量是大食(阿拉伯)人和伊斯兰教。7世纪时,正当中国人将其势力尽量往西扩张时,大食消灭了萨珊帝国,然后逐渐吞并吐火罗和其他一些城邦。8世纪中叶,伊斯兰教在这些地区的地位已经很牢固了。开元三年(751),大食与唐朝军队在塔剌斯河遭遇,唐军退败,加之安史之乱和唐与吐蕃的战争的影响,中国的政治和文化影响力已被排除在吐蕃和中亚之外。

> ……中国人再也不能干涉中亚之事,大食人得以巩固他们的胜利成果而不用再担心中国的对抗了。……结果,这意味着在18世纪清朝远征胜利前,中国再也不能有效地控制敦煌和哈密以西之地,这还意味着中国永远丧失了作为中国文化区的一部分的中亚。……在以后的几个世纪中,从伊朗直至甘肃边境的整个区域逐渐成为伊斯兰教世界的外围区,而不再是中国文化和中国政治势力的前哨了。……
>
> ……在西面,中国的政治影响和文化影响都被排除在吐蕃和中亚之外,在那里,高度典雅的文化已经发展起来,而吐蕃所受印度的影响和中亚所受伊斯兰教的影响,都超过中国给予它们的影响。①

这一观点有待商榷,但是毫无疑问,相对于我国南方诸族的法俗而言,回疆这种成熟的伊斯兰宗教文化背景,成为影响清朝18世纪从军事和政治上重新控制这一地区并实施有效统治的一个重要因素。而伊斯兰教法在回疆的长期影响,也成为清政府试图通过法律统治来调整回疆社会秩序所要面临的主要问题。

回疆被纳入伊斯兰文化圈与回疆地区特定的种落、地域、历史等因素相关联。新疆地区地处亚洲腹部,是古代中西交通通道,也是历史上各族迁徙、角逐和交汇的地方。就维吾尔族来说,也不是当地的原住民。据史书记载,维吾尔族的祖先可以追溯到公元3世纪左右游牧于贝加尔湖与巴尔喀什湖之间草原地带的丁零部落。经过长期发展,隋唐时期,丁零已被称作回纥、回鹘,并一度建立了回纥汗国,活动于鄂尔浑河与土拉河流域。9世纪中期,受到黠戛斯攻掠,回鹘被迫迁移,其中两支进入了今天新疆境内,称为高昌回鹘和葱岭西回鹘,并分别建立了西州回鹘政权与喀拉汗王国。以后回鹘人融合了当地族群和

---

① [英]崔瑞德编:《剑桥中国隋唐史》,第37—39页。

外来者,形成了清初的"缠回"。回疆地方"唐以前皆佛教,其以回教者,则萌芽于唐而盛行于元以后"。① 历史上维吾尔族在信奉伊斯兰教以前,亦信奉过诸如萨满教、摩尼教、佛教等,其自身的文化和法律文化都表现出明显的多元化色彩。

2. 西域回疆各族的法俗

在清代人的观念中,西域仍然是指自嘉峪关以西天山南北的广大地方。

> 自嘉峪关而西,山南为哈密、辟展、哈喇沙拉、库车、阿克苏、乌什、叶尔羌、和阗、喀什噶尔,其余小城无算,皆回民聚居,所谓南路也。山北为巴里坤、乌鲁木齐、伊犁、塔尔巴哈台,其余爱曼亦无算,为准噶尔故地,所谓北路也。②

自乾隆朝于西域开疆拓土之后,包括哈萨克一部在内的西域皆被纳入中国版图。③ 在此之外,清人又称西域"外蕃"、"绝域诸国"。所谓西域"外蕃",是指西北界之哈萨克、布鲁特、安集延、博罗尔、控噶尔、克什米尔、痕都斯坦、音底、拔达克山、退木沙尔、敖罕、郭酣、退摆特、塞克、沙关记、辖里萨普斯等,这些称谓是当时人的用语。这些地方风俗略同,亦有多属"回子一部落也"。清人所谓的"绝域诸国",包括了安他哈尔、看塔哈尔城、查尔卓依城、赛拉斯城、噶拉特城、查纳阿拉巴特城、谟勒城、乌尔古特城、雅尔城、盘佳堪特城、帕尔海城、巴喇哈、科罕、阿萨尔城、哈拉多拜城、巴拉城、哈拉他克城、札纳巴特城、色里卓衣城、别什克里城、阿色巴拉城、噶尔洗、萨穆、阿拉克、阿谛国、哈塔木等。④

关于清初西域回疆的民性及社会状况,在清代礼部顾问官兼新疆布政使王树楠所撰的《新疆礼俗志》中有所描述:"其民重信敬老亲仁,简质循法,以醉酒为耻,以贷贫民取息为大恶,其俗信誓,誓者以足踏糍而言,谓之昂无孙,重则抱经以誓,无不唯命者。"⑤清人《新疆舆图风土考》中如此描述当时回疆的族性、法

---

① (民国)王金绂:《中国边疆史》,第 125 页。
② (清)福庆:《异域竹枝词一》,王云五主编:《丛书集成初编》,第 1 页。
③ "哈萨克西域一大国也……自归降后,纳中国之税,马牛百取一,羊千取一焉。……哈萨克有两种,其西北界哈萨克,未通中国,人户尤强盛云。"(清)福庆:《异域竹枝词二》,王云五主编:《丛书集成初编》,第 25—26 页。
④ 同上书,第 39—43 页。
⑤ (清)王树楠:《新疆礼俗志》,载国立北京大学、中国民俗学会编《民俗丛书》第四辑,东方文化书局印,第 12 页。

俗："回子性多疑，人言皆不甚取信，多诈其言，亦不可深信，其头目尤甚。待之以礼则慢，谓人之畏己也；待之以严厉，又内惧而不自安；待之以法，惟曰简傲加之；而时施以小惠，庶几生其畏敬；知自私自利，而不知下人艰苦，欺下凌弱，其陋习然也。回子与回子比肩则各不相下，遇事拗轧，故为勃谿，渐成仇隙，因而不共戴天。"①

回人本无跪拜之礼，遇见尊长及其头人，交手当胸而顿首，以此行其尊礼，称为"阿斯木拉"。如果是长上与幼辈相见，不论男女皆以接唇为礼，但是自从归化以来，凡是见到清朝官长，亦行跪拜之礼。②

关于"回例"的具体内容，《西域图志》中有一段概述，对于这段记载可分析如下：

（1）凡犯小罪者，则裖衣、墨面并游行示众以辱之，虽是犯小罪，但是仍要依其犯罪之轻重，分别采取"击之"、"枷之"、"鞭腰"的处罚。

> 回人有小罪，或裖其衣，墨涂其面，游行以徇；次重者系之，又重者枷之，最重至鞭腰而止。

（2）凡犯偷窃之罪，断手，按原物的十倍进行赔偿。如果无力赔偿，则械其足，锁于市上示众，役使其妻以输直。如果再犯偷窃，则不仅"刑之如前"，而且要"掘地为牢"，关押一个月后放出。

> 窃物必断手，视其直十倍输之，无则械其足，锁于市上以示众，役其妻以输直；再犯者刑之如前，掘地为牢，幽之一月，乃出之。③

又云剟手、折足用于"惯逃积贼"，枷号、木靴用于窃盗匪徒，同时还描述了"地牢"的情形："其有囚楚罪人，则掘一深坑地，上用柴棚留一小穴，置人于中，谓之地牢，其余鞭棍扑责而已。"④

《西陲要略》卷四亦描述了回部的鞫囚之法及其"地牢"情形：

> 鞫囚之法，缚置高处，令足不著地，以绳勒其腹，不服则鞭其腰，或囚之于地牢中。地牢者，掘地为牢，方深二丈余，以草木泥土覆之，开一穴于上

---

① 长白椿园氏：《新疆舆图风土考》卷四，中国社会科学院研究生院藏书，第95页。
② （清）傅恒：《西域图志》卷三九《风俗一》。
③ 同上。
④ 吴丰培辑刊：《新疆回部志》卷四《刑法第三十四》，《边疆丛书续编》之五。

通饮食,污秽不堪坐卧。吐实后,设木架悬以示众三日,无不死者,其法特酷。[1]

《西陲要略》中还特别提到此种"掘地为牢"的鞫囚之法在清朝收服回部后发生的变化,凡是死罪之囚,皆需要报明并依大清律处置。遇罪行较轻者,则可以依照回俗进行折赎,不似那般残酷了。"自投诚以来,凡遇死罪之囚,俱各报明,处以律,其罪轻者,准依回俗折赎,无复向之残酷矣"。[2]

关于"掘地为牢",可另参见《旧唐书·西域传》中提到的吐蕃法俗,二者十分相似:吐蕃掘地深数丈,内囚于中,二三岁乃出者,应即今回部纳囚地牢之法,吐蕃地近回部南,是以其法相符耳。由此可见,其与吐蕃之法相符,大抵是普遍流行于西域的法俗。清人福庆《异域竹枝词二·外藩》在谈到外藩霍集占之"沙关记"时有一例,录之如下:

> 沙关记,回子人名也,为霍集占党类。大兵平定回疆,霍集占兄弟伏诛,沙关记逃之痕都斯坦无人之处……凶暴好杀,时劫掠博罗尔人口,贩卖自肥,且中道劫夺汉人、回子货物,西域之剧贼也。与叶尔羌阿奇木伯克鄂对本系仇敌。乾隆四十一年,鄂对之买卖回子,误入其地,擒缚欲杀,与其党熟议,畏天朝之威,乃不敢杀,置地牢中四十日。沙关记忽自将其父母妻子俱绑出,唤鄂对之买卖回子令看,而问鄂对在叶尔羌敢杀人否,答以不敢,沙关记大笑云:"鄂对不敢杀人,如何算得健男子,我不但杀人,且敢杀我之父母妻子。"遂将其父母妻子俱凌迟处死,放鄂对之回子,使归告鄂对。后其属至叶尔羌,鄂对亦擒至地牢六十日放出。[3]

(3)凡犯斗殴之罪者,对其处罚基本上是"以牙还牙,以眼还眼"。依据受害人被伤之情形,伤人眼睛者,则抉其目;伤人手足者,则断其手足。

> 斗殴者,视其被伤之情形而坐之,伤人目者抉其目,伤人手足亦断其手足。[4]

(4)凡犯通奸之罪者,无论已婚或未婚,非婚内的通奸行为皆不合法,依其

---

[1]　(清)祁韵士辑:《西陲要略》卷四,王云五主编:《丛书集成初编》,第66页。
[2]　同上。
[3]　(清)福庆:《异域竹枝词二·外藩》,王云五主编:《丛书集成初编》,第35页。
[4]　(清)傅恒:《西域图志》卷三九《风俗一》。

情节或杀之，或使其终身当苦役。如果没有证据能够证明有通奸事实的，则予以释放。

> 犯奸者，依回经科断则杀之，宽则罚令当苦役，终其身不复。有证则坐之，无则释之。①

如《古兰经》中有："淫妇和奸夫，你们应各打一百皮鞭。你们不要为怜悯他俩而减免真正的刑罚，如果你们确信真主和末日，叫一伙信士，监视他们的受刑。"②又有："凡告发贞洁的妇女，而不能举出四个男子为见证者，你们应当把每个人打八十鞭，并且永远不可接受他们的见证。"③

（5）凡犯杀人之罪者，一律判处死刑，如《古兰经》规定有"公民抵偿公民，奴隶抵偿奴隶，妇女抵偿妇女"，"一切创伤都要抵偿"。④ 对于如何判定是否犯杀人之罪，是可以根据证人证言定罪的。"杀人者抵，有证者，据证佐之言以定谳，无证则鞫之"。⑤

（6）如果没有证人证言作为定罪证据，则对被告进行刑讯逼供，具体方法如下所述，甚是残酷。

> 鞫之之法，或仰卧犯者于地，以水灌之，或攒缚其手足悬诸高处，或缚于柱，令足不著地，而以绳勒其腹，不服则鞭其腰，继则刖其足，甚则囚之于地牢，期岁而出之，给苦主为奴。吐实则定谳，设木架于市，悬于上以示众，至三日鲜有不死者。⑥

（7）凡犯逃亡外附之罪者，如果被辑获，则施罪如犯杀人之罪者，甚至处以枭首。佐证有诬证人罪者以有罪罪之，如果是有职者犯此罪，则视同小罪进行处罚，如以褫衣、墨面、令其倒骑驴游行示众，以示污辱。

> 逋逃外附之人，辑获时施罪亦如之，甚则枭之。佐证有诬证人罪者，即以有罪罪之，有职者夺其职，褫其衣，鞭其腰，以墨涂其面，令倒骑驴游行示

---

① （清）傅恒：《西域图志》卷三九《风俗一》。
② 《古兰经》24：2。
③ 《古兰经》24：4。
④ 《古兰经》2：178；5：45。
⑤ （清）傅恒：《西域图志》卷三九《风俗一》。
⑥ 同上。

众以辱之。①

又据《西陲要略》卷四记载，对待"从军失伍者"，同样要游行示众。游行时让其人头戴纸冠，令其妻服短布衣，以此辱之。"至从军失伍者，冠以纸冠，并令其妻服短布衣游行"。②

（8）盗马者和杀人者所犯是大罪，根据《西陲要略》和《新疆回部志》记载，在回俗中对于盗马者和杀人者，有用钱和妻子来抵免的旧例。关于对盗马者的处罚，可以用牛、羊、马抵偿；盗马者没有牲畜的，则用盗者之妻抵偿；盗马者没有妻子的，则鞭其腰。"盗马者，罚九牛或九羊九马给事主，无牲畜者，则以盗者之妻给事主以偿之，无妻则鞭其腰，其刑罚若此"。③ 对于杀人者，或出一千或数百滕格普尔抵免死罪，或当众挂死："亦有杀人者死之说，若犯者能出一千或数百滕格普尔给死者家，亦可免抵斩罪，非军阵不用致死之刑，则押赴巴杂尔当众挂死。"④对于犯小罪者，一般是"立而挞其背，妇女亦然"。⑤ 对于有职务者而犯小罪的，一般是"夺其职，当苦役"，三五年后恢复其职务。"阿奇木以下犯小罪夺其职，当苦役，或派课耕，或派监畜牧，或责令入山取铜铅，三年五年而复之"。⑥

上述是"回疆旧例"的基本内容，除此之外，司法一般是以阿訇行之，在回疆阿訇的宗教法庭上，其法律适用，具体依据有二：一是《古兰经》，一是"回疆旧例"。实际上，阿訇在司法过程当中也并不一味按照"回疆旧例"进行，这在编撰于乾隆二十八年到二十九年的《西域地理图说》中曾有说明："依其例虽如此，然有犯其法者，并不依此议罪，全凭阿浑看经酌量行之。"⑦又有《新疆回部志·刑法第三十四》云："回人虽有刑法，然无律例，惟听阿浑看经论定，伯克及犯者无不服。"⑧这段话的意思是说阿訇在司法过程中，主要是依据《古兰经》进行审判，而非仅仅是"回疆旧例"或曰"回俗"，而由阿訇"看经酌量行之"。

所谓"回疆旧例"，实则类似于"苗例"，皆是地方性法俗，皆有早期初级法俗的

①　（清）傅恒：《西域图志》卷三九《风俗一》。
②　（清）祁韵士辑：《西陲要略》卷四，王云五主编：《丛书集成初编》，第 64 页。
③　同上。
④　吴丰培辑刊：《新疆回部志》卷四《刑法第三十四》，《边疆丛书续编》之五（影印本）。
⑤　长白椿园氏：《新疆舆图风土考》卷四，第 95 页。
⑥　（清）傅恒：《西域图志》卷三九《风俗一》。
⑦　《西域地理图说注》卷二。
⑧　吴丰培辑刊：《新疆回部志》卷四《刑法第三十四》，《边疆丛书续编》之五（影印本）。

特征,诸如把杀伤案件当作民事案件来进行赔偿处理,民刑事案件都采用"同态复仇"的法律思维,用墨面骑驴羞辱当事人。苗疆仅仅有"苗例"为其法俗,而回疆除"旧例"外,亦有《古兰经》为其基本法律渊源,遂形成了以《古兰经》为宗的伊斯兰教法与"回疆旧例"在法律适用上的混同,这正是"回疆"不同于"苗疆"之处。

　　哈萨克族在其汗国时期大多已信奉伊斯兰教,其伦理道德、各种礼仪、节庆、风俗基本以伊斯兰教为准绳,但是在司法方面却依照传统的习惯司法。哈萨克族是一个来自白帐汗国的游牧族群,作为一个较为重要的跨境族群,哈萨克族有着自己的法文化个性。清代哈萨克族的法俗主要形成于16世纪哈萨克族首领哈斯木统治时期。在哈斯木统治时期,哈萨克社会各方面得到了很大的发展,为了稳定社会秩序,巩固自己的统治,结合当时社会情况,哈斯木汗在自古相传的习惯基础上进行整理,制定了哈萨克汗国第一部法典,即《哈斯木汗国名鉴》,世称《哈斯木汗法典》或《明显法律》。其中包括财产法(关于解决牲畜、牧场、土地诉讼的规定)、刑事法(关于杀人、抢掠人口和牲畜、盗窃等刑事犯罪的判刑规定)、兵役法(有关组织军队、兵役义务的规定)、使臣法(挑选使臣的条件,指出使臣必须具有丰富的知识、熟悉各国的情况、能言善辩、精通外交礼节等)。此外,还有民事法中有关婚丧等礼俗和节日庆典等的具体规定。[①] 明万历二十六年(1598)在额什木统治时期,为了维护社会秩序,处理汗国内各种事务和刑事犯罪案件,额什木对《哈斯木汗法典》进行了补充,形成《额什木汗习惯法》,也称《古用法律》。其补充的内容包括以下几点:可汗有权制定适合他自己汗国的法律,应当有专门的办事机构,巴图尔应师出有名并战必取胜,尊敬有学问的人。[②]

　　康熙十九年(1680)哈萨克的头克汗继承汗位,由于准噶尔部侵占了哈萨克的东部地区,哈萨克人的牧场大为缩小,因内部争夺牧场而引起的人命案件时常发生。因此,头克汗审时度势,将土地法从财产法中分离出来,从刑事法中析出偿命法,并对寡妇转房做了具体规定,以法律形式来解决当时遇到的新问题,即将《哈斯木汗法典》的五项条款修改并补充为七项,增添了土地法和偿命法,[③]

---

　　① 《苏联哈萨克加盟共和国百科全书》第6卷,第542页,参阅王钟翰主编《中国民族史》,中国社会科学出版社1994年版,第857页。

　　② 《苏联哈萨克加盟共和国百科全书》第4卷,第201页,参阅王钟翰主编《中国民族史》,第857页。

　　③ 古利季列耶夫:《哈萨克刑事习惯法》,第87页;列夫申:《吉尔吉斯·哈萨克诸帐和各草原志》第3卷,第170—178页,参阅王钟翰主编《中国民族史》,第857页。

称之为《七项法典》，或称《头克汗法典》。① 从 18 世纪中叶起，沙俄势力加紧侵入哈萨克草原和原属清伊犁将军管辖的巴尔喀什湖以东、以南地区。当时西伯利亚总督斯佩兰斯秉承沙皇旨意，搜集哈萨克的习惯法、判例，并根据沙俄统治者的需要做某些补充，于道光二年(1822)制定了《西西伯利亚吉尔吉斯(此指哈萨克)人法规》，并于道光四年(1824)付诸实施。② 哈萨克族从 1783 年开始，与清朝中央政府之间有着经济上的友好往来，在政治上也始终保持朝贡与藩属的友好关系。在整个清代，哈萨克族始终按照其旧法生活，比如在家庭关系方面，按照《头克汗法典》的规定，"妻子杀死丈夫，必须即被处死，而丈夫杀死妻子，交半昆则可免受刑罚"，③"父母杀害自己的孩子，可以不受刑"等等，这与《大清律例》中的有关规定是不一样的。④

(三) 清代对回疆的法律治理

　　回疆是清朝"开疆拓土"的重要部分，是又一个辽阔而异俗的遥远边疆。清朝对于西域的经营和治理的重视程度都是前所未有的，而对西域经营和治理的重视则表现在对回疆的治理上：一方面，清朝在回疆有了针对回疆的专门立法；另一方面，清朝在对回疆的法律治理上已经形成了既严格法令又从俗从宜的特点。清朝不仅尊重其民俗，而且还在司法体制、法律适用、编设牧群、保甲等制度建设上充分考虑到了回疆的地方性特点。民国时期曾问吾在其《中国经营西域史》一书中这样介绍新疆司法情况："新疆司法多附属于行政官，未尝独立行使。前清乾隆时，初平西域，镇迪道划归甘肃省；蒙古、哈萨克、布鲁特各族，仍归其王公酋长管辖；回疆八城回民归阿奇木伯克行使之，故司法裁判亦归阿奇木伯克行使之，审判悉遵教律习惯，监狱则有土牢，处罚则有鞭背断手各刑。此建省之前司法情形也。""判断诉讼，引用教律，不从国家法律。"⑤

① 据王钟翰主编的《中国民族史》一书所说，哈萨克汗国所制定的几个成文法典已佚失，现惟有《哈萨克可汗图像集》中保留部分简单的条款，藏于土耳其伊斯坦布尔市苏来满·哈努尼图书馆。
② 梁赞诺夫斯基：《西伯利亚各部的习惯法》，第 13—20 页，参阅王钟翰主编《中国民族史》，第 858 页。
③ 《头克汗法典》第 4 片断，载于列夫申《吉尔吉斯·哈萨克诸帐和各草原志》第 3 卷，第 170—178 页，参阅王钟翰主编《中国民族史》，第 857 页。
④ 《头克汗法典》第 5 片断，载于列夫申《吉尔吉斯·哈萨克诸帐和各草原志》第 3 卷，第 170—178 页，参阅王钟翰主编《中国民族史》，第 857 页。
⑤ (民国)曾问吾：《中国经营西域史》，商务印书馆民国二十五年版，第 603、291 页。关于回疆诸城，有"六城"、"七城"、"八城"之说，清官方文献中将南部称为"八城"，具体是：叶尔羌、喀什噶尔、阿克苏、库车、喀喇沙尔、乌什、英吉沙尔、和田。

1. 改革回疆旧的司法体制

清代回疆的司法存在着三个系统，分别是：伊犁将军司法系统、阿訇宗教法庭系统、伯克地方司法系统。

首先，回疆有阿訇的"协里叶提"法庭。公元 10 世纪初伊斯兰教就传入新疆，并为喀喇汗王朝的萨图克·布格拉汗所接受并确定为"国教"，随后伊斯兰法也成为当地穆斯林社会的基本法律制度。又经东察合台汗国、叶尔羌汗国的教法统治，伊斯兰法在维吾尔等族中得到普遍的适用，尤其是 1678 年回疆和卓政权家族首领阿帕克勾结准噶尔汗噶尔丹出兵消灭叶尔羌汗国后，在回疆建立的和卓政权更加强化伊斯兰法的统治，阿訇作为宗教掌教者不仅掌握着回疆的宗教事务，而且履行着地方的司法职能，其下属有法官（喀孜阿訇）和顾问（穆夫提阿訇）。清真寺不仅是宗教场所，还是调解信众民事纠纷的"法庭"，回疆的各清真寺之间互不隶属，独立司法。① 瓦里汗诺夫的著作中也谈到阿訇的情况。

> 宗教人士掌握司法审判大权。阿里本阿訇是宗教界首领和头目，同时亦是总审判官，他属下有几名喀孜阿訇和穆夫提阿訇，后者的职责与律师的职位相仿。②

> 大小村镇都各有自己当权主事者：阿奇木伯克、阿里木阿訇、卡孜、密拉普、千人长、百人长，而小的村镇由米拉普或千人长管理。③

与苗疆相比，宗教影响是清代回疆的核心问题，而伊斯兰教作为十分成熟的宗教，对司法的影响甚大。以《古兰经》为代表的伊斯兰教法的出现，可以说是伊斯兰社会中的一场法律革命，同时也可以看作是这一宗教成熟性的标志之一。实际上，《古兰经》的"私法"性质表现在它是"持身律己的根本行为准则"，它规定了穆斯林同情弱者和无助者，在商业交易中必须遵守诚实信义的原则，不得贿赂法官，禁止放高利贷和赌博。但是，它没有具体规定违反这些戒律所带来的法律后果，即使是在论述家庭法这样狭义的法律问题的时候，《古兰经》也没有提出一套完整的规范体系。根本上讲，它仍然只是一些抽象的"伦理指示"，显然《古兰经》在许多法律问题上的抽象性对阿拉伯世界统治的现实需要

---

① 王东平：《清代回疆的司法制度》，《中国边疆史地研究》1997 年第 4 期。
② 《瓦里汗诺夫文集》，第 172—173 页，转引自［美］费正清编《剑桥中国晚清史》上卷，中国社会科学出版社 1993 年版。
③ 同上。

而言是不够的，因此出现了后来的教法学。在司法过程中，当默罕默德遇到这样的困难时，他总是借助阿拉伯民族的一些通行习惯，甚至还对这些习惯进行了补充和修正。比如，在原来阿拉伯民族通行的习惯中只有被继承人的男系血亲才有资格继承，而默罕默德将它修改为除男系血亲外，被继承人的女儿、寡妇、姊妹也有一定的继承权；同时他还改善了妇女的地位，改变了传统习惯中丈夫任意单方面休妻的习惯，认为只有在对妻子离婚后的抚养作出适当安排后才能休妻，这正体现了《古兰经》同情弱者和无助者的原则。从这些按照教义对习惯法的改造来看，宗教、道德、法律三位一体的伊斯兰法的确称得上是一种非常成熟的宗教法。

在清统一回疆之前，回人案件"惟听阿訇看经论定，伯克及犯者无不服"。①据《叶迪纪程》记载："若缠教中之阿洪（指阿訇）则分五等：大阿洪曰艾连木阿洪，总理教内一切事务；二阿洪曰哈孜阿洪，凡民间争讼不法之事，得由二阿洪审判理断，并经理市集斗秤等事；三阿洪曰穆迪阿洪，于民间两造争执，得由三阿洪按照经文评其曲直，开具礼单，交由两造送哈孜阿洪为之判决，仍由大阿洪以下盖用摹记。"②

清朝统治回疆后，推行政俗分离，如禁止阿訇出任伯克，也不准阿訇干预行政，对"故杀尊长"等重大案件明确规定由驻扎大臣直接审理，并照内地法律科以刑罚。"嗣后诸事，唯交伯克办理，阿浑不得干预"。③乾隆二十五年（1760）规定："惟听阿奇木等伯克办理，阿浑不得干与。"④道光时期也曾重申："（阿浑）只准念习经典，不准干预公事。"⑤

尽管如此，清政府却没有禁止阿訇对"回子家务及口角、争讼事件"进行调解裁定的权力。关于统一新疆后回疆阿訇的司法情况，清代治理回疆的大臣那彦成在其奏稿中云："回俗阿訇为掌教之人，凡回子家务及口角、争讼事件，全凭阿訇一言剖断，回子无不遵依。"⑥《新疆图志》又云："其礼拜寺者，曰伊玛木，凡诵经、讲善、和讼、解纷诸事，皆以之。"⑦费正清主编《剑桥中国晚清史》中也认为

---

① （清）苏尔德：《新疆回部志》卷二。
② 陈慧生主编：《中国新疆地区伊斯兰教史》，新疆人民出版社 2000 年版，第 33 页。
③ 《清高宗实录》卷一六五。
④ 《清高宗实录》卷六一五。
⑤ 《那文毅公奏议》卷七八。
⑥ 《那文毅公奏议》卷七七。
⑦ 《新疆图志》卷八四《礼俗志》。

在清朝统治时期,回疆的阿訇仍然执行着地方司法职能。

> 不过,在司法方面……官方所承认的一部分宗教集团不受当地官吏的管辖,但是按照惯例,必须在公共道德和宗教教育方面受他们的司法官员的监督。同土著民政官员拥有伯克头衔一样,那些教团的成员也都有阿訇的头衔。阿訇,实即回疆的官员乌列玛,他们执行地方司法职能,组织和领导居民的宗教和文化生活。各地教团的主要人物是大法官(阿訇),其下属有法官(哈孜阿訇)和顾问(穆夫提阿訇)。大清真寺的掌教、捐施收集人、教区清真寺主事以及在经文学校传经授课的阿訇,都对当地的大法官负责。①

近年来整理出版的清代南疆契约文书资料也显示,回疆社会中土地、财产、婚姻等方面的纠纷,多求助于协里叶提(即指宗教法庭),由协里叶提进行裁决,然后在文书上加盖公章。② 1878 年赴南疆的旅行家 A. N. 库罗帕特金在其名著《喀什噶利亚》中也持同样的观点:"在对待异教徒的宽容方面,中国人表现得非常仁慈。……中国人也没有干涉居民的风俗和习惯:为喀什噶尔人保留了伊斯兰教法庭,也不干涉哈孜和穆夫提的选择。"③这些都说明回疆统一后"协里叶提"法庭仍然在履行着它的传统职能。

其次,回疆有伯克的法庭。按照《回疆则例》的规定,清朝在叶尔羌本域并各庄设三品至七品伯克 55 名,喀什噶尔 60 名,英吉沙尔 9 名,和阗 49 名,乌什 12 名,阿克苏 46 名,赛里木 6 名,拜城 6 名,库车 19 名,沙雅尔 11 名,库勒 10 名,鲁番 10 名,伊犁 30 名,共计 233 名。④

在新疆,这种伯克制主要实行于南疆维吾尔聚居的八城地区,而在厄鲁特、哈萨克人居住区以及哈密、吐鲁番、库车、阿克苏、乌什、和阗等地区,则实行札萨克制,设王、贝子、公、台吉等管理所属部族事务。在北疆乌鲁木齐、巴里坤、吉木萨尔、奇台、阜康、呼图壁、玛纳斯等地区实行州县制,设知州、知县、县丞、巡检等官管理地方事务。

---

①　[美]费正清编:《剑桥中国晚清史》上卷,第 82—83 页。

②　王守礼、李进新:《新疆维吾尔族契约文书资料选编·前言》,新疆社会科学院宗教研究所 1994 年编印。

③　[俄] A. N. 库罗帕特金著,凌颂纯、王嘉琳译:《喀什噶利亚》,新疆人民出版社 1980 年版,第 102 页。

④　《钦定回疆则例》卷一。

"伯克"在维吾尔语中谓之"冠",亦谓之"首",是"首领"、"头人"之意。在清人所著的《新疆志》中,认为伯克制度事无巨细,大小职司皆有条不紊,颇与西方的法治相同。

> 盖其为制颇与泰西法治相同,言治者或有取焉。抑闻之,伯克之用其民也,自征输力役至征发期会,事无巨细,朝之所令,夕无不举,非大小职司有条不紊,何以及此。或曰伯克回语谓之冠也,亦谓之首,其俗以冠为表异,故命官为冠,而不亦有取于头人之义云。[①]

伯克属于回疆叶尔羌汗国时期的旧有世俗行政、司法官职,其分职尤晰。"伯克"起源于叶尔羌汗国阿布都拉哈汗(1638—1667年在位)时期,其司法职能有民事和刑事之分,哈子伯克主理刑事案件,特木干里伯克则主理民事案件。如《新疆志》云:"其司法则有民事、刑事之分,如哈子伯克等主刑名,又设特木干里伯克听田园、房产之争讼者是也。"[②]

伯克的司法职能除了有民事和刑事之分,还有更为细致的分工,其哈子伯克承担司法职能的,有寺辟哈滋、喀拉哈滋、拉雅哈滋,如《西域地理图说注》云:"(哈滋伯克)专理刑名,兼管生谣、乱阵、逃脱、躲避等事之职。寺辟哈滋,大部落有哈滋专理刑名,其余者乃寺辟哈滋事也。喀拉哈滋专管鉴查、打仗、行围时,有偷闲遁后之人,兼理巡拿流犯捕缉之职。拉雅哈滋,专管说和上下不睦,评论两处不合之事,兼理帮助哈滋照管不周小争斗等事之职。"[③]又如《钦定回疆则例》云:"阿奇木伯克总辖城村大小事务,伊什罕伯克协同阿奇木伯克办理事务……哈孜伯克总理一切刑名事务,斯帕哈孜伯克分理回子头目词讼,喇雅哈孜伯克分理小回子词讼,帕提沙布伯克缉奸捕盗,兼管狱务等。"[④]由此可整理如下:

(1)阿奇木伯克总辖城村大小事务,并由伊什罕伯克协助。

(2)哈孜伯克总理一切刑名事务。

(3)斯帕哈孜伯克分理回子头目词讼。

(4)喇雅哈孜伯克分理小回子词讼。

---

① (清)钟广生等:《新疆志·回部故国属官表序》,民国十九年排印本,第33页。
② 同上书,第32页。
③ 《西域地理图说注》卷二。
④ 《钦定回疆则例》卷二。

（5）帕提沙布伯克缉奸捕盗并兼管狱务。

在清廷对回疆的伯克有相关的法律规定之前，阿訇对阿奇木伯克不仅拥有考评、任用的权力，甚至还掌握了生杀予夺之权："王化以前，是日（开斋节）之阿奇木伯克入寺礼拜毕，即有阿訇等议其贤否，以为贤则留之，以为某某事无道，某某事大无道，则与回众废而杀之，以故阿奇木多拥兵自卫。"①清朝统治回疆后，着力推行教俗分离，规定诸事开始交由伯克办理，并明确规定阿訇不得干预地方世俗事务，这样伯克就成了地方法律事务的司法者。乾隆二十四年七月，乾隆帝照准参赞大臣舒赫德关于厘定回疆伯克品级职掌的奏议："所奏甚是，著照所请。以阿奇木伯克为三品，伊什罕伯克为四品，噶匝纳齐伯克为五品，将应升人员奏请补授。其小伯克密喇布等为六、七品，其余各城，俱一体办理。"②"待回疆全定后举行。此时不妨以筹办大概，晓示回人。"③

乾隆二十四年又照准了定边将军兆惠关于回疆地区设官、征粮、铸钱、驻防等问题的奏请，"俱著照所请行"。④ 同年九月，乾隆帝又"密谕定边将军兆惠停止回人世袭"。⑤ 由于乾隆二十四年停止了回人世袭，还规定了高位伯克不准在本城任职，小伯克不准在本村任职，伯克不得兼任阿訇，这些法令使得回疆旧有的伯克不仅被纳入内地官制品级，而且具有了内地"流官"的性质。

乾隆二十五年平定回疆后，各城又设阿奇木伯克以治民事、刑事，同内地土司一样，任之以品级。"回部官治民事、刑事，以回人任之。伯克自三品至六品，各随年班入觐，不得专生杀，租税二十取一"。⑥

1763 年，清政府又颁布《补放伯克条例》，规定了伯克任免由喀什噶尔参赞大臣节制，五品以上伯克任免须皇帝批准，并在法律上确立了清朝官方对回疆行政、司法的最终管辖权。实际上，回疆伯克的司法管辖权是十分有限的，如《回疆则例》中对伯克司法管辖权的规定："阿奇木伯克凡遇枷责轻罪之犯，准其自行办理，仍令禀明驻扎大臣存案备查。如遇有刑讯重案，阿奇木伯克不得滥设夹棍、杠子，擅自受理，随时禀明本管大臣，听候委员会同审办。"⑦这说明凡是

① 椿园七十一：《西域记》卷七。
② 《清高宗实录》卷五八二。
③ 同上。
④ 《清高宗实录》卷五九三。
⑤ 《平定准噶尔方略》卷七九《正编》。
⑥ （民国）王金绂：《中国边疆史》，第 129 页。
⑦ 《钦定回疆则例》卷六。

回疆发生的刑讯重案,都需要报伊犁将军或其他驻扎大臣复核,然后具奏皇帝并咨呈理藩院。不过,回疆大量的案件基本上还是由伯克处理的,具体操作是:先由各城的驻扎大臣交阿奇木伯克行使,伯克传集阿訇按照伊斯兰经典查议,然后依照教法处置,或坐牢、断手、杖毙。如果是生杀谋逆大案,各大臣方才亲自过问。即使是这样,其查议、拟结仍依照伊斯兰教经典断狱,只是在年底报军机处、理藩院查核而已。①

大量案件尤其是刑事案件在伯克衙门解决,必然会削弱国家司法对回疆的控制,还会导致地方司法专横。毛拉木沙·赛拉米《伊米德史》中就记载了库车维吾尔人遭受当地伯克的暴虐:"他们到莎车汗衙门或伊犁将军处继续告状,可是状子按当时的惯例都被转到原地,这样更引起了大祸,当地官吏大发雷霆,说:'你们是我的百姓,有事不告诉我,胆敢越衙告状。'"②

在回疆地区,由于官民之间本就因语言阻隔而缺乏了解,更加上《大清律例》规定不准越诉:"凡军民诉讼,皆须自下而上陈告,若越本管官司,辄赴上司称诉者,即实,亦笞五十。"③由于不准越诉,伯克衙门对普通回民的报复就成了官场常闻,这种情况在清代基本如此。清代虽有"直诉"制度,但要回疆民人到北京去"直诉",则几乎是不可能的。

再次,是伊犁将军的司法系统。除因其旧俗,重建回疆的伯克制度外,清代于新疆设伊犁将军的军府制,同时又在乌鲁木齐以东地方置州县。此三者同治的方法,实是历代对西域治理的突破,后又改新疆的军府制为郡县制,则又是一大举措。

乾隆二十四年(1759),清朝在新疆设军府制时亦有一番争论,其中独有大学士傅恒之议突破了明朝时期就惯行的"守在四夷"的政策,主张对新疆采取积极进取的政策,乾隆皇帝遂设伊犁将军以总领新疆。

> 荒外是为南疆,底定之始,先是准(准噶尔)夷再平,会廷臣决进止,在朝议者,咸以戎索之外,古者弗臣,得其地不可以耕,虏其人不可以使,服而舍之,守在四夷,于义为便。独大学士傅恒主进取之策,高宗题之,内秉乾

---

① 《军机处录副》第 1277 号卷、1389 号卷。
② 毛拉木沙·赛拉米:《伊米德史》,第 79 页,转引自王东平《清代回疆的司法制度》,《中国边疆史地研究》1997 年第 4 期。
③ 同上。

断,外排群议,乾隆二十四年遂建总统将军于伊犁,并参赞、办事诸大臣镇抚之,划乌鲁木齐以东地置州县,隶甘肃省。①

乾隆二十五年,兆惠、富德的军队平定回疆后,清廷设参赞大臣驻喀什噶尔,统辖天山南路,受伊犁将军节制,诸城大者设办事大臣,小者设领队大臣,治军事,皆以满人充当。而作为中央政权代表的伊犁将军府衙门系统与类似土司的伯克衙门系统本无行政隶属关系,伊犁将军系统的一般性职权是统理天山南北,其属下的办事大臣、参赞大臣等分理地方。"是以将军统理天山南北,理事大臣、参赞大臣等分理地方,粮饷则委内地道员及同通等经理,屯务则委内地武员驻守,设管分职,随地异宜"。②

同时,伊犁将军府衙门系统亦能够有效控制伯克衙门系统,这一是因为它掌握着回疆伯克官员的任免和奏请补放之权。比如《回疆则例》规定:"回疆三品至五品伯克缺少,由参赞大臣拟定正陪,奏请补放……六品以下伯克缺出,由各该城大臣呈报参赞,咨部补放。"③

二是因为它还控制着"回疆六城"维吾尔族重要的司法权,尤其是它负责处理回疆地区的重要案件和司法事务,如上述关于伯克司法权的限制,实际上就是赋予了军府衙门更大的司法管辖权力,包括处理当地缠回人的刑事案件以及管理内地遣送回疆人犯等,具有军事、行政、司法合一的特点。因此,新疆的亲王、贝子,或是知州、知县,或是大小伯克,都要受驻扎大臣(军事长官)的节制。

伊犁将军府不仅管辖回疆的重要刑事案件,还负责处理新疆蒙古各旗的上诉案件,由伊犁将军复核报理藩院。④ 对新疆的蒙古各旗案件的这种管辖方式,与其他蒙古地方一样,如在内、外蒙古和青海地区规定:一般民事案件,诸如钱粮户籍、牲畜牧地、婚姻等纠纷由本旗札萨克、盟长自行审理,若"札萨克、盟长均判断不公,亦准两造赴院呈诉"。⑤ 由此看来,虽然赋予了地方札萨克、盟长和将军、大臣以地方的司法权,但终审权仍然在中央的理藩院手中,而理藩院在处理这些案件时依据的自然是《大清律例》、《大清会典》和《回疆则例》。

---

① (清)钟广生等:《新疆志》卷一《新疆建置志序》,第13页。
② 《皇朝续文献通考》卷一三八《职官考二四·新疆》。
③ 《钦定回疆则例》卷二。
④ 《大清会典》卷六八《理藩院·理刑司》。
⑤ 同上。

2. 对于回疆基本社会秩序的管制

回疆地域辽阔,边境线长,多属跨境族群,多有"外夷",因此对于回疆的管制是有难度的。自道光七年平定张格尔之乱后,回疆无事长达三十余年。但同治初,由于陕回倡乱,又引发回疆动荡。光绪年间左宗棠、刘锦棠平复回乱,新疆经历了从军府制向郡县制的转变。

> 新疆开置行省,始于光绪八年督师左侯首建大策,通政使刘锦棠踵成之,于是军府之制一变而成郡县之制,监司守令,在位咸秩,小大纳职,悉主悉臣,自汉唐以来未有建置若斯之盛。[①]

这里主要研究军府制时期清政府对回疆基本社会秩序的管制。从乾隆二十三年至二十五年,清政府对于回疆的法律治理措施涉及编设牧群、实行保甲制、严厉惩治抢劫犯罪、法律适用、加强对发遣逃犯的抓捕和审判。这些措施基本是复制了对西藏的治理方式,多采取既直接治理又"从俗从宜"的原则。

首先,游牧是回疆民人的基本生产方式,清代对回疆治理的一个重要内容是"编设牧群",即是对回疆的马、羊进行编设。"编设牧群"对于维持驻军生计、强化驻防力量有重要作用。

伊犁是清政府治理回疆的中心,多有蒙古兵驻防,为此乾隆二十六年正月,清政府在伊犁设牧场并交由蒙古兵牧放,同时采取了将乌鲁木齐马匹送往伊犁牧场放养的政策。"乌鲁木齐马匹颇多,须蒙古兵丁牧放……现在伊犁设立牧场,蒙古兵丁甚多,则乌鲁木齐马匹牲只,皆可解送伊犁,交阿桂编群孳息"。[②]

在"编设牧群"过程中,清政府还十分注意不影响当地族人的生计。如乾隆二十六年正月,阿桂等请购买喀尔喀的牛羊驼,用以在乌里雅苏台的"编设牧群",为了不影响喀尔喀等地人民的生计,改由达里刚爱等处牧群拣选送往,并要求在解送途中,"必须间隔行走,不致蹂践水草"。[③]

其次,实行乡约保甲制度。从雍正年始,在回民聚居的地区实行以伊斯兰教约束回民的乡约制度。

乾隆时期开始在回疆实行地方保甲制度,保甲制在南方边疆实行的历史比

---

① （清）钟广生等:《新疆志·新疆职官表序》,第19页。
② 《高宗实录》卷六二八,第3页。
③ 同上书,第5—6页。

较长，回疆本是半游牧之地，不易推行。但是，清代平定回疆之后，为稳定回疆的社会治安，防止奸宄藏匿，先在哈密、吐鲁番等地推行保甲制。乾隆二十六年三月，又根据叶尔羌办事都统新柱等奏，根据实际情况在叶尔羌、喀什的城村斟酌实行。

> 叶尔羌办事都统新柱等奏称，叶尔羌乃回疆大邑，共二十七城村，兼之安集延、布鲁特、敖汉、玛尔噶郎、巴达克山、博罗尔等部落之伯克，遇有事件，皆遣人前来，与臣等商酌；土伯特、安集延商贾，亦云集往返，行旅众多，现在居民夹杂，窃恐奸宄藏匿，请照哈密、吐鲁番一体编立保甲等语。①

与哈密、吐鲁番相比，由于叶尔羌、喀什地方是新定之区，且哈密、吐鲁番靠近内地，因此，对于新柱等奏请的实行保甲一事，朝廷要求其必须体察当地民情，再行定夺。

> 查从前安西、吐鲁番等处回部，编立保甲，究以附近内地，尚易仿行。今叶尔羌、喀什噶尔等城，乃新定之区，可否照内地一体编立保甲之处，必须体察回民性情，熟酌地方情形，始为有益……从之。②

清代在回疆实行保甲制度，无论北疆还是南疆，都存在如何处理居住在回疆境内的外夷的问题。清政府对于这些寄居回疆的外夷，实际上采取了排斥的态度。为此，清政府对有外夷寄居的回疆地方的户口增减情况进行查考，同时还就伊犁、南路各城外夷人口的生产和生活做出了一些限制性的法律规定。如将其一体编入回户当差种地，又如不准他们在回疆婚娶置产，对于不遵守规定者，每年逐出若干，实行驱逐出境的政策。

> 道光八年奏定，寄居伊犁之安集延（指乌兹别克族人——引者注），在十年以外者，准其编入伊犁种地回户，不准婚娶置产。又奏定，南路各城流寓之未经驱逐各外夷，一体编入回户当差种地，如有犯禁者，即行驱逐。每年逐出若干，将增减户口查核具奏一次。……稽查居住卡内之安集延每月增减人数，不准与回子联姻。③

---

① 《高宗实录》卷六三二，第52页。
② 同上。
③ （光绪朝）《大清会典事例》卷九九三。

再次,从限制伯克的权力到最终废除伯克的治权。伯克之制,在清朝平定回疆之前就已存在,是回疆旧有官制。其官制本"无服色之别",也没有俸禄额数,伯克的职权也没有规范,"以致部回不堪其扰,故多逃亡"。

> 回人亦有官职品制,所谓伯克犹华言官也。其等级惟以坐次之序为崇卑,无服色之别,亦无俸禄额数,视所辖回民贫富,恣意取索,不知抚恤,以致部回不堪其扰,故多逃亡。①

清朝平定回疆后,对原来伯克的品级、人数、职守进行了规定,并酌给养廉,禁其横征,使其"专其职守"。

> 自定边将军武毅谋勇公兆等荡平回部,酌定官制,因其教不易其俗,惟添裁升降,定以品秩,奏请赏给顶翎,按其职务大小、繁简酌给养廉,禁其横征,颁发钤记,专其职守,今已等威秩然矣。②

《回疆则例》规定了不少限制大小伯克的条款,比如制止伯克把持市价,对于把持市价的伯克,准许回民入城喊控,查明后严行治罪。

> 各城每届秋收粮石入市,毋许阿奇木伯克等把持市价,应先尽回户粮石入市粜卖。其阿奇木伯克等所获之粮候回众粜竣后,再行售卖。违者准回户入城喊控,查明严行治罪。③

此外,还规定了伯克抵京朝觐制度,又称为"回子年班朝觐"。嘉庆十六年(1811)起由原来的六班改为九班,规定新疆各城伯克每年轮班朝觐,其中布古尔三品阿奇木伯克等为第一班,库尔勒阿奇木伯克等为第二班,赛里木阿奇木伯克等为第三班,库车阿奇木伯克等为第四班,沙雅尔阿奇木伯克等为第五班,阿克苏阿奇木伯克等为第六班,和阗阿奇木伯克等为第七班,叶尔羌阿奇木伯克等为第八班,喀什噶尔阿奇木伯克为第九班。每班三品阿奇木伯克带领四品伯克二员、五品伯克四员、伊犁五品伯克一员,目的就在于加强维吾尔地方贵族同中央政府的政治联系。各城回子王、公、伯克年班朝觐,必须于"每年十月二十日以前到肃州,十二月二十日以前抵京。五品以上伯克等可以带子弟二三人

---

① 吴丰培辑刊:《新疆回部志》卷三《官制第二十九》,《边疆丛书类编》之五。
② 同上。
③ 《钦定回疆则例》卷七。

随同瞻觐"。① "哈密、吐鲁番每年照例贡进葡萄干、瓜、绸子、布匹、手巾、小刀、磨刀石等物"。②

虽然有了上述对伯克制度的规制，但仍然有需索侵吞之弊，且多有"睢恣虐民，残伤其类者"。伯克基本制度是玉子巴什（百户长）、"温巴什"（十户长）主管稽查户籍、差徭催科、禁奸诘暴，"拔夏普"主管捕盗贼，"伊玛木"主管诵经、讲善、和讼、解纷诸事，县官吏又于城中设"乡约"一人，主办徭役兴作。

> 其乡各设百户长，曰玉子巴什，十户长，曰温巴什，凡稽户籍、均差徭、催科、禁奸、诘暴诸事，皆以之……其司盗贼者曰拔夏普，凡捕窃盗、守亭障、峙委积聚、授馆送逆诸事，皆以之；其司礼拜寺者曰伊玛木，凡诵经、讲善、和讼、解纷诸事，皆以之。州县官吏又于城中设总长一人，谓之乡约，有大兴作徭役，乡约分檄各长，皆咄嗟立办，此盖古乡官之制。③

> 治之有道，则一变至鲁，犹反手耳！说者谓伯克睢恣虐民，残伤其类者，无所不至，故前巡抚刘公锦棠奏改行省，裁伯克之权，一统于州县，所以救其弊也。④

道光八年（1828），那彦成在其所奏的《各城阿奇木伯克陋规》中，就对回疆行政管理方面存在的种种问题提出了看法，指出了因实行伯克制而导致回疆种种矛盾的事实，以致到了"计非裁去回官，实无以苏民而言治理"。⑤

> 官民隔绝，民之畏官不如畏所管头目，官之不肖者，狎玩其民，辄以犬羊视之。凡有征索，头目人等辄以官意传取，倚势作威，民知怨官，不知怨所管头目。⑥

同一年清政府制定了相关章程，若遇地方各级伯克官吏贪赃枉法，则允许维吾尔族群众先后赴参赞、将军各衙门，理藩院及在京各衙门控告。

> 各城回子，如有受该处大小官员朘削者，准其赴参赞、将军各衙门呈

---

① 《钦定回疆则例》卷四。
② 同上。
③ （清）王树楠：《新疆礼俗志》，载国立北京大学、中国民俗学会编《民俗丛书》第四辑，第13页。
④ 同上。
⑤ 《刘襄勤公奏稿》卷一〇。
⑥ 《左宗棠全集》卷五三《奏稿》。

控,如该衙不为究办,即于年班进京时,赴理藩院呈控。倘理藩院仍不代奏,准其赴在京各衙门控告。如控告得实,免其坐罪。其申诉不实,或未经在参赞、将军等衙门呈告者,仍照例治以诬告及越诉之罪。①

同治三年(1864),浩罕国入侵南疆。同治十年(1871),沙俄军队攻入伊犁。直到后来左宗棠收复新疆,在伊犁将军所统辖的行政系统内,伯克与札萨克两套民政制度也受到了冲击和破坏,②故刘锦棠提出在回疆"建署郡县"。

> 新疆各城向设阿奇木伯克等员,其职衔有三、四品者。见议建置郡县,拟设承、倅、牧、令各员,官阶既非甚崇,若回官仍循旧章,殊有枝大于本之嫌。……郡县设定后,拟将回官各缺暨阿奇木伯克等名目概行裁去。各厅、州、县另行酌设头目,额数略如各省办公绅士,不可以官目之……惟须照回官向例,拨给地亩,作为办公薪资,免滋需索侵吞诸弊。③

光绪十年(1884)正式在新疆建省,废除伯克制度及其私刑。同时设立善后局,处理遗留行政事务。"鲁克吐鲁番郡王府旧有私刑具,业经销毁,并通饬四疆各城有此者一律裁禁"。④ "回部王公仅拥虚位。无理民权"。⑤

复次,控制阿訇的任命权并取消了"查经议罪"。同对西藏的相关规定一样,通过制度性的规定,赋予驻扎大臣掌握掌教阿訇缺出的权力,规定凡是补缺阿訇,必须由阿奇木伯克禀明该管大臣后方可点充,而新补缺的阿訇则必须每月赴大臣衙门叩见。⑥

在乾隆朝晚期,对回疆诸如斗杀、奴仆杀主人、弟杀兄等这类原来不适用大清律的犯罪,也开始适用内地法律了。乾隆四十一年(1776)规定:回疆奴仆杀死家主罪,"悉照内地之例问拟"。乾隆五十七年(1792)清高宗谕曰:"新疆归化有年,应谙悉内地法纪……回子等均属臣仆,何分彼此……嗣后,遇有似此紧要事件均照内地成例办理,并饬新疆大臣等一体遵办。"⑦

---

① 《清宣宗实录》卷一四〇。
② 《光绪朝东华录》第2册,第1376页。
③ 《刘襄勤公奏稿》卷三,光绪八年七月初三日《裁撤阿奇木伯克等缺另设头目并考试回童分别给予生监顶戴片》。
④ 《清德宗实录》卷五六四。
⑤ (清)裴景福:《河海昆仑录》卷四。
⑥ 《钦定回疆则例》卷八。
⑦ 《清高宗实录》卷一〇一一、一四一三。

至咸丰、同治年间，清廷进而废止按伊斯兰教法处理的死刑罪，这自然也包括除十恶之外的其他死刑罪。咸丰十一年（1861），因阿奇木伯克滥征赋税，引发维吾尔农民起而抗争，叶尔羌参赞大臣英蕴对"抗差逞凶"的维吾尔农民残酷镇压，"不按律惩办，辄照回子经典，斩决多名，又未奏明办理"，清政府认为英蕴之举"实属荒谬"，并派员进行调查。英蕴声称："系仿照叶尔羌从前各案，均查回子经典，分别办理。"同治元年，清政府将英蕴、原任叶尔羌参赞大臣常清等人一并交部议处，并且规定："嗣后各路定拟罪名，均著照律定拟，所有查经议罪一节，著永远禁止。"①

为了保证回疆的稳定，清政府对于回疆的法律治理是十分严格的，正如费正清在《剑桥中国晚清史》中所说："一位旅行家就曾经指出：'法律执行得很严，即使对贵族也一样；如果某王公杀死一个穷人，凶手也没有指望可免死刑。'"②

回疆是清代朝廷发遣犯人的地方，从内地到回疆，地广人稀，犯人中途逃脱，即使抓获交由甘肃省审理也是费时费力。清朝关于回疆的"例"，依据《〈读例存疑〉点注》一书，③《读例存疑》所载清代条例中涉及回疆的条例有 12 条。从内容来看，多数条例规定了被军流、发遣至新疆或回疆地区的官、民犯人及其家属的安置办法，以及这些犯人脱逃或犯事后的处置。如《读例存疑》卷三《徒流迁徙地方》规定："发遣回疆各犯除仅止在配不服拘管者，即令该管大臣酌量惩治外，若实系在配酗酒滋事，怙恶不悛，难于约束者，改发巴里坤充当折磨差使。如改发之后，复行滋事，初犯枷号三个月，再犯枷号一年，三犯永远枷号。"④只有少数条例是针对回疆酗酒犯罪而订的："新疆各城驻扎官员、兵丁之跟役，如有酗酒滋事……在伊犁一带者，发乌什叶尔羌等处，在乌什各城者，发往伊犁等处……若发遣之后仍不悛改，复行酗酒者，在配所用重枷枷号三个月，杖一百，发落至新疆各处。"⑤

乾隆二十六年二月加强了追捕逃犯的相关规定，以逃犯的罪行轻重确定承办官员的缉拿期限："巴里坤脱逃各犯，情罪不同，承管官员，限缉处分，亦应区别。请嗣后在配脱逃者，应以脱逃之日起，扣限百日，追捕无获，将专兼统辖各

---

①　《清穆宗实录》卷二五。
②　［美］费正清编：《剑桥中国晚清史》上卷，第 82—83 页。
③　参阅胡星桥、邓又天主编《〈读例存疑〉点注》，中国人民公安大学出版社 1994 年版。
④　（清）薛允升：《读例存疑》卷三"徒流迁徙地方"。
⑤　胡星桥、邓又天主编：《〈读例存疑〉点注》。

官查参,仍限一年缉拿,不获,查参。如系寻常罪犯及携带妻子脱逃者,照例二参议结。其情形更重者,于二参限满后,再限一年。不获,照重罪流犯之例,分别议处。数案人犯,同日脱逃,仍照例并案参处。"①

乾隆二十六年三月,为加强对发遣往回疆巴里坤的逃犯的处理,又发上谕,要求对抓获的逃犯不必照旧例送往甘肃审理,而是"于拿获本省地方,审明正法"。

> 嗣后凡有发遣巴里坤等处逃犯,经原籍及路过省分盘获者,一经移讯明确,即由各省督抚自行奏闻,于拿获处所正法示众,以省弊累。②

清代对回民纠众持械的犯罪亦极为重视,对于此类犯罪一般是罪加一等,如犯结伙行窃,俱发云贵极边烟瘴充军,并刺面"回贼"字样。清政府对于回疆基本社会秩序的管制主要是针对阿訇、伯克、回民、外夷、防兵、汉民等对象。

清政府要以法律治理回疆,以维持回疆各族群关系的长期稳定,从"人"的角度看,其调整对象主要是阿訇、伯克、回民、外夷、防兵、汉民。在法律上一方面必须对阿訇、伯克、回民、外夷进行有效的法律管制,另一方面更需要防止因为防兵、汉民的违法行为而扰乱回疆秩序。依据《大清会典事例》所载光绪八年的奏定,规定如下:

(1)严格禁止阿訇干预公事,如果阿訇的子弟当中有当差及充当伯克的,则不允许其再兼任阿訇。

> (道光)九年谕,回子当阿訇者,止准念习经典,不准干预公事,其阿訇子弟有当差及充当伯克者,亦不准再兼阿訇。③

(2)严格禁止内地汉、回人等出关充当阿訇,慎选回子阿訇。

> 稽查内地汉、回出关充当阿訇、擅娶回妇。慎选回子阿訇。④

(3)由于水利对回疆的生产、生活十分重要,因此清政府"禁止大小伯克占

---

①　《清高宗实录》卷六三一,第 37 页。
②　《清高宗实录》卷六三二,第 50 页。
③　(光绪朝)《大清会典事例》卷九九三。
④　同上。

据水利"。①

（4）为防止回人与外夷勾结，加强对回人出卡的稽查，同时禁止回人与外夷联姻。

> 稽查回子出卡，舆外夷交结。……稽查居住卡内之安集延每月增减人数，不能与回子联姻。②

（5）禁止驻防兵丁牧放营马践食回人田禾；禁止驻防兵丁私自进入回人村庄游荡；禁止驻防兵丁霸占回人园地；禁止驻防兵丁招引回户私自进入满城。③

（6）在回疆查禁私矿私硝，严防私毁私铸，封禁喀什噶尔昌巴尔山之铜厂；禁止商民重利盘剥穷困的回人；严格稽查内地汉民私自进入回疆。

> 又奏准，回疆应行查禁私矿私硝，严防私毁私铸。……禁止商民重利盘剥穷回，稽查内地汉、回出关充当阿訇、擅娶回妇，慎选回子阿訇。……稽查内地汉民私赴回疆。咸丰八年奏准，喀什噶尔昌巴尔山铜厂永远封禁。④

由上可见，清政府对回疆基本社会秩序的立法，主要集中在禁止阿訇干预公事，从限制伯克权力到取消伯克治权，限制汉民私自进入回疆，严禁兵丁私入回庄，防止回疆族群与外夷勾结。这些立法是出于限制回疆宗教势力和减少回疆社会矛盾的考虑，这也与前面说过的清政府针对苗疆的治理十分相似。但是由于回疆诸族几乎都有游牧传统，且历史上受"丝绸之路"商业传统的影响，它与南方"苗疆"山区地方固有的封闭性不同，习惯于流动并擅长贸易，在经济上具有相当大的开放性。因此，对贸易的管理是清政府对回疆进行法律治理的重要内容之一。

新疆缠回及陕甘回民多以经商贸易为生，每年有出境贸易的习惯："新疆土著缠回，好贾趋利甚于汉人，常越境行贾，以土货往，以俄货归，时获赢羡。商北路者多回民（陕甘回民亦多往者），自塔城以趋七河斜米间，岁一往还焉。商南

① （光绪朝）《大清会典事例》卷九九三。
② 同上。
③ 同上。
④ 同上。

路者多缠民,出喀什噶尔,而往来英俄两属之间,行商坐贾,递相转输,三四岁始一归,其俗坚忍刻苦,少智虑而好储蓄。"①

除与境外的民间贸易外,内地与新疆的商业贸易对于平定新疆具有战略意义。"清朝以兵力削平西域,番汉杂处,联系弥合,多籍商力。……师行所至,则有随营商人奔走其后"。② 乾嘉之际平定西域后,巴里坤、伊犁、乌鲁木齐商旅之盛比于吴会,纪昀笔记中即谓乌鲁木齐有"小杭州"之称。"伊犁九城,惠远最大,广衢容五轨,地极边,诸夷(伊犁番夷杂处,回哈部落不下十余种,皆入境贸易)会焉,每岁布鲁特人驱牛羊十万及哈喇明镜等物入城互市,易砖茶、绢布以归"(见洪吉亮《伊犁日记》)。③

同治初,陕甘回乱,旧时都会之地被夷为灰烬,致使内地商旅裹足百年。光绪十一年改建行省时,迪化城(乌鲁木齐)中亦是疮痍满目,"玉门关以西,官道行千里不见人烟,商贾往还无休宿之所"。④ 此后经巡抚刘锦棠的修复,新疆逐渐形成了以古城为中枢的贸易商路,秦陇湘鄂豫蜀商人和燕晋商人及外蒙古人纷至沓来。

从雍正、乾隆时期针对回疆颁行的法令和上谕来看,清廷基本上是持鼓励回疆贸易发展的态度。乾隆时期,清廷针对汉、回两族商人的贸易颁布了一系列法令和章程。除允许军队进行棉布和茶叶贸易外,还鼓励内地的汉族商人"有愿往者,即给以印信,毋使胥吏需索"。⑤ 但是不许他们购买土地耕种,以防止其生事。乾隆五十八年(1793),朝廷还取消了所有种地农器,比如钢、铁、铜、锡等物的出关(嘉峪关)之禁,"准由内地贩卖"。⑥ 此项法令于维吾尔等族的生计大有裨益。

虽然清政府有鼓励回人贸易的态度,但是由于回疆地域辽阔,商旅行走极易遭到抢劫,因此如何防止频发的抢劫案件,是回疆法律治理的重要内容。出于安全考虑,对回人出卡进行贸易仍然有所限制。乾隆五十九年(1794),朝廷又根据喀什噶尔参赞次臣永保等人所奏,议定了《回民(指维吾尔族人民)出卡

---

① (清) 钟广生等:《新疆志》卷二《商务》,第64—65页。
② 同上书,第60—61页。
③ 同上书,第61页。
④ 同上。
⑤ 《平定准噶尔方略》卷一八《续编》。
⑥ 《清高宗实录》卷一四三七。

贸易章程》，①其中规定：

> 喀什噶尔贸易回人等，如往充巴噶什、额德格纳、萨尔巴噶什、布库、齐哩克等处贸易者，给与出卡执照；如往各远处部落，不得给与，违者拿获发遣。
>
> 出卡回人，自十人至二十人为一起者，始给与执照。每起派阿哈拉克齐一员，往则约束，回则稽查，毋令羁留。如不遵约束，枷号三月，仍重责示众，隐匿者并究。
>
> 出卡回民等如贪利擅往布噜特远方，被人抢夺对象，查获后……半给原主，半交阿奇木伯克等，作为公项。……
>
> 回民等被布噜特抢夺，必将实在遗失物数报官查办，如有捏造私增，查出不往给还……自行丢去者，俱不准官为代查。

《回疆则例》在贸易方面规定："回疆藩夷进卡贸易，一体免税。""回子赴外藩贸易，勒限给票。"②禁止欺行霸市，私设牙行，抬高物价。赋役方面，禁止借端苛敛，禁止私役回民工匠，禁止滥拉马匹，不准变价贸易马匹等，还特别规定："如有改易名目或因公苛派，暗为巧取，扰累闾阎者，一经查出抑被告发，无论该管大臣并属下官员，以及阿奇木伯克等，均照枉法赃严行治罪。"③又有严饬阿奇木伯克禁止弹压市集，藉端滋扰："各城回子巴杂尔市集，兵民回子自行买卖，各驻扎大臣随时饬禁私设牙行，抬高市价，并于每岁年终咨报军机处、理藩院查核，仍严饬阿奇木伯克等毋许私派家人护卫弹压市集，藉端滋扰，违者严参治罪。"④同时还对伯克实行考核、奖罚："伯克者，回中长吏也，各视秩有差。三年考其政绩，优者褒以币赉，劣者付屯戍大吏治之。"⑤

由此，《回疆则例》确立了回疆地区的贸易原则和基本制度，从《回疆则例》所确立的"回疆藩夷进卡贸易，一体免税"、"回子赴外藩贸易，勒限给票"、"稽查回子出卡"这些原则来看，其基本上都是针对回疆的对外贸易制定的。其立法目的并不完全像有些学者说的那样，"为了保证该地区在中西贸易中所起的桥

---

① 《清高宗实录》卷一四六四。
② 《钦定回疆则例》卷六。
③ 《钦定回疆则例》卷七。
④ 《钦定回疆则例》卷六。
⑤ （清）昭梿撰，何英芳点校：《啸亭杂录》卷一〇《理藩院》，第335页。

梁作用"。①《回疆则例》之所以对回疆贸易做出限制,并做出"回疆藩夷进卡贸易,一体免税"的规定,从历史实际来看,更多的应当是针对前面提到的围绕着在喀什贸易免交关税的特权而出现的,其目的是为了减少与浩罕国之间的贸易摩擦。因为受到政治因素的影响,这一时期回疆与外藩的贸易一直很不稳定。至于"回子赴外藩贸易,勒限给票"、"稽查回子出卡"则是为了减少纠纷,防止回疆六城与外藩勾结,祸乱边疆。这与《回疆则例》中"阿奇木伯克不得私交外藩"的规定是一致的。

除了对回人出卡进行贸易进行规定外,还要防止回人出卡贸易时遭到抢劫,因此必须加强对抢劫案件的打击力度。清朝在回疆的司法对于恶性刑案,尤其是发生在边界地方的恶性抢劫案一般都从重处罚。《回民出卡贸易章程》还规定了对布鲁特等族窃、夺者的惩罚。

> 布鲁特等如私近卡座及于就近处所劫夺,拿获后俱正法。
> 回民出卡被窃,除照数追出外,查系初次行窃,照布鲁特例"罚取牲畜"……如有侵害人命,不论初次、二次,抵偿办理。
> 布鲁特等窃取零星什物,应先示薄惩,交该伯克等收管;倘再不知儆惧,照初次加重办理。②

这些法令是在道光时期《钦定回疆则例》之前颁行的,从内容上看,它们对维吾尔族商人的贸易地点、人数、行进方式等有着某种程度的限制。这些对被抢劫者的限制和对抢劫者的加重处罚,均是出于对回人出卡进行贸易安全方面的考虑。

此外,在回疆治理中还存在防止汉族商人控制边疆贸易的问题。清政府一方面对回人的经济贸易持认可的态度,这本就是回人的生计,但是另一方面,也担心汉族商人会控制六城的经济,如同在苗疆和其他边疆地方(就像汉人商号和钱庄在满洲和蒙古)所做的那样。这种担心也影响了清政府在回疆的立法,为此,清廷采取了严禁六城与汉人接触的政策,派到六城的清军也采取换防制,以防止他们久留当地。清政府还尽量少用绿营兵,而把六城的官地租给当地农民生产粮食以供军政之需。不仅如此,清政府还不在六城设立流放地,也不许

---

① 张晋藩主编:《中国法制通史》卷八,法律出版社1898年版,第700页。
② 《清高宗实录》卷一四六四。

平民移民和商人进入哈密以西各地。没有恰当的理由和合法的护照，清朝当局不许汉族平民前往回疆的任何地区。清朝政府还竭力把其官吏同六城土著隔开，在塔里木盆地的每一主要城市，清政府都建造了有围墙的要塞，作为衙门所在而与当地土著居民分开。这些满人或汉人居住的要塞称为焉吉沙尔（新城），或哈拉伊沙尔（城堡），在喀什噶尔、叶尔羌则称为古勒巴格（意为"玫瑰园"），这同清朝在许多边疆地区采取的封闭政策是一样的。因此，从一开始相关的立法就有上述诸多的限制。

　　3. 回疆的法律适用

　　首先，在回疆风俗习惯方面。如同在藏区一样，清朝在平定回疆之后，对于回民的风俗习惯采取尊重的态度，就连满族人十分看重的"剃头令"，在回疆也只是适用于类似土司的"伯克"。有趣的是，在清朝的法律中，让阿奇木伯克留辫子并不是一种强制的要求，相反却是一种恩惠的特权。《剑桥中国晚清史》中提到清朝允许回疆之人使用回历，穿着传统服装，还提到在回疆只有阿奇木伯克可以留辫子，但是却语焉不详。[1]

　　在清朝的"会典事例"中，对阿奇木伯克可以留辫子的特权表述得比较清楚。在"会典事例"的不同项下，录存了回疆的疆域、驻防、官制、屯田等方面的情况和规定，最具代表性的内容是"理藩院"项下"回部禁令"条，它主要录存的是道光八年、九年和咸丰八年的一些规定，其中道光八年的奏定中就涉及蓄留发辫的问题："又奏定，嗣后凡阿奇木伯克以下至四品伯克及尽忠有功之子孙，方准蓄留发辫，其余概不准蓄留，以示限制。"[2]从这一规定看，在回疆蓄留发辫是一件荣耀的事情，只有阿奇木伯克以下至四品伯克及尽忠有功者的子孙才有资格蓄留发辫，而其他人则是不被允许的。

　　其次，早在乾隆时期，在回疆的基本法律制度建设方面，也同样采取了"从俗从宜"的原则。清初，回疆的司法基本上奉行的是"不易其俗"的原则，清朝前期的几个皇帝，如康熙、雍正、乾隆都十分尊重回疆地方宗教传统的政治意义，这与他们治理西藏时采取的政策是一样的。康熙帝曾召人讲解《古兰经》，雍正时期又拨银修建清真寺，在平定回疆后继续采用原有的伯克官制，判决诉讼仍

---

① ［美］费正清编：《剑桥中国晚清史》上卷，第81页。
② （光绪朝）《大清会典事例》卷九九三。

然可引用经典教规,不从政府法令等。关于回疆刑事案件的法律适用情况,例举如下:清朝对于只是犯处枷责的轻罪人犯,据《回疆则例》规定:"凡遇枷责轻罪人犯,准其自行办理。"对于回疆杀伤案件的法律适用是:凡故杀尊长者或故杀他人致死者,基本上是照内地律例审办;对于误伤及手足伤毙者,则照"回例",抵以钱、牛、羊来赎罪。据《回疆通志》载:"回人内遇有故杀尊长者,照内地律例审办,拟罪随具奏;如有故杀及金刃他物殴毙者,拟缢,巴杂尔示众;其误伤及手足伤毙者,准其照回人例赎罪,以钱、牛、羊给予死亲,免其抵偿。将一年办过案件,汇咨军机处、理藩院。"①

又如乾隆二十六年六月的乌默尔比于卡外抢劫案。当时回疆迈喇木作乱,冲噶巴什的乌默尔比在卡外抢劫安集延商人牲只、银两,后被喀什办事都统侍郎海明派人缉拿。当时海明认为乌默尔比一案不同于前述的玛尔喀拜抢劫案,因为乌默尔比抢劫案是发生在从前扰乱之时,且是在卡外抢劫,因此海明只是奏请革去乌默尔比的职衔,交由阿奇木管辖。

乾隆时期对于外藩归附者犯罪的处置比较宽松:"朕为天下共主,凡外藩归附人等,果能自知其罪,改过迁善,亦姑予矜全。"②朝廷认为冲噶巴什本属于喀什,非外蕃之地,因此与外藩回人犯罪不同,必须赏罚严明,应该按大清法律处理,将乌默尔比正法示惩,看守送京。但是,海明对于乌默尔比只是革其职衔,"所办非事"。③由于喀什是回疆重镇,朝廷认为海明对此案的审理有姑息之嫌,且认为海明不够精明果断,于是将其调往阿克苏任职。

但对一般性刑事案件的处理也常有"内地之律"与"回例"并用的情况,而且大多依照"回例"办理,这反映了清政府在回疆司法中采取的仍然是从俗从宜的原则,兹举乾隆年间的三个案例。

案一:乾隆二十六年正月,喀什地方发生玛尔喀拜等人抢劫安集延商人(指乌兹别克族人)货物的案件,喀什办事都统侍郎海明委员将其拿获后,不仅依据清律将首犯玛尔喀拜"斩决枭示",而且还依照"回法"将从犯沙巴图等人"斩其手指"。

> 将为首之玛尔喀拜,为从之沙巴图等尽擒,玛尔喀拜情形玩梗,直供不

① (清)和宁:《回疆通志》卷七《喀什噶尔·回务则例》。
② 《清高宗实录》卷六二八,第9页。
③ 同上书,第8—9页。

讳,回众等恳请除此恶贼,因即斩决枭示,沙巴图照回法斩其手指,所抢货物全行查给商人领讫。①

案二：乾隆二十五年的阿克苏盗马案。清军于阿克苏捕获盗马案犯拜密尔咱,因拜密尔咱属于惯犯,本应从重处罚,但是考虑到回疆地方偷盗马匹是常事,亦有内地之人盗回人马匹,因此认为"若仍照内地之律完结,非所以昭平允"。于是传谕办理回部事务大臣,规定今后凡是回人盗本处及内地人马匹,或者内地人盗回人马匹,都依照"回人旧例"办理。

> 舒赫德奏,拿获阿克苏盗马回人拜密尔咱,因系积匪,照回人旧例,斩决枭示等语。回地新经平定,拿获匪犯,自应从重办理,但内地间或有无耻兵丁仆役等,偷盗回人马匹,若仍照内地之律完结,非所以昭平允,著传谕办理回部事务大臣等,嗣后回人盗本处及内地人马匹,及内地人盗回人马匹,俱照回疆例办理,并通行晓谕知之。②

案三：乾隆二十六年十月的伊斯拉木案。此案是有个叫伊斯拉木的屯田照管人,因被一个叫台因和卓的人的妻子辱詈,伊斯拉木刺杀了台因和卓并伤及其妻、弟,按《大清律例》当"按律拟绞,情罪允当",本没有疑问。

> 照管屯田回人伊斯拉木,因回人台因和卓之妻辱詈起衅,刺杀台因和卓,并伤及其妻与弟,不应引照回经出财抵罪,应依斗杀律拟绞等语。伊斯拉木以兵刃斗殴,致有杀伤,按律拟绞,情罪允当。③

但是考虑到清军平定回疆时,伊斯拉木本人跟随副将军富德有过战功,④而且按"回例","又有死者之家,如愿受普尔一千腾格,免其抵罪等语",因此如果死者亲属情愿按"回例"处理,则伊斯拉木之罪可不受到"按律拟绞"的刑罚。⑤

这些是乾隆统治前期对回疆一些具体刑事案件的法律适用方式,从这些刑事案件的法律适用看,或是依据案情,有的适用大清刑律,有的适用"回例",如玛尔喀拜等人抢劫案;或是一概依照"回例"办理,如阿克苏盗马案;或是酌情依

---

① 《高宗实录》卷六二八,第7页。
② 《清高宗实录》卷六一二。
③ 《清高宗实录》卷六四六,第323页。
④ 应指在乾隆二十三年兆惠、富德南征回疆之时的功劳。
⑤ 《清高宗实录》卷六四六,第323页。

照"回例"，重罪轻判，如伊斯拉木案。

到了乾隆统治后期，这种对回疆刑事案件采取灵活的法律适用的处理方式，不仅得以坚持而且还逐渐规范化，形成了对回疆寻常命案可不依大清法律，而只是依照"回子例"，将人犯绑于巴杂尔立行打死，且治疆官员无需专折请旨，只需于年终汇奏的规定。乾隆四十三年上谕："嗣后回子等有寻常命案，应照回子例绑于巴杂尔立行打死，即行办理，于年终汇奏，毋庸专折请旨。"①乾隆五十七年下旨，又进一步要求回疆驻扎大臣对回疆刑事案件采取"相机酌办"的原则，并明确说明"不可拘泥内地律例"。②

对于回疆回民内部发生的亲属服制案件，在法律适用上实行区别对待的原则，按其法律适用分为两类：如对侄儿杀死胞伯叔、侄孙杀死胞伯叔祖、弟杀胞兄这类涉及家族伦理纲常的案件，强调大清法律的儒家原则，要求依照"内地律例"定拟；对除此之外的远亲案件，则仍应照"回民之例"办理，而不必拘泥内地服制律例。③

从上可知，清前期回疆的法制政策也是相当宽容的，除上述对命案的法律适用情况外，还表现在对于像谋逆、谋叛案件的审理中。谋逆、谋叛在封建时代属于"十恶不赦"案件，是不予宽宥的，且不适用于从汉代以来就遵循的"亲亲相隐"原则。但是在审理乾隆三十年（1765）发生在库尔勒的哈子伯克阿瞒谋叛案中，却恩释了其中的知情不报者。据吐鲁番郡王额敏和卓等奏：

> 闰二月初五日，阿瞒邀请饮食，伊兄噶匝纳齐伯克和硕尔以及弟侄等十一人在坐，阿瞒忽云"闻乌什各城俱叛，我等何不将阿奇木等杀死，以克伊雅斯为导，至乌什，我为大伯克，尔等俱为头目"等语。众俱无言，和硕尔云：我曾入觐，见大皇帝威福，且赏赉甚重；尔如何出此妄言，再不改悔，必呈报处治……和硕尔虽经斥责，并未首告，且系亲兄，亦应拟斩立决。④

该案中的和硕尔虽决意不肯背叛清朝，但也没有向清政府举报阿瞒等人的谋叛之事。清政府在审理此案时认为由于和硕尔没能首告，本应判处斩立决，但是，考虑到此等人是"新附回人，不知内地法律"，因此对和硕尔只加以斥责，

---

① （光绪朝）《大清会典事例》卷九九六《理藩院》。
② 同上。
③ 同上。
④ 《清高宗实录》卷七三六，第101页。

并"俱著加恩省释"。①

可见，清前期十分注重法律文化上的调适，其法制具有相当强的自治性和宗教色彩，在法律适用、司法机构等方面形成了国家法与回疆宗教二元并存的局面，并逐渐通过积累"例"的形式，促使回疆国家立法向法典化的方向发展，最后于嘉庆年间颁行针对回疆的综合性法规《钦定回疆则例》。

根据《钦定回疆则例》所附"原修原奏"、"现修原奏"，可知《回疆则例》最早编纂于嘉庆年间。嘉庆十六年（1811）七月理藩院上奏："查得臣院承办回疆事件内所有钦奉谕旨及臣工条奏，积案繁多，未便纂入蒙古则例，以致条款混淆，应请另行编纂成帙，以便颁发遵行。"②嘉庆帝览奏后批准"依议"。③ 即行开馆，挑选承办《蒙古则例》的司员中熟悉新疆事务的尼克通阿、岳禧为主事，托津等为堂官，将所有关于回疆事务的条例详细查阅文件，开始纂修《回疆则例》。嘉庆十七年（1812）二月纂修完毕，"恭呈御览"。嘉庆二十年（1815）刊刻，下令理藩院"刷印颁发回疆等处，永远遵行"。④ 后又根据情况，不断进行修订。

《回疆则例》是清政府为治理回疆而制定的单行法规，而不是单纯针对信仰伊斯兰教各族制定的。其适用范围主要为新疆南部及东部哈密、吐鲁番等地的维吾尔族、新疆西北部的哈萨克族以及帕米尔高原以西的布鲁特人、浩罕人等。⑤ 单纯从法学的角度来看，《回疆则例》主要涉及回疆地区的行政、刑事两个方面，包括刑法、军事、民事、司法、宗教等方面的内容，详细规定了回疆地区税制、钱法、赋役、贸易、驻军等各项管理条例，成为清政府治理回疆的基本法律。

八、清朝对蒙疆的法律治理

（一）蒙疆司法权的确立

清朝在北部边疆首先遇到的是蒙古问题，最早的边疆立法也是针对蒙疆。早在关外时，当努尔哈赤和皇太极率领族众统一东北地区，特别是同明王朝相

---

① 《清高宗实录》卷七三六，第101页。
② （清）托津等编：《钦定回疆则例》卷首《原修回疆则例原奏》。
③ （清）托津等编：《钦定回疆则例·原修原奏之一》。
④ （清）托津等编：《钦定回疆则例·原修原奏之三》。
⑤ 《钦定回疆则例》之"编纂说明"，杨一凡主编：《中国珍稀法律典籍集成》丙编第二册，1994年版。

抗衡的斗争中,深感本族人势单力薄,不足以进取中原,因而十分重视建立与蒙古人的友好关系,以壮大满人的实力。入关前的边疆立法主要是针对漠南蒙古,为了维护满蒙政治联盟关系,调整蒙古诸部落之间的关系,保持蒙古社会的统治秩序,努尔哈赤和皇太极都针对漠南蒙古制定和颁布了一系列的法令、法规和司法规则,由此有了《盛京定例》《蒙古律书》。这些法律并不是把满洲旧制不加变通地强加于漠南蒙古,而是充分考虑到蒙古的传统和民俗,正如《(康熙)大清会典》所说:"遐陬之众,不可尽以文法绳之。国家之待外藩也,立制分条,期于宽简,其要归仁厚,将使臻于咸善而已。"①

"不可尽以文法绳之"确立了清前期在蒙古地区的法律原则。一方面,东汉以后佛教在中原汉族中传播,并被中土广泛接受;另一方面,1640年四十四部蒙古领主会盟制定的《蒙古—卫拉特法典》又确立了了黄教在蒙疆的神圣地位,这时藏传佛教已经是蒙古人牢固的宗教信仰了。藏传佛教与中原佛教之间并无根本矛盾,满清时期的佛教已经可以成为沟通汉、藏、蒙关系的媒介。因此清政府对于蒙古"不可尽以文法绳之",采取"兴黄教以安众蒙",以达到"障藩篱"的目的。正如礼亲王永恩之子昭梿所说,清王朝之所以兴黄教,并不是因为要满人都信黄教,只是遵循了"易其政不易其俗"之道。

> 国家宠幸黄僧,并非崇奉其教以祈福祥也。只以蒙古诸部敬信黄教已久,故以神道设教,藉仗其徒,使其诚心归附以障藩篱,正《王制》所谓"易其政不易其俗"之道也。②

虽然有"兴黄教以安众蒙"、"不可尽以文法绳之"的原则,但是清王朝在蒙疆的司法管辖上仍然有重要突破,这主要表现在破除了"元裔不宜诛"的旧习并确立了"僧人不干预国事"的惯例。

清代有达赖喇嘛、班禅额尔德尼、哲布尊丹巴、章嘉呼图克图四大活佛,其中对章嘉活佛系统尤为信赖。康熙时赐予二世章嘉活佛"呼图克图"封号,任命其为驻京掌印札萨克达喇嘛,康熙四十四年又封其为国师,是为"章嘉国师"。章嘉国师对于沟通满清与蒙、藏的关系做出了独特的贡献。乾隆时,在处理蒙古"阿逆之谋"时,赐阿逆自缢,由于哲敦国师是谋逆者之兄,遂导致了哲敦"诸部蠢动"。章

---

① (康熙)《大清会典》卷一四五《理藩院四》。
② (清)昭梿撰,何英芳点校:《啸亭杂录》卷一〇《章嘉喇嘛》,第361页。

嘉国师曾以一纸信札成功地帮助清朝化解了与哲敦国师之间的矛盾，在对这一事件的处理过程中，章嘉国师在清朝针对蒙古司法方面的贡献可以说有二。

一是破除了"成吉思汗后人，从无正法之理"的旧习。在给哲敦国师的信札中，章嘉国师强调了蒙古要遵守清王朝的司法管辖，不应该以"元裔不宜诛"、"元太祖裔从无正法者"为由而生叛逆之谋，①其信札云："国家抚绥外藩，恩至厚。今额自作不轨，故上不得已施之于法，乃视蒙古与内臣无异之故，非以此尽疑外藩。如云元裔不宜诛，若宗室犯法又若之何？"②

二是确立了僧人不参与国家司法之例。乾隆皇帝曾经因优待黄教并信任章嘉国师而将法司案卷交章嘉国师进行判决，但是章嘉国师却以自己是"方外之人"而予以拒绝。③在给哲敦国师的信札中，章嘉国师再次就此劝说哲敦国师，强调僧人不应干预国家司法："况吾侪方外之人，久已弃骨肉于膜外，安可妄动嗔相，预人家国事也。"④

章嘉国师的这些话不仅成功地折服了哲敦国师，进而化解了番僧叛谋之事，更对清朝确立对蒙疆的司法管辖权起到了十分重要的作用。对此，昭梿曾嘉赞其行为的意义："夫蒙古素称强盛，历代以全力御之，尚不能克，师乃以片纸立遏其奸，亦可嘉也。"⑤

（二）针对蒙古各部边界的规制

由于蒙古、新疆、盛京没有建省，《大清一统志》对于中国各省皆以"统部"称之，故清代法律文献中又称蒙古为"蒙部"，称回疆为"回部"。这里我们以"蒙疆"称之，以对应"苗疆"、"回疆"之谓。清初蒙古部落分四大部，分别是漠南内蒙古、漠北外蒙古、漠西厄鲁特蒙古、青海蒙古，其地域涉及中国东北、新疆、青海，对于这四部的臣服和平定情况是："清初，漠南蒙古臣服最先。至康熙初年，而漠北喀尔喀三部内款。及亲征准噶尔，而青海诸部来庭。惟漠西厄鲁特部，至乾隆间始征定焉。"⑥

---

① （清）昭梿撰，何英芳点校：《啸亭杂录》卷一〇《章嘉喇嘛》，第362页。
② 同上。
③ 同上书，第361页。
④ 同上书，第362页。
⑤ 同上。
⑥ 《清史稿》卷一三七《兵志八》，第4077页。

漠北喀尔喀蒙古即外蒙古,有四部:土谢图蒙古,为后路;车臣蒙古,为东路;札萨克汗部,为西路;塞音诺颜汗部,为中路。顺治时设立八札萨克,自康熙三十五年(1696)打败准噶尔部噶尔丹,在战略上解除了噶尔丹对此四部的挟制,也确保了清廷对外蒙古的控制。后这四部与额鲁特部、和硕特部所属辉特部合为六部,分86旗。清廷以乌里雅苏台将军、库伦办事大臣、科布多参赞大臣为总署,分领包括唐努乌梁海五旗在内的此六部地方。

清初对于蒙古的治理,采取"故明所属者",将其隶入中国为民;原属"蒙古纳贡者",仍归蒙古管辖。①

清代的新疆有厄鲁特蒙古,厄鲁特蒙古分四部,分别治伊犁、乌鲁木齐、额尔齐斯、雅尔。自从治伊犁的准噶尔部强盛以后,卓罗斯遂成为四部盟长,"抗衡中国数十年"。乾隆时期,在清军的打击下,厄鲁特蒙古各部内附,分别被封为亲王、郡王。

> 初,厄鲁特四部,部各有汗,卓罗斯治伊犁,和硕特治乌鲁木齐,徙青海,杜尔伯特治额尔齐斯,土尔扈特治雅尔,不相君臣。自卓罗斯准噶尔强盛,伊犁始为四部盟长,抗衡中国数十年。上欲俟伊犁大定,仍众建而分其力。②

蒙古就一直是满清联盟的对象,从努尔哈赤到皇太极,都注重与北方蒙古的联盟。首先是根据后金的八旗制度在蒙古编旗设佐,共编49旗,每旗设札萨克,总领旗务,旗下设佐,置佐领。并通过法律的形式把与蒙古和亲的"额附"制度确立下来。同时根据蒙古地方特点制定《蒙古律书》以规范对蒙古的统治,其内容也主要是对蒙古原有习俗的规范化。满族始终通过联姻等方式加强与蒙古的关系,蒙古与满族的关系也始终优于与其他各族的关系。从清太宗皇太极至乾隆朝,游牧于漠南、漠北和漠西的蒙古数百万人先后归附清朝,清朝一直把蒙古视为边疆屏藩,把对蒙古的治理放在重要地位,从而一改历朝单纯地把北方草原族群视为边患的认识和做法。为此,进行了一系列的制度建设,包括盟旗、封授爵职、联姻婚娶、朝贡互市等方面。相对于其他边疆地方,蒙古骑兵素来势强善战,明朝时一直是中原的边患,清政府首先对内外蒙古骑兵设旗编次,

---

① 《清世祖实录》卷一一〇三。
② (清)王之春撰,赵春晨点校:《清朝柔远记》卷五,第99—100页。

略同内八旗。康熙年间，清政府增设蒙古55旗予以规制。

> 每旗设札萨克一人，汗、王、贝勒、贝子、公、台吉为之。协理旗务二或四人，亦台吉以上充任。内札萨克蒙古凡二十四部、四十九旗。科尔沁六旗，分左右二翼，二翼又分前后旗。①

这些蒙古军队，在雍、乾时期还被用于征讨准噶尔部或回部，"资其兵力以集事"。②

乾隆年间，清廷加强了对蒙古军队的统制，筑城于乌里雅苏台及科布多，收蒙古之兵统一于边疆将军或办事大臣，这十分有利于蒙疆的稳定，以致于"阴山、瀚海间，百有余年无事矣"。③

> 乾隆间，筑城于乌里雅苏台及科布多二处以镇抚之。其统率蒙兵之制，内札萨克之兵，统于盟长；外札萨克之兵，统于定边左副将军；杜尔伯特及新土尔扈特、和硕特之兵，统于科布多办事大臣；土尔扈特之兵统于伊犁将军；青海各部之兵，统于西宁办事大臣。④

不仅如此，一直到清朝后期，内地和蒙疆之间仍然有比较明确的界限，同时还有军队驻防，这说明清朝政府对于蒙疆在"联"的同时也有"防"，其"防"的办法一如苗疆的"边墙"。清代这种相对的种落隔离政策，实际上也是因地制宜的表现，同时也是清政府先"隔"后"化"的化外主义治法。从客观上讲，由于地理、技术、民俗等因素，清朝中央政权对边疆的统治能力是比较弱的，对许多不直接治理的边疆地方只能实行相对的"封禁"政策。因此，客观上也形成两个边界：一是内地与边疆各族地方之间的"边墙"，二是边疆各族地方与以外的王朝"疆界"。

清代前期，就在能够修筑边墙的地方修筑"边墙"，如苗疆的边墙；在不能够修筑"边墙"的大漠，进行要塞式的分划而治，如回疆六城（或称八城）。在能够进行直接治理的地方，尽量采取直接治理，如西藏；在能够修建关隘的地方设关隘或"边墙"，实行通行管制，如蒙疆。总之，在统以军政合一的机构、教俗分离，

---

① 《清史稿》卷一三〇《兵志一》，第3875页。
② 同上书，第3878页。
③ 《清史稿》卷一三七《兵志八》，第4078页。
④ 同上书，第4077页。

在区划而治的基础上,继以教化,土司、流官并治,这是清朝前期对边疆地区的基本治法。根据族群的分布进行"区划而治",在法律上表现为对相关地方进行相对的"封禁",如苗疆、回疆、蒙疆。

清政府的北方边疆法制主要针对蒙古,在《蒙古律例》中规定了朝贺制度,规定外藩蒙古王、贝勒、贝子、公、台吉等年礼来朝贡制度,具体规定:内札萨克盟旗编作三班,外喀尔喀盟旗、青海之厄鲁特札萨克盟旗编作四班,一年一班来朝;①规定了会盟制度,每三年会盟一次②还有外藩蒙古三年赴盟一次的比丁制度,③以此清册人口,且都有对违反者的相关罚赔规定,同时还削减贡赋。此外,在蒙古各旗之间划清地界,施以卡伦、鄂博之制,其内外札萨克之间的游牧各有鄂博或卡伦为界。"凡内外札萨克之游牧,各限以界,或以鄂博,或以卡伦"。④清初于各省边境扼要处亦设立墩台营房,因此在蒙古亦或设墩台,或设碉堡,以区分其内外札萨克之间的游牧界限。

乾隆五十四年编纂的《蒙古律例》卷五"边境卡哨"中,有"他王侵入人各所分地界"、"侵过所分地界另行游牧"条,规定了对侵入他人所分地界的行为进行赔罚。如"他王侵入人各所分地界"条规定:"人各所分地方,已未管旗之别王侵入,罚马十匹;贝勒、贝子、公,马七匹;台吉、塔布囊,马五匹;平人每家牛一双。"⑤又如"侵过所分地界另行游牧"条规定:"侵过所分地界另行为游牧者,已未管旗王、贝勒、贝子、公、台吉、塔布囊等,罚俸一年;无俸台吉、塔布囊等,罚马五十匹;系平人,则见知之人将本人并畜产一同收领。"⑥

此外,清前期在内蒙古东、南部的蒙汉杂居区也设立了厅、县,视之为内地,进行直接治理,而在内地与"蒙疆"接壤的地方则设以军防。因此,清政府在蒙古与内地之间亦有边界,如"在盛京、吉林则以柳条边为界,依内兴安岭而设";⑦在华北以通驿要口为界,主要是喜峰口、古北口、独石口、张家口、杀虎口,"其内蒙古通驿要口凡五道,曰喜峰口、古北口、独石口、张家口、杀虎口,以达于各

---

① 《蒙古律例》卷三《朝贡》(国学文库第三十二编),北平隆福寺街文殿阁书庄印行,第 27 页。
② 《蒙古律例》卷四《会盟行军》(国学文库第三十二编),第 33 页。
③ 《蒙古律例》卷二《户口差徭》(国学文库第三十二编),第 15 页。
④ 《清史稿》卷一三七《兵志八》,第 4088 页。
⑤ 《蒙古律例》卷五《边境卡哨》(国学文库第三十二编),第 41 页。
⑥ 同上。
⑦ 《清史稿》卷一三七《兵志八》,第 4088 页。

旗。……其外蒙古之驿，则由阿尔泰军台以达于边境各卡伦"。[1]

雍正九年，令直隶疆臣于古北、宜化、大同三处修筑"边墙"，以兵驻防；[2]雍正十年，又于边墙要冲增设木栅，以备堵御，这一防范措施有助于防范内地与蒙古之间的冲突，以致出现了"自清初至乾隆、嘉庆朝蒙边绥辑"的局面。[3]但是到咸丰、同治年间，原来的防兵已积年疲乏，又加之西陲用兵，于是蒙边滋乱渐多。[4]同治四年，朝廷加强了直隶北境沿边关口50余处驻防，分驻喜峰口、铁门关、泺阳、洒河桥、遵化、罗文峪迤北迤西等处。[5]

光绪时期，由于北洋李鸿章主张边务重点在于海疆外患，蒙边防务不敷分布，于是光绪十八年以直隶防军五个营驻古北口，光绪十九年又因古北口防营被调回内地，热河地广兵单，另外训练了三哨马队，与原有的军队一起驻防蒙边，作为京师屏障，北境惟缉捕蒙匪。

在山西蒙边，有归化、绥远、包头等地与蒙、回接界。由于咸丰年间用兵，官军四处征讨，造成蒙边兵备空虚，"寇盗乘机窃发"。[6]左宗棠认为山西团练不可用，另分拨营兵驻黄河西、南两岸，又别募三千人驻垣曲、三门一带。光绪年间，曾国荃又调部分湘军择要屯守。九年、十年，张之洞又增强了雁门关、大同、太原的马步营，"以固边防"。

陕西北境的榆林、神木，地接蒙疆，"障以长城，环以河套，民情驯朴"，[7]其"边墙"防务与直隶、山西相比，则较为简单。

在蒙古与内地之间设以军防的同时，清廷在法律上尤其重视蒙古诱拐内地民人的情况，对之处罚甚严，对此，《蒙古律例》中明确规定："口外蒙古等，将内地男妇子女诱卖或为妻、妾、奴婢者，不分良人、奴婢，已卖未卖，但经诱拐，被诱之人如不知情，为首者，斩监候，为从者，鞭一百，罚三九牲畜……"[8]

到了19世纪六七十年代以后，清政府逐渐废弃和放弃对东北和蒙古的"封禁"。光绪二十八年（1902），清廷正式宣布取消蒙古"封禁"，允许并鼓励内地汉

---

① 《清史稿》卷一三七《兵志八》，第4088—4089页。
② 同上书，第4079页。
③ 同上。
④ 同上。
⑤ 同上。
⑥ 同上书，第4080页。
⑦ 同上。
⑧ 《蒙古律例》卷一〇《杂犯·诱卖内地之人》（国学文库第三十二编），第91页。

民到关外从事农耕,以图"开浚利源",增加赋税收入。边禁的废止,加之官府的倡导,使得移民垦殖活动呈现前所未有的发展态势。

除内地与蒙疆之间的"封禁"外,蒙疆与俄罗斯的接界之处是清王朝真正的疆域边界,满清时期这一边界就已经有了具体的划分方法,且划定得比较清楚了。

> 恰克图之中、俄边界,凡俄国卡伦、房屋,在鄂尔怀图山顶,中国鄂博、卡伦,适中而平分之。如有山河,即横断山河为界。由沙毕纳依岭至额尔古讷河岸,向阳为中国,背阴为俄国。[1]

> 遇森林丛杂,难立鄂博、卡伦之处,则削大树而刊识之。[2]

所谓的"卡伦"、"鄂博",是边界的标志。遇有山河的边界地方,设"鄂博";没有山河的地方,则设"卡伦"。清朝置兵戍守的边地,叫"卡伦",或叫"喀伦"、"卡路"、"喀龙",中国北部边界"卡伦"的设置始于清朝。所谓"鄂博",本为蒙古语,是石堆的意思,可以用石堆作为鄂博,也可以依山河作为鄂博。

> 其恰克图及沿边鄂博、卡伦之制,因山河以表鄂博,无山河则表以卡伦。鄂博者,华言石堆也。其制有二:以垒为鄂博,以山河为鄂博。蒙古二十五部落、察哈尔牧厂八旗各如其境,以鄂博为防。[3]

两卡伦适中的"隙地",蒙古语称之为"萨布",凡是"萨布",都立有"鄂博"以明示。[4]雍正五年七月十五日,中国多罗郡王和额驸策凌、内大臣伯四格、兵部侍郎图理琛与俄国大臣议定边界,由恰克图、鄂尔怀图两处中间界址所立之鄂博起,横至西边的鄂尔怀图色楞格河起,至沙毕纳依岭(即沙宝达巴哈),共鄂博24处;由布尔固特依山南巴彦梁起至东边额尔古讷河源之阿巴哈依图山分界,共立额博48处。后来嘉庆二十三年又会勘一次,[5]有手绘地图存案。

同治七年,裁撤了科布多境内的卡伦后,清朝于光绪初年在与俄罗斯接壤处都设置了卡伦。

---

① 《清史稿》卷一三七《兵志八》,第4090页。
② 同上。
③ 同上。
④ 同上。
⑤ "二十三年,库伦遣蒙员同俄员勘明疆界",《清史稿》卷五二一《藩部传四》,第14403页。

光绪初年,乃于乌克克等处,由沁达盖图乌尔鲁向西南至马尼嘎图勒止,与塔尔巴哈台卡伦相接,一千数百里之要隘,与俄罗斯接壤者,均设卡伦。所有协理台吉等员,咸复旧制。[①]

黑龙江边境的卡伦,以黑龙江将军辖之。蒙古喀尔喀等部落的卡伦,每个卡伦"设章京一员,率兵携眷戍守"。[②] 嘉庆七年,又允蕴端多尔济请,规定每逾十年巡察俄罗斯交界卡伦一次。[③]

(三) 对蒙古、番子的基本法制原则

(1) 蒙古人在内地犯法,一律适用《大清律例》。根据《大清律例》"化外人有犯"条规定,边疆少数族群在内地犯法,一律适用《大清律例》,而在边疆犯法,才适用相关的单行条例。因此,蒙古人在内地犯法,应依《大清律例》治罪,而不依《蒙古律例》惩处。

(2) 王、公、札萨克、台吉中因渎职导致属下由于贫苦积怨而抢劫,对之采取"每案罚俸三个月"进行处罚,《理藩部则例》规定：

> 青海蒙古王、公、札萨克、台吉等于各该属旗下人户,平日务宜优加体恤,严行管束,俾饶生计,各守法律,如有不知体恤,不善约束,致该属下贫苦积怨抢劫者,除将抢劫之人拿获讯明、另行办理外,该管王、公、札萨克、台吉每案罚俸三个月。[④]

(3) 对于关涉蒙疆大局的案件,朝廷摄以兵威,以彰国典。

> ……番民等如敢纠约多人,肆行劫掠,或竟扰及内地边氓,情同叛逆,以及肆意抢劫蒙古牲畜,凶恶显著,关系边疆大局之案,自应摄以兵威,严拿首从,随时奏明办理,以彰国典。[⑤]

(4) 对于蒙古、番子的一般命盗等案,依照其旧例罚服了结。由于蒙古、番子之民性多是重财轻命,其旧例是以罚服完结,如果对蒙古、番子命盗案件用国

---

① 《清史稿》卷一三七《兵志八》,第 4090 页。
② 同上。
③ 《清史稿》卷五二一《蕃部传四》。
④ 《理藩部则例》卷五《职守》。
⑤ (清) 叶尔衡编：《番例条款》,大河日报社,民国二年(1913)版。

典来处置,绳之以内地法律,反而激发彼此仇隙相寻。因此,在嘉庆十四年西宁办事大臣奏文中亦认为应俯顺夷情,仍照旧例,不绳之以内地法律。

> 奴才到任后,细查蒙古、番子大约重财轻命,习尚相同。向来命盗等案,一经罚服,两造欣然完结,即深凤怨,亦皆冰解。若按律惩办,不特犯事之家仇隙相寻,即被害之家,亦以不得罚服,心怀触望。此种积习,不可化悔。……其止于自相戕杀及偷盗等案,该蒙古、番子向系罚服完结,相安已久,一旦绳以内地法律,恐愚昧野蛮,群滋疑惧,转非抚戢边夷之意。可否俯顺夷情,仍照旧例,出自皇上天。①

(四) 对蒙疆的具体法律措施

清入关前,在天聪、崇德时就已经开始对蒙古进行法律管制。首先,在宗教方面,后金天聪年间就对喇嘛教有所管束。"庚戌,禁国中不得私立庙寺,喇嘛僧违律者还俗,巫觋星士并禁止之"。② 然而蒙古人深信喇嘛教,有"悬转轮结布幡"之俗,对于蒙古的宗教习俗亦有禁令,天聪十年三月认为蒙古人"悬转轮结布幡","实乃妄人",于是上谕禁止之。③

其次,崇德元年,又派大学士希福前往察哈尔、喀尔喀、科尔沁诸部"稽户口,编佐领,谳庶狱,颁法律,禁奸盗",④对之进行具体的法律管制。

再次,为防止蒙古内乱,清政府还于雍正、乾隆年间采取了由朝廷敕议划定蒙古各部彼此的牧界;对蒙古贵族进行册封;对渎职的蒙古贵族或处之以"褫爵禁锢",或革除札萨克,或降为贝子等方式进行管制。

如雍正七年,朝廷以噶尔丹策零稔恶藏奸,终为边患,于是派傅尔丹、岳钟琪率兵征讨蒙古准噶尔部,并宣上谕,敕定其疆界。又如乾隆十九年,准噶尔内乱,派永常、策楞平定之,并对准噶尔部贵族进行册封。"封准噶尔台吉车凌为亲王,车凌乌巴什为郡王,车凌孟克为贝勒,孟克特穆尔、班珠尔、根敦为贝子"。⑤ 再如乾隆二十一年春正月,额附科尔沁亲王色布腾巴勒珠尔因为贻误军

---

① (清) 叶尔衡编:《番例条款》,大河日报社,民国二年(1913)版。
② 《清史稿》卷二《太宗本纪一》,第37页。
③ 同上书,第52页。
④ 《清史稿》卷三《太宗本纪二》,第58页。
⑤ 《清史稿》卷一一《高宗本纪二》,第422页。

机,被褫爵禁锢;喀尔喀亲王额琳沁多尔济因疏纵阿睦尔撒纳,被处斩。① 还如乾隆二十五年九月乙卯,喀尔喀车臣汗札萨克旺布旺沁扎布因为不能约束本部属人,被革除札萨克之职并被从贝子降爵为镇国公。②

又次,对于蒙疆的土地私垦亦有规制。由于蒙疆土旷人稀,地尤广袤,利于屯垦,因此对于蒙疆土地屯垦的法律规制亦关乎其建设和稳定。清初,蒙古东北各旗已有定界,如有变化需上报部院,不准越界垦耕。且防止民人贱收蒙地,规定有敢质鬻者峻罚之,著为永令。

> 蒙古初分五等。一、二等备与庄屯、园地。三等以下,只与庄屯,各守土疆,毋得越境。后渐有民人贱收蒙地者。乾隆中定“有质鬻者峻罚之,著为永令”。分拨外藩官地,其略如此。③

清朝后期,出于充实发展边疆,以固边防的需要,实行了“拓边移耕”的政策。

> 关外土旷人稀,蒙古地尤广袤,利于屯垦。清初旗有定界,续因边内壤瘠粮亏,拓边移耕。④

清朝前期,禁止蒙古各部“越界”,规定有“越界游牧罪”,对于越界游牧者进行罚赔;对越界伐木者论罪。如天聪八年派大臣赴硕翁科尔勘定的诸蕃牧界,以扈拉瑚、琥呼布哩都为古北口外的翁牛特部牧界。

> 是冬,班第伟征、达拉海诺木齐以越界游牧罪,议罚驼百、马千。⑤
> 康熙五十六年,理藩院奏,翁牛特及克什腾诸札萨克请令公勘地址,有越界伐木者论罪,从之。⑥

因此,蒙疆各旗自有定界,但是蒙古旧业一般以畜牧为生,其中的敖汉部、奈曼部又多以捕鱼为业,在这些适宜耕作的地方,清初政府已经开始派人教其耕作之法,教之引水灌田,“凡有利益于蒙古者,与王、台吉等相商而行”。

---

① 《清史稿》卷一一二《高宗本纪三》,第 433 页。
② 同上书,第 453 页。
③ 《清史稿》卷一二〇《食货志一》,第 3497 页。
④ 同上。
⑤ 《清史稿》卷五一九《藩部传二》,第 14348 页。
⑥ 同上书,第 14349 页。

崇德三十七年冬,遣官往教之耕,谕曰:"朕巡幸所经,见敖汉及奈曼诸部田土甚嘉,百谷可种。如种谷多获,则兴安岭左右无地可耕之人,就近贸籴,不须入边市米矣。其向因种谷之地不可牧马,未曾垦耕者,今酌留草茂之处为牧地,自两不相妨。且敖汉、奈曼蒙古以捕鱼为业者众,教之以引水灌田,彼亦易从。"①

蒙疆土地的法律规定主要是针对流人偷垦牧场逃租,防止内地客民与蒙古人之间由于佃种交租和商贸欠款之事结怨。为防止流人偷垦,康熙二十八年,又规定:"定奉天等处旗、民各守田界,不得互相侵越。"②康熙四十年,为防流人偷垦,"定例使入官纳租"。③乾隆"五十五年,令奉天自英额场,暖阳边止,丈荒分界城旗之无田者,除留围场复山,余均量肥瘠配给,禁流民出口私垦,而积久仍予编户"。④

嘉庆八年八月,朝廷允准蕴端多尔济所请,对蒙古札萨克(蒙古土著官吏)和呼图克图(活佛)地方进一步规范了客民垦种,实行比较开放的垦种政策,⑤具体内容是:

(1) 札萨克及呼图克图徒众所属地方,免驱逐种地民人禁。

土谢图汗部扎萨克齐旺多尔济、齐巴克扎布等旗,及哲布尊丹巴呼图克图徒众所属地方,免驱逐种地民人禁。

(2) 从前租种者,按地纳租。

嗣后另垦地亩,添建房屋,侵占游牧,并令从前租种者,按地纳租。娶蒙女为妻者,身故之后,妻子给该处扎萨克为奴隶。

(3) 给客民发执照,若再有无照之民任意栖止蒙地,则对盟长、札萨克等治罪。

呼图克图徒众地方即为其所属。并定该处居民按人给照,每年由蕴端多尔济派员检查,造册报院;及再有无照之民任意栖止,盟长、扎萨克等治罪例。

---

① 《清史稿》卷五一九《藩部传二》,第 14338—14339 页。
② 《清史稿》卷一二〇《食货志一》,第 3513 页。
③ 同上书,第 3514 页。
④ 同上。
⑤ 《清史稿》卷五二一《藩部传四》,第 14403 页。

一直到咸丰、同治时期，禁止内地流民出口私垦的政策仍在贯彻："有沿江阴垦骚扰者，立予拘罚。"①

由于蒙疆地广可耕，早在崇德三十七年时就曾遣官往教耕作，蒙员亦愿意私放内地民人前往私垦，从而扩展耕地。如蒙古科尔沁诸旗由于距离奉天较近，招佃内地民人前往开垦。

由于内地民人前往开垦，蒙疆人口不断增加，相应地，政府治理的成本也在增加，"讼不胜诘"的现象早已有之。而清朝在蒙疆实行的是"蒙汉分治"政策，因此当"讼不胜诘"的现象出现时，清政府亦需要不断调整其司法。早在乾隆四十九年，盛京将军永玮等就上奏朝廷，要求将宾图王旗界内的民人交铁岭县、开原县治理。② 嘉庆十一年十月，盛京将军富俊又因为左翼后旗昌图额勒克地方"人民四万有奇"，而要求朝廷增置理事通判治理。③ 同时，盛京将军富俊等人还指出蒙古诸旗札萨克、王、公等多招人垦荒，并积欠抗租，请求驱逐所招民人。经廷议，实行"严定招垦之禁，已佃者不得逐，未垦者不得招"的政策。④

道光元年，蒙古札萨克私放内地民人前往私垦的现象仍在继续，流民游匪遂生，"讼不胜诘"的现象不断，影响蒙疆稳定。到同治、光绪时，为治理匪乱，清廷不断调整地方通判，并进一步设官抚治。如蒙地昌图地方的建置，就因匪乱而不断升级，以清盗源。

> 道光元年，左翼中旗扎萨克达尔汉亲王布彦温都尔瑚竟以垦事延不就鞫，夺扎萨克。然私放私垦者仍日有所增，流民游匪于焉麕集。同治中，以昌图匪乱，通判秩轻，升为理事同知。光绪二年，署盛京将军崇厚奏设官抚治，以清盗源。⑤

至光绪七年，这一政策开始逐渐改变。吴大澂上书主张由官方招募山东农人去东北蒙古边地垦种编屯，以实边塞。⑥

由于招屯开禁，内地农人开始大量进入蒙疆。光绪二十一年，由于晋边丰镇、宁远等地已经有垦民万户之多，蒙古札赉特部、杜尔伯特部、郭尔罗斯部也

---

① 《清史稿》卷一二○《食货志一》，第3515页。
② 《清史稿》卷五一八《藩部传一》，第14325页。
③ 同上。
④ 同上。
⑤ 同上。
⑥ 《清史稿》卷一二○《食货志一》，第3515页。

陆续报垦,私垦之风盛行。如察哈尔旗牧地虽禁私开,也是"越占纷纭",由此加深了客户与旗丁之间的矛盾,导致"讼不胜诘"。光绪二十四年,都统祥麟就此事提出为防止进一步私垦蒙地,必须"严科罪","罚奸商"。[①]

然而,蒙古诸旗札萨克、王、公等多招民人私垦的现象并没有停止。光绪二十八年,右翼前旗札萨克图郡王乌泰不谙"放荒章程",导致嗜利之徒任意垦占,又转相私售,暗增数千余户,新开荒地增三百余里,被蒙古协理台吉巴图济尔噶勒以"敛财聚众、不恤旗艰"为理控告到理藩院。[②] 同年四月,礼部尚书裕德在对此事进行勘治后,上奏说明实情,为此"请将乌泰、巴图济尔噶勒暂革,仍准留任,勒限三年,限满经理得宜,由阖旗呈请开复,否则永远革任;齐莫特、色楞等均分别屏黜,不准干预旗务。并为定领荒招垦章程,荒价则一半报效国家,一半归之蒙旗"。[③]

此外,内地民人到蒙古垦种,蒙古人与客民之间往往因为垦种交租和贸易积欠彼此结怨。光绪二十三年,李鸿章会同都统奎斌就放汉诸部的此类问题上奏朝廷。

> 李鸿章会都统奎斌奏:"蒙古、客民结怨已深,一在佃种之交租,一在商贾之积欠。应更定新章,佃种蒙地者,由地方官征收,蒙古王公派员领取;商民领取蒙古赀本贸易,或彼此赊欠致有亏折,亦应送地方官持平论断,毋稍偏倚。"此敫汉诸部蒙古、客民结隙根本所在,故鸿章等欲更张救之。[④]

光绪二十八年,朝廷派人清查察哈尔旗牧地私开一事,认为"蒙旗生计在耕不在牧",存在"蒙古于地租,或抵偿,或私肥,或一地数主,抑且数租,黠商乘间包揽"等问题,提出"宜由各旗总管详悉呈明,交地开放,悉汰从前地户商总等名,设垦务公司于两翼,各旗先后试办,各盟旗顺令即奖,抗延即罚"。[⑤] 这一做法亦是空前。

(五)《蒙古律例》及对蒙疆的司法治理

1. 对"化外的蒙古"的治法

清代的蒙古,从大的格局来讲,无论是在地域上还是在文化上都界于中国

---

① 《清史稿》卷一二〇《食货志一》,第 3521 页。
② 《清史稿》卷五一八《藩部传一》,第 14325—14326 页。
③ 同上书,第 14326 页。
④ 《清史稿》卷五一九《藩部传二》,第 14339—14340 页。
⑤ 《清史稿》卷一二〇《食货志一》,第 3521 页。

与俄罗斯之间。历史上虽然蒙元曾一统中国，亦有《元典章》之类的法典，但是清代的蒙疆在文化和地域上仍然属于"化外人"。前面我们研究回疆治理时，曾提到清人的边疆概念仍然有内属、外蕃及绝域诸国的藩属之分，清人对于"外蕃"、"绝域诸国"的法俗也一直不以为尚。康熙时期，即使是俄罗斯这样的国家，也被认为是遐荒之裔，属于应该"倾心向化"之国。康熙五十一年，清朝职方司郎中图理琛出使土尔扈特国，其在途经俄罗斯时的宣谕中，就认为中俄未定边界之前，俄罗斯就已经"举国皆倾心向化"。图理琛《异域录》中载：

> 俄罗斯乃西北遐陬荒裔，自古未通中国，史籍所不载，中国人民未曾一至其地。我皇上文德覃敷，神威丕显，恢宏八极，抚义万邦。俄罗斯始通中国，未定边界之前，数十年来，深仁厚惠，沦浃已久，屡洽以仁德，俾沾实惠，俄罗斯举国皆倾心向化。[①]

这种认识依然有"文化边疆"的色彩，因为在当时中国周边诸国在典章文物上没有比中国的儒法文化更发达的。在图理琛的《异域录》中，我们也能够看出清人的这种文化大国思想。图理琛临行前，康熙嘱咐图理琛要宣扬中国"咸以忠孝仁义信为根本"，中国"无干戈，无重刑"。

> 如问中国何所以尊尚？但言我国皆以忠孝仁义信为主，崇重尊行，治国守身，俱以此为根本，虽利害当前，亦固守此数者，宁死弗惮，不渝其道。即今人各有祭祀祷祝之事，然身不行善，不以忠孝仁义信为根本，虽祈祷何益？我国咸以忠孝仁义信为根本，崇尚尊行，所以我国无干戈，无重刑，安享太平已久。[②]

与清国相比，图理琛所观察到的俄罗斯国法律多重刑，甚是野蛮残酷，的确无可取之处。

> 俄罗斯国法律，凡叛逆犯上者，将身肢解为四段；遇敌败北者，斩；其劫夺并路截伤人或杀人者，俱斩；其相互斗殴杀人者，抵偿；持刃杀人者，抵偿；伤人者，断手；其偷盗仓库之官物者，视其赃之多寡，有劓耳鼻者，有重责以火烤而发遣者；其私铸钱者，将铜熔化灌其口内以杀之；其私卖烟酒

---

①　（清）图理琛：《异域录》卷下，王云五主编：《丛书集成初编》，第49页。
②　（清）图理琛：《异域录》卷上，王云五主编：《丛书集成初编》，第2页。

者,重责,籍其家发遣;因通奸杀死本夫者,将妇人之身体埋于地内,独露其首以杀之,奸夫悬于树上以杀之;其犯通奸之罪者,将妇人重责,交还本夫,不准离异,将奸夫重责,复按其罪收赎入官;其幼童与女子通奸者,俱重责,配为夫妇。①

图理琛还认为俄罗斯国礼俗亦是贵贱难辨,与中国儒法相悖。

> 其国俗贵贱难辨,其下人每见尊长,皆免冠立地而叩,尊长不免冠。凡男子或遇途于次及他处,每遇皆相互免冠,立地而叩。男子与妇人相遇,男子免冠,妇人立地而叩。……少争斗,好词讼……歌咏跳舞,妇女不知规避。②

作为接受儒法典章文化的清朝,虽然像雍正说的那样强调无内外之别,主张中外一体,认为四夷"皆为朕之赤子",但是却仍有内地与化外之别。既然作为大国的俄罗斯都被视为化外,那清初的蒙疆自然也是化外之地。清朝仍然继承了唐以来的司法原则,在司法上蒙古人仍然适用"化外人"之条,且制定了专门的《蒙古律例》。不过,虽然清初蒙古仍属于"化外人"的范畴,但是与对苗疆"熟苗"的态度一样,清朝把蒙古分内属之蒙古和非内属之蒙古,不再将内属之蒙古视为"夷"。乾隆曾针对奏折中仍视"内属之蒙古"为夷一事,特谕军机处不可再在书写之时以"夷"称谓蒙古,并传谕沿边各督抚知之。

> 以百余年内属之蒙古而目之为夷,不但其名不顺,蒙古亦心有不甘……传谕沿边各督抚知之,如有仍旧书写之处,朕必加以处分。③

这反映了雍正、乾隆时期官方对待边疆各族态度的变化,但是应该注意的是,这并不代表民间日常书写习惯的改变。清代的一些私人著述,对一些边地族人的称谓仍用反犬旁。如清人田雯的《黔记》中,在书写贵州苗人时,用的就是反犬旁。如仲家的"仲"字,仍用"狆",有"卡尤狆家"(定番、广顺、安顺、兴义)、"篏笼狆家"(贵阳、安顺、平越、都匀)、"青狆家"(古州、清江、丹江)、"黑狆

---

① （清）图理琛:《异域录》卷下,王云五主编:《丛书集成初编》,第31页。
② 同上书,第33页。
③ 《清高宗实录》卷三五四。

家"(清江)。又如今天的仡佬族，《黔记》中书写为"犵狫"，有"剪发犵狫"(贵定、施秉、黄平)、"打牙犵狫"(黔西、平越、清镇)、"猪屎犵"(石迁、黎平、古州、平远、清平)、"红犵狫"(广顺、平远、清平)、"花犵狫"(施秉、龙泉、黄平)、"水犵狫"(施秉、余庆)、"土犵狫"(威宁州)、"锅圈犵狫"(平远州)、"披袍犵狫"(黄平州)。书写"苗"之各种，有"犾狫苗"(散居各府，清平、都匀多有)、"犵獞苗"(荔波)、"羊犷苗"(都匀、黎平、石迁、龙泉、施秉、余庆)、"狑家苗"(荔波)、"狪家苗"(荔波)。今天的"瑶"或"徭"，写作"猺人黔"(清平、贵定、独山)。毕节一带的彝族原称谓"倮"，写作"猓"，有"黑猓猡"(大定府)、"白猓猡"(大定、安顺)。[①]

这些书写习惯在明朝时即已存在，如在广西昭平县界塘等地的明代崖刻上，使用反犬旁的"獞"字。再如明万历六年，朝廷平定黎福庄、黎天龙父子领导的昭平五指(五塘)起义后，用三方崖刻记载此事，分别为《五指岩记事》、《平五指诸岩碑》、《平昭平山寇颂》。其中《五指岩记事》中，以"诸童"相称，无反犬旁；另在《平五指诸岩碑》中又以"獞"称之。[②]

满清在入关前，比较重视以汉人法律文化治国，同时又力图保持满人自己的法俗。其重视用汉法治国者，如：

> 始设六部，以墨勒根戴青贝勒多尔衮、贝勒德格类、萨哈廉、岳托、济尔哈朗、阿巴泰等管六部事；又于满、汉、蒙分设承政官，其下设参政各八员，启心郎各一员，改巴克什为笔帖式，其尚称巴克什者仍其旧。更定讦告诸贝勒者准其离主例，其以细事讦诉者禁之。谕贝勒审事冤抑不公者坐罪。除职官有罪概行削职律，嗣后有罪者，分别轻重降罚有差。并禁官民同族嫁娶，犯者男妇以奸论。又谕贝勒诸大臣省过改行，求极谏。[③]

又如崇德三年七月丁丑，曾谕礼部曰："凡有不遵定制变乱法纪者，王、贝勒、贝子议罚，官系三日，民枷责乃释之。出入坐起违式，及官阶名号已定而仍称旧名者，戒饬之。"[④]

---

① (清) 李宗昉：《黔记》卷三，王云五主编：《丛书集成初编》，第19—28页。
② 萧继光：《三方有关五指山岩的崖刻》，载政协昭平委员会编《昭平文史》(内部资料)，2000年6月，第138页。
③ 《清史稿》卷二《太宗本纪一》，第34—35页。
④ 《清史稿》卷三《太宗本纪二》，第64页。

其重视保持自己法俗者,如崇德二年四月丁酉谕曰:"昔金熙宗循汉俗,服汉衣冠,尽忘本国言语,太祖、太宗之业遂衰。夫弓矢我之长技,今不亲骑射,惟耽宴乐,则武备寖弛。朕每出猎,冀不忘骑射,勤练士卒。诸王、贝勒务转相告诫,使后世无变祖宗之制。"①又如崇德三年七月丁丑谕礼部:"有效他国衣冠、束发、裹足者,治重罪。"②

由于清朝是一个重视用汉法治国,同时又力图保持满人自己法俗的王朝,因此其一方面重视法制建设,另一方面也比较尊重边疆法俗。入关以后,清廷于乾隆五十四年编纂了专门针对蒙古地方的《蒙古律例》,有因族、因俗、因地的特点,《蒙古律例》涉及蒙疆的官制行政、边境卡哨、刑事、民事,成为乾隆末期和嘉庆期间蒙古地方司法的依据。

2. 对蒙疆的司法管辖和法律适用

清代,涉及蒙古人的法律适用主要有两种:一是"大清刑律",二是《蒙古律例》。在乾隆五十四年《蒙古律例》编纂之前,对于蒙古地方直接的司法干预可见于崇德二年派大臣阿什达尔汉到喜峰口外的喀喇沁部"理庶狱"。③

康熙时,蒙古地方刑狱由内外札萨克王公、台吉、塔布囊及协理台吉等进行审理,此一做法后来在乾隆三十九年六月的定例中被确认,并被编入乾隆五十四年编纂的《蒙古律例》,成为"蒙古等妄行越诉诬告条"的内容之一。④但是由于此前尚无专门针对蒙古的律法,因此康熙三十七年朝廷派遣内地官员去督导蒙古王公听断盗案,以此引导其司法,后不常设派员。⑤这里所谓的"教导",显然是依据当时清朝的法律,对蒙古地方多发、易发的盗案审理进行指导。

康熙三十七年时,对蒙疆沿边与民人交涉的案件,采取的是会同内地地方官共同审理的形式,如果属于死罪这样的重罪案件,则由蒙古地方的盟长核报理藩院会同三法司审理;如果蒙古人在北京犯死罪案件,则由刑部会同理藩院、三法司进行审谳;如果是东北盛京旗人与边外蒙古人之间的死罪案件,则属于

---

① 《清史稿》卷三《太宗本纪二》,第 60 页。
② 同上书,第 64 页。
③ 《清史稿》卷五一八《藩部传一》,第 14331—14332 页。
④ 《蒙古律例》(国学文库第三十二编),第 70—71 页。
⑤ 《清史稿》卷一四四《刑法志三》,第 4213 页。

"特别之制"，需要于秋审会同四部侍郎、奉天府尹酌定实、缓汇题。

> 沿边与民人交涉案件，会同地方官审理，死罪由盟长核报理藩院，会同三法司奏当。在京犯斩、绞，刑部审讫，会理藩院法司亦如之。盛京刑部掌谳盛京旗人及边外蒙古之狱，秋审，会同四部侍郎、奉天府尹酌定实、缓汇题，盖皆特别之制。①

乾隆初，对青海、蒙古地方之人，如果有犯死罪的，一般是监禁在西宁、甘肃，于秋审时将原犯情罪入于该省招册，咨送三法司查核。② 到了乾隆二十六年形成定例，凡是蒙古与民人交涉的案件，如蒙古人在内地犯事者，照刑律办理；如民人在蒙古地方犯事者，即照蒙古例办理。③

由于与俄罗斯之间的边民贸易时有纠纷，且不时有劫掠案件发生，乾隆四十八年定《喀尔喀四部乌拉章程》，后于乾隆五十年春又定《沿边蒙古需用烟茶布匹章程》，以便处理。

> (乾隆)四十八年，以车登多尔济私给乘骑乌拉黄缎照票，罢库伦办事大臣……仍命车登多尔济之子郡王蕴端多尔济随同办事，定《喀尔喀四部乌拉章程》。……四十九年，以俄罗斯属布里雅特人劫内地往乌梁海贸易商民，赔货而不是交犯，屡檄其国。……五十年春，以俄罗斯覆文支吾推宕，复停恰克图互市。办事大臣松筠因定《沿边蒙古需用烟茶布匹章程》。④

由于乾隆五十四年《蒙古律例》已经编纂完成，针对蒙疆内部的法制已比较完善，但对于蒙疆边民与俄罗斯人之间的犯罪仍然有待协调。乾隆五十六年与俄罗斯复开互市后，针对蒙疆边民与俄罗斯人之间的案件管辖问题，清廷专门派松筠与办事大臣普福、协办贝子逊都布多尔济一同前往恰克图，与俄方共商双方会办案件一事。双方约定今后彼此约束商贩，若遇需中俄双方会办案件，应如例迅速完结；若遇命案，则应送恰克图进行审理及正法，并"因与立约，永为遵守"。⑤

---

① 《清史稿》卷一四四《刑法志三》，第 4213 页。
② (清)薛允升：《读例存疑·名例律下之二条例·化外人有犯—03》。
③ 同上。
④ 《清史稿》卷五二一《藩部传四》，第 14402 页。
⑤ 同上书，第 14402—14403 页。

关于《蒙古律例》与《大清律例》的法律适用关系,清朝于斗殴、拒捕、抢劫案件亦有不同定例。凡涉及斗殴、拒捕等事,采取地方官与蒙古旗员"会讯",这与苗疆的处置方式比较类似。如果蒙古人在内地犯有斗殴、拒捕等事,照内地刑律办理;如果是民人在蒙古地方犯有斗殴、拒捕等事,则照蒙古例办理。① 对于发生在蒙古地方的抢劫案件,依照嘉庆二十三年定例,规定蒙古人适用蒙古例,内地民人则适用内地刑律;如果是蒙古人与内地民人伙同抢劫的,其适用原则是:"蒙古例重于刑律者,蒙古与民人俱照蒙古例问拟。刑律重于蒙古例者,蒙古与民人俱照刑律问拟。"②

针对热河承德府所属地方蒙古人发生的抢夺案件,如果被抢夺者是蒙古人,贼犯无论是蒙古人还是民人,均适用蒙古例;如果被抢夺者是民人,不论贼犯是蒙古人还是民人,均适用内地刑律;如果被抢夺者一个是蒙古人,一个是民人,根据各自失赃轻重而定,蒙古人失赃重照蒙古例处罚抢夺者,民人失赃重照内地刑律科断。③

3. 清初中俄条约中的蒙疆边界司法管辖及法律适用

康熙二十八年中俄议定《尼布楚条约》,雍正时期因边界贸易之故,从沙俄政府之请,与沙俄又议定多个条约:《恰克图条约》、《布连斯奇条约》、《阿巴哈依图条约》、《色楞额条约》等。其中《布连斯奇条约》、《阿巴哈依图条约》、《色楞额条约》在中国向无传本,仅有光绪三十一年施昭常翻译本。

由于清朝立法程序与实体不甚分明的立法习惯,因此相关的司法管辖规定亦分散于《尼布楚条约》、《恰克图条约》、《布连斯奇条约》等各条文中。雍正五年七月十五日,两国议定之"恰克图鄂博案",其主要内容是划定中俄边界并立"鄂博"共 72 处,后嘉庆二十三年又会勘过一次。雍正五年八月二十八日,中俄议定之《阿巴哈依图条约》又详细划定了"鄂博"界线。

康熙二十八年九月五日议定的《尼布楚条约》,共八条,其中涉及边民越境、犯罪、索还、交易问题,有关司法问题归纳起来有:

(1)"分定疆界,两国猎户不得越过,如有一二宵小私行越境打牲偷窃者,拿送该管官分别轻重治罪。此外,十人或十五人合伙执仗杀人劫物者,务必奏闻,

---

① （清）薛允升:《读例存疑·条例·化外人有犯一03》。
② （清）薛允升:《读例存疑·条例·化外人有犯一04》。
③ （清）薛允升:《读例存疑·条例·化外人有犯一05》。

即行正法。其一二误犯者，两国照常和好，不得擅动征伐"。

（2）"中国现有之俄罗斯人，及俄罗斯国现有中国之人，免其互相索还，著即存留"。

（3）"嗣后往来行旅，如有路票，听其交易"。

（4）"自会盟日起，逋逃者不得收纳，拏获送还"。

经考，雍正五年七月十五日议定之《布连斯奇条约》即为《恰克图条约》之第三条。该约进一步细化边界，确定了遇有边界之间空地"酌中均分"的原则，同时自划定疆界之日起，对边民偷入他国游牧、入他国占居建屋、入他国杂居、入国取貂等事进行了初步的管辖。

> 疆界既定之后，如两国有无知之徒，偷入游牧，占踞地方，建屋居住，一经查明，应即饬令迁回本处。两国人民如有互相出入杂居者，一经查明，应即各自取回，以安边疆。两国乌梁海人之取五貂者，准其仍在原处居住，惟取一貂者，自划定疆界之日起，应永远禁止。[①]

雍正五年九月初七日又定《恰克图条约》（共十一条），又叫《喀尔喀会议通商定约》。《恰克图条约》中涉及边民司法管辖和法律适用的条文是第三、四、八、十、十一条。

第三条内容与上述《布连斯奇条约》相同。其中之所以专言"入国取貂"一事，是因为乌梁海位于蒙古的西北部，有清国所属之乌梁海，也有俄国所属之乌梁海。又因为貂极贵重，按例，当地清国属地的乌梁海人每年以五张貂皮上贡于清廷，俄国所属之乌梁海人每年以五张貂皮上贡于沙俄政府，且附近边境彼此又有各上贡一张貂的乌梁海人，因此才就此事专门约定。

第四条规定了双方通商细则，规定了零星买卖在尼布楚、色楞额两处进行，三年一次互市，每次商人数不得超过二百，必须于官道行走，违者没收其货物，并均不征税等，要求管辖官员秉公处理争端。"其管理贸易官弁等将所属下人妥为管辖，倘有争端，秉公办理"。[②]

第八条强调了官员要速行完结有关争端，不得贪黩推诿，否则按刑律

---

① （民国）葛绥成编著：《中国近代边疆沿革考》，第64—65页。
② 同上书，第91页。

处罚。①

第十、十一条对于刑事案件的司法程序和法律适用进行了详细的规定。其中第十条在经过四十年后，于乾隆三十三年又进行了一次修改。修改前的第十条规定对于各卡伦边界的抢劫、盗窃犯罪的审理和处罚都十分重视，程序也比较复杂。现分析如下：

（1）对于"遇有持军器强劫者"，分"当即抓获"和"未即抓获"两种情况。

对当即抓获者，无论伤人与否，其审理程序是：由该管卡伦进行拿获并审明看守，同时呈报各管卡伦的札萨克台吉，俄罗斯头目等会札萨克头目赴该处审明，出具缘由，呈报办理边务大臣，办理边务大臣再派出品级比较高的属员到该卡伦会同札萨克头目复审，再呈报边务大臣。如果罪犯是中国人，报理藩院斩决；如果罪犯是俄国人，则报萨那特衙门斩决，俱在边界处斩首示众。

> 系中国人，报理藩院斩决；系俄国人，报萨那特衙门斩决。将此应斩人犯拏赴边界处斩首示众。贼骑之马匹鞍辔军器，给拏获贼犯之人，以示鼓励。所窃牲畜马匹物件，给付失主外，仍一倍罚十倍。②

对于没有即时拿获贼人的情况，其程序是：由该管卡伦对案情进行调查并各书手记，限期一月内抓获罪犯。如果一月内未能抓获罪犯，则须将案情呈报边务处，按被窃物件之十倍，对该管缉拿不力的卡伦章京兵丁进行罚赔。

> 各呈报办理边务处，将应罚之马匹牲畜物件，即于承缉不力之卡伦章京兵丁名下，一倍罚十倍。③

（2）对于"未带军器行窃者"，亦分"当即抓获"和"未即抓获"两种情况。

对于当即被抓获的罪犯，处罚是鞭一百示众。

> 贼骑之马匹鞍辔，给拏获贼犯之人，以示鼓励。其所窃牲畜马匹物件，给付失主外，初次一倍罚取五倍，二次者一倍罚取十倍，三次者即照强盗例办理。④

---

① （民国）葛绥成编著：《中国近代边疆沿革考》，第93页。
② 同上。
③ 同上书，第94页。
④ 同上。

对于未当即抓获的情况，同样的程序是：由该管卡伦查其踪迹并各书手记文书，限卡伦章京兵丁一月内抓获罪犯，抓获后鞭一百示众，所窃马匹牲畜物件之数目，照现时拿获贼犯之例，以次罚取。如果卡伦官兵拿获逾限，对该管缉拿不力的卡伦章京兵丁进行罚赔。[①]

（3）对于"无文凭越边者"，分"无文凭持械越边者"、"越边打牲者"、"未带军器越边"三种情况。凡是"无文凭持械越边者"，虽然他们没有行窃杀人，但是一经拿获，按行窃杀人处理，所带器械、鞍马，均给拿获贼犯之人，以示鼓励；如果是"越边打牲者"被获，所得牲畜、器械、鞍马，并给拿获之人，以示鼓励，该犯鞭一百示众；如果是"未带军器越边者"，被获时由卡伦章京头目询明，确实属于迷路者，仍鞭五十示众。"凡人犯应责者，中国人照例鞭责，俄罗斯人杖责"。[②]

乾隆三十三年九月十九日修改后的《恰克图条约》第十条规定，与原来"恰约"第十条规定的司法程序相同，处罚方式和轻重基本相同，不同之处是增加了"马匹及别种牲口遗失"一项，而且在表述上更加清楚明白。

> 凡马匹及别种牲口遗失路上，有人遇见，即应送交最近之卡房收领。如遗失以上对象，未经有人送还，失物人即将牲口数目、形式、开明禀报。此种马匹等件，应于五日内觅还原主。如遇见此种牲口，并不送还、竟行留用者，一经查出，即由卡房兵官禀报管理交界官，责令加倍罚偿。[③]

在上述涉及边民犯罪的处罚规定中，都有以罪犯的赃物给付拿获贼犯、逃犯之人以表示鼓励和变相地对失职官吏的处罚。由于蒙古地域广大，朝廷对边境的执法、司法不仅需要依靠当地的札萨克、王、贝勒、台吉、塔布囊，同时也需要依靠当地蒙古民人，有奖励抓捕和告发边境犯罪的立法意图，以此形成蒙古内部的自我约束。这一做法在《蒙古律例》中有类似规定，如"亡捕"中的"拏获逃人于逃人之主罚两岁牛"条、[④]"边境卡哨"中的"侵过所分地界另行游牧"条、[⑤]"军器等物不准卖给俄罗斯"条。[⑥]

清朝康熙、雍正时期与沙俄签订的一系列条约，虽然也有失地，如《尼布楚

---

① （民国）葛绥成编著：《中国近代边疆沿革考》，第94页。
② 同上书，第95页。
③ 同上书，第97页。
④ 《蒙古律例》卷八《亡捕》（国学文库第三十二编），第74页。
⑤ 《蒙古律例》卷五《边境卡哨》（国学文库第三十二编），第41页。
⑥ 同上书，第45—46页。

条约》,但是基本上起到了"划定边界"、"肃清边疆"的作用,确立了合理划分边界的基本原则,形成了一套边界管理行政司法制度,同时也形成了清朝与沙俄之间在边界法律事务上的处理方式。从内容看,无论是在司法管辖还是在法律适用上,这些条约都是建立在相互尊重和平等的基础上的。

到了清朝后期,咸丰、同治、光绪期,涉及蒙疆的中俄界约大致有:《北京条约》(咸丰十年)、《塔城界约》(同治三年)、《乌里雅苏台界约》(同治八年)、《科布多界约》(同治八年)、《塔尔巴哈台界约》(同治九年)、《伊犁界约》(光绪七年)、《哈巴河界约》(光绪九年)、《喀什噶尔界约》(光绪八年)等。这些界约基本上没有更多涉及边界司法问题。

但是,自咸丰十年的《北京条约》始,由于清国势衰弱,中俄边界问题进入了一个不平等条约时期,在法理上划分出所谓的"常驻卡伦"、"移设卡伦"、"添设卡伦"。此一时期沙俄利用中国内忧外患,在签订《北京条约》时强迫清廷"以常驻卡伦为界",清廷代表明宜将军虽然力争,"谓中国卡伦向无常驻不常驻之分,必当以最外卡伦为界"。[1] 但是,"与彼官勘界,彼官持常驻二字划界",[2]在此之后的《塔城界约》等界约亦受此强迫,致使失去了清初就拥有的定边将军所属的蒙古乌梁海十佐领游牧地,科布多所属阿尔泰尔、乌梁海二旗游牧地,哈萨克游牧地,布鲁特游牧地等广大领土。

总之,整个18世纪到19世纪上半叶,是我国边疆史上的一个重要历史时期,清朝进入了一个全盛时期,在经济、政治上取得了重大成就。清前期开疆拓土,疆域空前广大,中国封建时代疆域最终定型,奠定了近代中国的版图,大致包括现在的中国加上巴尔喀什湖以东、以南,帕米尔高原以东,蒙古高原和外兴安岭以南的广大地区。清朝在边疆治理方面达到了前所未有的高度,这不仅表现在其"开疆拓土"、"移民实边"的事业上,其治边思想和边疆、边界上的法制建设也对后世有重要影响。

满清除了在观念上破除"华夷之防",在治理上采取积极、深入的态度外,在政治制度建设方面"清从明制",继承了历代统治经验,加强了对边疆的控制,实施了与前朝有很大区别的边疆政策,如"改土归流"等。与前朝相比,其边疆治理的成就更表现在边疆法制建设上。无论是在北部的回疆还是南部的苗疆,都

---

① (民国)葛绥成编著:《中国近代边疆沿革考》,第116页。
② 同上。

大力推行有针对性的立法,形成了较为完备、系统的边疆法制。同时还不断地推进边疆与内地法律制度的一体化,逐步在制度上突破我国历史上长期存在的边疆与内地分而治之的二元化法律治理模式,把对边疆的治理建立在较为完备、系统的法律制度基础之上。正如曾国藩所云:"用人行政,二者自古皆相提并论。独至我朝,则凡百庶政,皆已著有成宪,既备既详,未可轻议。"①

---

① 《曾国藩全集·奏稿一·应诏陈言疏》。

第十五章

"民族"与"自治"：
近代边疆法律话语之转换

　　自清末法律改革移植西方法律以来，具有西方法学意义的"民族"和"自治"概念才开始进入中国，过去中国人在处理与边疆"族群"关系时，都是在"种落"、"国族"的语境下进行的，这是中国治边史上一贯的概念。正如本书前面部分讨论儒家的文化义理时所说，中国古代不仅没有近代西方式的"国家"概念，而且也没有西方式的"民族"、"自治"概念，因为在近代西方法理型政治的话语下，"国家"、"民族"、"自治"都属于西方法学的概念。

　　首先，在西方近代法治话语体系下，"国家"本是一个纯粹的政治实体，由于在西方法理学上有了法律主体的概念，因此国家和国家所属的人民都可以成为法律主体，"国家"不仅是一个依据宪法形成的政治实体，而且相对于其他国家和本国人民，它还是一个法律主体。与国家这个法律主体相对应的人民同样也是法律主体，这个法律主体是由公民（自然人）及其社会组织（法人）构成。因此，国家与公民之间的关系是法律主体之间的关系，如此，依据法律不仅可以形成国家，还可以区别和联系这个国家与其社会的关系，从而形成了西方文化所追求的法理型国家，即所谓的"现代法治国家"。

　　中国古代的"国家"的含义则不同，如开篇所述，中国古代的国家只是家和国组成的"王朝"。在理论上，"王朝"代表的是一个居于统治地位的种落或宗族，因此在历史上往往体现为血族分封制，尽管后来因用秦制而有所改变，但这种基于种落或宗族的顶层政治设计在后来的"王朝"统治中并没有改变。这种依据种落或宗族的"王朝"统治被赋予了"仁"、"德"这样的合法性义理，在一定程度上也受到道德和礼法的约束，但它本身并不是一个依据人民"同意"而构成的法律实体，最多只能成为一个政治实体和奉行儒家道德文化的文化实体，自然不具有法律主体之间需要有的相对性。这是因为既然"王朝"不是法律主体，"王朝"所管辖的人民同样也无法成为与"王朝"对应的法律主体。也就是说，人民只能是这个居于统治地位的种落或宗族的臣民、子民、"赤子"，而不能够成为与国家对应的、具有法律主体权利的公民。所以，中国古代的"王朝"虽然也有许多的法律，但是在根本上它并不是一个我们现在所理解的法治国家。由于中国古代没有出现西方现代法理型的国家，因此中国古代也就不可能有西方法治意义上的、抽象的"民族"概念。

其次，清末学习西方制度而进行法律改革，必然要传入一些西方法律专业术语，其间势必也随之有"民族"的概念。对于中国近世学术来讲，"不得不造新名"是必须的，正如王国维所说："故我国学术而欲进步，系虽在闭关独立之时代，犹不得不造新名。况西洋之学术而入中国，则语言之不足用，固自然之势也。"[1]至少自西周以来的史料中几乎很难见到有"民族"的概念。[2] 中国古代的日常用语中有"族"、"族类"、"国族"、"宗族"、"同人"。[3] 后来中国古代的官方法律用语中，在先秦有"人"、[4]"国族"、[5]"国民"、[6]"国人"、"子"等，[7]后之法律文献中多用"民人"、[8]"化外人"。历史上，由于《礼记·王制》制定了"六礼"、"七教"、"八政"，[9]这些政典在漫长的历史过程中得以实施，至少在诸夏范围内基本实现了"一道德以同俗"，对这些国族用"以法化俗"的方式进行了超越"国"的、同一

---

①　王国维：《论新学语之输入》，《王国维论学集》，中国社会科学出版社1997年版，第387页。

②　据郝时远先生考证，(梁)萧子显之《南齐书》(中华书局1972年版，第934页)中所云"今诸华士女，民族弗革，而露首偏踞，滥用夷礼，云于翦落之徒，全是胡人，国有旧风，法不可变"，是民族一词"目前所见最早的使用例证"。另见郝时远《中文"民族"一词源流考辨》，《民族研究》2004年第6期。

③　如前谈到早期"王会之制"时，作者认为王会之制亦在于同门，如《同人》卦有"同人于野"、《同人》初九"同人于门"、《同人》六二"同人于宗"、《同人》上九"同人于郊"。见(宋)朱熹撰、柯誉整理《周易本义》，第60—62页。

④　早期诸夏多以人称，如宋人、鲁人、齐人、楚人，后之立法中对蛮夷亦以"人"称。

⑤　如《周礼》中有诸侯"聚国族于斯"。

⑥　如《周礼》中有"令国民族葬"。《周礼注疏》卷二二"墓大夫"，阮元校刻本《十三经注疏》，第786页。意思是同族居者葬合，所谓"国民"仍然是宗族的意思。

⑦　"东夷、北狄、西戎、南蛮，虽大曰子"，《册府元龟·外臣部·入觐》卷九九九。

⑧　如清代立法中常用"内地民人"。

⑨　《礼记·王制》中所云："司徒修六礼以节民性，明七教以兴民德，齐八政以防淫，一道德以同俗。"此处出现"六礼"、"七教"、"八政"，其中"六礼"是冠、昏、丧、祭、乡、相见之礼，"七教"为君臣、父子、兄弟、夫妇、长幼、朋友、宾客，"八政"为饮食、衣服、事为《注》：谓百工技艺也)、异别《注》：五方器不同也)、度、量、数《注》：百十也)、制《注》：布帛幅广狭也)。

性的塑造,这或许可以说是中国历史上第一次大的"族群"整合,因此才有"国族"、"国民"、"国人"这种具有特定历史文化意味的概念。秦以后,由于法家文化的影响,法律在治理社会的意义较前为重,因此法律文献和法典中逐渐出现了对内称的"民人"及对外称的"化外人"。① 清律中有"化外人"条,在提到这些族群时,一般仍以"人"、"子"称之,而少见以"族"称之,更不是后来孙中山所说的"五族"的概念。

由此可见,中国古代本没有西方法律意义上的"民族"概念。中国古代所谓的"族","犹类也",②故有"族类"、"同人"之说。这说明中国古代"族"在古代有分类的意义,在国家、社会层面来讲,由于西周分封制的影响,先秦时期的"国"与"族"的关系多具有同一性,所谓"非我族类,其心必异。楚虽大,非吾族也"(《春秋左传·成公》),故有"国族"、"国人"、"国民"之说。但是这也只是说明了中国古代的"国族"、"国人"、"国民"只是家族的放大,并不是现代国家意义上"国民"(Volk)的概念,而"人"、"民人"的称谓并不具有现代法律上的意义,因此,中国古代本没有"民族"(Nation)的概念。

清代的官方用语中只有"蛮夷"、"臣子"、"赤子",其法律用语中多有"人"、"化外人"这类称谓。相对于王朝而言,这些称谓都不能够成为一个相对于王朝的、现代意义上的法律主体,因此那些在现在被我们称为"民族"的种落之间的关系,在古代被认为只是人和人之间的文化类别关系,而不是由法律来界定的关系。在史籍中,当需要称呼某一"种落"时,只是称之为"某种人",如"汉人"、"匈奴人"、"突厥人"、"苗人"、"回人"等等。先秦时期,对四方"夷狄",皆不以"人"相称,所谓"夷狄"指的是南蛮,从虫;北狄,从犬;东貉,从豸;西羌,从羊。依照春秋之义,何以可称"人"? 如《春秋》鲁庄公二十三年曰:"荆人来聘。"《公羊传》曰:"荆何以称人? 始能聘。"何休注:"《春秋》王鲁,因其始来聘,明夷狄能慕王化,修聘礼,受正朔者,当进之,故使称人也。"③由此可见,凡四方"夷狄",能够"慕王化,修聘礼,受正朔者",就可以称"人"。后世原本属"夷狄"的边疆族群又被称为"人"的很多。从隋唐开始,在法律上用"化外人"统称"夷狄",则反映

---

① 秦国在统一中国之前,对于秦国之外的人,称"邦客"。如秦律《法律答问》有"邦客与主(秦人)斗",见睡虎地秦墓竹简整理小组《睡虎地秦墓竹简·法律答问》,第189页。此亦可见《睡虎地秦墓竹简》反映的仍是秦国而非秦朝时的法律。

② 《周礼注疏》卷一〇"大司徒",《十三经注疏》,第706页。

③ 黄守愚:《儒学新编》,湖南人民出版社2015年版,第384页。

了此后对"夷狄"的尊重，清代称以"人"已经很普遍了。

在中国古代的儒家正统理论中，始终承认"种落"之间只有习俗和信仰的文化差异，而对于某一个奉行以"王者无外"来"化成天下"为政治理想的中央王朝来说，可能在一定时期或特定地域内存在着对边疆蛮夷"异俗"的歧视，[①]但是中国文化的根本在于"化成天下"，对待"四裔"的态度在根本上并无"歧视"，如孔子言："言忠信，行笃敬，虽蛮貊之邦行矣。"[②]这说明中国文化讲的平等，是超越了民族观和国家观的"常道"意义上的平等，是谓除此之外对之并没有法律上的特定人格的定性，更无古罗马"万民法"和"市民法"之间的"人格减等"，因此对边疆"种落"也就不存在法律上的歧视。相反，在治理这些边疆"种落"时，往往如同教化汉人一样，在根本上也只有"已化"和"未化"之分，而无所谓"民族"之别。由于王朝是以"王者无外"自居，以"化成天下"为最高政治境界，自然无所谓歧视某一种落和某类风俗。且由于有了西周"王制"实践的成功先例，后世王朝自然更有了"一道德以同俗"的信心，所以在一个正统王朝的眼里，在理论上，凡天下之人都是"人"、"民人"、"臣"。在后来的历史上，所谓的"悉如赤子"（唐太宗语），所谓的"边地穷民皆吾赤子"、[③]"视中外为赤子"（雍正语），[④]所谓的"中外一体"（乾隆语）就是这一政治文化的体现。[⑤] 关于这一点，笔者在本书的前半部分已经阐述。因此，历史上的"化俗"之治，乃是天下之治，"未化之人"的含义也包含了内地汉人在内，而非只是针对某一边疆民族；历史上的朝贡之制，亦是天下之治，内地汉人地区同样要向中央王朝进贡，而非只是针对边疆族群而为之。

再次，与"汉人"、"匈奴人"、"突厥人"、"苗人"、"回人"等这些最多只表示了人种和文化上差异的称谓不同，"民族"的概念是一个用虚拟的方式创制的法律概念，而且是一个"法律主体"概念，具有法律上的特殊人格的意义，有着被法律赋予的、特殊的、确定的权利和义务，所以才有现在的少数人权利之说。当下国内学术界有学者所谓的少数民族"去身份化"，"身份证上不再写民族"，这些观点同样也是在西方法治话语下来说的，其实质就是要除去这些少数民族在法律

---

① 在《尚书·尧典》中就有"蛮夷率服"，可见"蛮夷"称谓出现之早。
② 《论语·卫灵公》。
③ 《清世宗实录》卷六四。
④ 《清史稿》卷二八八《鄂尔泰传》。
⑤ 《热河志》卷二〇《出古北口》。

人格上的特殊性,这与中国古代"王者无外"、"化成天下"话语系统中讲的法律治理根本上不是一回事。

正是因为"种落"之间只有习俗和信仰的差异,而无法律人格上的特殊性,且中国古代在边疆治理上就只有"羁縻"一说,羁縻而治只是停留在笼络其首领的层面,更无所谓在其内部进行法律治理,"羁縻"并不是一个法律概念,只是一个与传统朝贡制度一样的礼俗形式。因此历代在涉及边疆民族具体的立法和司法上,一般都遵循着古老的"以礼化俗"、"以法化俗"的原则,直到清朝,都并不单纯地强调这些边疆族群在法律上有特别的主体性权利,亦不存在基于这种权利的"自治",今日我们用现代法学上"自治"的概念去解释中国古代的"羁縻"也并不合适。

"自治"的概念来自西方12世纪以来的城市法,城市法的产生是商业贸易和西欧采邑制相互作用的结果,是商人和领主、领主和国王之间斗争的结果。后来"自治"又与启蒙时代的民主政治理论结合在一起,成为一个西方宪法学上的"权利"概念。清末以来,在追求于中国实现西方宪政的过程中,中国的知识阶层很大程度上接受了这种"自治"话语,在其影响下,19世纪20世纪之交中国曾出现过"省宪自治"运动,后来外蒙古的分裂与此亦有深刻的关系。这种"自治"的法理逻辑是"一个民族、一种语言、一个国家",容易弱化特定文化共同体内族群之间的文化认同,进而容易与所谓的"民族自决"联系起来。近代西方国家,基本上都是单一民族国家,在这种单一民族国家的条件下,作为民主政治内容的"自治"只是与"公民权利"有关,如果将它与"民族"概念挂钩,对西方国家来说则并没有什么实质意义。但是,对于中国这样一个地域广大的多民族文化大国来讲,这种"自治"的政治法律意义就非同寻常。因此,同样在民主政治的"自治"话语下,在将"民族"与"自治"联系在一起的时候,划清"民族自治"和"民族自决"之间的界线,对于多民族国家的边疆治理是极其重要的事情。

在"西力东渐"和"世界棣通"的风暴下,近代以来包括法文化在内的中国传统文化开始全面崩溃,加之围绕宪政民主的问题出现王旗变换、风云流转,西方法理学往往自觉或不自觉地成为中国人对近现代各个历史时期政治观察的基本思维方式,各政治派别在如何处理边疆民族问题上也经历了一个艰难、曲折的认识过程。民国时期出现的"五族共和"一说是孙中山将民族主义与西方式的民权主义结合在一起的产物，孙中山在推翻满清之前就有了这样的思想，在推翻满清之后又再次提出合汉、满、蒙、回、藏为一体的"五族共和"，此"五族共和"实为新的历史条件下的"融为一炉"，这是进一步化成中华民族国家所必须。所谓"新"者，实是因为"五族共和"是建立在以民权主义为核心的共和民族思想之上，"五族共和"的提出使得"民族"一词成了官方话语。对于这一提法，当时国内学者有不同的认识，比较典型的是1937年1月顾颉刚在《申报》上发表的著名的《中华民族的团结》一文，其中就认为所谓的"五族"之称，只是"中国人作茧自缚"，同时还表达了对"民族"这种称谓引起的心理变化的担忧。

蒋介石在其《中国之命运》中提出"中华民族宗族论"，实是想以"宗族"的概念来代替古代的"种落"和近代的"民族"，以此来补充"中华民族"的概念，并以此泯除畛域之见，作革新之谋，求得中华一统，国族一家。贵州省政府主席杨森在其《辑印边疆文化丛书总序》中使用的是"中华民族"、"国族"、"宗族"、"宗支族"这些概念，其中与"中华民族"相对应的概念是"国族"；与"汉"、"满"、"回"、"藏"、"瑶"、"僮"、"仲"、"水"等相对应的概念是"宗支族"。"国族"之论，不强调种落于身体、文化的差异，而是主张中华民族"同源"之说，实是继承了中国古代"大同"之义。民国时期杨森任贵州省主席时大力奉行蒋介石的"国族"理论，并以之指导贵州边政。笔者兹据杨森所撰《贵州边胞风习写真自序》，对其奉行的"国族"理论略作解析。

首先，"国族"之论在学术理论上也有排斥西方人类学的意思。西方体质人类学的一个特点是习惯于体质、人种的区别，而西方文化人类学的特点则是强调种落的文化个性。此二者在研究出发点上皆强调种落之间的差异性，这显然是西方人习惯于分析、细化的"科学"性的思维方式使然。而中国古代的"民族理论"同它的文化一样，不强调探究客体本身的自然属性，只是对其社会文化属性（风俗习惯）稍感兴趣，而且也不喜欢对边疆种落的风俗习惯作科学化的历史考古研究，即使研究其风俗习惯，也只是从"化俗"的目的出发，往往只是侧重于研究其风俗习惯中的制度性内容来作为"一同于俗"的治理的参考，[1]所谓"国族"之论，与此类通。因此，中国古代对边疆的治理本无需有更精细化的"话

---

[1]　如笔者在《法律与法俗》一书中的观点，认为："中国古代政治是风俗性政治，中国古代法律是风俗性法律。""中国古代法律一直追求礼、法、俗的统一。"杜文忠：《法律与法俗：对法的民俗学解释》，第44页。

语"、"概念"、"体系"，也无需在这方面下功夫，今人若不自觉地运用先入为主的概念，欲建立所谓的"中国边疆话语体系"，用今人的概念为古人的边疆治法进行抽象总结，则有可能会是替古人担忧，甚至可能误读古人。

其次，"国族"之论认为若以西方的人类学、人种学研究来细分我国族，则有倡为"多元离间"之害，这对于中华国族的团结是有害无益的。

> 外国之野心家，更藉研究人类学、人种学为名，惟恐天下不乱，从而倡为多元论，挑拨离间，以达其侵略之作用，无感乎百姓之不亲，而各宗支族间之感情南辕北辙也。[1]

"国族"论者不仅反对用西方人类学、人种学来细分中华民族，而且对过去中国人细分民族的做法同样持反对态度，如清贵州督学李宗昉的《黔记》等书对中国苗疆民族的细分，认为《黔书》、《黔南识略》、《大清一统志》乃至坊间所称之《百苗图》等亦皆以皮相衣着妄为分类，光怪陆离，五花八门，实是"复造为'非我族类，其心必异'之说"。

> 尤为荒谬绝伦，以故中土与边疆，情愫日益隔膜，而复造为"非我族类，其心必异"之说。……于是种族之见启，门户之风炽。其操觚乙部之述边胞者，又复皮相衣着，妄为分类。……光怪陆离，五花八门，以讹传讹，莫可究诘。[2]

"国族"之论，反对如清人李宗昉《黔记》描述的那样去细分民族，同时还反对细分其民性，认为细分其民性虽可见其特性，有因地制宜之效，但也增加了他们彼此间的隔阂，尤不利于"国族"的团结。如果按照清人李宗昉《黔记》中所述，仅仅贵州的苗人就已经是五花八门了，如：狗耳龙家，马蹬龙家，大头龙家，花苗，皆无姓氏，其性憨而畏法；西苗，性情朴实，畏法不讼；夭苗，多姬姓，性情柔顺；杨保苗，在遵义龙里，性多狡滑，抗官司差拘，而遵乡老约束；紫姜苗，九名九娃苗同类，轻生好斗，遇仇者辄生啖其肉；九名九姓苗，在独山州属，性狡而悍，每多假捏名姓，醉必相斗，辄及干戈，受伤者，约牛以请和，俗与紫姜苗同；爷头苗，皆黑苗也，性喜战好斗；黑生苗，在清江属，性凶恶，访富户所居，则钩连恶

---

① （民国）杨森：《自序》，见《贵州边胞风习写真》，贵州省政府边胞文化研究会印行，民国三十六年 (1947)版，第1,2页。

② 同上书，第1页。

党,明火执杖,劫而夺之。如此等等。

再次,"国族"之论还反对中国古代《山海经》《神异志》《博物志》《桂海虞衡志》等书对我国边疆族群形状的怪异描述。如所谓的"一目一臂"、"三首三身"、"无臂无肠"、"结胸穿胸"、"飞头鼻饮"之说,认为这些荒谬之说是古代隔离中土与边疆之间感情的原因。之所以如此,是因为在国家外患频仍,外部势力企图分化我边疆之时,强调"国族同源"、"团结一致",以反对所谓高度自治、民族自决。

> 国民政府之改组,由国族全体同胞所肇造,不容倭寇及任何野心国家制造傀儡,破坏团结,如过去日本所伪造之伪满洲国、伪蒙疆政府、伪大回教国等类似组织,及今日所谓东蒙古、东藏各词等一类名词,各宗族无论汉、满、回、藏、瑶、僮、仲、水等任何宗支族,尤应深明国族同源理论,一致团结,不受任何方面之分化离间,如所谓高度自治、民族自决及少数民族问题等一类荒谬论调。①

"国族"之论实际上是建立在"国族同源"和"三民主义"基础上的,一方面重视平等之民权,另一方面主张大同之精神,这自然视边疆族群高度自治、民族自决为谬论。因此,相应的法案也是在于"促进中华大同运动之精神信条与理论体系",②这在杨森在贵州制订之草案中有明显的反映。具体如下:

> (一)确保自由权利,(二)发扬平等精神,(三)巩固统一组织,(四)造成尚同风气,(五)发挥团结力量,(六)促进共同进化六大精神信条。……完成国家统一,实现三民主义之三大目标。③

相对于孙中山的"五族论",蒋介石的"国族论"却是一个中华同源的文化民族概念,这更符合中国传统儒家重视血缘纽带、重视"一同于俗"的法意,也符合关于中国上古"四方"族群皆同源同宗的学术观点,其目的是求"同轨、同文、同伦,乃至世界大同之盛"。④ 为此,仅贵州一省,在"中华民族宗族论"的指导下,杨森任贵州省政府主席时就颁布了《民间善良风俗实施办法》《婚丧仪仗暂行办法》《废除卜筮星相巫觋堪舆办法》《加强查禁社会群众神权迷信办法》《服

---

① (民国)杨森编著:《贵州边胞风习写真》,第5页。
② 同上书,第2页。
③ 同上。
④ 同上书,第3页。

制条例》、《贵族省会改良习俗工作竞赛办法》、《劝导黔民边胞改良服装住宅图说》。

孙中山的"五族共和论"突出的是共和法理，把原来聚居于"中国"边地的种落、族群提升到了"共和"的政治法律高度，无意间于"共和"概念下为"中华民族"这一概念确立了多元的法理性内涵。蒋介石的"中华民族宗族论"则突出了各种落、族群（宗支族）之间具有的共同血缘纽带，融宗支族成为一"宗族"，进而在民权的意义上归之于"中华民族"之国家，蒋介石的这一提法更能突现"中华民族"各"宗支族"在民权意义上的一体性。因此，民国时期，政府都要求废除对边疆族群称谓的鄙意书写，如从虫、从羊、从豸等，以此体现各族群在民权上的平等性。

> 过去为贵华贱夷学说封部，有东夷、西戎、南蛮、北狄等分类，而其造字命名，甚至有从犬，从虫，从羊，从豸，易启误会者。……今宜共倡导，重加厘订，代以人旁，或另拟适当之偏旁或替字。以洗从前之错误，而符民族平等之宗旨焉！①

尽管如此，自民国时期以来，在中国这样一个多族群的国家，"民族"的概念实际上成了一个法律概念，来自西方的"民族"一词逐渐成为中国民族政治的基本用语，此后的中国人不再如历史上那样以"汉人"、"苗人"、"回人"等称谓来定义聚居于中国的各种落、族群，后来也不再以"宗支族"来定义之，却是在"中华民族"的概念下对原来的各族群、种落以"各民族"相称。这意味着这些种落、族群或"某某人"在"民权"的话语体系下，成了近代法律意义上具有权利主体意义的"公民"。

近代以来，为适应世界潮流，中国现代化的一个重要内容即是要实现向现代法理型国家的转型。"现代法理型国家"的基本模型实际上是"国家——法律——公民"，其中国家是依照宪法组成的国际法意义上的主权国家，国家与公民之间以宪法和法律为纽带而彼此形成法治社会关系。这个国家的公民可能由这个国家疆域内既有的某种单一族群构成，也可能由这个国家疆域内既有的多种族群构成，二者都可以形成现代"民族国家"，前者称之为"单一民族国家"，后者通常称之为"多民族国家"（如中国）。中国历史上是一个"多民族王朝国

---

① （民国）杨森编著：《贵州边胞风习写真》，第9—10页。

家",虽然也有王朝法律的治理,但其模型却是"王朝——官员——臣民",不属于现代意义上的"多民族国家"。近代中国的转型本质上就是要在"中华民族"的意义上,统合其作为主权国家的疆域内的各族群,实现从"多民族王朝国家"向"多民族现代国家"的转变,从"子民民族"向"公民民族"的转变,从"王朝国家"向"法治国家"的转变,从"族群"向"民族"的转变,从而使得"中华民族国家"成为超越于既有族群之上的国际法意义上的主体。因此,中国近代化的过程是建设"中华民族国家"的过程,在这一过程中,作为"多元一体"的多民族国家,必然要不断强化中华文化认同和中华国家认同。

　　辛亥革命之后,随之而来的是内战,"五族共和"没有实现,却同民权主义一样成为军人政府维护其地方统治的招牌。加之列强虎视中国边疆,受到西方宪政理论"一个国家、一种语言、一个民族"思想的影响,孙中山先生对外主张民族自决,对内主张以汉族为中心合中国之诸民族,而同化为"一强固有力之国族",①直到新三民主义的提出,也没有超越民族自决的思想理论范畴。1924年1月《国民党第一次全国代表大会宣言》称:"国民党郑重宣言,承认中国以内各民族之自决权,于反对帝国主义及军阀之革命获得胜利以后,当组织自由统一的(各民族自由联合的)中华民国。"②但是整个国民党时期,关于边疆问题的理论都是自觉或不自觉地受到西方"自治"话语的影响,早在第一、二次国内革命战争时期,中国共产党也曾一度提出"民族自决"和"联邦制"来解决国内民族关系,直到1937年中共中央颁布的"抗日救国十大纲领"中,仍以"自决"和"自治"相提并论。到了1938年10月,中共在总结以往历史经验的基础上,结合当时中国的实际情况,在中共六届六中全会上才真正在理论上突破了"民族自决"的概念,毛泽东在会上创造性地提出了"民族区域自治"的思想:"允许蒙、回、藏、苗、瑶、彝、番各民族与汉族有平等权利,在共同对日的原则下,有自己管理自己事务的主权,同时与汉族建立统一国家。"③在1939年《陕甘宁边区抗战时期施

---

　　①　比如"发扬光大民族主义,而使藏、蒙、回、满同化于我汉族,建设一个最大民族国家者,是在汉人之自决"(见《总理全集》第2集,第260页)。这一思想对后来国民党的"同化"政策有深刻的影响,随后这一思想在1929年3月举行的国民党第三次代表大会上的《政治报告之决议案》中强调:"于民族主义之上,乃求汉、满、蒙、回、藏人民密切的团结,成一强固有力之国族。"在1935年11月的国民党五大上,明确提出"重边政,宏教化以固国族(汉族)而成统一"的政策,由此而不顾边疆民族自身的经济、文化特点,片面强调推行同化政策(见《中国国民党历次会议宣言决议案汇编》第2册,第53页)。

　　②　参阅《中国国民党历次会议宣言决议案汇编》第2册,第6—8页。

　　③　《毛泽东救国言论集》,重庆新华报馆1939年印,第220页。

政纲领》中，又明确提出"建立蒙回民族的自治区，尊重蒙回民族的宗教信仰与风俗习惯"。①

毛泽东关于在尊重民族的宗教信仰与风俗习惯的基础上成立自治区，并在平等基础上建立统一国家的思想，可以说是会通古今。之所以这样说，一是因为这一思想既采用了民族和自治的概念，具有现代民主政治的理念；二是因为它结合了中国古代边疆区域划分的形式（如唐朝的羁縻府州和清朝的"分疆别界，各有定制"）；三是它继承了清代重视"以法治边"的传统；四是它重视边疆的文化问题，突出了尊重边疆民族的宗教信仰与风俗习惯。这一切都符合中国这样一个多民族国家的实际，自此"民族区域自治"不仅作为一种民族政治理论，而且作为一种基本政治制度和法律制度开始形成。"民族区域自治"理论的提出在中国边疆史上具有重大的历史意义，在当今世界许多民族国家因"一人一票"政治而种族冲突不断加剧的情况下，"民族区域自治"理论的实践应当是比较成功的范例，在文化上是符合中国边疆政治传统的。满清时期在我国边疆地区比较深入的法律治理实践，对于后来"民族区域自治"理论的实践也是有益的。"民族区域自治"乃是在"平等、团结、互助"的原则下，求边疆民族地方经济、社会、文化全面发展之义，是一种边疆与内地互动发展的模式，《民族区域自治法》则为其提供了制度保障，其主旨并非在于片面地强调边疆民族地方的自治、自决，而多有"共同发展"之义。

自1949年中华人民共和国成立以来，经过近70年内地与边疆在经济、文化上的互动，与共和国成立以前相比，边疆民族地区在社会、经济、文化、民族构成等方面已经发生深刻的变化，内地与边疆的关系呈现出开放、互动的发展模式。这种发展模式真正改变了过去几千年边疆与内地之间彼此相对封闭的状态，极大地促进了边疆与内地在各个方面的一体化，边疆和内地一定程度上已经形成了"你中有我，我中有你"的共聚、共治局面，这种局面的持续发展使得以"中华民族"为标志的民族国家更加成熟。随着边疆民族地方经济、文化、法治的发展，"多元一体"也将在一个新的社会发展和制度建设层面上展开，"民族区域自治"理论也会有新的内涵。

---

① 《陕甘宁边区参议文献汇辑》，第105页。转引自杨策、彭武麟主编《中国近代民族关系史》，中央民族大学出版社1999年版，第410页。

结束语

中国古代边疆治法的历史意义

　　近代以来,西方武力、技术和商业文化的侵入动摇了中国这一古老的文化体,加之外部势力染指中国边疆地方,传统"中"与"边"的文化地理格局被打破,引发了中国的"边疆危机"。在外部势力的挤压下,从 19 世纪后半叶开始,中国作为一个"主权国家"、"民族国家"的意识已然觉醒,在政治、法律上开始被动地成为国际法的主体,"中央之国"的历史已经成为过去,"中国"不再作为一个传统的"王朝",而是作为建立在这种反映西方意识和文化的国际法基础上的主权国家,成为由主权国家组成的国际社会的一员。

　　这种国际法理论正如博洛尼亚大学政治系的 Gustavo Gozzi 教授所说,"从 19 世纪的后半叶开始,国际法的基本内容发展成为欧洲共同的意识和文化的表达"。① 而在中国内部,儒家文化不断消减,长期相对封闭的文化、地理、政治法律格局面临挑战,边疆在文化上也呈现出"国际化"的趋势。在地理上,中国的边疆不再完全是相对封闭的边疆,中国的陆疆和海疆往往成为西方商业和文化在中国的策源地;在文化上,具有传统儒家文化含义的"中国"、"王朝"、"边疆"这样一些概念不自觉中被西方法权理论同化;在法律上,传统的"化外主义法律原则"指导下的王朝礼法治理模式本身遭遇到了西方法学理论的挑战,"王者无外"、"王者无求"、"法俗"、"礼法"这样一些与边疆治理相关的概念,随着清中后期欧洲文化思想直接或间接的影响,以及在西方列强在华领事裁判权的压迫下,从清末法律变革开始,中国开启了长达一百多年的法律"近代化"运动,正如美国费正清教授主编的《剑桥中国晚清史》一书中所言:"到了 19 世纪初年,中

---

　　① Gustavo Gozzi, Histroy of International Law Western Civilization, *International Community Law Review* 9(2007)353—373,Martinus NIuhoff Publishers.

国主权的有效控制范围比历史上的任何时期都大,中国正处于政治、经济、文化都发生质变的阶段。这种质变通常被看做是'现代化',这不仅是受到欧洲文明的直接或间接影响的结果,而且是中国内部社会演化的结果。"①正由于此,上述这些传统的法学概念也逐渐从中国人的法律生活中消褪,这无疑改变了传统边疆法律治理思想和形式。随着内地因"近代化"而发生的革命和变革进程的加速,本就落后的边疆与内地的各种差异无意间逐渐增大,这一过程从清末一直持续到后来,这使得中国一直存在着不同程度的边疆危机。20世纪80年代改革开放以来,中国市场经济如同一高速度运转的旋涡,在市场经济的高度竞争态势下,边疆在经济、文化发展方面很大程度上被进一步边缘化,这不仅导致了边疆与内地之间的文化失衡,而且有加剧文化隔阂的危险。因此,在中国近代化过程中不断去弥补这种仍在递增的差异性,是近代以来中国边疆治理不能回避的历史问题。正因为如此,从中国边疆未来的长期发展来看,本著所说的"重视法律治理过程中的文化融合"这一历史经验,对于中国未来的边疆治理仍有重要的理论价值。

在边疆法律现代化的过程中,中国需要加强边疆与内地之间的文化认同、国家认同。发生在技术和制度层面的近代化不等同于中国文化的"西化",虽然洋务运动以来各种制度、技术的变革是近代以来中国现代化的基本内容,但是中国作为一个有着几千年历史的"文化民族"国度,在人类仍然是以国家形态存在着的前提下,在不可能消除国际竞争的历史条件下,在学习国外经验和追求"国际化"的过程中都应当保持自己的文化认同。

回顾历史,清朝前期开始的边疆治理"法律化"实践,已经在一定程度上突破了"守在四夷"的传统治边模式,在一定意义上改变了边疆治理的历史传统,不过这种改变仍然是在上古以来形成的"常道"政治文化背景下发生的,仍然是"王者无外"的结果。从清朝王之春《国朝柔远记》中,我们也看到当面临新的文化挑战的时候,中国的传统知识阶层在国家治理理念上坚持的仍然是古之"常道",坚持先秦时期就形成了的"九经之序"、"守在四夷",坚持"固本柔远"的基本边略,也就是说仍坚持固儒教常道之本,固中国文化之本,以此来解决这个民族在文化上面临的新挑战。这说明清王朝对于边疆的政治法律治理类型并没

① ［美］费正清编:《剑桥中国晚清史》上卷,第39页。

有发生根本的改变。

到了近代，出现了中学和西学的碰撞，郑观应的"上效三代之遗风，下仿泰西之良法"，①和张之洞的"西学必由中学"的中体西用原则，②都是强调坚持以中国古道"圣圣传心"的文化为体，同时主张以西方技术、制度为用，在乱世竞争中维护中华道统，保持对常教文明的认同，以避免出现作为"中士而不通中学"的恶劣状况。正如张之洞所说："今欲强中国，存中学，则不得不讲西学。然不先以中学固其根柢，端其识趣，则强者为乱首，弱者为人奴，其祸更烈于不通西学者矣。……此犹不知其姓之人，无辔之骑、无柁之舟，其西学愈深，其疾视中国亦愈甚，虽有博物多能之士，国家亦安得用之哉！"③

对张之洞的文化态度进行推演，中国只有在保持对古老"常道"文化（仁、义、礼、智、信）认同的基础上，才有助于维持这个多族群"民族国家"的认同，才能真正维护边疆的稳定，这就是"王者无外"、"固本柔远"于今日之意义。今日言"固本"，就在于坚持中国作为现代"民族国家"之根本。若有此"固本"的态度，无论是对内还是对外，才可以得以仁服人、以义明人、以礼化人、以智使人、以信感人之效，才可以使传统的"常道"文化成为治国、治边、治外的真正的"文化软实力"，才可以于治国、治边、治外形成自己的"文化形象"。在这个以技术、经济和军事为"硬实力"的时代，这一"文化软实力"不仅可强化内政，还可取信于世界外交，又可惠及国家的技术、经济和军事。若如此，国家、民族将产生强大、深厚而持久的吸引力和内聚力，此当为中国今日"固本柔远"之真义。就当代中国的边疆治理而言，这更是一个必须重视的历史命题。因此，通过研究中国古代边疆法律史，针对今日中国边疆的治理，当还有如下的认识：

首先，在边疆法治建设过程中，要重视法律治理过程中的文化调适，注意彼此法律思维的渐次融和。"王者无外"的思想产生于中国相对封闭、特定的地理环境，来自于中原文明与四方野蛮的文化定位。从上古发展到汉代，逐步形成了以"中国"为中心的王朝正统论，同时从中心论、正统论发展到了教法论，这一

---

① （清）郑观应：《易言·论议政》，引自夏新华等整理《近代中国宪政历程：史料荟萃》（前言），中国政法大学出版社 2004 年版。

② 张之洞："今日学者，必先通经以明我中国先圣先师立教之旨，考史以识我中国历代之治乱、九州之风土，涉猎子集以通我中国学术文章，然后择西学之可以补吾阙者用之、西政之可以起吾疾者取之，斯有益而无其害。"（清）张之洞：《劝学篇·循序第七》，广西师范大学出版社 2008 年版，第 44 页。

③ （清）张之洞：《劝学篇·循序第七》，第 43—45 页。

思想始终贯穿于古代中央王朝对边疆的法律治理中。因此，中央王朝对于边疆的法律治理体现为"化外主义法律原则"，其针对边疆的法律具有"以法化俗"的文化特质，这是认识中国古代边疆法制的关键。"化外主义法律原则"不仅反映了中国文化的特质，还成为中国古代对边疆法律治理的基本原则。因此历代尤其重视在法律治理过程中的文化融和，形成了从内地到边疆治理的"梯级"渐次融和的礼法治理模式，逐渐从早期的"来者不拒，去者勿追"发展到清代因其自身文化礼俗的变化而划分生、熟，并在司法中分别适用不同的法律。对"生"者，不过度适用王朝礼法；对"熟"者，则尽量避免彼此法律文化上的冲突。这种"梯级"渐次融和的礼法治理模式正是中国古代儒家王朝政治思想在边疆治理上"文化软实力"的体现，符合实事求是的原则，也是中国古代边疆法律治理中比较成功的历史经验。为此，在边疆的法治化建设过程中，不但要加强具体的法律制度建设，而且要注意法律文化的调适，这包括传统的礼法文化教育。

其次，从边疆的社会治理角度看，在建设法治国家的过程中，需要注意对边疆社会"自组织"和"自适应"能力的建设方式。隋唐以后，中国原有的相对封闭的地理文化空间就已经开始被突破，尤其是元、明、清疆域渐广，中国相应的文化地理空间亦得以扩大。到了清代，这个文化地理空间的边缘变得更加复杂，如回疆伊斯兰文化与中亚、蒙疆、西藏的佛教文化与印度、尼泊尔之间呈现出同源文化的局面，这三个边疆地方与其境外文化同质程度甚于它们与儒家文化的同质程度。也就是说，早在近代以前，儒家文化与上述成熟的宗教文化之间存在着相互异质、相互融合的问题，这实际上构成了古代中国边疆治理和边疆法制的文化难题，也是原有的藩属政治及其法俗治理模式潜在的不利因素。

尽管清代在边疆立法和司法相对深入，但与以往的羁縻政治一样，总体上并没有破坏边疆建立在宗教文化信仰之上的社会基本秩序，这在社会层面对于维持这类边疆社会"自组织"能力和社会稳定是有益的。从国家治理层面来讲，随着改革开放的不断发展，现代中国的国家治理能力已经大为加强，相关法律制度已大为完善，在建设中国特色社会主义法治国家的进程中，尤其要注重边疆的"社会"建设。在对于上述边疆地方的法律治理过程中，不能因强调"治理"而操之过急，对宗教文化应当尽量做到保护其基本宗教文化，避免因法律文化上的冲突而导致这些地方社会出现"信仰真空"。因为一旦出现了所谓的"信仰真空"，边疆地方的整个社会可能会在不自觉之间失去平衡，因此要处理好这些地方国家和社会、法律和风俗之间的关系。在一定意义上，中国古代"因地制宜"的礼法文化治理传统仍然值得借鉴，如此则有利于这些地方的社会文化建设，也有利于其社会稳定。

再次，从经济利益角度看，要通过法律手段维护边疆社会稳定及可持续发展。经济利益是国家和社会的根本利益，中国古代的边疆族群同样存在着区域性的经济利益。历史上中原王朝对边疆地方基本上没有大的经济诉求，也很少因此单方面引发冲突，所体现的正是《尚书·旅獒》中中国朝贡礼法体系中"不宝远物"、"王者无求"的思想。中原王朝与边疆之间不存在经济上的互害关系，只存在互补关系，如茶马互补贸易。在自然经济状态下，这一关系对于内地来说，古代中国的边疆不具有更多的"利益边疆"的意义，因为传统自然经济的组织活动方式和原始生物性商品之间的交换，使得边疆的资源不能上升到战略资源这一高度。相反，由于边疆地方大量需要内地的茶、盐，故相对于边疆，中原具有了更高的经济价值。因此，在古代中国的朝贡礼法体系中才会一直奉行"不宝远物"、"王者无求"的思想，甚至有"来则御之，去则备之"、"得之无用"的态度，所以历史上不太注重边疆经济、社会秩序建设亦是常态。

但是，近代西方工业文明的普世化突现了边疆的价值，改变了中国人对边疆的传统认识，改变了中国人的传统边疆观。在过去，边疆对中国人来说只有文化和政治上的意义，而近代以来其经济上的意义得以突显。建立在科学（物理、化学等）基础上的工业经济，使得对各种自然资源的争夺变得十分激烈，自然资源的价值上升到国家战略资源的地位，而中国那些富藏在陆疆和海疆的矿产资源成为了国家工业品的原材料。不仅如此，陆疆和海疆在国家之间的竞争和博弈中还具有地缘政治的意义，民国时期的"边政热"和现在的"边疆热"就充分说明了这一点。由此，边疆土地不再是古代王朝统治者说的"得之无用"，如清代那样可以任意赠送予某一藩属国。相反，边疆不仅因其经济价值成为国家的核心利益，而且边疆领土作为国家的主权象征，同样属于国家的核心利益，边疆在整个国家战略中的地位至关重要。这就要求我们在观念上实现从王朝时代的"文化边疆"向"利益边疆"、"战略边疆"的思维转变。在这一转变过程中，建设"法治边疆"必须要与之同步，如何通过法律手段来保护边疆领土完整，通过法律手段来保护和科学利用边疆的生态资源，进而维护其社会稳定及可持续发展，是关涉边疆长治久安的重要课题。为此，边疆的现代化建设，需要我们积极探索如何通过法制化的方式维护边疆稳定,并不断对边疆建设和发展进行文化的"再平衡",以此来巩固和发展边疆。

总之,无论何时,在学习西方法律和技术的过程中,须有以中国为本位的立场。以中国为本位意味着对中国文化的尊重,只有对中国文化的尊重才可以有文化自信的坚持,才能稳固民心族性,进而"固本柔远",以达济于世界。近代以来,虽然盛衰蕃变错综,然中国文化中因应之宜、正变之理不易;虽然"王者无外"、"不宝远物"的时代已成过去,然而儒者文化的中和善道犹存;虽然今日有古今之辨、义利之争,然只要正本清源,则大道可显;虽有不同种族、信仰、国家的博弈,然蜒蜒不可以为龙,中国又岂可以"自帝降而王,王降而霸,霸降而夷狄"。① 自古以来,王者以"常道"治天下,又岂可只望持法律而享太平。因此继往圣之绝学,自拔于流俗;倡法治之光明,化旧繁为新智;明资本之精神,以成就于盛世。以此求中国之政治,虽浩繁而可济塞难,此为当今中国"固本"之道矣!有此"固本"之道,于"依法治边"过程中,若以文化与法律相伴而行,渐次调适,则"柔远"之道自然而至,中华民族之一体亦可得大成。为此,需重新阐释古代边疆治法的意义,并在此基础上进行新的法学实践和创制。

---

① 马一浮:《泰和会语·横渠四句教》,黄守愚主编:《儒学新编》,湖南人民出版社 2015 年版,第347 页。

主要参考文献

一、史料类

二十四史,中华书局 2000 年简体字版

(宋) 马端临撰,上海师范大学古籍研究所、华东师范大学古籍研究所点校:《文献通考》,中华书局 2011 年版

(宋) 郑樵撰,王树民点校:《通志二十略》,中华书局 1995 年版

(宋) 司马光编著:《资治通鉴》,中华书局 1956 年版

(清) 毕沅撰,"标点续资治通鉴小组"点校:《续资治通鉴》,中华书局 1957 年版

(清) 马骕撰,王利器整理:《绎史》,中华书局 2002 年版

方慧:《中国历代民族法律典籍——二十五史有关少数民族法律史料辑要》,民族出版社 2004 年版

黄怀信修订,李学勤审定:《逸周书汇校集注》,上海古籍出版社 2007 年版

(宋) 朱熹撰,柯誉整理:《周易本义》,中央编译出版社 2010 年版

(汉) 孔安国传,(唐) 孔颖达正义:《尚书正义》,上海古籍出版社 2007 年版

(清) 孙诒让撰,王文锦、陈玉霞点校:《周礼正义》,中华书局 1987 年版

《诸子集成》,上海书店出版社 1986 年版

王国轩、王秀梅校注:《孔子家语》,中华书局 2009 年版

(晋) 杜预撰,李梦生整理,《春秋左传集解》,凤凰出版社 2010 年版

吴毓江撰、孙启治点校:《墨子校注》,中华书局 1993 年版

诸祖耿编撰:《战国策集注汇考》(增补本),凤凰出版社 2008 年版

马如森:《殷墟甲骨文实用字典》,上海大学出版社 2008 年版

李孝定编述：《甲骨文字集释》（第十三卷），台湾中研院历史语言研究所1970年版

陈梦家：《殷虚卜辞综述》，中华书局1988年版

高亨：《古字通假会典》，齐鲁书社1989年版

睡虎地秦墓竹简整理小组编：《睡虎地秦墓竹简》，文物出版社1978年版

甘肃省文物考古研究所编：《居延新简释粹》，兰州大学出版社1988年版

孙家洲主编：《额济纳汉简释文校本》，文物出版社2007年版

魏坚主编：《额济纳汉简》，广西师范大学出版社2005年版

罗鸿瑛主编：《简牍文书法制研究》，华夏文化艺术出版社2001年版

江陵张家山汉简整理小组编著：《张家山汉墓竹简》，文物出版社2006年版

（汉）应劭撰，王利器校注：《风俗通义》，中华书局1981年版

（南朝梁）萧统编选：《文选》，中华书局1977年版

苏舆撰，钟哲点校：《春秋繁露义证》，中华书局1992年版

（清）严可均辑：《全上古三代秦汉三国六朝文（附索引）》，中华书局1958年版

（唐）吴兢辑，叶光大等译注：《贞观政要》，贵州人民出版社1991年版

章巽校注：《法显传校注》，上海古籍出版社1986年版

潘光旦编著：《中国民族史料汇编》，天津古籍出版社2005年版

钱大群：《唐律疏议新注》，南京师范大学出版社2007年版

（宋）王栐撰，诚刚点校：《燕翼诒谋录》，中华书局1981年版

（宋）范成大撰，孔凡礼点校：《范成大笔记六种》，中华书局2002年版

（宋）赵升撰，王瑞来点校：《朝野类要》，中华书局2007年版

（宋）窦仪等撰，吴翊如点校：《宋刑统》，中华书局1984年版

（宋）周去非：《岭外代答》，王云五主编：《丛书集成初编》，商务印书馆民国二十五年十二月初版

（宋）李昉等编纂：《太平御览》，中华书局影印本

（明）王士性：《黔志》，王云五主编：《丛书集成初编》，商务印书馆民国二十五年十二月初版

杨简：《明律集解》，万历年间浙江官刊本

怀效锋点校：《大明律》，辽沈书社1989年版

《明律集解附例》，光绪三十年修订法律馆刊本

（清）陆次云撰，朱廷铉校：《峒溪纤志》，大学士英廉家藏本（影印本）

（清）田雯：《黔书》，王云五主编：《丛书集成初编》，商务印书馆民国二十五年十二月初版

（清）李宗昉：《黔记》，王云五主编：《丛书集成初编》，商务印书馆民国二十五年十二月初版

（清）张澍：《续黔书》，王云五主编：《丛书集成初编》，商务印书馆民国二十五年十二月初版

（清）俞益谟撰，田富军、杨学娟点校：《青铜自考》，上海古籍出版社2012年版

（清）赛尚阿等修：《（钦定）回疆则例》，清道光年间刻本

《清理藩院则例》，蒙藏委员会1942年编印

《前清理藩院则例条款》，吉林大学图书馆藏

《蒙古律例》，清刻本，北京图书馆藏

《清代朱批档案》（民族事务类），中国第一历史档案馆藏

《清通典》、《清通志》、《清文献通考》、《清续文献通考》等"十通"，浙江古籍出版社1988年版

（清）贺长龄编：《皇朝经世文编》，沈云龙主编：《近代中国史料丛刊》第74辑，（台湾）文海出版社影印

《钦定大清会典事例》，中华书局1991年影印本

《钦定六部处分则例》，沈云龙主编：《近代中国史料丛刊》第34辑，（台湾）文海出版社影印

（宋）王钦若等编修：《册府元龟》（全十二册），中华书局1966年影印本

（清）王庭熙、王树敏辑：《皇清道咸同光奏议》六十四卷，光绪二十八年上海久敬斋本

（清）鄂尔泰等修：《贵州通志》四十六卷，《文渊阁四库全书》本

《贵州通志》，1948年铅印本

（清）鄂辉等撰：《平苗纪略》五十二卷，嘉庆二年刻本（与《清史稿·艺文志》中《平苗匪纪略》同书异名）

（清）奕訢等奉敕修：《（钦定）平定贵州苗匪纪略》，光绪二十二年刊本，北

京图书馆藏

（清）兰鼎元：《鹿洲初集》，《文渊阁四库全书》本

（清）严如煜：《苗防备览》二十二卷，清长沙刻本，据《小方壶斋舆地丛钞本》刻，民族文化宫图书馆藏

（清）罗绕典撰，杜文铎点校：《黔南职方纪略》九卷，贵州人民出版社1992年版

（清）爱必达撰，杜文铎等点校：《黔南识略》，贵州人民出版社1992年版

（清）徐家干撰，吴一文点校：《黔南职方纪略》，贵州人民出版社1997年版

（清）鄂尔泰：《平蛮奏疏》一卷，《台州丛书》本

（清）方亨咸：《苗俗纪闻》，杭州古籍书店1985年据《小方壶斋舆地丛钞》本影印

王先谦：《东华录》，光绪二十五年石印本

故宫博物馆编：《清末预备立宪档案史料》，中华书局1979年版

（清）刘彬：《永昌土司论》一卷，《小方壶斋舆地丛钞》本

（清）张允随：《张允随奏稿》十卷，钞本，四川大学图书馆藏

《清实录》，中华书局1985年影印本

赵尔巽等撰：《清史稿》（全四册），中华书局1998年版

（清）赵翼撰，李解民点校：《簷曝杂记》，中华书局1982年版

（清）祁韵士：《皇朝藩部要略》，光绪十年浙江书局刊本

叶乐衡编：《西宁青海番夷成例》，大河日报社1913年版

《大义觉迷录》，《清史资料》第4辑，中华书局1983年版

马坚译：《古兰经》，中国社会科学出版社2003年版

新疆社会科学院历史所编印：《新疆地方历史资料选辑》

王守礼编：《新疆维吾尔族契约文书资料选编》，新疆社会科学院宗教研究所1994年编印

新疆社会科学院历史所编印：《清实录新疆资料辑录》（12册）

（清）钟广生等编著：《新疆志》，民国十九年排印本

《朱批奏折》（民族类），中国第一历史档案馆藏

胡星桥、邓又天主编：《〈读例存疑〉点注》，中国人民公安大学出版社1994年版

许广智、达瓦编：《西藏地方近代史资料选辑》，西藏人民出版社 2007 年版

《大清会典》，光绪二十五年石印本

马建石、杨育棠主编：《大清律例通考校注》，中国政法大学出版社 1992 年版

贵州社会科学院历史所编：《清实录贵州资料辑录》

（清）沈家本：《寄簃文存》，台湾商务印书馆 1976 年版

广西壮族自治区编辑组编：《广西少数民族地区碑文、契约资料集》，广西民族出版社 1987 年版

田涛、郑秦点校：《大清律例》，法律出版社 1999 年版

《蒙古律例》（国学文库第三十二编），北平隆福寺街文殿阁书庄印行

（清）叶尔衡编：《番例条款》，大河日报社民国二年版

赵心愚、秦和平：《康区藏族社会珍稀资料辑要》，巴蜀书社 2006 年版

蒲坚编著：《中国古代法制丛钞》（4 册），光明日报出版社 2002 年版

杨一凡主编：《中国珍稀法律典籍续编》，黑龙江人民出版社 2002 年版

张锐智、徐立志主编：《中国珍稀法律典籍集成》，科学出版社 1994 年版

二、著作类

［美］崔瑞德编：《剑桥中国隋唐史》，中国社会科学出版社 1990 年版

［美］吉尔伯特·罗兹曼主编：《中国的现代化》，江苏人民出版社 1995 年版

［德］韦伯著，王容芬译：《儒教与道教》，商务印书馆 2002 年版

［德］韦伯著，张乃根译：《论经济与社会中的法律》，中国大百科全书出版社 1998 年版

［德］韦伯：《经济与社会》（上、下卷），商务印书馆 1997 年版

［法］马伯乐著，冯沅君译：《书经中的神话》，国立北平研究院史学研究会出版，商务印书馆民国二十五年发行

［日］千叶正士：《法律多元》，中国政法大学出版社 1997 年版

［日］工藤元男著，广濑熏雄、草峰译：《秦代国家与社会：睡虎地秦简所见》，上海古籍出版社 2010 年版

［日］滋贺秀三等著：《明清时期的民事审判与民间契约》，法律出版社 1998

年版

郑秦:《清代法律制度研究》,中国政法大学出版社 2000 年版

〔英〕斯普林克尔:《清代法制导论》,中国政法大学出版社 2000 年版

〔美〕波斯纳著,苏力译:《法理学问题》,中国政法大学出版社 2002 年版

马大正主编:《中国边疆经略史》,中州古籍出版社 2000 年版

〔美〕费正清主编:《剑桥中国晚清史》,中国社会科学出版社 1993 年版

〔美〕拉铁摩尔著,唐晓峰译:《中国的亚洲内陆边疆》,江苏人民出版社 2010 年版

〔美〕罗兹·墨菲著,黄磷译:《亚洲史》,海南出版社 2004 年版

顾颉刚:《古史辨自序》,商务印书馆 2011 年版

(宋)朱熹、吕祖谦编:《近思录》,中华书局 2011 年版

(明)严从简:《殊域周咨录》,中华书局 1993 年版

(明)顾炎武著,黄汝成集释:《日知录集释》,上海古籍出版社 2006 年版

(清)王之春著,赵春晨点校:《清朝柔远记》,中华书局 1989 年版

(清)图理琛:《异域录》,王云五:《丛书集成初编》,商务印书馆民国二十五年十二月初版

(清)昭梿著,何英芳点校:《啸亭杂录》,中华书局 1980 年版

(清)张之洞:《劝学篇》,广西师范大学出版社 2008 年版

(清)沈家本著,张全民点校:《历代刑法考》,中国检察出版社 2003 年版

徐元诰撰:《国语集解》,中华书局 2002 年版

张华清译注:《国语》,山东画报出版社 2014 年版

(民国)杨森编著:《贵州边胞风习写真》,贵州省政府边胞文化研究会印行,民国三十六年七月初版

(民国)葛绥成编著:《中国近代边疆沿革考》,中华书局有限公司民国二十三年二月发行

(民国)黄奋生:《边疆政教之研究》,商务印书馆 1951 年发行

〔瑞典〕多桑著,冯承钧译:《多桑蒙古史》,上海书店出版社 2006 年版

(民国)王金绂:《中国边疆史》,北京师范大学图书馆藏

新西北通讯社南京总社编印:《边疆异俗漫谈》,民国二十四年五月一日

杜文忠:《法律与法俗:对法的民俗学解释》,人民出版社 2013 年版

杜文忠：《边疆的法律：对清代治边法制的历史考察》，人民出版社2004年版

施沛生编：《中国民事习惯大全》，上海书店出版社2002年版

赵文林、谢淑君：《中国人口史》，人民出版社1988年版

田继周：《中国历代民族政策研究》，青海人民出版社1994年版

张晋藩主编：《中国法制通史》，法律出版社1998年版

张晋藩：《清朝法制史》，中华书局1998年版

方铁主编：《西南通史》，中州古籍出版社2002年版

尤中：《西南民族史》，云南大学出版社2001年版

杨鸿烈：《中国法律发达史》，台湾商务印书馆1930年版

梁治平：《清代习惯法：国家与社会》，中国政法大学出版社1996年版

陈慧生：《中国新疆伊斯兰教史》，新疆人民出版社2000年版

翁独健主编：《中国民族关系史纲要》，中国社会科学出版社2001年版

贵州省民族研究学会、贵州民族研究所编：《贵州民族调查》，1986年

魏良弢：《叶尔羌汗国史纲》，黑龙江教育出版社1994年版

林幹：《匈奴史》（修订本），内蒙古人民出版社2008年版

黄宗智：《法典、习俗与司法实践：清代与民国的比较》，上海书店出版社2003年版

费孝通：《中华民族多元一体格局》，中央民族大学出版社1999年版

苏发祥：《治藏政策研究》，民族出版社2001年版

葛剑雄：《中国历代疆域的变迁》，中共中央党校出版社1991年版

杨策、彭武麟主编：《中国近代民族关系史》，中央民族大学出版社1999年版

马汝珩、马大正：《清代边疆政策》，中国社会科学出版社1994年版

刘广安：《清代民族立法研究》，中国政法大学出版社1992年版

吴云贵：《伊斯兰教法概略》，中国社会科学出版社1993年版

《贵州通史》编辑委员会编：《贵州通史》，当代中国出版社2002年版

龚荫：《中国土司制度》，云南人民出版社1992年版

戴逸：《简明清史》，人民出版社1980年版

瞿同祖：《中国封建社会》，上海人民出版社2005年版

梁启超撰,杨佩昌、朱云凤整理:《国学讲义》,中国画报出版社2010年版
宋镇豪主编:《商代的地理与方国》,中国社会科学出版社2010年版
钱穆:《中国文化史导论》,九州出版社2011年版
钱穆:《国史大纲》,商务印书馆1996年版
钱穆:《湖上闲思录》(新校本),九州出版社2012年版
张雨:《边政考》,明嘉靖刻本
林幹编:《突厥与回纥历史论文选集》,中华书局1987年版
陈寅恪:《陈寅恪集》,三联书店2009年版
李大龙:《汉唐藩属体制研究》,中国社会科学出版社2006年版
王子今:《秦汉边疆与民族问题》,中国人民大学出版社2011年版
蔡枢衡:《中国刑法史》,广西人民出版社1983年版
吕思勉:《白话本国史》,上海古籍出版社2005年版
孙志升:《中国长城》,中国文史出版社2005年版

后　记

余生于军旅，随父常有迁徙，于边事多有感悟。稍长，受 20 世纪思潮影响，殆弃中学，后十余年内研习西法，概以西学为要，无以复加。后又辗转于渝、黔、滇、粤、京、韩、川研习中西法律文化，其间有感恩于张晋藩、蒲坚、方铁、徐晓光、崔钟库诸师相勉，至今多以习中学为务。

时下好中学又不深知者不在少数，凡研中学者必有和寡之感。然"吾道不孤"，于写作之中，又有赖于学界苏亦工、林坚、杜钢建、齐均等诸友之神交；同校老师丁克毅、温晓莉、陈灿平之慰藉，这使得写作虽有辛劳，然却别有情趣。岳父顾朴光教授（贵州民族大学）一生治学不辍，著述等身，有古士人之风，年过古稀，仍硕果累累，此于我精神上常有鼓励，故本书完稿之际，余赋诗以寄之，诗云："黔山边塞远，从游亦无争。寒窗待明月，冷剑慰书生。"此外，拙著书写日久，其间除常务之外，一概专注于此，故又有赖于妻子顾雪莲副教授和犬子杜珩的支持。

余之从学，自来得于家父、家母指示。家父从战争年代走来，一生戎马，守治于西南边陲，虽有受党和军队之培养，然幼年亦得其"解元府"（湖北荆州小北门杜氏）之庭训。日寇犯荆州时，举家迁湖南，其间又得其亲戚石首李沅薲先生[①]数年教授，故后虽历于治乱而不移其教。家父为人，智勇而严肃，薄己而厚人，文革时为制止武斗，常不惧危险，手持话筒，立于枪派和炮派之间。又某次，事出情急，为制止此二派抢夺军械库，下令卸除全部枪栓，集中于监狱内，又于四围架上机枪，以至于抢夺者畏而止步（因为监狱关有"反革命"，谁抢监狱，谁

---

① 李沅薲，清朝廪生、中华大学教授、恽代英的恩师、董必武之同事。从家父处得知，当年李公于乱世回乡，因不忍人之辱，愆然曰："士可杀，不可辱。"遂投长江而逝。其子李广生，后为国际著名克山病专家，原白求恩医科大学校长，另参见刘作忠《恽代英和启蒙老师李沅薲的一段情谊》，载《湖北档案》2002 年，第 7 期。

就成了"反革命"），诸如此等智勇后常为同仁称赞。八十年代家父离休后，仍抱家国情怀，常虑因偏于经济而致国人精神沦丧，可谓终日叨絮不已。余幼时，得其"智、信、仁、勇、严"之管教；初中时，每有闲又常以诸子之书（时解放军总政治部印发的批林批孔用书）相授；大学时，凡两月又必有书信相与讨论，其用心之甚，今日方有所悟，实余之幸也！余自幼喜文好武，本志在边旅，以成为一有学识之军人为志，然二十余年来，每有机缘，家父、家母终嘱余从教，以至于时下仍俯首书斋，悠游余生。今逢拙著出版之际，家父已痴瘫于病房，余不孝而远游他方，无以为报，仅以此著献之，蠡测管见，只愿不负所望耳！

　　　　　　　　　　　　　　杜文忠谨记
　　　　　　　2015 年 10 月初稿于成都武侯祠
　　　　　　　2016 年 11 月成稿于北京清华园
　　　　　　　　2017 年 9 月终稿于布鲁塞尔

责任编辑：张祎琛

装帧设计：肖　辉　严克勤

技术编辑：富　强

图书在版编目(CIP)数据

王者无外：中国王朝治边法律史 / 杜文忠著. —
上海：上海古籍出版社，2017.12
ISBN 978‒7‒5325‒8570‒0

Ⅰ.①王… Ⅱ.①杜… Ⅲ.①边疆地区‒行政管理‒
法制史‒研究‒中国‒古代　Ⅳ.①D691②E291

中国版本图书馆 CIP 数据核字(2017)第 190563 号

王者无外：中国王朝治边法律史

Ruling As If in a Borderless World：
A Legal History of Border Management in Ancient and Imperial China

杜文忠　著

上海古籍出版社出版发行

(上海瑞金二路 272 号　邮政编码 200020)
(1) 网址：www.guji.com.cn
(2) E-mail：guji1@guji.com.cn
(3) 易文网网址：www.ewen.co

印刷：北京华联印刷有限公司
开本：710×1000 毫米　1/16　插页：7　印张：44.75
字数：709 千字　印数：1—2300 册
版次：2017 年 12 月第 1 版　2017 年 12 月第 1 次印刷
ISBN 978‒7‒5325‒8570‒0 / K·2366
定价：198.00 元